Thanatology

노인죽음학개론

서혜경 지음

경춘사

노인죽음학개론

지은이 서 혜 경
발행인 안 중 기
발행처 도서출판 경춘사
등록번호 제10-153(1987. 11. 28)

인　쇄 2009년 6월 10일
발　행 2009년 6월 20일

서울 특별시 마포구 공덕 1동 117-25
경춘빌딩 101호

전화 716-2502, 714-5246
팩스 704-0688

값 29,000원

ISBN 978-89-5895-065-3 93330

머리말

Preface

1980년대 초반 미국유학을 하면서 처음으로 노년학을 접했다. 그리고 박사학위 논문도 삶과 죽음, 그리고 자신의 통제가 그 중심이었다. 하지만 그 당시만 해도 한국에선 노인의 삶과 죽음이란 얘기는 고도성장이란 현실에 묻혀 꽤나 부담스러운 주제였다. 당시 김옥라 회장님(각당 복지재단 이사장), 김인자(서강대) 교수님, 이인복(숙명여대) 교수님, 정진홍(서울대) 교수님 등 몇분이 선구자적 위치에서 그 씨를 뿌리기 위해 고군분투 했던 때였다. 하지만 불과 20년이 흐른 지금, 고령사회가 빠른 속도로 진행되면서 이제 웰다잉은 우리사회의 새로운 화두로 자리잡았다.

죽음은 인간의 피할 수 없는 운명이다. 그렇지만 중국 진시왕의 불로초에 대한 탐욕에서 보듯 죽음을 전통적인 문화처럼 자연스럽게 받아들여지지 못하는 것 또한 우리의 현실이다. 필자 역시 죽음은 항상 두려웠고, 그 때문에 친인척의 죽음을 지켜보면서 상당한 심적 고통을 겪었다. 그리곤 그들과 무엇을 나눠야 했었는지 몰랐다는 사실에 자책감도 느꼈다. 어찌보면 삶의 질에는 그리 관심이 많으면서 그 뒷면에 함께 존재하는 죽음은 괜한 두려움을 가진 결과인지도 모른다.

얼마전 회생가능성 없는 할머니에게 인공호흡기를 떼도 좋다는 법원의 판결이 있었다. 존엄사 인정에 대한 국내 첫 판결이었다. 존엄사를 놓고 아직도 논란이 그치지 않지만 인간답게 살 권리 못지않게 죽음의 존엄 즉 존엄하게 죽을 권리를 인정했다는 점에서 판결의 가치를 부여할 수 있다. 미국의 사전유언, 일본의 존엄사 운동, 국내 대형병원에서의 소생술 거부서약, 경실련의 존엄사법 입법청원 등은 무리한 생명연장 보다는 품위있는 죽음에 대한 주제가 앞으로 우리의 삶에 많은 영향을 미칠 것을 예고하고 있다.

최철주씨는 '해피엔딩' 이란 책에서 '죽음 복을 부러워 하면서도 그 복을 받기 위한 준비가 없는게 우리네 삶' 이라고 지적했다. 삶과 죽음은 씨올과 날올 같은 것이란 얘기다. 가치있는 죽음을 맞으려면 적어도 자신의 목숨보다 의미있는 삶을 살아야한다. 요즘 우리 사회에 퍼지고 있는 자살 신드롬도 사회구조적 병리현상 못지않게 가치있는 죽음에 대한 철학의 부족에서 기인한다고 볼 수있다.

우리도 이제 죽음의 준비를 그에 대한 교육을 본격적으로 생각할 시점에 이르렀다. 관련 이슈가 터질때 마다 반짝하는 관심보다 지속적으로 삶과 죽음을 아우르는 교육들이 이루어져야 할 것이다. 일부 대학에서 '웰다잉&웰리빙, 죽음준비교육' 등을 새로운 학문과제로 다루기 시작한 것도 이런 현실의 반영인 셈이다.

'노인죽음학 개론' 이란 저서를 펴기로 결정한 것도 이를 보다 공론화하기 위한 노력의 일환이다. 이 책은 총 7부 22장으로 구성되어 있으며, 삶을 배우고 준비하듯 죽음을 배우고 준비하는 과정을 담고 있다.

1부는 삶과 죽음의 이해를 다루었으며, 2부는 사별과 애도과정과 적응과제, 3부는 죽음준비교육, 제 4부는 죽음관련 이슈(호스피스, 안락사와 존엄사, 자살, 뇌사와 장기기증, 생의백서, 상장례문화) 5부에는 실무종사자들을 위한 가이드라인으로 호스피스 상담, 유가족을 위한 상담, 자살상담 등을 정리해 보았고, 6부에서는 죽음관련척도, 제 7부에서는 실천현장에서의 프로그램, 기법 및 상담사례를 모아봤다.

그동안 다루어지지 않았던 영역이다 보니 부족한 부분과 미진한 부분들이 너무 많다. 유산, AIDS, 사형제도, 사후세계 등도 다음을 기약키로 했다. 인간존재의 고귀한 측면, 영혼과 죽음의 존엄성 등이 학문에 어느정도 반영될 수 있을까 하는 측면에서는 어찌보면 공허 할 수도 있을 것 같다. 그래서 이제까지 선배들이 다루지 못했는지도 모른다. 학계에서는 아직까지 죽음학에 대한 개념및 정의 등에 관해 학문간의 합의 된 적은 없지만 지금까지 논의된 영역인, 의학적, 사회문화적 관점, 종교적 관점, 사회복지적 관점 중에 사회문화와 사회복지적 관점에 근접하지 않았나 한다.

끝으로, 거의 이년여동안 죽음이란 주제에 둘러싸여 생활해 온 그래도 결코 우울하지 않고 자료를 정리해준 씩씩한 정경임씨, 관련 사진을 찍어주었던 강성보씨, 죽음척도를 정리해준 윤민석씨, 코디네이터 역할을 해준 윤지영씨, 흔쾌한 사진지원과 격려를 해주신 최철주 선생님,경춘사의 안민웅 부장님, 봄내호스피스와 성골롬반의원, 춘천양로원 등에 진심으로 감사드린다. 나와 자매 같다는 말을 제일 좋아하는 우리 어머니도 오래토록 그 얘기 들으시기를 바란다.

한림대 봉이산 자락에서 저자 서혜경 배상

요약본

이 책의 전반적인 주제는 죽음을 귀하게 여기지 않음은 삶을 귀하게 여기지 않음과 같다는 것이다. 삶과 죽음은 분리된 별개의 것이 아니다. 그것은 모두 하나로 동전의 양면과 같은 것이다. 삶을 배우고 준비하듯이 죽음도 그렇게 배우고 준비해야한다. 그러나 그것은 전혀 새로운 일이 아니다.

제 1부는 3장으로 구성되었다. 삶과 죽음의 의미, 죽음의 정의 및 단계와 죽음학의 탄생, 죽음에 대한 발달론적 견해, 태도 및 이론, 노인죽음에 대한 이해를 다룬다. 죽음을 의미있는 삶의 현실로 받아들일 수 있어야 하며, 그런 죽음을 끌어안고 잘 사는 삶이 되도록 해야 한다. 따라서 노인의 경우 잘 사는일 (well-living)과 잘 죽는것 (well-dying)은 결코 분리된 것이 아니며 또한 삶과 죽음이 본래 분리된 것이 아님을 아는 것이 노인에게만 국한되는 일도 아니다. 사람마다 죽음에 대해 반응하는 양식에는 차이가 있지만 상실에 대해 공통적인 심리적 반응들을 보이게 된다. 또한 죽음의 단계가 있어 이해하기 쉬운 구조중 광범위한것으로 큐블러-로스의 심리적 죽음의 단계와 패티슨이 말하는 죽음의 단계를 들을 수 있다. 또한 죽음에 관한 태도는 문화, 가족가치, 인지적 정서적 성숙도와 상관이 있으며 나이가 들어감에 따라 변하게 된다. 그러므로 인간발달에 따라 죽음에 대한 견해를 나누어 살펴 볼 수 있다.

제 2부는 2장으로 구성되었으며, 사별과 애도의 과정으로 노인사별과 애도, 사별시기, 사별의 유형, 사별이론, 사별노인의 적응과제 등을 다룬다. 인간은 누구나 죽음에 대해서 슬픔을 느낀다. 이러한 슬픔은 사랑하는 사람이 죽었을 때 나타나는 예견된 반응으로 고인이나 고인과의 관계에서의 상실을 슬퍼하는 것이다. 사별의 과정은 가족이나 사랑하는 사람의 죽음에서 개인적으로 느끼는 고통이나 상실감의 정도는 일반적으로 이해될 수 없는 개인적이고도 독특한 체험이므로 이것을 극복하는 과정도 개별적으로 상당히 다르다. 그러나 일반적으로 알려진 사별의 과정을 이해함으로써 앞으로 겪게 될 사별에 대한 고통을 대비할 수 있으며 사별가족들을 또한 도울 수 있다. 사별과 애도과정이론, 애도에 영향을 미치는 요인들 등의 내용이 포함된다.

제 3부는 2장으로 구성되었다. 죽음준비교육으로 죽음준비교육의 개념, 정의, 연원과 배경, 필요성 목적 및 목표와 각국의 죽음준비교육 현황 등을 다룬다. 죽음준비라는 말은 노년기의 노인들만이 준비해야 하는 것으로 오인되고 있다. 이러한 상황에서 젊은 사람들에게 언제올지 모르는 죽음까지 미리 생각하라는 것은 더욱 이해하기 힘든일 일지도 모른다. 죽음교육을 새롭게 조명한 패트릭 딘은 죽음교육이 '삶과 상실 교육' 으로 다시 불려져야 한다고 주장했다. 우리는 평생동안 많은 상실을 겪는다는 사실과 우리가 죽을 수 밖에 없는 존재라는 인식을 가질때만이 현재에서 자유로울 수 있고 온전하게 살 수 있다고 말한다. 죽음준비교육의 개념은 크게 삶과 죽음으로 나누어 생각해 볼 수 있다. 먼저 삶과 관련해서 죽음준비교육은 삶의 시간이 제한되어 있으므로 주어진 시간을 보다 의미있게 사는 것을 말한다. 이와관련해서 죽음준비교육은 죽음을 바르게 이해하도록 함으로써 삶을 보다 의미있게 살도록 하고 죽음을 한층 더 편안하게 맞이할 수 있도록 돕는 삶의 준비교육이다. 죽음준비교육의 연원과 배경, 죽음교육의 필요성, 각국의 죽음준비교육의 현황 등이 포함된다.

제 4부는 죽음관련 이슈를 총 6장으로 구성했다. 호스피스, 안락사와 존엄사, 자살, 뇌사와 장기기증, 유언과 상속 그리고 상 · 장례 문화를 다룬다. 호스피스는 죽음보다는 남은 생애에 관심을 두는 것으로 말기환자가 남은 여생을 보다 충만하게 살면서 삶을 정리하고 새로운 세계로 떠나기 위한 준비과정이다. 현대과학의 발전으로 수명은 연장되고 만성질환이 늘어나면서 암을 비롯한 각종 만성퇴행성 질환의 증가로 말기환자의 진료와 간호가 커다란 사회문제로 대두되고 있다. 이러한 문제에 있어 호스피스의 역할은 점점 더 중요해지고 있다. 이에 호스피스의 역할, 역사와 발전현황과 문제점 등을 통해 우리나라 호스피스가 어떻게 발전해 나가야 할지를 고민해본다. 완화치료와 호스피스는 거의 같은 개념으로 사용되고 있다. 말기 암환자에게 일어나는 통증 등 각종증상을 완화하거나 제거하여 환자의 삶의 질을 높이는 것을 목표로 한다. 예후개선의 여지가 보이지 않는 환자에게 불필요한 시술이나 치료로 고통을 덜어주고 통증을 조절하며 자신의 마지막 시간을 정리할 수 있는 기회를 준다. 완화는 글뜻대로 편하게 느슨하게 해드린다는 뜻으로 암의 완치보다는 발생하는 증상을 감소시키는데 주력하는 의학이다. 존엄사는 소생가능성이 없는 환자를 대상으로 무의미한 치료를 중단하는 것을 말한다. 이것은 소생가능성이 있는 환자의 수명을 단축시키는 안락사와는 다른 개념이다. 존엄사는 환자본인의 의사(사전의료지지서나 대리인을 통한 확실한 본인의 의사표시)가 중시되며 환자에게 효과없는 연명치료를 함으로써 부가적인 고통을 환자에게 주는 것을 피한다는 의미에서 임종환자 존엄의 뜻과 환자의 권리존중의 뜻이 포함되어 있다. 반면 안락사의 문제는 불치병을 가진 환자의 고통과 괴로움이 커갈수록 혼수상태에 있어 기계에 의존해서 생명을 유지시키게 되는데 이러한 상황에서 생명을 언제까지 유지시켜야 하는가에

대한 문제에서 발생한다. 그 외에 OECD 국가에서 제일 높은 노인자살률을 보이고 있는 한국노인들의 자살현황및 실태, 대책 및 예방, 뇌사 및 장기기증 유언과 상속 그리고 상 · 장례 문화 등이 다루어진다.

제 5부는 3장으로 구성되었으며, 실무종사자들을 위한 가이드 라인으로 호스피스 상담, 유가족을 위한 카운슬링, 자살상담 등을 다룬다.

유가족이 슬픔을 갖는다는 것은 정상적인 것이지만 정도가 지나치면 병적현상이나 기능장애를 보이게 된다. 완결되지 않은 슬픔을 간직한 유가족을 위한 꾸준한 상담이 필요하다. 유가족들의 자신감 강화와 현실의 인식과 수용을 증가시키고 삶에 대한 궁극적인 의미와 목적의식 등을 강화시키도록 원조한다.

제 6부는 3장으로 이루어졌으며, 우울, 자살생각, 자살의도, 죽음불안도 등을 체크하는 척도 총 16개를 집대성하여 정리하였다. 소개된 척도는 미국을 중심으로 개발된 척도로 전반적인 개요, 척도의 신뢰도, 측정방법, 척도의 종류에 따라 활용한 국내 연구와 문제점들을 정리한 것이다.

제 7부는 2장으로 꾸몄으며, 실천현장에서의 프로그램, 기법및 상담사례 등 들어 보다 현장감 있는 내용으로 꾸며보았다. 각 복지관 셋팅에서 이루어지고 있는 죽음준비교육 프로그램의 내용과 실제를 보여주고 있으며, 초등학교에서 고등학교에 이르기까지 죽음교육이 어떻게 이루어지고 있는지를 고찰할 수 있다. 그밖의 임종체험이나 이미지를 활용한 임사체험및 소감 등이 소개되고 영성기법을 통한 노인집단프로그램의 활동사례, 자살시도, 배우자의 죽음 관련 상담사례들을 분석했다.

그밖에 각부마다 생각해 볼 문제를 넣어서 내용 중에 함께 토론해보았으면 하는 주제를 중심으로 토론의 장을 마련해서 넣어보았다. 주제가 무거워서 각부 진입부분에 죽음관련 귀절을 넣어 조금은 생각할 수 있는 '쉼' 을 넣어 보았다. 또한 죽음관련 용어해설을 넣어서 이해도를 높이는데 역점을 두었다.

부록에는 호스피스 기관 및 시설, 상담관련기관, 장사에 관한 법률(요약본), 경실련의 존엄사법 입법 청원(안), 죽음관련 영화 요약, 각종 죽음 관련 서식 등이 포함되어 참고하기에 용이하게 꾸며보았다.

Contents

제 1 부 삶과 죽음의 이해

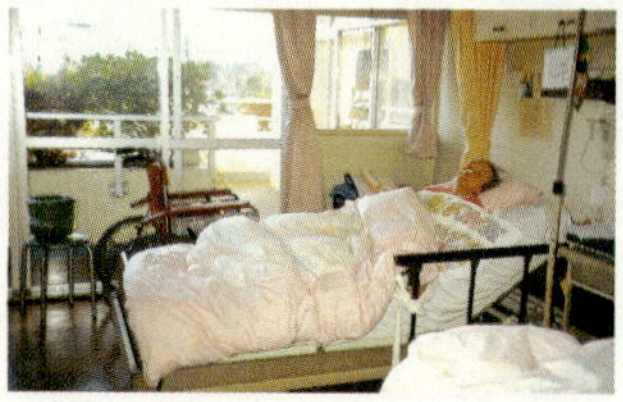

제 2 부 사별과 애도

제 3부 죽음준비교육

한국죽음학회

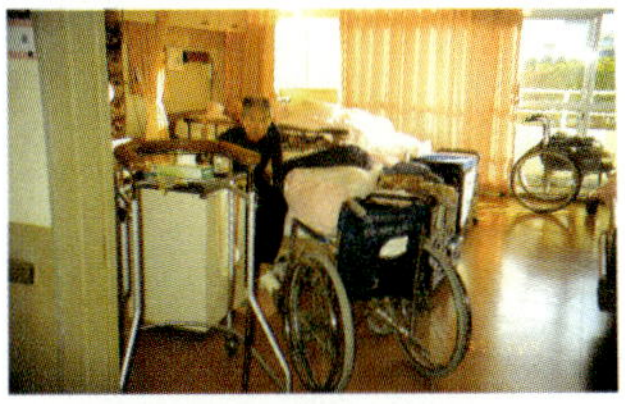

제 5부 실무종사자들을 위한 가이드라인

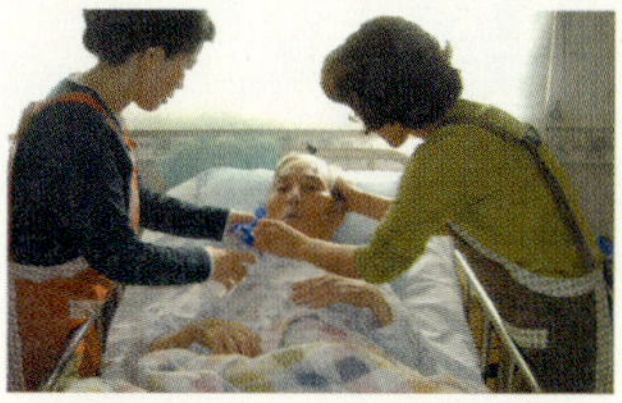

제6부 죽음관련 척도

제19장 자살,우울,스트레스 관련척도 · 411

제7부 실천현장에서의 프로그램, 기법 및 상담사례

제20장 죽음준비관련 교육프로그램 · 431

제21장 활용기법 · 467

제22장 죽음관련 상담사례 · 481

용어해설 515

부 록

제 1 부
삶과 죽음의 이해

제1장 삶과 죽음의 의미, 정의 및 죽음학의 탄생

- 삶과 죽음의 의미
- 죽음의 정의 및 단계
- 죽음학의 탄생

삶의 첫 번째 단계는 배움을 위해, 두 번째 단계는 봉사를 위해 존재한다. 그리고 마지막 단계는 자기 자신을 위해 존재한다. 이제는 내적 풍요로움과 자기발전 그리고 영혼의 성숙을 찾아야 할 때이다. 변화와 죽음에 대비해야 할 때이다. 죽음에 더 가까이 다가설수록 실제와 진실에 더 가까이 다가설 수 있다.

– 게이 게이어 루스, 『제 2의 삶』, 1979

헬렌 니어링(2002), 인생의 황혼에서, 민음사

01

제1장 삶과 죽음의 의미, 정의 및 죽음학의 탄생

시대의 흐름에 따라 삶과 죽음에 대한 의미가 조금씩 바뀌어 가고 있다. 평균수명이 길어진 오늘날에는 연장된 삶을 어떻게 질적으로 잘 살아갈 것인가에 대한 것이 주요 관심사이다.하지만 삶을 잘 사는 측면만으로는 인간의 삶을 완전하게 완성했다고 볼 수 없음을 자각하게 됨으로서 또 다른 측면, 즉 삶을 잘 마무리하는 이를테면, 잘 죽는 것에 관심의 초점이 모아지고 있다. 죽음에 대한 개념과 정의 또한 문화나 죽는 장소와 시기에 따라 매우 다양하게 정의되고 있다.

따라서 제 1장에서는 이러한 삶과 죽음의 의미를 어떻게 말할 수 있을지 생각해보고, 죽음에 대한 정의는 어떻게 내려지는지를 죽음의 유형에 따라 내려진 사전적 정의 및 학자들의 정의를 알아보고 죽음을 연구하는 학문인 죽음학에 대해 간략하게 소개하고자 한다.

1. 삶과 죽음의 의미

현대의 수명은 의학기술의 발달과 더불어 점점 길어져, 여성의 경우 평균 82세, 남성의 경우 평균 76세를 넘어서고 있다. 이로 인해 노년이 연장되고 '장수' 하면 떠오르던 100세라는 말이 자연스럽게 들린다. 노년은 살아온 삶을 조망하고 남은 생을 사람답게 살도록 최선을 다할 수 있는 시기이다. 동시에 길어진 수명이라도 죽음에 바싹 다가선 삶을 부정할 수 없다. 즉 노년이 되면 삶의 자리에서 죽음을 바라보기보다는 죽음의 자리에서 삶을 바라보게 된다. 따라서 노년기의 잘 사는 삶이란 죽음의 자리에서 삶을 되돌아보고 다듬으며, 과거를 되살펴보면서 안을 더욱 다지는 삶으로 나아가야 할 것이다. 즉, 이제까지의 삶을 이대로 마감할 수 있을 것인지 심각하게 생각해서 잘 사는 삶으로 거듭나기 위해 가꾸어야 하는 시기인 것이다.

노인들이 죽음 앞에 가까이 다가가 있기는 하지만 죽은 것은 아니기에 노인은 죽음을 준비해야 한다. 죽음이 무엇인지 알도록 학습하고 죽음의 의미를 삶속에 지닐 수 있어야 한다. 즉 죽음을 의미있는 삶의 현실로 받아들일 수 있어야 하며, 그런 죽음을 끌어안고 잘 사는 삶이 되도록 해야 한다. 따라서 특히 노인의 경우 잘 사는 일(웰리빙 : well-living)과 잘 죽는 일(웰다잉 : well-dying)은 결코 분리된 것이 아니다. 또한 삶과 죽음이 본래 분리된 것이 아님을 아는 것이 노인에게만 국한된 일도 아니다.

우리는 모두 죽음을 준비해야 하는데, 죽음을 준비한다는 것은 어찌보면 특별히 다른 것도 아니다. 정진홍박사님(2008)의 말씀대로, 그것은 내가 아직 의식이 있을 때 삶의 목표를 다듬는 일, 하던 일을 마무리하고 미처 이루지 못한 일을 잘 나누어 맡기는 일, 성공과 실패를 담담하게 증언하는 일, 온갖 사물과 지내온 삶을 애환과 고락에도 불구하고 근원적으로 인정하고 감사로 자신의 삶을 발언하는 일, 이러한 일들을 글과 말과 행동으로 남기고 전하고 실천하는 일 등이 그것이다.

이렇게 실천하면서 죽음을 준비하면 그 준비 자체로 노인을 노인다운 삶으로 살도록 만든다는 것이다. 그러므로 젊은이에게 꿈을 가지도록 가르치고 희망을 주듯이 그 누구보다 더더욱 노인들에게 삶의 의미, 그리고 죽음의 의미를 생각하도록 해야 한다. 하지만 우리 문화는 수명연장으로 노인의 증가에도 불구하고 죽음을 간과하고 터부시하며 외면하는 정서속에서 살아가고 있다. 흔히들 죽음을 삶의 단절, 종말, 따라서 죽음 이후는 논의의 가치조차 없는 듯 죽음을 삶의 영역에서 철저히 배제하고 있다.

죽음을 귀하게 여기지 않음은 삶도 귀하게 여기지 않음의 의미이다. 삶을 귀하게 여기지 않음은 죽음도 천하게 여긴다는 뜻이다. 삶과 죽음은 분리된 별개의 것이 아니다. 그것은 모두 하나며, 동전의 양면과 같은 것이다. 삶을 배우고 준비하듯이 죽음도 그렇게 배우고 준비해야 한다.[1]

1) 죽음의 인간학

인간이 무엇인가? 라는 질문은 아주 오랜 옛날부터 철학과 종교의 중요한 주제였다. 이와 더불어 죽음에 대한 주제 역시 오래된 철학적 주제였다. 죽음에 대한 철학은 공자나 스피노자의 불가지론(不可知論)적 입장, 즉 우리는 '죽음에 대해 알 수 없다'는 입장과 철학 자체가 바로 죽음을 연습하고 준비하는 과정으로 바라보고자 하는 두 가지 입장으로 대변된다. 후자의 입장에 대해 소크라테스는 '철학은 죽음의 수련과정'이라 하였고, 키에르 케고르는 '철학은 죽음에 대한 대비', 쇼펜하우어는 '죽음 없이 철학은 불가능하다'라고 하였으며, 몬테뉴는 '철학은 죽는 것을 배우는 것'이라 하였다. 우리는 죽음에 대한 철학에서 알 수 있듯이 우리의 죽음에 대해 알 수 없다. 그러나 확실한 사실은 하이데거의 말처럼 '나는 지금 존재하고 있으며, 언젠가 나는 죽는다'는 것이다.

이처럼 죽음은 인간 모두와 인간의 삶 전체를 관통하는 핵심사건으로 죽음은 삶의 끝이 아닌 삶의 한 가운데 존재하며 일상생활을 통해 인간존재에 깊이 자리하고 있다. 죽음은 질병,

1 정진홍 (2008). 삶의 의미 죽음의 의미. 사회복지법인「각당복지재단」'삶과 죽음을 생각하는 회'.

공자
孔子

스피노자
Spinoza

소크라테스
Socrates

키에르 케고르
Cicero

고독, 실패, 방치, 이별, 노화, 실직, 기아 등의 모습으로 우리에게 가까이 있으며, 이러한 간접적인 죽음을 경험하면서 마지막에는 궁극적인 죽음에 이르게 된다. 이처럼 삶 없이는 죽음이 있을 수 없으며, 죽음 없이 삶을 생각할 수 없는 것이 우리의 현실이다. 한 예화로 알렉산더 대왕의 아버지 필립 2세는 항상 종을 데리고 다녔는데, 종은 아침마다 "대왕이시여, 당신은 죽어야만 한다는 사실을 잊지 마시오"라고 말했다고 한다. 또한 옛 요가 수행자들은 해골을 보며 명상을 하다가 생사를 넘나드는 진리를 깨닫고 벌떡 일어나 춤췄다고 한다.

이러한 죽음 앞에 직면하여 자신이 누구인지, 자기 삶의 의미와 목표는 무엇인지 묻게 된다. 즉 우리 삶은 죽음으로서 완성되며 죽음을 통해 삶은 그 의미를 얻는다. 그 이유는 죽음에 대한 물음은 곧 삶의 가치에 대한 물음이며, 죽음에 대한 대답은 곧 삶의 최종 의미에 대한 해답이라고 할 수 있기 때문이다.[2]

하이데거(Heiddgger)는 현존재(現存在)로서의 인간을 한 마디로 '죽음에로의 존재(Sein zum Tode)' 라고 규정하고, 죽음이 인간 이해, 인간 성취의 길이라고 하였다. 그는 죽음을 먼 미래의 무엇으로 생각하는 사람을 '비본래적 현존재(非本來的 現存在)' 라고 하고, 삶에서 죽음의 가능성을 늘 염두에 두고 사는 사람을 '본래적 현존재(本來的 現存在)' 라고 하였다. 이것은 죽음이 삶에 있어서 얼마나 중요한 것인지를 잘 설명하고 있다.

인간을 테마로 취급하는 학문과는 달리 '여성학' 이나 '죽음학' 등의 인간학은 인간 그 전체를 탐구하는데 있다. 인간의 전체를 다루려고 할 때 죽음은 피할 수 없는 절대 절명의 과제이다. 죽음은 언제 올지 확실치 않을 뿐이지 누구에게나 확실하게 찾아온다. 죽음은 매일의 생활의 근원적 차원으로 현존하고 있는 것이다. 죽음은 삶의 한 가운데 우리와 함께 있다. 죽음은 인생여정에 동반자이다.

근대적 인간학의 창시자인 막스쉘라(Max Schler)는 오늘날의 인간과 사회는 죽음이라는

2 지영현 (2001). 삶과 죽음에 대한 이해. 카톨릭대학교 강남성모병원 호스피스과 호스피스 교육자료집, p.21-22.

쇼펜하우어
Arthur Schopenhauer

몬테뉴
Montaigne

하이데거
Heiddgger

알렉산더 대왕
Alexander

현실을 의식 속에서 사라지게 한다고 했다. 그 이유로 세 가지를 들고 있다. 첫째는 죽음을 고찰한다는 것은 창조적 사고의 가장 강력한 자극제이고 일상생활의 단순한 생활이나 기능적 사고에서 벗어나 생과 사의 신비로 이어지면서 모든 의미의 물음을 갖게 된다. 그러나 현대는 이러한 사고들이 빈곤하다. 둘째는 시간의식의 희박과 죽음의 의식은 인생이 유한하다는 것을 자각시키고 시간의 귀중함을 깨닫게한다는 적극적 의미가 있다. 그러나 현대인들은 마치 시간이 무한한 것처럼 여겨 시간의 귀중함을 잊어버리는 경향이 있다. 셋째는 한정된 생애를 의미있게 보내며 보람 있는 죽음을 준비하라는 메시지가 포함되어 있다.

인간의 죽음은 수동적으로 운명을 감수하는 것이 아니라 능동적으로 달성할 과제이다. 자기의 죽음을 능동적으로 수용해서 인간적인 죽음으로 완성하기 위해서는 다음 2가지를 유의해야 한다. 하나는 자기가 죽을 것이라는 사실을 알고 죽음이 가까이 올 때에는 의식을 갖고 여기에 직면할 수 있어야 한다. 또 하나는 사람이 하나뿐인 삶을 뜻있는 것으로 하기 위해서는 죽음도 또한 그 사람만의 후회 없는 완전한 것으로 완성해야한다. 우린 삶에 있어서 퇴직, 이혼, 시련, 병 등 괴로운 체험은 어떤 의미에서 작은 죽음이라고 생각 할 수 있다. 이와 같은 수많은 작은 죽음에 어떻게 대처해왔는가에 따라서 인생 최후의 큰 죽음에 대응하는 마음의 자세가 결정된다. 또한 인생의 의의에 대한 탐구는 철학적 인간학의 중요한 테마이며 죽음의 의의에 대한 고찰과 불가분의 관계를 갖고 있으며, 인생 전체의 의의도 죽음에 의해서 최종적으로 결정이 된다.

2) 죽음의 이해

죽음에 대한 이해를 할 때는 생물학적으로 노화를 빼놓을 수 없다. 노화는 살아있는 유기체의 보편적인 특성으로 인간은 결국 노화의 결과로서 죽음을 맞이한다. 노화한다는 것은 지속적 손실이 불가피하고, 더불어 가까운 사람들과 서서히 이별하게 된다. 이처럼 노년기는 필연적으로 포기의 시간을 갖는다. 우선, 오랜 친구 역할, 한때 의미 있었던 이전의 일들, 이전 생의 단계에서 소유했던 것들을 놓아야 한다. 그리고 이제 인생의 마지막 단계를 결정짓는 알려

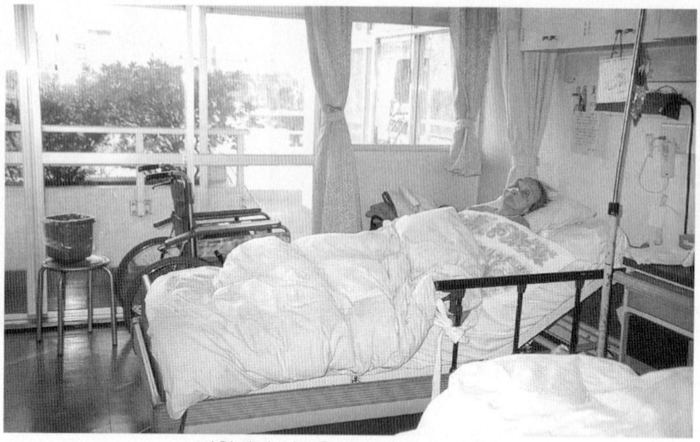

병원에서 임종을 맞이하시는 노인분

지지 않은 미지의 세계에 대한 도전에 적응하여야 한다.

다른 한 편으로 유기체의 생명활동 중단이라는 측면에서 죽음을 이해할 때, 죽음은 기능적 죽음과 뇌사로 나뉠 수 있다. 특히 뇌사를 둘러싼 의료계, 법률계, 종교계, 윤리학계의 뜨거운 논란은 뇌사를 통한 장기기증의 활성화를 도모함과 동시에 죽음에 대한 논의를 햇볕 아래로 끌어낸 역할을 하였다.

(1) 현대의 죽음[3]

얼마 전만해도 죽음을 맞이한 사람들은 가족에 둘러싸여 집에서 죽음을 맞이했다. 그러나 해방이후 많은 인구가 대도시로 이동하고 점차 자녀들은 더 이상 부모와 함께 살지 않게 되었다. 노인들에게는 대도시가 너무 빠르고 급변하는 곳으로 이는 늙고, 병들고, 죽어 가는 사람에게는 적당한 장소가 아니었다. 노인들이 병들거나 죽음이 임박할 때 효율성만을 추구하여 그들은 병원이나 요양원 등의 시설로 보내지게 된다.

예전에는 조부모를 돌보거나 그들의 죽음을 지켜보며 성장하였으나 요즘 아이들은 죽음을 접할 기회 없이 성장한다. '죽음'은 삶에서 있어 가장 분명한 사실이며 현실임에도 불구하고, TV나 비디오 게임, 영화 속에서나 존재한다. 이러한 현실은 인간을 외로움, 소외감, 단절감 등을 느끼게 한다. 따라서 이전보다 더 쉽게 자살이나 살인 등을 생각하게 하며 자신의 죽음뿐만 아니라 타인의 죽음에 대해서도 무감각하게 만든다. 또한 교육에 있어서도 요즘은 초등학교 들어가기 전부터 국어, 영어, 수학 등에 집중하여 정작 감성, 두려움, 고통, 희망과 같은 정서적이며 철학적인 면에 대해서는 관심을 잃어가고 있다. 예전에는 종교나 가족 중심적인 삶이 누군가를 사랑하거나, 잃거나, 무엇인가를 상실하거나, 자신이 죽음에 직면했을 때 어떻게 생각하고 행동해야 하는지를 가르쳐 주었으나 요즘은 종교나 죽음에 대해 심각하게 논하지 않으며, 아무도 이에 대해 가르쳐 주지 않는 것이 오늘날의 모습이다.[4]

위와 같은 변화들은 사망 장소에도 큰 변화를 가져왔다. 임종을 맞고 싶은 장소에 대한 한

3 서혜경 (2008). 고령자의 생과 사, 한국죽음학회지
4 Carl Becker (2006). 미국에서의 죽음준비교육(번역), 한국죽음학회강연회

연구(김은미, 2001)에 의하면 자신이 살고 있는 집(60.5%), 병원(30.5%), 요양시설(4.9%) 순으로 과반 수 이상이 자신의 집에서 죽음을 맞이하고 싶어 하는 것을 알 수 있다. 일본의 경우에도 최근 일본후생성의 조사에 의하면 60~70%정도가 사망장소로 집을 원했지만 실제는 그렇지 못했다. 그 이유는 일본의 사망 원인 제 1위가 암이 되면서 중장기 케어가 필요하여 자택보다는 병원에서 사망하는 경우가 많아졌기 때문이다.

성골롬반의원 가정내호스피스에서 따뜻한 돌봄을 받으시는 말기환자 노인분

죽음의 형태도 그러하고 가족형태의 변화 혹은 병원집중화 등으로 현재는 집에서 부모를 간호한다는 것은 불가능에 가깝게 되어버렸다. 전자는 양친을 돌봐 드리려고 하여도 간호할 사람이 없는 핵가족화 등의 문제이고 후자는 전문병원 또는 종합병원이 됨으로써 죽음의 장소가 병원이라고 하는 시설이 아니고서는 죽음을 맞이할 수 없다고 하는 현상을 보이기 때문이다. 우리는 말기환자가 남은 몇 달 동안 연명하기 위하여 고통을 받아야 하는지? 아님 생명을 연장시키기 위하여 어떤조치라도 취하는 것이 좋은지? 이와 같은 것들은 과연 누구를 위하는 일인지? 마지막을 정말 병원에서 맞이해야 하는지 등의 수많은 어려운 질문에 봉착하게 만든다.

(2) 죽음의 과정

죽음(death)과 죽어가는 것(dying)은 다르다. 죽음은 살아있는 영역에 속하지 않지만 죽어가는 것은 살아가는 과정에 있다. 그래서 죽음의 과정은 정상적인 건강한 상태에서 임종의 상태로 접어드는 과정을 표현한 '임종궤도(Trajectory of dying)' 와 죽어가기 시작하는 시점에서 마지막 숨이 끊어질 때까지 지속기간과 그 진행과정의 모습인 '죽음의 궤도' 로 나누어 볼 수 있다.

먼저, '임종궤도(Glasser & Strauses,1968)' 는 지속기간(duration)과 형태(shape)라는 두 가지 중요한 특징을 가진다. 지속기간이란 임종탄도가 시간을 통해 발생됨을 의미하고, 형태란 임종이 도표로 그려질 수 있음을 말한다. 즉 어떤 유형의 임종궤도는 지속기간이 느리게 또 어떤 것은 매우 급작스럽게 (예를 들면, 급사나 말기암이냐 등에 따라)발생한다. 또한 형태도 어떤 것은 계속해서 내리막길을 나타내고, 어떤 형태는 내려가다가 다시 상승하는 듯하다가 또다시 내려가는 형태를 보인다.

임종궤도는 환자의 질병이나 환자의 성격에 따라 결정되며, 그 유형은 다음과 같다.

〈표 1-1〉 임종궤도의 유형

유 형	내 용
질질끄는 (lingering)유형	실제로 죽는 것보다 훨씬 더 일찍 죽을 것으로 기대되는 환자들에게서 잘 나타나며 임종탄도가 완만한 하강 추세를 보이는 유형
단기적 집행유예 (short-reprieve)유형	환자는 기대하지 않던 죽음의 연기 현상을 보이는 유형
급작스러운 놀라움 (abrupt surprise)유형	회복되는 듯 하다가 갑자기 죽는 환자의 유형
집행유예 판결 유형 (suspended sentence)	환자가 병원에서 집으로 보내지고 그 후 몇 해를 더 살게 되는 유형
입원-재입원 (entry- re-entry)유형	환자가 여러 차례 병원에서 집으로, 집에서 병원으로 옮겨 다니면서 서서히 침몰하는 유형

출처 : 허정무(2002), 노인교육이론과 실천방법론, 양서원, p.501

다음으로 죽음의 궤도란 죽어가기 시작하는 시점에서 마지막 숨이 끊어질 때까지의 지속 기간과 그 진행과정의 모습을 말한다. 글라서와 스트라우스(Glasser & Strauses, 1976)은 어떤 죽음은 그 지속 기간이 매우 짧고 예기치 못한 것일 수 있으며, 어떤 죽음은 그 지속 기간이 매우 길고 예견된 것일 수도 있다고 하였다. 종국적인 상황을 맞는 대부분의 사람들도 오래 살고자 하는 생각을 갖고 그 과정에서 삶을 계획한다. 패티슨(Pattison, 1977)은 인간은 자신의 생활을 설계하고 자신의 활동을 조절하기 위해서 자신의 수명을 예견한다고 한다.

이러한 과정에서 죽음을 인식하는 위기에 직면하면 그 궤도는 두 부분으로 나뉜다. 먼저, 충분히 인생을 산 이후의 적응에 대한 예상이 가능한 '잠재적인 죽음의 궤도(potential death trajectory)' 가 있다. 다음으로는 '실제 죽음의 궤도(actual death trajectory)' 또는 '삶과 죽음 사이(living-dying interval)' 로 급성 위기단계, 만성적 생과 사의 단계, 최종단계로 나눈다. 급성단계 기간에 죽어가는 사람은 최대한의 공포와 불안함을 표현하며 이러한 죽음이 더욱 충격적이다. 반면, 임종의 경로의 만성단계는 사람이 죽음의 현실과 직면하고 죽음의 과정과 미래에 대한 의문에 직면하고 준비함으로써 근심과 걱정, 불안 등이 줄어든다. 마지막 단계는 죽는 사람의 개인적 요인에 의해 특징지워진다(Pattison의 '삶에서 죽음에 이르는 단계', p29~30 참조). 죽음의 단계가 어떤 것이든지 죽음의 원인을 이해하는 것은 유가족의 적응에 도움이 된다. 또 연령대에 따라서 사람들의 죽는 방식과 그 과정이 조금씩 다르다. 나이든 사람들은 젊은 사람들에 비해 죽음 곡선이 길며, 격리된 채로 죽거나 죽을 때 어려운 고비를 겪을 가능성이 높다(Cavanaugh & Blanchard-Fields, 2001).

3) 적절한 죽음(An Appropriate Death), 좋은 죽음(Good Death)과 바람직한 죽음(Dying Well)

죽음의 의미와 관련하여 죽음의 수용이 우리의 죽음목표인지에 대한 의문이 제기되어진다. 이와 관련하여 '적절한 죽음' 의 개념이 죽음과 함께 일하는 사람들에게 대안의 목표로서 제시되어진다.

'적절한 죽음' 이란 사람들이 일반적으로 과거의 성격패턴으로 원하는 대로 죽는다는 것을 의미한다(Kastenbaum, 1977). 개인의 적절한 죽음을 받아들이는 것은 그들이 희망(미래의 긍정적인 참여)의 기분을 유지할 수 있게 하는 것이며(Kastenbaum, 1981) 죽어가는 사람이 중대한 생의 본질을 유지할 수 있게 하는 것이다. 죽어가는 사람은 그들이 '중대한 생의 본질(몇 가지 가치 있는 일을 하고 다른 사람 역시 그렇게 생각하는 그들 삶에 있어서 믿음)' 에 믿음을 가지고 있다면 희망을 유지할 수 있다. 좋거나 적절한 죽음에서 죽어가는 사람은 정돈된 삶을 가져올 수 있다. 인생의 마지막 모습은 개인적인 성장에 도움이 된다(Levy& Gordon, 1987). 다른 희망적인 기대는 죽음을 삶의 유익한 동료로서 보는 것이다(Kastenbaum, 1977). 대부분의 사람들은 가능한 한 죽음을 의미 있게 하기 위하여 그들의 죽음에 대해 통제를 유지하려고 노력한다. 이것은 고별(farewell: 작별)을 말하는 것, 의지를 가지는 것, 계획을 가지는 것, 죽은 후 유가족을 위한 정리와 같은 끝나지 않은 일을 완전하게 하는 것이다(Marshall&Levy, 1990). 적절한 죽음은 보통 부분적으로 얻어지지만 죽음과 함께 일하는 사람들은 그러한 통제가 발휘되도록 그들을 도울 수 있다.

'좋은 죽음' 이란 살아온 모습을 집대성한 것이 죽음이라고 할 때 좋은 죽음은 곧 좋은 삶을 말한다. 대부분의 노인들은 나이가 들면서 가족이나 친구의 죽음을 대하거나 질병으로 고통받는 그들의 모습을 보면서 죽음에 대해 끊임없이 생각하게 된다. 이러한 가운데 노인들의 바람은 자신의 집에서 정신적으로 온전한 상태에서 가족들과 친척들에게 둘러싸인 채 조용하고 평화로운 죽음을 맞이하길 바란다. 한국노인이 인지하는 '좋은 죽음' 이란 어떤 의미인지에 대한 연구(김미혜, 2004)에 의하면, '부모를 앞선 자녀가 없는 죽음,' '자녀가 임종을 지켜주는 죽음', '자식에게 부담을 주지 않는 죽음', '부모 노릇 다하고 맞는 죽음', ' 고통 없는 죽음', '천수를 다한 죽음', '준비된 죽음' 등 이였다. 즉 한국에서 말하는 '복(福)있는 죽음' 과 같은 의미로 한국노인들은 하늘이 주신 목숨을 다하고, 살아 있는 동안 삶을 통해 죽음을 준비하여, 깨끗하고 고통 없이 삶을 마감하길 마라며, 자손들을 배려하고 그들의 안녕을 바란다고 한다(3장 노인의 죽음에 관한 연구, p55, 56, 57 참조).[5] 또한 미국의 Morton(2003)[6]은

5 김미혜,권금주,임연옥 (2004). 노인이 인지하는 '좋은 죽음' 의미연구 – '복(福)있는 죽음' 한국사회복지학 ,제56권 제2호, p.195–213.

6 Morton(2003). www.mi-reporter.com/sited/story1474

'바람직한 죽음(dying well)'은 신체적 고통이나 정신적인 불안이나 두려움 없이 자기가 살던 집에서 사랑하는 사람들과 함께 신체적 접촉(손을 잡거나, 얼굴을 어루만지거나, 포옹하는 등)과 애정을 서로 나누면서, 맑은 정신을 가지고, 주치의 · 친지 · 가족 등과 함께 임종 과정을 보내면서 죽음을 맞이하는 것이라고 하였다.

위의 결과에서 보여주는 것과 같이 적절한 죽음, 좋은 죽음 그리고 바람직한 죽음은 국적을 떠나 다음과 같은 조건을 갖춘다. 따라서 우리는 좋은 죽음을 맞이하기 위해 아래의 조건들이 실천될 수 있는 삶을 살도록 해야 할 것이다.

Tips

좋은 죽음을 맞이하기 위한 조건

- 죽음이 다가오고 있다는 것과 무엇을 기대할 수 있는가에 대해 알고 있어야 한다.
- 일어나는 일들을 합리적으로 통제할 수 있어야 한다.
- 존엄성과 개인성을 보장받아야 한다.
- 고통완화와 다른 여러 증상들에 대해 적절한 통제를 할 수 있어야 한다.
- 어디서 죽음을 맞이할 것인가에 대해 선택할 수 있어야 한다.
- 자신의 상태에 대한 정보나 전문가의 의견이 어떤 종류이건 접할 수 있어야 한다.
- 영적인 후원이나 정서적인 후원이 필요할 때 그것에 접근할 수 있어야 한다.
- 어디에 있든(집, 병원 등)호스피스나 완화의료적인 돌봄(palliative care)에 접근할 수 있어야 한다.
- 내 곁에 누가 있어야 하고 마지막을 누구와 함께 하고 싶은지에 대한 발언권이 있어야 한다.
- 자신이 원하는 바가 존중된 사전의료지시서(혹은 사전 유언장)을 만들 수 있어야 한다.
- 마지막 작별 인사를 할 시간을 가져야 한다.
- 이 세상을 떠날 시간이 되었을 때 임종을 맞을 수 있어야 하고 삶을 공연히 연장시키지 않을 수 있어야 한다.

출처 : Richard Smith, 「A Good Death」, British Medical Journal 320, p. 129-130 인용

2. 죽음에 대한 정의 및 죽음의 단계

『죽음에 대한 개념과 정의』는 매우 애매한 문제이며 어떻게 정의하느냐는 사회문화권에 따라 다르고 죽는 장소와 시기에 따라 각양각색이다. 성별, 연령, 학교, 종교 건강상태 등의 개별적 특성 더 나아가 가치관, 철학에 따라 달라지기 때문에 죽음의 개념이나 의미를 규정한다는 것은 그리 간단한 문제는 아니다(임춘식,2001). 그럼에도 불구하고 죽음에 대한 정의는 다양한 학문 영역에서 학자에 따라 매우 다양하게 제시되고 있다.

역사적으로는 죽음을 단지 생물학적으로 죽음의 상태에 있는 사람을 죽은 사람으로 설명해 왔으며, 오늘날 현대사회에서는 죽음에 대한 정의가 예전에 비해 상대적으로 철학적이고 과학

적인 데이터를 근거로 다양한 학문 영역에서 설명하고 있다. 그러나 죽음에 대한 발생을 결정하는 것은 생명이 멈추었음을 직접적 · 객관적으로 관찰하는 것에 의해 결정하고 있으며, 죽음에 대한 사인들은 어떻게 죽음을 정의하는가에 따라 다르게 해석된다.

기존 연구에 나타난『죽음의 정의』를 종합해 보면, 죽음은 살아 있는 상태의 종결을 의미하는 것으로 죽어가는 과정(dying)이 끝나는 것을 의미한다. 이 때 죽어가는 과정, 즉 임종이란 광의로는 출생의 순간부터 시작되는 것으로서 삶의 과정 전체와 동일한 과정이며, 협의로는 다시 삶을 회복할 수 있는 가능성이 희박한 상황에 놓여진 상태를 의미하는데 우리는 주로 협의의 개념을 사용한다. 이러한 임종과정이 종결되어 죽은 상태로 전환하는 것을 죽음이라 한다. 그러나 이러한 죽음의 개념은 다양한 유형의 죽음을 모두 포괄할 수 없으므로 좀 더 다양한 측면에서 정의를 내려야 하겠다. 예를 들면, 로버트 비에취(Robert Veatch, 1989)의 경우 죽음에 대한 정의를 상실과 관련하여 설명하고 있으며, 김중호(2003)는 인간의 죽음을 임상적 죽음과 뇌의 죽음, 사회적 죽음, 신학적 죽음의 네 가지로 구분하여 설명하고 있다.

그 외도 법적인 측면과 의학적인 측면에서 죽음을 정의한 것도 있다. 죽음의 정의 문제는 기본적으로 철학의 문제이나, '죽음판정의 육체적 기준'과 '죽음의 판정기준 충족여부' 문제는 의학적 문제이다. 모든 것을 의학적 측면에서만 의존하여 판단하려고 할 경우 문제가 발생하게 된다. 예를 들면 심폐사나 뇌사 등 죽음 판정의 육체적 기준과 관련되는 문제가 마치 '죽음의 정의' 처럼 논의됨에 따라, 영혼의 존재 내지 사후세계 문제 등에 대한 철학적, 종교적 접근을 통해 죽음을 폭 넓게 규정하기 못하고 인간을 물리적인 유기체로만 판단하는 우를 범하게 한다. 따라서 죽음의 정의와 관련하여 의학적, 법적인 문제도 논의에 포함되어야 하겠지만 그러한 논의에 앞서 인간의 삶과 죽음, 생명 혹은 영혼의 문제라는 보다 큰 차원에서 죽음이 진정 무엇을 의미하는지, 인간으로서 존엄한 죽음은 어떤 죽음이어야 할지 심사숙고해야 한다. 이처럼 죽음에 대한 정의는 다양하며 문화와 사회, 학문 영역에 따른 폭넓고 다양한 정의를 적용하고 있다.

1) 죽음의 정의

죽음에 대한 정의에 앞서 먼저 죽음의 유형을 살펴보면, 생물학적 죽음, 의학적 죽음, 사회적 죽음, 신학직 죽음, 법적 죽음으로 나눌 수 있다.

〈표 1-2〉 죽음의 유형

죽음의 유형	내용
생물학적 죽음	호흡정지, 심장정지, 동공확대를 죽음의 판단기준으로 하는 이른바 삼증후설에 근거하여, 인간의 장기 기능이 정지된 상태를 의미함,

의학적 죽음	모든 체세포의 기능 상실로 생체가 기능하는데 필요한 화학적, 물리적 또는 전기·생리적 활동을 잃게 되어 인체의 세포가 불가역적인 상태로 변화한 것을 의미. 즉 뇌 또는 호흡이나 심장박동의 완전한 정지
사회적 죽음	생명은 유지되고 있지만 인간으로서의 기능을 전혀 할 수 없는 상태, 식물인간이 대표적 예, 의학적 법적 죽음이 전제되어야 함.
신학적 죽음	생명체의 기능이 완전히 정지된 상태에서 인간의 생명이 신에게 귀의하는 것을 말함, 철학적 정의로는 생각의 정지
법적 죽음	의사가 죽음을 판정한 후 이를 기초로 죽음을 법적으로 인정한 경우를 말함.

출처 : Zastrow, Charles(2005)Introduction to social work and social welfare, p.406-411 인용

이러한 죽음의 유형을 토대로 죽음에 대한 정의는 다음과 같이 정의할 수 있다.

(1) 학회 및 사전 상 죽음의 정의

대한의학협회(1983)의 죽음의 정의는 '심장기능 및 호흡기능과 뇌반사의 불가역적 정지 또는 소실'을 죽음이라 하였다. 표준국어대사전(국립국어원, 2007)에는 죽음을 사, 끝장, 죽는 일, 생물의 생명이 없어지는 현상, 세포내의 연속적인 생리적 변화가 불가역적으로 되어 정지하는 상태로 정의하고 있다. 웹스터(Webster)사전에 정의된 죽음은 동식물에 소생의 가망성이 없는 모든 생체기능의 영구적 정지, 생명의 종결, 죽는다는 사실이나 행동 및 과정이라고 하였고 임종은 생명이 끝나는 것, 죽음이 임박하는 것, 점차 소멸하는 것이라고 하였다. 또 세계보건기구(WHO)는 소생할 수 없는 삶의 영원한 종말이라 정의하였다.

(2) 로버트 비에취(Robert Veatch)의 죽음에 관한 정의[7]

Robert Veatch는 죽음에 대한 정의를 4가지 차원으로 나누어 설명하고 있으나 공통적으로 죽음을 상실과 관련하여 설명하고 있다.

〈표 1-3〉 로버트 비에취(Robert Veatch)의 죽음의 정의 4가지 차원

4가지 차원	죽음의 정의
공식적 · 일반적 의문과 관련	생체액(vital fluids)유동기능의 불가역적 상실로 정의, 즉 죽음을 결정하기 위해서는 심장, 혈액, 허파, 호흡을 관찰하여 죽음의 여부를 판별함.
상실은 무엇인가라는 의문과 관련	신체로부터 영혼의 불가역적 상실로 정의, 즉 영혼의 유무로 죽음을 판별함. 많은 문화권에서 이것을 기준으로 죽음을 판별함.

7 임춘식, 김근홍 외 (2007). 노인복지학 개론. 학현사, p.333.

죽음의 영역과 관련 (조직의 어디를 확인할 것인가)	신체적 통합능력의 불가역적 상실로 정의. 인간을 통합적 존재로 인식하여 신체 내부 환경의 통합능력의 상실여부를 죽음으로 정의함.
죽음의 판별과 관련 (어떤 기술적 검사가 적용되어야 하는가)	사회적 상호작용 또는 의식적 능력의 불가역적 상실로 정의. 인간이 생존하기 위해서 생물학적 기능에 사회적 측면도 존재해야 함을 강조

(3) 법률상의 정의

우리나라 민법은 "사람은 생존한 동안 권리와 의무의 주체가 된다(제3조)."고 규정하고 있으므로, 자연인 사망으로 인해 권리능력을 상실하게 된다. 즉 사망은 자연인의 일반적 권리능력의 유일한 소멸원인이다.

2) 죽음의 단계[8]

대부분의 사람들은 그들의 죽음에 관하여 어떠한 결정을 내리는 기회를 가지게 된다. 마지막 인생의 6개월을 어떻게 보내고 싶은가를 물어 보았을 때, 젊은이들은 여행 그리고 이때까지 하지 못했던 일들을 해보는 것과 같은 활동을 말하는 반면, 노인들은 깊은 생각, 명상과 같은 좀 더 내면적 중심의 활동을 말한다. 이처럼 사람마다 죽음에 대해 반응하는 양식에는 차이가 있지만 상실에 대해 공통적인 심리적 반응들을 보이게 된다. 또한 죽어가는 과정은 개인적인 성격과 인생에 대한 철학, 특정한 병, 사회적 환경(감정을 표현하도록 독려하는 가족과 함께 있는 경우와 병원에서 홀로 있는 경우)에 따라 형성이 다르게 되어 진다(Hooyman, 2000). 죽음에 단계를 이해하기 위한 구조 중 가장 광범위하게 알려진 것 중의 하나인 엘리자베스 큐블러-로스(Elizabeth Kübler-Ross)의 심리적 죽음의 단계와 패티슨(Pattison)이 말하는 죽음의 단계를 통해 이해해 보고자 한다.

(1) 큐블러-로스의 심리적 죽음 단계[9]

사람들이 어떻게 죽음에 대처하는지에 대한 견해로 가장 널리 인용되는 것은 엘리자베스 큐블러-로스(Elizabeth Kübler-Ross)이론이다. 이 이론은 정신과 의사인 큐블러-로스의 견해로 실업, 유산, 혹은 절도에 의한 상실 등 여러 가지 잃어버리는 경험을 응용한 것으로 죽어가

8 Hoyer eral (1999). Adult Development and Aging.

9 카스텐 바움(1975)은 개인마다 다른 반응과 형태를 나타내면서 죽어가기 때문에 죽어가는 과정에 대해서 일반적이고 보편적인 양식을 제시하는 것은 타당치 않다고 주장했다. 이러한 비판에 대해서 큐블러-로스는 자신의 이론의 약점을 인정하고 자기의 이론을 죽음으로 가는 '단계'라고 명명하기 보다는 죽음에 대하여 나타내는 '5가지 반응'이라고 정정한바 있다(김경희 2008, 발달심리학, 학문사). 죽음의 과정과 단계의 차이에 대해서는 앞으로 더 많은 논의가 필요하다.

는 과정에는 단계가 존재하며, 암으로 죽어가는 말기 환자 200명을 대상으로 실시한 심층면접을 통해 죽음에 직면한 사람들이 나타내는 5가지 단계의 죽음의 심리적 존재를 확인하였다.

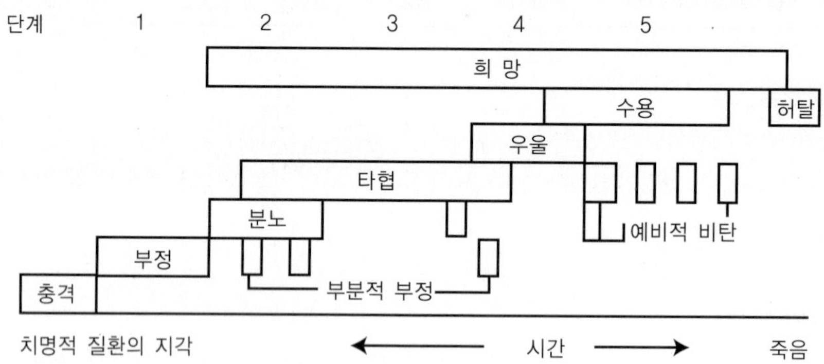

출처 : 이호선(2005). 노인상담, 학지사. p325 재인용

〈그림 1-1〉 죽음에 대하여 나타내는 '5가지 반응'

가. 부정과 고립(denial and isolation)의 단계

말기적인 질병에서 처음 나타나는 공통의 반응은 부정 또는 고립이다. 대부분 사람들은 죽음에 대한 선포에 대해 자신에게는 일어날리가 없는 일이라거나 진단이나 결과가 잘못된 것이라고 부인한다. 부정은 충격과 같으며 하나의 전환적 방어로 여겨진다. 이는 개개인의 재정, 끝나지 않은 과업, 유족들을 위한 정리와 같은 문제들과 직면했을 때에야 비로소 자신의 죽음을 점점 더 받아들이게 되는 것으로 바뀐다.

부정은 초기에는 유익한 완충제이다. 그러나 사람들이 걱정과 근심에 대해 얘기하려 들지 않는다면 오히려 '부정'은 죽어가고 있는 사람이 다음 단계로 가는 것을 저지할 수도 있다.

나. 분노(anger) 단계

죽음에 임박한 사람은 죽음을 부정하는 것을 더 이상 유지하는 것이 소용없다는 것을 깨닫게 된다. 그러면서 분노, 분개, 격노, 그리고 부러움이 직접적으로 표현된다. 죽어가는 사람은 왜 하필이면 내가 죽어야 하는가 하는 것에 초점이 주어진다. 이 단계에서는 환자의 분노가 의사, 간호원, 병원 의료진, 가족구성원, 그리고 하나님에게 전이되고 투사되기 때문에 점점 더 환자를 보살피는 것이 어려워진다. 또한 기피와 약제 등의 투여중지로 이어질 수 있다. 환자가 상실의 고통을 깨닫는 것은 큰 고통이기 때문에 생명, 에너지, 그리고 유능한 역할을 상징하는 사람들은 죽어가는 환자의 분노와 질투의 표적이 된다. 따라서 이 시기에는 주위에 돌봐주는 사람들에게도 가장 참기 힘든 어려움이 있을 수 있다.

일본독립영화 IKiru(いきる)(살다)의 한장면(부록 8-8 p.588 참조)

다. 타협(bargaining) 단계

환자는 죽음이 연기되거나 늦추어질 수 있다는 희망을 가지게 된다. 어떤 환자는 죽음을 늦추고자 잠시 동안 타협 혹은 협상(종종 하나님과)의 기간을 가지기도 한다. 심리적으로 이러한 사람들은 다른 사람에게 봉사하거나 하나님에게 헌신하는 생활을 택함으로써 개혁된 삶을 살아가는 댓가로서 단지 몇 주, 몇 달, 몇 년을 연장하려고 노력한다.

라. 우울(depression) 단계

죽어 가는 환자는 자신의 죽음을 확실하게 받아들이기 시작한다. 죽음의 마지막 분리에 대해 자연스럽게 슬퍼하는 과정이 나타나게 되는데, 구체적인 증상이 점점 더 심해지는 것을 깨닫게 되면서 우울과 예비적인 슬픔이 나타나기도 한다. 죽음에 임박한 환자는 종종 조용하고, 방문자를 거절하고, 울거나 슬퍼하면서 많은 시간을 보낸다. 이는 죽어가는 사람이 분리를 준비하는 방법으로 사랑했던 사람들로부터 물러나는 것이다. 이 단계의 환자들은 그들 자신의 죽음, 특별한 재능이나 능력의 상실, 이전의 만족감과 안녕감의 상실, 그리고 그들의 경험(과거, 현재, 미래)의 상실에 대해서 슬퍼한다. 죽음에 직면한 사람은 심사숙고할 필요가 있으며 임박한 죽음에 대하여 슬퍼하는 것이 필요하기 때문에 이 단계에서 환자를 격려하려는 시도는 피해야 한다.

마. 수용(acceptance) 단계

죽어가는 사람이 노여움과 절망과 같은 초기의 느낌을 다루고 표현하는 것을 허용하거나 할 수 있을 때에 도달할 수 있다. 환자는 안도감, 운명에 대한 독특한 수용, 그리고 많은 경우 혼자서 있고 싶어 한다. 죽어가는 사람은 이제 개인적인 일을 성취했고 죽음과 나 자신등과의 싸움은 끝났다는 감정을 가진다. 이 단계는 감정이 결여된 상태로 신체적 통증과 불편이 종종 없어진다. 큐블러-로스는 이 단계를 긴 여행을 떠나기 전 그리고 투쟁의 끝에 이르기 전의 마지막 단계로서 묘사한다. 그는 또한 죽어가는 과정은 성장의 시간이 될 수 있음을 강조하였다. 죽음의 불가피함을 받아들이면서 죽어가는 사람들은 삶을 의미 있고 생산적으로 사용할 수 있으며, 그들 자신과 진정으로 타협할 수 있다. 죽음의 과정은 '우리들의 가장 훌륭한 선생님'이기 때문에 함께 일하는 사람들은 그들로부터 배울 수 도 있고, 때로는 이러한 경험 때문에 그들의 죽음과정에 거의 없었던 두려움이 드러날 수도 있다고 한다(Hooyman, 2000, 재인용).

또한 죽어가는 사람들 모두가 큐블러-로스에 의해서 기술된 심리적인 다섯 단계를 모두 거친다고 독자적으로 확신할 수 있는 사람은 아무도 없다.[10] 여기에는 개인과 문화적 차이가 존재한다. 예를 들면 일본인의 경우 암이라는 진단을 받았을 때 대부분이 희망을 가지며, 서양 사람들에 비해 타협의 단계가 없다. 아마도 이것은 인간을 대자연의 일부로 생각하는 동양문화에서 비롯된 것으로 생각할 수 있다.[11] 우리나라 연구(왕매련, 1990)에서도 말기 환자가 경험하는 심리과정을 큐블러-로스의 죽음에 대한 5단계와 비교한 결과 5단계 반응 외에 ① 부정하면서 의심하거나, ② 부정하면서 수용을 하고 있는 심리상태, ③ 죽음을 수용하고 있지만 끝까지 기적을 바라는 기대감을 포함하는 상태, ④ 수용이라기보다는 포기해버리는 심리상태 등을 볼 수 있다.[12] 또 큐블러-로스의 연구는 사후 삶에 대한 종교적인 가정들과 주장들은 과학적이고 이론적인 측면에서 비판을 받기도 했으며, 그녀의 연구가 주로 젊은 성인들을 표본으로 하였기 때문에 노인들에게까지 일반화 시키는 데 한계가 있음을 지적받아 왔다. 그러나 이러한 검증되지 못한 단점을 가지고 있음에도 불구하고 큐블러-로스의 이론은 죽음에 대한 대중인식확대와 죽어가는 과정의 필요성과 함께하는 사람들의 역할 등을 촉진시켰던 개척자였으며(Hooyman, 2000, Glaser&Struss, 1968), 죽음에 직면하는 가장 보편적인 방법으로 인식되고 있다.

(2) 패티슨(Pattison)의 '삶에서 죽음에 이르는 단계'

패티슨(E. Mansell Pattison, 1977)은 '생애궤도(trajectory of life)'를 우리가 기대하는 생애주기 그리고 인생을 살아가는 방식에 대한 계획을 수립하는 것이라고 정의하였다. 질병과 심각한 부상을 당하게 되어 우리가 기대한 생애주기를 수정해야 할 경우, 우리는 기대했던 것보다 매우 빠르게 죽게 된다는 것을 인식하기 때문에 생애궤도는 수정되어야만 한다고 하였다. 패티슨(Pattison)은 우리가 생각했던 것보다 일찍 죽게 된다는 것을 발견한 것과 우리가 실제로 죽는 시기와의 시간 간격을 '삶-죽음의 간격(living-dying interval)'이라고 부른다.

삶-죽음의 간격은 급성, 만성, 말기 세 가지 단계 특징이 있다. 삶-죽음의 간격에 있는 사

10 Kastenbaum (1981). Shneidman, 1992
11 Shneidman (1992). http://homedoctor.hanafos.com. 죽음의 개념. 건강자료실.
12 왕매련 外 ('90.10). 호스피스케어에 대한 평가 연구 : 세브란스호스피스 중심으로. 대한간호협회, 대한간호 157 ,p.51-72.

람들을 상담하는 사람들의 목표는 첫 번째 단계인 급성 단계에 대처하도록 돕는 것이고, 두 번째 단계 즉 만성단계를 통하여 가능한 합리적으로 살아가도록 도움으로서, 그들이 세 번째인 마지막 단계로 들어가도록 하는 것이다. 패티슨은 질병의 성격에 따라 각 단계의 사람들은 다양하게 차이가 나는 기간을 보내게 됨을 알아내었다. 예를 들어, 어떤 질병은 단지 몇 주 동안 만성적인 삶-죽음의 유형에 있게 된다. 어떤 질병들은 느리고 지체되는 질환이나 병 혹은 나빠져 가는 심장 상태를 가진 사람들에게는 몇 달 혹은 몇 년의 늘어난 기간을 가져다준다. 패티슨은 개인의 반응과 대처하는 욕구로서 각각의 단계를 묘사한다.

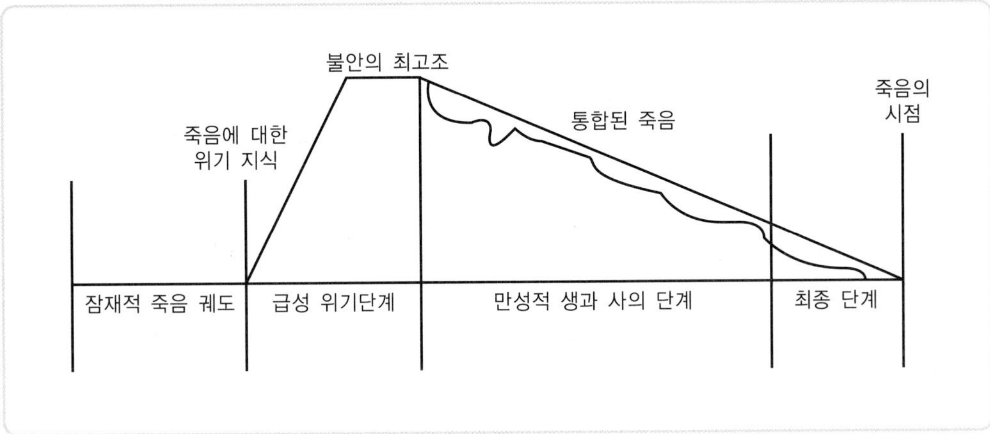

〈그림 1-2〉 죽음의 궤도 모델 (출처 : Pattison(1977)[13], p.44)

가. 급성 위기 단계

사람들은 아마도 그들의 인생에서 가장 심각한 위기에 부딪히게 된다. 그들이 생각했던 것보다 빨리 죽게 된다는 것과 그들이 희망했던 것을 성취하거나 경험하지 못하게 될 것이라는 깨달음은 사람들을 그들이 직면하고 있는 과도한 두려움과 스트레스를 다루기 위해서 움직이지 않거나, 높은 수준의 근심을 경험하거나, 몇 가지의 방어기제를 행사하게 한다. 이 단계는 다른 사람으로부터 많은 정서적인 지지가 필요하고 그들이 죽게 될 것이라는 사실을 이성적으로 다루도록 도와주는 것이 필요하다.

나. 만성적 생과 사의 단계

13 이호선 (2005). 노인상담, 학지사 p323 재인용

이 단계에서는 사람들이 죽음의 두려움에 직접적으로 직면하기 시작한다. 외로움, 고통, 사랑하는 사람과의 이별, 그리고 모르는 것에 대한 두려움이 종종 표면화된다. 건강 전문가들은 인생에 관한 시각과, 방어기제를 갖게 해주고, 죽음과 기본적인 두려움에 관한 공개적인 토론을 하게 함으로서 죽음에 임박한 사람들을 도울 수 있다.

다. 최종 단계

더 좋아질 것에 대한 희망을 철회하기 시작하고 더 나빠지게 될 것이라는 것을 깨닫게 된다. 이 단계의 끝에서 사람들은 내성적이 되어가고, 사람들과 일상의 경험으로부터 스스로 거리를 두려고 한다.

큐블러-로스의 단계가 모든 사람에게 고정된 것이 아니며 변하기도 하듯이 패티슨(Pattison)의 죽음의 단계도 모든 사람의 죽음을 서술하는 유일한 궤도를 나타내는 것은 아니다. 사람들마다 세 단계 각각에서 소모하는 시간의 양이 다르다. 어떤 사람에게는 죽음이 준비할 시간이 거의 없는 빠르고 갑작스러운 것이고, 다른 사람에게는 몇 년 동안 계속되는 준비이기도 하다.

죽음에 임박한 사람은 '죽어 가는 경로(dying career)' 에 개입되어 있는데, 이것은 한 사람이 살아갈 시간이 제한되고 유한하다는 것을 깨닫기 시작하는 것을 뜻한다고 마샬과 레비(Marshall & Levy, 1990)는 제시하고 있다. 최근 맥케빈과 그램링(McCain & Gramling, 1992)은 AIDS에 대처하는 17명(21살에서 71살까지)의 죽는 과정의 연구를 통해 죽어가는 경로에서 ① 죽음과 같이 살아가기, ② 질병과 투쟁, ③ 지쳐버리기의 3가지 과정을 제시하였다. 이 연구를 통해 인간의 죽음은 죽는다는 것을 감정적으로 알게될 때부터 죽어가는 경로가 시작됨을 알 수 있다.

3. 죽음학의 탄생[14]

인간은 죽음을 정면으로 부딪치지 않으려고 의식적 또는 무의식적으로 피하고 있다. 죽음 그 단어조차 꺼려하며 상대적으로 불안 공포 혐오 등을 증가시키는 것은 미지에 대한, 고독에 대한, 애도에 대한, 가족과 친지를 떠나는 데에 대한, 몸이 없어짐에 대한, 자아통제 또는 능력 상실에 대한, 아픔과 고통에 대한 그리고 퇴행 등과 같은 수많은 두려움과 불안 때문일 것이

14 서혜경 (2008). 고령자의 생과 사, 한국죽음학회지

다. 이를 잘 극복하지 못했을 경우에는 사회적인 부적응 및 건강하지 못함을 초래할 수 있지만 이와 반대로 죽음을 직시하고 이해할 수 있게 된다면 나머지 인생에서 일어나는 갖가지 어려움 변화들을 적극적이고 생산적으로 잘 대처할 수 있을 것이다. 즉 죽음은 누구에게나 찾아오는 가장 보편적이고 절대적인 현실이며, 어느 누구를 막론하고 피할 수 없는 반드시 거쳐야 할 과정으로 생을 위한 필수조건이다. 죽음에 대해 생각하는 것은 삶에 대한 경건한 생각을 심어준다.

우리는 죽음관련 학문을 '죽음학'이라 쓰고 있으며, 일본의 경우는 '사생학', 미국에서는 'Thanatology(죽음의 thanatos와 학문의 logos를 합쳐서 만든 합성어)'로 쓰이고 있다. 또한 관련학자들을 'Thanatologist'(생사학자 또는 죽음학자)라고 부른다. 이 명칭에는 '죽음'이란 죽음의 정지만을 의미하는 것이 아니라 죽음으로 향하는 즉 죽어가는 과정도 포함한다.

허먼(Herman Feifel)

죽음학에 대한 기본적인 지식, 기초적 문제 등은 1956년 허먼(Herman Feifel)의 「죽음의 의미 (The meaning of death)」라는 책이 출간된 후에 계속 심화되고 있으며 또한 Kübler-Ross의 「죽음과 죽어가는 과정 (On death and dying)」이 발표됨에 따라 더욱 가속화되었다. 국내의 경우는, 1978년 초 서강대 교양학부에서의 죽음관련 강좌를 비롯하여 「삶과 죽음을 생각하는 회(1991)」, 「한국 호스피스 협회(1991)」, 「한국죽음학회(2005)」 등의 단체들이 탄생했고, 요즘 노인분야에서는 노인관련기관을 비롯하여 몇몇 대학에서 죽음준비교육 등이 조금씩 다루어지고 있다. 또한 종교관련단체들을 중심으로 한 호스피스 · 완화케어 등도 실행되고 있지만 아직까지 학문적으로나 실천적인 면에서 해야 할일이 많이 남아있는 실정이다.

일본의 경우는 '사생학' 에 대해 크게 3가지 유형으로 나눈다. 우선, '사생학'을 종래의 의학의 틀에서 생각하려는 입장이다. 특히 법의학, 해부학의 기초의학 예를 들면 사체의 조사, 사망시기의 판정, 사인의 확인, 사체의 신원확인, 사체해부 등에 관한 학문을 말한다. 두 번째는 '사(死)'를 심리학, 사회학, 정신의학, 간호학 등의 입장에서 연구해 나가려는 입장으로 의학적 심리학적 방면에서 죽어가는 말기환자의 심리나 유족의 애도, 그 사회적 측면에서의 접근, 나아가서는 그들의 케어의 방법, 자살이나 안락사 등의 연구이다. 세 번째로는 철학, 윤리학, 종교학, 신학, 문화인류학 등의 입장에서 연구해 나가려고 하는 접근이다(平山正實, 1991).

학계에서는 아직 죽음학에 대한 개념 및 정의에 관해 학문간에 합의된 바 없지만 지금까지 논의된 영역으로 본다면 의학적 관점, 사회문화적 관점, 종교적 관점과 사회복지적 관점으로 접근가능하다고 본다. 그러나 일본과 마찬가지로 이 학문의 필요성들은 대두되고 있지만 과연 인간의 존엄성, 영혼의 존엄성, 인간의 사의 존엄이라고 하는 인간존재의 고귀한 측면이 이 학문에 어느 정도 반영될 수 있을까 또는 거기까지 파고 들어가는 학문이 되지 않는다면 공허한 학문이 될 수 있지 않을까 하는 우려 등이 섣불리 접근하지 못하는 이유이다.

일본의 사생학의 권위자인 조지대학의 알폰스 데켄 교수는 일본의 사생학 연구가 학문으로서 유지해 나가기가 힘들 것이라고 하였다. 그 이유는 의학 관련학문들이 실제 테크닉(기술) 등을 우선적으로 여기는 경향이 크기 때문이다. 예를 들면 의학부에서는 사인의 해명, 종말기의 케어에 대한 검토 등은 하고 있지만 '사' 자체를 학문으로서 다루는 것은 아직 진행하고 있지 못하다는 것이다. 이와 같은 상황에서 일본의 경우는 1960년대부터 미국 터미널 케어에 관심을 갖고 일본죽음임상연구회를 발족했으며, 이어 일본 최초의 호스피스가 개설되고 병원 안에 완화케어 병동이 생기면서 1992년부터는 입원비가 신설되어 의료보험 지불이 적용되기 시작했다. 이어 1993년에 일본의 「바이오 타나토로지(Bio-Thanatology)」라고 하는 학회가 탄생되었다. 의학교육에 있어서 '사(死)'를 간호한다고 하는 '종말기 교육', 또는 임종환자에 대한 접근을 통해 서서히 교육적 관심이 모아지기 시작했다.

의학교육에 있어서는 죽음이란 의료의 패배라 여길 수 있다. 의학을 배우는 사람이라면 누구나 죽음의 존재를 부정할 수는 없음에도 불구하고 가까운 사람의 죽음이나 자기의 죽을 때를 깨닫기 전까지는 인간의 죽음을 생각하지 않으려 한다. 그들에게 있어서 의학이란 '사람의 생(生)을 향하는 학문'이므로 사람을 살리기 위한 많은 연구와 노력들을 하고 있다, 그러나 '어떻게 잘 죽는가(well-dying)'에 대한 질문은 금기시되어 왔다. 그런 상황에서 의사들이 임종상황을 맞이해야하므로 의학이 생(生)의 학문 일뿐만 아니라 사(死)에 대해서도 더 깊은 생각을 가져야 한다. 죽음학이 해야 할 역할은 앞에서 말한 것처럼 여러 과학의 기반에 서서 인간의 생을 조사하는 기초적인 학문으로 받아들일 수 있도록 발전시켜 나가지 않으면 안 된다.

제 1 부
삶과 죽음의 이해

제2장 죽음에 대한 발달론적 견해, 태도 및 이론

- 죽음에 대한 발달론적 견해
- 죽음에 관한 태도
- 죽음불안 및 공포에 대한 이론들
- 죽음에 대한 다양한 심리학적 이론들

나이드는 것은 단순히 쇠락만은 아니네, 그것은 성장이야. 그것은 곧 죽게 되리라는 부정적인 사실 이상이야. 그것은 죽게 될 거라는 것을 이해하고 그 때문에 더 좋은 삶을 살게되는 긍정적인 면도 지니고 있다구… 불교도들이 하는 것처럼 하게, 매일 어깨위에 작은새를 올려놓는거야. 그리고 새에게 오늘이 그날인가? 준비가 되었는가? 나는 해야 할 일들을 다 제대로 하고 있니? 라고 묻지

미치엘봄, 공경희 옮김(1997), 모리와 함께하는 화요일

02 제2장 죽음에 대한 발달론적 견해, 태도 및 이론

죽음에 관한 태도는 문화, 가족가치, 인지적 · 정서적 성숙도와 상관이 있으며(Kastenbaum, 1985) 나이가 들어감에 따라서 변하게 된다. 그러므로 인간발달에 따라 죽음에 대한 견해 및 태도 또한 변화한다. 기브니(Gibner), 케인(Kane), 쿠커(Kooker), 내기(Nagy) 등은 죽음의 개념을 연구하면서 연령에 따라 죽음의 개념을 다양하게 해석 할 수 있다고 주장했다.

제 2 장에서는 죽음에 대한 견해를 인간의 발달단계에 따라 나누어 살펴보고, 사회 문화적 차이에 따라 변화되는 죽음에 관한 태도를 알아본다. 또한 인간이 느끼는 죽음불안 및 공포에 관한 이론들을 학자들마다 제시함으로서 다양한 죽음에 관한 태도를 이해할 수 있도록 하며 더불어 학자들의 심리학적 이론들을 통해 죽음에 대한 이해를 더하고자 하였다.

1. 죽음에 대한 발달론적 견해

1) 아동기

어린이에게는 사랑하던 사람의 죽음을 설명하는 것이 어렵다. 죽음을 가르쳐 주는 방법이나 사용할 용어들은 어린이의 연령과 이해 수준에 따라 크게 달라진다.

3~5세 이하의 어린이는 죽음을 이해하지 못하며, 자기들에게 죽음이 어떤 영향을 주는지 모른다. 이 시기의 어린이들은 죽음이 끝이라고 생각하지 못하며, 죽음을 일시적으로 이해하며 잠자는 것으로 생각하여 곧 돌아올 것이라고 생각한다. 4세의 어린이는 무덤을 죽은 사람들이 사는 곳이라고 생각한다. 이 시기에는 죽음이란 것이 무엇인지를 설명해야만 오해나 갈등, 잘못된 상상의 인식에서 벗어날 수 있다. 또한 이 연령에 속한 어린이는 자신에게 죽음의 책임이 있다고 믿을 수 있기 때문에 '네가 말 안들어서 00가 죽었다.' 등의 말로 자신 때문에 죽었다는 죄책감을 주어서는 안 된다.

5~9세 어린이는 죽음이란 나쁜 사람이나 귀신이 와서 데리고 가는 것으로 생각한다. 죽음은 마지막이라고 인식하고 감기 걸리는 것처럼 전염되는 것이라고 믿어 부모가 사망한 아이들과 어울리기를 피하기도 한다. 어린이들의 죽음에 관한 이해에 대해 비교 문화적으로 연구한 것은 드물기는 하지만 피아제(Piager)의 발달과정에서 전조작기적 사고의 특성을 보이는 7-8

살 어린이들은 죽음이 보편적이며, 피할 수도 없으며, 되돌릴 수도 없는 것임을 이해하지 못하는 것처럼 보인다. 대부분의 전조작기 어린이들은 죽은 사람이 단지 이 세상에서 다른 세상으로 옮겨 갔을 뿐 그들이 살았을 때와 같은 생활을 한다고 생각한다. 또한 죽은 사람들은 그들이 살아있을 때처럼 구체적인 욕구, 감정, 그리고 경험들을 계속해서 가지고 있다고 믿는다. 또한 죽음은 몇몇 사람들에게만 일어나는 하나의 사건으로 생각한다. 전조작기에 있던 어린이들도 9살 정도까지는 죽음의 종결성과 보편성 둘 다를 깨닫게 된다.

9~10세 정도나 그 이상의 어린이는 죽음을 명확히 이해하며 슬픔을 느끼는 것도 어른과 흡사하다. 9세 이상 되면 죽음은 불가피하며 끝이고 복귀 불가능하고 보편적이라는 것을 인식하게 된다. 도덕적으로 옳고 그른 것을 판단할 수 있는 판단력이 발달되는 시기이므로 어른과 유사하게 생각하나 때로는 기적, 마술 같은 것을 상상한다. 이 시기의 특성으로 엄마가 죽으면 누가 나를 돌보아줄까? 할아버지가 죽으면 누가 나를 돌보아 줄까? 하는 걱정을 하며 가족을 잃은 후에 방치, 격리되는 것을 두려워한다. 따라서 누가 돌보아줄 것이라는 확신과 안심을 시켜야 하며 아이들이 잘못된 죄책감에 빠지지 않게 해야 한다.

나이에 따라 죽음을 이해하고 받아들이는 정도의 차이는 있지만 죽음에 대해서는 모든 연령층의 어린이에게 공개적으로 말해 주는 것이 중요하다. 또한 환경이 어떻게 변하든 관계없이 어린이는 누군가로부터 사랑받고 돌봄을 받을 것이라는 확신을 주어야 한다.

〈표 2-1〉 죽음에 대한 발달론적 견해

단 계		죽음의 이해
아동기	3-5세	일시적인 이별로 다시 올 것이라고 생각함, 노인만 죽는다고 생각함, 격리에 대한 불안
	5-9세	의인화(도깨비), 대이변, 파국, 공평하지 않다고 생각하여 회피하는 행동을 보인다. 나는 죽지 않을 것이라고 생각함.
	9-12세	영원한 이별, 개인적이고, 보편적인 죽음, 언젠가 죽는다. 죽음을 주제로 하는 공포 영화 등에 관심.
청소년 & 성인초기		초기 사춘기에는 죽음이 공포스러운 동시에 매혹되고 성인과 같은 죽음에 대한 이해, 죽음은 적, 새롭게 인식한 나 자신의 죽음을 대변한다고 생각, 삶의 한계에 대한 시험. 청소년과 성인초기에는 죽음에 대해 가장 두려워함. 청소년은 자기 자신의 죽음의 가능성과 죽음을 전형적으로 부정. 죽음에 대한 걱정을 많이 경험함.
장년기		죽음과 상실을 경험하게 되면서 성인전기 때보다 죽음과 죽는 것의 개념 차이를 더욱 확실하게 함. 죽음에 대한 두려움과 걱정으로 죽음을 적극적으로 부정하거나 회피하게 만듦.
노년기		죽음을 의식하는 것이 늘어나고 죽음에 대해 잘 받아들임. 두려움을 적게 보이며, 죽음을 둘러싼 환경과 죽음의 과정에 구체적인 관심을 가짐.

(2009, 재요약)

2) 청소년과 성인초기

대다수의 젊은이들은 5살에서 10살 사이의 어느 때에 죽음을 인식하게 되고(Dickinson, 1992), 대부분의 사람들은 친지의 죽음, 전형적으로 조부모의 죽음이 개인적으로 죽음과 직면한 첫 경험이다.

초기 청소년기는 성인과 비슷한 수준의 죽음에 대한 인지능력이 발달되어 죽음이란 피할 수 없고 육체적 삶의 마지막이라고 인식하며, 새로운 인간이 되기 위한 위협으로 보게 되므로 죽음을 자연적인 적으로 생각한다. 임종을 맞은 청소년은 가족의 지지가 필수적이며 위기에 대응할 수 있는 능력을 발달시켜 줄 수 있는 사람이 필요하다. 또한 상실을 통해 성장할 수 있는 기회가 주어져야 한다.[15]

우드르프-팩(Woodruff-Pak, 1988)에 의하면 청소년과 젊은이들이 죽음에 대해서 가장 두려워한다. 청소년들은 전형적으로 죽음을 부정하고, 특히 자기 자신의 죽음의 가능성에 대해서 부정한다. 이러한 주제는 청소년들이 죽음과 그들 자신이 스스로 떨어져 있다고 생각함으로 죽음에 대한 주제를 회피하고, 치장하고, 우습게 만들거나, 중화시키고, 통제하게 된다. 그럼에도 불구하고 청소년들은 죽음에 대한 걱정을 많이 경험한다.

3) 장년기

성인중기는 남녀 모두가 자기의 인생에서 얼마만큼의 시간이 남아있는가에 대하여 더욱 집중적으로 생각하기 시작하는 때이다. 중년은 생명보험의 필요성이 커지고, 유언서를 작성하고 혹은 수정하고, 자녀가 성인전기에 도달하고 그들의 부모가 나이가 들고 사망하게 됨에 따라 죽음에 대하여 다른 가족 구성원들과 이야기를 나누는 시기이기도 하다. 중년기는 죽음과 상실을 경험하게 되면서 성인전기 때보다 죽음과 죽는 것의 개념 차이를 더욱 확실하게 안다. 또한 죽는 것에 대한 이해보다는 죽음에 대해서 더 많은 지식과 자세한 이해를 보여 준다(DeVries et al., 1993). 죽음에 대한 두려움과 걱정은 많은 성인들에게 죽음을 적극적으로 부정하거나 회피하게 만든다. 죽음에 대한 두려움은 임종환자 뿐만 아니라 건강한 사람에게도 있으며 정도의 차이만 있을 뿐이다. 성인기의 죽음을 이해하는데 있어 알폰스 데켄(Alfens Deeken, 1999)는 다음의 9가지의 종류의 죽음에 대한 두려움을 제시하였다.

15 http://homedoctor.hanafos.com/ 죽음의 개념에서 발췌

〈표 2-2〉 9가지의 종류의 죽음에 대한 두려움(Alfens Deeken, 1999)

1. 통증에 대한 두려움	6. 삶에 대한 두려움이 클수록 죽음을 두려워함
2. 외롭게 혼자 죽는 것에 대한 두려움	7. 미완성의 삶을 살아왔다는 것에 대한 두려움
3. 죽음에 대한 좋지 못한 무서운 경험	8. 자신의 존재가 사라진다는 것에 대한 두려움
4. 가족, 사회에 짐이 된다는 두려움	9. 죽은 후의 심판과 죄에 대한 두려움
5. 죽음이라는 미지의 세계에 대한 두려움	

4) 노년기

노년기에는 죽음에 대해 심각하고 두려운 의문을 갖게 된다. 장년기 때부터 대부분 부모의 죽음을 경험하고 노년기에는 배우자를 비롯하여 친구들의 죽음을 경험하게 된다. 따라서 노인들이 청년들보다는 죽음에 대해 더 자주 생각하지만 더 두려워하지는 않는다고 한다. 죽음에 대한 두려움에 관한 연구에 의하면 죽음에 대한 두려움은 45~49세에 가장 강하며, 70~74세에서 가장 낮다(Bengston et al.,1977).

또한 노년기로 갈수록 죽음을 의식하는 것이 늘어나고 죽음에 대해 더 잘 받아들이고 두려움을 적게 보인다(Woodruff-Pak, 1988). 노인들은 그들의 죽음을 둘러싼 환경에, 즉 그들이 죽게 될 구체적인 맥락과 상황에 대하여 굉장히 관심을 가지며(Kastenbaum, 1992), 죽음의 과정에 대해 구체적인 관심을 가지는 경향이 있다. 또한 죽음을 앞두고 지속적인 불안을 경험할지도 모른다. 노인들은 죽음을 극복하고 두려움과 맞서겠다는 용기를 지니고 싶어한다. 이것이 노년기의 마지막 시즌에 맞이하는 새로운 도전이다. 이러한 상황에서 노인들은 죽음을 받아들이는 것과 불멸에 대한 열망을 강화시키는 것 사이에서 심한 갈등을 겪게 된다. 이와 관련하여 노년기 발달에서 해결해야 할 과제로 불멸성과 사멸성을 들 수 있다.

(1) 불멸성 혹은 영혼성(Immortality)

1973년 리프톤(Lifton)은 5가지 불멸성(immortality)에 대한 길을 탐험한다.

첫째, 인간은 자녀의 삶을 통해 미래와 연결되어진다고 느낀다. 자녀를 통해 영원히 존재할 수 있다고 생각하며, 이러한 유형의 영원불멸성은 나라, 사회조직, 집단 또는 인류에 대한 헌신까지도 확대 포함되어질 수 있다.

둘째, 인간은 자신의 생물학적 삶을 초월한 존재의 정신적 단계 또는 사후생활을 믿을 수도 있다. 생물학적인 사후세계의 믿음 또는 영혼의 존재를 믿는다.

셋째, 인간은 자신의 창조적 성취와 타인에 대한 영향을 통하여 영원불멸의 느낌을 얻을 수 있다. 불멸성의 이런 의미는 성인후기의 생산성의 성취와 연결되어 있다.

넷째, 인간은 자연의 순환속에 자신이 참여하고 있다는 생각을 할 수 있다. 죽음을 통하여 인간의 몸은 흙으로 돌아가고 그의 정기는 새로운 형태로 살아난다.

다섯째, 인간은 리프튼(Lifton)이 묘사한 경험적 초월성이라는 것을 통해서도 영원불멸성을 얻을 수 있다. 이런 개념은 종교, 자손과 성취의 독립성이다. 삶과 죽음은 용해될 수 없고 모든 것은 연속적인 것으로 남는다.

한림대 노인생애체험센터에 있는 인생발달주기

(2) 사멸성 (Extinction)

위기의 부정적인 축으로 인간의 삶의 환경에 의한 결합과 연속에 대한 믿음대신에 사람들은 사망에 대한 즉 죽음 뒤에는 아무것도 없다는 굉장한 두려움을 가지게 된다.

카스텐 바움(Kastenbaum, 1981)은 노인들은 짧은 시간 동안에 친구, 이웃, 그리고 친척의 죽음에 대처해야만 하는 누적된 영향으로부터 발생하는 애도 과부하(bereavement overload)를 경험하게 된다고 한다. 따라서 노인들은 중년기나 성인전기보다 더욱 자주 삶과 죽음의 의미를 검토해야만 한다. 가까운 사람을 많이 잃으면 잃을수록, 애도하는 반응은 더욱 보편적이 되고 강해지며(Neugebauer et al., 1992) 상당한 개인차가 있다. 일반적으로 노인들이 젊은이나 중년기 성인들보다 죽음과 죽어 가는 과정에 대하여 더욱 잘 받아들인다고 알고 있으나, 죽음 수용을 예측할 수 있는 더 좋은 변인은 연령보다는 한 개인의 죽음과 관련된 과거의 경험 요인이다(Kastenbaum, 1992; Shneidman, 1992).

2. 죽음에 관한 태도

과거보다도 죽음으로부터 무뎌진 대부분의 사람들은 일상에서 죽음에 대해 매우 터부시하며, 특히 자신의 죽음의 예측에 관한 얘기는 무척 불쾌하게 여기며 자신의 일과는 거리가 먼 것으로 생각하지 않으려 한다. 이러한 불쾌감은 사람들이 죽음이란 단어대신 '떠나다', '긴 수면' 등 완곡한 표현에서도 나타난다.

프로이드(Freud)는 죽음이 자연적이고 부인하기 어렵고 피할 수 없는 일인데도 사람들은 마치 죽음이 다른 사람에게만 일어나는 일이고 나는 죽지 않을 것으로 여긴다고 한다. 공포,

근심불안과 부정, 부인, 거부는 우리사회에서 죽음을 금기하는 주제로 여겨왔음을 보여준다. 아마도 이것은 죽음이란 것이 인간에게 공포와 충격과 상실을 가져다주기 때문일 것이다. 심지어 어떤 사람들은 죽음에 직면하여서도 그 상황을 받아들이지 못하고 현대과학과 의료기술이 죽음을 피해갈 수 있게 해줄 것이라 생각한다. 이러한 현상에 대해 레이퍼(Leiper, 1993)는 죽음과 임종의 개념이 현대사회와 산업사회의 일상생활에서 분리되어 있다고 말한다. 그에 의하면 대부분의 사람들은 자신의 역할에 관해 불확실한 자세를 취하며, 죽음이 발생하였을 때 타인의 반응에 대해 혼란스러움을 경험하게 된다고 한다. 따라서 언제 맞게 될지 모르는 죽음을 편안하게 맞이하기 위해서는 일상생활에서 죽음을 수용하고 준비하는 과정이 필요하다.

죽음에 관한 태도는 여러 가지 사회 문화적 변화와 함께 변화하였다.[16] 임종과 죽음을 맞이하고 경험하는 방법이 과학과 의료기술의 발달로 변화를 가져왔으며 이러한 변화는 죽음에 대한 생각과 태도 역시 다양하게 변화시켰다. 특히 죽음에 대한 태도에 영향을 미치는 변화를 가져왔다. 과거의 대부분의 사람들은 자신의 집에서 사랑하는 사람들이 지켜보는 가운데 죽어갔다. 그러나 현대에는 의료기술의 발달, 인구학적 변화, 산업화의 요인으로 대부분의 사람들이 의료시설이나 병원에서 죽어간다. 현대인들은 과거에 비해 죽음이나 임종에 익숙하지 못하는데, 죽음장소의 변화는 이러한 이유를 설명해 주는 요인이 되기도 한다.

다음으로 산업화 이후에는 사망원인의 패턴과 양상이 변화하기 시작하였고, 이러한 변화는 평균수명의 연장과 함께 사망률의 저하를 가져왔다. 이러한 평균수명의 연장은 노인인구의 증가를 가져왔고 동시에 퇴행성 및 만성질환자가 늘어남에 따라 대부분의 노인들이 병원이나 의료시설 등에서 죽음을 맞이하게 되었다. 산업화는 인간관계가 혈연, 지연 등을 근거로 결속되던 것이 현대에는 업무와 기능에 따라 지리적 이동을 하게 됨으로서 인간관계에 변화를 주었다. 이러한 지리적 이동과 물리적 거리감으로 인해 대부분의 사람들은 가까운 사람의 임종을 지켜보지 못하게 되는 상황이거나 심지어 장례의식에 참석하지 못하는 경우도 생겼다.

마지막으로 죽어가는 대부분의 사람들은 의료기관에서 숨이 멈출 때까지 기계장치에 의해 목숨을 연명하고 있다. 이것이 어떤 이에게는 의료기술의 눈부신 발전으로 인한 혜택이 될 수도 있지만 한편으로는 삶의 질적 수준을 고려하지 않은 채 단지 죽음만을 연장하는 것이 될 수도 있어 인간의 존엄성에 손상을 주는 일이 된다. 또 의학기술의 발전은 현대인에게 죽음과 임종을 낯설게 만드는 한 원인이 될 수도 있다.

정리하면 죽음에 대한 태도에 영향을 미치는 변화로는 문화적 요인, 종교적 요인, 개인의 인구사회학적 특성, 가족환경, 건강상대, 심리특성, 사회적 지지 요인, 죽음의 원인, 지리적 이동

16 임춘식, 김근홍 외 (2007). 노인복지학 개론, 학현사, p.334-335.

성, 죽음장소의 변화, 의료기술의 발전 등을 들 수 있다. 죽음에 관한 태도는 다음과 같이 '죽음으로 인한 상실'과 '죽음에 대한 공포', '죽음불안의 차원'으로 나누어 설명할 수 있다.

1) 죽음으로 인한 상실

죽음에 관한 연구가들에 의하면 죽음을 자아상실, 지각인식 모든 형태상실, 사랑했던 사람의 상실로 정의해 왔다. 연구에 의하며 다음과 같은 죽음을 통하여 상실되는 7가지 유용성(value)이 증명되어 왔다.

① 경험할 수 있는 능력상실, ② 연속적으로 발생하는 사건을 예측하는 조절능력상실, ③ 육체상실(육체에서 일어나는 것에 대한 두려움), ④ 부양가족을 돌보는 능력상실, ⑤ 친구나 가족이 고통 받는 손실(예, 다른 사람에게 슬픔을 제공하는 것), ⑥ 프로젝트를 계획하거나 계속할 수 있는 기회상실, ⑦ 비교적 고통 없는 상태인 것의 상실

죽음의 태도에 관한 초기 연구에 의하면, 젊은층은 친구들에게 그들의 죽음이 슬픔의 원인이 된다고 하였으며, 40세 이상의 중년층은 죽음을 통한 주요한 상실이 부양 가족을 돌볼 수 없는 무능력함이라 하였고, 노년층에서도 수입이 적은 응답자들은 부양가족을 돌보는 것과, 친구나 친척에게 슬픔의 원인이 된다는 것에 대해 덜 걱정한다(Kalish & Reynolds, 1976). 이러한 차이는 나이든 사람들은 이미 친구나 친척들의 죽음을 통해 사별을 경험하였고, 자신의 죽음이 다른 사람들에게 영향을 덜 줄 것이라는 것을 더 많이 알고 있기 때문일 수도 있다(Kastenbaum, 1981).

그럼에도 불구하고 여전히 나이가 들수록 통제하고자 하는 것에 대한 관심이 커지는 경향이 있기 (Marshall & Levy, 1990)때문에 생활을 계속 통제할 수 있는 능력의 상실은 죽음을 앞둔 사람에게는 무서운 것이다. 따라서 나이 든 사람이 물리적인 신체를 상실하는 것과 그들이 죽는 방법에 대해 자기 통제력을 상실하는 것을 매우 다르게 여김을 인식하는 것은 매우 중요하다.[17]

2) 죽음에 대한 공포

대부분의 사람들이 '죽음'이란 단어에 떠올리는 생각은 두려움과 공포일 것이다. 이러한 죽음에 대한 공포는 자연적인 것인지 학습되어지는 것인지는 분명하지 않다. 죽음에 대해 무엇이 두려운가에 대해 질문을 받았을때 응답자들은 내세, 사후, 미지, 고독, 유가족에게 미치는 영향, 그리고 성격파괴와 관련되는 고통과 괴로움, 육체상실, 형벌, 자아(본성)통제력 상실 등

17 Nancy, Hooyman (2000), Death & Dying, Social Gerontology(7th) A Person Education Company 인용

을 언급하였다.

일반적으로 사람들은 미래에 무엇이 올 것인가와 임종과정을 예측하는데 있어 무능한 것과 죽음자체보다도 특히 천천히 고통스럽게 죽어가는 임종에 대한 상상을 두려워한다(Marshall & Levy, 1990; Thorson& Powell, 1988). 또한 직접적으로 질문했을 때 사람들은 그들 자신보다도 가족과 가까운 친구의 죽음에 관심을 갖고 일반적으로 죽음의 수용을 나타낸다(Kalish & Reynolds, 1977; Kastenbaum & Aisenbergm 1976; Bengston, Cuellar, & Ragan, 1977). 비록 그들 자신의 죽음에 관한 질문에 대한 답변의 타당성은 확인이 어렵지만 대부분의 사람들은 죽음의 현실을 부정하거나 수용하는 양자의 형태로 나타낸다. 이러한 양면성 견해는 우리가 죽음에 대한 보편성을 인식하지만 우리들 자신의 죽음을 상상하거나 이해할 수 없다는 죽음을 둘러싼 기본적인 역설을 반영한다.

한편 죽음의 공포와 관련하여 일찍이 키에르케고르는 두려움과 불안은 분명히 구분되는 것이라 하였다. 두려움(fear)은 대상이 뚜렷하며 내용이 분명한 것이고, 불안(anxiety)은 그 대상이 뚜렷하지 않다. 죽음의 공포에 대한 긍정적인 측면은 첫째, 두려움은 죽음의 신호 때문에 예방적 조치를 할 수 있게 하며, 둘째, 인간 안에 있는 창조적인 가능성을 개발할 수 있다. 즉 무엇인가 남기려는 창조적 생산적 작업을 할 수 있게 한다. 그러므로 죽음에 대한 공포를 안다는 것은 우리 자신의 문제를 긍정적으로 대처하고 자기 자신을 개발시키는데 도움이 된다.

알폰스 데켄(Alfans Deeken)

알폰스 데켄(Alfans Deeken)에 의하면 사람들이 느끼는 '죽음 공포' 의 내용은 다음과 같다.[18]

〈표 2-3〉 죽음의 공포

공포의 종류	공포의 내용
• 통증(고통으로 인한 공포)	① 육체적 고통 (physical pain) – 병으로 인한 고통 ② 정신적 고통(psychological pain) – 곧 죽을 수밖에 없음에 대한 자각, 모든 사람들과의 작별과 가진 것을 모두 잃을 수밖에 없다는 인식으로 인한 고통 ③ 사회적 고통(social pain) – 남은 가족의 장래를 염려하는 고통 ④ 영적고통(spiritual pain) – 사후에 세계와 심판에 대한 불안 때문에 오는 고통

18 알폰스 데켄박사 강연집 (1991). 각당복지재단 삶과 죽음을 생각하는 회. '죽음에 대한 공포와 사후의 삶' 강연 중에서

• 고독으로 인한 공포	혼자 죽음을 맞이해야 하기 때문에 오는 고독감
• 불유쾌한 체험에의 공포	병으로 인한 아름답지 못한 모습에 대한 두려움과 존엄상실에 대한 공포
• 가족과 사회에 대한 부담이 될 것에 대한 공포	의료비 증가로 인한 재정적인 부담 때문에 오는 공포
• 미지의 것에 대한 불안	죽음이 다가올 때 자신을 통제하지 못함으로서 피동적인 자세가 되는데 대한 두려움
• 인생에 대한 불안과 결부된 죽음의 불안	언제 죽을지 모른다는 삶 자체의 두려움에서 오는 공포
• 인생을 불완전한 채로 끝냈다고 하는 것에 대한 불안	이 세상에 있는 동안 맡았던 일을 마치지 못하고 죽는 것에 대한 공포
• 자신의 인격 자체가 모두 없어진다는 것에 대한 공포	자신을 보존하는 것이 삶의 목적이라 볼 때 자신이 완전히 없어져 버리고 만다는 공포
• 사후 징벌이나 심판에 대한 두려움	죽음 후 심판을 받아 지옥에 가게 될까하는 공포

(2009. 재정리)

3) 죽음 불안(Death Anxiety)[19, 20]

대부분의 사람들은 자신이 낮은 수준에서 중간 수준까지 죽음불안을 갖는다고 보고한다. 보고에 응답하는 사람들은 강한 불안에 사로잡혀있는 것같이 보이지 않지만, 그들은 자신들에게 죽음관련 불안이 있음을 부인하지도 않는다. 카스텐바움의 가장자리 이론(Edge theory)은 이러한 결과를 다른 방식으로 바라보게 한다. 이 이론에 의하면 대부분의 사람들은 죽음이라는 현실을 부인하거나 두려움이 큰 상태에서 삶을 진행할 필요가 없다. 사실, 이런 극단들은 삶을 즐기고 위험 가능성에 대처하는 개인의 능력을 방해한다. 매일 매일의 낮은 수준에서 중간 정도까지의 불안은 사람들이 그들 자신의 삶이나 다른 사람들의 삶에 닥칠 수도 있는 잠재적 위협들을 방심하지 않도록 해준다. 위험이 지각된 순간에 사람들은 그들 자신이 삶과 죽음의 가

19 서혜경 (2007). 죽음불안도에 영향을 미치는 요인들에 관한 탐색적 연구. 한국보건교육 · 건강증진학회지, 제 24권 제1호, p.111.

20 Bondeson, Jan, Buried Alive.(2001). New York: Norton.
Chung, Man, Catherine Chung, and Yvette Easthope. "Traumatic Stress and Death Anxiety among Community Residents Exposed to an Aircraft Crash." Death Studies 24(2000): 689–704.
Hamama-Raz, Yaira, Zahava Solomon, and Avrahm Ohry.(2000). "Fear of Personal Death among Physicians." Omega: The Journal of Death and Dying 41: 139–150.
Kastenbaum, Robert.(2000). The Psychology of Death, 3rd edition. New York: Springer.
Pontillo, Kathleen A.(2001). "The Role of Critical Care Nurses in Providing and Managing End-of-Life Care." In J. Randall Curtis and Gordon D. Rubenfeld eds., Managing Death in the Intensive Care Unit. Oxford: Oxford University Press.

장자리에 있다고 느낀다. 불안이 밀려오는 것은 개인의 응급반응의 한 부분이며, 그 밖에 그 개인이 할 수 있는 어떤 것들보다 먼저 오는 반응이다. 사람들은 그래서 안전한 상황에서 그들이 낮은 수준의 불안을 갖고 있다고 보고할 때, '부인'을 하고 있는 것이 아니다. 불안은 그들의 경계가 그들에게 삶이 소멸의 가장자리에 있음을 말해줄 때 스위치가 켜진다고 한다.

넓은 의미에서의 죽음에 대한 불안(fear of death)은 '죽음에 대한 혐오', '죽음의 기피', '죽음의 수용', '죽음의 부정', '죽음의 분노' 등 학자에 따라 다양하게 표현되어 왔다. 좁은 의미에서 죽음불안은 존재의 정지에서 오는 두려움과 죽어가는 과정에서 오는 두려움으로 구분하기도 한다. 즉, 죽음불안이라는 것은 죽음이라는 사건과 죽어가는 과정에 대해 인간이 보이는 불안, 혐오감, 파멸감, 거부, 부정 등의 부정적 감정을 유발하는 심리적 과정이라고 할 수 있다. 어떤 연구에서 죽음불안(death anxiety)은 가끔 죽음공포(death fear)와 혼용되어 사용되는 경우가 있는데, 김지현(2008)은 이 문제에 대해 죽음공포는 죽음에 대한 구체적이고 의식적인 공포인데 비해서 죽음불안은 일반화되고 자각되지 않는 것으로 구분하고 있으며, Neimeyer(이누미야, 2002)는 죽음불안과 공포를 엄격히 구분하는 것은 어렵기 때문에 호환성이 있는 것으로 보면서 죽음불안을 죽음과 관련된 어떤 측면에 대한 묵상이나 예기로 인한 걱정과 불쾌한 느낌을 포함한 정서적 반응으로 정의를 하고 있다.

죽음불안을 크게 심리적인 과정으로서의 측면을 강조한 단일차원적인 정의와 여러가지 공포를 거치는 다차원적인 공포라는 불안을 중심으로 강조한 정의로 구분하여 살펴보도록 하겠다.

심리적인 면을 강조한 단일차원적인 연구들(이홍표 외, 2005; 서혜경, 2007;Kübler-Ross,1969; Hoelter,1979; Kaplan & Sadock,2000; Maddox, 2001)은 주로 죽음불안이라는 것은 죽음이라는 사건과 죽어가는 과정에 대해 인간이 보이는 불안, 혐오감, 파멸감, 거부, 부정 등의 부정적 감정을 유발하는 심리적 과정이라고 하거나(이예종, 2005), 인간의 죽음은 분노, 좌절, 불확실과 공포들과 마주치는 것(Maddox, 2001, p271), Kübler-Ross(1969)의 말처럼 죽음은 모든 인간이 호기심과 불안을 가지고 예외 없이 거쳐야만 하는 과정으로 죽음불안은 인간 존재의 근원적이며 궁극적이고 가장 위협적이며 고통스러운 것이라고 할 수 있다는 의견과(Kübler-Ross, 성염 역, 2000), 다른 사람의 죽음이나 존재의 지속성과 안정성을 위협하는 직접적, 간접적 사건을 계기로 자기의 죽음이 예견되면서 죽음이 의식화되는 순간이 있으며 이를 계기로 우리는 죽음에 대한 불안을 경험한다고 보는 견해(이홍표 외, 2005), 인간이 아무리 죽음에 대해 저항을 할지라도 더 이상 극복될 수 없다는 사실을 알기 때문에, 죽음이라는 것에 대해 두려움과 불안을 느끼게 되면서 그러한 과정으로 사람들이 죽음을 앞두고 그러한 죽음을 받아들이는 과정에서 죽음 불안을 느낀다는 견해(서혜경, 2007)까지 다양하다.

불안은 스트레스 상황에서 발생하며 불안한 사람은 고도의 긴장상태를 경험하게 된다. 위협이 지나가거나 극복되면 정상적인 기능수행상태로 돌아오는데, 불안이 하는 역할은 사람에게 닥칠 수 있는 위험에 대비하도록 하는 데 있다. 반면, 끊임없는 불안은 계속적인 스트레스로 인해 삶을 망가트리거나 관계를 뒤틀리게 하고, 심지어 생명을 위협하는 신변상의 변화를 초래할 수 있다. 특히 자신이 죽을지도 모른다는 죽음불안은 사람의 가장 심오한 불안(uneasiness)의 원천이거나 대처기술이 전멸되었을 때 발생하는 반응일 수 있다.

죽음불안의 차원을 콜레트&레스터(Collett & Lester, 1969)는 4가지 차원, 즉 자기와 타인의 죽음에 대한 불안, 자신의 임종과 타인의 임종과정에 대한 불안요인으로 보았으며, 톨슨&포엘(Thorson & Powell, 1992)은 7가지 즉 사물의 부재와 불확실성에 대한 공포, 죽음과 관련된 고통에 대한 불안, 신체의 처치에 대한 염려, 무기력과 조절력 상실에 대한 불안, 후생에 대한 염려, 부패에 대한 불안, 사후 행해질 일에 관한 지시에 대한 염려로 죽음불안을 설명하고 있다. 미차엘(Michael, 1979)의 경우는 죽음 불안의 구성요소를 4가지로 죽어가는 과정에 대한 공포, 존재여부에 대한 불안, 사후결과에 대한 불안, 타인의 죽음과 죽어가는 과정에 대한 불안으로 보고 있다.

한편 이러한 죽음에 대한 불안도와 그에 영향을 미치는 변인들(건강, 종교의 깊이, 성별, 연령, 경제 수준, 교육 정도, 거주 형태 등)에 대한 조사 연구가 다각도로 이루어졌다. 그러나 이러한 변인들과 죽음에 대한 태도와의 관계는 일관성을 나타내지 않는다. 그 이유는 방법론적 제한점들과 이 주제 자체가 가지고 있는 어려움들 때문이다. 그럼에도 불구하고 문헌들에 대한 비판적 고찰은 몇몇 재미있는 패턴들을 보여준다.

〈표 2-4〉 죽음불안도에 영향을 미치는 변인들의 패턴들

- 대부분의 사람들은 그들이 낮은 수준에서 중간 수준의 죽음 관련 불안을 갖고 있다고 보고한다.
- 여성들이 죽음 관련 불안 수준이 다소 높은 것으로 보고하는 경향이 있다.
- 연령증가에 따른 죽음불안의 일관된 증가는 나타나지 않는다. 만일 있다면, 나이든 사람들이 일반적으로 죽음불안을 덜 갖는 듯하다.
- 정신장애 및 정서장애를 가진 사람들이 일반집단보다 더 높은 수준의 죽음불안을 갖는 경향이 있다.
- 죽음불안은 끔직한 충격 상황에 노출된 사람들에게 일시적으로 더 높은 수준까지 올라갈 수 있다.

이처럼, 사람들은 생의 마지막 즉 죽음을 맞이할 때 여러 가지 불안들을 느낀다. 이러한 죽어가는 사람들의 정서적, 사회적, 영적 욕구를 위해 호스피스 프로그램과 고통완화를 위한 완화 케어운동(palliative care movement) 등이 나타났다.

그들은 말기환자들의 불안을 줄이기 위해 이완기법, 불안완화제, 항우울제를 사용하여 정확한 정보를 제공하고 용기를 북돋우는 정보를 제공한다. 또한 말기환자의 불안을 감소하기 위

해 호스피스팀원 자신들의 불안들에 대처하여야 한다. 가족 및 친구들은 적절한 의사소통으로 환자의 불안을 경감시키는 데 도움이 될 수 있다.

3. 죽음불안 및 공포에 대한 이론들

죽음불안 및 공포에 대한 이론은 프로이드의 '사망공포' 이론과 베커의 '죽음부인' 의 두 가지 이론이 20세기까지 지배했었다. 그 이후 여러 가지 이론들이 등장하였다.

1) 프로이드(Freud)의 사망공포이론(Theory of Thanatophobia)

정신분석학자 창시자인 지그문트 프로이트(Sigmund Freud)는 사람들이 두려워하는 것은 죽음 그 자체가 아니라 하였다. 죽음과 관련된 두려움을 표현하는 사람들은 실제로는 그들이 깨달을 수 없고 공개적으로 논할 수 없는 풀리지 않은 유년기 갈등을 다루고 있는 것으로 보았다. 그가 말하는 '사망공포(thanatophobia)' 는 단순히 더 심오한 염려의 원천을 가장한 것으로 죽음에 대한 염려를 다소 신경증적으로 보았다.

2) 베커(Becker)의 죽음의 부인이론(Theory of Death Denial)

죽음에 대한 염려를 신경증적 은폐로 축소시키는 프로이트의 설명에 어니스트 베커(Ernest Becker, 1973)는 '죽음의 부인' 으로 그의 설명에 강하게 도전하였다. 베커의 실존주의적 견해는 죽음불안이론에 근거로 하는데, 죽음불안은 실제적일 뿐 아니라, 사람들의 가장 심오한 염려의 원천이다. 베커에 의하면, 사람들의 많은 일상적인 행위들이 죽음을 부인하려는 시도들로 구성되며 그럼으로써 그들의 기본적인 불안을 통제하에 유지한다. 하지만 불안하게 하는 현실들이 끊임없이 들이닥치고 자신의 연약함을 떠올리게 하는 것들에 노출되게 된다면, 사람들은 그들의 불안을 통제하기가 어렵게 된다. 그는 또한 사회가 불안을 통제하는 역할을 하는 곳이라고 주장한다. 베커의 사회분석은 많은 신념들과 관습들이 죽음부인이라는 기능, 즉 불안경험을 감소시키는 기능을 하고 있다는 확신을 그에게 갖게 했다. 개인과 사회제도 모두 의식적인 행위를 하는 것은 조직의 질서를 파괴하는 죽음불안이 표면으로 떠오르지 않도록 신경을 다른 곳으로 돌리는데 목적이 있다.

3) 테러관리이론(Theory of Terror Management)[21]

20세기 말에 도입되었다. 테러관리이론은 공포관리이론이라고 한다. 사람들이 가장 걱정하는것은 '죽음에 대한 불안' 일 것이다. Becker의 사상에 근거하고 있다(Rosenblatt,

Greenberg, Solomon, Pyszczynski&Lyon, 1989). 죽음에 대한 불안과 이를 극복하기 위한 심리적 대처방식에 대한 체계적인 이론이 공포관리이론(Greeberg, Pyszcznski&Solomon, 1990)이다. 죽음에 대한 불안을 심지어 테러라고까지 규정하면서 죽음에 대한 불안을 보편적으로 다루고 있는 이론이다.

공포관리이론의 핵심가정은 '사람들은 자기보존을 위협하는 죽음의 불가피성에 대하여 생각하게 될 때 우선 공포를 경험하고 이로부터 스스로를 보호하기 위하여 사회적 승인에 대한 욕구가 더욱 강해진다.'는 것이다. 다시말해 공포관리이론의 주장은 자신이 속한 사회와 문화에서 규정한 가치와 규범 체계를 철저하게 준수함으로써 그 사회와 문화에서 인정을 받을때 비록 죽음에 대한 불안으로부터 벗어난다. 그러나 완전히 해방되는것은 아니다. 어느정도의 자유로움을 경험할 수 있다는 것이다.

테러/공포이론은 죽음이 우리들 자신과 관계를 맺고있는 모든 사회적 관계에서 배제되는 격리를 의미하는 것이다. 죽음이 가져다주는 이러한 격리 가능성 때문에 죽음을 두려워 한다면 우리가 속한 사회적 관계에 더 소속감을 갖도록 행동함으로써 죽음에 대한 불안을 부분적으로 완화시킬수 있다는 것이다(Becker, 1982, 1973, 1975).

베이커에 의하면 죽음에 대한 불안은 문화적 불안 완충제(a cultural anxiety-buffer)에 의해서 조절 될 수 있다는 것이다. 따라서 테러관리 이론의 핵심예언은 죽음을 생각하는 사람들을 죽음에 대한 불안으로부터 자신을 보호하기 위하여 문화적 가치기준에 더욱 집착하게 된다는 것이다.

또한 테러 및 공포관리이론의 예언 기저에는 죽음에 대한 불안은 사람들의 '자존감(self-esteem)에 의해 완화된다는 가정이 존재한다. 이는 자존감의 존재 이유에 대한 Mark Leavy의 사회계기판이론(Souometer Theory)에서 주장하는 바와 같다. 스스로의 자존감(self-esteem)을 높임으로써 죽음에 대한 공포를 완화하는 것이다(Leavy, 1990, Loary, Terdal, Tamber&Downs, 1995).

이 이론에 의하면 사람은 사회적 존재이므로 자존감이 사회적 관계를 맺는 하나의 계기판과 같은 역할을 한다는 것이다. 우리가 자동차의 연료계기판을 통해서 연료의 양을 알 수 있듯이 주관적인 자존감을 통하여 사회적관계에서 성공여부를 알수 있게 되는것이다.

자기 자신에 대해 좀 더 좋게 느끼는 사람들이 죽음 관련 불안을 덜 갖는다는 연구결과에 기반을 둔다. 이러한 데이터는 곧 상당히 높은 수준의 죽음불안을 예방하거나 감소시킬 수 있는 가능성을 보여준다. 즉 사람들로 하여금 높은 자존감을 개발하도록 돕는다면 그들이 죽음불안

21 http://www.kyungnam.ac.kkr/dept/ebrm/psychy/gradate

으로 인한 장애를 덜 겪을 것이다.

4) 비탄이론(Theory of Regret)

비탄이론은 1996년에 애드리언 토머와 그래프트튼 엘리어스슨에 의해 제기되었다. 비탄이론은 사람들이 그들 삶의 질이나 가치를 평가하는 방식에 초점을 맞춘다. 죽을지도 모른다는 생각은 삶에서 좋은 어떤 것을 성취하지도 못했고 성취할 수도 없다고 느끼는 경우 사람들을 더욱 불안하게 만든다. 즉 지나간 과거의 실패들과 놓쳐버린 기회들로 인한 비탄은 앞으로도 더 이상 어떤 성취나 경험이 불가능할 거라는 생각으로 스스로를 괴롭힌다. 비탄이론 또한 불안감소에 대해 함의를 지닌다. 예를 들면, 사람들은 자신의 과거 기억들과 기대들을 재고할 수 있고, 현재 순간에 풍성하게 살 수 있는 방법을 발견함으로서 불안을 감소할 수 있다.

5) 카스텐바움이론(Theory of Kastenbaum)

로버트 카스텐바움(Robert Kastenbaum)은 사람들에게 죽음불안과 두려움에 대한 특별한 이론이 별도로 필요하지 않으나 대신 생애발달 분야의 주요 연구로 활용할 수 있다고 하였다. 불안의 뿌리는 사람들의 육체적인 면(physical being)에 있을지 모르지만, 무엇이 그들에게 해가 되고 그러므로 그들이 무엇을 두려워해야 하는지를 사람들이 배우게 되는 것은 개인적 경험들과 사회적으로 접하는 것들을 통해서이다. 이러한 두려움은 또한 사회역사적 환경의 흔적을 지닌다. 예를 들면, 망자에 대한 두려움은 전 세계적으로 문자사용 이전의 많은 사회들에서 현저했던 한편, 생매장에 대한 두려움은 19세기 유럽과 미국에서 퍼지기 시작하였다. 근대에 이르러 많은 사람들은 삶과 죽음 사이의 계속적인 식물인간 상태에 지속적으로 놓이게 되는 것에 대해 표현한다. 그후 죽음 관련 두려움은 특정 사회적 맥락과 특정 개인경험들 속에서 발달되었다. 사람들은 검증되지 않았고 아마도 검증될 수도 없는 프로이트와 베커의 대립된 견해(죽음불안을 경험할 수 없다는 견해나 죽음불안이 모든 두려움의 원천이라는 견해)에 의존할 필요가 없다. 그들이 즐거워하고 열중하는 것뿐 아니라 그들이 두려워하는 것이 인지발달과 사회학습경험 사이의 상호작용에 의해 어떻게 영향을 받고 있는지를 관찰하는 것이 보다 유용하다.

〈표 2-5〉 죽음불안 및 공포에 대한 이론 요약

학자	이론 요약
프로이드의 이론	죽음불안을 경험할 수 없다는 견해, 죽음을 다소 신경증적으로 봄
베커의 이론	죽음불안이 모든 두려움의 원천이라는 견해
테러관리이론	자신에 대해 긍정적으로 느끼는 사람들이 죽음 관련 불안을 덜 가지므로 높은 자존감을 개발하도록 도움으로서 죽음불안으로 인한 장애를 감소시킴.
비탄이론	애드리언 토머 & 그래프튼 엘리어슨. 삶의 질이나 가치를 평가하는 방식에 초점을 둠.
카스텐바움이론	특별한 이론이 별도로 필요치 않으나 두려움이 인지발달과 사회학습경험 사이의 상호작용에 의해 영향을 받고 있음을 연구함.

(2009, 재정리)

4. 죽음에 대한 다양한 심리학적 이론들

기본적으로 죽음은 철학적 개념이고, 그동안 철학적 주제로 일관해 왔으나 최근에 들어 죽음에 대한 심리학적 접근이 이루어지고 있다(Neimeyer & Chapman, 1980; Neimeyer, 1988; Niemeyer & Moore, 1989). 여기에는 다양한 심리학적 이론들이 포함되어 있는데 예를 들어 자아실현론, 자기개념 불일치론, 의미추구론, 심리사회적 이론, 가장자리 이론, 죽음불안론 등이 있다.

1) 자아실현론 및 자기개념 불일치론

사람들은 자신을 향상시키고 유지시키려는 경향성을 가지고 있고, 자신의 내적 잠재력을 실현하기 위해 동기화 된다(Rogers, 1959; Maslow, 1968; 한미정, 2001 재인용). 자아실현은 유기체를 유지하는 것 그 이상으로 자기의 독특한 심리적 특성과 잠재력을 개발하여 성숙과 성장을 촉진시키고, 자기 자신이 되는 과정이다. 따라서 자아실현한 사람은 죽음을 포함하여 경험에 대하여 개방적이고 자신이 기대했던 것을 성취하였기 때문에 염려나 불안, 죽음불안이 적다. 이를 위해서 실제적 자기와 자아실현을 위한 욕구가 일치하여야 한다(한미정, 2001).

사람들은 이루고 싶은 자기, 즉 이상적인 자기에 대해 높은 가치를 부여한다. 그러나 문제는 실제적 자기와 자아실현을 위한 욕구와의 불일치가 나타날 수 있다는 것이다. 이러한 자기개념 불일치 이론은 죽음불안과 관련이 있다(Higgins, 1987). 이론은 3가지 영역의 자기를 제안

칼로저스(Carl Rogers)

하고 있는데, 실제적 자기, 이상적 자기, 되어야만하는 자기이다. 실제적 자기와 되어야만 하는 자기간의 불일치는 공포, 위협, 불안을 낳게 된다(Higgins, 1987). 이 모델은 죽음불안에 적용될 수 있는데, 죽음은 미래 사건이고, 죽음불안은 죽음에 직면하는 미래의 자기에 대한 상상에서 오는 것이기 때문이다. 그런 의미에서 죽음은 현재 자아와 이상적 자아간의 불일치를 가져오는 결정적 사건이기 때문에 위협적이 될 수 있다(Rogers, 1980). 즉 미래의 사건인 죽음을 실제로 직면한 것으로 간주함으로써 더 이상 원하는 것을 성취하지 못할 것이라고 해석하고, 이것은 죽음불안을 야기하게 된다는 것이다(Erikson, 1963)

그러나 충분히 자아실현을 이룬 사람들은 자기의 경험간에 조화를 이루고, 자아성취 경향성 및 긍정적 존중 욕구를 충족한다. 또한 조건적으로 수용하지 않고, 방어를 사용하지 않으며, 경험에 대해 개방적이 된다. 따라서 죽음에 대한 태도를 변화시키고 죽음을 받아들이며, 자신을 수용하기 때문에 불안 및 죽음불안이 낮다(Rogers, 1980; 한미정, 2001).

물론 자아실현 이론은 방법론적이고 이론적인 이유로 인해 비판 받아왔다. 즉 구조가 애매하고 사적인 경험을 강조하며 분명한 외적 행동에 관심을 기울이지 않는다는 것이다(Singer, 1984). 그러나 근래에 들어 동기의 기본 유형으로써 자아개념 모델을 수용하였고, 죽음불안 수준과 자아실현간의 부적관계가 보고되고 있다(Neimeyer, 1988).

2) 의미추구론

의미추구를 강조하는 이론(Maddi, 1970; Frank, 1978; Antonwski, 1979; Taylor, 1983; Thompson & Janigian, 1988; Neimeyer, 1994)은 지각(perception), 삶의 도식(life scheme), 극한 역경상황에서 발생되는 태도 등을 재구성하고, 삶의 목적을 회복하는것을 돕는 것이다. 즉 최악의 사건을 의미 있는 사건으로 전환시킴으로써 궁극적으로는 삶의 의미를 제공하는 것이며, 이러한 전략은 죽음불안을 낮출 뿐만 아니라 성공적으로 해결하기 위해 필요한 것이다(Neimeyer, 1994)

죽음은 삶의 종말이라는 시간의 유한성을 나타내고, 인간은 시간 사용에 대해 돌이킬 수 없는 결정을 해야한다는 점에서 삶에 잠재적인 의미를 부여할 수 있다(Frankl, 1961). 따라서 죽음이란 삶을 위한 필수조건이며 인간이 경험할 수 있는 일생의 모든 사건 가운데서 가장 심오한 성장으로 경험될수 있는 것이다. 즉 죽음은 당사자와 주변 사람에게 태도적 가치를 실현할 기회이며, 최후의 순간까지 의미를 충만시켜야 할 기회인 것이다(Neimeyer, 1994; 한미정, 2001).

여기서 태도적 가치란 고통을 통해 삶의 의미를 얻는 것이다(운명에 대한 태도적 가치). 즉 자기가 변화시킬 수 없는 운명적으로 주어지는 일에 직면해야만 할 경우 이 곤경에 대해서 그가 취하는 태도이다. 어떠한 상황에 처하든지 모든 것을 받아들여 견디어내는 용기, 의연함 등을 말한다. 인간은 도피할 수 없고 바꿀 수 없는 운명에 직면해야만 하고 바로 그 고통이 개인에게는 자기의 최고의 가치를 실현하고 깊은 의미를 채우는 최고의 기회이며, 고통을 통해 인생의 깊이를 더하고 오히려 더 완전해 질수 있는 것이다.

그러므로 인생의 의미를 안다면 인간 삶의 제 고통스런 상황들 속에 숨어있는 수많은 뜻을 파악할 수 있고 이를 통해 태도적 가치를 실현 할 수 있다. 고통은 개인에게 있어 변경할 수 없는 환경에서 가장 높은 가치와 생의 의미를 가져다 줄 수 있기 때문이다. 즉 자기가 살아야 할 이유를 파악한 사람은 어떤 외부 환경이나 내적 장애도 극복할 수 있지만 삶의 의미의 결여는 모든 질병의 원인이 될수 있는 것이다. 그러므로 문제를 가진 사람들에게 자기가 살고 있는 의미를 밝혀주는 것은 매우 중요하다(한미정, 2001).

3) Erikson의 심리사회적 이론

모든 인간은 언젠가는 죽음 위협과 만나야할 운명일 뿐만 아니라 죽음불안은 성인 삶에서 중요한 역할을 제공한다. 전통적으로 죽음을 수용하는 것은 지혜와 관련되고, 지혜로운 사람은 자신의 삶을 의미 있게 살았다고 느끼게 되며, 죽음을 수용하게 된다.

에릭슨(Erikson, 1963)에 의하면 죽음불안은 심리사회적 마지막 발달단계인 자아통합과 절망과 관련되어 긍정적으로 해결해야 할 발달적 위기이다. 그러나 8단계에서의 긍정적인 해결은 이전에 지나온 일곱 단계에서 얻어진 경험들과 바로 전 단계인 생산성 대 침체성의 발달적 위기를 긍정적으로 해결했느냐 여부에 따라 달라질 수 있다는 것이다. 즉 이제껏 살아온 자신의 인생에 대하여 최종적인 정리가 이루어져서 자신의 인생을 수용하고 죽음을 두려움 없이 직면하게 되면 자아통합을 이루고 죽음불안이 줄어든다는 것이다. 그러나 이제껏 살아온 자신의 인생은 덧없이 낭비된 것으로 생각하면 죽음의 공포에 직면하게 된다고 주장하였다.

4) Kastenbaum의 가장자리 이론(Edge theory)

카스텐 바움(Kastenbaum)은 자신의 저서인 Psychology of Death(2000)에서 가장자리 이론을 주장하였는데 이 이론은 기존 죽음불안 이론인 프로이트(Freud)의 정신분석이론이나 베커(Becker)의 실존주의이론을 지지하지 않는다.

Kastenbaum의 가장자리 이론(Edge theory)은 이러한 결과를 다른 방식으로 바라보게 한다. 이 이론에 의하면 대부분의 사람들은 죽음이라는 현실을 부인하면서 혹은 두려움이 끈 상태에서 삶을 진행할 필요가 없다. 즉 사람들은 죽음과 관련된 생각이나 행동들을 무의식적으로, 아니면 피하도록 행동하게 만든다는 사실이다(Kastenbaum, 2000.p.154). 사실, 이런 극단들은 삶을 즐기고 위험 가능성에 대처하는 개인의 능력을 방해한다. 매일 매일의 낮은 수준에서 중간 정도까지의 불안은 사람들이 그들 자신의 삶이나 다른 사람들의 삶에 닥칠수도 있는 잠재적 위협들을 충분히 자세히 조사할 수 있을 만큼 방심하지 않도록 해준다. 위험이 지각된 순간에 사람들은 그들 자신이 삶과 죽음의 가장자리에 있다고 느낀다. 불안이 밀려오는 것은 개인의 응급반응의 한 부분이며, 그 밖에 그 개인이 할 수 있는 어떤 것들보다 먼저 오는 반응이다. 사람들은 그래서, 안전한 상황에서 그들이 낮은 수준의 불안을 갖고 있다고 보고할 때, "부인(Denial)"을 하고 있는 것이 아니다. 불안은 그들의 경계가 그들에게 삶이 소멸의 가장자리에 있음을 말해줄 때 위험을 알리는 스위치가 켜진다. 결론적으로 카스텐바움은 이 이론에서 이러한 것은 불안이지만 정확히 말하면 이것은 준비를 하는 것이라고 설명하고 있다(Kastenbaum, 2000, p.155).

5) Langs의 죽음불안론

심리치료로 유명한 랭스(Langs)는 2006년도 그의 저서 'Love and Death in Psychotherapy'에서 죽음불안을 세가지 형태로 구분하고 있다. 그는 죽음불안이 살아가면서 갖게 되는 감정의 부적응이나, 건강과 생기를 결정지어주는 근본적인 문제라고 보았으며, 이러한 것들은 나아가 심리치료에서 애정, 참과 거짓을 표현하는데 있어 중요한 요소라고 설명하면서 이러한 세가지 형태의 죽음불안이 각각 의식적으로나 깊은 무의식중에 경험한다고 서술하고 있다.

그는 죽음불안을 자기본위(predatory)의 죽음불안과 약탈적(predator) 죽음불안 그리고 끝으로 존재적(existential) 죽음불안으로 구분하고 있다.

먼저 자기본위(Predatory)의 죽음불안은 자연재해 등으로 죽음불안에 빠지는 것으로 자원동원이나 정신적 신체적 동원으로 이러한 불안을 극복한다고 설명하고 있으며, 약탈적 죽음불안의 경우는 자연이나 타인에게 큰 피해를 준 이후에 보복이나 천벌을 받는다고 생각하는 것으로서 이러한 죽음 불안은 의식적으로나 깊은 무의식중에 자신을 학대하면서 생겨나는 행동이라고 보고 있다. 마지막으로 존재적 죽음불안에 대해서는 개인의 사망에 대한 광범위한 두려움이라고 정의하고 있으며, 이러한 죽음불안은 여러 가지 형태의 생각과 행동을 통해 드러난다고 본다(Langs, 2002&2006, 윤민석 2009 재인용).

제 1 부
삶과 죽음의 이해

제3장 노인 죽음에 대한 이해

- 노인의 죽음에 관한 연구
- 노인의 죽음에 대한 태도
- 노인의 죽음불안

창조적인 사람에게 삶과 죽음은 똑같은 가치를 지닌다.
이는 모든 대립되는 것들에 해당되는 사실이다.
중요한 것은 어디서 어떤 식으로 삶 또는 죽음을 맞이하느냐 하는 것이다.
삶이 죽음보다 더 죽음같을 수도 있으며, 반면 죽음이 삶으로 가는 길을 열어줄 수도 있다.

– 헨리 밀러, 『우주적인 눈』, 1939

헬렌 니어링(2002), 인생의 황혼에서, 민음사

제3장 노인 죽음에 대한 이해

우리사회에서는 죽음의 문제가 사회적으로 '반금기영역(semi-taboo)'로 간주되고 있기 때문에 죽음이 누구에게나 언제든지 맞이할 수 있는 사건임에도 불구하고 죽음의 문제를 회피하고 죽음에 대해 생각하기조차 꺼려한다. 그러다 보니 죽음에 대한 연구가 미미하며, 특히 노년기의 죽음문제를 해결 지원하기 위한 사회복지 개입활동 또한 매우 미흡할 수밖에 없다.

노년기는 그 어느 연령대보다도 삶과 직접적으로 연관되어 있는 시기이며, 죽음은 노년의 삶 전체에 영향을 미치는 중요한 요인이 되므로 이에 대한 준비와 죽음에 대한 대처방안이 있어야 한다. 삶과 죽음은 분리되어 있는 것이 아니며 삶의 진실한 모습을 보기위해서는 죽음을 초점으로 하여 조망할 때, 비로소 그 모습을 진실로 살펴 볼 수 있다. 죽음이 누구에게나 다가올 현실이라면 우리는 우리의 삶 속에서 죽음을 승화시킬 수 있어야 한다. 이것이 참으로 중요한 이유는 평소 죽음에 대해 생각하고 하루하루를 잘 산다면 당장 오늘 죽어도 두렵지 않을 것이며 이것이 우리의 일상적인 삶의 태도이어야 하기 때문이다.[21]

그러나 죽음이 반금기시 되는 가운데서도 여러 가지 죽음에 관한 연구들이 발달하고 있다. 이러한 연구의 테마로는 '나이에 따른 죽음에 대한 태도', '죽는 과정과 죽은 사람에게 죽음에 대한 의미', '죽어가는 사람의 보호에 대한 상태', '죽음에 대한 정당한 개념', '점증하는 도덕적 · 의학적 및 생명을 유지하는 응용과학에 의해 한층 높아진 법적 투쟁', '개인들도 이용 가능한 향상된 진보 지향적 법적 선택권', '사별', '애도의 예식', '미망인들의 생활에 관한 경험 고찰', '죽음과 임종에 대한 연구', '임종에 놓인 사람들과 그 가족을 지원하는 전문가의 개입' 등의 연구가 최근에 활발히 이루어지고 있어 노년연구와 실제에 있어서 중요한 역할을 하고 있다.[22]

21 서혜경 외(2007) 실버플래너 교재, 한국노인종합복지관 협회, p.201
22 Nancy Hooyman (2000). Death & Dying. Social Gerontology(7th).

1. 노인의 죽음에 관한 연구

20세기로 접어들면서 성인들을 대상으로 죽음에 관한 많은 연구들이 진행되어왔는데, 선진국의 경우는 다음과 같다.

년대	죽음에 관한 연구 변천
1920~30	죽음에 대한 이해 및 개념연구
1940	성인의 돌연사와 사인분석에 관한 연구
1950	죽음에 대한 종교의 역할과 죽음의 의미에 관한 연구
1950 후반~1960	죽음으로 인한 슬픔과 죽음에 대한 태도연구 및 임종과 간호에 관한 연구
1970	죽음에 대한 불안 및 공포연구
1980	죽음교육과 함께 사후세계에 대한 연구

(2009, 재정리)

우리나라의 경우, 1970년대 중반에 들어서야 사망관과 죽음에 대한 의식 연구(유계주, 1974)들이 이루어지기 시작했고, 1980년대에는 죽음의 의미연구(김태현 & 손양숙, 1984; 윤진, 1985; 서혜경, 1987)와 함께 철학이나 종교학적 고찰이 이루어졌으며, 1990년대 들어서 의학과 간호학 분야를 중심으로 임종과 죽음불안에 관해 연구되고 있으며(김순자, 김지아, & 김혜중, 1991; 김순자, 고옥자, 김지아, & 이성림, 1992; 김중호, 1996), 1994년 보건사회연구원에서 이가옥 외에 의해 전국단위의 노인들을 대상으로 죽음에 대한 인식 및 죽음불안에 대한 조사가 이루어졌다. 또한 조명옥(1997)은 인류학적 현지조사 연구에서는 전북 남원지역에 거주하는 환갑이 지난 노인 12명을 대상으로 참여관찰과 심층면접하여 죽음의 의미와 준비에 대한 내용을 확인하였다. 연구지역의 노인들이 죽음에 대해 이원구조(조상-자손, 이승-저승, 전생-이생)와 삼원구조(전생-현생-후생)의 세계관을 가졌으며 노인들에게 죽음의 의미는 형체가 흩어져 존재가 비존재로 되는 사건으로 다른 세계로 삶의 장이 이동하는 기점, 즉 사후 저승 세계로의 전환, 조상세계로의 승격, 거주지가 주택에서 묘지로의 수평 이동, 전생으로의 회, 후생을의 계승을 의미하는 것으로 풀이한다. 노인들은 죽음에 대한 불안을 극복하고 대처하기 위하여 죽음을 이야기로 표현하고, 욕심을 다스려 생에 대한 애착에서 벗어난다고 하면서 결과적으로 자신의 죽음을 대비하여 주변의 인관관계를 정리하며, 조상과 자손들에게 정체감을 확인받으며 영속을 꾀하고 묘자리 등을 정하면서 죽음의 행장을 차린다고 말한다.

김신미(2003)의 노인과 성인이 인식하는 좋은 죽음에 대한 연구에서 우리나라의 4개 시도에서 노인과 성인 455명을 분석대상으로 하여 자체 개발한 설문지 연구에 의하면, 노인과 성인이 좋은 죽음으로 인식하는 요소는 다음과 같다.

노인과 성인이 인식하는 좋은 죽음	
1	노환으로 사망하는 것
2	70세 이후에 사망하는 것
3	집에서 임종을 맞는 것
4	1개월 미만의 임종기간
5	임종기 동안 가족과 함께 있는 것
6	임종기 동안의 독립성
7	죽음에 대한 인식
8	유언남기기
9	임종기 동안의 자율성
10	의료비지출이나 통증이 없는 것
11	종교
12	호스피스, 무의미한 생명연장술을 받지 않는 것

(2009, 재정리)

오현숙(2003) 연구에서는 미국과 한국에 거주하는 한국 노인들 36명을 대상으로 죽음의 개념을 질적연구를 통해 비교하였다. 두 집단의 차이가 나타난 부분은 개인적인 특성의 차이이다. 또한 미국에 거주하고 있는 노인들에게서 오는 문화변용 그리고 앞의 두 가지와 영향을 다르게 미칠 수 있는 종교적인 배경으로 인해 차이가 난다고 하였다. 그 결과는 다음과 같다.

문화권에 따른 죽음에 관한 개념의 차이	
한국에 거주하는 한국노인	질병, 건강, 사회의 개념
미국에 거주하는 한국노인	편안함, 슬픔의 개념
공통적 개념	아픔, 이별, 내세(미국 거주 노인에게 더 높게 나타남) 공포, 허무, 연장, 정리, 자연(한국 거주 노인에게 더 높게 나타남)

(2009, 재정리)

이 가운데 죽음에 관련된 연구가 가장 널리 알려지기 시작한 것은 Kübler-Ross(1926~2004)의 '인간의 죽음'으로써, 그는 1960년대에 근사 체험을 한 많은 환자들을 만나면서 죽음과 임종에 관한 연구를 시작했고, 특히 말기상태로 진단 내려진 환자들의 심리적 진전과정을 관찰하고 그들에게 인간적인 배려를 하는 문제들을 중심으로 연구하였다.

김미혜 외(2004)의 연구에 의하면, 좋은 죽음은 다음과 같다.

	좋은 죽음
1	복있는 죽음
2	부모를 앞선 자녀가 없는 죽음
3	자녀가 임종을 지켜주는 죽음
4	자식에게 부담주지 않는 죽음
5	부모노릇 다하고 맞는 죽음
6	고통없는 죽음
7	천수를 다하는 죽음
8	개인뿐만 아니라 다른 가족구성원들의 행복까지 생각하는 죽음

(2009, 재정리)

이지영 & 이가옥(2004)의 60~90세에 이르는 노인 14명을 대상으로 죽음에 대한 인식관련 질적연구를 보면 다음과 같다.

	노인이 인식한 죽음의 의미
1	삶의 소멸 - 죽음은 無, 죽음은 끝, 죽음은 자연현상
2	삶으로부터의 해방 - 힘든 삶에서의 쉼, 허무한 삶으로부터의 해방, 민망한 삶으로부터의 해방
3	삶의 연장 - 이승과 연결된 삶, 영원한 삶, 재생하는 삶.

(2009, 재정리)

60대나 70대 후반 노인의 경우 죽음불안에 의해 죽음을 회피할수록 자신의 삶을 그래도 수용하지 못하는 문제가 생긴다고 언급하면서 노인들이 죽음에 대해 생각해 볼 수 있는 기회가 필요하다고 결론을 내리고 있다.

위의 연구들을 종합하면 우리나라의 노인들은 죽음 이후의 삶에 대한 생각을 가지고 있으면서도, 죽음이 마지막이라는 생각과 고통없이 편안하게 삶을 마무리하기를 바라는 것으로 판단된다. 물론 위의 연구들이 연구의 제한점으로 일반화하기에는 무리가 있다고 언급을 하고는 있지만 우리나라에서 진행된 죽음관련 기초연구로서는 큰 의미를 가진다고 하겠다.

2. 노인의 죽음에 대한 태도[23]

일반적으로 노인은 젊은이들보다 죽음을 두려워 할 것으로 생각되나, 각종 조사결과들은 그렇지 않다. 벵슨(Bengtson, etc, 1977)에 의하면, 죽음에 대한 공포를 가장 많이 느끼는 층은 중년층(45-54세)이고, 노인층(65-74)층은 오히려 가장 공포를 적게 느낀다고 한다. 특히 죽음의 시간이 임박할수록 노인들은 죽음에 대한 공포를 덜 느끼는 것으로 조사되었다. 노인들은 죽음을 공포가 아니라 수용하는 자세로 보고 있으나 다른 연령층보다 죽음에 대해 더 많이 생각하고 이야기하고 있음이 대부분의 조사결과에서 밝혀지고 있다(Rily & Former, 1968). 그러한 결과가 나타나는 것은 노인들은 자신의 죽음을 눈앞에 두고 있으며, 살아오면서 친구나 친척들의 죽음과 관련된 경험들이 축적되어 있기 때문이다(Kalish, 1976). 일반적으로 노인들은 자신의 죽음의 필연성은 받아들이지만 타인에 관련된 죽음에는 근심스러워하는 경향이 있다(Keller, Sherry& Piotrowski, 1984).

노년기는 죽음과 직면해 있는 시기이기 때문에 죽음과 관련하여 나타나는 변화에 적극적으로 대처할 수 있다. 그러나 죽음에 대한 반응양식은 수용에서부터 거부에 이르기까지 개인에 따라 매우 다르다. 노인의 2/3이상이 자신의 죽음에 대해 편안하게 또는 담담하게 받아들이는 것으로 나타났다(한국보건사회연구원. 1994). 이처럼 노인들이 죽음에 대한 공포에 시달리지 않는 것은 여러 가지 측면에서 본인의 죽음을 준비하고 있기 때문이라 할 수 있으며(Kastenbaum, 1969), 죽음이 어느 순간에라도 올 수 있음을 인정하면서 끝까지 활동을 계속하면서 죽음의 공포에서 탈피하고자 하기 때문으로 볼 수 있다. 그렇지만 일반적으로는 죽음의 보편성을 인정하면서도 우리사회가 죽음에 대해 터부시하고 죽음을 피하려고만 하기 때문에 죽음에 대한 불안과 두려움은 상대적으로 더 커져간다.

노년기 죽음과 관련하여 나타나는 또 다른 반응은 노인들이 임종 때의 시간정리와 같이 죽음에 대한 제한된 잔여시간의 인식에 대한 반응이다. 젊은이들에 비해 죽음에 직면한 나이든 사람들은 모든 활동들이 단기적이고 미완성적이라고 생각하기 때문에 별 의미 없이 끝나게 될 것이라는 결론을 내릴 것이다. 따라서 죽음이 임박한 노인들은 삶의 방향을 바꾸려거나 완전한 계획을 기획하거나 하는 것은 젊은이들에 비해 공들이지 않을 것이다. 대신 묵상, 회상, 독서 또는 정신적 활동들로 선회하기를 더 즐긴다(Kalish, 1985).

죽음의 태도에 관한 조사연구(The Newest Frontier for HPERD : Death-Related

23 서혜경 (2007), 죽음불안도에 영향을 미치는 요인들에 관한 탐색적 연구. 한국보건교육 · 건강증진학회지, 제24권 제1호.

Behavior)에 의하면, 죽음의 관념에 영향을 미치는 것은 가까운 사람의 죽음과, 성경책이며 자신의 사후에 대해서는 매장을 가장 많이 원했고, 비현실적인 내세에 대해 과반수이상이 종교에 관계없이 긍정적인 반응을 보였다.

3. 노인의 죽음 불안

1) 노인의 죽음불안

죽음불안도는 노인들이 그들의 삶을 어느 정도 의미 있게 또는 만족스럽게 느끼는 정도와 깊은 관련이 있다는 사실들이 많은 연구들을 통해 밝혀졌다. 따라서 심리적 건강에 영향을 주는 죽음을 직시하고 이해할 수 있게 되면 나머지 인생에서 일어나는 갖가지 어려운 변화들에 적극적이며 생산적으로 대처해 나갈 수 있다. 죽음불안은 단순한 공포와 혐오가 아니다. 이것은 올바르게 지각함으로써 인생의 마지막 준비와 생의 만족감을 마무리 하는데 도움을 주는 중요한 역할을 한다. 루카스와 템플러(Lucas & Templer)는 개개인의 정신, 심리적 적응과 죽음불안도와는 긍정적으로 관련이 있다고 하였다.

2) 노인의 죽음불안에 영향을 미치는 주요 요인들[24]

브라우너(Brauner)는 죽음의 필연성은 변할 수 없지만, 죽음에 대한 인간의 태도는 시기와 장소에 따라 달라질 수 있다고 한다. 그에 의하면, 수명의 연장과 질병에 의한 사망률이 감소되면서 죽음의 문제가 노인에게 한정되었으며, 노인이란 사회적 가치가 낮게 평가되므로 노인의 죽음은 사회의 기능에 커다란 타격을 주지 않는다고 하였다. 하지만 노인은 인생의 끝자락에서 배우자와 지인들의 죽음을 직접 목격하게 되는 등 죽음을 가장 가까이에서 인식하게 된다. 특히 배우자의 죽음은 노인에게 가장 큰 슬픔의 요인이 되며, 마지막으로 죽음에 대한 명제에 부딪히게 되는 커다란 위기에 빠지게 된다고 한다. 이는 노인들의 죽음에 대한 태도가 노

24 Bondeson, Jan. Buried Alive (2001). New York: Norton.
Chung, Man, Catherine Chung, and Yvette Easthope (2000). "Traumatic Stress and Death Anxiety among Community Residents Exposed to an Aircraft Crash." Death Studies 24: 689–704.
Hamama-Raz, Yaira, Zahava Solomon, and Avrahm Ohry (2000). "Fear of Personal Death among Physicians." Omega: The Journal of Death and Dying 41: 139–150.
Kastenbaum, Robert (2000). The Psychology of Death, 3rd edition. New York: Springer.
Pontillo, Kathleen A (2001) "The Role of Critical Care Nurses in Providing and Managing End-of-Life Care." In J. Randall Curtis and Gordon D. Rubenfeld eds. Managing Death in the Intensive Care Unit. Oxford: Oxford University Press.

인 자신의 죽음과 직결되기 때문에 긍정적, 부정적 경향에 따라서 여생의 의미 부과에 많은 영향을 주기 때문이다.

칼리쉬(Kalish)는 죽음에 대한 노인들의 공통적 반응은 '공포와 거부' 라고 하면서 노인들이 죽음을 덜 두려워하는 이유를 3가지로 지적하고 있다.

첫째, 노인들은 자기의 생명에 큰 가치를 두지 않으며, 자신의 미래가 제한되어 있음을 인정한다.

둘째, 노인들은 오랜 시간 충분히 살았고, 지금부터는 덤으로 사는 것이라 생각하고 있다.

셋째, 세월에 따라 타인의 죽음과 많은 연관성을 갖게 되며, 그러한 경험은 자신의 죽음을 받아들일 자세를 갖추도록 돕는다라고 하였다.

다음은 노인의 죽음 불안도에 영향을 미치는 변수들을 4가지 차원에서 살펴본 것이다.[25]

〈표 3-1〉 노인의 죽음 불안도에 영향을 미치는 변수

차원	변수
본인의 죽음에 대한 불안도 (Death of myself)	남성, 죽음준비가 안되었거나, 친구가 많을수록 자신이 인식한 죽음에 대해 불안해함. 여성노인의 경우 '나이, 자식유무, 하루 활동수준, 주관적인 재정수준이 유의미, 남성노인의 경우 '나이, 한달가족수입' 등
본인의 임종에 대한 불안도 (Dying of myself)	성별과 자아존중감 평균, 친구의 수. 남성노인의 경우 나이, 한달 가족수입이 여성노인의 경우, 나이, 믿음 정도, 주관적인 재정수준 등이 유의미
타인의 죽음에 대한 불안도 (Death of others)	가족과의 원만정도, 자아존중감, 배우자의 유무. 여성의 경우, '결혼 지속횟수' 가 남성노인의 경우 '나이와 자식' 에 대한 변수가 유의미
타인의 임종에 대한 불안도 (Dying of others)	배우자가 있는 경우, 여성노인의 경우 자아존중감이 낮을수록, 죽음 준비의 정도가 낮을수록, 타인이 죽어가는 것에 대한 불안이 높음. 여성노인의 경우 주관적인 재정 수준, 남성노인의 경우 연령, 결혼 생활, 가족관계 유의미

(2009, 재요약)

이상의 차원에서 본인의 죽음과 임종에 대한 불안도에 영향을 미치는 변수들을 살펴보면, 평소 존엄한 죽음을 맞이할 수 있도록 자신의 죽음에 대한 적절한 준비가 필요함을 알 수 있다. 다음은 노인의 죽음불안에 영향을 미치는 요인들을 차례로 살펴본다.

25 서혜경 (2007). 죽음불안도에 영향을 미치는 요인들에 관한 탐색적 연구. 한국보건교육 · 건강증진학회지, 제24권 제1호.

(1) 종교

죽음불안과 종교적인 신앙의 관계는 너무 복잡하다. 종교마다 가르침이 다르고, 믿는 사람마다 같은 교리에서 서로 다른 메시지를 취하기도 하며, 역사적으로도 종교적 신앙과 관행들이 죽음불안을 감소시키기도 하고 증가시키기도 하기 때문에 연구결과 또한 단순한 패턴을 보이기 쉽지 않다. 그러나 캘리쉬(Kalish, 1976)에 의하면 죽음에의 공포는 종교적 믿음과 깊은 관계가 있어, 종교적인 사람들은 죽음에의 공포가 가장 적고, 비종교적인 사람들은 중간 정도의 공포를 가지고 있으며, 중간 수준의 종교성을 갖고 있는 사람들이 가장 공포를 많이 느낀다고 하였다. 이와 관련하여 종교는 나이와 함께 다른 변수들의 상호작용을 한다. 때문에 연구는 보다 정교하게 규명되어질 필요가 있다. 예를 들면 모든 연령집단에서 내세를 광신하는 대부분의 종교인은 죽음은 더 좋은 생으로 가는 출입구이므로 죽음에 관하여 별로 불안감을 갖지 않는다(Feifel& Nagi, 1981). 반면 불규칙적으로 교회에 가는 사람 또는 신앙심에 있어서 믿음체계가 혼란스럽고 불확실한 사람은 죽음에 대해 두려워한다(Downey, 1984; Kalish, 1985; Keller, Sherry,& Piotrowsky;, 1984). 분명히 종교는 내세에 고단함을 편안하게 하거나 때로 근심을 만들지만 몇몇 개인들에게는 죽음의 의미를 만드는 방법을 제공한다(Marshall, 1980).[26]

그러나 일반적으로 종교가 있으면 죽음불안수준이 낮으며, 종교의 유무보다는 신앙심과 내세에 대한 믿음 정도가 죽음불안에 영향을 미치는 더 중요한 요소라 하였다(전영기, 2000).[27]

(2) 건강

질병이 있고 건강평가가 부정적일수록 죽음불안수준이 높다(전영기, 2000). 그러나 연구에 의하면 건강의 유무를 떠나 사람들이 죽음불안에 대해 보고하는 것보다 더 많은 불안을 경험하고 있음을 알 수 있다. 허먼 화이펠과 앨런 브랜스콤의 연구에 의하면 죽음 관련 단어나 이미지들에 대해 태연하게 응답하는 사람들조차도 호흡, 심박수, 그리고 반응시간 등의 측정치에서는 동요를 보인다고 한다. 즉 모든 사람들이 한 가지 방식으로 혹은 또 다른 방식으로 죽음을 두려워한다고 한다. 아마 사람들은 의식적 수준에서는 죽음 관련 불안에 저항하기 위한 충분한 자기통제를 가질지 모르지만 그렇다고 해서 그들 내면의 두려움을 평정했다고 보긴 어렵다.

26 Nancy, Hooyman.(2000). Death & Dying. Social Gerontology(7th)
27 전영기 (2000). 노년기 죽음불안 영향요인에 관한 연구. 목원대 산업정보대학원 석사논문.

(3) 성별

죽음과 죽음에 대한 태도는 성별이나, 나이에 따라 다르게 나타난다. 죽음에 대한 은유를 이용한 연구에 있어서 여성들은 죽음을 특히 고통과 신체적 분해, 해체, 부패변질을 두려워한다. 그렇지만 자기들의 죽음이 '인정 많은 어머니' 나 '이해심 많은 의사' 같이 평화스럽게 보이도록 받아들인다. 이에 반해 남성들은 죽음을 '이를 드러내고 웃는 도살자', '피묻은 손의 교수형 집행자' 와 같이 용납되지 않는 이해를 하려는 경향이 있다고 한다(Thordon& Powell, 1988; Keith, 1979). 일반적으로 남성노인들에 비해 여성노인들은 죽음에 대하여 덜 부정적인데(kalish& Reynolds, 1976; Keith, 1979), 그 이유가 여성노인들은 죽음에 대해 더 많은 얘기와 생각을 하며, 자신들의 죽음을 젊은 사람들보다 덜 두려워하기 때문인 것으로 나타났다(Stillon, 1985; Thorson& Powell, 1988; Kalish, 1985).

또 다른 연구에 의하면 남 · 녀 성별에 따른 죽음불안도와의 관계연구들 대부분이 죽음에 대한 불안도 점수가 남성노인이 여성노인보다 훨씬 높게 나타난다. 이는 여성노인에 비해 남성노인들이 죽음에 대한 두려움을 덜 느끼는 것으로 해석된다. 즉 타인의 임종과 죽음에 대해서는 남성들이 여성들보다 두려워하지 않는다. 이러한 이유는 여성노인은 아마도 사회적 교류의 무경험, 재정난등 어려운 상황에 대항할 수 있는 힘을 기르지 못한 상태에서 의지할 대상을 잃었기 때문으로 풀이된다. 또한 죽음과 관련된 전문적 혹은 자원봉사 차원의 서비스를 제공하는 것이 대부분 여성이며, 죽음교육 강좌에 등록하는 것도 여성들이 대부분이기 때문이라 생각된다. 여성들은 죽음 관련 생각과 감정에 대해 보다 공개적이며, 남성들은 이러한 생각과 감정을 드러내지 않는다.

죽음에 대한 남성노인과 여성노인들의 태도 반응을 비교 분석한 연구[28]에 의하면 여성노인의 죽음불안도에 영향을 미치는 요인은 나이, 자식유무, 주관적 재정수준이며 남성노인의 죽음불안도에 영향을 미치는 요인은 나이, 한 달 가족수입으로 나타났다.

(4) 연령

일반적으로 나이가 들어가면서 노인들이 젊은 사람들보다 낮은 불안도를 보인다. 이는 칼리쉬(Kalish)가 지적한 바와 같이 노인들은 자신의 미래가 제한되어 있음을 인정하고 이제부터 사는 것은 덤으로 사는 것이라 생각하며 세월의 흐름에 따라 타인의 죽음과 많은 연관을 갖기 때문에 죽음을 덜 두려워하는 것으로 해석될 수 있다. 그러나 양로원에 사는 소장층 노인들이 노장층보다 죽음불안도가 상대적으로 높은 것으로 보고되었다. 또한 나이가 들수록 죽음에 대

---

28 The Newest Frontier for HPERD : Death-Related Behavior

한 관심도는 높아지지만 죽음에 대한 공포는 오히려 감소한다고 한다.

이처럼 죽음에 대한 두려움은 연령에 따라 변한다. 청소년들은 동시에 불사(不死)의 느낌과 취약하다는 느낌 및 초기 공포를 경험할 수 있지만, 한편 죽음 관련 불안을 위험한, 죽음에 도전적인 행위들로 변환하는 것을 즐긴다. 젊은 성인들은 종종 너무 일찍 죽을까봐 즉, 그들이 인생에서 바래왔던 모든 것들을 할 기회를 갖고 경험하기 전에 죽을까봐 주로 염려한다. 성인 부모들은 그들의 죽음이 다른 가족들에게 미칠 영향에 대해 보다 걱정하는 경향이 있다. 나이 든 성인들은 종종 '너무 오래' 살아 다른 사람들에게 짐이 되고 그들 스스로가 무용지물이 되는 것에 대한 염려를 종종 표현한다. 더구나, 혼자 죽거나 낯선 사람들 속에서 죽게 되는 것에 대한 두려움은 종종 끝으로 치닫고 있는 삶에 대한 두려움보다 더 강할 때가 있다. 따라서 사람들의 일반적인 불안수준을 안다고 해서 죽을 것 같은 예감에 대해 사람들을 가장 힘들게 하는 것이 무엇인지를 알 수 있다고 보기는 어려우며 연령과 죽음불안 사이의 관계 또한 복잡하다.

이와 관련하여 죽음을 수용하는 다양성이 연령에 따른 것인지 아님 상이한 사고 집단의 결과인지 분명하지는 않다. 예를 들면 노인들이 젊은이들보다 정규교육을 적게 받았고 이 요인은 죽음에 대한 태도에 영향을 준다. 나이는 역시 죽음으로부터 어떻게 대처하는가 하는데 중요한 영향을 미친다. 가끔 나이든 사람들이 죽음을 예측하기도 하는데 '죽음의 때가 온다'는 것을 아는 노인들에게는 이것이 축복으로 보여 질 수 있다(Hooyman, 2000).

(5) 기타

학력과 죽음불안도 간에도 대부분의 관계가 있다. 대부분 교육수준이 낮을수록 죽음불안수준이 더 높다고 한다(전영기, 2000). 가족의 원만도와 죽음불안을 살펴본 연구에서는 가족관계가 원만할수록, 가족관계망의 지지도가 높을수록 죽음불안도 수준이 높다. 죽음불안도와 존중감의 관계에서는 자아존중감은 죽음에 대한 공포에 영향을 준다고 하였다. 만약 자신이 쓸모없다는 느낌이 노인의 죽음에 대한 공포에 깊은 영향을 주며, 자신을 가치 있다고 평가하는 노인이 죽음에 대해 긍정적이고 여생을 길게 예측한다고 한다.

노인들이 죽음을 수용할 수 있는 방법으로는 은퇴 등으로 고립된 지역사회에서나 요양원에서 친구의 죽음을 접하는 것 등으로 자신의 죽음을 수용하여 사회화시키는데 도움을 줄 수 있다. 이에 대해 칼리쉬(Kalish)는 노인은 타인의 사망 경험으로 젊은 사람보다도 일상적인 논리로 죽음에 관해 얘기하는 경향이 많다고 하였다 (Kalish, 1985). 에릭슨(Erikson)이 얘기한 바와 같이 노년기 노인들은 자아통합의 발전적인 단계에 도달하고 삶을 회상함으로써 대립과 불안에서 해방되고 공포와 같은 죽음을 수용하게 된다.

그외에도 많은 요인들이 죽음에 직면하여 죽음에 대한 두려움을 적게 가지게 하는 요인을 설명하고 있다. 먼저, 사회적 관점이 주관화 · 내면화되었기 때문에 나이든 사람들은 미래에 대한 그들 자신의 긍정적인 기대가 줄어든다고 봄으로써 그들의 삶은 사회적 가치가 계속 감소하는 것으로 볼 것이다(Stillon, 1985). 만일 사람들이 그들의 삶을 살아왔다면, 그 이후의 자신의 삶을 '빌려온 시간' 을 살아온 것으로 볼 것이다(kalish: 1985. 1982). 또한 고통 없는 죽음은 심리적 · 정신적으로 가족들에게 나빠지게 하는 것에 대하여 사회적으로 짐이 되거나 쓸모없게 되는 것에 대해 반해 바람직하게 보여 지는 경향이 있다(Marshall, 1980).[29]

〈표 3-2〉 죽음불안에 영향을 미치는 요인[30]

요인	죽음불안의 수준
연령	• 노인이 젊은이보다 낮은 불안도를 보임. 나이가 들수록 죽음에 대한 관심도는 높으나 공포는 감소함.
성별	• 여성이 남성에 비해 낮은 죽음불안도를 보임. 여성 – 죽음에 따르는 신체적 고통에 대한 불안수준이 높음 남성 – 인생계획과 목표를 실행하지 못한 것에 대해 불안해함
교육수준	• 교육수준이 낮을수록 죽음불안수준이 더 높음.
종교	• 종교가 있으면 죽음불안수준이 낮음. 하지만 종교의 유무보다는 신앙심과 내세에 대한 믿음 정도가 더 중요한 요소임.
건강상태	• 질병이 있고 건강 평가가 부정적일수록 죽음불안수준이 높음.
심리특성	• 분노, 불평, 불만수준이 높을수록 죽음불안수준이 높음. • 고독수준이 높을수록 죽음불안수준이 높음. • 자아존중감이 높을수록 죽음에 대한 공포가 낮으며, 죽음에 대해 긍정적임. • 자아통합수준이 낮고 부정적 자아개념을 가지고 있을수록 불안수준이 높음. • 삶의 만족도가 낮을수록 죽음에 대해 거부적 태도를 보임.
가족환경	• 가구형태 : 독신노인의 죽음불안수준이 가장 높음. • 가족수입 : 상반된 결과 • 가족관계 : 가족관계가 원만할수록, 가족관계망의 지지도가 높을수록 죽음불안도 수준이 높다.
사회적 지지	• 사회적 관계망이 위축되고 사회적 지지수준이 낮을수록 불안수준이 높음.

(2009, 재요약)

29 Nancy, Hooyman(2000) Death & Dying, Social Gerontology(7th) 인용
30 전영기 (2000). 노년기 죽음불안 영향요인에 관한 연구. 목원대 산업정보대학원 석사논문.

제 2 부
사별과 애도

제4장 사별과 애도과정

- 사별과 애도
- 사별의 고통
- 사별의 유형과 해결과제
- 사별이론
- 애도과정
- 애도에 영향을 미치는 요인
- 만성적 슬픔

때로는 살아가면서 겪어야 하는 일이나 고통따위를 이해하려고 애쓰기보다는 그것을 그냥 받아들이는 것이 더 쉬울것 같은 생각이 들기도 하거든. 내가 그런점들을 깨닫게 된 이유는 인생이라고 불리는 기나긴 여정을 여행해본 덕분이지.

조셉 M.마셜(2008), 유향란 옮김, 그래도 계속 가라, 조화로운 삶

제4장 사별과 애도과정

누구나 인생을 살면서 사별로 사랑하는 사람을 잃게 되었을 때 죽음에 대해서 슬픔을 느낀다. 이러한 슬픔은 예견된 반응으로 고인이나 고인과의 관계의 상실을 슬퍼하는 것이다. 보울비(Bowlby, 1980)는 건전한 슬픔은 사람으로 하여금 죽은 사람에 대한 육체적인 애착을 단념할 수 있게 하며, 슬퍼하는 과정은 살아있는 사람이 고인의 추억과 회상을 통해 그를 삶의 일부로 받아들이도록 돕는다고 하였다. 그러나 이러한 슬픔을 해결하지 못한 채 마음에 묻어 버리게 되면 후에 치명적인 질병이나 여러 가지 문제를 유발하는 요인이 된다는 많은 연구보고가 있다. 슬픔의 양상은 죽은 이와의 관계, 죽은 이와의 애착, 어떻게 죽게 되었는가, 이전 경험이나 사건들, 성격 특성, 사회적 요인들, 당면하는 스트레스 등에 따라 다르게 나타난다. 이러한 변화는 개인에게 강한 감정과 함께 영적, 심리적, 신체적으로 혼란을 수반하게 되며, 이를 제랄드 카플란(Gerald Caplan)은 '전환의 시기'라 명명하고 하나의 인생단계(One life stage)로부터 또 다른 인생단계로의 통과로 보았다.

따라서 제 4 장에서는 사별과 애도란 무엇이며, 사별로 인한 고통의 증상들을 알아보고, 사별의 대상이 누구인가에 따라 남겨진 사별가족의 슬픔의 특성이 조금씩 다름을 이해함으로서 사별가족들을 적절히 원조할 수 있도록 한다. 또한 애도에 영향을 미치는 요인들을 살펴봄으로서 다음에 소개 될 제 15 장 유가족상담에서도 상담자가 상담 시 유념하고 있어야 할 상황들이 많기 때문에 미리 선행하여 숙지되었으면 한다. 또한 애도과정에서 해결되지 않는 만성적인 슬픔과 사별과 관계한 주우울증의 경제적, 신체적, 심리적, 정신 · 사회학적 비용은 사회적으로나 경제적으로 그 비용이 높음을 생각할 때, 사회복지적인 차원에서 필히 다루어져야 할 부분이라 생각되어 이 장에서 소개해 보고자 한다.

1. 사별과 애도[1]

사별(bereavement)이란 죽음에 의하여 누군가를 보내고 애도 과정에 있는 것이다. 좋아하

1 사별(bereavement) ; 죽음에 의해 이별함. / 애도(condolence, Mourning) ; 사람의 죽음을 슬퍼함 / 슬픔(sorrow, sadness, grief) / 비탄(grief, sorrow, lamentation)

는 사람이나 사물을 잃어버렸을 때의 느낌을 말하기도 하며, 협의로는 사랑하는 사람의 죽음으로 인한 상실을 말한다. 에드먼드 볼카트(Edmund H. Volkart)와 스탠리 미첼(Stanley T. Michael)은 사별을 "의존하고 싶은 욕구, 특히 감정의 교류와 관련된 욕구를 만족시켜준 사람이 죽어서 이별의 경험을 한 후 뒤따르는 생존자들의 감정상태, 행동, 생활"이라고 정의한다. 사별과정을 통해 개인은 삶에 있어 근본적인 변화를 경험하게 된다. 이러한 과정을 '사별' 또는 '상을 당함'이라고 한다.

사별의 단계는 개인적이고도 독특한 체험이므로 이것을 극복하는 과정도 개별적으로 상당히 다르다. 그 이유는 가족이나 사랑하는 사람의 죽음에서 개인적으로 느끼는 고통이나 상실감의 정도는 일반적으로 이해될 수 없기 때문이다. 그러나 일반적으로 알려진 사별의 과정을 이해함으로서 앞으로 겪게 될 사별에 대한 고통을 대비할 수 있으며, 사별 가족들을 또한 도울 수 있다.

애도(mourning)란 사별에 대한 슬픔을 표현함에 있어서 관습에 의해 정해진 과정이다. 슬픔이 풀어져 가는 과정으로 상실, 공포와 불안을 다른 사람들이 있는 곳에서 표현하는 경험이다. 상실에 대한 외부적 반응으로 사회나 문화집단에서 수행하는 슬픔의 사회적인 표현과 행동이다. 예를 들어, 장례와 상례와 관련된 관습이나 의식, 슬퍼하기 위한 일정한 기간을 의미하기도 한다. 또 사후 애도의 관습에는 상중에 집을 장식하는 것을 금하는 것, 검은 옷을 입거나 완장을 두르는 것, 그리고 일정기간 동안 종교기관(절, 교회 등)을 방문하는 것 등이 포함된다. 애도반응은 개인의 인격이나 문화에 따라 다르게 표현된다.

2. 사별의 고통

사별은 생에서 반드시 일어나는 한 과정이며, 애착관계에 있던 가족, 친구, 지인, 애인 등의 사람들이 죽었을 때 극심한 고통을 느끼게 된다. 사별 후 유가족이 겪는 어려움으로는 고인에 대한 그리움, 허전함, 죽은 이에 대한 죄책감, 자신의 신체적 고통과 불편함, 극도로 우울한 느낌, 자녀들의 교육문제, 한집에 사는 가족들과의 관계, 경제적 생계 문제, 유산분배 문제, 신앙적 회의, 재혼문제 등이다. 이러한 고통은 정신적, 신체적, 사회적, 영적으로 나타나게 되며 그 증상을 살펴보면 다음과 같다.

〈표 4-1〉 사별의 고통증상

고 통	증 상
정신적 고통	• 부정 → 세상이 멈춘 것 같다. 믿어지지 않는다. • 무력감 → 그저 하루하루를 살아갈 뿐이다. • 걱정 → 걱정스럽고 막막하다. • 슬픔 → 갑작스럽게 눈물이 쏟아질 때가 있다. • 외로움 → 혼자있음이 적막하다. • 분노 → '우릴 두고 간 남편에게 화가 난다.' • 수치심 → '상투적인 위로는 듣기 싫다.' • 죄책감 → '사람이 죽었는데 잠도 자고 먹기도 하는 자신이 싫다.' • 허전함과 공허감 → '가슴이 뻥 뚫린 것 같다.' • 인지력 장애 → '생각이 집중되지 않고 잘 기억이 나지 않고, 분별력이 떨어진다.' • 환청 · 환각 → '고인이 떠나가는 게 보인다.' • 기타 → 지속적인 혼란, 안절부절, 불안, 고립감, 우울, 절망, 두려움 긴장을 느낀다. • 고인과의 추억이나 임종시에 몰두한다.
신체적 고통	• 심혈관계, 내분비계, 면역계 주로 영향을 준다. • 위장 및 영양상태가 좋지 않다. • 호흡기계에 이상, 피로하다. • 때때로 고인의 증상과 동일한 증상을 느낀다. • 심한 발한이나 성욕감퇴가 일어난다. • 단발적인 공황이나 질식의 순간이 오기도 한다. • 식욕상실이 온다. • 흉부통증이 온다. • 불면증이 온다. • 편두통이 일어난다.
사회적 · 경제적 고통	• 타인에게 무관심, 대인관계 위축된다. • 사회적 역할 수행 장애가 일어난다. • 의존감, 지지가 필요하다. • 역할변화가 있다. • 자신감 저하, 창의성과 자발성의 결여가 온다. • 재정적인 문제가 있다.
영적 고통	• 인생에 대한 허무감 '살아서 뭐합니까? 껍데기만 돌아다니지요' • 신(절대자)에 대한 원망, 분노가 일어난다. →'내가 뭘 얼마나 잘못했다고 이런 고통을 주시나요' • 사별을 하나님이 내린 벌로 생각한다. • 하나님의 부재를 느낌 →'하나님이 계시다면 이럴 수는 없다' 고 생각한다. • 절망, 자살의도 → '차라리 함께 죽었으면' 한다. • 죄의식, 자책 → '내 죄야, 내가 죽었어야 하는데' 라는 생각을 갖는다. • 삶의 목적과 상실의 의미를 이해하지 못한다. • 종교적 신념과 가치체계 혼돈된다.

1) 상실로 인한 심리적 고통에 대한 정상적 반응 (Worden, 1982)

상실로 인한 정상적인 반응의 느낌들은 슬픔, 분노(자신이 아무것도 할 수 없었음에 대한 분노와 버림받음에 대한 분노), 죄의식과 자책감(좀 더 잘해주었어야 했다는 자책감), 불안감(혼자 지낼 자신이 없음), 외로움, 지침, 무기력함, 충격, 그리움, 해방감, 안도감, 무감각함과 같은 것을 느낀다.

정상적인 신체적 증상들은 뱃속이 빈 느낌, 가슴이 조임, 목이 조임, 숨이 참, 근육에 힘이 없음, 기운이 없음, 입이 마름, 소리에 민감함을 느끼며, 죽음을 믿을 수 없음, 혼돈된 사고, 집중력 저하, 죽은 사람에 대한 생각에 몰두, 살아있는 것 같은 느낌, 환시와 환청(사별 후 2-3주간)과 같은 생각들을 가진다.

또한 수면장애, 식욕장애, 건망증적 행동, 사회적 철회 행동, 죽은 이에 대한 꿈, 죽은 이를 상기시키려는 물건이나 경험을 회피함, 죽은 이의 이름을 외침, 한숨, 과잉행동들, 울음, 죽은 이를 상기시키는 장소들을 방문하거나 물건들을 가지고 다님, 죽은 이의 유물을 소중히 간직하거나 하는 행동들을 나타낸다.

위의 반응들은 상을 당한 후 지나치게 오래 계속되지 않는 한 정상적인 반응들이다.

〈표 4-2〉 정상적인 슬픔의 증상과 반응들[2]

	충격단계	고통, 갈망의 단계	해결단계
느낌	멍함 무감감 무력감	분노감, 슬픔, 불안, 우울, 강한 외로움, 죄의식, 애타게 고인을 찾음	해방감
신체증상	입이마름 목이 탐 가슴이 떨림 숨쉬기 어려움	무기력 피로감 근 무력증	예전의 상태로 되돌아감
행동방식	울음 한숨	불면증, 식사장애, 과다행동, 사회적 위축감, 넋을 잃은 행동, 고인의 꿈	사회적 상호작용을 이루고 새로운 대인관계를 발전시켜 나감
사고방식	부정, 불신, 현실감 결여	고인에게 집착, 몰두, 환상, 혼돈, 집중이 어려움	고인에 대한 기억이 실제화 됨

(2009, 재인용)

2 서혜경 외, 실버플래너 교재, 2007, 한국노인종합복지관 협회와 사랑의 열매, p.238재인용

2) 상실로 인한 심리적 고통에 대한 비정상적인 반응 (Worden, 1982)

대부분 정상적인 슬픔과정을 겪지만 약 20%에서는 신체적, 정신적인 질병을 유발하는 비정상적 슬픔을 을 겪을 수 있다. 이러한 부작용을 겪는 비정상적인 슬픔을 여러 학자들은 복합적 슬픔, 병적인 슬픔, 또는 끔찍한 슬픔 등의 용어를 혼용되어 쓰고 있으며, 최근에 '복합적 슬픔'이란 용어로 표준화하려는 연구가 진행되고 있다. 비정상적인 슬픔의 위험 요소들을 파악하여 위험 대상자를 미리 선별하여 집중적으로 사별관리를 하여야 하며, 필요시 전문가에게 적절하게 의뢰하여야 한다.

영화 메그놀리아(Magnolia)의 한장면

비정상적 슬픔의 주요 요인으로는 결핍된 사회적 지지, 예전의 정신질환 병력, 예상치 못한 죽음(특히 젊은 사람), 대형 사고사, 다른 중요한 스트레스나 상실, 아이의 죽음, 배우자를 잃은 의존적 남자 노인, 이전의 알코올, 담배, 약물 의존의 경향, 사회적으로 터부시 되는 죽음(에이즈, 자살, 타살) 등이다. 이것을 다시 말하면 ① 결핍된 사회적 지지, ② 이전의 정신질환 병력, ③ 예상치 못한 죽음으로 나눌 수 있다.

비정상적인 슬픔의 증상에 대해서 워덴(Worden)과 린더만(Lindermann)은 다음과 같이 말하고 있다.

〈표 4-3〉 비정상적인 슬픔의 증상

Worden (1982)	• 강렬하고 신선한 슬픔의 표현 ex) 몇 년 전에 상을 당했는데도 마치 며칠 전에 상을 당한 것 같이 반응함. • 남의 상실에 매우 강한 반응을 보임 ex) 친구가 유산한 경우 클라이언트가 매우 감정적이 됨. • 사망자의 소유물을 몇 년이고 처분하지 않음. • 사망자가 가졌던 신체적 증상이나 성격특성을 모방함. 또는 사망자가 가졌던 증상에 대한 공포증을 보임. • 대화에서 상실의 주제가 반복됨. • 직업 등 삶의 형태에 근본적인 변화를 일으킴. • 죽은 이와 관련된 사람들과의 모든 인연을 끊음. • 우울증, 죄의식, 자기비하, 가장된 행복감. • 자기파괴적인 행동 • 매년 특정 시간(사망자의 생일, 기일 등)이 오면 설명할 수 없는 슬픔을 경험. 또는 평상시와 다른 행동(어머니의 기일을 피하는 등)을 함.

Lindermann (1944)	• 상실감이 결여된 과잉활동 • 건강염려증 • 정신 · 신체적 증상들 • 친구나 친척들과의 관계에서의 변동 • 특정인들을 향한 적개심 • 사회적, 경제적인 면에서 손해가 되는 활동(술, 도박 등)에 몰두함. • 우울증, 불면증, 자기비하, 자학, 자살충동

(2009. 재정리)

상실로 인한 비정상적인 심리적 고통들의 특징은 시간이 지나가도 슬픔의 강도가 줄어들지 않는 만성적인 고통이며 이 경우 고통이 외적인 상황 때문에 연장되는 경우도 있다. 또 첫번째 경험했던 상실이 잘 다루어지지 않았을 경우 다음 번 상실 때에 강하게 반응하거나 혹은 타인의 상실에 민감하게 반응함으로서 고통을 연기시킨다. 만약 다음번 상실 때 고통의 반응이 없는 경우는 고통이 연기되는 것보다 더 심각하다. 그리고 술, 담배, 도박, 마약 등 자신의 신체적, 사회적, 경제적인 면에서 해가 되는 활동을 함으로서 고통을 과장되게 표현하거나 상실의 감각없이 과도한 행동을 하기도 한다. 이럴 경우 친구나 친척들과의 관계에 변화가 생길 수 있다.

위와 같이 직접적으로 고통을 표현하는 경우도 있고 간접적으로 위장된 고통도 있다. 이러한 증상들은 수면장애, 식욕부진, 체중감소 등의 신체적 증상들로 위장되어 나타날 수 있으며, 때로는 정신과적인 증상으로 위장되어 나타날 수도 있다. 가장 흔하게 나타나는 것이 우울증이며, 상실 후에 나타나는 반응적인 우울증과 병적인 우울증은 구별하기 어려워 때로는 반응적인 우울증을 정신병으로 오인하는 경우도 있다.

〈표 4-4〉 비정상적인 슬픔의 진단

- 세월이 흘러도 지나친 슬픔에 싸여 있음
- 5가지 생존욕구 (적절한 영양 섭취, 적절한 수분 섭취, 규칙적인 운동, 휴식, 사회적 지지망 형성)가 제대로 충족되지 않음
- 사소한 일에 지나치게 심한 반응을 보임
- 자기 파괴적 충동
- 술이나 약물 남용
- 고인의 물건을 치우지 않음
- 사회적인 삶의 스타일이 갑자기 변화함
- 장기적인 공포가 있음

(2009. 재정리)

3. 사별의 유형과 해결과제

나이와 사망원인에 따라 남겨진 사별가족의 슬픔의 특성이 조금씩 다르며, 이에 따라 사별가족의 특성에 따라 적절하게 돌볼 수 있어야 한다. 고인이 누구인가에 따라 다음과 같이 사별의 유형을 나눌 수 있다.

1) 사별의 유형

(1) 배우자 사별[3]

배우자 사별은 노년기 부부에게 일반적으로 일어나는 일로 일생을 통해 경험하는 다양한 상실의 경험 중 가장 큰 스트레스를 유발하는 사건이다. 이것은 객관적 · 주관적인 면에서 심각한 변화를 가져온다.

대개는 남성보다 여성의 경우가 혼자되는 비율이 높으며, 홀로된 여성 대부분은 재혼하지 않고 장기간 홀로 보낸다. 그 이유는 새로이 맞이하는 자유감과 독립성을 누리고 싶기 때문이며, 사별한 배우자와 비교할 만한 상대를 찾기가 어렵고, 또 다시 사별이나 간병을 하고 싶지 않기 때문이다. 홀로된 남성의 경우 타인과의 유대의 필요성을 인식하게 되어 타인에게 보다 민감하게 된다. 배우자 사별 후 혼자인 삶에 적응하는 것과 어떻게 살아갈 것인가 하는 것이 해결해야할 과제로 남는다.

먼저 삶에 적응은 사별 후 1년 정도가 지나고 사회 참여가 증가되며 정서적으로 안정되면서 새로운 역할과 생활양식을 갖게 된다. 또한 성인 자녀에게 의존하는 등 가족역할의 재협상이 이루어지고 새로운 취미 활동이나 여가에 참여하여 새로운 사회관계망을 형성하게 된다.

홀로된 노인의 경우 노후를 어떻게 살아갈 것인가에 대해 생각하고 계획해야한다. 이러한 생각은 노후에 배우자가 사별된 이후에 할 것이 아니라 씨아네(Ciane, 1974)가 권장한 것처럼 부부가 매년 날을 정해서 그들의 재정 상태를 점검하고, 1년 이내에 상대방이 사망했을 때 어떻게 대처해야 할 것인가에 대해 의논해야 한다.

여기에 포함될 내용으로는 유언에 대한 점검 · 연금 · 건강의료비 · 현재와 미래의 투자 등 경제적 계획 등이 포함되어야 한다. 이러한 계획은 홀로된 이후의 삶에 적응을 수월하게 하고 사별 시 발생할 수 있는 부적절한 판단이나 의사결정을 막을 수 있다. 또한 상실감을 감소시키고 남은 배우자로 하여금 상대로부터 배려받고 사랑받았다는 느낌을 갖도록 하여 정서적인 면에서 도움을 줄 수 있다. 다음으로 어떻게 살아갈 것인지에 대해서는 자녀와 함께 살아가는 방

3 건강생활과학 연구소편 (1996).현대노년학. 숙명여자 대학교 출판부, p.174-180. 인용

법, 가능 할 때까지 혼자 사는 방법, 재혼하여 새로운 인생을 사는 방법, 양로원 등 시설에 입소하는 방법 등을 생각해 볼 수 있다.

배우자 사별에 적응요인으로는 성별, 연령, 사별에 대한 예측여부, 계층 등이 영향을 준다. 성별을 살펴보면 여성이 남성에 비해 적응이 훨씬 용이하다. 그 이유로는 여성은 가족간의 강한 유대가 있고, 생애발달과정에서 가족내의 역할 변동에 보다 직접적으로 관여해 왔기 때문이다. 하지만 모든 여성이 다 적응이 쉬운 것은 아니다. 예를 들면 수동적 · 의존적인 여성은 적응이 어렵고 성취 지향적으로 독립적인 생활을 해온 여성은 적응이 비교적 용이하다. 대부분 홀로된 남성은 사회적 소외감을 겪고 보다 제한된 사회적 지원망을 갖는 경향을 보이며 가족과의 정서적 유대도 여성보다 낮고, 믿을 만한 친구를 가질 가능성도 적다. 무엇보다 건강상에 문제를 가지게 된다. 이러한 이유로 남성은 여성보다 적응이 어렵다.

연령을 살펴보면 연령이 높을수록 사별에 대한 계획과 준비의 기회가 많아 상대적으로 낮은 연령대보다 적응이 비교적 쉽다. 사별에 대한 예측여부로는 갑작스런 배우자의 사망은 고인에 대한 적대감 · 죄책감 등이 적응의 장애가 되어 장기간 깊은 슬픔을 경험하게 된다. 그러나 배우자 사망에 대해 사전에 알고 있었던 경우 사별에 대한 적응이 용이하다. 하지만 사전에 알고 있었더라도 만성질환에 대한 병간호를 혼자 한 경우, 간병에 따른 부담과 스트레스가 크고 자신도 간병에 지쳐있거나 그로인해 건강상에 문제를 가지고 있기 때문에 사별에 대한 적응에 어려움을 가진다.

계층적인 요인으로는 경제력이나 학력 등은 배우자와의 사별에 대처하는 중요한 자원으로 작용한다. 학력이 높고 경제력이 있는 상류계층의 부부일수록 배우자 사별에 직면하여 단기간에는 자아 정체감의 상실을 경험하기 때문에 어려움이 있지만 새로운 역할을 위한 자원이 이미 확보된 상태이므로 장기적인 면에서는 비교적 유리하다. 홀로된 배우자의 건강상태가 나쁘고 학력이 낮을 경우 사회적 고립의 가능성이 높아 적응에 어려움이 있다. 하류계층의 부부는 이미 생활에서 각각 분리된 생활을 해올 확률이 높기 때문에 홀로된 직후에는 중상류층에 비해 적응이 용이하지만, 가지고 있는 자원이 열악하여 장기간의 적응에는 어려움이 있다. 이외에 거주지역, 문화적 배경, 개인의 성격등도 배우자와의 사별 후 적응에 부분적으로 영향을 미친다.

(2) 부모 사별

부모 중 한 사람의 죽음은 그것이 아동기, 사춘기, 혹은 성인기에 일어나든지 간에 장기간의 영향을 보여준다. 어린이들은 그들이 받았던 사랑, 애정, 그리고 관심의 감소뿐 아니라 격리와 상실감과 직면해야 한다. 부모의 죽음은 종종 이사, 생활수준의 감소, 친구의 변화, 의붓어버이 맞이하기와 같은 중요한 인생의 변화들을 의미하기도 한다. 크라우제(Krause,1993)는 최근 어릴 때 부모를 잃는 것은 지속되는 생애에 영향을 가진다고 확인하였다. 어린 유아들이 부모 중 한 사람의 죽음을 경험할때 종종 잃어버린 부모를 대신할 사람을 가지지 못한다. 편부모 가족의 어린이들은 양부모가 있고 온전한 가정보다 노동과 재정적 부양을 포함한 성인의 역할을 훨씬 더 빨리 생각한다. 크라우제(Krause1991)는 재정적인 압박을 경험하는 것과 증가된 사회적 고립이 성인 후기까지지도 부정적인 효과를 미치게 된다는 것을 이미 보여주었다. 또한 519명의 장년들이 참여한 한 연구를 통해 어릴 때 부모를 잃는 것은 낮은 교육적 성취, 이후의 생활에서 재정적인 어려움을 가져오며, 궁극적으로 성인 후기에 개인적인 통제가 감소되는 것과 연관되어 있다는 것을 지지하는 모델을 보여주었다.

중년기 혹은 노년기의 성인들에게도 부모 중 한 사람의 죽음은 엄청난 상실이다. 유족들이 부모 중 한 사람 같은 가까운 친척의 죽음에 감정적으로 대응하는 방식은 우울을 주된 결과변수로 이용하여 많이 연구되었다. 그러나 우울 혹은 우울증상의 지표는 애도의 지표와 다르다(Moss & Moss, 1995). 애도는 부모에 대한 생각에 몰입하거나, 강한 외로움, 그리고 우울증을 반드시 나타내지 않는 슬픔의 기간 등을 포함한다.

나이가 많이 든 부모의 죽음은 젊은 부모의 죽음보다 다소 덜 스트레스가 쌓인다. 전자의 경우에, 성인 자녀는 부모가 점점 나이가 들어가고 약해지는 것을 목격함에 따라서 스스로 부모의 죽음에 대하여 준비하는 기회를 가진다는 어느 정도의 증거가 있다((Moss & Moss, 1995; Norris & Murrell, 1990). 상황에 관계없이 대부분의 성인 자녀들은 고인이 된 부모 중 한 사람이 충분히 오래 살지 못했다고 믿는다((Moss & Moss, 1995).

(3) 성인자녀의 사별

성인자녀의 죽음은 노인이 된 부모에게 또한 굉장히 고통스러운 것이다(DeSplder & Strickland, 1992; Moss & Moss, 1995; Goodman, Rubinstein, Alexander, & Luborsky, 1991). 자녀보다 오래 살아남는다는 것은 부모가 기대하는 일이 아니며, 그리고 나이가 든 부모에게는 받아들이기 가장 어려운 죽음이다. 부모로서 평생의 정체성을 상실하는데 대한 강한 죄책감과 분노뿐아니라 고립에 대한 두려움, 그들 자신을 돌보는 데에 대한 불안정 등을 나타낸다(DeSpelder & Strickland, 1992).

성인 자녀를 잃는다는 것은 배우자를 잃거나 부모를 잃는 것만큼이나 고통스러운 것이다(Moss & Moss, 1995). 어떤 연구자들은 성인자녀의 죽음이 배우자나 부모의 죽음보다도 더욱 강력한 슬픔(예를 들어, 실망, 죄책감, 분노, 근심, 그리고 신체적 질병의 증상)을 가져온다는 것을 발견하였다. 보험산업의 통계는 성인 아들자녀를 가진 65세 이상 여성들의 25퍼센트가 성인자녀의 죽음에 대처해야만 한다는 것을 암시하고 있다(Moss & Moss, 1995).

굿맨(Goodman)과 동료들(1991)은 나이 많은 여성들(61세-93세)이 성인 자녀의 죽음에 어떻게 대처하는 가에 대한 문화적 차이점을 보고하였다. 연구에 의하면 유태교의 여성들은 그들의 생활에서 기본적인 역할, 초점, 그리고 정체성을 상실하는데 있어서 비유대교 여성들보다 더욱 슬픔에 잠기고 우울해지는 것처럼 보인다. 개신교나 카톨릭 여성들 사이에서는 성인자녀의 죽음을 다소 잘 수용하고, 그들이 상실을 극복하고 그들의 인생을 계속해 나갈 수 있도록 성인 자녀의 죽음을 좀 더 넓은 시각에서 이해하려는 노력들을 하였다. 문화, 인종, 그리고 종교가 엄마와 자녀간의 유대의 질과 강도를 결정하는 데 중요한 역할을 명백히 하며, 따라서 성인 자녀의 죽음에 대해 대처하는 반응에 영향을 미치기도 한다.

모스(Moss와 Moss, 1995)는 성인자녀의 죽음에 대한 근원적인 여섯 가지 중요한 주제를 발견하였다: (1) 때에 어긋난 죽음과 부모의 세계관의 붕괴; (2) 자식과 부모 사이에 확립된 유대의 상실과 부모의 정체성의 주요한 요소에 대한 위협 (예를 들어, 보호적인 부모); (3) 살아남은 자로서의 강한 죄책감; (4) 죽은 자녀의 자녀뿐만 아니라 다른 자녀와의 관계 그리고 부모의 부부관계에 있어서 불균형과 긴장; (5) 노년에 있어서 사회적 그리고 도구적 도움의 상실 (예를 들어, 특히 필요할 때 부모와 나누고, 돕고, 그리고 필요를 제공하는 것), (6) 생식 욕구가 충족되지도 않으며 불완전하다는 데서 유래하는 미래에 대한 의미 변화.

(4) 유아의 사별

유아의 죽음은 강한 슬픔을 낳고 부모는 회복하기 어려운 파괴적인 상실감을 갖게 된다. 고러(Gorer)는 어린이의 죽음이 모든 슬픔 중애서 가장 비통하며 가장 오래 지속되는 것으로 부모가 이를 극복하지 못한다는 말이 글자 그대로 사실인 듯하다고 말하였다.

이러한 상실을 경험한 사람들(부모, 형제자매, 조부모, 친구, 그리고 친척)에게는 지역의 자조집단이 특히 도움이 된다(Rando, 1991). 사고로 인한 자녀의 죽음이나 갑작스러운 질병으로 인한 어린이의 예상치 못한 죽음은 더욱 힘들다. 만약 죽음이 사고로 인한 것이라면, 부모는 엄청난 죄책감, 적정 수준을 초과하는 과도한 책임을 받아들인다.

죽음이 예상될 때는, 부모는 서로간의 핑계 찾기에 사로잡히기보다는 그들 자식에 대해서 솔직하고 공개적이 되려고 노력한다(Stephenson, 1985). 부모는 자녀가 죽음의 개념 그 자체를 이해하기를 원하기보다는 자녀가 외로움, 격리, 그리고 고통에 대한 두려움을 느끼는 것을 완화시켜주려 한다. 또한 부모는 보통 예기적인 애도 과정의 과정을 시작하려고 노력한다.

2) 사별 해결과제[4]

첫째, 상실을 현실로 받아들인다. 죽음의 실제를 직시하는 것이 중요하다.

4 John Bowlby (://ghhospice.com/zeroboard)

사후에 가족이 죽은 이를 만날 수 있다고 생각하면 유가족은 죽음을 수용하기 쉽다.

둘째, 슬픔의 고통을 감내한다.

상실에 수반되는 신체적, 정신적 고통을 겪어서 이겨내는 것이 필요하다. 상실로 인한 고통을 회피하게 되면 슬픔의 기간이 연장된다. 단지 슬픔의 고통을 피하기 위해 바쁘게 지내는 것, 술, 약물, 담배 등은 고통을 연장시킬 뿐이며 나중에는 우울증을 경험하기 쉽다.

셋째, 사랑하는 사람이 없는 현재의 상태에 적응한다.

구체적으로 혼자 사는 방법, 자녀를 혼자 키우는 것, 재정을 관리하는 것, 집이나 차를 관리하는 것, 혼자서 음식을 장만하고 가사를 돌보는 것 등 새로운 역할에 적응하는 것이 필요하다.

넷째, 고인과 나누었던 감정들을 정리하고 다른 사람들과의 관계를 시작한다.

고인과의 관계에 얽힌 감정의 끈을 끊고 새로운 관계 설정이 필요하다.

4. 사별 이론

1917년 프로이드의 「Mourning and Melancholia(애도와 우울증)」가 출판되면서부터 사별에 대한 이론적인 역사가 시작되었다. 그 후 린드만(Lindemann)이나 보울비(Bowlby), 파커(Parker) 등이 체계적으로 개인의 슬픔 증상, 기간과 슬픔 반응에 관심을 둔 연구와 저술을 발표하였다. 이러한 연구들은 초기에는 개인적 접근에서 시작되었고, 이후에 점차 상호작용, 효과적인 중재와 사회망의 중요성으로 연구의 초점이 확대되었으며 최근 연구들은 생리적, 정신적 측면들을 포함하고 있다.

〈표 4-5〉 사별이론

년도	이론가	이론	핵심내용
1917	프로이드 (Freud)	정신분석학적 이론 Mourning and Melancholia	-Mourning and Melancholia(애도 및 우울)저서 : 슬픔과 우울의 차이점을 지적, 정상적인 애도의 과정은 초기에는 상실을 부정하다 점차 상실을 수용하고 슬픔을 극복하게 됨. -우울증 환자의 경우 분리가 어려운 비정상적인 슬픔에 대하여 직면의 필요성을 강조함
1944	린드만 Lindemann	슬픔이론 Symptomatology of grief	-슬픔의 5가지 요소를 포함한 증후군 연구 : 신체적 장애, 고인에 대한 몰두, 죄책감, 적대감, 혼란된 행동(화재로 가족을 잃은 10가족과 이차대전사별 한 88명의 가족인터뷰결과)

1950 년대	보울비 Bowlby	애착이론 attachment theory	-보호자를 잃은 아동을 연구 : 중요한 사람을 잃은 아동이 울고 매달리고 화를 내는 저항시기, 절망시기, 분리시기로 특징 지워짐. 사별인은 애착대상이 없어 외로움 -정신적으로 건강한 성인의 경우 : 애도가 6개월 이상 지속되며 병리적으로 간주되던 행동들도 건강한 애도에서 흔히 발견된다는 것을 후반기에 발견함
1960 년대	카플란 Parad & Caplan	위기&스트레스 crisis & stress theory	-사별인 : 무력상태, 약화된 위기상황에 몰린 것. 한정된 시기 안에 발생, 결국은 평형상태로 회복됨 -상실경험의 결과 : 사별인의 유용한 사회적 지지의 질과 관계가 깊음을 강조
1964	파커 Parkes	사별여성들의 연구 study of widows	-남편을 사별한 부인들의 슬픔을 연구에서 놀람, 검토, 진정, 분노, 죄책감, 새로운 정체감을 사별의 주요 요소로 제시함 -Parkes는 사별을 인간생애의 심리사회적 전환에 도전하고 변화시키는 시기. -사별인은 상실한 것을 내적으로 발견하고 재정립의 중요성을 강조
1972	워덴 Worden	슬픔 카운셀링과 치료 grief counselling and therapy	실무전문가들이 도울 수 있는 4가지 애도 과업 ① 상실의 현실을 받아들이기 ② 슬픔을 표현 하기 ③ 고인이 없는 환경에 적응한다. ④ 새로운 인간관계 맺기
1977	라파엘 Raphael	슬픔의 단계모델 grief and disasters	-슬픔모델 소개 : 뉴사우스웨일즈 열차사고의 사별가족의 슬픔연구를 토대로 한 저서 「Anatomy of Bereavement」사별의 해부에서 이 모델이 소개됨 -사별의 초기반응은 쇼크, 무감각과 불신, 그 후 분리 고통이 뒤따름 -심리적 애도과정은 관계성의 역사에 강렬한 재경험이 있으며, 애착의 끈이 서서히 완화된다. 결국 유대감은 풀어지고 다시 세상과 통합된다고 주장
1996	클라세 Klass 등	지속적인 유대이론 continuing bond	-고인과 내적관계유지의 긍정성 →지속적 유대이론에서는 고인과의 관계를 끊을 필요성 없음을 주장함 →고인과의 기억들을 반추, 생각을 내면화, 내적대화를 통해 생각을 정리하고 미래를 준비할 수 있는 기회가 되어 긍적인 영향을 미침 →건강하고 자연스러운 애도 반응임 →사별자들은 그들의 추억을 고인과 나누기 원함 cf) 전통적 모델 : 고인과의 관계분리를 통해서 회복되고 새로운 관계발전을 맺음을 주장

1999	스트로브와 슈트 Strobe & Schut	이중과정모델 doual process model	-상반되고 중복된 기존의 사별이론들을 통합시도한 모델 -사별은 상실측면과 회복측면의 2가지 주요 스트레스원이 있음 -상실측면 : 사별가족의 집중을 말함, 애착이론과 슬픔과업의 통합을 표현하고 있음 -회복측면 : 사별생활적응, 새로운 자아정체성확립, 고인이 수행하던 역할이나 과제, 일상생활에 적응하기 등이 2차적 스트레스 원임 -상실과 회복 측면 모두 스트레스의 근원이 됨. 부담감, 고통, 불안 야기

(2009. 재요약)

1) 프로이드(Freud)의 정신분석학적 이론

사별에 대한 이론적 역사 시작은 프로이드로부터 기원한다. 1917년에 프로이드는 「Mourning and Melancholia(애도와 우울증)」이라는 저술을 통해 슬픔과 우울과의 차이점들을 지적하며 정상적인 슬픔과 병리적인 슬픔에 대해 언급하였다.

슬픔은 고인과 관련된 과거의 관계를 반추해 봄으로써 고인과 밀착된 에너지(Libido)를 점진적으로 분리시키는 역할을 하며, 이 과정은 고통스럽다. 또한 애도과정은 처음에는 심리적 통증을 회피하기 위해 상실의 실재를 부정하면서 시작되며, 점차 상실을 수용하고 점차 고인과의 연결을 끊어버리게 된다. 그런 후에 새로운 대상과의 관계에 재투자할 수 있게 된다. 또한 슬픔은 정상적 과정이며 시간이 흐르면서 극복될 수 있다고 하였다.

이 이론은 프로이드가 우울증환자를 중심으로 정신분석적 관점에서의 임상적 경험을 기반으로 하였기 때문에 비판을 받기도 한다. 그러나 슬픔에 대한 개념과 고인과의 분리를 위해서 슬픔에 대한 직면의 필요성에 대한 강조는 현재에 이르기까지 많은 이론적 발전에 기여해 왔고 애도 과정이론에 영향을 끼쳤다.

2) 린드만(Lindmann)의 슬픔 이론

1944년에 정신과 의사인 린드만(Erich Lindmann)은 슬픔의 임상적 과정을 기술하였다. 린드만은 보스톤 코코넛 클럽 화제로 가족을 잃은 8~10 가족과 세계 제2차 대전으로 가족을 잃은 88명의 사별가족을 중심으로 한 정신분석적 인터뷰를 통해 슬픔에 대한 5가지 요소를 포함한 증후군을 기초로 하여 그의 이론을 발전시켰다.

그 5가지 요소로는 ① 신체적 장애(somatic disturbance) ② 고인에 대한 몰두(preoccupation with the image of the deceased) ③ 죄책감(guilt) ④ 적대감(hostility) ⑤ 혼란된 행동(disorganised behaviour)이다. 또한 린드만은 예고된 슬픔이란 말을 처음으로 사용하여

죽음을 앞둔이와 주변의 가족사이에 거리감을 조성할 수 있는 슬픔의 단계들을 다음과 같이 보여주고 있다.

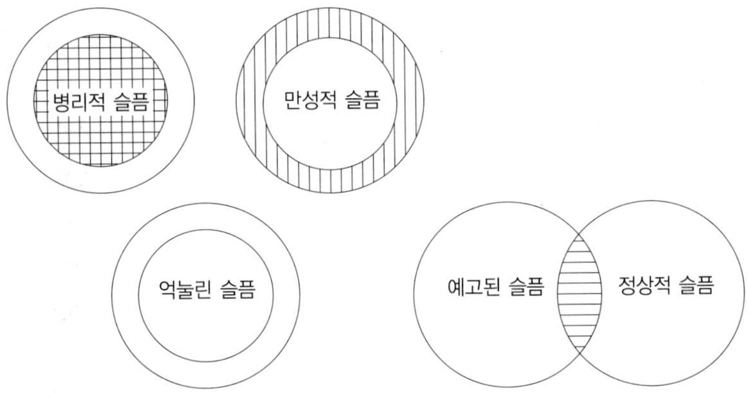

Lindemann(1944) Symptamatology and management of Acute Grief in American journal of PSYchiatry 101, p.141~149

〈그림 4-1〉 슬픔의 다양한 유형

우선 병리적 슬픔은 신경쇠약이나 우울증, 또는 고인과 자신의 동일시, 약물이나 알코올 중독으로 나타난다. 병리적 슬픔에 있는 사람은 강한 상실감에 압도되어 육체적 정신적 균형이 깨어진 것이다.

만성적 슬픔은 수년간 비탄이 지속되는 것이다. 끊임없이 추억에 사로잡혀 다시 사회에 적응하기 어려운 경우이다. 억눌린 슬픔은 비탄에 대한 뒤늦은 반응으로 비탄의 시작 단계에서 뚜렷한 고통의 징후를 보이지 않고 상황을 잘 통제하는 것처럼 보이는 사람에게서 나타나는 반응이다. 또 다른 상황에서 억눌린 슬픔은 일어난 사건에서 벗어나고자 적극적으로 활동하는 사람들이 체험하는 것이다.

예고된 슬픔은 자신의 심정을 나누고 이별을 준비할 기회를 준다. 특히 말기환자의 경우에 환자 본인뿐만 아니라 그 가족이 체험하는 것이다. 이는 불가피한 죽음 앞에서 환자본인과 가족이 현 상황을 인식하고 자기 영혼의 상태를 자유롭게하며 시간을 계획하는데 도움이 된다.

요약하자면, 비정상적인 슬픔의 반응(억눌린 슬픔, 만성적 슬픔, 병리적 슬픔)은 일어난 일을 받아들이지 않으려는 자세와 분노나 자책감이나 슬픔이 완전히 해소되지않은 심리상태가 그 원인이 될 수 있다.

3) 보울비(Bowlby) 애착이론

1950년대에 보울비(Bowlby)는 상실을 연구하였다. 보울비는 아동의 최초의 경험을 자신의 일차적 보호자와 연관지어 관찰하였고, 특히 오랫동안 중요한 사람(significant others)으로부터 분리된 아동을 관찰하였다. 그는 중요한 타인을 잃은 아동, 잃어버린 대상을 유지하거나 혹은 재획득하려고 하는 행동들을 관찰하였는데, 즉 저항 시기(매달리고, 울고, 화를 내는 강압), 절망 시기, 분리시기로 특징지워진다.

이러한 개념들을 사별한 사람에게 적용하면 사별인들의 딜레마는 애착의 욕구가 강하나, 애착대상이 없다는 것이다. 이것으로 사별한 사람에 의해 경험되는 외로움이라는 두드러진 느낌을 설명할 수 있다.

그는 후반기 작업에서의 두 가지 중요한 발견을 주목하였다. 첫째로, 정신적으로 건강한 성인의 애도는 예전에 정상으로 간주하던 6개월 이상 훨씬 더 지속된다는 것이다. 둘째로, 예전에 병리적인 것으로 간주되던 행동들이 건강한 애도에서 흔히 발견된다는 것이다. 이러한 행동들에는 분노의 표현과 상실이 일어난 사실을 불신하는 것이 포함된다.

4) 카플란(Caplan)의 위기와 스트레스 이론

1964년에 카플란(Caplan)은 대상을 상실한 사별인을 무력한 상태로 내던져진, 더 이상 성공적인 대처 전략이 없이 방어기전도 약화된 위기상황에 몰린 것으로 묘사하였다. 스트레스 혹은 위기 시기는 한정된 시간 안에 발생하며 결국에는 어느 정도의 평형상태로 되돌아온다.

두 가지 중요한 이론적 기틀 중 첫째는 현재의 상실은 예전의 상실경험을 활성화시키고 둘째, 상실 경험의 결과는 주로 사별인에게 유용한 사회적 지지의 질에 달려있다는 것이다.

5) 파커(Parkes)의 슬픔 모델

정신과 의사인 파커(Colin Murray Parkes)는 초기 1960년대 이래로 사별인을 위한 조직, 성 크리스토퍼 호스피스와 Sydenham의 임상의로서 특히, 영국의 호스피스 운동에 중요한 역할을 하였다. 남편을 사별한 부인들의 슬픔에 대한 그의 연구를 통하여(Bereavement: Studies of Grief in Adult Life, 1972, 1986) 놀람, 검토, 진정, 분노, 죄책감, 새로운 정체감을 사별의 주요한 요소로 제시하면서, 슬픔모델을 묘사하기 위해 애착이론을 사용하였다. Parkes는 사별을 한 인간 생애의 심리사회적 전환, 즉 인간의 '가설적 세계(assumptive world)' 에 도전하고 변화시키는 전환으로 보았다. 사랑하는 사람이 죽을 때, 사별인은 새로운 생활공간에 적합한 새로운 가설세트를 개발하는 것이 필요하다. 내면세계는 밖에서(out there) 잃은 것이 무엇인지를 내적으로 발견함으로써 다시 정립되어야 한다.

6) 워덴(Worden)의 애도 과업들

하바드 의과대학의 심리학 교수이며 최근 호주에 출강하는 윌리엄 워덴(William Worden)은 그의 책 「Grief Counseling and Grief Therapy(1991)」에서 실무전문가들이 사람들과 협상해 나가면서 도울 수 있는 4가지 애도과업에 대해 기술하였다. 애도의 4가지 과업은 ① 죽음의 현실을 받아들인다. ② 슬픔을 표현한다. ③ 고인이 없는 환경에 적응한다. ④ 고인에 대한 감정을 재정립하고 다른 사람에게 마음을 연다.

워덴은 실무전문가들이 단계적 접근이 어려운 이유가 사별한 사람들이 단계들을 순서대로 거치는 것은 아니라는 것이고 또 단계들이 너무 형식적으로 받아들여지는 경향이 있어서 의례적이 될 수 있다는 점이라고 하였다.

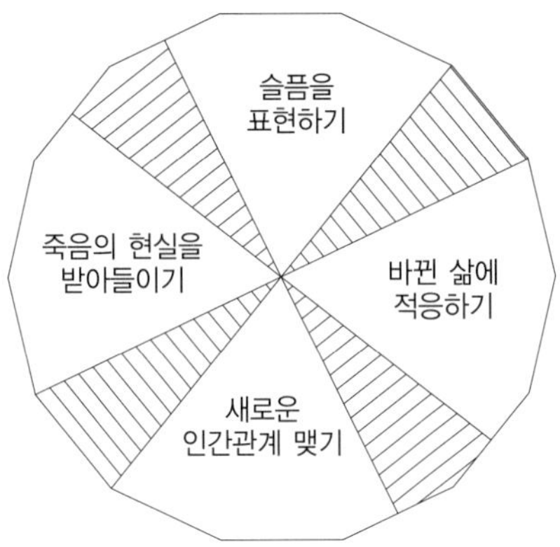

〈그림 4-2〉 슬픔을 받아들이기 위한 과제

7) 라파엘(Raphael)의 슬픔 모델

호주의 정신과 의사이며, 연구자이고 저술가인 비벌리 라파엘(Beverley Raphael) 교수는 1977년 New South Wales의 Granville 열차사고에서 사별한 가족의 슬픔연구 추후 작업에 관여하였다. 세계적으로 찬사를 받은 그녀의 저서 「Anatomy of Bereavement」에서 슬픔모델이 소개되었고 그 내용은 사랑하는 사람이 죽었을 때 초기 반응으로서 쇼크, 무감각과 불신이 있게 되고 분리 고통이 뒤따른다는 것이다. 심리적 애도 과정은 관계성의 전체 역사(history)에 대한 강렬한 재경험이 뒤따르며 애착의 끈이 서서히 완화되면서 결국 연대(bond)는 풀어지고 세상과 다시 통합하는 느낌이 있게 된다. 그리고 정서는 다시 인생에 재투자하기 위해 자유롭게 된다.

8) 클라세(Klass)외의 지속적인 유대이론

전통적인 사별이론모델에서는 고인과의 관계를 철수하고 분리함으로 사별로부터 회복되고 새로운 관계를 발전시킬 수 있다고 보았다. 그러나 클라스, 실버맨, 닉맨(Klass, Silverman, Nickman, 1996)과 발크(Balk, 1996)은 사별자가 고인과의 관계를 반드시 끊어야 할 필요성이 없다고 주장하였다. 사별자들은 계속적으로 그들의 일상생활 가운데서 고인과의 관계를 반추하고 그 기억들과 생각들을 내면화한다. 내면화는 고인과의 유대를 맺어가는 심리적 변화로 정의 할 수 있으며 이것은 고인과의 내면화를 통한 내적 대화는 사별자들의 생각을 정리하고 고인과 끝내지 못하고 정리되지 못한 관계들을 정리 할 수 있게 하며 미래를 준비 할 수 있는 기회를 제공해 주는 등 긍정적인 영향을 미친다.

여러 연구에서 사별자들은 강하게 고인과 연관성을 맺고 있다는 것을 보여주고 있다. 이러한 계속적인 유대관계가 사별자들이 새로운 삶을 시작하는 것을 촉진시키는 작용을 한다. 또한 이러한 유대관계는 건강하고 자연스러운 애도 반응이고 사별과정을 건강하게 끝내기 위해 사별자들은 그들의 추억들을 고인과 나누기를 원한다.

9) 스트로브와 슈트(Strobe & Schut)의 이중과정모델

이제까지의 여러 이론과 모델들은 서로 보완적이고 서로 중복되는 경향이 있다. 이에 스트로브와 슈트(Strobe & Schut, 1999)는 '이중과정 모형 (Dual Process Model : DPM)' 을 개발하였는데 이는 새로운 모델이라기보다 기존 아이디어를 통합 시도한 것이다. 이 모델은 사별에는 두 가지 주요 스트레스원이 있는데 첫째는 상실측면이며, 두 번째는 회복측면이다.

먼저, 상실측면은(loss-orientation)은 상실 자체의 경험에 대한 사별가족의 집중을 말하며, 잃어버린 관계의 특성에 초점을 둔 애착이론과 슬픔과업을 통합하여 표현하고 있다.

둘째, 회복측면은(restoration-orientation)은 사별에 따른 이차적인 스트레스 원으로 사별로 인한 결과들이다. 즉, 사별생활의 적응과 관련된 것으로써 고인이 수행하던 역할이나 과제, 생활방식에 적응, 새로운 자아정체성 확립, 일상적인 생활에 적응하기 등을 포함한다. 이 두 가지 측면에서 모두 스트레스 근원이 되며 부담감, 고통과 불안을 야기한다.

두 가지 측면 모두 개인과 문화에 따라 다양하게 대처과정을 보이며, 슬픔의 과업이 이전의 이론들보다 더 광범위하다. 사별인은 이러한 두 스트레스원에 직면과 회피를 반복하게 되는데 이는 역동적으로 변화되고 시간에 따라 변한다. 사별인은 상실과 회복 오리엔테이션 대처사이를 번갈아 왔다 갔다 한다. 즉, 한번은 상실측면을 직면하고, 다음엔 이를 회피하고, 회복측면을 직면한 다음, 다음엔 이를 회피하는 반응을 보이게 된다.

5. 애도과정[5,6]

애도의 과정은 각 사람마다 자신만의 속도와 독특한 스타일로 애도의 과정을 겪는다. 예를 들면 오랜 죽음의 과정 후의 애도는 갑작스럽거나 예측하지 못한 죽음 후의 애도보다는 오래 걸리지 않을 것이다. 그러나 오랜 투병 후에 죽은 사람의 유족은 투병 기간 동안 오랜 지지를 필요로 한다. 반면에 갑작스럽고 예측하지 못한 죽음은 오랜 동안의 위로가 필요로 한다. 노인들의 경우에 애도의 과정은 그 죽음이 발생하기 오래 전부터 시작되는 예견적인 애도를 겪는다. 또한 애도의 과정은 능동적으로 수행해야할 과제로 전형적인 애도과정을 프로이드는 다음과 같이 12단계로 보고 있다.

Tips

프로이드의 12단계 애도과정

- **1단계 → 정신적 타격과 마비상태**
  사랑하는 사람의 죽음이라는 충격에 대하여 일시적으로 현실감각이 마비된 상태
  일종의 방어기제이며 단기간 이 상태를 경험하는데는 적극적 의미가 있지만 너무 길어질 경우 건강에 타격을 받게 된다.
- **2단계 → 부정(부인)**
  이성이 죽음이란 사실 수용을 완강히 거부한다.
- **3단계 → 공포(패닉)**
  가까운 사람의 죽음에 직면하면 공포에 사로잡혀 집중력이 없어지면서 일상생활에 지장을 가져온다.
  이 공포는 애도의 과정에서 자주 보는 것인데 되도록이면 빨리 탈피해야 한다. 또한 패닉을 미연에 방지하는 것은 애도에 대한 교육의 중요한 목표이다.
- **4단계 → 분노와 부당감**
  비탄의 과정에는 슬픔의 감정뿐만 아니라 분노도 또한 비탄의 중요한 국면을 이룬다. 그 근저에는 부당한 고통이 존재한다. 사고나 병으로 갑자기 죽는 것은 유족에게 강한 분노를 안겨준다.
- **5단계 → 적의와 원한**
  주의사람들에 대해 적의의 감정을 보인다. 특히 최후까지 고인의 곁에 있던 의료 관련인 등이 그 대상이 되기 쉽다.

5 현외성, 하정미 옮김 (2003). 노인상담연습, p130-134. 인용
6 비탄 [悲歎/悲嘆]이란 사전의 정의에 의하면 '몹시 슬퍼하면서 탄식함', 또는 애도[哀悼]라고 한다. 애도[哀悼]란 사람의 죽음을 슬퍼함을 말한다. 따라서 본문에서의 의미는 사람의 죽음을 슬퍼하고 탄식한다는 의미에서 비탄이란 용어를 애도라 사용하기로 한다.

• **6단계 → 죄의식**
죄의식은 비탄의 행위를 대표하는 반응이다. 과거나 현실의 과오 혹은 상상의 과오를 후회하고 자신을 자책한다.

• **7단계 → 공상현상, 환상**
공상 중에 죽은 사람이 아직 살아있는 것 같이 생각되어 실생활에서도 그 사람과 같이 행동한다.

• **8단계 → 고독감과 우울**
깊은 고독감과 우울의 체험은 자연적인 반응이다. 건전한 비탄의 과정의 일부이나 이것은 어디까지 일시적인 상태이고 반드시 극복되어야 하는 것이다. 속히 극복하려는 노력과 주변의 도움이 필요하다.

• **9단계 → 정신적 환란과 무관심**
일상생활의 목표를 잃어버린 공허로부터 어떻게 해야 될지를 모르고 인생의 모든 것으로부터 무관심하게 된다.

• **10단계 → 단념과 수용**
자신이 처해있는 상황을 명확히 하고 사랑하는 사람이 이 세상에 더 이상 있지 않는다는 아픈 현실을 용기를 가지고 직면하려는 진실한 노력이 시작된다.

• **11단계 → 새로운 희망 - 유머와 웃음의 재발견**
유머와 웃음은 건강한 생활에 없어서는 안 될 요소이며 그것의 부활은 비탄의 과정을 극복했다는 표시이다.

• **12단계 → 다시 서는 단계 - 새로운 identity(자아발견)의 탄생**
비탄의 과정을 극복하는 하는 것은 사랑하는 사람을 잃기 이전과 같은 상태로 돌아서는 것은 아니다. 고통에 찬 비탄의 과정을 겪고 새로운 아이덴티티를 획득한 사람은 보다 성숙한 인격자로서 다시 태어난다.

(2009, 재정리)

우리가 흔히 생각하고 있는 것처럼 상실로 인한 애도가 일정한 기간 내에 끝나야만 정상적인 애도과정이라고 하는 것은 잘못된 생각이다. '정상적' 애도과정은 종종 애도자의 생애 그 자체일 수 있다. 상실 했을 때 강한 비탄에 빠질 수 있으며, 울거나 침울해지고, 충격의 상태에 있을 수 있다. 시간이 한 주, 한 달 점차 지나면서 더 이상 상실에 대해 깊이 생각하지 않고 깊은 슬픔에 빠지지 않을 때가 있다. 그러나 대부분은 항상 상실을 상기하도록 하는 무엇인가가 있고 우리는 다시 슬픔에 빠지게 된다. 하지만 강한 비탄기간은 점차 기간이 짧아지고 빈도도 적어지며, 강도가 감소된다.

다음은 애도의 과정 즉 사별의 단계에 대한 여러 학자의 견해이다.

애도의 과정에 관한 대표적인 모델로는 『큐블러-로스(Kübler-Rosss, 1969)모델』과 『웨스트베르그(Westberg)모델』이 있다. 이 두 모델은 비탄에 대한 과정과 그 과정에서 사람들이 느끼는 감정을 잘 묘사하였으며, 상실에 대해 느끼는 애도를 이해하는데 도움을 준다. 이 두 모델의 공통점은 몇몇 사람들은 지속적으로 깊은 슬픔에 빠지며, 마지막 단계에 결코 도달하지 않는다는 점과 이러한 단계를 통해 모든 사람들이 나아질 것으로 믿어서는 안 된다는 것이다.

종종 이러한 단계에서 앞뒤로 상당한 요동이 있다. 큐블러-로스 모델에서는 어떤 사람은 부인에서 우울로, 분노와 격정까지 갔다가, 다시 부인으로 되돌아오는 등 이 단계에서 저 단계로 왔다 갔다 한다.

큐블러-로스의 5단계는 죽음에 직면한 사람이 겪는 단계를 잘 설명하고 있다. 반면 자신과 가장 친밀한 사람을 떠나보내야 하는 남겨지는 사람들이 겪는 단계가 있다. 이에 대해 대표적으로 카바노프(Kavanaugh)는 『In Facing Death(죽음의 직면)』에서 사랑하는 사람을 잃어야 하는 사람들이 경험하는 애도의 과정을 7단계로 설명하였다. 이 단계는 반드시 모든 것을 경험하지도 또 순서대로 경험하는 것은 아니다. 각 단계는 어느 정도 예측 가능한 감정과 행동을 수반한다. 따라서 상담자가 이 애도의 단계를 잘 알고 있으면 각 단계에 있는 사람들의 욕구를 이해함으로써 내담자를 도울 수 있다.

Tips

애도의 작업(Work of Mourning)

슬픔을 당한 사람들에게 필요한 것은 다음과 같다.

- 다른 사람의 지원을 받아야 할 필요
- 상실의 사실을 인정할 필요
- 슬픔을 표출할 필요
- 적개심과 죄책감을 말로 표현할 필요
- 새로운 관계를 형성해야 할 필요
- 슬픔에 대한 불건전한 반응

1) 큐블러-로스 (Kübler-Ross)의 5단계 애도과정

「On Death and Dying(죽음과 사멸)」이라는 책에서 큐블러-로스는 말기병 환자들이 전형적으로 경험하는 죽음의 5단계를 묘사하였다. 이 단계들은 부인, 분노, 협상, 우울, 수용이다. 대부분 상실을 경험한 사람들은 전형적으로 이러한 5단계를 나타낸다. 하지만 모든 사람이 이 단계를 순차적으로 경험하는 것이 아니며, 반드시 모든 단계를 다 거치는 것이 아니다.

(1) 1단계 : 부인 (Denial) – 'No, not me'

이 단계에서는 스스로에게 '아니야, 이것은 사실이 아니야', '실수임에 틀림없어', '이런 일은 일어나지 않을 거야.' 등으로 본인이나 가족들에게 상실이 일어났음을 수용하는 것이 어렵다. 죽음에 부딪힐 때 본능적으로 스스로를 보호하기 위해 죽어가는 과정을 부정한다.

(2) 2단계 : 분노와 걱정 (Anger) – 'Why me?'

부정의 단계를 더 이상 유지할 수 없을 때 '왜 내가 죽어야 되냐', ' 하필이면 왜 나야?' 등 거부반응이 일어나면서 분노를 느끼거나 유감으로 생각하거나 또는 자신은 죽음으로 괴로워할 때 다른 사람들은 여전히 동일한 상황에 있음을 시기하거나 분개하는 등 복잡한 감정과 질문들에 부딪힌다. 이 때 사회복지사를 포함하여 죽음이라는 현실을 직시하게 하는 모든 사람들이 환자나 클라이언트의 분노의 표적이 될 수 있다.

(3) 3단계 : 협상 또는 거래 (Bargaining) – 'Yes, me, but…'

'몇 달 만 더 살게 해준다면', '아들 결혼할 때까지만 살게 해 주신다면 ......' 등의 약속을 하며 운명과 타협해 보려는 시도를 하게 되는 단계로 다른 단계에 비해 기간이 짧다. 대게 이 단계에 오면 사람들은 자기가 인간관계에 있어 큰 잘못을 했다고 하는 것을 깨닫게 된다. 한편으로는 협상의 기간 동안 자신의 삶에서 죽음이라는 장애를 없애줄 것을 기대한다.

(4) 4단계 : 우울 (Depression) – 'Yes, me.'

더 이상 회복의 가능성이 없다고 느낄 때 생기는 감정이다. 클라이언트도 환자도 더 이상 죽음의 존재를 부인하지 않으며 분노는 잠잠해지고 더 이상 협상하려고 노력하지 않는다. 이 단계가 되면 한때 경험한 분노와 격정, 신과 타협해보려는 노력이 극도의 상실감으로 대체되어 우울증이나 절망에 빠지게 된다. 클라이언트는 죽음의 본질을 이해하고 자신의 삶에서 변화가 필요함을 깨닫기는 하지만 자신의 상황을 향상시키려 노력할 만큼 준비가 되어있지 않다. 자신이 죽음을 선고 받은 것에 대해 곰곰이 생각하려하며 '그래, 나구나 이 얼마나 두렵고 무서운 일인가! 불쌍한 나' 라는 태도를 전달하려고 한다.

(5) 5단계 : 수용 (Acceptance) – 'I have a problem, but it's a all right. : I can'

처음으로 상실의 결과를 최소화하고 자신의 삶과 함께 하고자 협력한다. 이 단계에서야 자신의 죽음을 현실로 받아들이게 된다. 분노하거나 우울해 하지 않고 자신에게 다가오는 최후를 여유 있게 관망하게 된다. 여기에서는 '나는 할 수 있다.' 라는 태도를 갖는데, 여전히 공포와 불안이 나타나지만, 이전보다 매우 감소한다. 이 단계에서는 희망이 있으며, 삶에 대한 어떤 것을 시작할 수 있는 준비가 되어 있다.

2) 카바노프(Kavanaugh, Karen)의 7단계 애도과정

(1) 충격

애도의 첫 번째 반응은 충격과 부정의 시기이다. 내담자가 느끼는 충격은 실재와 비실재의 세상이 충돌하는 것과 같은 육체적, 감정적인 충격이다. 일반적으로 이 단계에서는 내담자가 이상한 행동과 대화를 하거나 초기의 충격이 지난 후에 사랑하는 사람의 죽음을 믿지 못하거나 여러 가지 다른 형태의 부정이 시작될 수 있다. 이 시기에 상담자의 가장 중요한 역할은 육체적으로 함께 있어 주고, 연락하고 싶을 때 연락할 수 있도록 하며, 잘 경청해 주는 것이다. 대부분의 사람이 그러하듯 상담자 역시 충고나 설명, 종교적인 말들, 죽음에 대한 상투적인 위로의 말들을 하고 싶어질 수 있으나, 이러한 것들은 도움이 되지 못한다. 이시기에 있어 중요한 것은 애도에 빠진 사람에게 지지와 관심으로 함께하여 주는 것이다.

(2) 혼란

애도의 두 번째 반응은 혼란이다. 내담자가 삶의 평범한 일상으로부터 완전히 벗어난 느낌을 호소하며, 이 때 기본적인 욕구로서 신뢰할 수 있는 누군가가 지속적으로 함께 있어 주길 원한다. 이들에게는 포옹이나 손을 잡는 것, 애무나 쓰다듬어 주기와 같은 부드럽고 주의 깊은 육체적인 접촉이 필요하다. 또한 실제적인 문제와 거의 상관없이 반복하여 울고 이야기하는 작업이 필요하다. 상담자의 역할은 이러한 내담자의 울음이나 이야기를 자연스러운 과정으로 받아 주고 그들이 하고 싶은 대로 하고 맘껏 이야기 할 수 있도록 하는 것이다. 이러한 과정을 통해 내담자는 도움을 받고 마음이 정화가 된다. 이 단계에서는 내담자가 매우 혼란한 상태이므로 미래에 대한 중요한 결정은 혼란한 상태가 사라질 때까지 보류하도록 한다.

(3) 폭발 직전의 감정

애도의 세 번째 단계로 내담자가 폭발 직전의 감정들을 분출한다. 이 단계에서는 분노, 증오, 미움, 질투, 공포 등이 있으며, 공포 뒤에는 그 사람의 본질적인 무기력, 고통, 좌절감이 작용한다. 따라서 이 단계에서는 상담자가 이러한 본질적이 감정을 잘 다루어야 한다. 또한 적극적인 경청과 다른 모든 감정들도 모두 수용해 주어야 한다. 이 단계에 있는 사람들은 주위 사람들을 매우 화나게 하며, 겉으로 드러나는 행동 때문에 주변사람들로부터 비난을 받을 수 있다. 따라서 상담자는 이러한 상황에 대해 모든 감정들을 수용하고 난폭하고 이상한 감정들은 일시적인 것으로 곧 지나갈 것이라는 확신을 내담자에게 줄 필요가 있다.

(4) 죄책감

애도의 네 번째 단계는 죄책감이다. 이 단계에서 상담자의 가장 중요한 역할은 내담자가 느끼는 죄책감을 극복하기 위한 공간을 제공하는 인내심과 이해심을 가지고 판단하지 말고 경청해 주는 것이다. 상담자의 경청과 무조건적인 수용은 애도에 빠진 사람이 자신을 용서하도록 할 것이다.

(5) 상실과 외로움

애도의 다섯 번째 단계는 상실과 외로움의 감정을 느끼는 것으로 이것이 내담자에게는 가장 고통스러운 일이다. 일상의 곳곳에 남아 있는 고인의 흔적들과 곁에 없음으로 인한 고통스러운 변화로 인해 상실감, 자기 연민, 슬픔, 그리고 우울증의 증가 등이 따른다. 이 시기의 외로움은 견딜 수 없는 것처럼 느껴지며, 가슴속의 빈 공간이 영원히 채워질 수 없을 것 같다. 따라서 그들에게 안정을 가져다주는 친구가 자주 규칙적으로 함께 있어줌이 매우 필요하다. 또한 애도에 빠진 내담자는 잃어버린 관계에 대한 깊이와 의미를 스스로 온전히 경험할 용기와 참을성이 필요하다. 때때로 상실과 외로움을 잊기 위해 바쁘게 일에 몰두하거나 새로운 관계를 형성하는 것이 치료가 되는 것처럼 보이나 그보다 먼저 애도의 과정을 완수하는 것이 꼭 해야 할 일이다.

(6) 경감

애도의 여섯 번째 단계는 경감으로 이 단계의 사람은 경감의 단계를 공개적으로 받아들이고 인정하기 어렵다. 사랑하는 사람과 오랜 병을 겪은 후의 경감은 자연스러운 것이다. 또한 죽음은 우리를 요구와 압력들로부터 자유롭게 하고 우리에게 새로운 가능성과 기회를 열어 주는 것이기 때문에 경감을 느끼는 것이 자연스러운 일이다. 이것은 정상적인 것이며 정상적으로 인식되어야 한다. 상담자는 죄의식이나 수치감을 지적하거나 첨가하지 않고 경감을 수용적으로 받아 줄 수 있어야 한다. 애도를 겪는 사람은 무엇보다도 자신의 경감의 감정을 자유롭게 표현하며 경감이 자연스럽고 정상적인 것으로 받아들여야 한다.

(7) 재정립

애도의 마지막 단계는 재정립으로 이것은 단번에 경험하는 것이 아니다. 언제 무엇을 해야 할지는 내담자가 가장 잘 알고 있으므로 애도를 겪는 내담자는 이 시기 동안 자기 자신의 속도로 진행될 수 있도록 해야 할 것이다. 이 단계에서는 옛 친구와 새로운 친구 모두가 중요하다.

충격 ➡ 혼란 ➡ 폭발직전의 감정 ➡ 죄책감 ➡ 상실과 외로움 ➡ 경감 ➡ 재정립

〈그림 4-3〉 애도의 7단계

3) 웨스트베르그(Westberg, Granger E., 1962)의 10단계 애도과정

사별로 인한 슬픔의 진행과정을 웨스트베르그는 쇼크와 부정, 정서 분출, 분노, 발병, 공황,

죄의식, 우울과 외로움, 재진입의 어려움, 희망, 현실긍정의 10단계로 설명하였다. 가까운 이의 죽음을 경험한 유족의 애도과정은 10단계의 되돌아오는 어려움을 경험한 후에야 슬픔을 극복할 수 있게 된다.(Westberg, In Good Grief, 2004)

(1) 쇼크와 부정(shock & denial)

많은 사람들이 비극적 상실을 알게 되었을 때, 무감각해지고 충격상태가 되어 실제적으로 감정이 전혀 없는 상태가 된다. 정서적 고통이 특히 강할 때, 체계는 일시적으로 '붕괴' 될 수 있다. 그 결과 사람들은 거의 어떤 것도 느낄 수 없고 마치 아무것도 일어나지 않은 것처럼 행동한다. 부인은 비극적인 상실의 충격을 피하는 하나의 방법이다.

(2) 정서 분출(emotion)

상실의 현실을 이해해감에 따라 인간은 흐느껴 우는 것, 소리를 내어 통곡하는 것 또는 조용한 눈물이나 깊은 탄식을 통해 고통을 표현한다.

(3) 분노(anger)

이 시점에서 일반적으로 분노를 경험한다. 그것은 상실을 일으키도록 한 신에게 직접 할 수도 있다. 분노는 부분적으로 상실의 불공평함에 기인할 수 있다.

(4) 신체적 스트레스(physical distress)

비탄이 스트레스를 유발하기 때문에 스트레스와 관련된 병들이 생겨날 가능성이 있다. 예를 들면, 감기, 궤양, 신경성 두통, 설사, 발진, 불면증 등이 생길 수 있다.

(5) 공포(panic)

비탄을 빠진 사람들은 '예전의 나(old self)' 와 같지 않다고 느끼기 때문에 공포를 느끼게 되고, 정신이상이 될지 모른다고 불안해 할 수 있다. 악몽, 통제할 수 없이 나타나는 원하지 않는 정서들, 신체적 병들이 공포에 기여한다. 다양한 두려움이 나타날 수 있다.

(6) 죄의식(guilt)

비탄에 빠진 사람은 상실에 기여하는 무엇인가를 한 것에 대해 스스로를 비난할 수 있다. 또는 그것을 예방하는 그 어떤 것을 하지 않은 것에 대해 죄의식을 느낄 수도 있다.

(7) 우울과 외로움(depression & lonliness)

사별한 이가 더 이상 존재하지 않는다는 사실을 인식할 때마다 허전하고 외로움을 느끼며, 상실의 슬픔으로 인해 우울을 경험한다. 그들은 지지적이거나 이해심이 있을 것처럼 보이지 않는 다른 사람들로부터 스스로 움츠려들 수 있다.

(8) 재진입의 어려움(resistance)

사별한 이와의 헤어짐을 받아들이지 못하고 여전히 그 관계를 유지하기 위해 사별한 이의 옷가지, 물건 등을 처분하지 않은 채 상실의 슬픔에 빠져 있는 상태이다. 이 시점에서는 비탄에 빠진 사람은 인생도 함께 후진하는 것 같은 느낌이 든다. 그래서 재진입의 문제가 발생한다.

(9) 희망(hope)

자신의 삶에 사별로 인한 상실을 통합하기 시작하는 단계로 점차 자신의 삶을 함께 되돌아 보면서 희망도 되돌아오고 성장하기 시작한다.

(10) 현실 긍정(acceptance)

자신의 삶을 통제했던 오래된 감정이 되돌아온다. 재구조화된 삶은 과거와 같지 않고, 상실의 기억은 남아 있다. 그러나 재구조화된 삶은 '그래, 한번 다시 살아보자' 라는 인식을 할 수 있도록 해준다.

쇼크와 부정 ➡ 정서 분출 ➡ 분노 ➡ 신체적 스트레스 ➡ 공포 ➡ 죄의식
➡ 우울과 괴로움 ➡ 재진입의 어려움 ➡ 희망 ➡ 현실 긍정

〈그림 4-4〉 웨스트베르그의 10단계 모델

4) 스팽굴러와 데미(Spangler & Demi, 1988)의 4단계 애도과정(수레바퀴 모델)[7]

스팽굴러(Spangler)와 데미(Demi)는 상실에 대한 반응을 쇼크 · 저항 · 혼란 그리고 인생에 대한 재정의로 구성하여 설명하였다.

(1) 쇼 크

상실에 대한 최초의 반응으로 쇼크나 부정이 나타난다. 쇼크는 자주 울음으로 표현되고 우

7 장휘숙 (2000). 가족심리학, p322.재인용

울증과 연합된 식욕상실 · 수면장애 등의 현상을 보인다.

(2) 저 항

분노나 공포 혹은 죄책감과 같은 더 강한 우울증상들이 나타난다. 강한 저항은 그것으로부터 벗어날 가능성을 증대시킨다.

(3) 혼 란

슬픔이 극도에 도달한 상태로 무감각과 위축 증상이 나타난다. 극도의 우울증상과 함께 고인의 소유물에 대해 강한 애착을 보인다. 이 단계는 슬픔의 밑바닥에 도달한 상태로서 상실 그 자체를 수용하거나 혼란된 상대를 그대로 유지하거나 해야 한다.

(4) 인생에 대한 재정의

고인과의 애착을 끊음으로서 상실로부터 회복될 수 있다는 인식이 싹튼다. 상실의 고통을 충분히 경험하고 내성할 시간을 갖게 되면 고인이 없는 생활과 타협할 수 있다. 개인의 우선순위와 목표를 재평가하고 재정의 하며 점차 상실 이전의 생활로 회복된다.

사별 과정의 각 단계들은 중복되어 경험될 수도 있고 이전 단계로 후퇴할 수도 있기 때문에 스팽굴러와 데미(Spangler& Demi)의 모델은 사별한 사람의 슬픔이 연속적 과정을 거쳐 이루어지지 않는다는 점에서 비판을 받는다. 또한 이 모델은 개인차를 허용하지 않고 있어서 비판의 대상이 되기도 한다.

5) 보울비(J. Bowlby,1980)의 4단계 애도과정

1단계		2단계		3단계		4단계
무감각의 단계 (numbness)	➡	그리워하는 단계 (yearning)	➡	혼란과 절망의 단계 (disorganization & despair)	➡	재조정 단계 (reorganization)
신체적 반응과 함께 죽음에 대해 무감감함		고인을 향한 강한 그리움을 느낌		고인의 죽음을 받아들이지 못하고 환경에의 부적응기		일상생활로의 회복

〈그림 4-5〉 Bowlby의 4단계 애도과정

(1) 무감각의 단계(numbness)

멍하고 어리둥절해하며 메스꺼움, 가슴이나 목의 긴장과 조임 같은 신체적 반응을 수반하기도 한다. 이러한 증상은 몇 시간에서 며칠간 계속된다. 그러나 예기치 못한 갑작스런 죽음인 경우에는 몇 주간 계속 되기도 한다(홍숙자, 2001 재인용). 약 2주간 가장 심하게 나타나며, 제삿날이나 다른 기념일에 다시 나타나기도 한다.

(2) 그리워하는 단계(yearning)

죽은 자를 향한 강렬한 그리움으로 죽은 사람을 되찾으려는 마음에서 고인과 친분이 있거나 사랑했던 사람을 찾아 헤맨다. 모든 것이 죽은 이를 찾는 것에 치중된다. 때로는 좌절감, 분노, 죄의식을 느끼며 격렬한 슬픔을 경험하거나 통제 할 수 없을 만큼 흐느껴 울기도 하고 식욕부진과 불면증이 나타나기도 한다. 이런 상태는 약 2주부터 4개월 사이에 가장 심하다.

(3) 혼란과 절망의 단계(disorganization and despair)

사랑하는 사람의 죽음을 현실로 받아들이는 것이 힘들고 자주 무력감, 절망감, 우울감등을 느낀다. 제대로 삶을 가꾸지 못하고 실망하여 흐트러져 산다. 삶에 있어 위축되고 무감각해져서 인생의 의미를 잃었다는 느낌이 든다. 신체적으로 밥맛이 없고, 입이 마르며, 피곤하고, 냉담한 상태이고, 정신집중이 안되어 자신의 건강을 해치기 쉬운 때이다. 4개월에서 8개월 사이에 가장 심하며 이때 지지가 가장 필요하다.

(4) 재조정 단계(reorganization)

혼란과 절망의 단계를 지나면 점차 집이나 직장에서 정상적인 일상생활을 회복할 수 있다. 우울증이 사라지고 규칙적인 수면습관을 회복하여 에너지가 증진된다. 사랑하던 사람에 대한 생각에 슬퍼하기도 하나 이런 감정들에 계속 눌려 있지는 않다.

6) 브루베이커(Brubaker, 1985)의 3단계 애도과정

1단계는 위기와 상실단계로 사별자는 처음 며칠간 또는 몇 주 동안 무질서한 쇼크의 상태에 있게 된다.

2단계는 과도기 단계로 이 시기에 새로운 생을 창조하려고 노력하기 시작하며 앞으로의 삶의 가능성에 대해 깨닫기 시작한다.

3단계는 생존자가 생활유형을 바꾸고 고인이 없는 삶을 홀로 만족스럽게 살 수 있도록 노력하는 새로운 삶의 단계이다. 회복까지의 기간은 대개 2년 이상이며, 고인 사망 후 3년간은 애도자로서의 역할을 감당하기도 한다(Brubaker, 1985).

1단계		2단계		3단계
위기와 상실단계	➡	과도기 단계	➡	새로운 삶의 단계
쇼크의 상태		생을 창조하기 시작, 삶의 가능성을 깨닫기 시작함.		생활유형을 바꿈, 홀로된 삶에 만족하고자 노력

〈그림 4-6〉 브루베이커의 3단계 애도

7) 덜쉬머(Dershimer, 1990)의 4단계 애도과정

Dershimer는 사별로 인한 고통의 해결을 '상실이 더 이상 생존자의 매일의 삶을 지배하지 않는 상태' 로 정의된다고 말하면서 다음의 4가지 단계의 애도과정을 거친다고 한다.

1단계		2단계		3단계		4단계
충격단계 (Shock Stage)	➡	급성단계 (Acute Stage)	➡	회복단계 (Recovery Stage)	➡	재투자단계 (Reinverting Stage)
충격후의 스트레스 증상 발단기		상실감이 현실로 느껴짐		환경에의 적응기		삶으로의 재투자, 회복기, 적응기

〈그림 4-7〉 Dershimer의 4단계 애도과정

(1) 1단계 : 충격단계

가장 짧은 시기로 '충격후의 스트레스증상의 발단기(Post Traumatic Stress Syndrome Onset)' 라고도 부르며 흔히 2-3일간 지속된다. 충격의 정도는 기대된 죽음이었는지, 기대되지 않는 죽음이었는지에 따라서 다르다. 이 시기의 과제는 머리로 상실의 존재를 인정하고 충격을 받아들이는 것이다.

(2) 2단계 : 급성적 상실감의 단계

이 단계는 상실의 현실감이 충분히 느껴질 때로 보통 장례식이 끝나고 더 이상 방문객도 없는 시기로 자살의 위험은 2-3주에 가장 심하다.

라파엘(Raphael,1983)에 의하면 많은 사람들은 주로 슬픔을 위장장애, 수면장애, 식욕장애, 에너지의 상실, 무기력 등의 신체적인 증상과 우울증 같은 정서적 증상을 통해 표현한다.

어떤 사람은 충격시기를 지난 후엔 우울증 증상을 안 보이는 경우도 있다. 그러나 그들은 덜 현저한 다른 방법으로 상실에 반응하고 있다. 또한 한 개인이 얼마나 고통을 느끼냐는 개인마다, 상황마다, 또 죽음의 의미에 따라 차이가 있다. 가장 심한 시기는 2-3개월이고, 어떤 경우는 3-4년까지 가는 경우도 있다.

(3) 3단계 : 정리시기

워덴(Worden,1982)은 이 시기를 '죽은 이가 존재하지 않는 환경에의 적응기' 라고 부른다. 이 시기엔 고통이 줄어들고 죽은 이에 대한 몰두되는 생각이 감소되고 죽은 이에 대한 기억이 위로가 되기 시작한다. 또 자신의 상황을 극복하려는 동기가 생긴다. 이 시기에 유족이 해야 할 과제는 경제적 차원, 관계성의 차원, 영적인 차원 등에서 지금 자신에게 남은 것이 무엇인지 목록을 만들어 보는 것이고 아울러 자신이 앞으로 갈 길을 점검해 보는 것이다.

(4) 4단계 : 삶으로의 재투자 시기, 회복기, 적응기

워덴(Worden, 1982)은 이 시기를 유족이 정서적 에너지를 죽은 자에게서 철회하여 또 다른 관계에 재투자하는 시기라고 하였고, 파커스와 웨이스(Parkers& Weiss, 1983)는 새로운 자아의식의 형성기라고 불렀다. 슈처터(Shuchter)의 연구에 의하면 그가 연구한 미망인들은 2년 후에는 대부분 사별을 자신과 자신의 세계에 대한 새롭고 더욱 깊은 통찰력을 제공해주며 성장을 촉진시키는 경험이었다고 보고했다(Shuchter, 1986). 이 시기에는 다음과 같은 변화들이 유족에게서 나타나며, 이러한 과정은 최소 6개월에서 2년, 혹은 3-4년 걸린다.

① 자신들의 삶을 통솔하는 능력이 증가된다.
② 눈물이 감소된다.
③ 회복감이 증가되고 보다 높은 수준의 에너지가 생긴다.
④ 여러 활동들에 대한 관심이 증가한다.
⑤ 마음의 평화가 온다.
⑥ 타인으로부터 충고를 덜 구한다.
⑦ 자신에 대한 존경심과 자신감이 증가된다.
⑧ 혼자 있음에 대한 두려움이 감소된다.
⑨ 죽은 이를 슬픔은 있지만 고통없이 생각할 수 있다.

8) 요약

사별은 기나긴 터널을 지나는 것과 같으며, 머나먼 여행과 같다. 많은 학자들이 여러 과정을 제시했지만 요약해 보면, 다음의 네 단계로 나눠볼 수 있다.

1단계 : 사별 전 단계	예견된 슬픔	임종의 증상을 알림. 가족을 지지함. 사전인사, 사후인사, 죽음에 대한 공포를 표현하게 함. 유언 및 상담, 영적인 돌봄.
↓		
2단계 : 회피단계	쇼크, 급성슬픔기, 충격, 멍한상태	죽음의 현실을 수용, 슬픔을 충분히 표현함. 쇼크에 대한 이상증상발생, 유가족의 고통을 들어줌, 건강관리, 대소사를 유보함.
↓		
3단계 : 직면단계	고통, 우울	현실을 인정, 고통을 표현, 가족과의 갈등, 우울증 예방 중요, 자조모임이나 지지모임을 가짐
↓		
4단계 : 조정단계	재적응, 해소	슬픔과 고통을 떠나보냄, 새로운 생활의 적응과 시작 영적활동, 새로운 일을 결정할 수 있음

〈그림 4-8〉 사별의 4단계

(1) 사별 전 단계 : 예견된 슬픔(Anticipatory Grief)

실제 사별로 인한 슬픔은 상실의 예상부터 시작된다. 이러한 정서적인 반응은 실제 사별후의 슬픔 반응을 완화시킬 수 있고 관련되는 신체적, 정신적, 사회적 병적 상태를 줄이는 역할을 한다.

이 단계에서는 그동안 맺었던 사람들과의 인연의 의미를 되새겨 보고 못다 한 화해나 용서를 표현하며, 앞으로도 계속 사랑할 것임을 표현하고 작별 인사를 한다.

사회복지사는 죽어가는 사람을 다음과 같이 돌볼 수 있다.

〈표 4-6〉 사별 전 단계에서의 사회복지사 개입

- 임종의 증상을 알려줌
- 임종 시, 가족들이 함께 있도록 하며, 그 가족과 함께하며 지지하여 줌
- 임종자에 대한 말조심, 임종자가 하고 싶은 말을 할 수 있도록 격려함
- 사랑하는 사람과 함께 있게 함
- 사람들과 용서하고 화해하도록 도움
- 마지막으로 보고픈 사람을 주선하여 주며, 사전작별인사를 하게 함
- 사후세계에 대한 두려움과 공포에 대해 표현하도록 도움
- 의식이 저하되기 전에 유언할 수 있도록 도움
- 환자 주변과 집안을 청결하게 정돈
- 장례 절차 및 법적인 문제들을 상담함
- 환자의 종교에 맞는 영적인 돌봄을 제공
- 가족들에게 기도나 사후인사를 하도록 함

(2) 회피단계 : 쇼크, 급성 슬픔기, 충격과 멍한 상태 (수주 또는 수개월)

사별의 두 번째 단계는 쇼크, 부인, 무감각함, 불신, 부당함 등 강한 신체적 반응이 상호 복합적으로 나타나며 급성 슬픔의 기간이다. 이 기간에는 죽음의 현실을 수용하고 슬픔을 사회적으로 표현하도록 한다. 사회복지사는 유가족을 다음과 같이 돌본다.

〈표 4-7〉 회피단계에서의 사회복지사 개입

- 애도과정(임종, 장례식, 49제, 100일 등)에서 충분하게 슬픔을 표현하도록 함.
- 누군가와 함께 하도록 하고 필요시 실질적인 도움을 제공함.
- 쇼크에 대한 정상적 반응으로 일시적인 심리적, 신체적 이상증상 현상으로 나타날 수 있음을 알림.
- 고인에 대한 집착, 죽음에 관련된 이야기, 신이나 자기 자신, 배우자나 친척, 의료진에 대한 원망, 죄의식 등의 마음의 고통을 판단없이 편안하게 들어줌.
- 건강관리를 위해 직장과 일상생활을 줄이고, 건강검진, 충분한 휴식을 취하게 함.
- 최소 1년간은 중대사(이사, 결혼 등)에 대한 결정을 미루는 것이 필요함을 알림.

(3) 직면단계 : 고통, 우울 (대체로 수개월 간 지속)

겉으로 보기에는 회복된 듯 정상적으로 보이나 마음은 절대로 정상이 아닌 시기이다. 이 단계는 상실을 더 크게 인식하고 자신의 삶이 매우 달라졌음을 인식하는 실질적인 고통에 시달리는 시기이다. 이 시기에서 해야 할 것으로는 절망감, 그리움, 낙심 등이 생길 수 있음을 인정하고 그것을 경험하며, 슬픔의 고통을 겪어내야 한다. 사회복지사는 다음과 같이 유족을 돕는다.

〈표 4-8〉 직면단계에서의 사회복지사 개입

- 고통의 현실 인정하도록 함. (마음에서 떠나보내는 일이 매우 어렵고, 고통스러우며, 많은 시간을 요하는 일임을 알려줌)
- 반복적인 사별가족 이야기와 글쓰기를 격려함. (고인을 영원히 기억해 두는 과정)
- 빠른 회복을 위해 맘껏 울도록 함.
- 때로는 감정조절이 안되고 급격하고 폭발적인 조급한 감정을 느낄 수 있으며, 이에 민감하게 반응할 수 있으나 자연스러운 일시적 현상임을 주지시킴.
- 고통을 표현하게 함.(고통스러운 느낌들을 가만히 바라보며 말, 글로 누군가에게 고통을 표현토록 함).
- 다양한 신체증상(가슴이 답답함, 식욕 및 수면습관 변화)이 나타날 수 있으므로 자신의 건강을 돌보도록 격려함 → 함께 산책 또는 식사를 함. 규칙적인 운동과 균형 있는 식사, 충분한 수면을 하도록 격려
- 가족관계에 갈등과 문제가 생길 수 있음 → 가족 구성원이 나름대로의 방식으로 어려움을 치러내고 있다는 것을 믿을 수 있도록 도우며, 가족들이 서로 자신의 감정을 표현하고 나눌 수 있도록 함.

- 자조모임이나 지지모임을 찾음 → 상실로 누구도 나를 이해해 주지 않는다고 생각하므로 같은 경험을 한 사람들의 경험이 도움이 됨.
- 고인의 물건 정리 → 기념이 될 만한 것들을 정리하는 것이 필요함.
- 우울증 예방이 중요 → 이 시기에는 자신에게 특별한 대접을 하는 것이 필요하고 일상생활을 단순화하여 자신을 돌봄.

(4) 조정단계 : 재적응, 해소 (대략 24개월에서 36개월 이상)

점차적으로 고통이 감소되고 새로운 역할에 대처할 수 있는 능력이 증가되며 정상적인 삶으로 회복될 때까지의 기간이다. 사별 이전의 상태로 돌아가기 위하여, 혹은 새로운 life cycle의 형성을 위하여 새로운 관계나 행위에 에너지를 투자하고 삶을 재조직하는 과정에서 에너지의 분출과 기쁨이 생겨난다. 이 시기에는 고인이 없는 삶에 적응하여 새로운 삶의 기쁨을 느끼며, 더 나아가 슬픔의 여정을 치러냄을 통해 영적으로 성숙하여 인간을 사랑할 수 있는 힘이 더 커지게 된다.

〈표 4-9〉 조정단계에서의 사회복지사 개입

- 슬픔 회복으로 죄책감과 고인을 배신한 것 같은 두려움이 발생할 수도 있음 → 자연스러운 과정으로 받아들이게 함.
- 내면세계에서 힘이 생기는 것을 느낌 → 슬픔이 끝나가고 있다는 신호임.
- 고통스러운 상념들을 떠나보냄 → 행복한 때의 기억들로 그 자리를 다시 채움.
- 건강관리 → 장기간의 슬픔여정 동안 몸이 많이 쇠약해져 있을 수 있으므로 규칙적인 운동, 균형 있는 식사를 함.
- 새로운 생활 시작 → 새로운 사람이나 친했던 사람들을 만나 사회적 활동, 취미생활 등을 함
- 영적인 활동을 함 → 가치관, 철학, 신념 등이 위협을 받아 삶의 방향이 흔들릴 수 있으므로 삶의 의미를 다시 재창조할 수 있게 함. (좋은 글과 책, 기도, 명상)
- 어떤 일을 결정하고 실행할 수 있음

이상과 같이 죽음으로 인한 상실에 대한 개인의 적응은 다양한 단계를 거치는 동안의 활동을 추정하는 일련의 연속적인 과정으로 정의되어 왔다. 하지만 애도의 과정은 학자마다 모델마다 약간의 차이를 보이고 있으며, 애도의 과정이 위와 같은 단계를 일련의 연속적인 진행으로 이루어지지 않는다. 슬픔의 단계 개념은 이론상으로 수많은 취약점과 부조화를 내포하고 있다. 이러한 단계들은 개별적인 실재가 아니라 서로를 포괄하거나 또는 활발하게 어울려 일어난다. 또한 단계들이 반드시 연속적이지 않으며 모든 단계를 다 겪을 필요가 없다. 어느 단

계라도 그 강도와 지속기간은 슬픔을 겪는 사람마다 고유한 특성에 따라 변화한다(Bugen, 1977.PP. 196-197). 이처럼 애도의 과정에 관한 취약점이 있음에도 불구하고 애도의 과정에 관한 연구가 지속되는 이유는 이러한 연구들이 하나의 인생단계에서 또 다른 인생단계로의 전환을 잘 할 수 있도록 도울 수 있기 때문일 것이다.

〈표 4-10〉 사별과 애도 과정 이론

학자명	이론명	이론 내용 요약
큐블러-로스	죽음을 앞둔 말기환자의 5단계 묘사	① 부인(denial) : no not me, '이것은 사실이 아니야' 라고 상실을 부정 ② 분노와 걱정 (anger) : why me? 왜 내가 죽어야 하나? 상실에 대해 거부반응으로 분노를 느끼거나 타인을 시기 분개하는 등 복잡한 감정과 질문에 부딪힘 ③ 협상 또는 거래(bargaining) : yes me, but, 몇 달만, 아들 결혼 때까지만 살게 해달라..운명과 타협을 시도 ④ 우울(depression) : yes me, 죽음을 부인하지 않으며 분노는 잠잠해지고 더 이상 타협하려 노력하지 않음, 극도의 우울이나 절망에 빠지는 단계 ⑤ 수용(acceptance) : 상실의 결과를 최소화 함. 현실로 인정하고 관망함
카바노프	7단계 애도	충격, 혼란, 폭발직전의 감정, 죄책감. 상실과 외로움, 경감, 재정립
웨스트베르그	10단계 애도	쇼크와 부정, 정서분출(통곡, 눈물), 분노, 발병, 공포, 죄의식 우울과 괴로움, 재진입의 어려움, 희망, 현실긍정
스팽굴러와 데미 (1988)	애도의 수레바퀴 모델	① 쇼크 : 울음, 우울증, 식욕상실, 수면장애로 나타남 ② 저항 : 분노나 공포, 죄책감 같은 더 강한 우울증상 ③ 혼란 : 슬픔의 극도화로 무감각과 위축, 슬픔의 밑바닥 상태를 수용하고 혼란된 상태를 유지해야 함 ④ 인생에 대한 재정의 : 개인의 우선순위와 목표를 재평가하고 점차 상실이전으로 돌아감
보울비(1980)	4단계 애도	① 무감각 단계 : 멍하고 어리둥절 메스꺼움, 목이나 가슴조임들의 신체적 반응이 수반되며 2주간 심하게 지속됨 ② 그리워하는 단계 : 고인에 대한 강렬한 그림움으로 고인과 친분이 있던 사람을 찾아 헤멤. 강한 슬픔과 눈물 식욕부진, 불면 등을 경험. 2주후부터 4개월 사이에 심함 ③ 혼란과 절망의 단계 : 4개월-8개월 사이. 밥맛이 없고 입이 마르며 피곤하고 냉담, 정신혼란으로 삶을 통제하지 못함. 주의의 지지가 필요한 시기 ④ 재조정 단계 : 정상적인 생활, 회복이 가능한 시기. 우울증이 사라지고 규칙적인 수면회복 에너지 증진, 슬픔의 감정에 지속적으로 눌려있지 않음

브루베이커 (1985)	3단계 애도	① 위기와 상실단계 : 무질서한 쇼크 상태 ② 과도기 단계 : 새로운 생을 창조, 시작함, 가능성 인식 ③ 새로운 삶의 단계 : 고인이 없는 삶을 만족스럽게 살수 있도록 노력. 사후 2년-3년 정도로 개인차가 있음.
덜 쉬머 (1990)	4단계 애도	① 충격단계 : 충격 후의 스트레스 증상의 발달기 2-3일간 지속됨. 충격의 정도는 기대된 죽음인지 기대하지 않았던 죽음인지에 따라 다르다. ② 급성적 상실감의 단계 : 장례식이 끝난 후 방문객이 없는 시기로 2-3주는 자살의 위험도 큰 시기임. ③ 정리시기 : 고인이 존재하지 않는 환경에 적응하는 시기라 정의(워든). 상황을 극복하려는 동기가 생기며, 경제적인 면, 관계적인 면, 영적인 차원에서 자신이 갈길을 점검해 보는 시기. ④ 삶으로의 재투자 시기, 회복기, 적응기 : 정서적 에너지를 죽은자로부터 철회하여 또 다른 관계에 재투자하는 시기. 자신에 대한 통솔력이 증가, 눈물의 감소, 에너지 증가, 마음의 평화, 두려움 감소, 슬픔은 있으나 고통은 감소하는 증상이 나타남.
이론 요약	4단계 애도와 유족을 돕는 구체적 방법	① 사별전 단계 : 예견된 슬픔으로 임종증상을 알려주고 화해나 용서를 표현, 작별인사를 하는 시간을 갖음. ② 회피단계 : 쇼크, 습성 슬픔기, 충격과 멍한 상태(수주-수개월) → 충분한 슬픔을 표현하도록 하며, 주변의 도움을 받아들이고, 심리적 신체적 이상증상은 일시적인 쇼크반응으로 정상적인 것임을 인지시킴. 충분한 휴식과 건강관리와 검진을 받음. 중대한 결정은 1년 정도 미루는 것이 좋음. ③ 직면단계 : 고통, 우울(수개월간 지속) 외형상 회복된 듯이 보이나 마음은 상실을 더 크게 인식하고 실질적 고통에 시달리는 시기임. 절망감, 그리움, 낙심이 생길 수 있음을 인정함. → 고통을 충분히 표현하도록 도우며 사별가족 글쓰기와 이야기하기를 격려함, 다양한 신체증상에 대해 건강을 돌보도록 함께 산책하거나 식사, 규칙적인 운동, 충분한 수면을 취하도록 함. 상실경험 가족들의 자조모임이나 지지모임에 참석, 고인의 물건을 정리, 우울증 예방을 위해 힘씀. ④ 조정의 단계 : 재적응, 해소(24-36개월 이상) 고통의 감소로 새로운 역할에 대처할 능력이 증가, 정상적인 삶으로 회복될 때까지의 기간. 고인이 없는 삶에 적응. 새로운 삶에 기쁨을 느끼며 영적으로 성숙하고 인간을 사랑할 수 있는 힘이 더 커짐. → 슬픔회복으로 인한 죄책감, 배신감에 대한 두려움이 자연스런 과정임을 인식시킴. 허약해진 심신을 위해 건강관리를 함. 사회적인 활동, 취미활동, 영적활동을 시작하여 삶을 재창조하도록함.

(2009. 요약)

그 외에 웨이커트[8](Weikart, 1984)의 10단계 애도과정이 있다. 즉, ① 충격과 부정(Shock & Denial) ② 신체적 접촉에 대한 그리움(Touching) ③ 신체적 증상(Physical Symptom) ④ 소외감(Alienation) ⑤ 죄책감(Guilt) ⑥ 분노와 적개심(Anger & Hostility) ⑦ 완전한 인물에 대한 회상(Perfection) ⑧ 회복(Redemption) ⑨ 새생활(New Life) ⑩ 소생(Resurrection)의 과정이다.

Weikart 목사는 4번째 소외감 단계가 가장 위험한 단계이며, 이때부터 새출발의 도움을 받는것이 바람직하다고 권한다. 7단계 '완전한 인물에 대한 회상' 이란 '그래도 그만한 사람은 없었는데…' 라는 죽은자의 회상을 함으로써 충격을 수용하기 시작하는 단계이다. 모든 유족이 10단계를 순서대로 거치지는 않는다.

6. 애도에 영향을 미치는 요인들[9]

애도의 과정에서 개인의 슬픔에 영향을 주는 요인들을 살펴보면 다음과 같다.

1) 고인과의 관계의 성질

고인과의 관계가 어떠했는가에 따라 애도에 영향을 미친다. 예를 들면 고인과의 관계가 부모였거나, 부부였을 수도 있고, 가장 친한 친구였을 수도 있다. 또 그들과의 관계가 사랑하는 사이였을 수도 있고 자주 싸우거나 갈등을 느끼는 사이였을 수도 있다. 또는 물리적 거리상으로는 가까우나 심리적으로 멀 수도 있으며, 가깝게 지내길 원하나 거리상 멀리 떨어져 있었을 수도 있다. 상황이 무엇이었든 고인과의 관계에 대해 잘 설명할 수 있고 그 관계를 이해할 수 있는 사람은 바로 애도의 과정을 거치고 있는 본인이 된다.

2) 죽음의 상황

고인의 죽음을 둘러싼 상황은 애도과정에 영향을 준다. 즉 죽음이 예측되었던 것인지, 아니면 갑작스럽고 예측불가능 한 것이었는지, 돌아가실 때의 당시 연령은 몇 살이었는지, 죽음을 막을 수 있었다고 생각되는지 등 상황에 따라 심리적으로 다르게 영향을 미친다. 예를 들어 갑작스럽고 예측 불가능한 죽음이 발생하면 유족들은 죽음에 대해 어떤 준비도 전혀 없었기 때문에 현실감을 갖기 어렵다. 하지만 예측했던 죽음이라 하더라도 슬픔을 감소시키지는 못한

8 김동배(1991), 유족을 위한 집단 사회사업의 과정, 신학논단, p.236
9 황애란. 슬픔치유과정과 유가족 상담. 시립노원노인종합복지관 죽음준비교육 매뉴얼, p.127~130. 재인용

다. 또는 고인의 연령에 따라 죽음을 수용하는 것에 차이가 있다. 예를 들면 고인의 나이가 평균수명 그 이상으로 장수하였다면 죽음을 수용하기가 좀 수월할 것이나 이른 나이에 죽거나 부모보다 자식이 먼저 죽게 되면 죽음을 심리적으로 수용하기가 어려울 수 있다. 그리고 가까운 사람이나 사랑하는 사람을 잃게 되면 내가 고인의 죽음을 막을 수 있는 무슨 일인가를 할 수도 있었을 것이라며 자책하게 된다. 하지만 고인의 죽음은 내가 초래한 것이 아니므로 자책할 필요가 없다. 즉 죽음을 둘러싼 상황은 애도의 과정을 매우 복잡하게 만들 수도 있으며 슬픔을 개인별로 독특하게 만들게 한다.

3) 지지체제와 관련된 상황

애도의 과정에서 치유를 받으려면 다른 사람의 지지가 필요하다. 애도의 작업을 잘 치러내려면 적어도 공감하고 돌봐주며 부드러운 격려를 할 수 있는 한 사람의 안정된 지지체계가 있어야 한다. 반드시 지속적인 지지가 있어야 치유가 일어날 수 있다. 그러나 실제로 지지해줄 사람이 있어도 애도하는 것에 대해 부끄럽게 여기고 있어 이를 받아들이지 못할 수도 있다.

4) 개인의 독특한 성격

각 개인의 성격도 애도의 과정에 반영된다. 예를 들어 적극적인 성격의 소유자라면 슬픔을 보다 잘 표현할 수 있을 것이다. 개인의 성격이외에 일생에서 경험한 다른 상실에 대한 반응이 현재 경험하는 상실에 대한 반응에 영향을 줄 수 있다. 예를 들어 이전에 경험했던 상실에서 힘든 일에 거리를 두는 방식으로 대해 왔다면 현재에도 거리를 두는 방식으로 대응할 것이며, 공개적으로 대응해 왔다면 지금도 그러한 방식으로 대응할 것이다. 또한 자존감, 가치관, 믿음 등 다른 측면도 죽음에 대한 반응에 영향을 미치며 이 외에 우울이나 불안과 같은 장기간의 문제도 현재의 반응에 영향을 미치게 된다.

5) 고인의 독특한 성격

고인이 어떠한 성격의 소유자였는지가 애도과정에 영향을 준다. 예를 들면 고인이 언제나 가족들의 마음을 평안하게 해 주고 안정적이었다면 현재는 가족들이 그렇게 가깝지 못할 수도 있다. 반대로 고인이 결코 함께 하기가 쉽지 않았던 사람이라면 상실에 대해 양가감정을 느낀다. 중요한 점은 이러한 감정을 판단하지 않는 상담자나 대상을 찾아 감정을 쏟아내야 한다는 것이다.

6) 문화적인 배경

수세대를 통해 내려온 문화적 전통양식에 따라 슬픔을 표현하는 방식에 중요한 영향을 미칠 수 있다. 예를 들면 독일 전통을 지닌 가족들은 상실을 묵묵하게 치러내나 이탈리아 가족들은 상실에 대해 보다 더 감정을 많이 표현하는 편이다.

7) 종교적 혹은 영적 배경

개인의 믿음체계는 슬픔의 여정에 큰 영향을 미칠 수 있다. 상실의 경험을 통해 종교적 혹은 영적인 삶이 깊어지고, 변화되기도 하지만, 애도하는 가운데 과거에 믿던 가치체계에 대해 의문을 품게 되기도 한다. 우리가 생각하는 오류 중의 하나는 믿음이나 종교가 있다면 애도의 과정이 필요 없다고 생각하여 내면적으로는 슬퍼하여도 밖으로는 슬픔을 표출하여 애도하지 않는 것이다. 믿음이 있다는 것은 애도할 용기를 갖는다는 것을 의미한다. 상실을 통해 삶을 재평가하게 되며, 종교적 혹은 영적 가치를 탐색함으로서 삶에 대한 태도를 점거하게 된다.

8) 이차적 상실

죽음의 경우 상실이 하나로만 끝나지 않고 '이차적인 상실' 이라 불리는 다른 상실(경제적 불안정, 미래에 대한 희망을 잃음, 거주지를 떠남, 집을 잃음, 실직, 가족과의 불화 등)을 경험할 수 있다. 이러한 다른 상실이 슬픔에 어떠한 영향을 주는지 인식하는 것이 매우 중요하다.

9) 생물학적인 성

성별이 슬픔에 영향을 미칠 뿐만 아니라 사람들과의 관계 맺는 모습에도 영향을 미친다. 일반화하여 말하기 어려우나, 사회적으로 남성은 강하게 인내하는 모습이 기대되므로 여성보다 심적인 슬픔과 상실을 경험하는 것을 스스로 허용하기가 어렵다. 여성의 경우에는 분노의 감정을 표현하는 것이 어려우나 남성은 폭발적인 감정으로 쉽게 반응하는 경향이 있다.

10) 의식이나 장례식 경험

장례식과 관련된 결정은 개인의 슬픔경험에 도움이 될 수도 있고 방해가 될 수도 있으나, 유가족들을 위한 의미 있는 의식을 치르는 것은 사랑하는 사람의 죽음을 경험한 후 사회적, 정서적, 영적치유에 도움이 될 수 있다. 따라서 어떤 형태의 장례식이든지 본인의 감정적, 영적인 욕구를 충족하는데 도움이 되어야 한다.

7. 만성적 슬픔

만성적 슬픔은 사별과 관련된 개념으로 다음과 같이 정의된다.

1) 만성적인 슬픔의 개념

12개월 이상 지속되는 슬픔은 병리상의(pathological), 만성의(chronic), 또는 병적인(morbid) 우울(grief)이라 명명되어 왔다. 이것은 종종 사별한 사람과 관련된 사람들, 장소, 사물, 그리고 대화와 연결되곤 한다. 또한 만성 우울은 일상 활동을 수행하는 개인의 능력을 혼란에 빠뜨리는 육체적 · 심리적 병이나 증상과 연결되어 있다.

신체적 질병은 수면 패턴에서의 변화, 현저한 체중의 증가나 감소, 매일 울면서 보내는 기간, 식욕부진, 두통, 흡연 횟수의 증가, 알콜이나 약물의 남용, 피로와 같은 증상을 보인다.

심리적인 병으로는 정서상태의 저하, 삶, 일, 가족 구성원 혹은 레저활동에 대한 전반적인 무관심, 침체된 감정, 총체적인 에너지의 결핍, 강한 죄의식, 분노, 적대감, 두려움, 슬픔과 같은 감정들이 포함된다. 이러한 병리적인 증후들은 가족과, 일터 그리고 지역사회 내에서 슬픔에 빠진 사람이 일상적인 일들의 수행에 방해가 된다. 만성 우울에 대한 불완전한 해결책은 생존자에게 자살충동을 일으키거나 실제 자살로 연결된다.

최근에는 「진단 및 통계 편람 (Diagnostic and Statistical Manual)」인 DSM-Ⅳ에 Complicated Grief Disorder라 분류된 카테고리로 연구내용이 발표되었는데 이것은 DSM-Ⅳ과도 부합하는 좀 더 명확한 진단 근거 시스템으로 우리가 흔히 말하는 만성슬픔과 일치된다(Horowitz et al., 1997).

2) 만성적인 우울의 발생과 사회적 · 재정적 비용

(1) 발생

만성우울 또는 만성슬픔의 증세는 매우 악화된 정서 상태가 1년 이상 지속되는 이른바 지속적인 압박을 호소하는 사람들(Mawson, Marks, Ramm, Stern, 1981, p.186)에게서 나타난다.

사별의 결과는 죽은 사람과의 명백한 이별 이후에 찾아올 수 있는 정신적 쇼크(또는 정신적 외상), 스트레스성 혼란, 혹은 그 사람의 심리적 기능과 신체의 건강, 또는 심리적 안정을 심각하게 제한하거나 방해하는 주우울증 등으로 나타날 수 있다.

DSM-Ⅳ에는 사별(bereavement)을 사랑하던 사람을 상실한 것에 적응하는 기간으로 정의한다. 사별을 주우울증 사례들과 구별시키는 증상들을 보면 다음과 같다.

〈표 4-11〉 사별과 우울증을 구별하는 증상들

- 사별한 사람은 고인이 죽을 당시의 생존자 그 자신이 했던 행위(action)나 하지 않았던 행위(inaction)보다는 사물에 대하여 죄의식을 느낀다.
- 사별한 사람이 가진 죽음에 대한 생각은 생존자로 하여금 차라리 자신이 죽는 것이 나을 거라든지 혹은 죽은 사람과 함께 죽었어야 했다는 믿음을 갖게끔 만드는 생각들과는 다른 것이다.
- 사별한 사람은 자신의 무가치에 대한 근심을 나타낸다.
- 사별한 사람은 정신운동지체나 연장된 기능적 손상 등의 증상을 보인다.
- 사별한 사람은 죽은 사람의 영상을 보거나 목소리를 듣는다고 생각하기보다는 그런 환각 혹은 환상을 체험한다고 인정하다.

여기서 주우울증(MDD, Major Depressive Disorder)란 6개월 혹은 그 이상 지속되는 삶 속의 활동에서 흥미나 기쁨을 상실하는 것과 심각하게 억압된 정서를 가지는 것을 말한다. DSM-Ⅳ에서는 주우울증사례(MDD)와 한 개인이 다른 MDD를 나타낼 가능성 간에 밀접한 관련이 있음을 보여준다. 즉 하나의 주우울증을 겪은 사람들이 두 번째 주우울증을 발생시킬 수 있는 확률은 50~60%이고, 세 번째 주우울증이 발생할 확률은 70%정도이다. 그리고 그 사람이 네 번째 주우울증을 겪을 확률은 90%가 된다. 이것은 사별이란 사건이 그러한 사례가 발생할 수 있거나 혹은 이미 주우울증을 겪었던 사람이라면 재발할 수 있는 기간이기 때문에 사회사업에 있어 중요하고 주목해야 한다. 만약 만성우울의 특징과 다른 정서 혼란에 관한 MDD 기준을 충족시킨다면 사회복지사는 MDD의 범주 내에서 만성우울을 검토 및 평가하고 병리학적 우울증에 대한 특수한 치료법을 시행해야 한다.

(2) 사회적 · 재정적 비용

만성우울은 복잡한 우울증, 예를 들면 기분, 불안, 성격 혼란과 같은 다른 문제들이 한데 어우러져 있어 명료하게 진단하기란 상당히 어렵다. 이 점을 인식하는 것이 반드시 선행되어야 한다(Marwit, 1996). 그러나 만성우울은 매우 심각한 결과를 초래할 수 있는 공공의 안녕 문제로 여겨질 수도 있다. 엡스테인(Epstein)과 웨이츠(Weitz), 로백(Roback), 맥키(Mckee, 1975)는 홀로된 배우자의 사망률은 어느 연령층에서든지 최소 2배는 더 높다는 것을 발견했다. 만성우울과 사별과 관계한 주우울증의 경제적, 신체적, 심리적, 정신 · 사회학적 비용은 그 양을 측정하기가 쉽지 않다. 하지만 그것들을 위해 신체적 건강, 정신적 건강, 그리고 주의 깊은 보호와 배려에 투자되는 금액이 높음은 분명한 사실이다.

제 2 부
사별과 애도과정

제5장 노인의 사별과 애도

- 노인의 사별시기
- 사별노인의 애도유형과 적응과제
- 애도과정에 있는 노인을 위한 지침

너는 이제 겨우 출발점에 서 있어. 처음시작할때는 다들 아무것도 모르는 법이란다. 그러다가 인생의 마지막 무렵에 이르게 되면 우리는 저마다 어떤 경험을 얻게 된단다. 내 경험에 의하면 인생에는 우리가 겪게되는 고통이나 문제를 그저 받아들이는 것 이상의 무엇인가가 있더구나.

조셉 M.마셜, 유향란 옮김(2008), 그래도 계속 가라, 조화로운 삶

05 제5장 노인의 사별과 애도

노년기에 맞이하게 되는 사별이란 사건은 인생에 있어서 전환점이 되는 커다란 사건이라 할 수 있다. 사람들은 자신이 늙어간다고 느껴지는 순간부터 죽음이라는 것에 대해 점점 더 생각하게 되고 또 주위의 많은 죽음을 경험하게 되면서 직 · 간접적으로 죽음을 알아가게 된다. 그러나 막상 자신의 가장 가까운 가족이나 배우자를 사별하게 됨으로서 이제껏 균형을 가지고 생활해 오던 삶에 큰 변화를 맞게 되는 것이다. 이처럼 사별이란 사건은 노인들에게는 정신적, 신체적, 정서적으로 큰 변화를 가져오기 때문에 이것을 어떻게 극복하느냐에 따라 남은 생이 좌우된다고 하여도 과언이 아닐 것이다.

이에 제 5 장에서는 남성노인과 여성노인들의 사별시기에 대한 각각의 특징과 애도유형을 알아봄으로서 사별한 사람들을 구체적으로 어떻게 도울 수 있으며, 변화된 삶에서 무엇을 적응해야하는지를 알아본다. 또한 사별한 사람들에게 도움이 되는 것들과 도움을 주고자 하는 사람이 해야 할 일은 무엇이 있는지 살펴보고자 한다.

1. 노인의 사별시기

여성노인과 남성노인의 거치는 사별시기(widowhood & widowers)는 각각 다르다. 배우자의 사망으로 65~74세 노인남성의 10%, 그리고 노인여성 33%가 홀로 사는 신세가 된다. 많은 성인들에게 홀로 지내는 삶의 심리적 결과는 강한 감정적 슬픔, 사회적 그리고 정신적 지원의 손실, 그리고 물질적 도구적 지원의 상실을 포함한다. 대부분의 나이든 홀로된 남성노인들은 재혼을 한다. 반면에 많은 여성노인들을 홀로 산다.

일반적으로 사별한 여성노인과 사별한 남성노인의 주요한 문제는 사회적 분리에서 오는 고독이 주요문제로 인식되고 있으며, 사별한 노인들은 정신적 · 신체적으로 같은 연령의 기혼 노인들보다 손상이 크다. 만성질환, 자살은 지원체제가 없고 신뢰할 수 있는 사람이 주위에 없는 사별한 남성노인에게 더 높게 나타나는 경향이 있다.

1) 남성노인의 사별시기(Widowers)

일반적으로 남성노인은 85세 이상이 아닌 상태에서 훨씬 많은 수의 남성이 사별한 남성노

영화 엘리자베스타운의 한 장면(부록 8-10 p.590 참조)

인이 된다. 사별한 남성노인에 대한 연구는 거의 없기 때문에 사별한 고령남성들의 삶에 대해서는 거의 알려진 것이 없다. 연구된 바로는 남성들이 더 고독하고 삶에 부적응적이며, 여성들보다 감정회복이 더뎌 슬픔에 대한 표현과 상실감에 대해 적응하는데 여성들보다 더 어려워 할 수도 있다. 왜냐하면 생을 통해 낮은 가족참여도와 우정역할, 긴 생애동안 억눌렸던 감정, 집안일, 요리 등에 대한 한계, 더 크게는 직장인과 배우자의 두 역할 상실에 대한 가능성 때문이다(Hooyman, 2000).

따라서 사별 후 혼자 사는 남성노인들은 그들의 배우자를 잃은 후 여성노인들보다 더 많은 어려움을 느낀다. 아마도 전통적인 결혼생활에서 남성들은 매일의 집안일들을 하는 도구적 지원과 동료애와 사회활동의 감정적 · 사회적 지원의 양쪽에 대해 그들의 아내들에게 크게 의존하기 때문일 것이다.

영(Young)과 동료학자들이 54세 이상의 상처한 남성 4,486명을 대상으로 한 조사에 따르면 비탄의 첫 6개월 동안 그들은 거의 40%의 사망율을 보인다고 한다. 리스(Rees)와 루키우스(Lutkius)도 웨일즈지역의 공동체를 대상으로 실시한 조사를 통하여 이와 유사한 결과를 입증하였다.

그들의 생활은 아내가 죽었을 때 더욱 강하게 붕괴되며, 이것은 새로운 결혼파트너에 대한 즉각적인 모색을 초래한다. 남성노인이 홀로된 후 데이트와 재혼관련의 2년 연이은 연구에서 남성의 61% 그리고 여성의 19%가 재혼했거나 또는 그들의 배우자들이 죽은 후 25개월 이내에 새로운 로맨스 관계에 있었다고 보고하고 있다(Umberson et al, 1992). 남성들에게 더 높은 월수입과 교육수준은 재혼하는데 가장 좋은 지표였다. 남성과 여성 양쪽모두에게 새로운 관계와 관련되는 것은 심리적인 복지와 적극적인 전략으로 해석되었다(Schnieder, et al, 1996).

또 다른 연구로 150만 명의 결혼한 핀란드 성인들에 대한 장기적 연구에서, 배우자의 죽음 후에 생존해 있는 남성노인들의 사망률이 집계되었다. 모니터 된 사망률에 대해선 홀로된 남성노인들에게 더 높게나왔다. 특히 배우자가 죽은 후 6개월 정도에 현저하게 높게 나타났다. 슬픔의 과정은 이미 있던 질병의 과정을 가속화시키면서 자살율의 증가, 사고 그리고 알코올 관련 질병들의 증가를 이끄는 것처럼 보였다(Martikainen& Valkonen, 1996).

2) 여성노인의 사별시기(Widowhood)

70세가 되면 대부분의 여성노인은 사별여성노인이 된다. 인구구조상 남성노인 1명에 여성노인 5명의 비율이기 때문에 사별한 노인에 대한 연구는 여성에 초점을 맞추고 있다.

사별 후 홀로 남은 여성들은 사회적인 직분에 관해 배워야 하며, 가정에서 배우자 없이 삶아가는 것을 배워야 한다. 이런 역할에 대한 적응은 신속한 회복력, 창조적 문제해결, 그리고 자신의 개인적 가치에의 강한 믿음을 요구한다. 60에 혼자가 된 여성은 혼자의 새로운 생활방식을 창조할 수 있는 23년의 기대수명을 가지고 있다.

또한 홀로 남은 여성들은 슬픔에 추가하여 많은 스트레스 요인 중 물질적인 재원에 도전한다. 경제적 변화에 관한 연구들은 많은 사람들이 홀로된 신세가 된지 몇 년 동안 그들의 재정적 재원에서 현저한 흔들림을 경험한다는 것을 보여준다(Zick & Smith, 1991). 사별한 여성들은 결혼기간 동안 대개가 노동시장에 참여한 적이 없었고, 이는 여성들에게 내세울 기술이 없거나 노동에 참여하는데 불안을 느낄 수 있다는 것을 보여준다. 대부분의 홀로 남은 여성들에게 남편을 잃은 것은 가장 통렬한 감정적 원조의 손실로 느껴진다. 홀로 남은 여성노인으로의 전환은 여러 가지로 곤란을 예고하고 있다(Blass& Bowman, 1990).

영화 엘리자베스타운의 한 장면(부록 8-10 p.590 참조)

그러나 사별한 여성에게 따르는 극도의 고통과 긴 슬픔에도 불구하고 대부분의 사람들은 비교적 성공적으로 대처한다. 최근에 60-98세의 홀로된 여성들의 연구에서 높은 비율의 자급자족이 있었으며(D' Bryant & Maorgan, 1990), 응답자의 대다수는 다양한 매일의 업무들을 수행, 집안돌봄, 쇼핑, 식사준비 개인의 보살핌과 위생, 재정적 그리고 기타 결정들을 다른 사람의 도움 없이 재정적 지원을 공급하는 일들을 수행했다고 말했다. 또한 30%이상이 자신의 집, 정원의 수리를 했고, 도움 없이 법적인 문제들을 처리했다고 말했다. 이 연구로부터, 홀로된 여성노인들이 높은 수준의 독립적 기능을 수행하며, 도움이 요구되는 곳에 따라 특별한 영역들에서 다른 사람들로부터 도움을 받거나 특히 자녀들에게서 도움을 받는 것으로 나타났다. 또한 형제자매, 그리고 친구들로부터 도움을 받거나 한다. 시간이 지남에 따라 홀로된 여성노인의 형제자매들은 특히 집수리와 쇼핑으로 직접적인 도구적인 도움은 물론, 정신적인 지원의 원천이 된다. 이처럼 긍정적인 기여에 관한 부분도 있지만 부정적인 기여에 관한 논쟁도 분석되었다. 특히, 이혼, 질병, 그리고 다른 가족구성원의 죽음 등이다. 이들 부정적인 사건들은 그들의 어려움을 가중시킨다.

친구들로부터의 사회적 지지는 홀로된 여성에게 큰 힘이 되어준다. 따라서 남편의 죽음으로부터 회복할 수 있는 시간을 충분히 주고, 슬픔의 과정을 충분히 겪을 수 있도록 도와주며, 새로운 것을 발견할 시간을 갖도록 지켜봐주는 것이 중요하다.

2. 사별노인의 애도유형과 적응과제[10]

1) 사별노인의 애도유형

노년기가 되면 배우자를 비롯하여 가족과 친척, 친구 가까운 사람들의 죽음을 자주 경험하게 된다. 이처럼 사별의 경험은 극복하기 힘든 충격을 가져오며 깊은 슬픔을 동반하게 된다. 특히 오랜 세월을 함께해 온 배우자의 죽음은 노인으로 하여금 정서적으로 슬픔, 원망, 죄의식, 후회, 상실감, 혼란, 불안감 등을 가져오며, 신체적으로는 피로감, 현기증, 불면증을 가져오고, 평소 지병이 있는 경우 악화될 수 있다. 사회적으로는 타인을 만나기를 회피하거나 만나더라도 말이 없거나 과민반응을 보일 수 있다.

사별의 단계는 연령대에 관계없이 보편적인 단계를 거치지만 그 방법에 있어서는 문화, 종교, 인구사회학적 특성에 따라 다르게 나타난다. 미국의 경우 사별자가 가능한 빠른 시일 내에 고인과의 감정적 유대를 정리하고 일상으로 돌아갈 것을 기대하나, 일본의 경우 그 반대로 고인과의 감정적 유대를 일상에서 유지한다.

사별노인의 애도 유형은 워트만과 실버(Wortman & Silver, 1989)에 의해 4가지 유형이 소개되었다.

〈표 5-1〉 워트만과 실버의 사별노인의 애도유형

정상적 애도	사별 직후의 사별자의 아픔(distress)수준은 높지만 추후에는 아픔이 점점 낮아지는 유형.
만성적 애도	사별 직후나 후일에도 아픔이 모두 높은 수준으로 나타나는 유형.
지연된 애도	즉각적인 아픔은 낮으나 후일에 높은 수준의 아픔을 경험하는 유형.
결여된 애도	사별 직후나 후일에도 사별의 아픔이 낮은 것으로 특징지어지는 유형.

10 고양곤, 노인의바람직한 죽음과 사별가족의 애도 상담, http://cafe.naver.com/hsangjoorg/1121 .2007/06/11 08:59. 재인용

2) 사별노인의 적응과제

사별한 노인은 사별의 충격으로부터 벗어나 정상적인 생활을 해야 하는데, 가족이나 친지들은 사별노인에게 위로와 함께 육체적으로 충분한 휴식과 수면을 취할 수 있도록 도와야 하며, 애도의 과정을 거치는 동안 고인에 대한 회상을 들어주는 것도 좋다.

그러나 사별노인이 적응해야 하는 과제가 있으며, 이러한 과제에 대해서는 먼저 프리맨과 & 워드(1998)의 주장처럼 사별 당한 사람이 애도 과정을 성공적으로 극복하기 위해서는 다음과 같은 다섯 가지 과업을 성취해야 한다고 한다.

첫째, 죽음을 현실로 체험해야 한다. 즉 사별한 사람 이름을 부르면서 'OOO가 죽었다' 고 말할 수 있어야 한다.

둘째, 정서적 고통을 감내해야 한다. 노인이 사별에서 오는 정서적 고통, 분노, 혼란 등을 경험하고 표현하고 해소할 수 없으면 비정상적인 애도로 악화될 수 있기 때문이다.

셋째, 현재에서 과거로 전환해야 한다. 사별한 사람과의 관계는 현재형에서 과거형으로 추억속의 관계로 전환되어야 한다.

넷째, 새로운 정체감을 발전시켜야 한다. 사별한 사람은 새로운 역할을 찾아 수행하므로 자기 자신을 새롭게 볼 수 있어야 한다.

다섯째, 상실의 의미를 깨달아야 한다. 죽은 사람이 일부러 자신을 버리고 간 것이 아님을 깨닫게 되면 죽음을 수용할 수 있게 된다.

다음은 란도(Rando, 1993)가 6R로 시작하는 개념으로 사별노인의 적응 과제를 소개하였다.

〈표 5-2〉 Rando(1993)의 사별노인의 적응 과제

6가지 개념	사별노인의 적응 과제
고인의 죽음에 대한 인식 (Recognize)	고인의 죽음에 대한 인식이 있어야 함. → 자신과 타인에게"OOO는 죽었다"라고 말 할 수 있어야 함.
반응 (React)	분리와 상실에 대해 정서적으로 반응할 수 있어야 함. 사별에서 오는 슬픔, 실망, 불안 등 정서적 고통을 표현할 수 있어야 함.
회상 (Recollect)	죽은 사람과의 관계를 회상하고 그와 관련된 추억을 이야기 할 수 있는 기회를 많이 가져야 함.
단념 (Relinquish)	새로운 활동 또는 인간관계를 발전시켜 나가면서 고인과의 오래된 애착관계에 너무 매달리지 않는 태도가 필요함.
재구성 · 조정 (Readjustment)	고인이 없는 새로운 환경에 잘 적응하기 위해 자신의 생활을 재구성 · 조정하고 새로운 역할을 찾도록 함.
재투자(Reinvest)	일상적인 활동에 자신의 에너지를 재투자하여 정상적인 생활을 영위하도록 함.

만일 이와 같은 6단계의 애도과정을 성공적으로 수행하지 못하면 남아 있는 사별노인이나 유가족들은 극심한 정서적 고통 속에 질병에 걸릴 위험성도 높아지고, 삶의 의욕을 상실하여 생활 만족도가 낮아지기 쉽다. 따라서 유가족들은 고인의 죽음을 현실로 받아들이고 보다 긍정적인 자세로 변화된 상황에 적응하기 위해 노력해야 한다.

끝으로 고인의 죽음에 대한 가족들의 불안이나 두려움을 감소시키도록 하며, 장례식의 계획과 장례비용에 대해 상의한다. 이 때 가족 전원이 하나가 되어 사별한 노인을 격려하고 위로하는 데 힘쓴다. 그 이후에는 사별한 노인과 가족의 재정적 측면에 대한 대비책을 수립해야 하며, 고인으로 인해 결손된 역할을 보충하기 위해 가족성원들의 역할을 재조정 한다(홍숙자, 2001).

사회적 소외와 외로움을 극복하기 위해 친구, 친지, 자녀들과의 유대관계를 강화하고 새로운 취미나 역할을 시도하고 즐기도록 한다. 재혼도 이시기 적응의 한 방법이 될 수 있다. 또한 신앙을 통하여 영생에 대한 희망과 위로를 얻을 수 있도록 한다.

일반적으로 사별 과정에서 수반되는 고통이나 어려움 속에서도 대다수의 노인들은 슬픔과 고통을 극복하고 다시 정상적인 활동으로 돌아간다. 그러나 병약한 노인들은 고인에 대한 애도 과정에서 원래 가지고 있던 질병이 악화되는 경우도 있고, 또한 배우자가 없는 세상을 계속 살아야 하는가에 대한 삶의 의미를 잃고 식음을 소홀히 하는 경우도 있다. 또한 고인을 추모하기 위해서는 식사를 잘 하지 않거나 자신의 몸을 잘 돌보지 않는 것이 애도과정의 일부라고 생각하는 경우도 있다.

특히 배우자가 자살이나 에이즈로 죽은 경우, 사회적인 범죄인으로 죽은 사람, 사별자가 아무런 가족이 없는 무의탁 노인들의 경우에는 애도반응이 부정적인 방법(알코올 과음, 약물 중독, 폭력, 자해 등)으로 나타날 수 있다. 이와 같이 비정상적인 방법으로 애도를 표시하는 노인들에게 각별한 관심과 주의가 필요하고 개별화에 따른 특별한 보살핌이 있어야 한다(김기태 외, 2002).

3. 애도과정에 있는 노인을 위한 지침[11]

1) 슬픔에 젖어있는 사람을 위한 지침

(1) 초연해지는 법을 배우기

슬픔과 성숙은 서로 연관되어있다. 자기의 슬픔을 극복하고 예전관계에 대한 집착을 버리면

11 아르날도 판그라치 지음, 박성화 옮김, 삶의 한 여정인 죽음, p.105~140 요약, 가톨릭 출판사

자신의 에너지를 새로운 일이나 새로운 방향으로 쏟으면서 자유롭게 미래를 지향하게 된다.

(2) 자신이 느끼는 것을 표현하기

점진적으로 뒤엉킨 감정들에 맞서고 이 감정들을 해소하게 될때 슬픔이 정리되는 것이다. 중요한 것은 자신의 이야기를 믿고 말할수 있는 누군가를 찾는일이다.

(3) 결심하기

구체적으로 해야할일은 자기시간을 단순하고 짜임새있게 활용하고 해야할 활동과 만남과 관심사를 결정하면서 일상의 생활방식을 되찾는 것이다.

(4) 자기자신에 대해 인내심 갖기

자기자신의 변화에 인내하기란 쉽지 않다. 새로운 일을 받아 들이는 노력에는 문제를 객관적으로 볼줄하는 능력, 잘못을 두려워 하지 않는 적극적인 자세, 좌절과 고독을 견디어내는 힘이 필요하다.

(5) 잊는법을 배우기

고인과 지냈던 삶과 그와의 관계를 재성찰해 보면 '언제나 다르게 행동했더라면' 하고 바라는 것들이 있기 마련이다.

그러나 현재의 관점에서 과거를·판단하고 잘못한 행동들에 대하여 걱정하는 것은 바람직하지 않다.

(6) 믿음에 의지하기

웨인 오츠(Wayne outes)는 비탄을 겪은 사람이 삶의 새로운 의미를 발견할때까지 슬픔의 과정은 완전히 끝나지 않는다고 한다. 신앙은 괴로움에서 보호하는 것이 아니라 이를 대처하도록 돕는것이다.

(7) 자신을 믿기

자신에 대한 믿음은 슬픔을 회복하고 더 나은 기분을 느낄 수 있도록 돕는 무언가를 발견할때 커진다.

(8) 새로운 인간관계를 맺기

새로운 관계의 목적은 고독을 해소하는것이 아니라 고독을 경감하는데에 있다. 비탄에 젖은 사람은 한편으로는 다른 이들과 좋은 친분을 맺는 법을 배워야하고, 다른 한편으로는 다른 이들과의 만남을 통하여 자신의 고통을 누그러 뜨리는 법을 배워야 한다.

(9) 다시 웃기

인간의 행복은 어려움이나 역경의 부재와 관련되는것이 아니라 이러한 것들에 긍정적으로 맞서는 능력과 관련된 것이다. 웃음은 슬픔에 대응하고 일상 생활의 기쁨과 밝은 모습을 발견하는데 도움이 된다.

칸트는 낙심한 인간에 대한 보답으로 하늘은 세가지 큰 선물을 마련해 주었다. 그것은 바로 꿈과 웃음과 희망이다.

(10) 베풀기 시작하기

자신의 고독을 이겨내고 괴로움을 극복하고 더 효과적인 방법을 이웃의 고독과 괴로움에 동참해 보는것이다. 삶에 의미를 다시 부여하는 길은 남들을 돕는 유용한 기회들을 잘 활용하는 것이다.

2) 도움을 주는 사람을 위한 지침

(1) 슬픔의 과정을 숙지하기

자신이 그의 괴로움을 없애주지는 못하지만 그 슬픔의 여정을 알고 그길에 동반자가 되어야 한다.

(2) 상투적인 표현 피하기

다른사람의 슬픔앞에서 느끼는 불편함 때문에 사람들은 어색한 격려의 표현을 한다. 이러한 상투적인 표현들은 위로가 되기는 커녕 상처를 주거나 동요하게 만든다. 상실에 대한 고통을 축소해서는 안된다.

(3) 마음을 표출할수 있게 도와주기

실제로 그들이 가장 바라는 것은 실의에 빠지지 않게 하는 것이 아니라 이해심 많은 친구를 얻는 것이다. 스티언스[12](Stearns)은 공감할줄 아는 사람, 당신을 만나기를 두려워하지 않는 사람. 슬픔은 병이 아니라는것을 아는 사람이라고 한다.

12 Stearns(1984) Living through personal crisis. Ballantine, New York(1984). p.71~72.

(4) 곁에 있어주기

고통받는 사람 곁에 있어주는 일은 실제로 가까이에 있으면서 말없는 관심과 기도 · 지지 · 포옹 · 침묵의 기다림으로 이루어진다. 그러한 존재가 얼마나 소중한지 배운다.

(5) 관계유지하기

비탄에 젖은 사람에게는 장례식을 끝낸다음 몇주 동안이 공허감을 가장 절실히 느끼고 인간적인 도움과 친근감이 필요한때이다. 만남은 다양한 형태로 실현된다. 그에게 혼자가 아니라 누군가 그를 생각하고 있다는 사실을 상기시켜준다.

(6) 기억을 북돋아주기

사랑하는 사람에 대한 기억은 살아남을 사람에게 위로가 된다. 추억이 그들의 관계의 사랑과 슬픔에 의미를 주는 것이다. 이름과 기억을 떠올리는것이 치유가 된다.

코라즈니[13](Gorazzini)는 비탄에 젖어있는 사람이 고인에 대해 더 구체적인 이야기를 설명하도록 돕는 기회를 마련하라고 권유한다.

(7) 선택을 북돋아주기

넬슨[14](Nelson)은 '삶의 선택' 이며 비탄에 젖어있는 사람에게 도움을 주는 사람이 할 수 있는 주요 역할들 가운데 하나는 건설적인 선택을 하도록 돕는 일이라고 한다.

도움을 주는 사람은 비탄에 젖어있는 사람이 무기력한 자세기에 벗어나 삶에 점점 책임감을 갖게 도와주어야 한다.

(8) 다양한 반응을 존중하기

비탄은 보편적인 경험이지만 사람들은 매우 개인적인 방식으로 비탄을 체험한다. 저마다 괴로움을 삭이는 자기만의 방식 · 치유의 길을 찾아야 한다.

효과적인 동반자가 되는데에 필요한 두가지 기본조건은 사람들은 각자 다른길을 통하여 비탄의 시건을 받아들이게 된다는 사실과 그 긴여정을 서로 다른 속도로 걸어간다는 사실이다.

13 Corazzini(1980) The theory and practice of loss therapy, Bereavement counseling, Greenwood, 1980. p.77.

14 Nelson(1980) Living and choosing in the face of death, p.144.

(9) 희망의 표정 갖기

온기는 희망을 불러일으킨다. 희망은 고통에 잠긴 사람들에게 가장 중요한 말이다. 슬픔의 여정을 함께 하는 사람들이 희망의 표정이 된다.

(10) 공동체의 역량 활용하기

비탄에 젖어있고 사람을 돕는 책임은 가족이나 친구만이 아니라 공동체 전체가 져야 할 몫이다. 물리적으로 가까운 거리는 열린마음으로 관심을 갖고 도움을 주며 유용한 정보를 알려줄 수 있어야 한다.

생각해 볼 문제

대부분의 죽음에 직면한 사람은 어떠한 심리적인 단계를 겪는지 우리의 경험에 비추어 생각해 봅시다.

Q&A 1

Q : 만약 환자와 가족이 죽기 이전부터 죽음을 받아들이고, 임종의 단계를 거쳤을 경우에도 환자가 사망한 다음에 그 가족이 애도의 단계를 거칩니까?

A : 애통과 애도는 언제나 있는 단계입니다. 다만, 심각하게 병적인 애통과정이 보편적으로 나타나지 않을 뿐입니다. 즉 "내가 이일과 저 일만 더 했더라면...."하는 한탄하는 감정이나 죄책감은 그 상황에 있는 사람들에게는 자연스러운 것일수도 있습니다.

Q&A 2

Q : 암환자의 가족이 자기 어머니가 죽어가고 있다는 사실에 대해 받아들이기를 거부한다면, 그 환자가 돌아가시고 난 다음에 그 가족들을 어떻게 도울 수 있을까요? 여전히 죽음에 대해 얘기하기 꺼린다면 어떻게 털어놓고 이야기 하도록 말해 줄 수 있을까요?

A : 가족의 죽음에 대해 이야기를 털어 놓기까지 몇 달 내지 1년도 걸릴 수 있습니다. 반드시 해야 할 일은 언제든지 가족들이 당신을 찾아올 수 있으며, 그 사실에 대해 얘기를 나눌 준비가 되면, 달려가겠다는 것을 말해주는 것입니다. 그러면 가족이 아직 끝내지 못한 감정상의 일을 당신과 함께 의논할 준비가 되었을 때에 반드시 당신의 도움을 요청할 것입니다.

Q&A 3

Q : 죽은 아이에 대해 이야기하는 것을 용납하지 못하는 어머니가 있다면 어떻게 도울 수 있겠습니까? 이 어머니는 늘 회상에 잠겨 자기가 마땅히 했어야 할 일들을 생각하며 자기 자신을 고문하고 있습니다.

A : 지극히 사랑하던 사람을 잃었을 때 누구나 혹시 우리가 더 도와주었더라면 죽지 않았을 텐데 하고, 자책감으로 괴로워하는 시기를 갖습니다. 아이의 죽음에 관해 마음의 평화를 유지하기란 참으로 어려우며, 희귀한 일로 이 같은 상황을 그 어머니에게 솔직히 털어놓고 아이의 죽음에 대해 언제든지 이야기할 수 있음을 말합니다. 계속 쓸데없는 애통의 과정을 보낸다면 전문가의 정신상담을 필요로 합니다.

*출처 : 큐블러-로스, 『죽음과 임종에 관한 의문과 해답』, 1974, 우진출판사(1983), p.154-157에서 발췌

- 위의 질의응답에 대해 당신은 어떻게 생각합니까?
- 당신의 경우라면 어떻게 반응하겠습니까?
- 당신 주위에 그런슬픔을 갖고 있는분들이 있다면 어떻게 도움의 첫발을 디딜까요?

제 3 부
죽음준비교육

제6장 죽음준비교육

- 죽음준비교육의 개념과 정의
- 죽음준비교육의 연원과 배경
- 죽음준비교육의 필요성
- 죽음준비교육의 목적 및 목표
- 죽음준비교육 관련 내용
- 죽음준비교육 프로그램 내용
- 죽음준비교육의 문제점과 과제

오직 하나의 스승이 존재한다. 그 스승은 삶이다. 우리들 각자는 그 삶의 표현이다. 어떻게 죽을것인지 언제 죽을 것인지 선택할 수 없다. 하지만 어떻게 살것인지는 결정할수 있다. 마음을 내려놓고 삶과 죽음에 대해 준비하고 명상하는 것은 다른 어떤 일보다 중요하다.

아잔 브라흐마, 류시화 옮김(2008), 술취한 코끼리 길들이기, 이레

06 제6장 죽음준비교육[1]

우리사회에서는 '죽음준비' 라는 용어조차 생소하며 '죽음' 에 대해 언급하거나 논하는 것 자체를 금기시한다. 죽음에 대해 잘못 알고 있는 사례가 많고, 죽음을 절망, 포기, 패배, 싸움의 적, 공포 등의 개념으로 부정적으로 생각한다. 대개 죽음준비라는 말은 노년기의 노인들만이 준비해야하는 것으로 협의 해석하고 있다. 이러한 상황에서 젊은 사람들에게 언제 올지 모르는 죽음까지 미리 생각하라는 것은 어찌보면 우물가에서 숭늉 찾는 식 일지도 모른다. 그러나 최근 젊은이들의 자살 사망률이 급증하는 것을 보면 남녀노소 누구에게나 죽음에 대한 오해가 있고 이를 바로 잡을 필요성이 있다고 생각한다. 죽음준비교육에 새로운 조명을 한 학자 페트릭 딘(Patrick Dean)은 죽음준비교육이 "삶과 상실(loss)교육"으로 다시 불려야 한다고 주장하면서 우리에게는 평생 동안 많은 상실을 겪는다는 사실과 우리가 죽을 수밖에 없는 존재라는 인식을 가질 때만이 현재에서 자유로울 수 있고 온전하게 살 수 있다고 말한다.

우리에게는 다소 생소한 죽음준비교육이라는 말이 이미 선진국과 많은 유럽 국가들에서는 생사학에 대한 강의와 더불어 죽음준비교육을 시행해 오고 있다. 죽음준비라 하는 것은 이처럼 우리에게 만연된 죽음에 대한 오해를 바로잡아 올바른 삶을 살도록 하며, 이를테면 삶과 죽음의 질을 향상시키고자 하는 생애복지차원에서 다루어져야 할 것이다.

1. 죽음준비교육의 개념과 정의

죽음준비교육(Death Preparation Education)의 개념은 크게 삶과 죽음으로 나누어 생각해 볼 수 있다.

먼저, 삶과 관련해서 죽음준비교육은 삶의 시간이 제한되어 있으므로 주어진 시간을 보다 의미 있게 사는 것을 말한다. 이와 관련해서 죽음준비교육은 죽음을 바르게 이해하도록 함으

1 우리사회에서는 '죽음준비교육' 라는 용어가 '죽음대비교육', '죽음교육' 이라는 용어와 혼재되어 사용되고 있으며, 아직까지 정확한 정의가 없는 상황이다. 그러나 '준비(preparation, 準備)' 와 '대비(preparation, 對備)' 가 '미리 마련해서 갖춤' 이라는 같은 의미로 죽음을 대비한 준비교육이라는 의미이므로 다 같은 의미라 할 수 있겠다. 따라서 여기서는 죽음을 대비한 준비교육을 '죽음준비교육' 이라는 용어로 통일하여 사용하기로 한다.

로써 삶을 보다 의미 있게 살도록 하고 죽음을 한층 편안하게 맞이할 수 있도록 돕는 삶의 준비교육이다. 죽음을 평소에 준비하는 사람은 하루하루를 소중히 하며 자신의 삶을 가꾼다.

다음, 죽음과 관련해서는 죽음은 예고 없이 갑자기 찾아오기 때문에 평소에 죽음을 편안히 받아들일 수 있도록 준비하는 것을 말한다. 특히 인간이 죽음에 대해 두려워하는 것은 죽음이 두려운 현상으로 정해져 있는 것이 아니라, 우리가 죽음을 두렵게 생각해서 생기는 인식 때문이다. 이러한 인식들은 죽음에 대한 무지에서 비롯된 것이므로 교육을 통해 바로 잡을 수 있다. 죽음을 공부하는 것은 누구도 피해갈 수 없는 필연적인 일에 대한 준비이면서 또한 어떻게 해야 우리가 육체적, 정신적으로 의미 있고 깊이 있게 충만한 삶을 살 수 있는지에 대한 연구이다. 이러한 교육은 사람들로 하여금 자연스럽게 죽음을 수용하도록 돕는다. 여기서 죽음의 수용이라 함은 삶의 포기가 아니라 삶을 보다 의미 있게, 죽음을 보다 인간답고 품위 있게 맞이하고자 하는 강력한 의지의 표출을 말한다.

죽음의 수용을 통해서 비로소 시작되는 죽음 준비는 곧 삶의 준비가 되는 것이다.[2] 이런 의미에서 죽음준비교육은 생을 위한 교육, 즉 생애준비교육, 삶을 보다 멋지고 건강하고 생기 있게 살도록 하는 교육인 동시에 죽음을 준비하는 교육이라 할 수 있겠다.

위의 개념을 토대로 죽음준비교육은 다음과 같이 정의할 수 있다.[3] 교육학백과사전의 정의에 의하면 죽음준비교육은 '죽음교육(death education)' 과 '죽음상담(death counseling)' 의 두 가지 영역을 포괄하는 개념으로 정의된다. 먼저, '죽음교육' 은 죽음과 관련된 타당한 지식을 유용하게 하며, 죽음에 관한 가치와 태도가 인간행동에 어떻게 영향을 미치는지에 대한 인식의 기회를 제공하는 사회적 활동을 말한다. 다음으로 '죽음상담' 은 자신의 죽음이나 의미 있는 타자의 죽음으로 인한 심각한 상실감의 위기로부터 회복할 수 있도록 하는 일련의 상호 인지적 과정이라 하였다.

하넬로어 와스(Hannelore Wass)는 "Vision in Death Education(pp. 327-334)"에서 "죽음준비교육의 진정한 원리는 사랑과 돌봄과 도와주는 것과 치유에 대한 것이다"라고 말하고 있다. 즉, 죽음준비교육은 죽을 준비를 하는 의미가 아닌, 죽음을 삶의 자연스러운 과정으로 삶이 존재하는 방식으로 이해함으로서 현재의 삶을 건강하게 제대로 살아가기 위한 교육을 말한다. 또한 죽음 준비교육은 죽음에만 관련된 것이 아니라 자신과 우리의 삶, 세계에 관한 우리의 감정과 관련되어 있으며, 슬픔을 피하지 않고 창조적으로 다룰 수 있도록 도와준다. 그리고 죽어가는 말기 환자와 의미 있게 관계하며, 유가족의 사회적이고 정서적인 욕구를 만족시

2 삶과 죽음, http://blog.naver.com/kkdc21/10018386968 2007/06/11 16:15, 한림대학교 생사학연구소
3 기영화 (2007), 노인교육의 실제, 학지사, p.159 재인용

킬 수 있도록 돕는다(이이정, 2004).

워렌(Warren,1989).[4]의 정의에 의하면 죽음준비교육이란 죽음, 죽음의 과정, 사별과 관련된 모든 측면의 교육을 포함하는 것으로 죽음과 관련된 주제에 대한 지식, 태도, 기술이 학습되는 과정을 의미한다. 다시 말해 죽음준비교육은 죽음의 과정과 현상을 다루는 형식적 제도적 프로그램을 제공하는 시도로, 죽음과 관련된 정보를 알리고 어떤 태도를 조장하는 시도, 즉 죽음이 삶이라는 사실에 대해 교육하는 것이다.

또 다른 정의로는 죽음의 참된 의미를 가르치고 죽음에 대한 바른 태도를 갖게 함으로써 삶을 더욱 건전하게 살아가도록 돕는 교육(이기숙, 2001)이며, 죽음과 임종 그리고 삶의 관계에 대한 요인들을 계속적으로 탐구하는 과정이다(강선보, 1996)라고 정의할 수 있다.

이러한 죽음준비교육은 삶에 대한 방식이기 때문에 교육의 대상이 초등학생부터 대학생, 성인, 노인 모두를 포함하여 학교교육과 평생교육의 형태로 눈높이에 맞게 다양한 방식으로 실시해야 한다. 특히 노년층에 대한 교육은 노년기 삶의 질을 향상시킬 수 있는 중요한 전략이 될 수 있으므로 죽음에 대한 새로운 이해와 대처는 노인들에게 더욱 절실히 필요하다. 또한 노인관련 사회복지사, 요양보호사, 의사, 간호사, 심리학자 및 관련인들에게 필요한 교육이다.

2. 죽음준비교육의 연원과 배경

죽음준비교육은 죽음인식운동에서 그 연원을 찾을 수 있는데, 이 운동은 헤르만 파이펠(Herman Feifel)의 책 「죽음의 의미(1959)」에서 비공식적으로 시작되었다. 그와 다른 학자들은 죽음이라는 주제가 20세기에 터부시되었다고 말하면서 사람들이 죽을 수밖에 없는 그들 자신의 운명을 깨닫는 것이 의미 있는 삶을 위해 필수적이라고 주장하고 그것을 깨닫도록 도전시켰다. 파이펠은 죽음에 대한 태도와 관련한 과학적 연구를 개척하였고, 해당 분야의 다학제적 속성에 주목했다. 대략 같은 시기에, 다른 개척자들이 임종을 앞둔 개인들, 그들에 대한 돌봄, 그리고 애통함의 경험과 같은 보다 특수한 이슈들에 초점을 맞추었다.

다음은 죽음준비교육을 실시하게 된 사회적 배경과 철학적 배경을 소개한다.[5]

1) 죽음준비교육의 사회적 배경

과거에는 현재보다 죽음을 경험할 기회들이 많았다. 낮은 의료기술로 인해 영아사망율도 높

4 이호선 (2005), 노인상담, 학지사, p.339 재인용
5 차주연 (2006), 고등학교 수학 수업에서의 죽음교육. 『교육과정평가연구』, 제9권, 2호, p. 262-263. 재인용

았고, 질병으로 인한 사망 또한 많았다. 그러나 현대는 의료과학과 건강보존 기술, 수명연장 기술이 진보되면서 이전에 비해 사망률이 매우 낮아졌다. 주된 사망 원인도 변화되어 질병보다는 사고로 인한 죽음이 증가하였고, 집보다는 병원이나 보호시설, 은퇴시설 등에서 죽음을 맞이하는 경우가 많아졌다(DeSpelder & Strickland, 2004).

그러나 삶을 연장하기 위해 발달된 의료기술의 진보는 결국 죽음도 연장하는 결과를 가져왔으며, 이것이 죽음에 대한 정의를 이슈화 시켰다. 예를 들면 뇌사자의 장기를 이식하기 위해 뇌사를 죽음으로 간주할 것인지, 또한 인공호흡기나 심폐소생술 등을 통해 생명을 연장시키는 것이 옳은지에 대한 팽팽한 논의가 이루어지고 있다.

이러한 수명연장의 기술들은 뇌사, 장기이식문제, 안락사, 존엄사 등의 이슈를 불러일으켰다. 또한 수명연장으로 인해 그 어느 때보다 고령인구가 증가하였으며, 이에 대해 자신의 죽음을 대비하고자 하는 의식을 가진 사람들이 늘어나면서 잘 사는 것만큼 의미 있게 죽음을 맞이해야 한다는 사회 문화적 공감대를 형성하였다. 이 같은 사회적 배경에서 죽음준비교육이 일어나게 되었다.

2) 죽음준비교육의 철학적 배경

죽음에 대한 생각과 고찰은 이미 고대 그리스의 플라톤(Platon)시대부터 철학의 중요한 논의 주제로 철학의 근간이 되었다. 일찍이 플라톤은 철학이 죽음에 대한 명상이라 정의하였으며, 자스퍼스(Jaspers)는 철학함이 죽음을 배우는 것을 의미한다고 하였다. 스피노자(Spinoza)는 자유로운 자가 죽음을 생각한다고 하였고, 드시판더(Deshpande, 1978)라는 철학자는 죽음을 인식할 때 우리는 자유로워진다고 하였다. 즉 죽음에 대한 생각이 자유로운 인간이 되게 하는 요건이 됨을 말해주고 있다.

고대로부터 근대에 이르기까지 철학자들은 죽음 이후의 삶에 대한 신념에서 죽음의 가능성이 도출될 뿐 죽음 자체가 죽음 이전의 삶에 대해 갖는 의미를 배제시켜왔었다. 그러던 것이 제2차 세계대전을 전후로 사람들이 죽음에 대해 많은 생각을 갖게 하였다. 그리하여 죽음에 대한 철학적 반성과 탐구가 폭넓게 이루어졌으며 많은 철학자들이 죽음을 생각하고 글로 남겼다(정동호,2004). 이러한 죽음의 문제들이 철학적 관심의 전면에 드러나게 된 것은 '실존주의 철학' 의 등장으로 인해서이다.

자스퍼스(Jaspers), 하이데거(Heidegger), 키에르케고르(Kierkegaard)로 대표되는 실존주의 철학자들은 죽음의 학습이 삶의 성찰에서 비롯되어 더 나은 삶을 지향하는, 실존의 충실을 위한 각성을 촉구한다고 하였다. 하이데거(Heidegger)는 죽음의 사실보다는 현재에 작용하는 죽음의 의식이 실존적으로 더 유용한 개념이라 강조하였다. 즉 실존주의 철학은 삶에서 죽음을 생각하고, 죽음을 생각함으로서 삶을 풍요롭게 하고자 하는 생각이다.

실존주의자들이 갖는 죽음에 대한 의식을 살펴보면 다음과 같다.

첫째, 키에르케고르(Kierkegaard)는 나의 죽음만이 의미가 있으며, 죽음은 삶의 한 요소이므로 죽음을 삶속으로 깊이 끌어들여 사색해야 한다고 했다. 자스퍼스(Jaspers) 는 죽음을 인간이 초월해야 할 한계상황의 하나로 파악하였으며, 사는 것을 학습하는 것과 죽는 것을 학습하는 것을 동일하게 보았다. 하이데거(Heidegger) 는 인간의 현존을 '죽음을 향한 존재' 로 파악하였다. 따라서 인간은 '종말로 지향된 존재' 인 동시에 '아직 거기에 도달하지 않은 존재' 로 보아 죽음을 현 존재의 가장 고유한 가능성으로 보았다. 사르트르(Sartre)는 나의 죽음에 대해 영향을 받는 것은 내가 아니라 타자들이기 때문에 나의 죽음을 나의 것이 아니라 타자들의 것으로 본다고 하였다.

둘째, 실존주의자들은 삶의 부조리나 실존적 긴장, 불안 등의 측면을 중요시하였다. 인간이 진짜 상황을 알지 못하게 되면 더 큰 불안을 유발하게 하므로 진정한 인간교육은 삶의 좋은 측면과 불합리한 측면, 추한 측면까지도 포함한 전체로서의 인간교육으로 파악되어야 한다고 보았다. 그러므로 터부시 되는 죽음, 성, 공포, 좌절과 같은 측면들을 감추지 말고 떳떳이 교육내용으로 끌어내어야 한다는 입장이다.

셋째, 실존주의자들은 현재의 존재를 전체적으로 이해하기 위해서는 삶의 현상과 동일하게 죽음의 현상도 중요시 되어야 하며, 삶과 죽음은 별개가 아닌 존재의 엄연한 사실성으로 보아야 한다고 주장한다. 삶 속에서 죽음을 의식할 때 삶에 대한 열정도 강렬해질 수 있다는 것이 이들의 논리이다.

결국 실존주의자들이 보는 죽음교육은 죽음을 인식함으로서 삶을 진지하게 살아내게 하고자 하는 교육인 것이다.

3. 죽음준비교육의 필요성

죽음준비교육은 모든 연령층에게 필요하나 노년층에게는 더욱 필요하다. 우리나라도 과학기술의 발달로 생명연장의 결과 '고령화 사회' 가 되었다. 앞으로 9년 뒤인 2018년에는 '고령사회' 에 진입하게 된다. '고령화 사회' 가 되면서 동시에 죽음이 사회적 이슈로 부각되고 있지만, 실제로는 죽음에 대해 말하기를 금기시하며, 이로 인해 죽음에 대한 준비를 할 수 있는 구체적인 정보나 지식이 결여되어 있다. 「노인의 죽음에 관한 의식 조사(김동선, 2005)」연구결과를 보면 죽음준비교육의 부재와 그 필요성이 드러난다. 연구결과를 보면 죽음준비교육에 대한 인지도와 교육의 기회가 매우 부족한 실정이며, 대부분의 노인이 죽음에 대한 준비가 되어있지 않음을 알 수 있다.[6]

노인들은 노년기의 소외와 상실을 경험하고 내적 · 외적 변화로 인해 정신적 · 심리적으로 장애를 경험한다. 이러한 장애요소 가운데 배우자의 상실, 사랑하는 사람의 상실, 중요한 사람의 상실 등은 노인 개개인의 경험과 행동, 사회적 · 심리적 적응 등에 부정적인 영향을 주게 되며 이는 노인의 정신건강 상태, 즉 정서 및 심리적 안정에 위험과 손상을 입히게 된다. 이러한 이유로 노인들은 특히 건강에 대한 두려움을 갖게 되며, 이에 대해 탐히키(Tom Hicky, 1976)는 노인건강과 관련된 3가지 두려움에 대해 언급했다.

첫째, 개인적인 독립성과 자율성의 상실로 인한 두려움, 둘째, 건강보호에 대한 경제적인 손해에 대한 두려움, 셋째는 질병, 만성질환, 죽음이라는 거역할 수 없는 노화에 대한 두려움이다. 이 중에서도 노화에 대한 두려움은 인간의 죽음과 관련하여 노인이면 누구나 겪게 되는 두려움으로 특히 인생의 마지막 단계에 위치하는 노인들에게는 직접적인 문제이어서 더 많은 두려움을 갖게 한다. 따라서 노인들에게 있어 이러한 두려움을 감소시키고 남아있는 삶을 충실히 살아내게 하는 죽음준비교육이 필요하며 실제로 많은 도움을 줄 수 있다.

그러나 죽음이 비단 노인들에게만 해당하는 것이 아니고 젊은 사람들에게도 나이와 상관없이 불현듯 찾아올 수 있다. 그러므로 죽음준비란 곧 삶의 준비를 뜻하며, 이러한 뜻을 이해할 때 삶의 태도가 이전과는 다르게 바뀌게 된다. 이러한 의미에서 죽음준비교육은 자살 예방효과를 가져올 수 있다. 이와 관련하여 데비드 레비톤(David Leviton) 이란 학자는 죽음준비교육을 "개념적(conceptual)" 혹은 "치유적(therapeutic)"이라는 표현을 썼는데, "개념적이다"라는 것은 문화가 죽음을 어떻게 다루는가를 이해하는 것을 의미하며, "치유적이다"라는 것은 죽음에 관해 논의하거나, 사랑하는 사람을 잃은 사람들을 위로하고, 자살을 예방하게 함을 의미한다.

자살예방과 관련하여 우리나라는 OECD회원국가 중에서 자살사망률이 가장 높으며, 특히 노인 자살률이 매우 높기 때문에 잘못된 죽음을 막을 수 있는 죽음준비교육이 반드시 필요하다. 죽음준비교육은 개념적이든 치유적이든 죽음준비가 곧 삶의 준비임을 깨닫도록 하여 이로 인해 삶을 보다 풍성하게 살도록 한다.

위와 같은 필요성에 기초한 죽음준비교육은 무엇보다도 개인은 물론 타인들의 삶과 생활의 질을 증진시킨다. 또한 그러한 삶의 질을 발생시킬 수 있는 조건들을 만들어내고 유지할 수 있도록 지원함으로서 새롭고 보다 확장된 지식과 태도 및 행동 변화를 가져온다.

6 김동선 (2005), 노인의 죽음에 관한 의식 조사 연구, 한남대학교 사회문화과학대학원 석사학위논문

4. 죽음준비교육의 목적 및 목표

1) 죽음준비교육의 목적

죽음준비교육의 목적은 죽어가는 환자를 돌보는 것에서 시작하였다. 그러나 오늘날에는 삶의 이해를 확장하여 삶과 죽음이 서로 연결되어 있음과 삶과 죽음에 대한 결정에 있어 고려되어야 하는 쟁점을 바르게 이해하도록 그 목적이 확대되었다.

다음은 죽음준비교육의 목적에 대한 학자들의 견해를 정리한 것이다.

〈표 6-1〉 죽음준비교육의 목적

학자	죽음준비교육의 목적
노트 (Knott, 1979)	① 연구 결과와 치료적 관찰에 대한 지식을 포함하여 정보를 제공 ② 내세에 대한 믿음, 죽음 자체의 의미와 같은 이슈를 포함하여 개인적인 가치에 대한 이해를 증진시키는 것 ③ 스트레스 상황, 죽음, 임종, 비탄, 돌봄 관계를 둘러싼 요구를 효율적으로 기능하는 능력 등 대처행동을 개선하는 것
코어 (Corr, 2000)	① 개인적인 삶을 풍요롭게 함 ② 개인에게 정보를 제공 · 안내 ③ 사회 안에서 개인에게 그들의 공적 역할을 준비시킴
알폰스 디켄 (Alfans Deeken)	① 말기환자를 돕기 위해 필요한 것, 당면 문제, 죽음의 과정 등을 도움. ② 사랑하는 사람의 죽음을 경험한 사람들을 돕고, 상실의 경험을 배움 ③ 죽음에 대한 자유로운 의사소통을 통해 죽음의 공포에서 해방, 문제 해결 → 죽음의 철학을 추구, 죽음에 대한 이념적, 심리적, 사회적 개념으로부터 해방시킴. ④ 윤리적인 문제를 가르치고 의학, 법적인 문제 (뇌사, 안락사, 장기이식, 유서, 장기기증 등)에 친숙하게 함. ⑤ 장례식의 역할과 준비하는 방법을 지도

출처 : 기영화 (2007), 『노인교육의 실제』, 학지사, p.159-161 재정리

위의 목적들을 종합해 볼 때, 죽음준비교육은 인간이 살아오면서 받는 수많은 교육의 차원을 넘어서는 것으로 죽음에 대한 전반적인 고찰이 곧 삶의 성찰이 되도록 하여, 현재의 삶을 더욱 풍요롭고 깊이 있게 만드는 것이라 할 수 있겠다.

2) 죽음준비교육의 목표

현재 죽음준비교육은 사회의 여러 기관이나 단체들에서 행해지고 있다. 그들이 추구하는 목

적은 모두 같지만 각 기관과 단체마다 추구하는 목표는 조금씩 다르다. 그러나 우리가 추구하는 공동의 목표는 다음 17개로 요약할 수 있다.[7]

(1) 죽음의 여섯 가지 단계(부정, 분노, 타협, 우울, 수용, 기대와 희망)를 이해한다

죽어가는 사람에게 무엇이 필요하며, 어떤 다양한 문제에 봉착하고 있는지, 죽음의 과정이 무엇인지를 이해할 수 있도록 사람들을 도와주는 것이다. 의사가 도움을 더 이상 줄 수 없는 단계의 사람들에게는 친구와 친척들이 가장 큰 도움을 줄 수 있다. 의료적 치료보다 인간이 가까이 있어 따뜻함을 주는 것이 그들에게 필요하다.

(2) 자기의 죽음을 인식하고 사색하며 인간의 존엄성을 성취한다

죽음을 좀 더 깊이 생각하게 함으로써 자기 자신의 죽음을 준비시키고 자신의 죽음이 얼마나 특수한 것인가 하는 특성을 실현 시킬 수 있게 도와주는 것이다.

(3) 타인의 죽음을 경험함으로써 슬픔과 괴로움의 과정을 습득한다

자신이 직접 타인의 죽음(가까운 친척의 죽음 등)을 경험해 봄으로서 슬픔(애도)의 과정을 배우고 또 가족이나 친구, 사랑하는 사람을 상실한 경험자들이라면 슬픔의 과정에 있는 다른 사람들을 도와줄 수 있다.

(4) 이별의 슬픔을 지혜롭게 극복하고 인간적 성장을 이룩한다

자신이 죽기 전에 대개 가까운 사람들의 죽음을 경험하게 된다. 사랑하는 사람이 죽게 되면 슬픔의 과정을 지나가게 되며 이 때 너무 많이 슬퍼하다가 병에 걸리는 사례가 많다. 따라서 슬픔교육이라고 하는 것은 예방의학과 같은 것이다.

(5) 죽음에 대한 극단적 공포심을 제거한다

많은 사람들은 죽음의 교육과정을 통해서 죽음에 대한 공포가 여러 가지 종류가 있음을 알게 된다. 또한 필요없는 공포심을 극복할 수 있는 방법을 알게 된다. 즉 지나친 죽음에 대한 공포를 가짐으로서 생기는 필요 이상의 심리적인 짐을 벗도록 도와준다.

7 알폰스 데켄박사 특별초청강연 · 세미나 (1991), 「삶과 죽음을 생각하는 회」, p.115인용, 데켄의 15가지 목표에 The newest frontier for HPERD : Death & Death-Related Behavior , 학회지의 내용 2가지를 추가함.

(6) 죽음을 터부시하는 생각을 바꾸게한다.

죽음을 금기시 하는 것을 제거시킴으로서 사람들이 죽음에 대해 자유롭게 이야기하고 관련된 문제나 죽음에 관련된 정서적인 것들을 해결해 나가도록 돕는 것이다. 과거에는 '성(性)' 에 대한 이야기가 금기시되었으나, 현대에는 자유롭게 표현하며 이야기한다. 그러나 아직도 죽음에 관한 주제는 공공연히 금지되어 있다. 이러한 분위기에서는 자신의 죽음을 미처 준비하지 못하고 맞이할 수밖에 없는데, 죽음준비교육은 죽음의 금기적인 면을 없애는데 도움을 줄 수 있다.

(7) 자살을 예방한다

자살을 생각하는 사람들을 어떻게 이해하고 도와주며, 또 그들을 도와주는 구체적인 방법을 가르쳐 줌으로서 자살을 방지한다. 죽음준비교육은 자살의 예방에 대한 기본적인 지식과 자살을 생각하는 사람들을 어떻게 이해하고 도울 수 있는지 그 방법을 가르쳐 준다. 이러한 예비적 지식을 가지고 있다면 자살을 하려고 하는 사람의 생명을 구해줄 수 있을 것이다.

(8) 환자의 알 권리를 인정하고 말기환자와의 의사소통을 배운다

암환자에게 사실을 알리는 문제로 죽어가는 환자와 어떻게 의사소통을 해야 할지 알도록 한다.

(9) 안락사 등 죽음의 과정에 관련된 윤리적 문제에 대한 인식을 촉구한다

의료기술의 발달로 인해 생명연장과 소극적 안락사와 적극적 안락사 문제, 도움을 받아 행하는 자살, 사전유언장, 환자가 원하는 것을 따라야 하는 의사의 의무 같은 윤리적인 문제에 대해 윤리적 교육을 실시한다.

(10) 의학, 법률에 관한 여러 가지 문제를 이해하도록 돕는다

죽음의 정의와 어떻게 죽음을 결정하는지에 대한 것, 뇌사를 결정하는 정의, 장기 이식, 신장을 기증하는 일, 안구은행, 유서를 남기는 일 등에 관계된 의학법적인 지식에 익숙하게 해준다. 특히 말기환자들에게 있어 가장 법적인 이슈는 유언장 작성이다. 이와 관련된 예로는 임종자가 유언장을 쓰지 않고 사망했을 때 재산상속의 문제로 분쟁이 일어나는 것을 들 수 있다.

(11) 장의의 역할에 대한 이해를 돕는다

장례식의 역할을 설명하고 자신의 장례식 준비, 선택들을 스스로 하도록 도와준다. 결혼식은 결혼식장에서 비슷한 모습과 형식으로 진행된다. 요즘은 이에 반발해 일생의 단 한번 뿐인 결혼식을 자신이 스스로 준비하고 개인의 취향에 맞게 준비하는 경향이 있다. 장례식 또한 너

무 형식적이지 않고 개인의 취향이 반영된 자신만의 장례식이어야 하겠다. 죽음준비교육을 통해 자신의 장례식 준비를 스스로 하는 것은 살아온 자신의 일생을 잘 마무리 하는 중요한 작업이다.

(12) 시간의 귀중함, 가치관의 재정립을 촉구한다

인간의 수명은 점차 길어지고, 은퇴 후의 삶도 길어지고 있다. 죽어가는 과정과 죽음을 통해서 생명에 한계가 있음을 알게 되고 어떻게 하면 더욱더 의미 있게 사느냐하는 것을 생각하도록 해준다. 즉 시간의 소중함을 발견하게 하고 가치관을 재정립하고 인간의 창조성을 자극하는 데에 그 목표가 있다. 죽음을 대면하고 죽음으로부터 자유로워진 사람들은 삶을 열정적으로 사랑하며 살게 된다. 그러한 가운데 인간이 가질 수 있는 창조성이 발현된다.

(13) 죽음의 예술을 배워 제3의 인생을 풍요롭게 만든다

중세 유럽에서는 "너 죽는다는 것을 기억하라."라는 말을 좌우명으로 하고, 죽음의 예술이라는 제목이 붙은 그림을 보고, 책을 읽으며 삶의 가치를 배웠다고 한다. 이것은 죽음을 시간을 들여서 노력해 갈고 닦는 예술로 보았기 때문이다. 이처럼 죽음에 대한 연구는 제 3의 인생을 사는 삶이 배워야 하는 중요한 과제라 생각한다. 삶의 질을 높이는 것이 죽음의 질을 높이는 것이기 때문에 좋은 죽음을 맞기 위한 준비는 현재의 삶을 보다 잘 살려는 노력과도 통한다.

(14) 개인적인 죽음의 철학을 탐구한다

개인적으로 자기의 죽음과 죽어가는 과정을 스스로 이해하면서 자유롭게 선택할 수 있도록 적극적으로 격려한다. 또 교육적인 배경이나 문화적인 배경, 종교에 따라 다르게 결정되어짐을 가르침으로서 죽음과 죽어가는 과정, 죽음 이후의 생에 대해서 다양한 해석과 이해가 있음을 알게 한다. 이러한 이해가 있을 때에 자신의 죽음에 대한 철학을 자유롭게 선택할 수 있으며 우리 사회의 죽음에 대한 인식을 바꿀 수 있다.

(15) 종교들이 가르치는 죽음의 해석을 탐구한다

죽음과 죽어가는 과정에 대한 종교적 해석에 관심을 갖게 하며, 그 의문에 해답을 갖도록 한다. 수많은 종교들은 각기 죽음과 죽어가는 과정, 그리고 사후 생에 대해 다양한 해석을 갖고 있다. 그러므로 죽음에 관련하는 사람들뿐만 아니라 일반인들도 다양한 종교들의 죽음관에 대해 알 필요가 있다. 개인적으로 종교를 가지고 있던 그렇지 않던 간에 종교가 제시해 주는 바른 해석을 알게 되는 것만으로도 가치가 있다.

(16) 사후의 생명의 가능성에 대해서 적극적으로 탐구한다

자기 자신의 죽음이 닥쳐왔을 때, 사랑하는 사람이 죽음에 처했을 때 등의 특별한 의미는 미래의 근본적인 희망과 관련되어 있다. 죽음은 새로운 생명을 향해 나아가는 하나의 과정이라고 생각하는 것이 도움이 될 것이다.

(17) 노년의 삶을 질 높고 풍성하게 만든다

노인들에게 죽음에 대해 가르치는 것은 노년의 삶을 더욱 풍성하고 질 높은 삶을 추구하게 하는데 그 목표가 있다. 특히 죽음학을 포함한 노년학은 삶의 질과 밀접한 관련이 있다. 죽음의 기술에 대해 적극적으로 배움으로서 나이가 들어갈수록 그 시기를 풍성하게 채울 수 있다. 삶의 질과 죽음의 질을 높이는 것은 깊은 관련이 있으며 수명연장으로 인해 늘어난 삶을 어떻게 살아갈 것인가 하는 문제를 생각하지 않을 수 없다. 우리는 이러한 죽어가는 과정과 죽음의 기술을 통해 의미 있는 삶에 대해 생각해 볼 수 있다.

다음은 죽음준비교육을 실시하고 있는 기관과 단체마다 추구하는 목표들이다.

〈표 6-2〉 죽음준비교육을 실시하는 기관들의 목표

기관	기관별 죽음준비교육의 목표
노인종합복지관	• 평생교육의 측면 : 노인들이 죽음을 바로 알고 준비토록 하여 활기찬 삶을 살면서 생을 마무리하도록 돕기 위해 다양한 학습기회를 제공 • 섬김과 봉사, 도움의 측면에서의 죽음준비교육
학술기관, 대학기관	• 학술기관은 다양한 세미나 및 학술모임을 통한 연구를 목표 : 노인과 관련된 국제적인 학술적 이슈들 즉 자살예방, 우울증, 안락사, 생명윤리, 법률적 검토 등의 이슈들을 가지고 함. • 대학기관 : 평생교육 또는 교육적 차원, 교양으로 다양한 대상에게 실시함.
종교기관	• 전도, 포교 등의 차원(인간애를 담고 있음) • 죽음준비교육 전문가 양성 : 기존 교인들을 교육하여 자원봉사의 기회를 제공함.
비영리재단	• 정기적인 죽음준비교육 프로그램을 실시 • 교육전문가 양성과정을 통해 전문가를 키워내어 사회에 환원 • 호스피스 교육을 통해 사회에 봉사와 사랑을 실시함

출처 : 기영화 (2007), 『노인교육의 실제』, 학지사, p.170 재정리

5. 죽음준비교육 관련 내용

1) 죽음준비교육의 4가지 단계[8]

죽음준비교육은 크게 다음의 4가지 단계에 걸쳐 교육이 이루어진다. 각각의 단계에서 무엇이 중요한지 살펴보도록 한다.

1단계 : 정보를 전달하는 지적인 단계

죽음준비교육은 학생들에게 죽어감과 죽음의 과학인 '죽음학'의 여러 주제에 대해 학제간적인 접근법에 대해 알려준다. 전형적인 예로 죽는 과정, 말기 간호(care), 고통 조절, 임종환자의 요구나 그들과의 의사소통, 죽음에 대한 불안, 죽음의 철학, 각기 다른 종교와 문화에 따른 죽음관이 다른 것 등과 같은 것들이 포함된다.

⬇

2단계 : 정서적이고 감정적인 단계

죽음준비교육은 죽음에 대한 정서적이고 감정적인 태도를 다룬다. 학생들로 하여금 죽음준비교육이 단지 지식을 늘이는 데에 목적이 있지 않다는 것을 알리는 것은 중요하다.
의사들이 말기 환자들에게 충분한 도움을 주지 못하는 경우는 지식의 부족이 그 주된 원인일 때가 많다. 그러나 종종 정서적인 문제로 도움을 주지 못하는 일이 발생한다. 예를 들면 의사가 환자에게 암이 걸린 사실을 알리지 않는 경우가 생긴다면 그것은 환자를 위해 그런 것보다 의사 자신의 죽음 공포에서 비롯되는 경우도 많다.

⬇

3단계 : 가치적 단계

인간이 죽는 방법에 대해 가치관 정립을 새롭게 하는 것이 이 단계의 목적이다.
의사들은 말기 환자의 육체적 생명을 연장시키는 데에 관심이 있을 수 있겠지만 환자는 삶의 질도 똑같이 중요하게 생각할 것이다. 따라서 환자를 돌보는 사람들은 환자의 소망에 맞추어 가치의 우선순위를 다시 생각해야 할 것이다.

⬇

4단계 : 기술 훈련 단계

죽음준비교육과 연관해서 기본적인 기술을 가르친다. 기술을 배우는 가장 중요한 목적은 죽어가는 사람의 요구에 부응하기 위한 것으로 죽어가는 사람들은 모두 특수하고 특별한 요구를 가지고 있음을 죽음을 가르치는 죽음준비교육자들을 비롯하여 죽음에 관련된 모든 사람들이 훈련되어져야 한다.

〈그림 6-1〉 죽음준비교육의 4가지 단계

8 알폰스 데켄(2005), 죽음준비교육, 한국죽음학회 강연회

2) 공식적 교육과 비공식적 교육

죽음준비교육은 특정의 목적, 형식, 기간, 강도, 그리고 참여자 특성 등등에 따라 다양하나 크게 공식적 교육과 비공식적 교육으로 나눌 수 있다.

공식적인 죽음준비교육에는 고도로 구조화된 학술적 연구프로그램과 임상경험이 포함될 수 있다. 이것은 독립적으로 교육되는 강좌, 모듈, 혹은 유닛으로 조직될 수도 있고 보다 큰 교과과정 속에 통합될 수도 있다. 초등학교, 중학교, 고등학교 수준에서 제공될 수 있고, 전문직 준비과정으로 제공될 수도 있으며, 영구 전문직 및 대중교육을 위한 단기 세미나나 워크숍으로 제공될 수도 있다. 또한 공식적 죽음준비교육은 다시 강의중심 교육과 경험중심 교육으로 나누어 실시할 수 있다. 먼저, 강의중심 접근(예, 강의와 시청각 프레젠테이션)은 지식을 고양시키는 접근방식을 말한다. 다음으로 경험중심 접근은 참여자들의 감정을 환기하고 그렇게 함으로써 죽음과 관련된 태도가 수정되도록 참여자들을 적극적으로 교육에 끌어들이기 위해 사용된다. 집단토의에서의 개인의 경험 나누기, 역할연기, 그리고 다양한 시뮬레이션 연습들이 포함되며, 서로 신뢰하는 분위기를 요구한다. 대부분의 교육자들은 이 두 가지 접근방법을 조합하여 사용한다.

비공식적인 죽음준비교육은 집, 학교, 그리고 다른 사회적 세팅들에서 발생하는 어떠한 상황을 '가르칠만한 순간' 으로 인식하여 그것을 교육의 기회로 사용할 때 발생한다. 예를 들면 집에서는 형제의 출생이나 애완동물의 죽음은 죽음에 대한 아이의 질문에 대답하는 상호작용을 자연스럽게 이끌어줄 수 있고 학교에서는 한 학생의 갑작스러운 죽음이 위기상담에 더하여 교육적인 후속조치를 유발할 수 있다.

3) 대학에서의 죽음과 임종관련 강좌 개시

죽음준비교육이 발전되면서 죽음에 관한 강좌들이 한두 개씩 개설되기 시작하여 여러 대학에서 개설되었다.[9] 이러한 강좌들은 학문분야에 따라 그 관점이 다양하였는데 사회학에서 마련한 강좌는 문화적이고 사회적인 영향과 관습에 보다 초점을 맞추었고, 이에 비해 심리학에서 개설하는 강좌들은 임종과정의 경험과 역동, 사별, 그리고 죽음을 향한 태도를 강조하였다.

죽음과 임종에 대한 강좌들은 그 시작인 학문적 차원에서 광범위하게 시작되었음을 반영하듯, 클라크대학의 로버트 카스텐바움 (Robert Caterbaum), 미네소타 대학의 데비드 풀튼(David Fulton), 매릴랜드대학의 댄 레비튼(Dan Leviton), 그리고 예일대학의 제임스 카스(James Cass)등에 의해 개발되었다. 1969년 풀튼은 『죽음교육센터[10]』를 설립했다. 1970년에

9 심리학, 사회학, 건강과학, 철학, 그리고 교육학 등과 같은 영역에서 개설됨
10 라크로스의 위스콘신대학에 있는 현재의 『죽음교육과 생명윤리 센터』

로버트 카스텐바움(Robert Caterbaum)은 해당 분야의 첫 번째 전문학술지인 「Omega: The Journal of Death and Dying」을 만들었다. 같은 해에 죽음교육에 대한 첫 번째 컨퍼런스가 미네소타의 세인트 폴에 있는 햄라인대학에서 개최되었다. 1977년에 해넬로어 와스는 학술지 「Death Education[11]」을 창간했다.

4) 죽음준비교육의 대상자

죽음준비프로그램의 대상은 종교적인 의미에서 죽음을 준비하는 신자를 비롯한 특별한 직업에 종사하는 집단을 포함하여 초등생에서 성인까지 그 대상이 다양하다. 그러나 아직은 우리사회에서 죽음준비교육이 시작의 단계에 있기 때문에 전 연령층을 대상으로 하기보다 40대에서 60대 초반의 노년기에 접어든 일반 성인이 그 주 대상이 되고 있다.

춘천 봄내호스피스 자원봉사자들의 모임

그 이유로 노인들은 죽음에 대한 새로운 이해와 대처가 더욱 절실히 필요하고 죽음준비교육이 성공적인 노화와 노년기 삶의 질을 향상시킬 수 있는 중요한 방법이 될 수 있기 때문이다. 특히 노인들은 교육욕구 중에서 건강관련학습욕구가 가장 높고(박재간, 1984) 그 중에서도 심리적인 건강으로서의 죽음에 대한 관심이 매우 큰 것으로 조사되었다. 또한 죽음준비교육을 배울 수 있는 기회를 가진 사람들은 그렇지 않은 사람들보다 죽음에 대한 불안이나 두려움이 낮은 경향을 보인다. 따라서 죽음준비교육 프로그램이 노인들에게 죽음의 불가피성을 인정하고 생을 준비하는데 필요하다.

죽음을 앞둔 노인 본인 이외에도 그 가족도 교육의 대상자가 될 수 있다. 그러나 우리나라에서는 아직까지는 가족을 위한 프로그램이 활발히 진행되지 않고 있다. 죽음과 관련하여 가족을 위해 제공되는 프로그램으로는 "삶과 죽음을 생각하는 회"에서 사별 후 홀로 남게 되는 배우자를 위한 소그룹 상담 및 슬픔 · 심리 치유과정, 경험 나누기 등 상담 차원의 프로그램 등이 있다.

11 후에 『Death Studies』로 이름이 바뀜

춘천 성골롬반의원의 죽음준비 교육 대상자

또한 중요한 교육 대상자로 초·중·고생을 포함한 모든 학생들을 들 수 있다. 죽음준비교육을 함으로서 청소년 비행이나 청소년 자살 등을 예방하고[12](문영희, 2007) 자라나는 새싹들에게 삶의 목적과 목표를 새롭게 가지도록 한다.

그리고 죽음준비교육 전문가가 되기 위한 수강생들도 교육의 대상이 될 수 있다. 요즘은 잘 사는 것(well-bing)은 곧 잘 죽는 것(well-dying)이라는 인식이 점차 확산되면서 죽음에 대한 관심들이 점차 늘고 있다. 이에 죽음준비교육 전문가가 되고자 하는 수강생과 양성기관이 생겨나면서 죽음준비교육의 대상이 되고 있다.

그 외의 다양한 연령과 계층이 죽음준비교육 대상자가 된다. 이들은 주로 기타 기관과 학교에서 강의형식으로 교육받으며, 이를 통해 죽음의 의미를 생각하고 죽음과 관련된 교양지식을 습득하게 된다.

5) 죽음준비교육의 지도자

죽음준비교육의 지도자는 관련 주제의 전문가, 사회복지사, 현장 경험이 많은 간호사, 또는 장례 주관자 등이 될 수 있다. 그러나 죽음준비교육을 잘 이해하고 훌륭하게 과업을 달성하는 사회복지사라 하여도 그저 지식을 가르치는 입장에서만 일을 한다면, 죽음준비교육은 알맹이 없는 교육이라 할 수 있다.

즉 이것은 개인적인 신념에 바탕을 둔 실존적인 문제이기도 하고 나아가 공동체의 풍토나 역사적 경험 등을 아우르는 문화적인 것이기도 하기 때문이다. 그러므로 어떤 태도로 죽음교육을 수행할 것인가를 깊이 성찰하지 않으면 안 될 것이다. 따라서 죽음준비교육을 가르치는 지도자는 다음과 같은 태도를 가져야 하겠다. 첫째, 죽음에 대한 의학적, 법률적 지식은 물론 종교를 포함한 관습이나 전통에 대해서도 상식 이상의 지식을 갖추어야 한다. 둘째, 무엇을 어떻게 가르치고, 그것이 잘 전달되었는지의 여부와 함께 어떻게 평가할 것인지도 생각해야 한다. 셋째, 이 모든 것이 다 갖추었다 하여도 여전히 중요한 것은 사람이 얼마나 성숙한 인격을

12 문영희 (2007), 비행청소년과 죽음교육의 과제, 교정복지연구, 제 10호, 2007.12

지녔는가의 문제이다. 넷째, 죽음관이 잘 정립되어 있어야 한다. 다섯째, 특정 종교의 신앙이나 교리를 가르치는 수단으로 활용되지 않도록 해야 한다.

"무릇 가르침은 배우는 사람이 스스로 제시된 주제를 자기에게 적합한 것으로 받아들이고 발전시키도록 해야 된다. 또한 가르치는 사람은 이래라 저래라 하는 사람이 아니라 가르친 주제가 참으로 귀하다는 것을 배우는 사람으로 하여금 터득하게 하되 그 내용은 스스로 채우도록 해야 한다."(정진홍, 2008)라고 말함으로써 지도자의 역할에 대해 방향을 제시 하였다. 바로 이런 점이 다른 지식전달자들하고는 다르게 죽음준비교육 지도자의 역할이라 할 것이다. 누구나 다 죽지만 죽음을 겪어 보지 않았기에 그 가르침도 언제나 투명할 수는 없다. 바로 그런 점에서 서로 죽음에 대해 이야기하면서 준비하자는 것이고 그것이 아름다운 사랑을 실천하는 하나의 행위인 것이다. 또한 이러한 건강한 논의가 성숙한 사회를 만드는 훌륭한 밑거름이 된다. 죽음준비교육 지도자를 양성하는 기관으로는 국내 최초 「각당복지재단」의 "삶과 죽음을 생각하는 회"에서 2002년부터 '죽음준비교육지도자과정' 을 개설하여 죽음준비교육 전문가를 배출하고 있다.

교육내용은 죽음의 의미, 철학, 종교와 죽음, 호스피스, 슬픔치유, 영원한 생명, 죽음준비교육의 필요성 등을 주제로 4학기동안 32개의 강좌를 이수토록 되어 있으며, 4학기 수료 후 '나의 죽음관' 리포트 제출, 체험실습, 체험 교수 등 자격과 과정을 거쳐, 죽음준비교육 지도자증을 수여한다.

교육대상은 성직자, 교육기관 지도자, 평신도 지도자, 호스피스 실무자, 상담 전문가, 죽음 관련 전문 직업인, 죽음교육에 관심 있는 일반인이다. 다음은 "삶과 죽음을 생각하는 회"에서 실시하는 '죽음준비교육지도자과정' 의 커리큘럼의 일부를 소개한다.

〈표 6-3〉 '삶과 죽음을 생각하는 회' 의 '죽음준비교육지도자과정' 커리큘럼

주제	교육내용
1. 죽음의 의미 철학분야	현대인의 죽음이해, 우리민족의 죽음이해, 종교별 죽음이해, 나의 생사관
2. 슬픔치유 상담분야	비탄의 심리 12과정, 배우자와 가족의 사별, 청소년의 자살, 음악, 미술, 독서치유, 심리상담의 의미, 어린이와 죽음
3. 죽음 보살핌(호스피스) 분야	호스피스의 의미와 역사 질병의 고통과 완화의학, 죽음과 법률, 장의의 의미와 우리문화, 외국 호스피스 견학
4. 죽음준비 교육	죽음준비 교육의 15가지 목표, 독일의 죽음 준비교육, 죽음준비 교육의 내용, 연령별 죽음준비 교육, 중 · 고생, 대학생, 장년, 노년에게 필요한 죽음준비 교육내용

(2009. 재정리)

6. 죽음준비교육 프로그램 내용[13]

죽음준비교육 프로그램은 일반적으로 교훈중심의 프로그램(didactic program)과 경험중심의 프로그램(experiential program)으로 나누어진다(Durlak and Riesenberg, 1991).

교훈중심 프로그램은 죽음과 관련된 쟁점에 대하여 인지적 자각과 이해를 증진시키는데 초점을 둔 반면 경험중심의 프로그램은 교훈 중심 프로그램의 내용과 겹치는 부분이 있지만, 좀 더 참여자들의 활동, 참여를 강조하면서 죽음과 관련된 개인적인 감정이나 관심을 토론하고 검토하는데 초점을 맞춘다. 실제 미국에서 이 두 가지 종류의 죽음준비교육 프로그램을 시행해본 결과 경험중심 프로그램이 교훈중심 프로그램보다 죽음에 대한 불안과 공포를 감소시키는 데에는 조금 더 효과적이라고 보고되고 있다(Durlak and Riesenberg, 1991; Hutchison and Scherman, 1992).

죽음준비교육에서 다루어지는 주제들은 죽음에 대한 사회적 전망, 죽어 가는 과정, 죽음에 대한 개인적 태도, 죽음 · 비탄 · 사별에 대한 종교적 · 문화적 견해, 장례의식, 자살, 안락사, 의학윤리, 법적 문제, 죽음에 대한 아동의 인식, 에이즈, 전쟁, 사형제도, 낙태, 생활양식의 선택문제(예를 들면, 영양, 건강관리, 흡연)등이 있다(Durlak,1994).

또한 프로그램은 각 기관이나 상황에 따라 독립적으로 개발 · 시행될 수도 있고, 노인교육 프로그램에 포함하여 시행될 수도 있다. 경우에 따라 중 · 노년기 가족생활 교육 프로그램의 일부로 사용될 수 있다.

1) 종교 · 문화적 측면에서의 사생관

종교 · 문화적 측면은 기존의 종교에서 나타나는 사생관에 커다란 영향을 끼쳐왔기 때문에(이원호, 1998)무시할 수 없는 부분이다. 우리는 이를 고찰해 봄으로서 죽음에 대한 인식변화를 유도할 수 있고 죽음에 대한 다양한 견해와 다른 나라의 장례문화에 노출됨으로서 죽음에 대한 막연한 두려움에서 벗어나 죽음에 대한 이해와 폭을 넓힐 수 있다.

구체적인 내용으로는 세계 각국의 장례문화를 다룬 시청각 자료(비디오)를 이용하여 이해를 돕거나 다른 문화에서 이루어지는 장례의식과 우리나라의 장례와 죽음에 관련된 의례 등이 포함될 수 있다. 그리고 이에 대해 현대 사회와 맞지 않는 부분을 토론하거나 각자의 의견을 나누는 활동이 이어질 수 있다. 예를 들어, 묘 자리 같은 전통은 문제점이 많음에도 불구하고 왜

13 Rabow, Michael W., Grace E. Hardie, Joan M. Fair, and Stephen J. McPhee (2000). "End-of-Life Care Content in Fifty Textbooks from Multiple Specialties." Journal of the American Medical Association 283 :771-778.

바꾸지 못하는가에 대한 원인을 이야기해 보고 그 극복방안을 알아본다.

다음으로는 죽음 이후에 관한 것으로 우리는 죽으면 어떻게 될 것이며, 사후세계는 존재할 것인가 등의 생각을 하게 된다. 사후세계를 믿는 사람들도 죽음 이후를 생각할 때 막연한 외로움과 두려움을 느끼는데 이에 대해 전문 종교인들에 의해 죽음 이후의 특성을 설명해 줄 수도 있고 인생은 무엇이며 죽음은 무엇인가와 같은 궁극적인 질문을 추구하는 과정에서 잠재의식으로부터 종교적 영이 드러나게 함으로서 해소될 수도 있다.

2) 죽음에 대한 애도와 호스피스

가까운 사람들의 죽음으로 인한 충격과 슬픔에 대처하는 방법인 애도에 대한 내용이 포함된다. 죽음과 관련된 여러 형태의 슬픔을 학습하고 애도과정에 대한 이해를 도모한다. 예를 들면 전형적인 애도의 과정, 애도과부하가 지연된 비탄과정의 성격, 슬픔의 극복과정과 대처방안 등을 배우게 된다(Hoyer el al.,1999). 이러한 학습을 통해 우리는 죽음을 인생사(life events)의 하나로 규정하고 이를 자연스럽게 대처할 수 있는 능력을 기를 수 있다.

또한 죽음으로 인한 슬픔에 대하여 적응력을 기르고 죽음을 대비하는 지혜를 배우기 위해 호스피스 케어(임종간호, terminal care)가 포함된다. 미국에서 개발된 죽음준비교육프로그램에는 교육 대상자들이 직접 호스피스 단체로 견학을 가는 과정도 포함되어 있으나(Hoyer et al., 1999; Durlak and Riesenberg, 1991), 우리나라 노인들의 정서와 교육의 상황을 고려하여 실제견학보다는 호스피스 케어에 종사하는 간호사나 자원봉사자를 초청하여 그들의 관찰과 경험을 나누는 것으로 하는 것이 좋겠다. 또 일반적으로 경험중심의 프로그램에서는 말기간호가 이루어지는 병원이나 요양소로의 견학 가는 과정이 포함되어 있지만 노인들을 대상으로 하는 프로그램에서는 죽음에 대한 두려움을 상기시키고 심리적 거부감을 일으킬 가능성이 크므로 그다지 실시되지 않는다. 이에 대한 대안으로 임종간호의 상황을 설정하고 임종간호에 종사하던 자원봉사자나 간호사들은 말기 환자로서의 역할을 하고, 참가자들은 호스피스 케어 담당자의 역할을 하는 '역할연기(role play)'를 시도해 보는 것으로 한다. 역할연기는 죽음준비교육이 죽음에 대한 인식을 바꾸고 죽음에 대처하는 능력을 기르는 것이 목적인 것에 잘 맞는 프로그램이 될 수 있다.

호스피스 부분의 교육내용은 의학적인 지식이 아니라 평소 죽음에 대비하기 위해서 그리고 말기적 상황에 처했을 때 어떠한 마음의 자세와 대처방안이 필요한가에 대한 정보와 의견을 교환하는 것으로 참가자들의 토론, 발표, 질문의 과정도 포함된다.

3) 의학적 · 법률적 내용

오늘날은 의학기술의 눈부신 발달로 인해 죽음에 대한 인식이 변화되어 가고 있어 의학적,

법률적 문제들이 많이 발생한다. 예를 들면 뇌사상태에서도 기계의 힘으로 신체적인 생명은 유지될 수 있으므로 이것에 대해 쟁점이 되고 있다. 따라서 죽음준비교육 프로그램에서 이러한 쟁점사항들에 대한 이해의 폭을 넓힐 수 있도록 변화된 죽음의 정의, 안락사, 장기이식, 의사 도움에 의한 자살(physician-assisted suicide), 낙태, 식물인간 상태 등이 포함되고 이를 통해 죽음에 대한 철학적, 법률적, 윤리적 문제를 짚어본다.

다음으로는 죽음을 대비하는 실제적인 지식을 포함한다. 그 내용으로는 바람직한 재산상속과 재산정리, 노후의 경제생활, 올바른 유언방법, 말기환자의 부양과 의사소통 등 실제적으로 필요한 사항들이다. 이것을 통해 유언에 대한 필요성을 고취시키고, 상속에 대한 올바른 가치관을 정립시키며(유민지, 2000), 자녀들에게 물려줄 것을 정리하도록 하고, 상속법과 증여에 관한 지식을 배운다. 소수의 사람들만이 미리 법적으로 유언장을 작성하기 때문에 마지막 유언이 없으면 유가족들은 유산으로 인한 법적 분쟁에 휘말리게 되기도 한다. 말기환자의 경우 유언을 작성할 시간이 주어질 때 가족과 친지, 친구, 등 의미 있는 사람들에게 줄 메시지를 만드는 일도 내용에 포함된다. 이 때 환자가 충분히 글을 쓸 수 있다면 감사와 고백, 후회, 사과가 담긴 글들을 남길 수 있다.

만약 글을 쓸 수 없는 상황이거나 노안으로 앞이 거의 보이지 않는 노인들에게는 카세트 테이프나 비디오 녹화 등을 통해 지인들과 손자녀 등 후손들에게 메시지를 전할 수 있다. 또는 자신이 묻힐 장소나 장례방법, 비석에 새겨질 글들과 비석에 대해 자세한 지시사항을 만들어 놓을 수도 있다. 특히 이러한 글, 테이프 녹화등과 같은 방법은 제한된 공간에서 벗어나서 중요한 사람들과 이어주는 역할을 함으로 환자들에게 매우 유용한 방법이 된다. 또한 유언 방법에 대하여 토론의 시간을 가질 때 외국에서의 다루어지는 사례를 소개하여 생각의 폭을 넓힐 수도 있다. 그 전형적인 예가 사망선택유언(Living Wills)이다.

사망선택유언이란 건강한 상태에서 미래의 뇌사상태나 식물인간의 상태에서 치료의 가능성이 전혀 없는 상황에 처하게 될 때 생명유지장치에 의존하여 죽음을 연기시키지 않겠다는 의지를 법적으로 공증하는 것을 말한다. 이 사망선택유언은 현재 우리나라에서는 실시되고 있지 않지만, 참가자들에게 의견을 묻고 토론에 붙임으로서 부양하는 가족의 입장을 공감하게 하고, 죽음에 대비한 자기 스스로의 결정권에 대한 인식의 폭을 넓힐 수 있다.

4) 고통을 다룸[14]

죽음준비교육에서 다루어져야할 것으로 고통에 관한 것이다. 죽음을 앞둔 환자들은 특히 신

14 Carl Becker(2006), 미국에서의 죽음준비교육(번역), 한국죽음학회 강연회

체적 고통이 매우 심하다. 이때 몰핀이나 페노바비탈과 같은 진통제로 고통을 잘 다룰 수 있다. 이러한 사실을 안다면 환자는 고통을 더 이상 두려워할 필요가 없다. 그러나 아직 우리 사회에서는 마약법에 제한이 있어 우리가 원하는 만큼 고통 없이 마지막을 보낼 수 있는 상황은 아니다.

다음으로는 죽어가는 사람의 심리적 · 영적 고통을 다루는 일이다. 이것은 신체적 고통보다 좀 더 어려운 문제로 환자가 고통을 호소하는 것이 꼭 신체적인 것만은 아니다. 따라서 이런 경우 대화의 주제를 육체적인 것에서부터 환자가 아주 흥미 있어 하는 주제로 바꿈으로서 인간관계를 통해 심리적 · 영적 고통을 줄일 수도 있다. 최근에는 뇌를 알파파 상태로 만들어서 고통을 인지하는 민감성을 약화시키는데 도움을 주는 테이프가 과학자들에 의해 제작되었으며, 맥박처럼 자극하는 기계를 만들었다. 경피성 전기-신경 자극기(TENS : transcutaneous electropneural stimulation devices), 침, 손을 얹는 것들이 심리적 고통을 경감하는 데 도움이 된다.

환자들은 때때로 절망이라든지 죽고 싶다는 표현을 하게 되는데 이 때 누군가가 그들의 존재가 우리들에게 매우 중요하다는 것을 표현해 주어야 한다. 하지만 현실적으로 돌봄의 일에 지쳐있는 자들에게 마음을 정돈하고 평정을 갖고 환자를 대하기는 힘들다. 일부 미국병원에서는 긴장완화 기술과 치료적 접촉을 사용하는 교육을 간병인들에게 하고 있으며, 이는 가정 간호를 하는 사람들에게 매우 유용하게 사용될 수 있다.

위와 같이 죽음준비교육은 죽음으로 인한 고통을 다룸으로서 죽음에 대한 두려움을 감소시킬 수 있다.

7. 죽음준비교육의 문제점과 과제

1) 죽음준비교육의 문제점

죽음준비교육에 대한 우리의 현실은 아직 시작조차 제대로 이루어지지 못하고 있으나 앞으로 죽음준비교육을 실시함에 있어 문제가 되는 점을 몇 가지 살펴보고자 한다.

먼저 교육의 주체는 학교, 병원, 교회, 사찰, 복지기관 등에 종사하는 전문가나 죽음교육에 관심 있는 사람들로 이들에 의해 죽음준비교육이 이루어지는 것이 가장 바람직하겠다. 하지만 죽음교육이 공식화되지 못한 상황에서 교육에 참여할 전문가를 양성하기에는 정부나 자치단체의 지원이 부족하다. 또한 교육에 참가하는 사람들의 희생적이고 적극적인 참여를 이끌어내는 것도 문제이다.

다음으로는 교육에 있어 문제점을 살펴볼 수 있다.

첫째, 죽음이라는 논제가 본인의 경험이 아닌 타인의 죽음을 대상으로 하는 간접적인 것이기 때문에 어려움이 있다.

둘째, 죽음준비교육의 대상은 모든 사람이며 특히 노인들에게나 말기 환자들에게는 더욱 절실한 문제이다. 그러나 대상에 따라 교육의 내용이나 개인의 인지 수준이 상이함으로 이를 어떻게 해결해야 될지가 문제이다.

셋째, 죽음준비교육은 교육이라는 면에서 그 기능이 최대로 발휘되기 위해 학교에서 실시하는 것이 바람직하다. 이를 위해서는 죽음준비교육이 먼저 학교의 정식 교육과정으로 도입되어야 하고 어떤 교과에서 다룰 것이지 또 독립교과로 할 것인지, 수업 시간은 얼마로 정할 것인지를 결정해야 하겠다. 또 교육의 질이 지도교사의 역량에 따라 달라지므로 일반 교사를 보수교육할 것인지, 아니면 전문 교사자격자를 양성할 것이지를 결정하여야 하겠다. 그리고 내용은 어떤 것을 다룰 것이며, 수준은 어느 정도로 실시할지 등을 결정해야 하는 문제가 있다.

넷째, 죽음준비교육 프로그램은 하나의 과목으로서 등록하고 죽음이라는 주제를 공부한다는 의미에서 매우 교훈적이고 훈련 중심적이다. 커리큘럼에는 정규적인 강의와 토론 멀티미디어를 이용한 발표, 병원, 요양원, 장의사, 묘지, 호스피스시설로의 단체 견학 등이 들어있다. 그러나 죽음에 대한 의미와 경험적인 요소들이 반영되는 기회가 없이는 교훈중심적 죽음 프로그램은 죽음에 대한 태도에 최소한의 변화만 초래할 뿐이다(Attig,1992).

다섯째, 대부분의 죽음교육프로그램에 대한 연구는 단기간에 평가되고 어떠한 평가가 장기간에 걸쳐서 존속하는지에 대해서는 잘 알지 못한다. 그들이 과연 미래에 그들 자신의 유언, 의료선행지시 혹은 장기기증을 실제적으로 어떻게 접근하는가의 문제가 남아 있다. 향후의 과제는 프로그램에 대한 심화된 내용과 더불어 장기적인 추적에 의한 교육에 대한 평가문제이다.

2) 죽음준비교육의 과제

죽음과 죽음의 과정에 대해 연구하고 이를 교육해야 하는 것은 인간이라면 누구도 죽음을 피해갈 수 없고 또 모든 사람이 죽음으로 인해 사랑하는 사람을 잃게 되는 상실을 경험하기 때문에 반드시 필요하다. 또한 죽음을 마음과 삶으로부터 준비함으로서 내적인 평안과 인생의 소중함을 느끼고 이로 인해 정신적으로 풍요로움을 경험할 수 있게 된다.

이것은 그 어떤 것과도 비교될 수 없는 매우 소중한 것이라 할 수 있겠다.[15]이러한 필요와 이유로 선진국에서는 오래전부터 죽음준비교육이 어떠한 형태로든 시행되었다. 그들은 죽음

15 Carl Becker(2006), 미국에서의 죽음준비교육(번역), 한국죽음학회 강연회(2004-4-1)

준비교육에 대한 상담과 교육에 대한 장기적인 투자로 인해 의료, 범죄, 인력의 생산성에 있어서 시간과 비용을 절감할 수 있었다. 또한 죽음준비교육에 대한 대중의 관심과 수요는 이미 출판이나 교육 프로그램에서 시장을 형성하였다. 따라서 죽음준비교육의 장을 마련하기 위해서는 교육의 비용 효율과 시장수요의 필요성을 부각시켜 국가의 정책적인 관심을 이끌어내는 것이 중요하겠다.

칼베이커(Carl Balcer) 일본 교토대 교수
(2004. 4. 11 한국 죽음학회 강연회 때)

우리나라도 점차 죽음준비교육이 관심을 불러일으키고 있으며, 이는 점차 더 가속화될 것으로 보인다. 그러나 이것이 한 때 지나가는 유행으로 전문성이 결여된 교육이 이곳저곳에서 시행되다 보면 오히려 교육에 역효과를 나타낼 수 있고, 죽음에 대한 사고가 너무 가볍게 될 수도 있다. 따라서 죽음준비 전문과정이 많아져 양질의 전문 강사가 많이 배출되도록 해야 할 것이다.

그리고 우리의 현실과 전통문화 사이에 조화를 이룰 수 있는 죽음준비교육 모델을 만들어야 한다. 모델을 만드는데 있어서 선진국의 앞선 내용과 방법을 참고로 하여 죽음준비프로그램을 개발하되 무엇보다 우리의 생사관에 어긋나지 않도록 '삶과 죽음'에 대한 전문적으로 연구하는 기관들이 많이 생겨나고 적극적으로 연구하는 것이 선행되어야 할 것이다. 이제 우리 사회도 죽음에 대해 언급하는 금기로부터 조금씩 벗어나고자 하는 움직임이 일고 있고 점차 삶과 죽음을 생각하는 사람들도 늘어나고 있다. 이에 1991년에는 김옥라 여사에 의해 "삶과 죽음을 생각하는 회"라는 '죽음학 연구 단체(Thanatology Society of Korea)'가 결성되고 한국죽음학회를 비롯하여 죽음을 이슈로 하는 연구단체를 통해 인간의 삶과 죽음의 의미를 탐구하고, 이 문제에 관심을 가진 사람과 많은 사람들에게 죽음에 대한 준비교육과 호스피스 봉사활동을 실시하고 있다. 이러한 기관들의 적극적인 활동과 구체적인 연구 활동의 결과는 한국만의 죽음준비교육 모델을 만드는데 크게 공헌할 것이다.

죽음준비교육은 성숙한 사회의 한 테마이다. 지금까지의 삶은 인간다운 삶의 부분에 대해서만 논의하였지, 죽음에 대한 권리에 대해서는 관과되었던 것이 사실이다. 진정한 웰빙은 웰다잉으로 완성된다. '죽어라, 그대가 죽기 전에'라는 수피즘(이슬람 신비주의)의 경구가 있다. 이것이 의미하는 바는 육체의 숨이 끊어지기 전에 새롭게 태어나야 진정한 삶을 살 수 있다는 가르침으로 죽음에 직면하였을 때는 이미 늦다.

따라서 죽음준비교육 프로그램의 교육적 측면은 삶의 질을 높일 수 있는 아주 효과적인 프로그램으로 자리매김할 것이다. 이러한 의미에서 아동 · 청소년 등 모든 세대를 아우르면서 전

연령층을 대상으로 할 수 있는 보다 폭넓고 심도 있는 프로그램 개발과 운영이 필요하다. 또한 이러한 프로그램을 운영할 수 있는 교육자의 양성과 현재 일부 단체에 편중되어 있는 교육시스템을 지방복지단체나 교육단체에서도 할 수 있도록 더욱 관심을 가져야 할 것이다.

제 3 부
죽음준비교육

제7장 각국의 죽음준비교육 현황

- 러시아의 죽음준비교육
- 영국의 죽음준비교육
- 독일의 죽음준비교육
- 오스트레일리아의 죽음준비교육
- 스웨덴의 죽음준비교육
- 미국의 죽음준비교육
- 일본의 죽음준비교육
- 한국의 죽음준비교육

잘 살 수 있는 방법을 배워라
아니면 정당하게 유언을 준비하라
더욱 활기찬 세대가 재잘거리며 다가와 당신을 무대에서 밀어내기 전에 맑은 정신으로 걸어나가라

– 알렉산더 포프, 「전원시집」, 1709

헬렌 니어링(2002), 인생의 황혼에서, 민음사

07 제7장 각국의 죽음준비교육 현황

세계의 죽음준비교육의 현황을 살펴보면 생사나 죽음의 철학 · 사상 · 문화의 차이가 다소 있지만 선진국에서는 이미 죽음준비교육이 제도화 되어있고, 이것을 교육과정에 포함하여 교육하고 있다. 미국의 예로 1963년에 미네소타 대학원에서 「죽음학」이 로버트 풀튼(Robert Fulton)교수에 의해 개강되었고, 1969년에는 「죽음교육과 연구센터 (Center for Education and Research)」가 개설되어 죽음교육(Death Education)이 풀튼 교수에 의해 실시되었다. 이로서 의학, 간호학, 교육학, 문화인류학, 사회학, 신학 등 각 분야의 전문가가 모여 공동으로 죽음에 대한 연구를 하게 되었다. 현재 미국은 보육원, 유치원, 초 · 중등의 학력 학생에게 맞는 교육과정으로 죽음준비교육이 이루어지고 있다.

한편 1966년에는 죽음학전문지 「Omega」가 간행되기도 했으며, 잡지「Death Education」이 간행되었다. 1971년에는 일본에서 엘리자베스 큐블러-로스의 「죽음과 죽어가는것(On Death and Dying)」이 번역되었고, 그 이후에 오늘날 죽음에 관한 연구가 크게 발전하고 있다. 1979년 「인간의 죽음」이라는 책명으로 번역 출판되었으며 이후 「죽음의 순간」이라는 이름으로 다시 출판되기도 하였다. 오늘날에는 한국에서도 수십 종의 죽음을 소재로 한 책들이 출간되고 있으나, 아직 죽음준비교육이 정규교과과정에 포함되지 못했다.

1. 러시아의 죽음준비교육[16]

러시아의 죽음학적인 연구는 매우 다양하나 공통적으로 서양사상의 연구결과들과 의식적 · 무의식적으로 인류의 전통적인 인도주의적 가치에 근거하고 있다. 또한 사회에서 공인된 도덕적 체계를 해명할 수 있으며, 삶을 보다 더 잘 이해하기 위해서 죽음에 대한 이야기를 한다는 교육학적 죽음에 관한 견해를 가지고 있다

러시아에서의 죽음학과 죽음준비교육은 페레스트로이카 이후 철학적 죽음과 더불어 일상적인 죽음학과 죽음준비교육에 대해 거론되기 시작하였고, 죽음에 대한 교육이 전문적인 분야로

16 고영철, 러시아에서의 죽음학고 죽음대비교육, 제1회 국제 죽음준비교육 세미나

서 한 영역을 갖게 되었다. 또한 학교교육과 사회교육에서 강의가 이루어지고 있다. 일반적으로 대학교육에서는 건강학, 노년학, 장수학의 교과 과정 내에서 건강과 죽음에 대한 강의가 이루어지고 있다.

그리고 '죽음학'이라는 교과목으로는 로스토브대학교와 노브고로드대학교에서 실험적인 연구와 강의가 이루어지고 있다. 한편 호스피스 사업도 이루어지고 있으며, 1990년 성페테르브르그에 러시아 최초의 호스피스 시설이 개원되었다. 죽음준비교육 사설교육기관으로는 모스크바에 「죽음요법학 연구원」이 2001년에 개원되었다. 2년 과정으로 대학에서 심리학과, 의학과, 정신요법 관련학과를 졸업한 사람들을 대상으로 장례지도사(funeral director)를 양성하고 있다.

2. 영국의 죽음준비교육

영국의 죽음준비교육의 현황은 시실리 샌더스(Cicely Saunders)에 의한 근대적 호스피스가 탄생되었으며, 바바라 워드(Barbara Ward)여사에 의해 중 · 고교생용의 「좋은 비탄(Good Grief)」이 1984년 출판된 이래 매년 개정되고 있다. 이 책은 죽음준비교육을 통해 비탄뿐만 아니라 죽음에 대한 불안, 공포, 슬픔, 상실감, 고독감 등의 체험을 감당하고, 성장의 양식으로 삼아야 하며, 이를 위해서는 이들에 대한 주위의 이해와 원조가 필요함을 말하고 있다. 이것을 위해 아이들이 죽음에 대해 질문하고 관심을 가지며 토론할 수 있는 교육과 상담의 기회를 주어야 한다고 제시하고 있다.

영국에서의 죽음준비교육은 사회적 필요성의 인식이 고양되어 있어, 중 · 고교의 커리큘럼에 「상실체험과 비탄(Loss and Grief)」을 도입한 곳이 증가하고 있다. 또한 말기환자의 간호를 담당한 호스피스나 간호사, 의사들도 학교 측의 요구가 있으면 죽음준비교육을 강의할 수 있으며, 이것은 담임교사나 문헌을 통한 교육보다 효과적이다. 따라서 영국에서의 호스피스의 새로운 사명은 학교의 죽음준비교육에 참여하고 보고하는 일이라고 한다.

3. 독일의 죽음준비교육

독일의 죽음준비교육은 기독교의 다양한 교회행사를 통해 수 세기를 이어오고 있어 풍부한 전통을 지녔다. 이미 중세에 독일 교회들은 한 해 동안 여러 차례에 걸쳐 죽음을 테마로 하는 설교를 하였고, 교인들이 죽음에 대한 바른 자세를 가지도록 도와주었다.

인쇄술이 발명된 후부터 '죽음의 예술(the Art of Death)' 이라는 제목 하에 서적들이 쏟아져 나왔으며, 이 서적들이 시사하는 바는 인생의 종말(죽음)은 적극적으로 학습해야 하는 예술로서 받아들여야 한다는 것으로 예술 속에서 죽음을 중요한 주제로 다루었다. 1970년대 후반부터 죽음의 금기현상이 퍼져 예술적 표현으로서의 죽음은 학문연구의 대상은 되었으나, '삶을 위한 죽음준비교육' 의 역할은 희박해졌다. 그 이유는 죽음이 병원에서 처리되고, 가정에서는 가족이 임종할 기회가 줄어서 자연히 '죽음준비교육' 의 장이 없어지게 되었기 때문이다.

이러한 이유로 학교에서의 죽음준비교육의 필요성이 인식되었으며 '죽음준비교육' 을 학교 커리큘럼에 포함시켰고 국공립 중등교육에서는 종교교육의 틀 안에서 죽음준비교육을 실시하게 되었다. 학교 커리큘럼에서의 죽음교육은 매주 2시간의 종교수업에서 실시된다. 그러나 종교수업은 강제적인 것이 아니며, 14세 이상이면 스스로 수업수강의 판단을 결정한다. 그리고 죽음의 교재나 선택은 담임교사의 재량에 맡겨지며 학생의 성장단계에 맞춰 자연스럽게 이끌고 있다.

다음은 독일의 고등학교 죽음교육 교과내용의 한 예이다.

〈표 7-1〉 독일의 죽음준비교육 교과내용

단계	주제	교과내용
1	인간의 성장과 노화, 죽음	① 영원한 젊음 : 청년과 젊음의 이상화 ② 사회현실 속에 있는 질병과 노화 ③ 죽음과 슬픔에 대한 경험 ④ 슬픔의 과정 – 슬픔의 현상, 슬픔의 의미 ⑤ 인간과 인간의 의사고통 – 사회적, 육체적 죽음 ⑥ 오늘날의 병원 ⑦ 이상적인 병원과 그 현실
2	죽음	① 죽음의 해석(1) ② 죽음의 해석(2) ③ 의학과 죽음 ④ 죽음 후의 삶 ⑤ 영원불멸설 ⑥ 퀴블러 로스의 죽음의 단계 ⑦ 부활에 대한 그리스도교적 희망
3	AIDS	① AIDS에 대한 의학적 관점 ② AIDS와 성의 혁명 ③ AIDS 환자와 고독 ④ AIDS의 윤리적 문제 ⑤ AIDS 환자를 위한 제도적 보살핌
4	자살과 안락사	① 자살의 문제 ② 안락사의 문제 ③ 죽음과 임종에 관련된 기타 문제

4. 오스트레일리아의 죽음준비교육

오스트레일리아는 NALAG(National Association for Loss and Grief, 상실과 비탄 협회)라는 조직이 있다. NALAG는 같은 비극을 만난 사람들의 마음의 케어를 목적으로 전문가들을 초청하여 결성하였으며, 1994년부터 매년 8일간(10월 제3주의 일요일에서 다음 일요일까지) '국내 비탄계몽주간(National Loss Grief Awareness Week)' 을 전개하고 있다. 이 활동의 하나로 시드니 근교의 중 · 고교에서는 1년에 1회의 「비탄 교육의 날」이란 주제로, 종일 다각적인 학습을 한다. 또한 오스트레일리아의 교사들은 항상 학생들의 상실체험에 대응할 수 있도록 비탄 카운슬링의 전문가들에게서 비탄교육을 받도록 의무화되어 있다.

5. 스웨덴의 죽음준비교육

스웨덴의 죽음준비교육은 1988년 8월 15일 스톡홀름(Stockholm)근처의 한 초등학교의 버스대형사고를 계기로 죽음준비교육이 실시되었다. 대 참사의 사후처리의 반성에서 스톡홀름 시와 그 주변의 초등학교에 「위기대응 팀(Crisis Team)」이 창설되어, 위기상태 발생 시 즉각 다각적인 대응을 할 수 있도록 조직한 것으로 교장, 보건의, 카운슬러교사, 양호교사 등이 한 팀이 되어 활동한다.

최근에는 행정차원에서의 연계도 긴밀하고 각 학교는 학부모, 교사, 학우들이 갑자기 사망했을 때의 상태를 가상하여, 여러 가지 긴급사태에 대응하도록 준비하고, 학생들에게 '죽음준비교육' 이나 '비탄교육' 을 실시하고 있다.

6. 미국의 죽음준비교육

현대인들은 전통사회에서는 생각지 않았던 삶과 죽음에 관한 다양한 결정을 내리게 되었고 죽음에 관련하여 개인의 권리나 책임감 등에 대해 가르치는 것이 점점 더 중요해지게 되었다. 그로인해 1963년 미네소타 대학의 로버트 풀튼(Robert Fulton) 교수에 의해 처음으로 대학에서 죽음준비교육이 정식 과목으로 강의되었다. 같은 주제로 1970년에 미네소타에 있는 햄라인(Hamline) 대학에서 첫 번째로 죽음 교육을 다루는 학회인 "Death Education and Counseling"과 "International Work Group on Death, Dying, and Breavement"가 생겼으며, 70년대에 들어서 전국에 1,100여개 과정이 개설되었다. 그 이후 정식으로 중 · 고 · 대학교과과정의 일부가 되어 죽음준비교육이 보편화되었다.

현재 미국은 정규학교나 비정규학교에서 강좌를 개설해 지속적으로 죽음준비교육을 하고 있다. 삶과 죽음은 개인적인 화제일 뿐만 아니라 사회와도 깊이 관계되어 있으므로 소외되고 비개인화 된 사회에서 죽음의 과정과 비탄의 정신적 측면의 중요성이 부각되고 있다. 또한 이것으로 평생교육의 차원에서 죽음준비교육이 중요한 의미를 가지게 되었다.

다음은 미국에서 시행하는 죽음준비교육을 5단계로 나누어 살펴본 것이다.

1) 초등학교의 죽음준비교육

많은 연구에 의하면 어린아이들이 죽음에 대해 이해하기 시작하는 것은 초등학교시기라고 한다. 초등생에게 있어서 죽음에 가장 가까운 경험은 동물의 죽음과 같은 '생물학적 사실' 보다는 실패, 상심, 이혼, 상처 등에 따르는 상실감등의 '정서적 사실' 이 더 중요하다. 그러므로 죽음이 끼치는 정서적, 심리적 영향을 이해하기 위해서 인간생명의 비대체성과 죽음으로 인해 오는 깊은 상실감 등을 보여줄 수 있는 감동적인 이야기나 영화가 필요하다. 이것은 죽음을 너무 피상적으로 다루는 비디오 게임, 영화, 만화 등과 같은 매체로부터 죽음에 대한 올바른 균형을 잡을 수 있게 만든다. 특히 자살을 생각하는 아이들에게 자살이 해결책이 아니며, 자살은 잘못된 것임을 배우고, 동시에 사랑하는 사람을 잃는 고통으로부터 어떻게 회복하는 가를 가르친다. 이를 위해 어떤 학교들은 학생이나 학생 부모의 사망 시, 그러한 상황에 대처하기 위한 특별 수업을 계획하기도 한다. 이러한 죽음준비교육은 다른 교과목에 덧붙여지는 별개의 단원으로 교육되는 것이 아니라 역사, 생물학, 문학, 사회 과목의 교육 등에 자연스럽게 스며있다.

2) 중 · 고등학교의 죽음준비교육

중 · 고등학교에서의 죽음준비교육은 현명한 선택을 할 수 있게 하는데 초점을 둔다. 이 시기에 학생들 스스로 많은 선택을 할 수 있는 나이가 되고, 전에는 생각하지 않았던 많은 의학적 선택을 하게 한다. 이로 인해 우리는 우리의 질병의 이름과 진단에 대해, 남아 있는 시간에 대해 알 권리와 책임을 가지게 된다. 이러한 맥락에서 죽음준비교육을 통해 회복가망성이 없을 때 기계의 도움으로나마 생명을 유지할 것인지 가능한 자연스러운 죽음을 맞고 싶은지 등에 관해 미리 결정할 수 있게 된다. 또한 장기간의 값비싼 치료를 원하는지, 거부할 것인지에 대해 미리 결정해야 하며, 장기기증을 원하는지 죽은 뒤 시체부검을 허용할 것인지, 등에 대해서도 미리 결정하도록 한다. 이러한 죽음과 관련한 많은 결정 등은 문화, 종교, 경제적 여건, 개개인의 경험이나 다른 여러 요인에 근거하게 되는데, 만약 우리가 스스로 결정하지 못하게 될 때 누군가가 대신 결정하게 될 수 있으므로 사전에 스스로 어떠한 결정을 할 것인가를 생각해봐야 한다. 이러한 내용들이 중 · 고등학교의 죽음준비교육과정에서 다루어진다.

어느 한 미국 고등학교에서는 20여 년 동안 죽음교육을 해오고 있으며, '죽음에 관한 책 · 시 · 음악 공부', '장례식장과 묘지방문', '죽음에 관한 영화 · 사진 감상과 토론' 등을 커리큘럼으로 하고 있다. 또 재학생이 자살하면 '자살을 토론하는 날' 까지 잡는다.

다음은 미국 뉴저지의 한 고등학교에서 실시되는 죽음준비교육내용이다. 이 프로그램은 고등학생들에게 좀 더 효과적으로 삶과 죽음의 문제나 상실의 경험, 슬픔 등에 대해서 이해하도록 돕고, 죽음이 개인생활에 어떠한 영향을 미치는가를 알 수 있게 도와주기 위한 것이다. 프로그램 내용은 학생들의 죽음에 대한 개념과 인식이 어떠한가에서 시작하여 점차 보다 구체적인 죽음의 문제와 대처방법을 다루고 있다.

〈표 7-2〉 로버트 스티븐슨(Robert Stivenson)의 죽음준비교육모델

단계	시간	교육내용
1단계	3	학생들의 지식, 개념, 태도의 조사
2단계	2	죽음과 상실을 피하는 용어 배움
3단계	15	죽음의 과정과 시간
4단계	9	연령별 죽음인식 이해
5단계	11	죽음의 이유 이해
6단계	10	안락사에 대한 이해
7단계	8	호스피스
8단계	8	죽음과 그 이후
9단계	8	죽음과 비탄
10단계	10	죽음과 장례의식
11단계	10	자살과 자살방지

*출처 : 기영화(2007), 『노인교육의 실제』, 학지사, p.162재인용

3) 대학교의 죽음준비교육

1970년대 이후로 미국의 여러 대학들이 죽음준비교육에 관련된 프로그램을 만들고, 강의를 하기 시작했다. 몇몇 대학에서는 인터넷을 통해 공부할 수 있는 죽음준비교육 관련 프로그램을 운영하고 있으며, 수백 개의 대학이 비전공 학부생들에게 교양교육 내지 입문 수준의 강의들을 제공하고 있다. 강의 내용은 죽음과 죽음의 과정을 둘러싸고 있는 사회적 · 문화적 · 윤리적 · 정책적인 이슈들을 다룬다. 그 내용을 구체적으로 살펴보면 다음과 같다.

첫째, 대부분의 죽음준비교육의 강의는 '죽음의 사회학'을 포함한다. 포함내용은 사회의 도시화와 비인간화로 인한 죽음의 위험 요인 증가와 특히 현대 의학기술의 발달로 환자가 원하는 이상으로 죽음을 연장함으로서 나타나는 문제 등으로 고령화, 말기환자 돌보기, 죽음의 여러 형태의 변화를 통해 사회가 어떻게 변화했는가 알 수 있다. 또한 이러한 상황에서 우리는 어떻게 해야 하는가에 대해 질문을 던지고 있다.

죽음준비교육의 강의내용은 예술, 시, 희곡, 최근에는 대중매체, 영화, 심지어 컴퓨터게임까지 다루면서 죽음에 대한 종교적, 문화적 토대를 논한다. 이러한 강좌들은 학생들이 삶과 죽음에 대해 자신의 가치관을 어떻게 형성해야 할지 또 어떻게 죽어야 인간다운 죽음인지 등을 생각하도록 하여 건강한 죽음(Good Death)의 개념을 검토할 수 있게 해준다.

둘째, 죽음의 과정을 통해 나타나는 인명적 손실뿐만 아니라 경제적 손실도 교과 내용으로 다루어지고 있다. 예를 들어 살인이나 자살을 다루는 폭력적인 TV나 비디오 게임이 미치는 부정적 효과를 소개하고 있고 건강교육, 교내상담 등의 적은 투자로 미래에 일어날지도 모를 정신적, 재정적 손실을 크게 줄일 수 있음을 알린다. 또 국가가 유독 물질, 테러, 사고 등의 위험으로부터 국민을 보호하는 일에 얼마만큼 책임져야 하는지를 생각하기도 한다.

셋째, '뇌사' 시 장기기증에 관한 결정과 같은 도덕적 · 윤리적 결정 사항들에 있어 어떤 결정을 내려야 할지에 대해 질문해 봄으로써 개인의 결정뿐만 아니라 사회 전체에 관계된 이슈들을 생각해 보게 한다.

4) 평생교육으로서 성인의 죽음준비교육

지금의 10대나 젊은이들은 정규교육과정에서 죽음준비교육을 교육할 기회를 갖지만 성인들은 그러지 못했다. 그러한 이유로 성인 교육 강좌에서 죽음관련 강좌들이 인기를 누리고 있다. 이러한 성인을 위한 죽음준비교육은 교회나, 문화센터, YMCA, 혹은 지역 워크숍 프로그램 등을 통해 이루어진다. 또한 미국은 현재 여러 교육기관에서 죽음에 관한 상담을 하고 있으며, 미국 죽음교육 · 상담협회(ADEC)에서는 '죽음학 자격증' 코스가 있어 자격증을 딴 사람의 수가 800명을 넘는다.

특히 성인들을 위한 죽음준비교육은 삶과 죽음의 문제와 씨름하고 있는 노인들의 관심분야에 초점을 맞추기도 한다. 예를 들면 어떻게 호스피스를 선택하는가, 와상 치매노인을 어떻게 돌보는가, 부모나 배우자의 죽음을 어떻게 심리적으로나 정신적으로 준비하는가 등에 관한 워크숍 프로그램들이 있다. 또 어떤 워크샵 프로그램은 장례식과 장례절차에 관심을 갖고 진행되며, 또 다른 프로그램은 유언이나 재산 처리문제를 돕는 법적 절차에 관해 논의하기도 한다.

5) 전문가를 위한 죽음준비교육

전문가를 위한 교육은 의료업 종사자와 상담분야와 노인복지전문가들을 대상으로 한다. 먼저 의료업 종사자 대상교육은 의과대학에서 이루어지고 있으며, 많은 의과 대학에서 죽음과 죽음의 과정에 대해 이전과는 다른 가치관으로 교육하기 시작했다. 즉 이전의 의사들이 가지고 있던 '생명연장우선'의 가치관에서 환자 '삶의 질의 향상'의 가치관으로의 변화를 교육하고 있다. 또 QOL(Quality of Life)가치관에서 사망당시의 장소, 방법, 심리상태에 대한 만족의 극대화를 추구하는 QOD(Quality of Death)가치관으로 옮겨가고 있다.

다음으로는 상담분야및 노인복지 종사자들을 위한 죽음준비교육이다. 이 교육은 심리학과 종교적 상담을 주된 교육으로 하고 있다. 죽음은 다양한 심리적 문제를 야기하며 죽어가는 환자뿐만 아니라 가족에게도 충격, 우울증, 병세의 악화나 그 밖의 과정 중에 나타나는 문제를 야기한다. 이 때 상담은 많은 문제들을 경감시키는 매우 유용한 것으로 증명되었다. 특히 말기환자를 상담하는 상담자의 가장 큰 임무는 시간을 내주고 공감을 표시해주고, 귀를 기울여 말을 들어주고, 환자가 무엇을 표현하든지 긍정해줌으로써 죽음을 앞둔 사람들의 마음에 접근하려는 태도이다. 또 말기환자를 돌보는 가족, 간병인, 간호사들은 정신적 고통과 과도한 스트레스를 받게 되는데, 이들의 노력과 일이 가치 있는 것이라고 확인 받을 수 있는 상담이 필요하다. 유가족들에 대한 상담은 '이별을 준비하는 슬픔(anticipatory grief)'과 '떠나보낸 후의 슬픔(post-mortem grief)'을 동시에 다루면서, 간병인의 정신적 고통을 덜어주는 데에 도움을 주고 있다. 미국 병원 몇몇에서는 간병인과, 친구, 사제, 상담요원을 초대하여 죽음을 앞둔 말기환자와 함께 이야기하고, 먹고, 노래하고, 울고, 기도하는 '다과모임(tea-parties)'을 통해 '이별을 대비하는 상담'을 행하고 있다. 이러한 다과모임은 간병인들의 정신적 고통을 줄이고 환자의 사망 후 발생할 수 있는 사고, 병, 우울증의 비율을 줄이기도 한다.

또한 의사, 간호사, 장의사, 신부, 경찰 같은 전문 요원도 끊임없이 죽은 사람과 그 가족들과 일하므로 그 가족들을 위로하기 위해, 또 신뢰를 유지하기 위해 기초적인 상담기술을 필요로 한다. 마지막으로 자원봉사자들을 위해 그들에게 호스피스의 상황을 설명해주고, 격려하고, 용기를 주며 지원해주는 것이 중요하다.

죽어가는 사람들이나 그들을 돌보는 사람들 모두를 위해 죽음이나 죽음의 과정에 따르는 다양한 형태의 상담이 필요하다. 몇몇 대학, 신학교, 전문학교에서는 이러한 필요를 위해 프로그램을 개발하였다. AAGC(The American Academy of Grief Counseling, 미국의 슬픔치유 카운슬링 아카데미)부터 ADEC(Association for Death Education and Counseling, 죽음준비교육과 카운슬링 협회)에 이르기까지 전문 기관들은 이 분야의 숙련된 전문요원에게 수료증을 수여하여 상담요원의 전체적 수준을 높이고 상담의 중요성에 대해 사회적 인식을 넓히고 있다. 요즘은 생사학과 죽음준비교육에 대한 대중의 관심이 오메가(Omega), 죽음교육(

Death Education), 사망률(Mortality), 임사체험연구(Journal of Near-Death Studies)와 같은 잡지와 출판사, 그리고 단체의 활동에 반영되고 있다.

현재 미국의 대부분의 소도시에는 호스피스가 있으며, 말기환자 간병, 죽음의 과정, 유가족을 위한 프로그램에 연계된 많은 자원봉사 단체가 있으며 인터넷도 이들 주제에 많은 페이지를 할애하고 있다.

7. 일본의 죽음준비교육

일본의 생사관은 위패, 묘에 대한 집착, 생각은 불교와 유교, 민속종교가 융합한 것이어서 일본인의 생사관 그 자체로서 존재하고 있다. 그러나 점차 전통적인 장송의례가 간략화되어 가고, 전후세대에게는 종래의 전통적인 생사관과 구미의 이원론적 생사관이 무의식적으로 혼입되었다.

현재의 일본 죽음준비교육은 생사관과 더불어 서구형의 죽음준비교육(의례(케어)의 실천, 사별의 슬픔과의 대결, 죽어가는 자의 심리, 사회현상으로서의 죽음, 생명윤리)이 포함된 교육으로 가고 있다. 이러한 일본의 서구형 죽음준비교육은 다시 시민활동, 의료면, 학교교육이라는 세 가지 분야에서 살펴볼 수 있다.

1) 시민활동으로서의 죽음준비교육

1983년 독일의 소피아대 명예교수인 알폰스 데켄 교수가 이끄는 「삶과 죽음을 생각하는 모임」이 창립되었으며, 2000년에는 NPO(특정비영리활동법인)으로 승인되었다. 데켄 박사는 죽음준비교육을 실시하여 병원에 입원 중인 말기환자의 간호 개선과 호스피스 프로그램의 발전을 위한 연구, 사별한 사람들을 위한 상호적 지지에 기반한 그룹지도 등을 목표로 활동하고 있다. 이 모임의 활동으로서는 「사형의 슬픔」110번(전화상담),「사별체험 나누어 갖기 모임」, 남편보다 수명이 7-8년 더 긴 아내들이 홀로 남은 뒤 슬픔과 곤경을 이기기 위해 만든 「예비사별노인을 위한 죽음 준비교육」, 각종 세미나, 강연회, 학습회, 자원봉사 강좌 등을 실시하고 있다. 1999년에는 「생과 사를 생각하는 모임」을 만들게 한 장본인인 알폰스 데켄 교수가 독립하여 「도쿄 · 생과 사를 생각하는 모임」을 설립하였다. 이러한 시민자원봉사활동은 '심정면의 나누어 갖기 활동의 그리프 케어' 의 의의가 특징이다.

다음의 표는 일본 소피아 대학(Sophia University)에서 실시 중인 데켄 박사의 강의 내용이다.

〈표 7-3〉 일본의 죽음준비교육 교과 내용

수업과목명	철학 V, VI	학기	세션
부제	죽음의 철학	지도교수	알폰스 데켄
질문시간	수업시간 전후	질문장소	강의실
목적	죽음의 의미 연구를 통해 삶의 의미를 깨닫게 하며, 이를 통하여 개인의 생사관을 확립한다.		
교재	교과서 : 매주 테마별로 배포되는 인쇄물을 활용		
참고문헌	1. 삶과 죽음을 생각한다. 2. 노화의 죽음을 바라보며 3. 죽음으로서의 준비교육을 위해 4. 죽음의 준비교육(전2권) 5. 미래의 인간학		

〈세부내용〉

수업단위	수업내용	수업단위	수업내용
1	철학적으로 본 죽음의 의의 – 죽음교육의 필요성	11	죽음보다 뛰어난 생명2
2	죽음의 과정 6단계	12	호스피스 운동
3	비탄교육1	13	죽음과 사랑
4	비탄교육2	14	죽음의 역사
5	죽음의 공포	15	말기환자의 의사소통
6	죽음의 유머	16	문학에 있어서의 죽음 1
7	자살1	17	문학에 있어서의 죽음 2
8	자살2	18	음악속의 죽음
9	임사체험	19	말기환자의 원조, 음악요법, 독서요법. 예술치료 등의 효과
10	죽음보다 뛰어난 생명1	20	죽음의 정의

2) 의료에 있어서의 죽음준비교육

죽음준비교육과 관련하여 의료부문에서 가장 먼저 학술기관이 생겼다. 1977년 「일본사의 임상연구회(The Japanese Association for Clinical Research on Death and Dying)」가 의사 가와노 히로토미등에 의해 설립되어 현재에 이르고 있다. 이와 관련된 기관으로는 「일본 호스피스 · 완화케어연구진흥재단」과 「일본호스피스 · 재택케어연구회」 등이 있다. 1990년대 '터미널 케어(terminal care)' 라는 말을 의료계에서 사용하게 되었고, 지금은 죽어가는 사람에 대한 '영성적인 케어(spiritual care)' 에 대해 의료계의 관심이 모아지고 있다. 그러나 호스피스가 서양의 기독교정신에 입각하여 생겨난 것이어서 대부분이 무종교나 일본적 불교도인 환자와의 영성적인 대화에 문제가 되고 있어 '영성 케어' 에 관한 일들이 의료관계자의 관심사가 되고 있다.

3) 학교교육에 있어서의 죽음준비교육

학교교육에 있어서의 죽음준비교육은 다소 늦게 출발되었다. 1980년대에 개인적으로 소학교나 고교에서 미약하지만 교육이 실천되었었다. 1990년대에는 일본 게이오고(高) 사회교사 다카하시 마코토씨가 학생들에게 죽음준비교육을 시작한 것이 수업을 듣는 학생 수가 늘어나게 되자 죽음준비교육이 필수과목으로 채택되었다. 현재 일본 정부는 2005년부터 4억 엔을 들여 학생들에게 가르칠 죽음준비교육과정을 개발하여 시범운영에 들어갔다.[17] 또한 수년전부터 조직적인 활동이 나타나기 시작했고 대표적인 것이 「죠에츠 교육대학 생명을 생각하는 모임」이다. 그러나 시민활동의 「생각하는 모임」처럼 전국적으로 연계된 것은 아니며 각 연구회가 독자적으로 활동을 계속하고 있다. 2003년부터 시민활동의 NPO법인「VIVACE」가 창립되어 학교나 지역에서의 죽음교육 수업을 하기위한 인재파견, 세미나를 개최하는 등 활동을 하고 있다. 최근에는 NHK교육TV에서 죽음교육학에 대해 가르치고 있다.

일본가정도 핵가족화가 되어 노인과 함께 사는 기회가 없어지면서 '생과 사' 를 배울 수 있는 기회가 없어지고 있으며, 이러한 사회적 변화와 실생활에서의 사별의 경험의 부재는 TV나 잡지 등의 매스컴에 의한 죽음의 정보를 무질서하게 범람하도록 만들었다. 죽음준비교육은 생과 사, 늙음과 젊음, 건강과 병, 이러한 표리일체를 배우고 생각하고 체험함으로서 건전하고 행복한 인생관을 갖도록 한다는 면에서 위와 같은 잘못된 죽음의 인식을 바로잡아줄 수 있다.

한 예로 일본 교토대학의 베커(Becker) 교수는 임종을 앞둔 환자 자신과 그들을 보살피는 가족 모두의 고통을 경감시키고 죽음을 편안하게 맞이할 수 있도록 하기 위해 불완전, 통증,

17 blog.chosun.com/isoh2, 원문출처 : (만물상) "죽음준비교육"

죽음 자체에 대한 두려움을 극복하는 방법을 주장하였다. 그 내용은[18] 죽음에 대한 토론과 함께 2가지 연습을 실행하는데, 제 1연습은 〈만일 6개월의 생명밖에 없다면 남은 시간을 어떻게 보낼 것인가?〉라는 테마로 익명으로 작문을 하는 것이며 이것은 삶과 죽음에 대해 보다 깊은 생각을 하도록 기회를 제공한다. 제 2연습은 〈이별의 편지〉를 작성하여 자신이 사랑하는 사람에게 최후의 인사로 무엇을 말해야 하는지를 깊이 생각해 보도록 하고 있다.[19]

8. 한국의 죽음준비교육

우리나라는 1970년대 후반부터 현재까지 각종 교육기관에서 죽음 혹은 죽음준비교육 관련 강좌가 생겨나 꾸준히 진행 중이다. 비영리재단들은 매년 정기적으로 프로그램을 실시하고 있으나, 대부분의 죽음준비교육은 정규적이기 보다는 특별 프로그램의 형식으로 실시되고 있다. 이러한 교육 프로그램들은 학교나 대학 등에서 정규교육으로서 실시되는 것은 아니지만 점차 사회복지 기관과 종교단체, 노인교육 지도자 과정, 노인대학을 중심으로 각 기관의 목표에 맞게 죽음준비교육이 확산되고 있다. 특히 종교기관에서는 각 종교별로 구원과 내세관을 알리고 구원하고자 하는 목적에서 실시되고 있다.

1) 대학 및 대학부설 기관

대학 및 대학부설 기관에서 실시하는 죽음준비교육은 대부분 교양과목이나 사회복지관련 학과, 대학부설 평생교육원에서 실시되고 있다. 그 주요 내용은 죽음에 대한 이해에서 시작하여 종교적 관점에서의 죽음, 호스피스 교육, 심리 및 감정 치료, 이별 및 극복방법 등이 있다. 서강대학교에서 1978년 교양강좌로 '죽음에 관한 강의' 가 처음 도입되어 현재까지 이 강좌를 계속 실시하고 있으며, 1996년에는 「죽음의 심리적 이해」라는 강좌로 개설되었다. 또한 덕성여대 사회교육원에서는 1987년 3월 이래 '죽음의 철학' 으로 죽음준비 프로그램이 강좌를 개설하였으나 1999년 11월 수강생 부족으로 폐강되었다. 1991년에는 광주 대한노인회 산하 할머니교실에서 8주에 걸쳐 '건강한 죽음준비교육 프로그램(서혜경 교수)' 이 실행되었다. 고려대학교 최고위교육문화과정에서는 1996년 제2학기부터 '삶의 정리와 교육' 이라는 제목의 강연을 매학기 갖고 있다. 수효사회복지대학 내 연꽃간병인회에서 방학 중 단기로 호스피스 자

18 허정무 (2002), 노인교육이론과 실천방법론, 양서원
19 기영화 (2007), 노인교육의 실제, 학지사, p.46-50 인용

2008. 9. 학회 참석(왼쪽에서 두번째가 저자)

원봉사교육을 실시하여 '죽음과 삶에 대한 이해', '불교의 장례문화', '사별가족 관리', '말기환자의 심리' 등의 프로그램을 실시하고 있다.

대학부설기관으로는 한림대학교 생사학연구소의 「웰다잉(자살예방)교육센터」가 있다. 이곳에서는 우리 사회의 죽음의 질을 개선하고 자살을 예방하기 위한 '웰다잉(자살예방)전문과정'을 실시하고 있다. 강의는 죽음과 자살에 대한 획기적인 의식 변화를 교육목표로 삼고 드물기는 하지만 사이버강좌(인터넷 강의)로 진행된다. 과정은 4단계로 1년 2학기제로 15주 동안 진행된다. 또한 최근 한림대학교에서는 대학생들을 중심으로 '생사학 개론(오진탁 교수)'이 인기리에 진행되고 있으며, 이 강의를 통해 죽음준비교육을 하고 있다. 이러한 교육효과는 100%로 교육을 받은 학생들은 자살을 생각하지 않게 되어 자살예방이 되고 있다. 또한 한국 죽음학회가 최준식 교수, 서혜경 교수 등을 중심으로 2005년에 발족했다.

2) 종교단체

주로 기독교와 불교단체에서 프로그램을 실시하고 있으며, 각 단체의 특성에 맞게 프로그램을 제공하고 있어 교육과 종교적 교리를 동시에 전달하고 있다.

기독교에서는 「평화성결교회」에서 '죽음 이후'라는 프로그램을 실시하여 죽음준비교육과 더불어 죽음 이후 삶, 즉 천국으로의 구원의 가르침을 공부하도록 함으로서 교육과 종교적 교리를 추구하고 있다. 「기독교가정사역연구소」의 '천국준비교실'에서는 성경공부와 함께 과거의 삶 회고, 유언장작성, 가족 용서하기, 유산정리하기, 장기기증, 영정사진 찍기 등의 프로그램을 진행하고 있다.

불교기관에서는 '수선회'를 비롯하여 「정토사관자재회재단」의 '정토마을'에서는 호스피스 전문교육을 실시하여 환자와 사별가족을 치유하고 있으며,[20, 21] 「봉은사」에서는 '웰다잉 체험

20 기영화 (2007), 노인교육의 실제, 학지사, p.167
21 남현숙 (2000), 성인의 죽음에 관한 태도와 죽음준비교육 요구분석, 중앙대학교 사회개발대학원 석사논문, p.35-37

교실' 을 진행하고 있다.

3) 사회복지법인 및 재단

「사회복지법인 각당복지재단」은 1991년도에 "삶과 죽음을 생각하는 회"를 발족하여 죽음준비교육을 이슈화하였다. "삶과 죽음을 생각하는 회"는 공개강좌를 시작으로 죽음의 철학, 죽음준비교육의 필요성에 대한 공개강연회 개최, 세미나 및 워크샵, 「삶과 죽음」 회지 발간, 강연집, 관련도서 출판, 공동 추모제, 슬픔치유를 위한 소그룹상담, 호스피스연구와 호스피스 교육으로 자원봉사 현장 파견 등의 활발한 활동을 진행하고 있다. 1993년부터는 슬픔치유 소그룹 세미나를 개최하여 삶과 죽음을 위한 교육의 저변 확대를 하고 있다.

또한 「조계종 사회복지재단」과 「각당복지재단(kakdang@kakdang.or.kr)」의 '삶과 죽음을 생각하는 회' 는 '웰다잉 전문강사 교육과정' 을 개설하여 전문가를 양성하고 있다. '삶과 죽음을 생각하는 회' 의 죽음준비교육지도자과정은 'Death education is Life education' 이라는 기본 명제 위에 한국인의 죽음이해, 전통적인 장례, 장례문화, 청소년의 죽음준비교육, 품위 있는 죽음, 생명윤리, 호스피스, 영원한 생명, 죽음과 법률, 성서에 나타난 죽음이해, 상실의 아픔과 치유 등 8개의 강의로 진행되고 있다. 과정은 2년 4학기제로 과정을 마친 후에는 웰다잉 전문지도교수자 양성교육의 수강이 가능하며, 총 16강 수료 후 교수자로 활동할 수 있다.

사회복지 기관의 대표적인 예로 「서울의 시립노원노인종합복지관」은 2006년 3월부터 4회에 걸쳐 '아름다운 생애 마감을 위한 senior 『죽음준비학교』' 라는 죽음준비교육 프로그램을 운영하여 현재까지 진행되고 있다. 이 교육과정을 통해 노인들은 다양한 죽음준비를 경험하면서 죽음에 대한 인식을 새롭게 하며, 죽음에 대한 알찬 준비를 할 수 있고, 타인을 물론 자신의 삶과도 화해하도록 한다. 죽음준비학교의 교과내용은 '자신의 삶을 돌아보는 자서전 쓰기', '죽음이 무엇인지 알아보기', '죽음 준비를 위한 변호사의 특강', '장묘문화센터 방문', '유언장 작성' 등으로 다양하게 진행된다. 같은 맥락으로 「동작노인종합복지관」에서도 '하늘 소풍 준비하기' 죽음준비교육 프로그램이 실시되었다. 그 외 「서울노인복지센타」의 '사(死)는 기쁨', 「유성복지관」의 죽음준비교육, 「일산노인종합복지관」의 '아름다운 삶의 완성을 위한 생애 아카데미' 등이 있다.

「아름다운 재단」에서는 '아름다운 이별학교' 프로그램을 실시하고 있다. 매주 월요일 총 4회로 프로그램내용은 죽음 바라보기, 유산과 세금 이야기, 법이 지켜 주는 유언장 등을 실시하고 있다.

그 밖에 전문 임종체험센터인 「코리아라이프컨설팅(KLC, Korea Life Consulting)」전남 나주 체험관이 있다. KLC는 유서 쓰고 발표하기, 관에 들어가기 등 체험적 프로그램을 실시하며 임종체험을 요구하는 단체, 기관 또는 개인의 위탁교육을 실시한다. 우리나라 몇몇 대기업에서는 정기적으로 직원들을 임종체험 프로그램에 참여시켜 자기성찰의 통한 역량 향상의 기회로 삼도록 하고 있으나 한편에서는 이러한 입관체험 같은 죽음에 대한 의식적인 행사가 오히려 죽음에 대한 집착을 불러일으키는 역효과를 가져올 수 있음을 지적하고 있다.[22] 또 명상을 통해 「이미지를 활용하는 임사체험」도 실시되고 있다. 자세한 프로그램은 제 7 부에서 소개하기로 한다.

〈표 7-4〉 우리나라 죽음준비교육 현황

기관	내용
대학 및 대학부설 기관	• 교양과목, 사회복지관련학과, 평생교육원에서 실시 • 서강대 : 1978 '죽음에 관한 강의' 최초 도입 1996 ' 죽음의 심리적 이해' 강좌 개설 • 덕성여대 사회교육원 : 1987 '죽음의 철학' 프로그램 개설, 1999폐강 • 광주 대한 노인회 : 1991, 서혜경 • 고려대 최고위교육문화과정 : 1996 '삶의 정리와 교육' 강연 • 수효사회복지대학(연꽃간병인회) : 단기 호스피스 자원봉사교육 실시 • 한림대학교(생사학연구소) : 웰다잉 교육센터, 자살예방 전문과정 실시, 사이버강좌로 진행 / '생사학 개론' 진행
종교단체	• 주로 기독교, 불교단체 / 교육과 종교적 교리 동시 전달 • 기독교 : 「평화설결교회」의 '죽음 이후' 「기독교가정사역연구소」 의 '천국준비교실' • 불 교 : '수선회', 「정토사관자재회재단」의 '정토마을' 「봉은사」의 '웰다잉 체험교실'
사회복지법인 및 재단	• 「각당복지재단」 : '삶과 죽음을 생각하는 회(1991)' '웰다잉 전문강사 교육과정' • 「조계종 사회복지재단」 : '웰다잉 전문강사 교육과정' • 「시립노원노인종합복지관」 : '아름다운 생애 마감을 위한 senior『죽음준비학교』(2006)' • 「동작노인종합복지관」 : 죽음준비교육 프로그램 실시 • 「아름다운 재단」 : '아름다운 이별학교' 프로그램 • 「서울노인복지센타」 : '사(死)는 기쁨',
기 타	• 코리아라이프컨설팅(KLC, korea Life Consulting) : 임종체험 • 이미지를 활용한 임사체험
학 회	• 한국죽음학회

(2009, 재정리)

22 chosun.com 뉴스 사회면, 김경화, "당신은 잘 죽을 준비가 되셨습니까?"

생각해 볼 문제

죽음준비교육을 통해 당신의 죽음을 계획해 보도록 합시다.

- 우리가 죽어야만 한다면 당신은 어떠한 상황에서 죽고싶은지 당신의 가까운 사람들과 토의하고 적어봅니다.
- 당신은 어디에서 죽음을 맞고 싶은지요? (집, 병원, 호스피스, 간호 요양소 등)
- 임종 시 곁에 누가 있기를 원하는지요? (가족, 아무도 없기를, 친구들, 가까운 친구, 아주 친밀한 사람)
- 당신은 스스로의 죽음을 경험하기 원하는지 또는 잠든 동안 죽기 원하는지요?
- 죽음에 이른 상황이 활기 있는 상태이기를 원하는지요? 생명유지도구(호흡기, 정맥 내 영양 투입, 화학요법 등)등을 사용하기를 원하는지요? 순간적으로 죽기를 바라는지요?
- '공포스럽고 비극적인 건강치못한 죽음' 이 아닌 '적절하고 건강한 죽음' 의 요인이 무엇이라고 생각하는지요?

우리사회에서 죽음준비교육이 활성화되려면 어떤 방법이 있을지 생각해 봅시다.

다음의 질의 응답에 대해 당신의 의견은 어떠한지요?

Q&A 1

Q : 죽음이 절박하게 되기도 전에 어떻게 사람이 긍정적인 임종준비를 시작할 수 있을까요?

A : 요양원, 만성 질환자 병원, 임종예정자 등을 방문하고 자신의 죽음에 대하여 묵상해 본다든지, 병에 걸리기 전에 미리 가족과 토론하는 등 아주 젊어서부터 임종준비를 시작해야 합니다. 아이들도 환자를 방문하고 장례식장에 참석하도록 허용되어야 하며, 병원도 "14세 이하 어린이 방문 금지"라는 문구를 떼어내어야 합니다.

Q&A 2

Q : 부모님들은 지병도 없고 임종에 당면하신 것도 아니며, 다만 늙어가고 있습니다. 이러한 부모님이 돌아가실까봐 겁내고 있는 사람을 어떻게 도울 수 있을까요? 이러한 두려움은 인간의 외로움에 대한 두려움을 뜻하는 것인가요?

A : 부모님을 잃는 것은 두려운 것이겠지요. 우선 부모님과 자리를 함께하여 죽음에 관해 이야기 하십시오. 그래서 두려운 사태가 발생하기 전에 마음의 준비를 하고 서로 살아온 생애에서 의미 깊은 것이 무엇이었던지, 또 어떻게 하면 부모님과의 사별을 견딜 수 있을지 의논하십시오. 단 부모님이 병드시거나 갑자기 쓰러지셔서 아무 말도 할 수 없게 되기 전에 토론해야 합니다.

*출처 : 큐블러-로스(1974), 『죽음과 임종에 관한 의문과 해답』, 우진출판사(1983), p.176 발췌

제 4 부
죽음관련 이슈

제8장 호스피스

- 호스피스의 정의 및 철학
- 호스피스의 역사와 발전
- 호스피스의 특징 및 대상자
- 호스피스 프로그램의 표준과 유형
- 호스피스 모델과 프로그램
- 호스피스 팀원과 현황
- 우리나라 호스피스의 문제점
- 호스피스 당면과제
- 완화케어

인간의 죽음은 평화스러운 사람의 유익한 이승(이 세상)으로부터의 존엄과 신중성을 갖춘 단순한 퇴장이어야 하고, 궁극적으로는 고통과 괴로움과 무서움이 없는 죽음의 과정이어야 한다.

Oxford, Palliative Medicine(옥스포드 완화의료),
2004(제 3판), 3 · 7항 인용

죽음이 최근 과학 및 사회적인 토론을 위한 보다 정당화된 화제가 되고 있다. 동시에 전문가들도 어떻게 죽어가는 사람들과 그들의 가족들과 관련하여 일을 해야만 하는지, 또한 품위 있는 죽음을 허용하기 위해 어떤 법적조치와 국민적 합의를 이룰 것이지 등에 대한 움직임 등이 커지고 있다. 이처럼 죽음이 화제가 되고 있는 가운데 반드시 생각해 보아야 할 문제는 죽음의 주제들이 곧 생명과 관련된 것이기에 윤리적인 문제가 발생한다는 점이다. 따라서 죽음에 관한 이슈들을 다루기 전에 먼저 생명윤리에 대해 잠시 생각해 보도록 하자.

생명윤리(bioethics)란 의학적 영역보다는 좀 더 확대된 생명본질의 파악에 도전하는 학문영역을 말한다. 전통적으로 의학은 자연과학을 바탕으로 발전해 왔으나 생명윤리학은 자연과학은 물론 인문과학을 포함한 새로운 영역의 통합적 학문체계이다. 이 학문은 의학자 외에 생물학자, 사회학자, 법률학자, 경제학자, 신학자, 심리학자 등 전문인은 물론 일반인까지 참여해야 개발될 수 있는 영역이다.

이러한 '생명을 다루는 윤리' 에 대한 관심은 1960년부터 유럽에서 일어나기 시작했다. 이것은 제2차 세계대전 후에 의학연구를 위한 환자 및 일반적으로 건강한 사람들의 인권옹호를 목적으로 하고 있으며, 일반인의 생명존중의식이 싹트도록 사회적 요청으로부터 생긴 새로운 의학 윤리이다.

1964년 헬싱키 선언이 선포되면서 의학의 윤리는 장기이식문제, 말기치료의 문제, 체외수정, 유전자조작 등의 문제를 다루는 의학적 영역을 중심으로 토의되기 시작했다. 또한 생명윤리는 의학적 진보를 위한 연구나 검토를 하는 가운데 발생할 수 있는 사람을 대상으로 한 생의학 연구의 위험성을 어떻게 평가해야 하는지에 대한 문제도 다룬다.

가장 긴급한 문제로는 생명을 지키는 의학의 진전을 강하게 바라면서도 연구나 검사 도중에 사람을 대상으로 한 생의학적 연구가 피험자(환자 또는 건강한 일반인)에게 주어질지도 모르는 위험성에 입각해서 그것을 어떻게 평가하고, 어떻게 그 실험조사를 적절한 것으로 용납하고 인정할 수 있을까하는 문제가 있다. 이러한 문제들로 인해 선진국에서는 사람을 피험자로 하는 연구의 용인여부를 위해 대학을 중심으로 '의(醫) 윤리위원회 : Institutional Review Board' 라고 불리는 감사시스템을 만들었다. 'Institutional Review Board' 는 의학부이외에 관련학과의 위원참여로 위원회가 구성되며, 연구내용의 검토가 이루어지고, 미국 등에서는 이 위원회의 증인이 없으면 그 연구는 학술잡지에 발표될 수 없고, 공적자원에 의한 연구조성비의 신청을 할 수 없도록 되어져 있다.

현대의학은 의료행위가 최선이며, 그것을 행하는 의료의 중요성과 프라이버시의 준수 등에 관해서 상세히 이해를 구할 필요가 있다. 따라서 의료행위를 실시하는 실시책임자는 환자가 받을 것이라고 예상되는 손익 여부를 설명하고 양자를 비교토록 하여 그 의료행위에 대해 믿을 수 있는 토대를 조성해야 한다. 이 설명을 들은 후 피험자들이 그 의료행위의 실시에 응하지 않더라도 의사로부터 불이익을 당하거나 부당한 취급을 받지 않을 것이라는 것, 동의한 후라도 언제든지 철회할 수 있다는 것 등을 충분히 들은 후 자기(또는 법적 대리인)의 자유로운 의사결정에 따라서 그 의료행위를 받는 것을 'informed consent (숙지된 동의서)를 준다.' 라고 한다.

생명윤리는 의사의 직업윤리와는 성격이 다르다. 의학, 과학의 진보, 사회기구의 변혁, 관습의 변천과 국민의식의 변화를 근거로 해서 그 판단기준도 변화하므로 나라마다 상황에 따라서 차이가 있다. 그러므로 생명윤리는 전 세계가 당면한 이슈이자 문제이기는 하지만 하나의 법으로 통일하여 명문화 시키는 일은 어렵다. 우리나라도 놀랄 만큼 성장한 의학의 진보와 함께 생명윤리에 대한 관심이 증가하였다. 그러나 생명윤리에 대한 교육이 거의 이루어 지지 않고 있는 실정이다. 또한 죽음은 삶과 관련하여 인생의 마지막 경험이며 하나 탄생으로 인한 삶의 시작과 마찬가지로 인간에게 많은 의미를 부여한다. 그러나 아직도 존엄사등을 비롯 죽음관련 정의가 공식화되어 있지 못하기 때문에 실제적으로 죽음의 발생과 관련하여 많은 논의가 있게 된다. 즉 죽음이 한 개인의 인생의 마감의 문제로서 끝나는 것이 아니기에 윤리적, 영적, 법적, 의학적 부분에 있어서 논쟁거리를 낳고 있다.[1]

1 서혜경(1993), 생명윤리학, 죽음과 안락사, 생활심리(Psychology Daily), p.28-33

08 제8장 호스피스

호스피스는 죽음보다는 남은 생애에 관심을 두는 것으로 말기 환자가 남은여생을 보다 충만하게 살면서 삶을 정리하고 새로운 세계로 떠나기 위한 준비과정이다.

호스피스는 말기 환자와 임종자의 비인간적인 대우에 대한 반응과 고도로 발달한 현대과학기술로 인한 비인간화 내지는 비인격화 현상에 대한 반응으로 시작된 인간성 회복 운동이다. 영 · 미 지역에서는 1960년대부터 호스피스 운동이 활발하게 전개되기 시작하였으며, 우리나라에서는 1980년대 강남성모병원을 중심으로 근대적 호스피스 활동이 시작되었다. 현대는 과학기술의 급격한 발달로 수명이 연장되고, 노인 인구가 증가하면서 만성질환이 늘어나고 있으며, 경제적 성장과 사회 변화로 인한 의식구조의 변화를 가져왔다. 국민소득증가와 보건의료수준의 향상 등으로 평균수명이 증가하면서 암을 비롯한 각종 만성퇴행성 질환의 증가로 말기환자의 진료와 간호가 커다란 사회문제로 대두되고 있다. 이러한 문제에 있어 호스피스의 역할은 점점 더 중요해지고 있다. 또한 의료적인 측면에서 호스피스는 의료자원을 효율적으로 이용하여 말기환자의 남은여생을 인간으로서의 존엄성과 높은 삶의 질을 유지하면서 생을 마감하도록 돕는다. 이러한 환자의 욕구를 이해하기 위해서는 호스피스의 정확한 지식과 이해가 필요하다.

1. 호스피스의 정의 및 철학

1) 호스피스의 정의

호스피스의 어원은 라틴어의 호스피탈리스(hospitals)와 호스피티움(hospitum)에서 기원되었다. 원래 호스피탈리스는 '주인'을 뜻하는 호스페스(Hospes)와 '치료하는 병원'을 의미하는 호스피탈(Hospital)의 복합어로서, 주인과 손님 사이의 따뜻한 마음과 그러한 마음을 표현하는 '장소'의 뜻을 지닌 '호스피티움'이라는 어원에서 변천되었다. 오늘날 널리 사용되고 있는 현대적 의미의 호스피스 개념은 영국 여의사 시실리 샌더스(Cicely Saunders)에 의해 시작되었다. 웹스터 사전(1972)의 정의는 '여행자를 위한 숙소 또는 병자, 가난한 사람들을 위한 집'으로 설명하고 있으며, 1978년 미국호스피스협회(National Hospice Association, NHO)에서 채택한 정의에 의하면 "임종은 자연스런 삶의 한 과정으로서 모든 사람은 자신의 임종에 참여할 권리가 있다. 호스피스는 임종환자를 위한 것으로 기존 의료체계의 보다 나은 대안이며 의료지식을 포함한 모든 필요 전문 지식을 동원하여 임종환자의 삶의 질을 높게 하여 환자로 하여금 죽음을 부정하게 하는 것이 아니라 임종 시까지의 삶을 확인시킨다. 호스피스는 독립된 전문기관에서 간호사가 중심이 된 종합의료팀이 임종환자 및 그 가족을 위해 지속적인 가정간호와 입원간호를 제공하는 의료프로그램이다. 호스피스는 하루 24시간 중 어느 때라도 제공되어야 하며 환자의 진료 및 교육을 위해 모든 사항에 대한 기록을 유지한다." 즉 '말기환자와 가족에게 입원간호와 가정간호를 연속적으로 제공하는 프로그램' 으로 정의한다. 스테드맨 의학사전(1982)에서는 죽어 가는 사람과 가족에 대한 신체적, 심리적, 영적 돌봄의 형태로 지지적인 서비스의 제공에 중점을 둔 프로그램을 실시하는 공공시설이라고 하였다. 호스피스는 돌봄의 공동체로서 정의되기도 하며 인간이 죽기 전에 머물면서 쉬고 생을 정리하고 완성하여 조화를 이루는 작업을 하도록 시간과 공간을 마련하는 것이다. 이처럼 호스피스는 집, 공공시설, 장소, 돌봄, 태도나 프로그램 등으로 다양하게 정의되고 있다.

2) 호스피스 철학[2]

죽음이란 논제 하에 이루어지고 있는 호스피스는 철학적인 문제를 피할 수 없다. 호스피스는 부분으로서의 인간이 아닌 신체적, 사회적, 영적 또는 그 이상의 합(合, sum)으로서의 인간을 이해하는 총체주의(holism) 즉, 인간은 여러 부분의 합 이상이라는 사상과 철학을 기반으로 이론과 실제가 발전되어 왔다. 또한 호스피스는 과거 의료적인 부분에만 중점을 두는 치료중심에서 벗어나 돌봄의 개념 및 그 사상을 강조하게 됨에 따라 대상자에 대한 연민으로 표현되는 사랑이 이 돌봄에 깊이 내재되어 있다.

- **호스피스는 말기환자와 임종환자 그리고 그 가족을 돌보고 지지한다.**
  ➡ 환자가 죽음의 과정을 겪는 동안 가족도 함께 그 모든 과정을 겪으며 아픔을 함께하게 되므로 가족에게 예측되는 상실과 슬픔을 준비할 수 있도록 도와야한다. 그러므로 호스피스 간호의 단위는 환자와 그 가족이 된다.
- **호스피스 대상자의 여생을 가능한 한 편안하게 하고 충만한 삶을 살게 해준다.**
  ➡ 임종자의 질적인 삶의 유지란 가능한 한 진실하고 참된 삶의 유지와 더불어 삶을 고맙게 생각하고 남은 삶의 의미를 사고하도록 하는 것이다.
- **호스피스 대상자가 삶을 긍정적으로 수용하게 하고 죽음을 삶의 일부로 자연스럽게 받아들여 죽음에 대한 두려움으로부터 해방되게 한다.**

2 밝은 죽음을 준비하는 포럼, '호스피스란'

➡ 호스피스 환자의 여생을 연장시키거나 단축시키지 않으며 살 수 있는 만큼 잘 살다가 자연스럽게 생을 마감 할 수 있도록 돕는다.

• **환자와 가족의 요구에 맞추어 가능한 모든 자원을 이용하여 신체적, 사회적, 심리적, 영적 요구를 충족시키고 지지하여 죽음을 잘 준비하게 한다.**

➡ 죽음을 맞이하는 호스피스 환자로 하여금 소외된 채 외롭게 죽음을 맞이하지 않고 마지막 순간 까지 인간답게 가치 있는 삶을 살 수 있도록 사랑으로 돌본다.

2. 호스피스의 역사와 발전

1) 호스피스의 역사[3]

호스피스의 역사적 배경은 고대 그리스에서 여행자들에게 의식주를 제공하는 풍습에서 유래하였고, 로마에서는 주인과 손님사이는 특별한 관계로 세노도키아(Xenodochia)에서는 성지 순례자들에게 거주지를 제공하는 인도주의적인 봉사활동에서 유래되었다. 중세에는 예루살렘으로 가는 성지순례자나 여행자가 쉬어가던 휴식처라는 의미에서 유래되었고, 아픈 사람과 죽어 가는 사람들을 위해 숙박소를 제공해 주고 필요한 간호를 베풀어 준 것에서 시작되었다.

현대 호스피스 개념의 근원은 중세에 십자군과 여행가들에게 숙박을 제공하는 것으로 유래되었으며, 17세기 초 프랑스에서 호스피스(Sister of Charity)가 설립되어 아픈 사람, 길거리에서 헤매는 사람, 사회에 서 버림받은 사람들을 위한 서비스가 주어졌다. 또 1836년 유럽의 독일에서 플리드너 목사에 의해 카이저베르트에 첫 프로테스탄트 병원을 설립하여 첫 호스피스(Kaizerworth)를 만들고 기독교 정신에 입각해서 소외되고 아프고, 죽어가는 가난한 사람들을 위한 간호가 제공되었다. 최초의 근대적 호스피스는 1885년 아일랜드의 더블린에서 시작되었다. 현대 호스피스 운동의 선구자인 영국 여의사 시실리 샌더스(Cicely Saunders)가 1950년에 말기환자와 관련된 통증 조절 기술을 개선시켰으며 이상적인 호스피스 간호를 시도하기 위해서 성 크리스토퍼 병원을 설립하였다. 이는 오늘날 미국과 캐나다에서 체계화되고 전문화된 호스피스 간호를 시작하는 모델이 되었다. 샌더스는 통증조절을 위한 '약의 협약서(Drug Protocol)' 를 창안하는 과정에서 동통의 약리에 관한 연구를 하였다. 동통이란 단지 신체적인 것뿐만 아니라 정서적, 사회적, 경제적, 영적인 것과 관련이 있음을 주장하고 전인적인

3 밝은 죽음을 준비하는 포럼, '호스피스란'

이해와 치료가 필요함을 제창하였다. 또한 1969년 Elizabeth Kübler-Ross[4]는 『Death and Dying』에서 죽어가는 환자들의 욕구가 충족되지 않고 있음을 밝히고 이런 욕구들을 충족시킬 수 있는 방법들을 제시하여 호스피스 간호를 받아들이는데 많은 영향을 끼치게 되었다.

출처 : http://www.google.co.kr

Elizabeth Kübler-Ross

2) 각국의 호스피스 발전

호스피스 태동국이라 할 수 있는 영국을 비롯하여 미국, 일본, 호주, 뉴질랜드, 캐나다, 독일, 싱가폴, 홍콩 등 외국에서는 이미 호스피스가 활발히 시행되고 있다. 대부분의 국가에서 호스피스의 역사는 그다지 오래되지는 않았다. 그러나 호스피스를 제공하는 국가마다 문화적 종교적 상이함에도 불구하고 호스피스의 기본적인 정신과 내용은 동일하다. 사업의 형태는 독립 시설형, 병원형, 요양시설형, 가정방문형 등이며 환자는 말기암, AIDS등 공통적인 특성을 갖는다. 호스피스가 제도화된 국가에서는 공식적인 의료보험의 급여대상으로 국가의 재정 보조가 이루어지고 있다. 진료비 지불방식은 주로 일당 정액제에 의하여 본인 부담은 최소한의 수준으로 호스피스 프로그램내용의 표준화가 이루어져 있다. 또한 의료계와 일반대중에게도 호스피스 교육과 홍보가 이루어져 국가적인 차원에서 지원함으로써 홈케어가 급성장하고 있다.

(1) 영국

영국은 호스피스를 가장 먼저 시작한 나라로 1900년 빈민지역에서 죽음을 맞는 사람들의 가정을 방문하여 온 자비수녀회가 1905년 런던에 성요셉 호스피스를 창설하여 독립된 건물에서 케어를 필요로하는 사람들을 돌보기 시작한 것이 호스피스의 시초가 되었다. 이 시기에는 결핵으로 많은 사람들이 임종을 맞이하였기 때문에 주로 결핵환자가 호스피스의 대상이었다. 1935년에 성누가병원에서는 진통제의 "정규적인 제공"을 치료법으로 실시하여 현대 호스피스의 통증 조절 지침의 기초를 확립하였다. 1967년에는 런던에서 시실리 샌더스에 의해 성 크리스토퍼 호스피스가 개방되어 현대 호스피스 운동의 체계적 모태가 되었고 이것은 초기 호스피스에서 제공했던 간호의 영적인 지지 및 정서적 지지를 첨가하여 말기질환과 관련된 증상과 통증조절에 초점을 둔 것이다. 현대 호스피스 간호의 초석은 성요셉병원에서 호스피스에 대한

4 엘리자베스 큐블러-로스는 2004년 8월에 사망하셨다.
그 이후 그녀의 뜻을 기리는 EKR(Eliszbeth Kübler-Ross)재단이 만들어졌고, 이 재단을 통해 그녀의 업적을 이어나가고 있다. 또한 The Eliszbeth House 또는 Community Compassion Center를 만들어 교육, 연구, 권익옹호, 직접서비스 등을 이어나갈 예정이다.

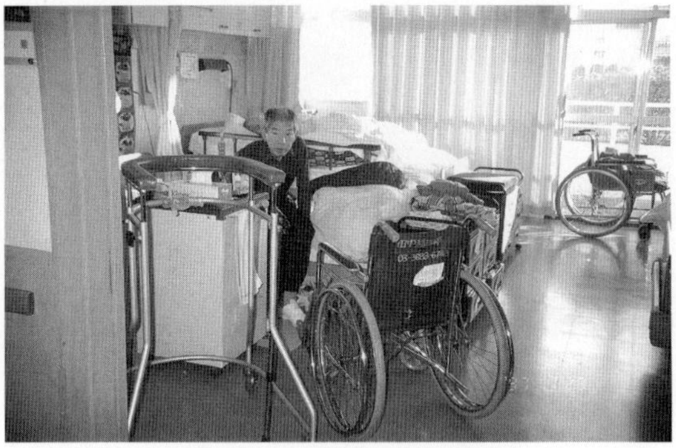
호스피스시설의 말기환자 노인분

아이디어와 원칙을 다듬어서 만들어진 것으로 현재 700여 개의 호스피스 센터가 있다. 또한 영국 정부는 1991년 호스피스 국가위원회를 설립하여 이 서비스를 지원하고 있다.

(2) 미국

미국의 호스피스는 임종환자에 대한 병원의 비인간적, 기계적인 생명관 등 사회제도와 의료체계에 대해 지적으로 이를 해결하기 위한 구체적인 방안으로 호스피스 운동이 시작되었다. 1968년 예일 뉴 헤븐이란 지역에서 비의료인이 말기 환자의 가정을 직접 방문하여 고통 완화를 도운 것이 가정간호의 효시가 되었고, 1982년 Medicare의 수혜대상 서비스로 호스피스가 포함된 TEFRA(Tax Equity' s Fiscal Responsibility Act)가 국회를 통과하면서 정식으로 의료체계의 한 분야가 되었다. 1974년 미국에서는 처음으로 코네티컷트주에 있는 '코네티컷트 호스피스협회' 가 설립되었고 협회 설립 초기에는 가정간호 프로그램을 진행시켰으며, 1980년 약 40명의 환자를 위한 입원시설을 갖추었다. 현재 연간 미국인 사망자의 39.2%인 95만 명이 임종 전 호스피스의 도움을 받으며 평균 48일 가량 호스피스 서비스를 받는다. 현재는 약 3,000여 개의 호스피스 프로그램에서 매년 500,000명의 환자들을 돌보고 있다.

(3) 호주

호주는 호스피스 제도가 가장 잘 갖춰진 나라이다. 호스피스센터에서 보살핌을 받다 임종하는 환자는 연간 2만 4000여명에 이르며 임종환자의 2/3가량이 암환자이다. 호주의 호스피스는 반드시 의사, 간호사가 참여하여 한 팀을 이루며 팀 수준에 따라 5단계(A~E)의 등급으로 나뉜다. 영국과 미국을 포함하여 호주의 호스피스 제도도 정부 지원 50%, 기부금 50%로 운영된다.

(4) 일본

일본은 1973년 노인복지법 개정 이후 노인층의 질병사망과 이에 따른 의료비 증가문제, 그리고 영국과 미국에서 전파된 호스피스 철학에 영향을 받아 호스피스가 주목을 받게 되었다. 1981년에 복지사업단에서 호스피스병동을 설립한 것이 호스피스의 시초이다. 호스피스 제도가 다른 나라에 비해 늦게 출발하였으나 1990년에는 호스피스 병동의 시설, 인력 기준을 마련하고, 호스피스 의료수가도 책정하여 정부로부터 호스피스기관 3곳과 완화요법 1개소에 대하여 의료보험 혜택을 받으며 비교적 빠른 시기에 제도화되었다.

(5) 한국

우리나라는 1965년 한국에 진출한 호주의 '마리아의 작은 자매회' 수녀들이 강릉에서 가정 호스피스로 시작한 '갈바리의원'이 한국 호스피스의 효시이다. 이는 미국의 1968년 Yale New Heaven에서 호스피스 가정간호를 시작한 것보다 3년이나 앞선 것이다. 1979년 연세대학교 간호학 연구소에서 임종간호 세미나를 시작으로 1980년 광주 '천주의성요한의료봉사수도회'가 호스피스 활동을 시작하였다. 또한 80년대 국내 여러 간호대학에서 호스피스 교육이 실시되었으며, 1988년에는 성모병원에서 한국 최초로 14병상의 호스피스 병동이 설립되었고 연대 세브란스에서 가정방문 호스피스 간호가 제공되기 시작하여 본격적으로 호스피스 운동이 시작되었다.

1992년에는 한국카톨릭 호스피스협회 및 한국 호스피스협회가 공식적으로 결성되어 호스피스 운동이 종교계를 중심으로 발전되었다. 1995년에는 국내 최초로 가톨릭대학교 간호대학이 '세계보건기구(WHO) 호스피스 협력센터'로 지정되었다. 1999년 한국 호스피스·완화의료학회가 창립되어 호스피스 운동에 관심 있는 사람들에게 관련 정보 및 자료를 제공하는 등 호스피스 활성화에 기여하고 있다. 그리고 호스피스가 지속적으로 각 대학병원을 비롯하여 사회복지 단체 등에서 그 활동의 다각적인 발전을 거듭해 오고 있다.

춘천 성골롬반의원내 호스피스

대부분 호스피스 활동들이 기독교, 카톨릭교계 중심으로 실시되고 있으나, 최근에는 불교계에서도 호스피스 교육을 각처에서 실시하고 있다.

〈표 8-1〉 호스피스 제도의 국가 간 비교

	영국	미국	일본	한국
도입 시기	최초도입 : 1905년 본격도입 : 1967년	최초도입 : 1974년 본격도입 : 1982년	최초도입 : 1981년 본격도입 : 1990년	최초도입 : 1965년 본격도입 : 1988년
도입 배경	종교단체에 의해 최초 도입 이후 지역당국에서 필요 수용에 대응함. 1991년 국가위원회 (National Council) 가 설립됨	초기는 사회문화적 변화에 의해 확산됨. 호스피스의 경제성에 의해 제도화됨.	1980년대 노인인구 증가. 암사망자 급증, 말기환자 케어의 적정화 등에 의해 구미선진국의 호스피스가 도입됨	종교단체에 의해 최초 도입 종교계에 의해 호스피스 협회 결성

사업 유형	• 독립시설 호스피스 • 가정호스피스 • 주간호스피스 • 병원호스피스	• 독립시설 호스피스 • 병원 호스피스 • 간호요양시설호스피스 • 가정간호	• 병원 내 호스피스 병동 • 독립 호스피스 병동(병원)	• 병원 내 호스피스 • 가정호스피스 • 독립시설 호스피스
주 대상	초기: 결핵환자 현재: 말기만성질환자 암환자	암환자	암환자 노인환자	암환자 말기질환자
시설수	• 1996년 독립시설 200개 (3천 병상) • 1996년 가정간호팀 384개팀 (영국의 아일랜드 내) • 1996년 병원호스피스 각 250병원 • 1996년 데이케어 약220개 프로그램	• 1998년 3,200여개의 호스피스 프로그램 • 독립시설 40% 병원 30% 가정호스피스 23% 기타 6%(1994)	• 1998년 승인된 병원 호스피스 42개소(768병상) • 1998년 미승인시설 40개소	• 2008년 한국호스피스협회 등록 기관수 87개
인력	의사, 간호사, 물리치료사, 임파선전문치료사, 사회복지사, 성직자, 공무원, 자원봉사자	의사, 간호사, 사회복지사, 성직자, 자원봉사자	의사, 간호사, 사회복지사, 성직자, 작업요법사, 물리치료사, 자원봉사자	의사, 간호사, 사회복지사, 성직자, 물리치료사, 자원봉사자
주된 재원	• 자선 · 자체사업 등에 의한 조달 • NHS 보조금 • 보험기관	• 베디케어 • 의료보험 • 주재정	• 의료보험	• 기부금 • 종교단체 지원 • 기관예산 및 환자 진료비
진료비 지불	• 본인무료	• 일당 정액제 (환자일부부담-약제 등)	• 일당 정액제 (식비는 본인부담)	• 환자 부담

* 출처 : 한국보건 의료관리연구원, 1998 : 7-21 (2008, 재구성[5])

5 1998년 한국보건 의료관리연구원의 자료에는 한국이 없다. 2008년 한국을 넣어 재구성하였다.

3. 호스피스의 특징 및 대상자

1) 호스피스의 특징

죽음에 대한 현재의 일반적인 개념은 '고통과 싸움', '비탄에 잠김', '수동적 안락사' 등이며 이러한 태도는 사회적 퇴행과 개인을 소외시킨다. 기존의 의학 및 의료시스템에서도 죽음 그 자체를 부정적으로 취급하고 있으며, 기술의 발달로 환자의 의사와는 무관하게 생명연장에 초점을 둔다. 또 질병의 과정에 중점을 두어 적극적인 치료를 하기 때문에 각종 검사, 진단, 치료 등으로 삶의 연장을 강조한다. 말기상황을 '아무것도 할 수 없는 의학의 실패상태'로 보며, 통증 조절을 위해서는 제한된 투약을 하다보니 임종환자는 소외되며 중환자실에서의 비인격화 현상을 가져오게 된다. 묵계된 침묵을 통해 희망을 빼앗지 않으려 하지만 환자의 심리적 · 영적 요구는 무시된다.

반면 호스피스에서는 죽음을 삶의 자연스러운 일부분으로 수용하며, 환자 개인의 존엄성을 고양하고 인격적으로 대우하며, 주어진 삶의 내용에 보다 충실하고자 노력한다. 또한 가족의 구성원으로서 삶의 질을 강조하므로 환자와 가족이 함께 의사 결정에 참여한다. 즉 환자와 가족에 중점을 두어 적극적인 돌봄(팀 접근, 통증 및 증상의 질적인 조절)이 이루어진다. 최대의 관심은 통증 조절이며 목표는 무통이다. 말기상황일지라도 항상 무엇인가 더 할 수 있는 기회로 보며 새로운 희망을 가진다. 이 때문에 진실을 알리고, 분야별 팀의 지지로 개별적 도움을 준다. 지속적인 간호와 의사소통과 지지가 이루어지며, 개별적인 인간의 존엄성과 최대 안녕을 유지하면서 임종을 준비하게 된다. 가족은 사별가족 프로그램에 참여함으로서 환자뿐만 아니라 가족의 안녕까지도 고려된다. 또한 호스피스는 죽음에 대한 고요한 통찰력을 포함하고

〈표 8-2〉 호스피스와 전통치료 비교

호스피스 치료	전통적인 치료
• 죽음을 삶의 일부로 수용 • 환자를 인격적으로 대우 (존엄성과 안녕을 유지하며 임종을 준비) • 삶의 질을 강조 • 환자와 가족이 의사결정에 참여 • 환자와 가족 중심의 적극적 돌봄 • 적극적 통증조절과 무통에 관심 • 새로운 희망을 가짐(진실을 알림, 지속적인 간호와 의사소통이 이루어짐) • 사별가족을 위한 프로그램	• 죽음을 부정(기술로 생명연장을 강조) • 환자의 비인격적 대우 • 적극적 치료를 통한 삶의 연장을 강조 • 말기상황을 의학적 실패로 봄 • 환자의 심리적 · 영적 요구 무시 • 환자가 소외됨 • 제한된 통증조절 • 묵계된 침묵을 통한 희망

호스피스 대상자

임종환자가 그의 가족과 친지들에 둘러 싸여 평온하게 마지막 생을 마감할 수 있도록 한다. 호스피스는 하나의 간호 공동체이며 인간이 마지막으로 머물면서 쉬고, 생을 정리하고 완성하며 조화를 이룰 수 있는 시간과 공간을 제공한다. 따라서 죽음에 대한 태도는 죽음의 문제를 부정하거나 회피하는 것이 아니라 정면으로 긍정하는 것이며, 이것은 죽음에 대한 새로운 가치관과 문화를 창출하게 되고 긍정적인 사회변화를 가능하게 한다.[6]

호스피스의 또 다른 특징으로는 모든 말기 환자에게 하루 24시간 어느 때에라도 필요한 간호가 제공되며, 이러한 간호제공은 환자의 지불 능력과는 무관하게 오직 환자의 필요에 따른 것이다. 그 대상은 의사에 의해 더 이상의 치료가 불가능하다고 진단된 말기 환자와 그 가족이 되며 가정이 진료 단위로서 중요하다. 또한 입원진료와 가정간호를 병행하고 전문적 지식과 기술에 근거하여 신체적, 정신적, 영적, 사회적 증상을 조절한다. 이러한 호스피스는 여러 측면의 문제점을 동시에 다루어야 하기 때문에 특정 전문 분야만으로는 효과를 기대할 수 없기에 여러 분야의 전문가로 이루어진 팀의 구성이 호스피스의 필수적인 요소이다. 특히 환자의 사망 후에 가족들이 절망에서 회복되어 정상적인 생활을 회복할 수 있도록 도움을 주는 것은 기존 의료체계에서는 볼 수 없는 호스피스의 커다란 특징이다.

2) 호스피스 대상자

(1) 호스피스의 대상자

호스피스 대상자는 의사의 진단으로 더 이상 치료가 불가능한 환자와 그의 가족이 포함된다. 임종에 가까운 환자들로써 의식이 또렷하고 의사소통이 가능하며 자신이 호스피스 돌봄의 대상이 된다는 것을 인식해야 하며 환자는 물론 그 가족까지 포함한다. 대상자의 기준은 자신의 죽음을 받아들이는 말기 환자, 말기상태에 있거나 치료 불가능한 질병을 가진 환자로서 주치의나 담당 의사가 추천하는 환자, 동통완화 및 증상관리를 주목적으로 하는 환자, 임종이 6개월 이내로 예견되는 말기 환자, 수술, 항암요법, 방사선 요법 등 다양한 치료방법에도 불구하고 더 이상의 의료적 치료효과를 기대하기 어려운 환자, 또한 간경화증, 만성신부전증, 심장 및 호흡기계통 장애 환자 등 말기의 각종 환자가 광범위하게 포함된다.

6 호스피스교육 (2001), 카톨릭대학교 강남성모병원 호스피스과 교육자료, p.3

Tips

호스피스 대상자의 권리[7]

- 인간의 존엄성을 존중받을 권리
- 서비스 내용 및 비용에 대해 알 권리
- 서비스를 계획하고 변경하는 과정에 참여할 권리
- 서비스를 선택하거나 혹은 거부할 권리
- 환자 개인의 요구에 적합한 서비스를 제공받고, 서비스 과정에서 기록과정에 대한 비밀을 보장받을 권리
- 환자 자신의 의무기록을 제공받을 권리
- 담당의사에 의한 완화치료 목적인 경우를 제외하고는 어떠한 물리적, 화학적 구속을 당하지 않을 권리
- 편지, 전화 및 개인적 방문에 의한 타인과의 연락을 방해받지 않을 권리
- 호스피스 직원에 의한 활동이나 업무태만으로 인해 정신적, 신체적 피해를 당하지 않고 서비스에 대해 불만을 표현할 권리
- 환자와 가족의 입장을 대변할 가족 1인을 임명하거나 가족 이외의 대리인을 1인을 임명할 권리

호스피스 대상자 중에는 죽음에 직면하여 죽음의 현실을 받아들이고 싶어 하지 않는 경우가 있다. 이런 대상자들은 다음의 표와 같은 양상을 보인다.[8]

〈표 8-3〉 호스피스 대상자의 죽음에 대한 반응양상

유 형	반 응
과도희망형	향후 3년 생존률이 5% 임을 알고도 자신은 반드시 그 안에 든다고 굳게 믿는 유형
과거집착형	과거 인생의 전성시대에 관해 이야기 나누기를 좋아하나, 병에 대한 말은 의도적으로 피하는 유형
모정집착형	병에 대한 것보다는 신변의 사소한 일들에 대한 관심과 문제를 호소하는 경우, 상담자의 적극적인 반응에 만족스러워하면서 상담자를 어머니처럼 보는 유형
호통형	자신의 중한 질환을 가벼운 것으로 봄. 예) 간암환자가 자신은 간염이라며 왜 야단이냐며 오히려 호통을 치는 유형
무관심형	질병의 경중에 대해 무관심. 죽음에 대한 언급에도 일체 반응하지 않는 유형
부인형	자신은 결코 죽지 않을 것이며, 질병이 호전되지 않더라도 죽거나 더 심해지지는 않을 것이라고 믿는 유형

7 서혜경 외 (2007), 실버플래너 교재, 한국노인종합복지관 협회 p.234 인용
8 이호선 (2005), 노인상담, 학지사, p.326-330 인용

(2) 호스피스 대상자의 심리적 상태[9]

대부분의 환자들은 죽음에 대해 두려움을 느끼는데, 패티슨(Pattison)은 환자가 느끼는 두려움은 ① 죽음이 미지의 세계라는 데서 오는 두려움, ② 고독에 대한 두려움, ③ 가족, 친지에 대한 상실의 두려움, ④ 신체 상실에 대한 두려움, ⑤ 자기조절 능력 상실에 대한 두려움, ⑥ 고통에 대한 두려움, ⑦ 정체성 상실에 대한 두려움, ⑧ 퇴행에 대한 두려움 이라 하였다.

또한 환자들은 죽음에 대해 불안을 느끼며 이러한 불안의 양상은 각 개인의 성격이나 과거의 경험, 방어기전에 따라 다르게 나타난다. 불안을 느끼는 환자들은 다음과 같이 돕도록 한다.

〈표 8-4〉 죽음불안의 대처법

영역	도움방법
사회적	현재 환자에게 도움이 되고 있는 근본적인 힘을 느끼도록 함
신체적	슬픔의 표현을 허용. 환자가 기억하는 것을 쓰게 함 결정을 내리고 자립심을 유지하려는 신체적 욕구와 능력을 존중해줌
감정	편안한 방법으로 자신의 감정을 표현하도록 권장
사고(생각)	결정 시 생각하고 반성할 수 있는 시간을 허용
영적	생과 사에 대해 말할 수 있도록 함

환자는 다가올 자신의 죽음을 예측하면서 미리 슬퍼하는데 이것을 '예비적인 슬픔(preparatory grief)' 이라 한다. 이 시기에는 거의 말이 없으며 반응도 별로 보이지 않으므로 조용히 환자 옆에서 함께 감정을 공유하는 것이 도움이 된다.

(3) 호스피스 대상자의 사전동의(Informed Consent)

사전동의란 환자로부터 치료에 대한 동의를 받기 위해서 모든 관련 정보를 제공해 주어 시행될 치료와 처치에 자발적으로 동의하고 협조하는 법적이고 윤리적인 요구 조건을 말한다. 이러한 사전동의에 대한 관심은 생명윤리 연구 대상자들을 위해 시작되었다. 따라서 임상에서 환자들의 검사나 치료를 위한 사전동의의 원리로는 부적합할 수 있지만 호스피스는 적극적인 의료행위를 하지 않고 환자와 보호자에게 질적인 삶을 유지하도록 하고 통증과 증상조절을 위

9 Sr, Wiseman Hanoro, 노인죽음의 이해와 돌봄, 고령친화전문인력육성사업단, p.4

해서만 치료를 하기 때문에 호스피스 환자에게 있어서는 '사전동의'가 더욱 중요하다.

사전동의의 절차는 주치의가 환자와 보호자에게 호스피스 병동에 입원하기 전에 '사전동의서'의 내용을 읽도록 하고, 환자나 보호자의 대리자가 동의서에 서명을 한 후 주치의가 서명을 한다. 이 때 환자를 입원시키는 간호사가 서명한 동의서의 증인이 될 수도 있다. 다음은 '사전동의서' 양식의 예이다.

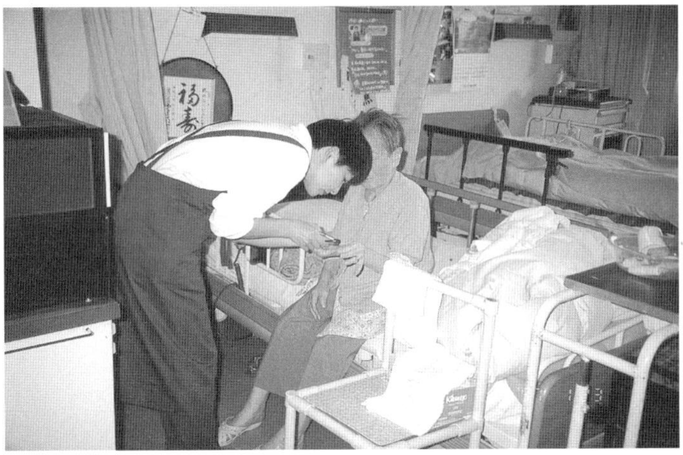

호스피스 대상자와의 상담

〈표 8-5〉 사전동의서 양식

양식 1

사전 동의서(호스피스)

환자이름 : 서 ○ ○ 입원일 : 2009. 2
주 소 : 서울시서초구○○○○
주 치 의 : 이○○

본 병원 호스피스(병동)에서는 환자가 입원하면 자신의 치료방법과 간호에 대하여 스스로 책임 있는 결정을 하도록 권장하고 있습니다.

주치의와 의료팀은 환자의 질병과 예상되는 진행과정에 대해 필요한 정보를 제공하여 성심껏 돕기 위해 준비하고 있으며, 환자의 남은 생애동안 삶의 질을 높이기 위해 신체적, 사회 · 심리적, 영적 도움을 주어 격려와 지지를 합니다.

본 호스피스에서의 모든 치료나 간호는 환자와 보호자 및 가족의 동의에 의해서 이루어지며, 치료방법을 원하지 않을 때는 언제든지 철회할 수 있습니다.

– 동의 내용 –

- 나(환자, 보호자) 서○○는 호스피스(병동)주치의의 진단을 받아들이며, 이에 최선의 가능한 치료와 간호를 받을 것을 요청합니다.
- 본 호스피스에서는 환자를 위하여 편안한 치료제공과 동통완화 및 증상관리를 위해 꼭 필요한 것만 제공함을 이해합니다.
- 호스피스 프로그램에서는 질병의 치료를 목적으로 하지 않으며 회복을 목적으로 한 심폐소생술을 포함한 특수한 치료를 하지 않음을 이해합니다.
- 호스피스팀이 환자를 돌봄에 있어서 가족처럼 도와 줄 것을 의심치 않으며, 나와 나의 가족은 진료를 위한 계획에 적극적으로 동의합니다.

2009 년 2 월 일
신청자 서명(환자, 보호자) 서○○ 인
주치의 서명 이○○ 인
호스피스책임자 서명 김○○ 인

4. 호스피스 프로그램의 표준과 유형

1) 호스피스 프로그램의 표준

호스피스 케어(Hospice care)는 정신적, 신체적 고통을 덜어주고 죽는 날까지 보다 편안한 자세로 살다가 죽을 수 있게 도와주는 것이다. '죽음을 목표'로 하여 치료나 간호를 한다는 것이 무슨 의미가 있을까 하겠지만 호스피스 케어는 죽음예정환자를 보다 편안한 마음으로 신체적 고통을 덜 느끼면서 살다가 죽어갈 수 있도록 진통제 투여, 주사 등을 통해 신체적 고통을 완화시키는 것이다.

1993년 미국 국립호스피스기관(National Hospice Organization)의 호스피스 프로그램의 표준을 보면 다음과 같다.

- 호스피스는 나이, 성, 인종, 국적, 종교, 신체장애, 사회적 지위, 지불능력에 관계없이 말기환자와 가족들에게 완화의료를 제공한다.
- 호스피스 간호에서는 환자와 가족이 한 단위이다.
  잘 훈련되고 숙련된 호스피스 전문가와 자원봉사자팀이 육체적, 심리적, 사회적, 영적 그리고 경제적인 요구를 충족시키기 위해 함께 일한다.
- 여러 분야의 전문가들로 구성된 호스피스팀은 환자치료에 직접적이고 개별화된 계획을 세우고 유지하기 위해 환자의 주치의와 지속적인 협력을 한다.
- 환자가 내원하여 사별할 때까지 가능한 한 가정에 머무를 수 있도록 하는 데에 초점을 두면서 다양하고 적절한 환경에서 안전하고 잘 조화된 완화적이고 지지적인 프로그램을 제공한다.
- 하루 24시간, 일주일에 7일 동안 환자의 치료환경이 바뀌어도 지속적인 간호를 제공한다.
- 환자와 가족의 요구에 일치하는 최상의 간호를 제공하기 위해 호스피스 자원의 적절한 분배와 이용의 책임이 있다.
- 환자와 가족들에게 제공되는 서비스의 포괄적이고 정확한 의무기록을 보관한다.
- 호스피스 조직을 책임지는 통제기관이 있어야 한다.
- 호스피스 서비스의 계획 조직화, 팀원을 구하는 일, 서비스와 조직을 평가하는 일 등을 포함한 호스피스 운영에 책임을 질 수 있는 호스피스 조정자를 위임한다.
- 호스피스 서비스의 효과와 질의 지속적인 평가와 개선을 위한 질보장제도를 확립한다.

2) 호스피스의 유형

우리나라에서 현재 호스피스 활동을 하고 있는 호스피스협회에 등록된 기관 또는 팀은 약 87개 정도이며 전국적으로 확산되어 있다.

일반적으로 호스피스의 활동 형태는 3가지로 분류된다. 첫째, 기관 내에 호스피스 전용 병동을 별도로 설치하여 호스피스 케어를 제공하는 경우, 둘째, 기관 내에 별도의 호스피스 병동이 존재하지 않고 환자별로 호스피스환자를 지정하여 병상이 산재해 있는 경우, 셋째, 환자의 가정을 방문하여 케어를 제공하는 가정방문형이 있다. 이 세 가지 형태는 기관에 따라 한 가지만 제공되기도 하고 두 가지 방식을 동시에 제공하는 경우도 있다. 두 가지 활동을 겸하는 경우를 고려하면 병상을 갖춘 기관이 가정방문 호스피스 케어도 제공하고 있다.

(1) 병원내의 호스피스(Hospice unit with in a hospital)

병원부속형 호스피스라고도 하며 병원내의 일부 병동에서 호스피스 활동을 하는 것으로 의사 및 간호사가 이미 병동에서 호스피스로 준비된 요원이므로 호스피스 목적하에 환자 및 그 가족을 돌보는 체계이다. 일반적으로 병원에서는 기존 의료시스템을 사용할 수 있으며, 기존 의료인력을 훈련시켜 이용할 수 있고 호스피스 간호사가 소진된 경우 쉽게 인력을 대치시킬 수 있는 장점이 있다. 우리나라에는 카톨릭대학교 의과대학 강남성모병원 16병상, 성가 복지병원 25병상, 부천 성가병원 14병상, 카톨릭대학교 성바오로병원 12병상 등이 있으며 자원봉사자들의 활동이 크게 비중을 차지한다.

춘천 성골롬반 의원의 가정 호스피스

미국 99 Sunnyside BlVD에 있는 독립형 호스피스
(최철주, 해피엔드에서 재구성)

(2) 산재형 호스피스(The inpatient scattered-bed consultative model)

병원 내에 각과에 흩어져 있는 호스피스 대상자를 일컫는다. 병원 내에 호스피스 팀이 구성되어 간호를 수행하며 환자들은 주로 내과 병동이나 암 병동에 입원하게 된다. 병상이 남아 있는 경우 빈 병상을 활용할 수 있다는 점이 편리하다. 그러나 다른 환자들과 함께 지내야 되므로 환자가 회복되어 퇴원하는 것을 보는 것이 호스피스 환자에게 심리적 불안을 일으킬 수도 있다. 카톨릭대학교 의과대학 성모병원, 성바오로병원, 의정부 성모병원에서 호스피스과를 별도로 두고 호스피스 팀을 구성하여 실시하고 있으며 대구 카톨릭병원, 부산 카톨릭병원, 목포 성골롬반병원에서는 원목실을 중심으로 활동을 하고 있다.

(3) 가정 호스피스 (Hospice home care model)

일정기간을 두고 내원치료를 하면서 가정에서 가정간호를 필요로 하는 환자와 이미 치료를 포기했으나 경제적인 형편으로 인하여 가정에서 생활하는 환자의 가정을 호스피스 간호사가 직접 방문하여 간호를 제공하는 것이다. 1617년 영국 성빈센트가 자선수녀회를 설립하여 이를 구체적으로 시행한 것이 오늘날 가정 간호 호스피스의 효시이다. 우리나라에서는 1988년 세브란스암센터에서 가정호스피스 프로그램을 시작하였고 현재 운영되고 있는 가정 호스피스의 대표적인 곳은 서울대교구 카톨릭 사회복지회 가정호스피스, 춘천 성골롬반 호스피스, 광주 성요한의원, 이화여대 가정호스피스, 모현호스피스, 춘천 봄내호스피스 등이 있다. 이 모델은 병원의 병상 순환을 도우며 의료비를 절약할 수 있어 많이 권장하고 지원되어야 할 모델이다.

(4) 독립형 호스피스 (Free standing model)

별도의 건물을 가지고 호스피스만을 운영하는 것을 의미하며 대부분은 병원에 부속되어 있으면서 독립된 형태로 운영하는 경우가 많다. 강릉의 갈바리 의원과 샘물 호스피스 등이 있다.

(5)기타

데이케어 센터는 환자를 돌보느라 지친 가족들의 휴식을 위해 병원 내 호스피스팀이 낮 동안 환자를 케어하는 서비스 형태이다.

5. 호스피스 모델과 프로그램

호스피스 프로그램을 운영하기 위한 실제적인 운영조직인 호스피스 모델은 의료자원 및 인적자원, 환자의 상태나 요구도 등의 제반 요건에 따라 달라지기 때문에 전형적인 것은 아니다. 단지 어떤 형태이든지 주어진 조건으로 환자의 요구도를 가장 잘 만족시킬 수 있는 환경을 제공하는 모델이 최적의 모델이 된다. 최적의 모델은 가정이 될 수도 있고 전문 독립기관 병원의 전문부서 또는 종합병원의 여러 전문분야로 이루어진 종합 의료팀이 될 수도 있다. 이 가운데 어느 것이 가장 효율적인 모델인가는 말하기 어렵다. 미국에서 운영되고 있는 대표적인 모델을 소개하면 완전히 독립된 호스피스기관, 큰 병원과 제휴된 독립호스피스기관, 종합 병원 내에 호스피스 유니트(unit)가 개설되어 있는 경우, 병원 안에 호스피스 팀이 있는 경우, 주간진료소, 병원에서 주관하는 가정간호, 간호기관에서 주관하는 가정간호의 모델 등이 있다.

호스피스 프로그램은 환자와 그 가족이 평화로운 가운데 인간다운 임종을 맞이하기까지 통증 완화 및 증상관리, 환자와 가족을 위한 상담, 사별 후 가족 상담을 하며 환자를 위한 의료기구 대여, 데이케어 서비스 및 환자의 정신적 안정을 위한 완화치료요법으로 미술, 음악, 아로마 마사지, 토론 등을 행하며 각종 이 · 미용, 차량봉사 서비스가 이뤄지고 있다.

프로그램의 중점 내용은 사업유형별 혹은 수행 장소 및 구성인력에 따라 차별을 보인다.

호스피스 프로그램은 크게 환자를 위한 프로그램과 가족을 위한 프로그램으로 나눌 수 있으며 ① 통증관리 ② 증상관리 ③ 지지적 서비스(가족지지 모임) ④ 상담기술 ⑤ 상실과 죽음에 대한 영역에서의 교육 ⑥ 신앙적인 자기성숙을 위한 모임 ⑦ 가족이 간호할 수 있도록 기술 훈련 등으로 운영되며, 다양한 접근의 교육프로그램으로 환자와 가족을 돌보고 있다.

다음은 환자를 위한 프로그램과 가족을 위한 프로그램의 일부를 소개한다.

〈표 8-6〉 호스피스 프로그램의 예 1

환자를 위한 프로그램

- 만약 내가 죽음의 과정에 있는 사람이라면 스스로 어떤 도움을 줄 수 있을까
- 만약 나이 어린 자녀가 있다면 죽음에 대해 이야기 해 주어야 할 것인지, 한다면 어떤 방법으로 이야기 해 주어야 할까
- 남은 시간을 어떻게 보내며 정리해야 할까
- 암환자들은 대부분 통증이 있는데 통증은 왜 생기며, 통증조절이 가능한 것인가
- 암으로 인한 여러 가지 불편한 증상은 어떻게 해결할까

가족을 위한 프로그램

- 말기환자를 돌보는 가족의 심리는 어떠한가
- 말기환자를 돌보는 가족의 바램과 요구에 어떤 도움을 줄 수 있을까
- 생의 마지막 단계에서 어떤 증상이 나타나며 환자가 편안해 질 수 있도록 어떤 도움을 줄 수 있을까
- 환자가 임종이 가까워 졌음을 알 수 있는 증세는 어떤 것이 있을까
- 환자의 임종이 예견될 때 가족은 어떤 준비를 해야 할까
- 말기환자를 돌보는 가족을 도와주는 방법은 무엇일까

다음은 강남성모 병원 호스피스의 프로그램이다.

〈표 8-7〉 호스피스 프로그램의 예 2 (강남성모병원)

활동영역	활동내용
의료인 간담회	의사와 간호사의 간담을 통해 환자의 문제와 해결 방안을 함께 의논 (주 1회)
호스피스 전문 분야별 팀 활동	호스피스 전문팀이 함께 환자와 가족의 고통을 덜어줌 월 2회 팀원들이 모여 팀의 고유한 역할로 접근을 계획, 시행 후 정보를 나누며 활동을 평가함 월 2회 호스피스에 관련 문헌 공부, 연구
팀사례 발표	호스피스 팀 모임을 통해 선정된 환자 대상으로 3~4개월에 한 번씩 팀 접근 사례 발표를 시행(년 3~4 회)
가족교육 및 지지모임	입원중인 환자가족들에게 호스피스 교육을 실시 환자가족과 의료진과 봉사자와의 대화의 기회를 가짐(월2회)
Day Care (주간호스피스)	낮 동안 호스피스 대상 환자들에게 여러 가지 프로그램을 제공(주2일)
가정호스피스	통증 조절이 잘되고 환자 상태가 안정적인 경우 퇴원을 계획하고 가정 간호를 연계함 전문 간호사와 봉사자의 가정방문을 통해 도움을 줌
휴식간호 (Respite Care)	환자의 가족이 휴식할 수 있도록 자원봉사자가 보호자의 역할을 함 몇 시간, 낮 동안, 혹은 며칠을 가족처럼 환자를 돌봄
사별가족 돌봄	사별 후 유가족을 위한 프로그램을 제공 - 유가족의 고통, 슬픔 극복을 도움 - 사별로 인한 충격 약화 - 가족 구성원의 균형과 안녕을 유지케 도움 - 가족의 위기와 질병 예방 - 사별 전의 정상적인 삶과 새로운 삶을 살도록 도움 2~3개월에 한 번씩 카드, 전화로 안부를 전함 월1회 그룹모임을 통해 연미사와 나눔의 시간을 가짐 매년 5월과 11월에는 사별하신 가족(사별한 지 1년 이내)을 초대하여 다양한 프로그램 제공(사별 극복의 체험을 함께 나누고 슬픔을 극복하도록 도움)

〈표 8-8〉 주간호스피스 프로그램 예 3 (강남성모병원)

대 상	• 가족이 개인적인 사정으로 환자를 몇 시간 맡기고 싶을 때 • 가정에서 외롭게 지낼 때 • 호스피스에 대한 정보를 알고 싶을 때 • 외래 진료 대기 중에 잠시 동안 쉬고 싶을 때
프로그램	• 외래진료 보조 • 상담, 영적 돌봄 • 신체간호 – 목용, 미용, 샴푸, 마사지 • 작업요법 – 붓글씨, 그림, 도예, 종이접기, 꽃꽂이 • 레크레이션 – 비디오, 노래, 장기, 바둑, 산책, 소풍 • 이완요법 – 율동, 명상, 심호흡, 음악감상, 기도, 성가, 편지쓰기, 향기요법

6. 호스피스 팀원과 현황

1) 호스피스 팀원

호스피스 활동은 다른 건강 체계와는 달리 여러 분야의 전문가들로 구성된 호스피스 팀의 통합적인 노력을 통해 대상자를 돌본다. 팀의 구성은 전문직과 비전문직 요원이 한 팀을 이루어 서로 협동하여 임종환자를 돌보게 되며 팀원들은 임종환자가 남은 여생동안 그들과 그들의 가족이 경험하는 신체적, 정신적, 영적, 사회적, 스트레스로 인해 야기되는 다양한 문제들을 보다 효과적으로 완화, 지지한다. 또한 환자의 욕구를 효율적으로 해소하기 위하여 적절한 계획을 유지 발전시키며, 정보를 교환하기 위한 모임을 통해 역할 조정을 함으로서 최선의 서비스를 제공한다.

호스피스 팀원은 행정가(또는 조정가), 의사, 간호사, 정신과 의사, 사회사업가, 자원봉사자를 비롯하여 물리치료사, 영양사, 약사, 작업치료사 및 환자와 가족은 물론 환자에게 있어서 중요한 사람까지 포함된다.[10]

(1) 호스피스 행정가 (조정자)

여러 팀원의 활동을 조정하게 되고 호스피스 요원의 활동을 감독하고 조정하며 호스피스 간

10 노유자외 공저 (1994), 호스피스와 죽음, 현문사, p.115-161 인용

호도 직접 제공하고 호스피스 팀 회의를 주관한다. 자격은 슬픔에 경험이 있으며 증상과 조절에 대한 교육과 훈련을 받은 자로서 암병동 근무 경력 간호사가 적당하다.

(2) 의사

호스피스 의료 책임자로서 치료적인 면보다는 환자에 대해 지지적이며, 완화를 위한 계획을 세우고 증상을 관리하고 호스피스에 참여하는 다른 의사를 돕고 의료인과 호스피스 요원을 교육시키고 계획을 세운다. 자격은 의사로서 암전문의, 내과 전문의, 가정의학 전문의로 말기환자 치료나 임종환자에 대한 경험이나 흥미를 가진 자, 종양학에 대한 지식, 말기환자와 관련된 통증과 증상 조절의 전문이라야 한다.

(3) 호스피스 간호사

환자와 가족에게 기본적인 신체 간호를 제공하고 통증과 증상을 조절한다. 필요할 때마다 언제나 환자의 요구에 응하며 직접 간호를 제공하고 가족이 가정에서 환자를 돌볼 수 있도록 지도하며, 정보 제공 및 상담도 한다. 또한 간호조무사와 자원봉사자의 일을 조정하고 감독하며 환자와 가족 그리고 다른 팀 구성원 사이에서 중개 역할을 담당한다. 또한 사별가족을 돌본다. 자격은 간호사로 말기 암환자 간호 경험이 있고 3년 이상 임상 경력이 있어야 한다.

(4) 사회복지사

호스피스는 초기부터 지속적으로 평가한 환자와 가족의 심리사회적 요구를 토대로 사회복지 서비스를 제공한다. 사회복지사는 환자와 가족을 도울 수 있는 지역사회 기관과 연계하여 다음과 같은 서비스를 제공한다. ① 최상의 대처전략을 수립하고 지역사회 자원을 평가하고 이를 동원한다. ② 경제적, 법적 및 보험에 관련된 문제를 해결 할 수 있도록 지원한다. ③ 환자와 가족이 사별과 상실에 대한 고통을 극복할 수 있도록 상담하며 추후관리서비스를 제공한다. ④ 호스피스 완화의료팀과의 지속적인 의사소통을 통해 관련 정보 및 자문을 제공한다. ⑤ 자원봉사자의 활동을 관리 및 지도한다.

자격은 사회사업가로 건강관리 전달체계 내 또는 지역사회 업무 망에서 상담자로서의 경험이 있고 사회사업가의 원칙과 실무지식이 있는 사람이어야 한다.

(5) 자원봉사자

환자가 삶의 가치와 주체성을 갖도록 정서적으로 지지하고, 환자에게 참여의 기회를 제공한다. 이를 위해서 그들이 하는 일은 환자와 조용히 함께 앉아 있거나, 레크레이션이나 사회적 활동을 하는데 보조해 주고 가족들이 휴식 시간을 갖도록 주선하기도 한다. 또 외래 방문이나 상점 등 가야할 곳에 동반하고 교통수단을 해결해 주기도 하며 환자 주변을 정리 정돈해 주고 사무처리도 돕는다. 장례식에 참석하고 필요하다면 사별간호를 돕기도 한다.

(6) 기타

영적상담사, 간호조무사, 치료사(물리치료사, 언어치료사, 작업치료사, 음악치료사, 미술치료사 등), 영양사, 약사, 환자와 환자가족을 팀원으로 한다.

특히 영적상담사는 호스피스 전 과정에 걸쳐 환자의 영적관심과 요구를 평가하여 서비스를 제공한다. 환자와 가족에게는 종교에 부합하는 적절한 영적상담과 종교적 서비스를 제공하고, 팀원과 환자와 가족에게 적절한 교육과 자문을 제공하며 영적지지를 한다. 또한 종교단체에 환자와 그 가족을 소개하며 호스피스 팀원을 대표하여 호스피스 프로그램을 지역사회 공동체에 소개하기도 한다. 유가족을 돌보는 일을 지도할 수 있으며 윤리적인 측면에서도 의사결정의 숙련가이어야 한다.

〈표 8-9〉 호스피스 팀원과 활동 영역

구분	활동영역
의사	질병에 따라 통증조절, 증상관리 등의 치료와 병의 진행과정, 예후 등 전반적인 환자 상태에 대하여 가족과 함께 상의하며 치료
간호사	호스피스 간호에 대한 주요 책임자이며 말기환자를 위해 전문적 지식과 경험을 바탕으로 돌봄의 서비스 제공
사회복지사	환자, 가족, 직원의 정서 및 사회적 지지를 제공하며, 환자의 경제 문제를 돕고 지역사회 자원 동원의 역할 수행
영적상담가	환자, 가족 및 분야별 전문요원의 영적상담을 제공하며 종교를 최대한 존중하여 자신의 신앙 안에서 임종을 준비할 수 있도록 지원함
약사	통증조절과 증상완화를 위한 조제 및 투약을 담당하며 이를 위해 지속적인 연구 수행
영양사	환자 식이에 대한 상담 및 지도
자원봉사자	환자, 가족을 지지하고 우정을 나누며 실제적인 도움을 줄 뿐 아니라 프로그램 관리와 발전에 보조적인 역할 수행

(2009, 재정리)

2) 호스피스 현황

(1) 활동 인력 현황

한국보건산업진흥원에서 실시한 보고 내용에 의하며 우리나라 호스피스 기관들의 활동 인력은 기본적인 구성원인 의사, 간호사, 사회복지사, 성직자, 자원봉사자, 간호조무사, 약사, 영양사, 의료기사 등으로 구성되어 있다. 대부분의 기관은 호스피스 기본 인력을 갖추지 않은 채

활동하고 있으며 기관별 각 인력이 한 달 동안 활동하는 시간은 간호사가 가장 많고 다음으로 자원봉사자, 성직자, 의사, 사회복지사의 순이다.

(2) 환자현황

환자규모는 기관에 따라 차이가 크다. 기관 당 월 평균 케어 환자 수는 입원의 경우 최소 2명에서 최대 45명까지 돌보고 있으며, 가정방문의 경우 최소 0.5명에서 최대 40명까지 분포한다. 환자의 주된 질환은 93% 이상이 암이고, 그 다음으로 순환기계 질환, 사고, 후천성 면역결핍증(AIDS)등의 순이다. 서비스가 종결되는 시점은 사망하거나 임종을 위해 가정으로 귀가하거나 다른 의료 진료를 받기 위해 타 기관으로 옮긴 경우이다.

(3) 재정현황

병원의 호스피스 병동 및 팀을 운영하는 형태에서는 현행 행위별 수가 체계를 적용하여 환자로부터 진료비를 받고 있고, 의원급 의료기관 및 독립시설형으로 운영하는 형태는 대부분 무료로 운영하고 있다.

호스피스 기관들의 운영에 필요한 재원조달 방법은 각종 기부금에 의한 방법, 기관예산 및 환자진료비에 의한 방법, 종교단체 지원에 의한 방법으로 운영되고 있다. 우리나라 호스피스 활동은 주로 종교적 이념에 의한 봉사적 차원에서 이루어지므로 기관의 운영과 관련되는 재정적 문제는 다른 의료서비스에 비해 상대적으로 덜 쟁점화 되어있다.

(4) 시설현황

호스피스 시설로서 호스피스 병동은 1개 병동의 규모로 운영되고 있으며 10~25병상까지 범위가 넓다. 병원 내 호스피스 병동의 경우 기존 일반병동을 호스피스 병동으로 사용하는 경우가 대부분이다. 하지만 호스피스 환자는 일반적으로 간호요구도가 높고 거동이 불편하여 휠체어를 사용해야 하고 일상활동을 위한 개인 사물함 등의 설치가 요구되므로 현재의 병실면적으로는 협소한 편이다. 상담실, 종교실, 자원봉사자실은 모든 기관에 설치되어 있다. 그러나 특수 목욕시설, 장애인 화장실, 임종실, 옥외정원등은 전혀 갖추고 있지 못하다.

호스피스가 말기 환자를 대상으로 하므로 1년간 암 사망자 수 5만 여명을 감안하면 현재의 기관으로는 그 필요를 충당하지 못한다고 할 수 있다. 다시 말해 병원 내 호스피스 병동은 대부분 일반 병동을 활용하고 있기 때문에 호스피스 케어의 목적을 충분히 달성하기 어려운 실정이고 적절한 호스피스 서비스를 제공하기에는 전용시설이 미흡하다.

현재 우리나라의 전국 호스피스 기관은 2004년에 74개소에서 2007년에는 87개소로 늘었다. 그 외에 활동 중인 비의료기관까지 합치면 약 150곳이 넘는 것으로 파악되고 있다.

(5) 케어 현황

3차 진료기관을 비롯한 병원급 의료기관에서는 병상 산재형으로 운영하고 있는데, 호스피스 환자의 경우 의료적 요구는 극히 낮으므로 3차 진료기관 같은 기본비용이 높은 기관은 케어 장소로 적합하지 않다. 말기환자가 효과적인 비용으로 호스피스 케어를 받기에는 가정형이나 독립시설형 호스피스가 더 바람직하다. 그런 이유 때문에 미국에서도 가장 크게 성장한 형태가 독립시설형과 가정형 호스피스다.

7. 우리나라 호스피스의 문제점

첫째, 호스피스에 대한 법적, 제도적 지지가 미흡하다. 우리나라는 호스피스 활동에 대한 재정적 지원체계가 미흡하고 법적으로 호스피스를 정식으로 인정하는 법과 프로그램이 없다. 그러한 이유 때문에 호스피스가 주로 통증이 심한 말기 암환자가 대상임에도 불구하고 통증완화를 위한 마약사용에서 제제를 받을 수밖에 없다. 현재 우리나라는 통증완화를 위한 국가정책은 있으되 건강보험제도 내에서 제한적인 양의 허용으로 간접적으로 마약사용을 규제하고 있어 말기환자에게는 접근성이 낮으며, 의사의 교육 부족으로 인하여 통증의 고통에서 해방되지 못하고 있어 말기 케어에 대한 통증완화계획 수립이 필요하다. 또한 말기 환자에 대한 호스피스 서비스의 비용-효과 분석이 미비하여 호스피스에 대한 적절한 건강보험 수가 및 기준이 마련되어 있지 않아 건강보험의 혜택을 받지 못하고 있다. 한 개인이 호스피스 기관을 설립하려 해도 적용할 적절한 법규가 없는 실정이다. 호스피스 운영은 일반 병동에 비하여 인적 자원과 넓은 시설이 필요하기 때문에 의료 원가가 상당히 높아 현행 건강보험 체계로는 충당하기 어렵다. 현행 호스피스 수가는 별다른 기준이 마련되어 있지 않아 일선 기관들은 행위별 수가제를 준용하고 있다. 게다가 완화케어 서비스에서 중요한 환자 및 가족에 대한 포괄적 평가, 사회복지사의 서비스, 가족의 사별관리, 24시간 상담 서비스 등의 서비스 수가가 마련되어 있지 않다. 부족한 재원을 충당하기 위해 유럽의 국가들처럼 기부금이 사회적 관행으로 정착되지 않은 우리나라 실정에서는 호스피스 운영을 위해서 재정적 적자를 감수할 수밖에 없는 실정이다.

둘째, 공급구조의 비체계성으로 호스피스 기관이 필요에 미치지 못하고 있다. 호스피스는 고도의 치료기술을 요하지 않고 통증 및 증상조절을 위한 완화의료를 제공하므로 3차 진료기관이 아닌 여타 다른 기관에서도 충분히 관리할 수 있다. 그러나 우리나라는 호스피스 기관 중 3차 진료기관이 차지하는 비율이 25%정도나 된다. 이는 우리나라 1년간 암 사망자수 5만 여명을 감안 해 볼 때 호스피스기관의 수도 부족한데다 의료자원을 효율적으로 이용하고 있지 못한 비체계성을 보여주고 있다. 또한 3차 의료기관, 가정호스피스 전문기관과의 연계 같은 말기암 환자를 위한 전달체계 확립을 위해 국가의 적극적인 관리 시스템 및 지원체계가 정비되어 있지 않다. 따라서 말기암환자 관리의 질적 향상과 효율적인 연계를 도모하기 위해서는 가장 먼저 정부의 예산지원과 제도적 정비가 절실히 필요하다.

셋째, 호스피스 프로그램이 표준화되어 있지 않다. 호스피스의 개념이 도입된 지 30년이 지났지만 체계를 갖추지 못하고 있어 각 기관의 자발적 의지에 따라 시혜적인 차원의 서비스 활동만을 해왔다. 그러다보니 표준화된 호스피스 프로그램이 아닌 각 기관의 상황이나 형편에 맞게 자의적으로 진행하고 있어 인력이나 구성, 훈련사항, 환자구성, 서비스 내용 및 평가에서 큰 차이를 보이고 있다. 이러한 비표준화는 재정적 어려움으로 이어지고 있다.

넷째, 의료계의 문제점을 들 수 있다. 의사들의 참여가 미흡하기 때문에 대부분 호스피스 기관에서는 환자의 증상을 적절히 조절하지 못하고 간호사들의 노력으로 부분적인 증상조절만을 하고 있는 실정이다. 의사를 제외하고도 호스피스 팀의 구성이 제대로 이루어져 있지 않아 도움을 받을 수 있는 종류가 제한되어 있는 것도 문제이다. 또한 의학교육이 질병을 치료하여 인간의 수명을 연장하는 방향으로 향해 있기 때문에 대부분의 대학에서는 완치되지 못하는 질환을 가진 환자들의 고통을 어떻게 도울 수 있는지에 대한 체계적인 교육을 하고 있지 않다. 더불어 윤리적 문제로 무의미한 치료중단과 안락사에 대한 사회적 합의가 이뤄지지 않아 의료기술에 집착하는 것이 의학적 구분과 윤리적인 판단사이에 갈등을 주고 있다.

다섯째, 호스피스에 대한 올바른 지식과 정보가 대중에게 잘 알려져 있지 않다. 대중들은 호스피스에 대해 잘 알지 못하고 있으며, 알고 있다해도 종교적 차원에서 곧 죽음을 맞이할 환자를 수용하는 시설정도로 생각하고 있다. 따라서 호스피스의 도움이 필요할 것으로 판단되어 권유하여도 대부분이 기피하고 있다. 한편으로는 환자나 그 가족이 호스피스에 도움을 받고자 해도 적절히 도움받을 수 있는 호스피스를 찾기가 쉽지 않다. 이러한 현실에서는 호스피스 운영을 위한 기금을 모금하거나 제도화를 위한 여론 형성이 어렵다.

8. 호스피스 당면과제

1) 현대 호스피스의 당면과제[11]

현대에는 노인인구의 증가와 함께 말기질환자의 수가 증가하고 있어 호스피스에 대한 사회

11 Corless, I. B., Germino, B. B. &Pittman, M. A.(1995), A challenge for Living: Dying, death, and bereavement, Boston: Jones and Bartlett

적 요구도 매우 증가하고 있다. 그러나 현실적으로는 호스피스가 보편화, 일반화되지 못하고 있다. 이를 위해서 선행적으로 해결해야 할 과제를 코레스(Coress, etc, 1995)이 현대의 호스피스가 직면하고 있는 과제를 다섯 가지로 제시하고 있다.

첫째, 호스피스 서비스를 원하는 환자 누구나 이용이 가능한가에 대한 문제이다. 현실적으로 호스피스 서비스가 사회 인구학적 배경이나 질병의 유형에 관계없이 소외되지 않고 공평하게 이용가능한지에 대한 접근성이 문제이다.

둘째, 영적 보호에 관한 문제로 삶의 영적인 측면에 관련하여 그것이 보호되거나 돌보아지고 있는지에 관한 문제이다. 즉 개인이 자신을 초월하는 영역과의 연계가 호스피스에 의해 적절하게 전달되고 해결되어지는가에 대한 문제이다.

셋째, 호스피스 치료를 위해 증가하는 국가차원의 예산과 비용 및 그에 따른 효율성과 관련된 문제를 어떻게 할 것인가이다.

넷째, 호스피스 개혁 및 혁신의 문제로 호스피스를 어떻게 확대하고 새로운 서비스를 기존 서비스에 어떻게 보충할 것인가와 관련된 문제다. 현실적으로 행해지는 호스피스 프로그램의 다양성과 전문성의 활성화 등에 관한 노력을 포함한 문제이다.

다섯째, 현재 호스피스에서 논쟁의 이슈로 떠오르고 있는 삶의 질, 안락사 등에서 호스피스 치료가 담당하는 역할은 무엇인가와 관련된 문제다. 호스피스가 의학적 선택사항으로 환자의 선호도에 따라 적용될 경우 전문적이고 총체적인 서비스가 가능할 것인가에 관한 의문사항이 제기될 수 있다.

2) 우리나라 호스피스의 당면과제

우리나라 호스피스가 발전하기 위해서는 호스피스 프로그램이 사회에서 수용될 수 있도록 지속적이면서도 체계적인 노력이 필요하다. 노력과 함께 다음과 같은 과제를 해결해야 한다.

첫째, 한국인의 죽음관 및 임종에 대한 이해가 외국의 죽음관과는 다르므로 우리 문화와 사회, 그리고 전통에 맞는 새로운 호스피스 서비스를 연구 개발하여야 한다. 호스피스는 사회적 요구로 하나의 개념이며 사회적 운동으로 이 운동을 효율적으로 이루어지게 하기 위해서는 국가와 사회의 모든 기관의 도움과 대중의 호스피스에 대한 이해가 있어야만 한다. 이를 위해서는 무엇보다 우리나라 호스피스에 대한 현황이 잘 분석되어야만 우리의 문화적, 종교적, 사회적 전통과 현실에 맞는 호스피스 프로그램을 개발할 수 있을 것이다.

둘째, 부족한 사업인력 확보를 위해 관련 전문단체의 참여를 통한 호스피스 교육과정이 개설되어 교육이 실시되어야 하겠다. 특히 우리나라는 호스피스 의사의 적극적인 참여를 유도하기 위해 가정의학 전공의 수련과정에 호스피스 교육프로그램을 개설하고 의과대학에서는 완화교육을 정규 교과과정으로 하여 의료인 교육 및 홍보를 하여 의료인의 적극적인 참여와 인식의 변화를 유도하는 것이 필요하다. 또 호스피스 팀원을 전문적으로 훈련시킬 수 있는 기관도 양성되어야 하겠다.

셋째, 아직까지는 호스피스를 위한 관련법이나 제도가 없는 상황이다. 그래서 호스피스 관련기관 운영비 마련이 시급하며 이를 위해 호스피스사업 지원기관을 국가에서 선정하여 지원하고는 있으나 체계적이고 장기적인 국가관리 시스템 및 지원체계의 정비가 필요하다. 그리고 사업설치를 확보하기 위해 가정중심이나 독립시설 호스피스 개설이 시급하므로 사회복지법인의 형태로 제도화하는 것도 남은 과제이다. 또한 완화케어에서 빼놓을 수 없는 것이 통증관리인데 이를 위한 마약법 개정이 반드시 필요하다. 그리고 호스피스의 특성상 통증을 포함한 말기 환자의 육체적 증상들을 적극적으로 해결하는 동시에 환자가 영적, 사회적, 경제적, 문화적, 정신적 문제들을 포괄적으로 해결해야 하므로 의학적 측면과 사회복지적 측면을 모두 가지게 된다. 이에 적절한 법적 뒷받침을 위해서는 의료적 측면은 의료법으로 사회복지적 측면은 사회복지법의 테두리에서 해결되는 것이 타당하다. 어느 한쪽의 법만 가지고 양쪽 측면을 해결하기에는 적합지 않은 점이 있으므로 두 가지 모두를 포괄하여 발전하는 것이 바람직 할 것이다.

넷째, 지금까지는 사회에서 호스피스에 대한 사회적 합의를 이끌어 내지 못했다. 이러한 합의에 도달하기까지는 많은 방법과 많은 시간을 요하지만 가장 먼저 할 수 있는 일이 죽음준비교육일 것이다. 죽음준비교육을 건강 · 간호 · 복지 · 심리 등의 관련 대학 교과과정에 필수과목으로 다루고 평생교육차원에서 대중에게 교육시키는 것이 필요하다.

다섯째, 호스피스를 활용할 수 있는 재원의 한계로 인해 체계화된 서비스로 정착되기 어려운 문제를 해결하기 위해서는 의료보험 급여 대상에 호스피스 서비스를 포함시키는 것이 가장 합리적인 방안이므로 이를 제도화 시키는 일이 남은 과제이다.

〈표 8-10〉 현대 호스피스 과제와 한국호스피스의 과제 간 비교

현대 호스피스의 과제	한국 호스피스의 과제
• 누구나 공평히 이용가능한가 • 영적인 측면에서 돌보아 지고 있는가 • 예산과 비용에 따른 효율성 문제 • 호스피스 개혁 및 혁신의 문제 • 안락사, 삶의 질에 따른 호스피스의 역할	• 한국에 맞는 호스피스 서비스 연구 개발 • 부족한 사업인력 확보를 위한 교육 필요 • 호스피스 관련법이나 제도 마련 시급 • 죽음교육을 통한 호스피스에 대한 국민적 합의를 이끌어 내는 문제 • 의료보험 급여에 호스피스 서비스를 포함시키는 문제

(2009, 재요약)

9. 완화케어(Palliative Care)[12]

우리나라에서는 매년 약 20만 명이 사망하고 있으며, 사망 원인 1위는 암이다. 매년 12만 여 명의 암환자가 새로 발생하고 이 중 6만 5천여 명이 사망하고 있다. 말기 환자와 가족이 통증 및 죽음의 고통으로 삶의 질에 심각한 위기를 겪고 있는 현실에서 적절한 대책이 시급하다. 그러나 현실은 통증이 충분히 관리되지 못하고 있든지 민간요법에 의존하며 가정에 방치되기도 한다. 특히 2, 3차 의료기관의 응급실이나 병실 혹은 중환자실에서 임종을 맞는 경향이 늘어나고 있어 병원 사망률이 1998년 12.8%에서 2001년 39.9%로 급격히 증가하였고 점차 병원사망률이 가정 사망률 보다 높아지고 있다. 말기암환자의 경우 사망 전 1년 간 의료비 중 총 진료비의 64.4%가 3차 의료기관에서 발생하며, 특히 총 입원 진료비의 79.4%가 3차 의료기관에서 발생하고 있음은 주목할 일이다. 또한 사망에 가까워질수록 의료비 지출이 급증하는데 특히 사망 2개월 전부터 의료비가 급증한다. 한 예로 일본의 경우 말기 환자의 임종 시간을 3시간 늦추는데 드는 비용이 100만 엔(약 1,000만 원)이나 든다. 최근에는 회생 불가능한 환자에 대한 치료중단이 수동적인 안락사로 인식되는가하면 적극적인 진료는 과잉진료라는 오해를 받는 현실에서 윤리적 갈등과 함께 생명과 죽음에 대한 사회적 가치관에 혼란이 일고 있다. 이러한 현상은 말기 환자 관리에 대한 사회적 이해와 합의의 부족과 함께 합리적인 제도가 뒷받침되어 있지 못하기 때문이다. 이러한 변화에 대한 대안으로 완화케어를 소개하고 앞으로 우리가 나아가야 할 바를 생각해 보고자 한다.

1) 완화케어의 개념

초기의 호스피스는 여행자, 병든 환자 혹은 임종환자를 돌보는 활동이었는데, 영국 의사인 샌더스(Dame Cecily Saunders) 박사가 현대의학을 호스피스에 접목시킴으로써 현대적 의미의 호스피스 · 완화케어의 개념을 확립하게 되었다. 기존 호스피스의 개념에 말기환자에 대한 의학적인 치료와 연구를 더 발전시켜 완화케어라는 전문분야가 생겨나게 된 것이다.

완화케어의 정의는 질병의 완치가 목적이 아닌 임종이 예상되는 환자와 가족들이 질병의 마지막 과정과 사별기간에 접하는 신체적, 정신적, 사회적, 영적문제를 해소하기 위해 제공되는 전인적인 의료를 말한다. 또한 투병 중 발생하는 통증 및 증상완화가 필요한 환자에게 의사가 제공하는 적극적인 의료이다. 여기에서 말하는 '의료'는 신체적, 정신적, 사회적, 영적 측면

12 우리나라는 아직 죽음관련 용어에 대한 전문가의 합의가 이루어지지 않았다. 호스피스, 완화치료, 완화의학, 말기치료 등은 모두 같은 의미로 사용되나 그 내용과 강조점은 조금씩 따르다. 이 글에서는 Palliative care(완화케어)라는 용어로 통일하여 사용한다.

모두를 포함하는 포괄적인 의미로 사용된다. WHO는 1990년 완화의학을 "완치가 불가능한 환자에 대한 적극적이고 총체적인 돌봄으로 통증과 다른 증상들, 심리적, 사회적, 그리고 영적인 문제의 조절이 주가 되며, 완화의료의 목표는 환자와 가족들이 최상의 삶의 질을 성취하는 것"이라고 정의하고 있다.[13]

우리가 흔히 혼돈되어 사용하고 있는 말기치료, 호스피스, 완화치료, 완화의학이라는 용어는 그 내용과 강조점이 조금씩 다르며 그 차이점은 다음과 같다.

말기치료는 죽음이 예견되는 환자를 말기시기에 돌보는 치료이고, 호스피스는 말기치료와 죽음 및 사별까지 포괄하여 돌보는 치료이다. 완화치료는 호스피스뿐만 아니라 항암제 등을 사용하는 생명 연장치료를 포함한 포괄적 치료라 할 수 있고, 완화의학은 완화치료를 현대 의료체계에 받아들여 의학의 한 분과로 독립시킨 의료활동의 한 분야이다. 따라서 완화케어라는 의미는 완화의료라는 의료행위 외에 돌봄(care)의 개념을 좀 더 많이 포함하고 있는 호스피스를 강조하기 위해서 사용하게 된 용어이다.[14]

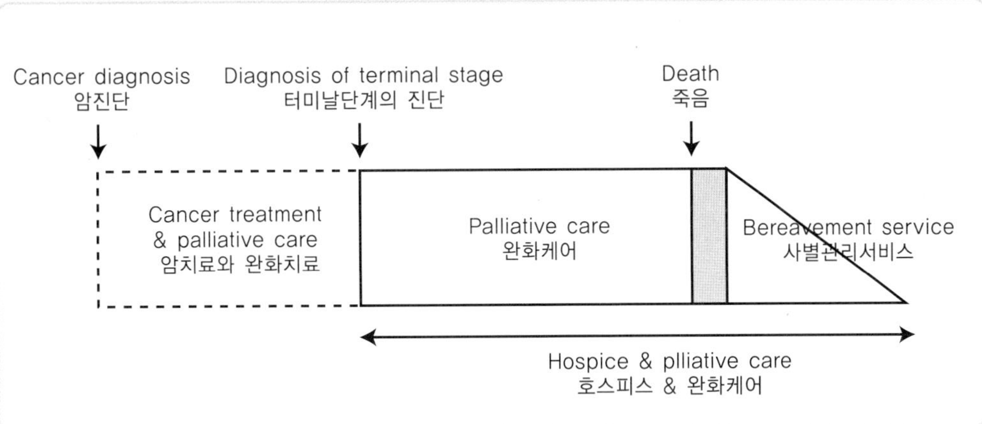

〈그림 8-1〉 호스피스와 완화케어서비스의 time table

완화케어와 현대의학의 차이점은 현대의학이 지향하는 질병으로부터 인간의 생명을 지키거나 또는 인간의 수명을 연장시키려한다면, 완화케어는 환자와 가족들이 질병의 마지막 과정과 사별기간에서 나타날 수 있는 신체적, 정서적, 사회적, 영적 측면을 모두 포괄하기 위해 제공되는 전인적인 의료이다.

13 최윤선 (2000), 호스피스 · 완화의학, 고려대학교출판부
14 이경식 (2001), 호스피스교육자료집, 호스피스와 완화의료, p.27

〈표 8-11〉 현대의학과 완화케어의 차이점

	현대의학	완화케어
의료 태도	의사중심 프로그램	환자중심 긍정적 프로그램
치료 목표	원인 치료	증상 조절
치료 내용	신체치료 중심	전인의료
치료자	의사	팀접근
치료장소	병원	가정

(2009, 재정리)

2) 완화케어의 구성요인

완화케어의 필수 구성요소로는 증상조절, 재활, 사별에 대한 지지, 연구, 효과적인 의사소통, 치료의 연속성, 교육 등이다. 증상조절에 있어 특히 암환자의 60~70%가 적절한 통증치료를 받지 못해 고통을 받고 있다. 그러나 완화케어의 발전으로 암 환자의 통증을 모르핀 등 마약제를 사용하여 적극적으로 치료함으로써 80~90%에서 통증 조절이 가능한 것으로 보고되었다. 통증조절이 안될 시 환자뿐만 아니라 가족들까지 심한 고통을 받게 되며 환자의 삶의 질에 나쁜 영향을 미친다.

3) 완화케어의 프로그램 현황 및 내용

세계보건기구는 완화케어를 말기 암 환자의 삶의 질 향상을 위한 대안으로 제시하고 있다. 대만의 완화의료조항(The Hospice and Palliative Act)에는 완화케어에 대한 정의, 호스피스 의료 신청절차 및 요건, 심폐소생술 시행거부 요건, 의사의 완화의료 사전 고지의무 및 기록보존 등에 관해 자세히 규정하고 있다. 또한 말기환자가 될 경우 완화케어 수용에 대한 생전유언카드(Living Will Cards)를 작성하도록 되어 있다.

완화케어 프로그램의 내용으로는

삶과 죽음을 자연스러운 과정으로 인지하고, 죽음을 재촉하거나 연장하지 않는다.

- 통증과 다른 불편한 증상을 제거시키며, 심리적, 영적인 간호를 제공한다.
- 환자가 임종 할 때 까지 가능한 한 활동적으로 살 수 있도록 돕는다.
- 유병기간과 사별 후에도 가족들이 대처할 수 있도록 지지해주는 것이 포함된다.[15]

15 최윤선 (2000), 호스피스 · 완화의학, 고려대학교출판부

4) 완화케어의 문제점

(1) 완화케어 제도화

제도적 차원에서 현재의 완화케어 서비스는 시혜적인 차원의 서비스만 제공되고 있고, 완화케어 대상자, 시설, 인력, 교육 서비스 내용 등이 표준화 되어 있지 않으며, 말기 환자 관리를 위한 의뢰체계 확립 등 국가적인 관리 및 지원체계가 없다.

(2) 완화케어 보험급여

완화케어는 말기 환자들의 삶의 질을 높이고 인간으로서의 존엄성을 유지하며, 그들의 고통을 덜어주는 사회복지제도임을 감안할 때, 국민 건강 보장의 차원에서 완화케어에 대한 수가가 빠른 시일 내에 제정되어야 할 문제이다. 이 문제에 대해 보건복지가족부에서 2007년 건강보험 심사 평가원에 호스피스 수가에 대한 Task Force팀을 구성하여 수가 결정에 대한 조사를 시행하였고, 2008년 2월에는 완화케어 제도화의 출발인 의료보험수가 결정을 위한 공청회가 개최되었으나 아직도 논의 중에 있다. 또한 2009년 10월부터 1차 완화케어 시범사업이 실시되어 서비스 표준화와 호스피스 서비스 활성화 방안을 모색하게 된다.

(3) 사회적 공감대 형성

사회 · 문화적 측면에서 말기 환자들의 신체적, 정신적, 사회적 고통을 해결하고 품위 있는 죽음을 맞이할 수 있도록 하는 임종 관리에 대한 논의와 공감대가 이루어져 있지 않다.

2008년 9월에 실시한 '품위 있는 죽음에 대한 대국민 인식조사' 에 의하면 84.6%가 호스피스, 완화케어 이용의향을 밝혔는데, 이는 2004년 57.4%에 비해 높아진 수치이다. 또한 '말기상황에 처했을 경우 본인이 말기상황임을 정확히 알아야 한다' 에 92%가 찬성했으며, '완화케어에 대한 설명을 의무화해야 한다' 에는 87.6%가 찬성했으며, '무의미한 생명연장치료를 중단함으로서 자연스러운 죽음을 받아들이는 존엄사' 에 87.5%가 찬성함으로서 이제 우리 국민 의식도 변화하고 있으며, 이에 맞는 합리적인 제도를 필요로 하고 있음을 알 수 있다.

(4) 완화케어의 과제

다음으로 완화케어가 해결해야 할 과제와 발전방향이다. 우선 환자들의 권리를 보장하는 제도의 마련이 필요하다. 의료 현실에 맞는 완화케어의 적정진료를 보장하고, 사전의사결정제도(Advanced Directives), 호스피스법(Hospice Act), 자연사법(Natural Death Act)등과 같은 기존의료체계 내의 진료와 완화치료 중에서 환자 스스로 선택할 수 있도록 함으로서 환자들의 권리를 보장할 수 있다. 또한 환자와 가족의 대부분이 완화케어 제도화의 필요성을 인식하고 있고, 또 그것을 이용할 의사가 있으므로 앞으로는 전인적 진료, 철저한 통증 관리 등 증상 향상이라는 인도주의적 측면과 의료비용의 효율적 이용이라는 경제적 측면 모두를 생각한 정책이 필요하다. 이러한 정책이 실현될 때 인간이 죽음을 보다 품위 있게 맞이할 수 있으며 무의미한 치료의 연장과 안락사 등과 같은 치료의 중단 사이에서 일어나는 윤리적인 갈등을 해결할 수 있을 것이며, 재원을 보다 잘 활용하게 됨으로서 사회경제적으로 긍정적 효과를 나타낼 수 있을 것이다.

제 4 부
죽음관련 이슈

제9장 안락사와 존엄사

- 안락사의 정의
- 안락사의 유형
- 안락사 논쟁
- 안락사에 대한 각국의 입장
- 안락사의 과제
- 존엄사의 정의
- 존엄사의 현황
- 환자의 알 권리
- 안락사와 존엄사의 차이

죽음을 생각하는 것이야말로 무언가 잃을 지도 모른다는
두려움에서 벗어나는 최고의 길이다.

– 스티븐 잡스(애플사의 최고경영자)

최철주(2008), 해피...엔딩 우리는 존엄하게 죽을 권리가 있다, 궁리

제9장 안락사와 존엄사

우리사회도 인간의 수명연장기술 발달로 인해 무의미한 연명치료가 늘어나고 있다. 이처럼 인간의 수명은 연장될 수 있지만 그것이 과연 누구를 위한 생명연장인지 그 누구도 답할 수 없는 답답한 상황에 놓이게 된다. 이러한 가운데 자신의 죽음을 존엄하게 맞이하고 싶어 하는 사람들의 움직임이 고개를 들고 있으나 아직까지도 현행법상에는 이를 뒷받침할 법이 부재하다. 그런 가운데 얼마전 일부 존엄사를 인정하는 법적 판결이 있었다. 이로 인해 관련주제들이 활발하게 다루어질 전망이다. 우리사회에서는 안락사와 존엄사에 대한 개념과 이해가 분명히 정립되어 있지 못한 가운데, 일부에서는 두개념을 혼돈하여 사용하고 있다. 그렇다면 안락사와 존엄사는 어떻게 다른지, 누가 인간생명의 종결을 결정할 것이며, 이러한 결정권을 각기 본인에게 맡길 때 발생할 수 있는 문제들은 무엇인지 그리고 첨예하게 대립되는 잇슈들에는 어떤것들이 있는지 그 모든 것은 아마도 일차적으로 생명윤리와 직결되는 개념 일 것이다. 그러나 이제 우리사회에서도 안락사와 존엄사에 대한 국민합의의 명확한 이해와 정의가 있어야 하겠으며, 시간은 걸리겠지만 이에 맞는 현실적인 법제정도 있어야 할 것이다. 이 장에서는 안락사와 존엄사에 대한 정의와 이슈가 되는 사건들을 살펴봄으로서 안락사와 존엄사에 대한 각각의 이해를 높이고자 하였다.

1. 안락사(Euthanasia)의 정의

희망이 없는 질병이나 정신적으로 소생이 불가능한 환자들에게 얼마나 오랫동안 인위적인 수단과 방법을 사용해야 하는가 하는 '죽을 권리' 와 관련된 것이 안락사이다.

안락사(安樂死)의 어원 및 배경을 살펴보면 영어 표현인 Euthanasia는 그리이스어의 Eu(좋은) Thanatos(죽음)에서 유래하고 있다. 즉 좋은 죽음, 편안하고 아름다운 죽음(good death)라고 할 수 있다. 그래서 선량하고 자비로운 동기에서 어떤 사람을 죽게 하는 경우를 말한다. Euthanasia는 고대 그리스 때부터 쓰이기 시작하였으며, 라틴어로는 '아름다운 꽃', 희랍어로는 '쉬운 죽음' 을 의미한다. 현대적 의미의 안락사라는 용어는 1920년 칼 빈딩(Karl Binding)과 알프레트 호헤(Alfred Hoche)의 공저 「무가치한 생명의 파괴에 대한 해제」라는 책에서 처음 사용하였다. 안락사의 시초는 고대 원시 사회에서부터 질병이나 노환으로 죽기

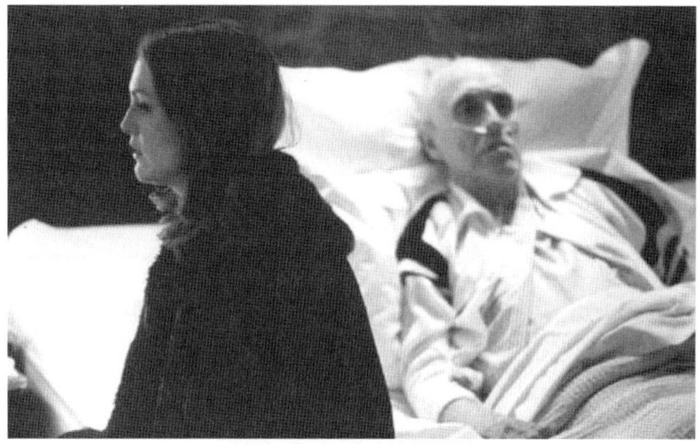

영화 매그놀리아의 한장면

원하는 사람에게 안락사를 시행한 것에서 시작되었으며 고대 그리스, 로마 시대엔 기형아를 살해하는 등 자살방조가 범죄시 되지 않았고 르네상스 시대에 이르러서는 자살을 개인의 자유로 인식되기 시작하였다. 16세기에는 토마스 모어(Thomas More)의 「유토피아(Utopia)」란 저서에서 "불치병으로 견디기 어려운 고통이 있는 자에게 안락사"를 하도록 주장하였으며, 17~18세기에는 존 돈네 몬테스커(John Donne, Montesquie)가 자살을 금지하는 것에 반발하였다. 현대에는 인도주의적 입장에서 예외적으로 안락사를 긍정하려 하고 있다. 근세 이후 독일은 나찌 이전에는 '종족 예방학(race-hygiene)' 으로 안락사가 허용되었고, 나찌시대에는 정신병자들을 '안락사 프로그램' 이라 하여 안락사가 허용되었다. 그러다가 제네바 선언으로 안락사가 금지되어 오다가 1975년 5월 5일 미국에서 '인간의 죽음에도 권리' 라는 카렌 안 퀸란(Karen Ann Quelen) 사건을 시작으로 각국의 안락사 입법화 운동이 활발히 논의되기 시작하였고, 1998년 3월 24일 미국 오리건 주에서 최초의 첫 합법적 안락사가 인정되기에 이르렀다.

위와 같은 어원의 및 배경을 가진 안락사는 다음과 같이 여러 가지로 정의될 수 있다.

옥스퍼드 영어사전에는 '조용하고 편안한 죽음을 야기하는 행위' 라 정의하고 있으며, 웹스터 「새 국제사전」에는 '치유될 수 없는 상황이나 질병으로 커다란 고통이나 어려움을 안고 있는 사람을 아무런 고통을 주지 않고 죽여주는 행위나 관행' 이라 하였다.

구영모(1996)에 의하면 살아날 가망이 없는 환자가 통증으로 무척 괴로워 할 때 독물이나 기타의 방법으로 빨리 죽음을 맞이하도록 도와주거나, 의식을 잃고 인공호흡 장치로 겨우 목숨을 이어가는 식물인간과 뇌사로 판명된 사람에게 인공호흡기를 제거함으로써 고통 없이 죽음을 맞이할 수 있도록 해 주는 것이다.

김중호(2003)에 의하면 안락사는 '고통과 통증이 없는 편안한 죽음' 을 의미하며, 북미에서는 안락사를 '관리되는 죽음' 이라 표현하기도 한다. 형법적 의미에서의 안락사는 '죽음에 임박한 환자의 극심한 고통을 제거하기 위하여 환자의 생명을 단절하는 행위' 를 말한다.

2. 안락사의 유형

안락사의 유형은 안락사의 개념에 따라 , 생명체의 의사에 따라, 시행자의 행위(방법)에 따라, 생존의 윤리성에 따라 여러 유형으로 나눌 수 있으며, 대표적으로 시행자의 행위에 따라 다음과 같이 나눌 수 있다.

시행자의 행위에 따른 안락사의 유형은 크게 '소극적 안락사(Passive Euthanasia)' 와 '적극적 안락사(Active Euthanasia)' 로 분류된다. 이는 다시 시술방법에 따라 적극적 안락사를 직접적 안락사와 간접적 안락사로 나눌 수 있다. 영미권에서는 통상 안락사라고 하면 적극적 안락사를 의미하는 경우가 많고, 소극적 안락사는 생명연장치료의 중단(withdrawal of life sustaining treatment)이라고 하여 별도의 개념을 사용하는 경향이 강하다. 의사에 의한 자살조력(Physician Assisted Suicide : PAS)은 자살교사방조의 영역에 속한다고 할 수 있으나, 안락사논의에서 함께 논의되고 있으며 윤리적으로 구분하기 어렵다.

1) 적극적 안락사(Active Euthanasia : 자의적 안락사)

'적극적 안락사' 란 전혀 가망이 없거나 식물인간 상태인 환자의 생명을 의사가 환자의 호소를 받아들여 약물이나 의료기구를 의도적으로 끊어 환자를 죽게 하는 행위를 말한다.

즉 적극적인 안락사는 본인 또는 주위의 사람들이 환자가 사망하도록 능동적으로 조치를 취하는 것이며, 환자의 생명을 책임지고 있는 의사 등이 적절한 상황이나 시기를 판단하면 죽도록 해준다. 또한 본인의 허락을 받지 않고 신체적, 정신적 고통이 너무 크고 회복의 가능성이 없다는 판단에 따른 자비로운 살인이다.

이는 다시 ① 적극적 행위를 함으로써 생명을 단절시키는 '직접적 안락사(Direct Euthanasia)' 와 ② 고통제거의 목적으로 행하나 간접적으로 생명을 단축하는 '간접적 안락사(Indirect Euthanasia)' 로 나눌 수 있다.

적극적인 안락사의 방법에는 몇 가지 형태가 있다.

- 환자 자신이 의사나 가족의 도움을 받아 스스로 생명을 끊는 경우 (대개는 병원 밖에서 일어난다.)
- 환자의 생명을 책임지고 있는 의사 등이 적절한 상황이나 시기가 되었다고 판단하면 죽도록 해 주는 경우(이는 환자가 미리 유언장에 이러한 상황에 놓일 때 자신의 생명을 끊어 줄 것을 허락하고 부탁한 경우임).
- 본인의 허락을 받지 않고 신체적 · 정신적 고통이 너무 크고 회복의 가능성이 전혀 없을 때에 자비로운 살인을 하게 되는 경우.

2) 소극적 안락사(Passive Euthanasia)

'소극적 안락사' 란 생명을 유지하기 위한 강제적인 수단을 사용하지 않고 생명연장조치를 중단하여 자연적으로 환자가 죽게 두는 것이다. 이는 의학적으로 회생 가능성이 없는 환자나 가족 등의 대리인이 생명유지치료를 비롯한 진료의 중단이나 퇴원을 요구하는 경우 의사가 이 요구를 받아들이는 것을 말한다.

3) 자의적 & 타의적 안락사(Voluntary and Involuntary Euthanasia)

환자의 의식의 유무와 정신적으로 능력의 여부로 안락사가 나눠지는데,

정신적 능력이 있고 의식이 있는 경우에는 소극적이든 적극적이든 안락사를 요구하거나 동의할 수가 있는데 이를 '자의적 안락사' 라 하며, 혼수상태에 있는 환자의 경우에서처럼 자신의 안락사 여부를 승낙할 수 없을 경우에 이루어지는 '타의적 안락사' 가 있다.

〈표 9-1〉 안락사 유형

유형	내용
안락사의 개념에 따른 유형	
도태적 안락사	• 생존가치가 없는 생명의 도태적 안락사를 뜻함. 예)정신병자, 신체 장애자, 신생아의 장애, 나치의 행위 등
존엄사	• 불치병 환자의 고통과 관계없이 자신이나 보호자의 뜻에 따라 인간다운 죽음을 맞이하도록 생명을 인위적으로 단축시키는 조치.
협의의 안락사 (간접적 안락사)	• 육체적 고통을 완화할 목적으로 한 치료가 환자의 생명이 단축되는 경우
진정 안락사	• 임종직전의 환자가 고통없이 자연사하도록 도와주는 행위
생명체의 의사에 따른 유형	
자의적 안락사 (Voluntary Euthanasia)	• 환자가 안락사를 적극적으로 요구하거나 승낙하는 경우. • 의뢰적인 안락사 : 환자의 명령, 의료 또는 신청 등의 적극적 요구에 의한 안락사 • 승인적 안락사 : 환자의 소극적인 의사(승낙)에 의한 안락사
비 임의적 안락사 (Nonvoluntary Euthanasia)	• 생명 주체가 의사를 표시할 수 없거나 결정이 가능하지 못한 경우 가능하다 해도 외부에서 이를 이해할 수 없는 상황에서 시행됨
타의적 안락사 (Involuntary Euthanasia)	• 강제적 안락사로 생명주체의 적극적 반대에도 시행되는 안락사 예) 독인 나치 정권 하의 심신 장애자에 대한 강제적 안락사

시행자의 행위에 따른 유형	
소극적 안락사 (Passive Euthanasia)	• 소생의 가망이 없는 환자에게 병원이나 의사가 환자에게 어떤 조취를 취하지 않거나, 생명연장조치를 제거하여 사망에 이르게 하는 경우.
적극적 안락사 (Active Euthanasia)	• 환자의 고통완화를 위해 적극적 · 직접적으로 생명 단축의 시술을 행하는 것. 통상 안락사라고 함. • 분류 : ① 직접적 안락사(direct euthanasia) – 적극적 행위를 함으로써 생명을 단절시킴. ② 간접적 안락사(indirect euthanasia) –고통제거의 목적으로 행하나 간접적으로 생명을 단축함. ex) 죽음이 초래됨을 알면서 통증 제거를 위해 몰핀을 증가하는 것
생존의 윤리성 따른 유형	
자비적 안락사 (Beneficient Euthanasia)	• 반 고통사(Antidysthanasia) • 인내하기 힘든 고통이 진정될 가능성이 없는 경우 생명을 단축시키는 것.
존엄적 안락사 (Euthanasia with Dignity)	• 존엄사 • 의식이 없어 정상적인 활동이 불가능한 경우, 인격의 존엄을 지키기 위해 본인의 의지에 따라 생명유지를 인위적으로 조절하지 않는 것.
선택적 안락사 (Selective Euthanasia)	• 도태적 안락사 • 질병이나 사고로 심신의 상태가 극도로 악화되어 공동체에 큰 부담이 될 경우 생명을 단축시키는 것.

(2009, 재편집)

3. 안락사 논쟁

불치병을 가진 환자는 고통과 괴로움이 커갈수록, 혼수상태에 있어 기계에 의존해서 생명을 유지하게 되는데, 이처럼 죽을 권리인 안락사의 문제는 이러한 상황에서 생명을 언제까지 유지시켜야 하는 가에 대한 문제에서 발생한다. 이러한 안락사는 개인의 죽음을 관리하겠다는 점에서 다양한 윤리적 문제를 발생시켰다. 최근 2008년 12월 영국의 한 방송사가 안락사(조력자살)를 선택한 환자의 마지막 모습을 담은 다큐멘터리를 제작하여 전역에 방송하여 '죽음을 선택할 권리' 에 대한 이슈가 뜨겁게 떠올랐었다.[16] 이에 대한 시청자들은 "사람은 자신의 죽음을 선택할 권리"있다는 주장과 "조력자살은 결국 자살을 방조하는 행위이다"라는 반발로 의견이 대립되었다. 이처럼 우리사회뿐만 아니라 전 세계적으로도 안락사에 대한 논쟁은 끊이지 않고 있다.

'죽음의 의사'
잭 케보키안(Jack Kevorkian)

1) 안락사 찬성

안락사의 합법화를 주장하는 입장은 불치병으로 고통받는 환자에게 계속되는 치료를 하는 것은 고통을 연장시키는 것이며, 환자의 가족들에게는 정신적 경제적 부담을 주는 일이므로 환자의 고통을 빨리 종식시키는 것이 자비로운 행위이며, 이것은 자신의 삶과 죽음을 스스로 통제할 권리와 존엄성을 각자가 가지고 있다는 것이다. 또한 대부분 안락사 찬성자들은 가족계획에서 정당화되는 출생의 제한이나 죽음의 제한 모두 논리적이고 윤리적인 차원에서 똑같이 취급되어야 한다고 주장한다(Fletcher, 1974). 이러한 안락사 합법화를 주장하는 대표적 인물로 미국의 안락사 시술자인 케보키안(Jack Kevorkian)이 있다. 90년 알쯔하이머 병 환자를 안락사시킨 것을 시작으로 130명 정도 안락사시켰으며, 자신의 환자 가운데 한 사람을 직접 주사기를 통해 독약을 주입하여 살인하는 장면을 전 미국에 방여함으로써 안락사 문제를 본격적으로 터뜨렸다. 그가 시행한 안락사 대상자들의 질병은 악성종양, 다발성 경화증, 루게릭병, 심장 질환 및 폐질환, 기타 근육 및 신경질환자 등이다. 그는 이들 질병을 앓고 있는 환자들은 참을 수 없는 극심한 고통으로 서서히 죽어가고 있기에 그들을 자비롭게 죽게 하는 것이 그들을 돕는 것이라는 입장이다.

2) 안락사 반대

반면 안락사를 반대하는 입장은 어떤 이유에서든지 생명은 인위적으로 끊어 버릴 수 없으며 만약 안락사를 허락하게 되면 수많은 생명이 죽게 되는 비윤리적인 일들이 발생할 것이고 이것은 생명을 경시하는 풍조를 낳을 것이라 주장한다. 특히 노인과 관련하여 안락사를 허용할 경우 만성질환자, 노인성치매환자 등에게 비인도적인 처사가 발생할 가능성이 있음을 지적하고 있다(Kieffer, 1979). 하지만 의사를 비롯한 의료전문가들은 적극적인 행동을 통해 환자를 죽게 해서는 안 되지만, 특별히 절망적인 어떤 경우에는 환자에 대하여 아무런 조치를 취하지 않음으로써 사망하도록 할 수도 있다고 주장한다(Baer, 1978). 안락사를 반대하는 이유는 종

16 http://blog.naver.com/srchcu?Redirect=Log&logNo=30039280483

교적으로 생명의 주인은 하나님이라는 생각과 안락사를 자살의 한 형태로 보아 인간의 생명을 우리의 필요에 따라 마음대로 할 권리가 없다는 것이다. 또한 안락사를 원한다는 것이 죽음 자체를 원한다는 의미가 아니라 고통스런 죽음의 과정과 가족들과 사회에 부담이 되고 싶지 않은 이유 때문으로 완화케어와 호스피스를 통해서 해결이 가능하다. 또한 안락사가 허용된다면 환자를 보호해줘야 할 가족들이 경제적 이유로 환자를 보호해 주지 않을 수도 있어 가족관계를 파괴시킬 수도 있다. 이것은 더 나아가 사회적으로 도움이 안 된다고 여겨지는 사람들(정신적 장애인, 노인, 빈곤층 등)을 제거하는 수단으로 사용되어 사회적으로 악용될 소지가 있으며, 의사를 환자의 생명을 죽이는 사람으로 여기게 되어 환자가 의사를 믿고 자신을 맡길 수 없게 된다는 주장이다.

〈표 9-2〉 안락사 찬반론

안락사 찬성	안락사 반대
• 존엄하게 죽을 권리가 있음(right to die). • 헌법상 사생활권에는 존엄한 죽음도 포함됨. • 동정심 : 고통을 겪는 환자와 가족에게 자비를 베푸는 행동임. • 경제적 논리 : 환자, 가족, 사회의 경제적 부담을 덜어줌. • 안락사는 당연히 해야 할 자비로운 행동임.	• 비합리적 접근 : 말기환자를 안락사로 접근하는 것은 문제의 근본적 해결이라기보다 파괴하려는 접근. • 살인할 수 있는 도덕적 권리란 존재하지 않음. 헌법은 살인할 권리를 부여하고 있지 않음. • 고통을 겪는 사람을 살해하는 것은 자비로운 행동이 아님. • 법적 악용 가능성 : 미끄러운 경사길 • 다른 제도로의 대체 가능 : 호스피스, 완화케어 • 목적은 수단을 정당화하지 않음. • 인간은 동물이 아님.

3) 안락사 관련사건

우리나라의 경우 국민 10명 중 7명은 '소극적 안락사'에 찬성하고 절반이상 '적극적 안락사'를 찬성하며 의료진 역시 안락사 찬성률 높다.[17] 그러나 현실적으로 국내법은 안락사를 금지하고 있다. 외국의 경우에도 안락사를 법적으로 인정하는 나라는 극소수이다. 네덜란드가 세계 최초로 2001년 4월 안락사를 합법화 하였고, 2002년 5월에 벨기에도 합법화 하였다. 프랑스도 소생 가망이 없는 말기 환자가 생명 연장 치료를 거부하고 죽음을 택할 수 있도록 하는

17 조선일보, 2005. 4. 1일자 발췌

'죽을 권리' 법안을 의결했다. 미국의 경우 70% 이상 소극적 안락사와 '죽을 권리'를 지지하며 하루 1000여건 정도의 소극적 안락사가 일어나고 있지만 오리건 주를 제외하고는 불법이다. 이러한 현실 가운데 안락사가 규제되어야 하는지 합법화 되어야 하는지는 아직도 많은 논쟁거리이다.

이러한 안락사 논쟁을 불러 일으켰던 대표적 사건은 '테리 시아보' 사건으로 그 내용은 다음과 같다.

Tips

테리 시아보(Terri Schiavo) 사건

뇌사 전

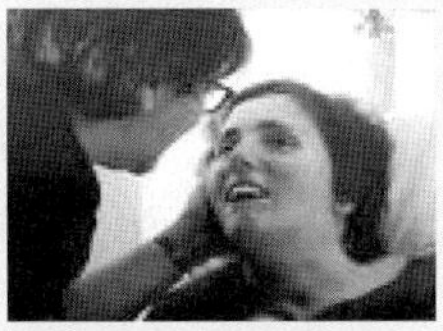
식물인간 상태

테리 시아보 안락사 논쟁

테리 시아보는 1990년 칼슘부족(potassium imbalance)으로 갑자기 심장마비가 왔고 그 이후 뇌사로 인한 식물인간이 되었다. 식물인간이 된 지 8년이 지나서 테리에게 음식공급을 중단하여 죽음을 맞이하게 하려는 테리의 남편 마이클 시아보는 "깨끗하게 죽을 권리가 있다"며 1998년 플로리다 주 법원에 소송을 제기했다. 그러나 테리 시아보씨의 부모가 반대하면서 7년간에 걸친 치열한 법정 공방이 이어졌고, 조지 W 부시 미 대통령이 시아보씨의 생명 연장을 요구하는 상 · 하원 특별법 안에 서명해 관심을 끌어 왔던 사건이다. 결국 2005년 급식튜브 제거가 타당하다는 법원의 판결로 결론지어졌다. 이로 인해 시아보는 급식장치를 제거한지 13일 만에 숨졌다. 이 사건은 '죽을 권리(존엄사)'를 주장하는 입장과 '안락사'를 반대하는 입장의 대립이 개인의 문제를 넘어서 미국 의회와 법원 등으로 이슈화 되면서 안락사에 대한 논쟁을 불러일으켰었다.

우리나라에서도 최근 테리 시아보사건과 같은 안락사 문제가 제기되었다. 그 내용은 다음과 같다.

Tips

식물인간 엄마 인공호흡기 제거를

서울 S대 병원에서 2008년 2월 기관지 내시경검사를 받던 중 폐출혈로 인해 식물인간이 된 김모(여,75)씨의 자녀들이 병원을 상대로 '무의미한 연명치료 행위중지'를 요구하는 가처분 신청을 2008년 5월 10일 법원에 처음으로 제기했다. 가족들은 평소 김씨는 '내가 죽게 될 상황에 놓이면 남에게 누가 되지 않게 깨끗이 이승을 떠나고 싶다.'고 말해왔다며, 생명연장 장치를 떼어내 어머니가 인간으로서 품위를 지키며 존엄하게 돌아가실 수 있게 해달라고 말했다.

그러나 우리나라는 현행법상 호흡기를 떼면 '살인 혹은 살인방조죄'로 처벌된다. 법원이나 검찰의 처벌기준은 환자가 소생 가능한 상태냐 아니냐에 달려있다. 1997년 '보라매병원' 사건은 법원이 환자가 소생할 수 있는 상태였다고 판단하여 '살인방조' 혐의로 처벌되었다. 반면 2006년 간경화 말기 환자 김모(72,여)씨에게서 산소공급 호스를 떼어낸 의사 2명에 대해서는 환자가 소생 불가능한 상태라는 이유로 무혐의 처리되었다. 우리나라는 현재 안락사를 인정하지 않기 때문에 법원의 판단을 따를 수밖에 없다.

이에 대해 사건을 맡은 변호사는 "현재 존엄사에 대한 법률이 제정돼 있지 않은 데다, 국민건강보험법에 무의미한 연명치료를 막는 규정도 없는데 이는 인간으로서의 행복추구권, 환자의 자기결정 등을 침해하는 것이다. 또한 존엄사는 안락사와 달리, 환자가 자기 뜻에 따라 생명연장 장치 등의 의료행위를 거부한 채 자연스럽게 죽음을 맞도록 하는 것을 뜻한다"고 밝혔다. 이에 대해 상대편 변호사는 "생명 연장 치료 중단이 허용되면 유산 · 상속, 치료비 부담 등 경제적인 이유 등으로 남용될 수 있다."고 말했다.

또한 가족들은 가처분 신청에 이어 다음날 11일 정부가 '존엄사'에 대한 법률을 제정하지 않은 것은 헌법에 위배된다며 헌법재판소에 헌법소원을 냈다.

우리나라 법에는 품위 있게 죽을 자기선택권과 행복추구권을 보장하지 않는데, 이 사건을 통해 존엄사에 대한 본격적인 사회적 논의가 이루어져야 하며 더 이상 존엄사 문제가 회피할 수 없는 문제임을 드러내게 되었다. 이 사건은 2008년 11월 김씨의 자녀들이 낸 소송에서 김씨로부터 인공호흡기를 제거하라는 판결을 받았다. 법원이 이 같은 판결을 내린 것은 적극적 안락사 및 모든 유형의 치료중단에 관해 다룬 것이 아니고 환자의 회복가능성이 없어 치료가 의학적으로 무의미하고 환자의 치료중단 의사가 추정되는 경우 의사는 환자의 자기결정권에 의해 인공호흡기 제거 요구에 응할 의무가 있다고 판단하여 내린 결론이었다.

* 출처: 2008.5.10-11, 조선일보 발췌, 2008. 11.28, 조선일보 발췌

4) 논쟁에 대한 대안

안락사를 찬성하든 반대하든 인간 생명의 가치에 관한 윤리적, 사회적 문제를 유발할 가능성은 남아 있다. 때문에 안락사에 대한 논쟁은 앞으로도 계속될 것이며 고령사회에서는 더욱 이슈화 될 것이다. 그러나 그 대안에 대해서는 생각해 볼 수 있을 것이다.

첫 번째 대안으로는 『완화케어』이다. 안락사 문제에 대한 미국 통증학회(American Pain Society)의 공식 입장은 안락사의 논쟁 중심에는 말기환자의 극심한 고통이 놓여 있으며, 안락사를 원하게 되는 경우는 적절치 못한 통증조절 때문으로 잘 훈련 받은 의사는 말기환자의 90%이상 통증조절이 가능하다. 따라서 통증치료를 촉진하는 법이 안락사 허용 이전에 추진되어야한다는 입장이다.

두 번째 대안으로는 『호스피스』로 안락사에 대해 찬성이든 반대이든 모두가 받아들일 만한 방법이다. 호스피스는 증상에 대한 치료가 아니라 환자의 보호를 강조한다. 또한 환자 개인의 요구에 맞도록 스케줄을 작성하며, 신체적 · 심리적 고통의 감소를 목적으로 하기 때문에 통증에 대한 고통을 줄이기 위해 진통제를 제공하거나 심리보호, 생활환경 및 대우, 종교적인 상담, 가족들의 신체적, 심리적 영적 필요를 제공하며 간호에 주력한다. 이는 말기환자들에게는

수용될 수 있는 합리적인 방법이 될 수 있을 것으로 생각된다.

4. 안락사에 대한 각국의 입장[18]

안락사에 대한 논의는 각국의 매우 높은 관심이자 현실적인 문제이다. 적극적 안락사는 대부분의 국가에서 불법이자 살인으로 규정하지만, 소극적 안락사에 대해서는 몇몇 국가에서 법적으로 인정의 폭을 넓히려는 움직임이 나타나고 있다. 안락사를 일부 허용하는 국가가 있는가 하면, 묵인하는 국가가 있고, 아직도 논란이 되고 있는 국가, 허용되지 않는 국가가 있다. 묵인하는 국가로는 스위스, 콜롬비아, 벨기에가 있고, 일부 허용하는 국가로는 미국의 오리건주(96년부터 허용, 조건은 네덜란드보다 더 엄격함), 논란국가로는 오스트리아로 북부주의회에서 96년 법만 통과되어 97년 연방의회에서 무효화 결정으로 무산되었다.

1) 미국

미국은 국민의 70%가 넘게 소극적 안락사와 '죽을 권리'를 지지하며 하루 1000여 건에 달할 정도로 소극적 안락사가 흔하다. 1976년 퀼렌(Quelen)판결과 1990년 낸시크루잔(Nancy Cruzan)판결을 통해 말기환자의 생명연장 치료에 대한 거부권, 즉 소극적 안락사에 대한 권리가 헌법상의 권리로 인정되었다. 환자가 심폐소생술을 거부하면 환자가 사망해도 의사가 면책된다는 판결이 1996년 나온 바 있다. 그러한 소극적 안락사를 넘어서 적극적인 약물과 같은 물질이나 수단을 사용하여 환자의 생명을 단절하거나 사망을 촉진케 하는 적극적 안락사나 자살조력을 받을 권리도 환자의 헌법상 권리에 해당되는지에 대한 논란은 계속되고 있다.

아직 미국은 적극적 안락사는 모든 주에서 금지되어 있으나 40여개 주에서 소극적 안락사를 허용하고 있다. 켈리포니아주 등에서는 소극적 안락사라고 인정이 되면 자연사 법에 따라 의사는 면책된다. 한편 오리건주는 1997년 11월부터 '사리분별이 있는 환자가 의사에게 인간의 존엄성을 지키며 죽을 수 있도록 조치해 줄 것을 요구할 수 있다'는 내용의 '존엄사법(Oregon Death with Dignity Act)'이 시행되었다. 이 법의 시행으로 오리건주에서는 의사가 불치병 환자들에게 극약을 처

---

18 안락사 관련 법제도, "미국헌법상 보장되는 존엄사"

방해도 된다. 현재 미국은 오리건주를 제외하고는 안락사가 불법이다.

2) 일본

일본은 1950년부터 안락사 문제가 표면화되었다. 안락사가 표면으로 떠오르게 된 사건은 불치병에 걸린 모친이 고통으로 인해 죽음을 부탁하여 아들이 모친의 자살을 도운 사례에서 시작되었다. 그 이후 6차례의 안락사에 관한 재판이 있었으나 현재까지 일본에는 안락사 관련법이 없다. 다만 안락사 행위의 유죄여부에 관한 법원의 판결이 주목을 끌고 있으며, 안락사법의 준거의 틀이 되고 있다. 그 내용은 다음과 같다.

먼저 의사에 의한 사건으로 1991년 도카이대학 부속병원에서 발생한 안락사에 대해 1995년 요코하마법원은 다음의 4가지 요건을 제시했다.

① 격심한 육체적 고통이 있으며, ② 죽음이 임박하고, ③ 고통 제거완화를 위해 모든 방법을 썼으며, 다른 방법이 더 없고, ④ 안락사를 원하는 본인의 뜻이 명시되어 있다.

다음으로는 '야마우찌 사건'으로 1962년에 일어났으며, 나고야고등법원은 죽음이 임박한 말기환자에게 법적으로 안락사(적극적 안락사=보조살인)가 허용될 수 있는 아래의 6가지 충족요건을 발표하였다.

① 현대 의학 지식과 기술로 보아 불치의 말기 질환자이며 죽음이 근접해 있을 경우,

② 심한 고통에서 벗어날 수 없는 경우,

③ 오로지 임종의 고통완화가 목적일 경우,

④ 환자의 의식이 의사표명이 가능할 때, 본인의 촉탁이나 승낙이 있을 경우,

⑤ 의사가 시행할 것을 원칙으로 하고 그렇지 않을 경우에는 수긍할 만한 특별한 이유가 있는 경우,

⑥ 그 방법이 윤리적으로 용인될 수 있는 범위내의 경우.

현재 일본은 2007년 4월 생명연장 수단을 제거하는 '소극적 안락사'를 허용하였다. 일본은 안락사 법률을 제정하는 단계는 아니나 법원 판례에 따라서 소극적 안락사를 관행적으로 인정해주고 있다.

3) 호주

호주는 세계최초의 안락사 법(1996.7.1, 노던 테리토리주에서)이 제안된 나라이다. 그러나 이 법은 실시된 지 반년도 못되어 백지화되었으며, 이에 대해 필립 니츠키 박사 등 안락사 운

동자들에 의해 국가를 상대로 투쟁중이다. '중환자들에게 더 이상의 치료를 거부할 수 있는 권리를 보장한다' 는 내용의 자연사법을 일부 주에서 시행하고 있다. 현재 8개의 주 중 3개의 주가 생명연장장치를 제거하는 의료행위를 법으로 허용하고 나머지 주도 관습법상으로는 인정하고 있다.

4) 프랑스

정통적인 구교국인 프랑스는 종교의 영향으로 안락사 합법화운동은 다소 뒤처져 있다. 뇌사상태라도 심장 박동이 완전히 멎지 않는 한 생존상태로 간주되며 사람뿐만 아니라 동물의 생명을 인위적으로 빼앗는 행위는 형사처벌 대상이다. 1970년대 들어와 "프랑스 존엄사 권리협회"를 구성하여 1979년 자비적 법안을 의회에 제출하였으나 부결되었다. 1980년에 프랑스를 포함한 구교국가들은 '바티칸선언' 에서 적극적 안락사에 대하여 반대하는 뜻을 채택하였다. 그러나 소생불능의 판정 환자에 대해 가족들의 동의를 얻어 진료를 중지할 수 있게 되어 있으며, 사실상 치료 가망이 없는 환자에 대하여 안락사를 실행한 자의 처벌은 유보하거나 처벌하지 않는 경향이다. 여론조사 결과 전 국민의 76%가 안락사 합법화에 찬성하고 있으며, 방송이나 의사들도 안락사에 대해 상당히 긍정적인 반응을 보이고 있다.

5) 독일

독일 역시 기독교적 종교의 영향으로 안락사에 대해 반대하는 입장이다. 형법상 '어떠한 이유에서도 사람을 죽일 수 없다' 고 규정하여 그것이 특히 고의에 의한 경우에는 5년에서 종신형까지의 징역에 처한다. 이처럼 사람을 죽이는 행위에 대해 예외를 두지 않음은 나치시대의 뼈저린 역사적 경험 때문이다.

독일에서의 설문조사 결과 독일인의 80%가 적극적 안락사의 자유화와 합법화를 요청한다고 보고하고 있다. 2005년 국가윤리위원회는 '사전의료지시-자기결정의 도구' 라는 제목으로 성명을 발표하였고, 곧 이어 독일 호스피스재단이 '임종에 가까운 환자의 자율과 불가침성의 보장을 위한 법률안' 을 상정했다. 그러나 2006년 7월에 발표한 '임종에 임박한 시기에 있어 자율과 돌봄에 관한 성명' 에서 요청에 의한 죽음을 엄격히 거부했으며, 독일 의사협회도 적극적 안락사를 엄격히 거부했다.

6) 네덜란드

1970년부터 안락사에 대한 논의가 진행되어 왔고, 1984년에는 네덜란드국립의료협회가 안락사에 대한 공식의견을 발표하였다. 그 내용은 환자의 요청이 자의적이고, 자신의 요청에 대해 숙고해야 하며, 죽음에 대한 의사가 확고하고, 참을 수 없는 고통을 겪으며, 의사는 다른 의사와 상의하여 안락사 시술을 확인 받아야 한다는 요건이 충족되면 안락사는 허용된다고 보았다.

2001년 4월 안락사와 의사에 의한 조력자살에 관한 법을 제정해서 2002년 4월부터 독극물 투여 등 적극적 안락사를 합법화하는 특별법 시행으로 안락사를 법으로 합법화한 최초의 국가가 되었다. 이 법은 참을 수 없는 통증을 수반하는 불치병 환자이며, 유의할 점은 일정한 범주를 충족하는 경우에 한해, 그간 여러 해에 걸쳐 안락사를 묵인하고 허락해 오던 법을 좀 더 넓게 개방한 자유로운 안락사 법이라는 점이 특징이다. 네덜란드의 안락사 법은 적극적 안락사에 관한 논란을 널리 불러일으켰다. 현재 안락사를 합법화 한 나라는 네덜란드와 벨기에(2002년 9월)로 2개국이다.

7) 벨기에

2002년 4월 자유로운 안락사 법을 제정해서 2002년 9월부터 시행했다. 벨기에 법에서는 요청에 의한 죽임에 대한 면죄의 조건으로서 참을 수 없는 고통과 치유할 수 없는 고통이 결정적인 기준으로 제시된다.[19]

8) 스위스

1995년부터 스위스 의학 아카데미가 지금까지의 엄격한 안락사 금지 입장을 바꿔 불치병이거나 간호를 필요를 하는 나이든 사람들의 경우 의사에 의한 조력자살의 자유화와 합법화를 지지하였다. 2003년에는 간호를 필요로 하는 노인의 치료와 돌봄을 위한 지침을 마련하였고, 2004년에는 임종에 가까운 환자의 돌봄을 위한 지침을 마련하였다.

9) 우리나라

우리나라는 안락사를 허용하지 않고 있으나 안락사에 대한 국민들의 시각은 다소 긍정적이다. 한림대 법학부 이인영 교수의 설문조사(1020명 대상, 2005년 시행)에 의하면, 국민 69%는 "소극적 안락사"를 찬성하고 있으며, '존엄사' 에 대해서도 찬성한다는 응답이 70.8%인 것으로 나타났다. 현재 우리나라에서는 고통을 경감시키기 위해 인위적으로 생명을 단축시키는 행위는 형법상 촉탁살인죄나 자살방조죄가 성립한다. 안락사와 관련하여 사법상 최초의 살인죄를 적용, 불구속 기소한 사건은 '보라매 병원사건' 이다.

대한의학회는 2002년 임종환자의 연명치료 중단에 대한 의료윤리지침 초안에서 안락사 논

19 구인회 (2008), 죽음과 관련된 생명윤리적 문제들, 집문당, 참고

쟁을 불러일으켰으나 법제정으로 이어지지는 못했다. 하지만 여전히 소생가능성이 없는 식물인간상태의 환자에 대하여 인위적인 생명연장장치를 제거하는 것과 같은 존엄사의 경우에는 실제로 병원 등에서 암묵적으로 행해지고 있는 실정이며 이를 실정법으로 처벌하는 경우도 드문 것이 현실이다.

"보라매병원 사건"이후 최근 2008년 5월 9일 식물인간상태가 된 환자에 대해 가족들이 존엄하게 사망할 환자의 권리를 주장하며 인공호흡기를 제거해 달라는 가처분신청을 법원에 처음으로 제기했다. 이어 가족들은 '존엄사'에 대한 법률제정을 하지 않은 것은 헌법에 위배된다며 헌법소원을 냈으며, 현재 2008년 11월 말 '존엄사'가 인정되었다. 이는 우리나라 헌법상 최초로 존엄사가 인정되었다는 점에서 의의가 있다.

〈표 9-3〉 각국의 안락사에 대한 입장

국가	입장
미국	40여개 주에서 소극적 안락사만 인정 오리건주 존엄사법 시행(1997), 나머지 주는 불법
네델란드	안락사법 시행(2002)
스위스	환자 본인이 치사약물을 사용할 수 있게 하는 법안이 있음, 소극적 안락사 지원단체가 합법적으로 운영되고 있음
대만	무의미한 연명치료 중단 허용(2000)
벨기에	안락사법 시행(2002)
일본	안락사 허용안함. 법률제정 단계까지 오지 않았으나, 법원판례에 따라 소극적 안락사 관행적 인정 2007년에 소극적 안락사 허용
호주	세계최초의 안락사 법(1996)이 제안. 관습상 인정
프랑스	안락사 허용안함. 단 존엄사 선택권리를 보장하는 법 제정
독일	안락사 허용안함
한국	안락사가 허용안됨. / 2008.11월 최초의 '존엄사' 인정

(2009, 재요약)

5. 안락사의 과제

안락사에 대한 각국의 상황과 입장은 생명이 절대적으로 보호되어야 한다는 가치와 환자의 자기결정권(프라이버시)이 상충되는 일이기에 매우 조심스러운 입장을 취하고 있다. 또한 이는 안락사가 허용되었을 때 나타날 수 있는 안락사 남용의 문제, 사회적 · 경제적 약자의 보호 문제(예, 장애인들 생존권 자체가 위협받을 것이라는 위기의식)가 등장할 수 있음을 예견할 수 있다. 따라서 인간의 존엄성과 생명중시, 인도주의적 관점이 견지되는 범위에서 안락사 남용의 위험과 경제적 약자의 열악한 지위와 의료보험제도의 취약성, 환자의 고통경감대책과 호스피스제도의 미진함 등 현실적인 문제도 함께 신중히 고려되지 않으면 안 될 것이다. 수동적인 안락사, 적극적인 안락사 모두 유언 법률제정에서 부분적으로 거론될 복잡한 도덕적, 법적 의문점을 야기하고 있다. 헌법적으로 죽을 권리는 없다고 명시되어 있지만 세상은 점점 더 많은 법률적 결정을 요구하고 있다.

6. 존엄사의 정의[20, 21]

존엄사(death with dignity, 尊嚴死)는 소생가능성이 없는 환자를 대상으로 무의미한 치료를 중단하는 것을 말한다. 이것은 소생 가능성이 있는 환자의 수명을 단축시키는 안락사와는 다른 개념이다. 또한 인위적인 생명연장 조치의 중단 내지 보류라는 행위의 성격에 따라 의사의 약물처방, 도구 제공 등의 행위가 개입되어 있는 의사조력자살(PSA, Physician-Assisted Suiside)과도 구분이 된다.

존엄사의 정의는 말기의 불치병 환자에게 연명치료를 유보 또는 중단함으로서 초래되는 죽음, 즉 자연사(自然死)식의 임종과정을 의미한다. 즉 식물인간 상태와 같이 환자에게 의식이 없고 단지 생명을 인공심폐기에 의해 연장되고 있는 경우에 품위 있는 죽음을 위하여 생명연장조치를 중단하는 것으로 의식이 있는 경우에도 인공적인 생명연장 조치를 계속하지 않고 인간으로서의 존엄성을 유지하면서 죽음을 맞도록 하는 행위를 말한다.

존엄사는 환자 본인의 의사(사전의료지시서나 대리인을 통한 확실한 본인의 의사표시)가 중시되며, 환자에게 효과없는 연명치료를 함으로서 부가적인 고통을 환자에게 주는 것을 피한다

20 김건열 (2005), 존엄사, 최신의학사
21 시립노원노인종합복지관, 죽음준비교육 운영의 실제, P.58 인용

는 의미에서 임종환자 존엄의 뜻과 환자의 권리존중의 뜻이 포함되어 있다.

이러한 품위 있는 죽음(존엄사)이 필요한 이유에 대한 MBC 조사에 의하면, '가족에게 부담을 주지 않음' 이 28%, '의미 있는 사람과 함께 있음' 이 26%, '주변정리' 가 17%, '통증이 없는 것' 이 8% 순으로 응답하였다.[22] 무엇보다 연명치료를 위해 사용하는 기구들은 환자에게 큰 고통을 주며, 가족에게는 경제적으로 큰 부담을 주고 있어 가족의 행복을 위해서 필요하다고 한다.

로거 쿠슈와 동영상

7. 존엄사의 현황

존엄사는 한국을 제외한 대부분의 선진국에서 법적으로 또는 관습적으로 마무리되어 수용되고 있다. 미국의 '오리건' 주(州)를 비롯하여, 네덜란드 등 우리보다 앞선 복지국가에서는 환자의 권리(자율성)와 의사의 진료권을 지켜주며 철저한 법 아래에서 '존엄사법(의사조력 안락사법)' 을 운영하고 있다. 일본과 대만도 이미 '존엄사' 를 법체계가 수용하고 있다.

독일에서는 아직 존엄사가 인정되지 않고 있다. 이러한 가운데 2008년 6월 '존엄사' 운동가인 로거 쿠슈(Kusch)의 도움으로 79세 독신 할머니가 자살한 과정을 담은 비디오가 쿠슈에 의해 공개되어 존엄사논쟁이 가열되었다. 이 사건은 자살을 돕는 행위의 합법성과 존엄사의 범위를 놓고 논쟁이 된 사건이다.[23]

우리나라에서 존엄사가 죽음에 관한 화두가 된 것은 '보라매병원 사건' 이다. 연명치료중단에 관한 우리나라 최장의 의료송사인 '보라매병원사건' 의 판결은 우리사회에 '존엄사' 및 '환자의 권리' 와 '환자의 자기결정권' 에 대해서 일반인과 의료인들에게 분명한 법리(法理)를 제시해 주었으며, 무엇보다 존엄사와 비슷하면서도 같지 않은 안락사에 대한 오해를 불식하는 계기를 마련해 주었다는 점에서 의의가 있다. 최근 경실련에서 존엄사에 관한 법을 국회에 입법 청원안을 제출한바 있다(부록 5, p.550~564 참조).

22 2008. 6. 16일 파이미디어, '2580-존엄사 필요성 제기'
23 2008. 7. 3일자 조선일보

Tips

보라매병원 사건

지난 1997년 12월 4일 오후 술에 취해 화장실을 가다 넘어져 머리를 다친 김모(당시58세)씨가 서울시립 보라매병원에서 응급 뇌수술을 받고 인공호흡기에 의해 의식을 회복하는 단계에 있었다. 그러나 부인 이모(54세)가 치료비와 병원비 감당이 어렵고, 치료를 계속해도 회생 가능성이 거의 없을 것 같다는 의사의 진단에 따라 남편의 퇴원을 요구했다. 이에 의사 양씨 등은 "퇴원하면 바로 죽는다. 돈이 없으면 차라리 도망가라"고 하며 적극적으로 만류하였다. 그러나 부인의 끈질긴 요구에 병원 측은 사망하더라도 법적으로 이의제기 하지 않겠다는 서약서를 받고 입원 이틀 만에 김씨를 퇴원시켰고, 당시 수련의였던 강모(33)씨는 김씨를 집으로 옮긴 후 인공호흡장치를 제거하여 5분 뒤 호흡곤란으로 사망하였다. 이에 대해 검찰은 98년 1월 양씨 등에 대해 "의학적 판단에 따라 관리해야 할 중환자를 보호자의 퇴원 요구만으로 내보내 죽게 한 것은 살인 행위"라며 사법사상 처음으로 살인죄를 적용, 불구속 기소하였다.

* 출처 : 2004년. 6. 29일자 조선일보 발췌

2008년 5월, 식물인간 상태에 빠져 인공호흡기로 연명하고 있는 김모(여,75)씨의 가족들이 헌법재판소에 '존엄사'에 대한 법률을 제정하지 않은 것은 헌법에 위배된다며 헌법소원을 제기했다. 우리나라 법에는 품위 있게 죽을 자기선택권과 행복추구권을 보장하지 않고 있다. 이 사건을 통해 존엄사에 대한 본격적인 사회적 논의가 이루어져야 하며 더 이상 존엄사 문제를 회피할 수 없는 문제임이 드러나게 되었다.

환자가 회복 불가능한 경우 건전한 의식이 있을 때 정한 본인의 의사에 따라 불필요한 생명의 연장조치를 회피하는 진정한 의미의 '소극적 안락사'는 인간의 생명에 대한 인위적 조작자체를 거부하고 자연적인 수명만 그대로 누리겠다는 환자의 의사표시이다. 이에 대해 소극적 안락사가 비종교적이고 비윤리적이기 때문에 시행되어서는 안 된다는 주장도 있으나 이미 세계 각국에서 소극적 안락사를 합법화하고 있는 추세를 보면 그다지 논쟁의 대상은 아니다. 특히 미국의 경우 '리빙 윌'이 있거나 의사능력이 있는 상태에서 결정한 소극적 안락사를 종교의 자유와 동등한 가치를 가지는 개인의 프라이버시에서 유래하는 것으로 인정한다. 현재 미국은 50개주 가운데 49개 주에서 건강할 때 존엄한 죽음을 원한다는 의사표시를 해 두는 '리빙 윌'을 법제화하였다.

일본도 최근 존엄한 죽음에 대한 관심이 늘어 의료현장에서 존엄한 죽음을 실천하기 위해 '리빙 윌'에 서명해 두었다가 의료기관에서 치료받게 되는 경우 이 선언서를 제시하는 방식으로 실행되고 있으며, '존엄한 죽음을 위한 선언서'에 따라 품위 있는 죽음을 원하는 환자의 뜻은 대부분 수용되고 있는 상황이다. 또 일본은 '장수 국가'로 긴 생명 뒤에 감춰진 문제가 1990년 중반 안락사 논쟁이 존엄사로 이어지면서 품위 있는 죽음이 화제가 되었다. 이에 일본

정부는 말기의료에 관한 지침을 마련할 수밖에 없는 시대적 상황을 맞이하게 되었고, 2007년에 말기의료에 관한 '가이드라인' 이란 이름의 지침을 발표하였다. 그 내용의 일부를 다음과 같이 소개한다.

일본의 '가이드라인' 의 발표는 일본의 말기의료 문제가 국민의 생활현장과 병원에서 겪어야 하는 현실에 비해 너무 더디게 처리됨을 반영한 것으로 '삶의 질과 죽음의 질' 을 같은 시각으로 본 결과라 할 수 있겠다.[24]

Tips

말기의료에 관한 지침서 '가이드라인'

- 말기의료에 가이드라인이 필요한 이유는?

  임종할 때 고통을 겪지 않고 편안하게(환자를 고통스럽게 하는 과잉진료나 단순한 연명치료를 하지 않는다는 의미)떠나야 하며, 죽음에 이를 때 의료를 어떻게 할 것인지에 대해 평소 염두해 두며 살아가자는 의미이다.

- 환자의 의사가 분명하면 인공호흡기를 뗄 수 있는가?

  일본 후생노동성이나 일본의사회에서는 아무리 환자의 의사가 분명하다 해도 병원 측의 설명과 의견을 듣고 치료를 중지한다는 합의 문서를 작성하는 것을 요구한다. 또한 환자 본래의 뜻이 달라질 수 있으므로 재차 확인해야 하며, 일본구급의학회와 일본의과대학은 가족 동의까지 받고 있다.

- 가이드라인이 법적인 효력을 가지고 있는가?

  말기환자에 대한 연명조치 중지는 아직 법으로 인정되지 않고 있으나 정부가 가이드라인을 정해서 그 행위를 받아들인 이상 이를 법률 위반이라며 문제 삼을 수는 없다. 즉 가이드라인은 법률만큼 충분하지 않으나 실질적인 효력을 가지고 있다고 의료업계는 해석하고 있다.

- 2008년, 4월부터 말기환자의 치료상담에 대해서 국가가 지원하는 '후기고령자 종말기 상담지원제도'를 도입하였는데 그 이유가 무엇인가?

  대상은 75세 이상의 초고령 환자로 병원이나 집에서 치료받고 있는 환자로서 회복 가능성이 전혀 없는 환자를 어떻게 치료하는 것이 좋을지에 대해 의료진과 협의하고, 그 내용을 문서화 해 둠으로서 환자들의 희망을 적극적으로 받아들여 말기의료에 반영하자는 뜻이다. 이때 의료진에게 국가는 2,000엔(약 2만 원)의 의료수가를 지불한다.

- 2008년 2월 일본학술회의가 말기환자 치료에 관한 새로운 보고서를 공표하였는데, 어떤 내용인가?

  리빙 윌(Living Will)을 통해 본인의 의사를 확실히 밝힌 경우 병원 측이 이에 따라야 함을 재확인하고, 전후가 분명치 않을 경우 가족에 의한 환자의 의사 추정(意思 推定)을 새롭게 인정한 것이다. 본인이 미처 '리빙 윌'을 남기지 못했다 해도 평소의 생각과 행동이 '존엄사'를 요구했다는 여러 가지 정황을 가족이 병원 측에 전달하면 이를 받아들여야 한다.

24 최철주 (2008), 「해피...엔딩 우리는 존엄하게 죽을 권리가 있다.」, 궁리, p.116-117 재인용

8. 환자의 알 권리[25]

환자의 '알 권리' 는 죽어가는 환자에게 본인의 의학적인 예상을 말해주는 것이 옳은지, 말해주지 않는 것이 옳은 일인지 죽음과 임종에 관해서 논쟁이 되는 쟁점가운데 하나이다.

대부분의 죽어가는 사람들은 집에서 죽기를 선호하지만, 보통의 경우는 죽음이 가까워졌을 때 병원이나 요양소에 입원되어진다. 의료전문가들은 환자들과 함께 죽음에 관한 이야기에 더욱 개방적이 되어야 하며 대부분의 죽어가는 사람들은 자신의 상황과 앞으로 어떤 일들이 벌어지는가에 대해서 알아야할 정당한 권리를 가진다(Uroksky, 1993). '전문가 집단의 침묵중단' 은 이런 면에서 부분적으로 죽음교육프로그램의 성장, 그들의 병에 대해 통보받아야 하는 것을 주장하는 환자의 '알권리와 죽을 권리' 에 관한 현대 대중들의 확신을 포함하는 외적인 압력에 대한 반응이다.

한편, 환자의 알 권리와 관련하여 논쟁의 쟁점이 되는 것이 임종자의 자각상황이다. 이것이 논쟁의 쟁점이 되는 이유를 글라서와 스트라우스(Glaeer & Strauss, 1965)는 기술적인 것 이상의 도덕적인 문제가 되기 때문이라 하였다. 즉, 어느 누가 죽어가고 있는 사람으로 하여금 자신의 양심과 신(神)과 화해 할 기회를 갖지 못하게 할 권리를 가졌느냐 하는 것이다. 또 신변을 정리하고 가족의 미래를 염려하고, 가족들을 위해 준비하며, 이제까지 자신의 삶을 자신이 통제해 왔던 것처럼 임종도 자신이 통제할 기회를 빼앗을 권리를 누가 가지고 있느냐 하는 점이다.

존엄사를 옹호하는 사람들의 투쟁
2005년 10월 연방대법원 건물앞에서 안락사 허용을 요구하는 시위를하는 미국 국민들(2008. 6. 3 경향신문)

존엄사, 사회적 합의를 위한 법 · 제도적 정비 방안 마련을 위한 심포지움(최철주, 2008, 해피엔딩 재인용)

25 허정무 (2002), 노인교육이론과 실천방법론, 양서원, p.503-504 인용

그러나 어떤 의사들은 환자에게 죽음이 다가오고 있음을 알리는 것이 환자들에게 신변을 정리하고 가족들의 미래를 위해 계획을 세울 기회를 줄 수 있을지는 모르나, 자신의 죽음을 자각하는 것이 역효과를 줄 수도 있기 때문에 환자를 심리적으로 고통스럽게 한다고 주장한다. 또 죽음을 맞이할 능력이 없는 환자에게는 죽어 간다는 자각을 몰랐을 때보다 훨씬 고통스러움을 가져다준다고 주장한다. 반면, 웨이스 맨(Weissman, 1972)은 많은 환자들이 직접 이야기를 듣기 전에 계속되는 증상들과, 질문에 대한 회피적 답변, 가족들의 눈치 등을 통해 이미 자신의 앞날을 예상하기 때문에 의학적 예상을 알리는 것이 특히 심각한 환자에게는 본인을 강하게 만드는 일이라 주장하였다.

다음은 글라서와 스트라우스(Glaser & Atrauss, 1968)가 자각 상황(awareness situation)을 폐쇄적 자각, 의혹적 자각, 상호 거짓 자각, 개방적 자각, 4개의 유형으로 구분하여 연구한 것으로 그 내용은 다음과 같다.

〈표 9-4〉 임종자의 자각상황(Awareness Situation)

유형	내용
폐쇄적 자각 (Closed Awareness)	• 환자에게 죽어가는 상황을 알리지 않음으로 환자 자신이 죽어가는 상황을 모르고 있음. 죽음을 용기있게 수용하지 못하는 환자의 가족에게 다소 용이함.
의혹적 자각 (Suspicion Awareness)	• 환자가 자신의 실제 상태에 대해 의혹을 갖고 그 의심을 확인하려 하거나 부정하려는 상황.
상호 거짓 자각 (Mutual pretense Awareness)	• 환자도 자신이 죽어가고 있음을 알고 있고, 의사나 가족들도 그 사실을 알면서 죽음이 촉박하지 않은 것처럼 거짓으로 행동하는 상황.
개방적 자각 (Open Awareness)	• 환자, 가족, 의료진 모두가 발생하고 있는 상황들을 완전히 깨닫고 있는 상황. 환자 자신이 죽어 가고 있는 상태에 있음을 공공연히 인정함.

9. 안락사와 존엄사의 차이[26]

소극적 안락사와 존엄사는 서로 혼동하거나 같은 것으로 이해된다. 그러나 두 사안은 일부 유사점도 있으나, 근본적으로는 엄연히 다른 죽음 방식이다. 생명이 죽는 것을 억지로 막는 연명치료를 거부한다는 점은 공통되나, 다음의 관점에서는 많은 차이가 있다.

1) 행위와 판단의 주체

안락사와 존엄사의 차이를 결정하는데 있어서 의사 역할이 매우 중요하다.

소극적 안락사가 법으로 합법화 될 경우, 소극적 안락사 시행 여부를 결정하는 판단의 주체는 '의료인' 이 된다. 법으로 보장되었으므로 의사는 소극적 안락사를 행할 권리를 지닌 것이다. 상황에 따라 당사자와 가족, 혹은 당사자와 의료인 사이에 의견 차이가 있을 수 있으므로, 환자가 원하지 않는데도 의료인이나 가족의 뜻에 따라 죽게 되는 상황도 생길 수 있다. 그러나 존엄사의 경우는 행위와 판단의 주체가 의료인이 아닌 죽어가는 환자 자신이다. 여기서 의사는 환자에게 병의 진행상황을 정확하게 알려주는 역할을 할 뿐이다.

다시 말해 안락사는 자기 생명을 판단하는 주체가 의사 또는 가족이며, 의사의 역할은 판단의 주체가 되는 것이다. 반면 존엄사는 자기 생명의 판단의 주체가 자기 자신이며 의사의 역할은 병의 진행과정을 알려주는 역할을 한다.

2) 죽음관

소극적 안락사의 경우, 당사자는 평소 죽음에 대해 많은 생각을 하지 않았을 것이고 죽음 준비나 생사관도 명확하게 확립되지 않았을 가능성이 높다. 즉 평범한 삶을 살다 어느 날 소극적 안락사를 해야 할지 말아야 할지를 고민하게 되는 상황에 처하게 된 것이며, 단지 의사가 주어진 상황을 판단하는 주체가 되어 소극적 안락사를 행하게 되는 것이다.

반면 존엄사를 선택하는 경우라며 평소 죽음에 관심을 가지고 '리빙 윌' 에 미리 서명해 둘 정도로 죽음을 자기 삶의 일부로 수용하고 준비된 사람일 것이다. 그러므로 그러한 사람은 어느 정도 뚜렷한 생사관을 정립하고서 존엄사 방식으로 죽음을 맞이하겠다고 결심한 것이다. 이럴 경우 소극적 안락사의 경우와 비교되는 생사관의 차이는 더 말할 나위 없이 크다.

3) 삶의 태도

갑자기 소극적 안락사의 여부에 직면한 사람은 죽음에 대해 평소 준비하지 못했듯이, 삶의 방식에 대해 또 삶의 시간이 제한되어 있음에 대해 깊이 생각해보지 못했을 것이다. 그러나 '리빙 윌' 에 서명한 사람은 죽음의 수용과 준비를 통해 자기가 삶을 영위하는 방식을 되새기

26 오진탁 (2007), 마지막 선물, 세종서적
김건열 (2005), 존엄사, 최신의학사
박영호(대구지법판사), 소극적 안락사 지지 논문
유진오켈리 저, 박상은 역 (2006), 인생이 내게 준 선물, 꽃삽

면서, 제한된 삶의 시간을 보다 의미 있게 사는 방식을 모색한다. 이처럼 두 사안은 삶의 방식 측면에서 서로 큰 차이가 있다.

4) 죽음의 방식

소극적 안락사 문제에 봉착한 사람은 죽음에 직면해 떠밀려가듯이 안락사를 선택하게 된다. 이 때 당사자의 의사는 전적으로 무시되는 상황이 일어날 가능성도 있다. 그러나 '리빙 윌' 에 서명한 사람은 어느 날 갑자기 죽음이 찾아와 더 이상 생명을 유지할 가능성이 전혀 없을 때, 아무런 흔들림 없이 평소에 준비한 대로 밝은 모습으로 죽음에 임하게 된다.

5) 리빙 윌(Living Will)과 사전의료지시서(Advanced Directive)에 대한 인지

소극적 안락사 문제에 놓인 사람은 평소에 '리빙 윌' 이나 '사전의료지시서' 제도가 있는지, '리빙 윌' 혹은 '존엄사' 가 무엇을 의미하는지, 또 삶의 시간이 제한되어 있다는 사실이나 죽음을 평소에 준비해야 되는 이유에 대해 거의 생각해 볼 겨를이 없었을 것이다.

그러나 존엄사에 뜻을 둔 사람은 '리빙 윌' 에 서명함으로써 삶과 죽음에 대해 또 자기가 죽음을 맞이하는 방식 역시 평소에 깊이 성찰하며 인생에 더욱 충실하며 살게 된다.

6) 마지막 인사여부

안락사와 존엄사는 임종방식에 있어서도 많은 차이가 있다.

소극적 안락사 여부에 직면한 사람은 갑작스럽게 작별인사를 하게 되고, 심지어 마지막 작별인사를 나누지도 못한 채 돌아가시는 경우도 있다. 실제로 그런사례를 주위에서 어렵지 않게 발견할 수 있다.

그러나 존엄사를 선택하여 '리빙 윌' 에 미리 서명해 둔 사람은 마치 미리 준비해두었다는 듯이 가족을 향해 편안하게 마지막 인사를 하고 가벼운 마음으로 여행을 떠난다.

7) 죽음을 바라보는 시각

소극적 안락사와 존엄사는 위에서 살펴보았듯이 죽음을 바라보는 방식이나 임종 방식에 있어서 많은 차이가 난다.

소극적 안락사는 소극적, 수동적, 부정적, 어두운 이미지라고 한다면, 존엄사는 적극적, 능동적, 긍정적, 밝은 이미지라고 말할 수 있다. 이런 차이는 결국 죽음의 방식뿐만 아니라 삶의 방식, 나아가 죽음 이후에까지 영향을 미친다. 그러므로 연명치료 여부에만 초점을 맞추는 소극적 안락사의 합법화보다는, '리빙 윌(Living will)' 등에 서명하는 것을 계기로 해서 죽음의 방식만이 아니라 삶의 방식까지 심사숙고 하도록 유도하는 것이 사회적으로 보다 바람직하다.

〈표 9-5〉 안락사와 존엄사의 차이

기 준	안락사	존엄사
행위와 판단의 주체	의사	개인
죽음관	별다른 생사관이 없는 경우가 많음	죽음을 삶의 일부로 수용하고 뚜렷한 생사관을 지님
삶의 태도	삶의 방식 또는 제한된 시간에 대해 소극적으로 대처할 경우가 많음	삶의 방식 또는 제한된 시간에 대해 심사숙고 함.
죽음의 방식	타의에 의해 안락사를 선택하게 됨.	평소 존엄사를 능동적으로 결정해 놓음.
리빙 윌과 사전의료지시서	생각해본 적이 거의 없음	'리빙 윌'에 서명함으로서 삶과 죽음에 대해 깊이 성찰하며 인생을 충실하게 살아감.
작별인사	갑작스레 작별인사를 하거나 인사를 나누지 못하는 경우가 많음	미리 준비해두어 편안하게 작별인사를 할 수 있음.

(2009, 요약 정리)

제 4 부
죽음관련 이슈

제10장 자 살

- 일반자살에 대한 이해
- 노인자살에 대한 이해
- 노인자살 예방

우리의 삶에서 천상의 이치에 따라 결정된 것은 아무 것도 없고 모든 것은 오로지 살아가는 동안의 선택에 달려 있으며, 어떤 고난과 역경도 그 속에서 내딛는 미약한 한 걸음보다 강할 수는 없다.

조셉 M.마셜, 유향란 옮김(2008), 그래도 계속 가라, 조화로운 삶

제10장 자살

자살 문제는 인류가 생성된 이래로 계속되어온 문제이며, 카무스(Camus, 1955)는 인간이 해결해야할 오직 단 하나의 철학 문제가 '자살(suicide)' 이라고 했다. 그러나 자살은 더 이상 철학적 문제가 아닌 전 세계적으로도 심각한 문제이다. 우리나라에서도 최근 자살문제가 중요한 문제로 대두되고 있으며, 전 사회에 걸쳐 매우 빠른 속도로 확산되고 있다. 특히 노인 자살은 고령사회와 맞물려 더욱 빠르게 증가하고 있다.

1. 일반자살에 대한 이해

1) 자살에 대한 개념

자살에 대한 개념 정의는 학자들마다 다양하게 제시될 수 있지만 일반적으로 자살이라는 용어는 '자발적으로 그리고 의도적으로 자신의 생명을 끊는 행위(엣센스 국어사전, 2005)' 를 의미한다. 또는 '자신의 생명을 끊으려고 시도하는 혹은 그러한 경향을 갖고 있는 사람들' 에게 적용되고 있는 개념이다(남민,1997).[27]

세계보건기구(WHO, 1968)의 정의에 의하면 자살은 '치명적인 결과를 초래하는 자해행위' 라고 정의하고 있으며, 자해행위란 '어느 정도의 자살의도를 갖고 그 동기를 인지하면서 자기 자신에게 가한 상해' 라고 정의한다. 즉 자살은 행위자가 스스로를 죽이려는 의도를 가지고 행한 죽음으로 자신에게 가한 폭력이다. 이러한 의미에서 자살을 택하는 것이 개인의 선택이기는 하지만 그러한 행위가 생명의 존엄성에 대한 자기파괴적 행위이며 자해행위로서 가족과 사회공동체에 미치는 파급효과가 매우 크다. 따라서 사회통합을 저해하는 요인이 된다.

사전적 정의에 의하면, 자살이란 '자신을 죽이려는 의도에 대한 명시적 또는 암시적 증거가 있으며 자기 자신에 의한 상해, 음독, 질식 등으로 인한 사망' 또는 '희생자가 그 행동의 결과를 알면서도 스스로 행한 긍정적 또는 부정적 행동의 직-간접적인 결과로 인해 발생하는 모든 죽음' 이라 정의할 수 있다. 그러나 현실에서 발생하는 자살의 복잡성은 이러한 정의만으로 파

27 남민 (1997), 청소년 자살, 대한의사협회지. 40(10) p. 1282

악하는데 어려움이 있다.

자살 개념 범주 안에는 자살사고, 자살시도, 자살행동 이 세 가지 내용이 포함된다.

(1) 자살생각(Suicidal Ideation)

자살에 대한 생각은 살아가면서 어느 순간 '죽고 싶다' 고 생각하는 보편적인 현상에서부터 정말 죽으려고 구체적인 계획을 세우는 것까지 포함된 것으로 화이트(White, 1982)는 자살을 '행하는 것에 대한 생각이나 사고' 로 정의하였다. 듀보우 등(Dubow etc, 1989)은 자살생각은 자살행위의 연속적 과정의 출발점으로 보았으며, 벡크, 코박스 & 웨이스맨(Beck, Kovacs & Weissman, 1979)은 자살생각을 기점으로 자살기도, 자살위험, 자살시도, 결국 자살로 이어지는 자살행위를 하나의 과정으로 보았다. 자살의 개념은 연속적인 과정이므로 자살을 고립된 단순한 사건이 아니라 복잡하고 역동적인 과정으로 이해해야 한다. 큐머 & 스티어(Kumer & Steer, 1985)에 의하면 자살하기 위한 바램, 상상 또는 계획은 실제 자살시도에 앞서는 과정이므로 자살생각은 자살시도의 중요한 예언지표로 제시된다. 즉, 자살생각은 자살행동 그 자체와는 다른 속성을 지니나 자살변인의 한 요소로 자살과 깊은 연관성을 가지고 있음을 알 수 있다.

자살과 관련된 변인은 여러 가지가 있을 수 있으나 보너와 리치(Bonner & Rich, 1982)는 심리 사회적인 취약성(사회적 소외, 인지적 왜곡, 우울, 절망)과 상황적인 스트레스와의 상호작용이 자살을 하려는 의도를 가장 잘 설명하는 것으로 보았다. 이것은 '스트레스-취약성 모델' 에 근거한 것으로 스트레스와 심리사회적 취약성 변인으로 절망과 우울을 들 수 있다.

스트레스는 '개인이 가진 자원을 초과하여 개인의 안녕 상태를 위협한다고 평가되는 개인과 환경간의 특정한 관계' 로 정의되며 스트레스가 우울을 유발한다. 바우메이스터(Baumeister, 1990)는 자살은 현실에서 존재하는 스트레스, 즉 기대하는 상황과 현실 상황과의 괴리와 그 스트레스들이 자기에게 주는 의미를 심각하게 인식하는 것으로부터 도피하려는 욕구가 합쳐져 나타난다고 하였다. 특히 청소년의 자살시도는 자살시도 전 몇 주 혹은 몇 달 전에 심각한 스트레스를 경험한다고 한다(Wilson, 1995).

절망은 미래에 대한 부정적인 기대로 화이트(White, 1989)는 '미래에 대한 부정적인 생각, 즉 자신이나 어느 누구도 불행이나 고통을 변화시키기 위하여 아무 것도 할 수 없고 아무 것도 이루어지지 않을 것이라는 신념' 이라 하였다. 또한 우울은 청소년에서 노인에 이르는 다양한 연령층에서 보이는 자살생각 및 자살시도와 가장 밀접한 상관을 보이는 심리장애이다(White, 1989). 자살시도자의 사후 조사 결과 거의 모든 노인 자살시도자가 정신건강상의 문제를 가지고 있었으며, 그 중에서 우울증이 가장 많은 것으로 드러났고, 미국의 경우 자살시도자 노인의 40% - 80%가 우울증상을 보인다고 보고되었다(Conweo, 1997). 절망과 우울의 관계를 살펴보면 절망은 자살생각과 함께 자살시도 및 자살완결과 같은 다양한 형태의 자살행위를 예측하는 중요한 심리적 위험요인이기는 하나 자살생각에 직접 영향을 주지는 못한다. 그러나 우울은 자살의 단일요인으로 가장 결정적인 위험요인이며 우울을 매개로 자살생각에 영향을 미치게 된다. 이에 대한 정리는 다음의 그림과 같다.

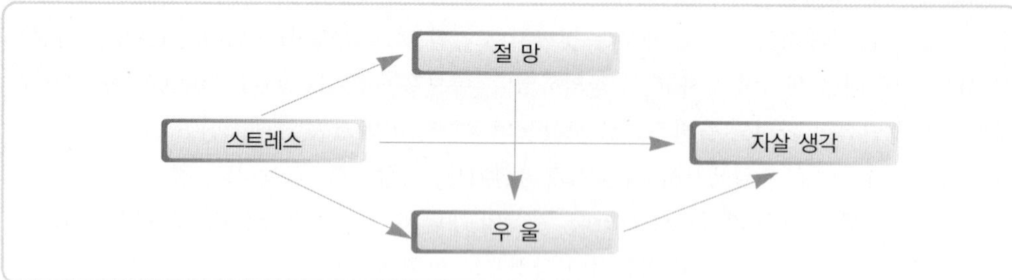

〈그림 10-1〉 자살생각 경로 모형[28]

(2) 자살 시도(Suicide Attempted) (준자살)[29]

크레이트맨(Kreitman)에 의하며 자살 시도란 '환자가 자발적이고 의도적으로 자해를 한 경우, 또는 어떤 물질을 치료상의 용량을 초과하거나 일반적으로 소비되는 수준이상으로 또는 환자가 약효를 발휘할 수 있는 만큼을 복용하는 행동' 이라 하였다. 또한 자살 시도에는 자신의 삶을 마감하려는 적극적인 의도가 존재해야 한다. 이에 대해 뒤르케임(Durkheim, 1951)은 '자살과 같이 정의할 수 있으나 다만 죽음이 실제로 발생하지 않은 경우' 로 정의하고 있다.

자살 시도의 종류로는 자살자의 동기에 따라 나누어진다. 첫째, 모든 것을 끊어버리고 쉬고 싶은 마음이 중심이 되는 '단절의 동기를 지닌 준 자살적 휴식' , 둘째, 주변사람에 대한 호소가 주된 심리인 '호소적 동기를 지닌 준 자살적 제스처' 로 예를 들어 호소 대상의 앞에서 약을 삼키거나 그 대상이 자신을 발견할 수 있는 가능성을 높게 계획하고 자살기도를 한다. 셋째, 자신을 죽음으로 몰아갈 의도를 확실하게 지니고 있으며 그로 인해 발견되게 하지 않고 치명적인 결과에 이르는 방법을 사용하여 자살기도를 하는 '분명한 자기 공격성을 지닌 준 자살적 행위' 가 있다.

(3) 자살행동(Suicidal Behavior)

자살행동 또는 자살 행위는 자기 스스로 만든 죽음을 의미하는 것으로 '생이 끝남' 을 뜻한

28 김현순, 김병석 (2008), 노인과 청소년의 자살생각 비교 연구, 한국노년학회 학회지, 2008. Vol, 28, (2), 329
29 이은철 (2004), 자살에 대한 정신과적 대책, 성산생명의료윤리연구소 창립 6주년 기념세미나자료, p.24 인용

다. 죽음에 이른 '완성된 자살(Completed Suicide)' 라 하기도 한다.

2) 자살관련 요인

자살에 영향을 미칠 수 있는 요인으로는 사회적 통합의 여러 요인들로 결혼 상태나 동거자 여부, 그리고 직업 상태 등을 들 수 있으며, 그 외에 다른 많은 요인들이 자살과 관련된 요인으로 볼 수 있다.

〈표 10-1〉 자살관련 요인

요인	내용
성별	통계상 여성이 남성에 비해 4배 많다. 그러나 사망에 이르는 자살은 남성이 3배 많다. 자살 방법으로는 여성은 약물 복용이 많고, 남성은 총, 목매기, 뛰어내리기 등의 방법이 많다.
연령	남성의 경우 45세에 최고조에 다다르고 여성은 55세 이후에 최고조이다. 65세 이상 노인 자살률은 젊은 층에 비해 적지만 성공률은 높다. 우리나라의 경우 전체 자살자 수의 30%정도가 노인자살자 수이다. 최근 들어 청소년(15-24세)자살이 높아지고 있다.
인종	미국의 경우 백인이 유색인종보다 자살률이 2배 높고, 이민자가 본토인보다 자살률이 높다.
종교	카톨릭이 개신교 및 유대교보다 자살률이 낮다. 유럽의 경우 개신교의 북부로부터 카톨릭의 남부로 가면서 자살률이 낮아지는 경향이 있는데, 이러한 이유는 일반적으로 카톨릭 공동체에서 사회적 소속본능이 좀 더 강하게 나타나기 때문으로 예측되기도 한다.
결혼상태	기혼자이며 자녀가 있으면 자살률이 낮다. 미혼은 기혼보다 자살률이 2배나 많고, 독신의 경우 이혼한 독신이 미혼의 독신보다 자살률이 훨씬 높다. 결혼은 전통적으로 자살 및 자살기도를 방지하는 요소로 생각되어진다.
직업	사회적 지위가 높을수록 자살률이 높으며, 전문직 종사자에게서 많다. 무직의 경우 직업이 있는 경우보다 자살률이 높다. 경제가 불경기이고, 실업률인 높아지면 자살률이 증가하나 전쟁 시에는 자살률이 감소한다.
기후	봄과 가을에 약간 증가하는 경향이 있다. 일반적으로 생각하는 것처럼 12월이나 휴일에 자살률이 증가하지 않는다. 기후는 자살에 크게 영향을 미치지 않는다.
육체적 건강	신체적 질병이 전체 자살의 11-51%를 차지하는 기여 요인이 되고 있다. 질병이 자살에 기여하는 인자로 기력의 쇠퇴, 특히 여성의 경우 외형의 추해짐, 만성적이고 잘 낫지 않는 통증, 병의 2차적인 영향인 인간관계의 소원과 직업상실 등이 있다. 타 질환에 사용되는 특정 약물은 우울증을 유발하여 자살 가능성을 높이기도 한다.
정신건강	자살에 가장 의미 있는 요인들은 약물남용, 우울장애, 정신분열병 등 정신질환이다. 자살 기도자의 95%가 정신질환의 진단을 받았으며, 우울장애(80%), 정신분열병(10%), 치매와 섬망(5%)순이다. 또한 정신과 질환자 중 알코올 의존이 있어 이중 진단이 가능하다.

(2009, 재요약)

다음은 자살위험인자를 보여주는 표이다. 주변에서 이러한 증상을 나타낼 때에는 특히 관심을 갖고 봐야 할 것이다.

〈표 10-2〉 자살위험인자와 순위

자살위험인자	자살위험인자의 순위
과거에 자살시도를 한 경력이 있는 경우	1. 나이(45세 이상)
극도로 우울해 하고 불안해하면서 지쳐할 때	2. 알코올 의존
주위에 자살을 시도 할 수 있는 도구나 여건이 있을 때	3. 짜증, 화, 폭력
자신의 죽음이 가족들에게 미칠 영향에 대해 관심을 보일 때	4. 이전의 자살 시도
자살할 생각이 있다고 자주 말할 때	5. 남성
많이 초조해 하고 불안해 하다가 갑자기 차분해지고 편안해 할 때	6. 도움을 원치 않음
최근에 가족의 죽음이나 건강의 상실 등 어려운 삶의 사건들을 만났을 때	7. 현재 우울증이 보통 때 보다 기간이 긴 경우
가족 중에 자살하여 죽은 사람이 있을 때	8. 과거 정신과 입원치료 경력
죽은 가족들에 대한 죄의식의 표현이 많아질 때	9. 최근의 사별 혹은 이별
자신의 삶에 대한 무가치성을 강조하면서 의기소침해 할 때	10. 우울증
죄에 대해 벌 받을 것을 강력히 원할 때	11. 신체 건강의 상실
생물학적 요구(음식, 수면, 성, 활동)가 현저히 줄었을 때	12. 직업상실, 은퇴
알코올 중독상태 (정상인의 50배 위험률)일 때	13. 독신, 미망인, 혹은 이혼
타인의 도움을 거절할 때	
미혼, 독신, 또는 혼자 살고 있을 때	
봄, 이른 아침, 월요일과 화요일	

(2009, 재정리)

3) 자살 실태

자살 문제가 최근 우리 사회에서 중요한 문제로 대두되고 있다. 우리 사회뿐만 아니라 세계적으로 자살문제의 중요성은 커지고 있다. 세계보건기구(WHO)는 지난 45년 동안 자살률이 45% 증가하였고 15~44세 사람들의 사망원인 3번째가 자살이며, 자살시도자는 자살자보다 20배나 더 많다고 보고하고 있다. 우리사회의 경우에도 현재 5분에 한명씩 자살을 시도하며 45분에 한명씩 자살로 생명을 잃고 있다. 자살 사망자만 해마다 1만여 명이 되며, 국민 124명 중 1명이 가족 중에 자살자가 있는 자살피해 가족이다. 자살이 많은 국가로 유명한 스웨덴과 노르웨이 등 북유럽 국가도 자살 사망률은 우리의 절반 수준이다.

한국보건사회연구원 조사에 따르면 1982년 10만 명 당 9.4명이었던 자살 사망자 숫자가 2002년엔 19.2명으로 배로 늘었으며, OECD 회원국 가운데 가장 빠른 증가속도를 보이고 있다. 1983년부터 2005년까지의 자살 통계자료를 보면 98년 IMF 사태 때 정점을 제외하면 해마다 자살자가 꾸준히 증가하는 추세에 있다.

또한 2007년 통계청 자료에 따르면 전체 자살자 수는 만 688명(자살률 23.0/인구 10만 명 당 23명)으로 이는 10년 전보다 8.9명 증가한 수치이다. 사망원인은 1위가 암, 2위가 뇌혈관질환, 3위가 심장질환으로 15년 전과 달라진 것이 없으나, 눈에 띄게 사망순위가 변화하고 있는 원인이 바로 자살이다. 자살은 15년 전만 해도 사망순위 10위였던 것이 현재는 5위를 차지할 정도로 심각하며, 빠른 속도로 증가하고 있다.

〈표 10-3〉 우리나라 사망순위 변화

순위	1992년	1998년	2004년	2006년
1위	암	암	암	암
2위	뇌혈관질환	뇌혈관질환	뇌혈관질환	뇌혈관질환
3위	심장질환	심장질환	심장질환	심장질환
4위	운수사고	운수사고	당뇨병	당뇨병
5위	간질환	간질환	**자살(11,523명)**	**자살(10,688명)**
6위	고혈압성질환	당뇨병	간질환	운수사고
7위	당뇨병	**자살(8,569명)**	운수사고	간질환
8위	만성하기도질환	만성하기도질환	만성하기도질환	만성하기도질환
9위	호흡기결핵	고혈압성질환	고혈압성질환	고혈압성질환
10위	**자살(3,533명)**			

* 자료출처 : 통계청(2006), 사망원인 통계

자살은 전 연령대에서 이루어지고 있으나, 특히 문제가 되는 것은 고령화에 따른 자살이 늘고 있어, 자살 문제가 더욱 심각하다. 우리나라의 고령화 속도는 세계에서 가장 빠르다. 우린 이미 '고령화 사회'로 들어서면서 노인 인구 증가에 따른 여러 가지 사회문제의 대두와 함께 노인 인구의 자살이 급격히 늘어나고 있다. 노인자살건수와 자살률은 지난 10여 년 동안 지속적으로 증가하고 있으며, 2003년 이후의 보고서에 따르면 현재 한국의 60세 이상의 노인자살률과 증가율이 모든 연령층에서 매년 크게 증가하고 있고 경제협력개발기구(OECD)회원국 중 1위이다. 취업문제와 미래의 문제를 가진 20, 30대와 사회적 책임이 가중되는 40,50대에서 자살이 증가할 것으로 생각되나 60대 이상의 노인 인구에서 자살이 급격하게 증가하고 있는 것이다.

노인 인구에서의 자살은 노인 10만 명 당 86명으로 전체 자살률의 약 3.7배 정도 높은 수준이다. 2006년 한 해 동안 65세 이상 노인 3,203명이 자살하였는데, 이는 전체 자살자의 30%에 해당되어(통계청, 2007), 노인자살이 사회문제가 되고 있다.

〈표 10-4〉연령별 자살미수, 자살사망자 수

구분	전체건수	자살미수		자살사망	
		건수	%	건수	%
10-19세	69	63	91.3	5	8.7
20-29세	219	211	96.3	8	3.7
30-39세	198	184	92.9	14	7.1
40-49세	162	149	92.0	13	8.0
50-64세	102	83	81.4	19	**18.6**
65세 이상	105	77	73.3	28	**31.8**
전체	855	767	89.7	88	1.3

* 출처 : 응급실 손상환자 표본심층조사(20006. 8 - 2007. 12), 질병관리본부

4) 자살에 대한 이해

자살에 대한 이해는 학자들에 따라 다양하게 정의되나 일반적으로 자발적이고 의도적으로 자신의 생명을 끊는 행위를 말한다. 또한 자신의 생명을 끊으려고 시도하거나 그러한 경향을 갖고 있는 사람들도 포함한다.

자살에 관한 이론적 접근은 크게 사회학적인 시각과 심리학적인 시각으로 구분해 볼 수 있다. 사회학적 접근은 자살자의 개인적 특성이나 심리적 상태로 그 현상을 이해하려 하기보다는 그 배후에 있는 주변 환경이나 사회적 조건을 자살의 결정적인 단서로 보는 접근이다. 반면에 심리학적 접근은 외부적 환경보다 현재 한 개인이 봉착한 심리적 특성, 예컨대 우울증과 같은 특성 자체가 자살을 유발한다는 입장이다. 또한 사회학적 시각과 심리학적 시각의 두 가지 입장을 통합시켜 자살을 설명하기도 한다.

(1) 사회학적 이해

자살에 관한 체계적인 연구는 프랑스의 사회학자 에밀 뒤르켐(Emil Durkheim, 1897)이 사회학적 연구를 통해 내놓은 '자살론(Le Suicide)' 에서 시작되었다. 뒤르켐(1951)는 자살을 '희생자 자신이 일어나게 될 결과를 알고 행하는 적극적 혹은 소극적 행위에서 비롯되는 직접적 혹은 간접적 결과로 일어나는 모든 죽음' 으로 정의하였다. 또한 자살을 사회학적 차원에서 이론으로 정립한 학자이며, 개인들이 자기가 속해 있는 사회에 통합된 정도와 자살률이 반비례한다는 '사회통합가설(Hypothesis of Social Integration)' 을 제안하고, 개인의 사회통합과 사회가 개인행동을 규제하는 정도와 차원에 따라 자살을 3가지 유형(이기적 자살, 이타적 자살, 아노미성 자살)으로 구분하였다.

〈표 10-5〉 뒤르켐의 3가지 자살의 유형

자살유형	내용
이기적 자살 (egoistic suicide)	개인의 미흡한 사회통합으로 인해 발생하는 이기적인 자살로 자살을 반대하는 사회적 제약에 의해 전혀 영향을 받지 않는 경우. 개인주의적인 사람은 사회적 지지를 받지 못하고 소외됨으로서 존재의 근거를 삶에서 찾지 못해 자살이 일어난다고 봄.
이타적 자살 (altruistic suicide)	개인이 사회에 극도로 통합된 경우로 자신이 속한 그룹을 위해 자살을 선택하는 것. 예) 고대 그리스인이나 로마인들의 영웅적인 자살, 일본인들의 할복자살, 전쟁 시 국가나 전우를 위한 희생 등 사회의 최고 규범을 따랐기 때문에 칭송받음.
아노미성 자살 (anomic suicide)	개인에 대한 사회의 불충분한 제약으로 인해 발생하는 것으로 그 사회구성원이 제약감이나 평형감 형성 실패로 인해 자살이 초래됨. 종교의 권위 같은 강한 권위의 상실이 무규율상태인 아노미 현상을 촉진하며, 이와 같은 형상은 자살의 증가로 이어진다는 것. 한 집단 내의 자살은 그 사회의 아노미성을 보여주는 척도가 됨 예) 청소년 자살은 사회와 학교의 아노미성을 드러내고 있는 것임.

(2009, 재정리)

또 다른 사회학적 이해로는 카반(Cavan : 1928)의 생태학적(ecopogical)연구에 의한 것으로 이는 사회해체 이론에 크게 의존한다. 카반은 자살률은 사회해체의 정도와 직접 관련이 된다고 한다. 높은 이동성과 복잡성과 같은 다양한 인구변수들이 원인이 되어 사회적 가치가 행동에 상대적으로 영향을 주지 못한다는 가정하에 이러한 사회해체가 자살 및 이와 비슷한 일탈행위를 일으킨다고 하였다.

최근의 사회학적 이론은 뒤르켐(Durkheim)과는 아주 다른 심리사회적 이론들로 깁스와 마틴(Gibbs & Martin, 1964)의 '지위통합 가설'이 있다. 이것은 어떤 지위집합(특정연령, 성, 인종, 결혼여부, 등과 같은 지위묶음)이 통합의 정도가 높은 사회에서는 자살률이 낮으리라 기대되며 그러한 지위집합이 소유되는 빈도가 낮은 곳에서는 자살률이 높다는 것이다. 또한 헨리와 쇼트 (Henry & Short, 1954)는 사회경제적 지위변화는 자살의 사회학적 이유라 하였다. 김홍규(1990)은 자살을 사회병리의 일환으로 보면서 탈선적인 문제로 보았다. 즉 자살을 개인의 죽음을 넘어 국가와 사회 공동체를 파괴하는 문제로 이해하고 있다.

(2) 심리학적 이해

각 학자마다 자살에 대한 심리학적 이해는 다음과 같다.

자살에 대한 심리적 통찰은 프로이드(Freud)가 처음으로 제시하였다. 프로이드는 자살을 정신적으로 혼란에 빠져 있는 사람에게서 느껴지는 살인적인 분노가 반전되어 상대를 무의식적으로 자기 자신과 동일시하게 되어 자신을 죽임으로서 상대방을 죽이는 목적을 달성하는 것으로 보았다.

메닝거(Menninger, 1996)는 「자신에 대항하는 사람(Man against Himself)」이란 저서에서 자살행위를 일으키는 정신역동적 동기를 3가지 유형(죽이고자 하는 소망, 죽음을 당하고 싶은 소망, 죽고 싶은 소망)으로 구분하였으며, 자살을 죽음의 본능이 자신에게 향하는 Thanatos의 개념으로 설명하면서 타인에 대한 분노에서 야기되는 전도된 살인으로 보았다.

쉬나이드맨, 화버로우와 리트맨(Schneidman, Farberow & Litman, 1976)은 정신역동적 측면 다음의 4가지 형태로 설명하였다. ① 자살을 보다 나은 생으로의 이행으로 믿거나 명성을 위한 것으로 보는 경우, ② 정신병적 환상이나 망상을 충족하기 위해 자살을 하는 경우, ③ 사랑하는 사람에게 애통한 슬픔을 갖게 하고자 하는 앙갚음의 입장으로 자살하는 경우, ④ 늙음과 사별의 아픔이나 질병의 고통으로부터 해방되리라는 생각으로 자살을 하는 경우

쉬렌커(Schlenker, 1980)은 자기존중감과 자기효용성이 낮은 사람은 우울증을 유발하며 자살행위와 연관이 있으며, 낮은 자기존중과 효용성은 자기학대와 무가치감으로 이어져 자살과 관련된다고 주장한다.

클레인(Klein, 1986)은 자기 안에 있는 긍정적인 경험과 좋은 기억들이 나쁜 대상(나쁜 부모)에 의해 위협받고 있다고 느끼고 자아의 일부가 된 나쁜 대상으로부터 자신을 보호하려는 시도에서 자살관념을 느낀다고 하였다. 즉 자살은 자기 안의 좋은 부분을 보존하면서 자아의 나쁜 표상을 제거하려는 시도로 보았다.

바우메이스터(Baumeister, 1991)는 인간은 자신의 고통으로부터 도피하는 수단으로 자살행동을 한다고 하였다. 자살에 이르는 도피과정을 보면 개인이 이루고자 하는 기대수준과 현실 간에 괴리가 생기면 그 이유를 자신의 탓으로 돌려 자기비난과 부정적인 자기평가를 하게 된다. 초점이 자신에게 돌려져 더욱 자신을 부정적으로 평가하게 되며 그 결과 자신에 대한 부정적인 정서상태가 초래된다. 이러한 고통스런 생각과 감정을 없애줄 강력한 수단으로 자살과 같은 극단적이고 자기 파괴적인 선택을 하게 된다.

이맨(Eyman, 1994)은 모든 사람들은 자기 자신과 세계에 부여한 희망이며 신념체계인 삶의 환상을 갖고 있으며, 이러한 삶의 환상을 위협하는 내적인 표상들을 제거하기 위한 것이 자살이라 하였다.

(3) 생물학적 이해

자살은 사회학적인 요소와 심리적인 요소 이외에 생물학적 요소와도 관련이 있다. 자살과 관련된 유전인자와 생체의 물질이 자살을 일으킨다는 것이다.

배취러(Baechler, 1979)는 자살을 일으킬 수 있는 유전적 특질이 존재하며 이러한 특질은 유전된다고 보았다. 그리고 로이(Roy, 1991)등은 자살성향 자체가 유전자를 통해 전달되며 자살성향의 배후에는 정신질환에 약한 유전인자가 있으며 이 인자가 계속 유전된다고 하였다. 유전적인 요인 외에 신경전달물질 가운데 하나인 세라토닌(serotonin)의 양이 자살행동과 연관성이 있다(민성길, 1998).

(4) 사회환경과 개인특성의 상호작용접근의 이해

인간의 행동은 매우 개인적이면서도 사회적 산물로서, 인간은 사회적 환경과의 상호작용 속에서 여러 가지 복잡한 심리적 작용을 일으키고, 이를 행동으로 나타나게 된다. 자살은 개인의 특정한 부적응적 과정들과 특정한 환경적 조건들과의 복잡한 상호작용으로부터 일어난다고 할 수 있으므로 자살행동을 잘 이해하기 위해서는 이러한 사회환경과 개인적 특성의 두 가지 측면을 모두 고려해야 한다.

상호작용 접근의 이론으로 자살을 이해한 모형으로는 '스트레스 대처모형'이 대표적이다. 이 모형은 자살을 포함한 부적응 행동은 스트레스 자극이 개인의 대처능력을 넘어설 만큼 클 때 일어난다는 것이다. 프리맨과 리네커(Freeman & Rinecke, 1993)은 스트레스가 보통 인간의 정서적 균형을 무너뜨리지만 시간이 지나면 자연스럽게 사라지는데 반해 쉽게 사라지지 않고 자살로 이어지는 스트레스 요인들을 취약성(vulnerability)요소라 부르고 있다. 이 취약성 요소는 인간의 내적(성격, 품성) 또는 외적(해고, 사별) 요소에 대한 각 개인의 충격흡수 능력 혹은 수용능력을 보여주는 중요한 요소로서, 자살 위험에 대한 개인의 내성 여부를 보여준다고 하였다. 이 요소들을 잘 극복할 수 있는 대처기제를 가지고 있는 사람들은 자살관념을 갖지 않고 건강한 삶을 유지하나 이러한 요소들에 지속적으로 노출되거나 약한 요소를 가지고 있는 사람들은 자살관념을 가지고 있으므로 특별한 관심과 개입이 필요하다. 영과 클럼(Yungr & Clum, 1994), 그리고 보너와 리치(Bonner & Rich, 1990)는 심리사회적 취약성으로 삶의 의미, 우울, 절망, 사회적 지지, 문제해결기술을 포함시키면서 이것들이 생활스트레스와 상호작용을 하여 자살행동에 영향을 준다고 하였다.

Tips

자살에 대한 잘못된 편견

잘못된 편견	사 실
자살 생각이나 계획이 있는 사람들은 자신의 생각을 다른 사람에게 말하지 않으며 자살은 어떤 경고 없이 일어난다.	10명 중 8명은 자살의도에 대한 경고 신호를 보낸다. 그러나 어떤 경고 신호들은 인식하기가 힘들다.
자살에 대해 이야기하는 사람들은 자살을 하지 않을 것이다.	자살생각이나 자살 기도는 '도움을 찾는 외침'으로 도움에 반응하지 않으면 자살을 기도하는 사람은 주목받기 위한 행동을 시도하여 비극적인 결과를 가져올 수 있다.
자살에 대해 말하는 사람은 단지 주의를 끌고 싶기 때문이다.	아무리 사소한 일이라도 자살에 대해 이야기하거나 관심을 끄는 행동은 도움을 바라는 외침이므로 경청하고 반응해야 한다.
자살을 하는 사람들은 죽음에 대해 몰두하고 있다.	대부분은 경고의 신호를 보내며 만약 죽음에 몰두해 있다면 그 어떤 의도도 전달하지 않을 것이다. 절대다수의 사람들은 죽기를 원하지 않는다. 단지 그들은 자신의 정서적인 고통이 끝나기를 바랄 뿐이다.
자살에 대해 내놓고 이야기하는 것은 자살 시도를 하려는 사람들의 목숨을 끊게 할 수 있다.	드러내 놓고 자살과 자살감정에 대해 이야기하는 것은 자살하는 사람에게 이야기를 허용하는 것이며, 듣는 사람은 그들을 도와주고 함께 있다는 것을 전하는 행위인 것이다.
자살하는 사람은 모두 정신병적 행동을 하는 사람들이다.	자살하는 것은 정신병이 아니라 특정 시기에 고립감과 극심한 불행감과 외로움을 느껴 삶을 대처할 수 없다고 느낌으로서 겪게 되는 스트레스와 상실감의 결과로서 자살 생각과 행동을 하는 것이다.

(2009, 재요약)

5) 자살 예방[30]

(1) 1차적 예방과 2차적 예방

자살 예방은 1차적 예방과, 2차적 예방으로 나누어 생각할 수 있다.

1차적 예방은 최초의 자살 기도와 자살을 방지하는 것으로 국민들의 심리적, 정신의학적 관

30 이은철 (2004), 자살에 대한 정신과적 대책, 성산생명의료윤리연구소 창립 6주년 기념세미나자료, p.31 인용

리를 개선하는 것이 우선이다. 이러한 의미에서 자살 금지법등의 시도가 있었으나 큰 효과가 발휘하지는 못하였다. 크레이트맨(Kreitman)의 '비상구 닫기(Closing the exit)'는 특정한 자살방법을 시도하기 어렵게 만들어 자살률을 줄이는 것으로 1960년 대 영국의 가정용 가스의 독성이 줄어들면서 자살률이 낮아진 것이나, 미국에서의 총기 사용이 엄격한 주에서의 자살률이 낮아지는 것 등이 이에 해당된다. 그러나 무엇보다도 1차적 예방을 위해서는 자살에 대한 개인적인 저항을 높여주는 것이 중요하며, 이를 위해 정보전달 조치가 중요하다. 자살성향의 배경과 발생조건, 자살에 대한 인식과 자살적 태도를 지닌 사람과의 교류에 대하여 대중매체를 통해 일반인을 계몽하거나 자살과 연관되는 우울증, 불안, 중독과 같은 정신질환에 대한 계몽도 중요하다.

2차적 예방이란 이미 자살의도와 자살적 태도를 지닌 사람들의 자살 또는 자살 기도를 막는 것을 말한다. 전문적, 비전문적 전화 상담 서비스, 친구 되어주기, 자살 예방센터 등이 있다.

다음은 우리나라를 비롯하여 외국의 자살예방 활동을 소개함으로서 자살예방에 대한 비젼을 제시하고자 한다.

(2) 국내외의 자살예방 활동[31]

가 .미국

미국 최초로 자살예방 전문 기관으로 1958에 로스엔젤레스에 '자살예방센터(Los Angeles Suicide Prevention Center)'가 설립되었다. 이 기관은 국립정신건강연구소에서 지원을 받아 치료와 공중건강 프로그램을 지역주민에게 제공하고 체계적인 연구를 실시하고 있다.

1999년에는 자살은 예방할 수 있는 중요한 공공의 정신건강 문제로 자각하고 국가 차원의 자살예방 전략(National Strategy for Suicide Prevention)을 세우고 실천해 나가고 있다. 이것은 11개의 목적과 68개의 목표로 2005년까지 실시되었다.

나. 일본

일본은 1998년 한 해 동안 자살자가 3만 명을 넘어 사회문제화가 되면서 일본후생노동성이 일본IND연맹(INOCHINO DENWA, 일본의 생명의 전화)에 1억 엔을

31 자살부르는 사회-진단과 대책, 성산생명의료윤리연구소 창립 6주년 기념세미나자료, p.19-22 인용

지원하여, 자살자의 원인 조사, 연구, 상담체계, 집중적인 자살방지를 위한 종합 대책을 일임하였다. 이러한 노력으로 2000년 총 자살자는 31,957명이었으나 2001년 총 자살자는 915명 감소된 31,042명으로 나타났다. 또한 Free Dial(무료전화)을 개설하여 홍보하고 있다.

다. 호주

자살예방을 위한 창구로서 1963년 설립한 Life Line Austalia의 기능을 강화하고 1997년부터 정부로부터 청소년 자살예방 기금 18억 원을 지원 받아 교육과 위기대처 훈련을 실시하였다. 빅토리아주에서는 Life Line과 협력 프로젝트로 자살예방 프로그램을 진행하고 있다.

라. 프랑스

1994년 고위 공공건강위원회가 자살을 국민건강의 최우선 해결과제 중 하나로 선택하고 지방 및 국가 건강협의회에서 자살과 우울증을 대처하는 프로그램을 개발하고 수행하고 있다. 1998년 건강부 장관은 청소년과 청년층을 주로 대상으로 국가 차원의 자살방지 프로그램 제정을 선포하였다.

마. 영국

2002년에 국가 자살예방전략(National Suicide Prevention Strategy ; NSPSI)을 보건부에서 발표하고 영국 국립정신건강 연구소(National Institute for Mental Health in England)의 핵심 프로그램 중의 하나로 2010년까지 자살률을 20%이상 감소하는 것을 목표로 하고 있다.

바. 한국

민간차원에서 한국 최초의 전화상담 기관인 생명의 전화 핫라인(Hotline)이 1976년에 시작해서 27년간 전국적으로 170만 건의 전화상담을 통해 갈등, 위기와 자살 등을 상담하여 국민의 정신건강을 보살피고 스트레스 관리방법을 교육해 왔다. 인터넷이 보급되면서 1998년부터

사이버 상담(Cyber Counseling)이 시행되어 점차 상담이 급증하는 추세이다. 2002년 9월부터는 사이버 자살예방 상담센터(www.lifeline.or.kr / www.savelife.or.kr)를 구축하여 비밀상담을 시행중이다. 한국생명의 전화는 매년 전국대회를 통해 자살예방을 위해 전력해오고 있으며, 자살예방 전문상담원 양성을 위해 2002년 사회복지공동모금회 지원사업으로 전국 4지역(서울, 부산, 대구, 전주)에서 사이버 자살예방 전문상담원 양성교육을 실시하고 사이버자살예방 센터(www.savelife.or.kr)를 구축하였다. 또한 자살 예방 캠페인으로 '생명, 사랑, 작은 실천-두 배로 듣기 캠페인'을 통해 시민들에 자살에 대한 이해와 예방법을 교육해 오고 있다. 자살에 관한 시민 인지교육은 시민상담교실과 각종 세미나를 통해 자살예방의 중요성에 대해 교육과 홍보를 해왔으며, 자살을 중요한 공공의 정신건강 문제로 인식시키고 있다. 그리고 자살예방에 관한 국제교류(생명의 전화 세계대회-아시아 · 태평양대회)를 통해 선진자살예방 방법을 습득하고 한국의 상황에 맞게 도입하고 있다. 생명의 전화 국제협회는 국제자살예방협회(IASP) 정회원으로 활동하며 세계

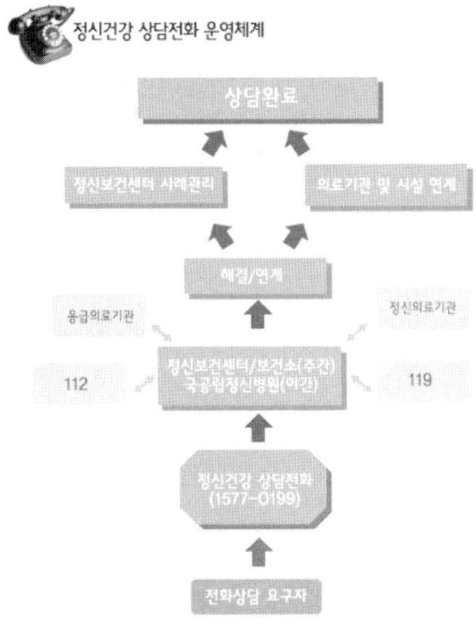

치료 및 사후관리

보건소 및 정신보건센터를 통해 자살위험이 높은 대상자에 대해 적극적인 치료와 집중적인 사례관리를 제공해 자살을 예방한다는 계획이다. 정부는 특히 경제적 이유로 우울증 등 정신질환 치료를 받지 못하는 저소득층의 정신질환 치료비 지원을 추진키로 했다. 또한 주변 사람들이 우울증에 대해 체계적으로 지원할 수 있도록 ▲우울증 자가진단방법 ▲우울증에 처한 이들을 돕는 방안 ▲자살위험에 처한 이들을 위기에서 구하는 방안 등의 내용을 담은 매뉴얼을 보급해 교직원, 교도관, 정신질환자 가족, 종교인 등이 활용토록 할 계획이다.

〈그림 10-2〉 정신건강 상담전화 운영체계

자살예방활동을 협력하고 있다. 2006년 11월에는 생명의 전화와 고려대 행동과학연구소(고려대 자살예방 및 위기상담센터)가 협력하여 죽음교육을 통한 자살예방을 위해 나섰다.[32] 또한 1993년에 설립된 NGO단체인 한국노인의 전화에서는 10개의 지회들과 함께 노인상담을 통해 우울과 자살생각을 갖는 노인들에게 무료로 상담서비스를 해오고 있다.

한편 국가적 차원에서는 2005년 보건복지부에서는 자살예방 추진계획을 발표하였다. 자살 사망률 10% 감소를 목표로 적극적인 예방 및 상담 대책을 추진한다. 이를 위해 우울증으로 인한 자살문제에 대처하기 위해 현재 126개소인 정신보건센터를 오는 2008년까지 246개소로 늘리는 한편 정신건강 상담전화 전담요원을 배치하는 등 우울증 상담 기능을 강화키로 했다. 또한 자살위험성이 높으면서도 경제적 이유로 우울증 등 정신질환 치료를 받지 못하는 농어촌 및 저소득층 정신질환자에게 치료비를 지원할 계획이다. 복지부가 발표한 2005년 자살예방대책은 '인식개선'과 '사회안전망 구축'으로 요약될 수 있다. 국민 정신건강에도 '사회안전망'의 개념을 도입, 우울증과 정신질환을 조기에 발견해 상시적 상담 및 치료를 지원하고 우울증 등에 대한 사회적 편견을 해소하는 것을 주요내용으로 하고 있다.

또한 2010년까지 자살사고를 현재보다 20%이상 줄이기 위해 『자살예방대책 5개년 계획』을 수립하고 그 대책을 발표하였다. 그 내용은 생명존중문화조성 등 환경적 접근과 자살위험자를 조기 발견 및 치료, 공공부문과 민간부문의 역할분담과 협력체계를 구축하는 것을 포함하고 있다.

자살예방을 위해 국민건강증진기금을 이용하여 다음과 같은 사업을 계획하고 있다. ① 범국민생명존중문화 조성사업, ② 매스컴의 자살보도 권고기준 보급, ③ 아동 · 청소년 정신건강증

32 김선주 (2006), 뉴시스 11.2 '자살예방책', '죽음교육' 실시해야

진 및 자살예방사업, ④ 정신건강증진 및 우울증 예방사업, ⑤ 전화 및 인터넷을 통한 자살예방체계 구축사업, ⑥ 자살위험자 조기발견 및 치료사업, ⑦ 자살시도자 치료 및 사후관리 사업, ⑧ 자살감시체계 구축사업, ⑨ 업무수행자 등 교육훈련사업, ⑩ 자살예방에 관한 조사 · 연구지원 사업등이다. 따라서 자살예방교육이 단기간에 이루어지거나 시행되기보다는 죽음준비교육을 통해 삶과 죽음의 문제를 함께 생각할 수 있도록 죽음교육의 관점에서 다루어지는 것이 바람직하다. [33]

일본 독립영와 '굿바이' 의 한장면(부록 8-5 p.585 참조)

2. 노인자살에 대한 이해

노인 인구의 증가와 함께 노인자살자수와 자살률은 지속적으로 증가하고 있다. 자살률의 증가뿐만 아니라 노인의 연령별 인구 비례에 따른 자살 인구 비율은 타 연령층에 비해 상대적으로 높다. 그러나 노인에 대한 차별적 인식과 노인 공경 등 전통적 사상에 반하는 노인 자살에 대한 논의를 사회적으로 은폐하려는 경향 때문(김형수, 2000)에 노인 자살에 대한 관심은 낮다. 흔히 '황혼 자살' 이라 불리는 노인들의 자살은 사회적 · 문화적 특성으로 인해 자살이 알려지기를 꺼려한다. 때문에 자살통계에서도 누락되는 비율이 적지 않으며, 자살의 범위를 자살생각과 자살 시도까지 포함하여 생각한다면 노인의 자살문제는 매우 심각하며, 또한 사회문제가 되고 있다.

1) 노인자살에 관한 이해

노인 자살이란 65세 이상 된 노인층에서의 자살생각, 자살시도, 자살행위에 이르는 연속적인(spectrum)개념이다. 노인은 삶의 마지막 단계를 보내는 시기이기이므로 자살과는 별로 상관없을 것이라고 통념적으로 생각한다. 생애주기의 마지막 단계인 노년기는 지금까지 살아온 인생을 정리하면서 자아통합을 추구하고 죽음의 질에 관하여 생각해야 할 시기이나 노년기에 적지 않은 사람들이 여러 가지 신체적, 경제적 혹은 정서적인 어려움을 동시에 겪고 있다. 이

33 자살예방을 위한 죽음교육, http://blog.naver.com/deathedu/

로 인해 절망감에 빠지게 되고 자살은 종종 이에 대한 해결방안으로 여겨진다. 노인층에서의 자살 성공률은 그 어느 연령층보다도 높게 나타나고 있다. 이러한 결과는 다른 연령층에서의 자살이 대부분 충동적인 행동의 결과이지만, 노인의 자살은 일정기간 심사숙고하여 결정한 필사적 해결대안이라는 것을 시사한다. 따라서 노년기에 맞게 되는 생애의 사건과 문제에 대해 적절한 대응책을 마련하지 못한다면 한 인간으로서의 생존과 인간다운 삶이 크게 위협당할 수 있으며, 이로 인해 자살과 같은 일탈현상(deviant phenomenon)이 발생할 수 있다.

(1) 노인자살 위험 요인

노인자살은 여러 가지 상실요인이 복합적으로 작용하여 발생한다. 메켈토쉬(McIntosh, 1992)는 노인들에게 자살위험조건이 되고 있는 여러 요인을 통해 자살을 이해하고자 하였으며, 아노미적 자살과 이타적인 자살은 은퇴와 배우자 상실, 운동력/이동성 감소, 점차 사라지는 사회적 역할과 사회적 소외로 인해 기인하는 것으로 어떤 자살의 경우 노인 스스로가 자기를 보호할 수 없을 때, 즉 가족에게 부담이 되지 않기 위해 자살을 시도할 수도 있다고 하였다. 이 외에 자살에 영향을 미칠 수 있는 요인들로는 결혼 상태나 동거자 여부, 직업 상태 등을 들 수 있으며, 시력이나 청력상실, 또는 자기관리능력 상실이나 의료상태에 의해 결정되는 이동성 수준 등이 포함된다.[34]

이러한 노인자살위험요인은 사회 및 환경적 요인, 신체적 요인, 심리적 · 정신적 요인으로 나누어 볼 수 있다.

첫째, 사회 및 환경적 요인으로 은퇴, 사별 등을 들 수 있는데 이는 사회적 고립이나 노동시장으로부터의 분리에 따른 낮은 사회경제적 상태를 가져온다.

특히 퇴직이라는 직업역할상실은 노인에게 충격적인 사건으로 직업역할의 상실은 경제적 상실을 비롯하여, 자기존중감, 권력과 명예, 그리고 미래에 대한 안정감을 위협하게 된다. 퇴직이나 은퇴가 원치 않은 상태에서 갑작스럽게 일어나거나, 퇴직 후의 새로운 생활에 적응할 수 없는 상황이 되면 노인들은 이러한 변화에 대처할 융통성이 부족하기 때문에 위험이다. 그러나 퇴직이나 은퇴가 노인 자살에 있어 중요한 위험요인이 아니지만 성격이 소심하고 융통성이 부족한 경우에는 위험 요인이 된다. 다음으로 사별은 자살을 유도하는 심각한 위험요인으로 추정되고 있다. 배우자의 상실 또한 노년기에 견디기 어려운 스트레스이자 생애적사건으로 배우자의 상실로 홀로 된 노인들이 자살의 위험에 처할 가능성이 높다. 배우자와 사별했거나 사별이 갑작스럽게 일어났을 때, 그리고 남성 노인이 사별을 당했을 때 자살 위험도가 매우 높

34 박지영 (2006), 노인자살 생존자의 자살경험에 관한 연구, 이화여자대학교 박사학위논문, p.11인용

은 것으로 보고되는데, 사별 후 6개월 이내에 자살의 위험도가 가장 높다. 또 다른 요인으로 지리적, 사회적, 정서적으로 고립을 들 수 있다. 노인들은 각종 장애로 인하여 사회관계와 사회참여가 서서히 줄어들어 점차 고립감에 젖어들게 된다. 노후의 경제적 불안정과 가족관계를 포함한 사회적 관계망의 축소가 노인의 삶의 질에 부정적인 영향을 끼치며 고립된 노인일수록 자살에 이를 가능성이 높다. 사회적 관계망과 관련한 연구에 의하면 병원이나 양로원 같은 수용기관에 입원해 있는 노인들의 자살률이 일반 노인에 비해 높지 않다고 한다.

둘째, 신체적 요인으로 노화와 건강약화에 따른 신체적, 정신적 능력 장애와 당뇨, 뇌졸중, 퇴행성관절염 등의 만성질환을 들 수 있다. 만성 또는 중증 신체질환으로는 자살을 유발하지 않지만 신체질환으로 인한 우울증이나 다른 정신병리가 유발한다면 자살에 큰 영향을 미칠 수 있다. 암 환자의 경우 진단을 받은 2년 이내에 자살률이 증가하는 것으로 보고되고 있으며 이들 환자의 약 60~80%에서 우울장애나 불안장애 같은 정신질환을 동반하는 것으로 보고되고 있다.

셋째, 정신적 · 심리적 요인으로 노인자살을 노인 치매나 우울의 전형적인 증상적 행동으로 인식하고 정신질환을 자살의 주요 원인으로 보고 있다. 정신질환은 노인 자살의 주요한 위험요인으로 손꼽히고 있으며, 자살한 노인의 75%이상에서 자살 당시에 정신질환 상태에 있는 것으로 추정되고 있다. 특히 자살한 노인의 50~87%에서 자살 당시에 우울증이 있는 상태인 것으로 보고되고 있으며 이러한 경향은 고연령층의 노인에 더 많이 적용되는 것으로 보인다. 또한 노년기 정신건강에 부정적인 영향을 주는 요소는 친구의 죽음과 같은 사회심리적인 박탈감에서 벗어나지 못하는 것과 의미 있는 삶의 목표를 찾지 못하는 것에 있다. 노년기에는 배우자의 죽음, 친구와 친척의 죽음, 건강의 약화, 지속적인 수입의 감소, 자녀나 손자녀와의 관계 변화 등 급변하는 것이 많으며 이것은 노인들의 정서에 부정적인 영향을 줄 수 있다.

즉 노인자살을 유발하는 요인은 퇴직, 건강 약화, 만성질환, 신체적 · 정신적 장애, 사회관계 범위의 축소, 배우자의 상실, 경제적 불안정, 가족불화, 우울증상 등의 요인이 복합적으로 얽혀 노인 자살을 유발한다고 할 수 있다.

〈표 10-6〉 주요 자살유발요인 및 내용

주요 자살유발요인	내 용
신체적 질환	암, 만성 또는 중증 신체 질환
정신적 질환	우울증
사회 및 환경적 스트레스	퇴직, 사별, 소외

(2009, 재편집)

(2) 노년기 우울증[35]

우울증은 청소년기 초기와 어머니와 유아기 관계에서 그리고 실직이나 이혼과 같이 삶에서 스트레스와 연결되는 부분에서 다루어지는 주제이다. 그러나 우울과 절망사이에는 밀접한 관계가 있기 때문에 장년기와 노년기 연구의 주제가 되고 있다.

노인들은 대체로 외롭다고 한다. 75세 이상이 되면 대부분은 사별하거나 최근엔 황혼의 이혼도 늘고 있다. 오랜 기간 동안 결혼생활을 영위해오다가 배우자가 사망하거나 없을 경우 외로움이 심해 견디기 어려워지기도 한다. 앞으로 살아갈 날이 무척 공허하게 느껴지고 그 뒤를 이어 우울감이 찾아온다. 노인정신건강에 부정적인 영향을 주는 주된 두 가지 요소 중에 하나는 죽음이고, 다른 하나는 의미 있는 삶의 상실인데 노인들은 적지 않은 노후에 발생하는 상실요인들에 우울증적인 반응을 보이게 된다. 그러다가 점점 무력감과 절망감에 빠져들게 되면 급기야 문제해결의 대안으로서 노인자살이 발생한다.

노인 우울증은 노인자살의 가장 강력하고 위험한 변인으로 노년기 인구의 약 15%~25%에서 일상생활에 지장을 받는 우울 증상을 가지고 있다고 한다. 치료받지 않은 우울증은 노인자살 동기 순위 2위로 특히 65세 이상 남성노인은 그 위험도가 다른 연령층에 비해 5배까지 올라간다.[36]

질병관리본부의 조사에 의하면 우울증은 노인들에게 가장 흔한 정서적 문제로 연령별 자살동기 순위에서 10대를 제외하고는 우울증이 자살동기 2위이다.

〈표 10-7〉 연령별 자살동기 순위

구분	1순위	2순위	3순위
10-19	부모와의 갈등	친구와의 갈등	직장 또는 학교문제
20-29	연인과의 갈등	우울증	부모와의 갈등
30-39	배우자와의 갈등	우울증	연인과의 갈등
40-49	배우자와의 갈등	우울증	채무
50-64	배우자와의 갈등	우울증	본인의 질병
65세 이상	본인의 질병	우울증	자녀와의 갈등
전체	배우자와의 갈등	우울증	연인과의 갈등

* 출처 : 응급실 손상환자 표본심층조사(20006. 8 – 2007. 12), 질병관리본부

35 찰스 자스트로 (2004), 사회복지개론, 시그마프레스, p.355
Charles Zastrow(2006), 제 12장 편역 서혜경
36 한나라당 여의도 연구소, 노인전용자살예방센터 자료실, 노인자살분석 및 대안

우울증의 증상으로는 자신이 쓸모없게 느껴지고, 누군가에게 짐이 되거나 불필요한 존재라고 느껴진다. 외로움과 희망이 없는 기분을 지속적으로 느끼며, 신체적으로는 체중과 식욕이 줄거나 쉽게 피곤해지고, 불면증, 변비 등이 나타난다. 이러한 신체적 증상이 우울증 때문인지 기타 노인에게 흔히 나타나는 신체질환 때문이지 구별이 쉽지 않아 가족들도 인지하지 못하며, 의사들의 오진도 잦아, 치료가 제때 이루어지지 못해 노인 자살률을 높이게 된다. 최근에는 노화로 대뇌의 세로토닌, 도파민 분비가 감소하여 우울증을 증가시켜 노인 자살에도 영향을 미친다는 노화에 따른 생물학적 신체변화가 노인 자살률을 증가시킨다는 주장도 있다.

〈표 10-8〉 신체적 우울증상과 정신적 우울증상

우울증	증상
신체적 우울증상	• 몸에 대한 집착이 강하게 됨. • 피로감이나 권태감 등 몸의 불량상태를 호소함. • 두통, 갈증, 후두의 불쾌감, 경련, 변비 등의 자율신경증상이 생김. • 식욕부진이나 성욕저하, 체중감소를 보임.
정신적 우울증상	• 불면, 일찍 깨워짐, 얕은 잠에 의한 비숙면감. • 무엇을 하든 의욕이 없고 불안이나 초조감이 강하고, 침착하지 못하고 서성거림. • 죄업망상, 빈곤망상, 피해망상 등의 증상이 보이면 주의가 필요함. • 중증화되면 사고침체나, 의욕감퇴, 집중력저하, 결단곤란을 가져옴, 가성치매 증상이 출현함.

(2009, 재요약)

그리고 우울증은 노인의 성격에까지 영향을 준다. 우울한 사람들은 매사가 무관심하거나 위축되고 행동이 느려지기도 한다. 노인들이 질문에 느리게 응답하는 것 또한 노화의 한 증상이라기보다 우울증에서 기인한 것이 많다. 또 젊은 시절 정서적으로 미해결된 문제가 노인이 되어서 나타날 수 있는데, 이는 노인이 되어 겪는 스트레스로 인해 더욱 심해지기도 한다.

많은 횡단적 연구에 의하면 나이에 따라 우울 증상이 U자 형태로 나타난다는 것이다. 이 증상들은 25세부터 30세사이의 청년기 초기에 특히 나타나고 장년기에 저하되다가 70세 이상에서 다시 증가한다(Kessler et al, 1992). 젊은 연령집단에서의 우울과 관련된 요인들이 더 나이든 연령집단에서 나타나는 우울과도 연관이 있다는 것이다. 우울의 위험도가 노년기에 증가한다 할지라도 이것이 나이 드는 과정이라고 돌릴 수는 없다. 고혈압, 호흡력 저하, 근육탄력성 저하, 반응시간의 느려짐, 기억력 상실, 시력과 청력의 무뎌짐과 같이 노화와 연관된 부정적 생리적인 변화는 우울이나 우울증에 걸린 사람들과는 관련이 없다(Lewinsohn et al, 1991). 그러므로 정서적이고 인지적 증후군의 복합체인 우울은 노화의 영역에서 자동적으로 따라오는 것이 아니라 일부 노인들에게 일어나는 것이다. 특히 활동영역이 줄어든 사람, 아주 가까운 신뢰관계가 있는 사람들과의 접촉이 줄어든 사람, 독립성을 제한 받는 신체적 건강문제 등의 겹침, 그리고 유쾌한 활동에 대한 열정이 둔화된 사람들에게 나타난다.

노인 우울증은 일반적 내과 질환 속에서 발생하는 경향이 있고 각종 질병과 관련해서 많이 발생하는 것으로 알려져 있다. 특별한 외부 요인이 없는 것처럼 보여도 감정적인 스트레스나 기능의 상실이 종종 우울증을 일으키며, 개인의 자아 강도나 인생에서의 성취도가 우울증을 막아 주지는 못한다. 적절한 치료를 하지 않고 방치하면 몇 달에서 몇 년간 지속될 수 있으며 악화될 수 있다. 적절한 치료와 상담(개별상담 또는 집단상담)은 노인의 정신건강에 무척 효과가 크므로 적절한 시기에 이러한 도움을 받아야 한다.

노화 ➡ 노후상실 경험 (신체적 · 경제적 · 사회적 · 정서적) ➡ 우울증 (무기력감과 절망감) ➡ 자살

〈그림 10-3〉 노인 우울증과 자살의 개념적 모델

(3) 노인자살 경로[37]

노인자살을 이해하고 예방하기 위해서는 노인자살의 경로를 파악하는 일이 중요하다. 노인자살 경로란 '자살 전의 부정적인 경험(negative experiences)-자살사고(thinking)-자살시도(attempt)'로 이어지는 것을 말한다. 대표적으로 노인들이 경험할 수 있는 심리사회적 변화에 따라 노인자살을 정리한 필립스(Phillips, 2002)의 경로모형이 있다. 그는 인구사회적 특성으로 노인의 연령이 높고, 학력이 낮을 수록 노년기의 부정적인 생활사건으로 인해 정신건강에 많은 영향을 받아 자살사고 및 시도를 하는 경향이 늘어나며, 생활사건 측면에서는 배우자가 사망 또는 이혼했을 때 여성노인의 우울경향이 높아지며, 남성노인의 경우 자살시도와 성공률이 높아진다고 하였다. 또 다른 연구로 치아(Chia, 2001)는 성격적 요인과 부정적인 생활사건들이 노인자살의 일차적 촉발요인으로써 작용한다고 하였다. 그에 의하면 자살을 사고하는 노인들의 성격적 특성은 스트레스에 취약한 성격일수록, 의존적 성향이 강할수록, 완고하고 융통성 없는 성격일수록 자살에 노출되는 경향이 많아지며, 이러한 노인들이 퇴직, 경제능력 상실에 따른 빈곤, 배우자 상실과 같이 스스로 통제하기 어려운 상실이나 분리를 경험함으로서 우울과정을 거쳐 자살사고 또는 자살시도를 하게 되는 것으로 설명하고 있다. 우리나라

37 박지영 (2006), 노인자살생존자의 자살경험에 관한 연구, 이화여자대학교 대학원, 박사학위논문, p.16~17, p.151~153

의 경우, 자살시도로 응급실에 의뢰된 노인대상의 연구들(박종순 외, 2003: 박재황 외, 2001)에서는 자살노인의 50~87%가 자살 당시 우울 상태인 것으로 고연령층 노인이나 남자노인의 경우 자살에 더 큰 영향을 미치는 것으로 나타났다. 최근에는 이러한 노인자살 경로에 대한 연구가 활발하게 이루어지고 있다. 자살경로 연구들은 문화에 따라 약간의 차이를 보이고 있는데, 박지영(2006)은 이러한 연구들을 종합하여 다음과 같이 정리하였다.

먼저 서구의 노인자살 경로는 노년기의 부정적인 경험에 대하여 노인 개인의 성격적 특성 혹은 사회적 지지가 자살로 이어지는 중요한 과정요인으로 설명되고 있다. 그러나 우리나라를 비롯한 홍콩, 중국 등지에서의 연구들은 서구와는 달리 노인 개인의 인구사회적인 특성이 강조되고 있고 사회적 지지와 더불어 사회문화적 요소가 노인 자살을 초래하는 중요한 변수로 작용한다고 한다.

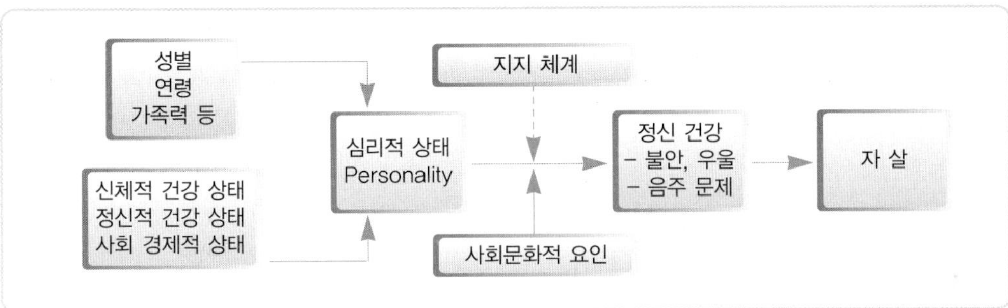

〈그림 10-4〉 노인자살 경로[38]

2) 노인자살의 이론

(1) 사회통합이론 ; 뒤르켐(Durkheim,1951)의 자살론[39]

자살이라고 하는 개인현상을 사회학적으로 분석하여 그 이면에 내재되어 있는 사회적 의미를 분석해내는 작업은 뒤르켐의 자살론(E, Durkheim, 1897)을 통해 최초로 이루어졌다. 뒤르켐은 연령과 자살의 밀접한 관계를 보고하면서 사회통합의 약화가 노인들의 삶에 미치는 부정적인 결과물로서 자살이 나타난다고 보았다. 그는 자살 유형을 사회적 연대성과 구속성이라고 하는 통합성 정도에 따라 이기적 자살, 이타적 자살, 아노미적 자살, 숙명적 자살 4가지로 분류하고 있다. 이 중에 노인 자살의 원인을 설명할 수 있는 유형은 두 가지이다.

38 박지영 (2006), 노인자살생존자의 자살경험에 관한 연구, 이화여자대학교 대학원, 박사학위논문, p.152 인용
39 한국청소년 개발원 (2002), 청소년 자살의 원인 및 예방정책에 관한 국제비교 연구, 연구보고서 02-R12, Vol 120, pp11-16

먼저 '이기적 자살'로 노인의 자살이 실직과 같은 사회로부터의 고립과 핵가족화와 배우자의 죽음 등으로 인한 소외감 때문에 발생할 수 있음을 설명하는 유형이다.

다음으로 '아노미적 자살'로 이는 노인들이 정년퇴직과 실직 등으로 인해 일상적인 생활 범위를 벗어난다는 점에서 자살에 이를 수 있음을 설명한다.

(2) 교환이론[40]

교환이론은 사회적 상호작용이란 행위자간에 가치 있는 물질적, 비물질적 자원(보상)을 주고받는 교환과정으로 이해한다. 이론의 전제는, 개인 또는 집단간의 사회적 상호작용이 사람들마다 사회적 보상(benefit)을 증가시키고 손실(cost)을 줄이려는 관계이므로 상호작용이 양측 모두에게 사회적 보상이되는 한 그 상호관계는 지속된다는 것이다. 코길(D.Cowgill, 1974)은 한 사회가 현대화(인구고령화, 도시화, 교육수준의 상승, 기술발전)될수록 노인지위는 점차 하락한다고 가정한다. 노인들이 소유했던 재산, 전통적인 지식과 기능, 노동력 등의 각종 자원은 그 가치가 크게 위축 상실됨에 따라, 타인에게 기여할 수 있는 부분은 제한되어 있으나 타인으로부터 많은 도움을 받아야 하는 상황을 초래하게 되는데 이러한 상황에서 노년층의 지위는 하락한다는 것이다. 이러한 사회통합의 약화로 노인들은 외로움 등의 심리 · 사회적인 문제를 수반하게 되고, 어떤 이들은 자살에 이르게 된다.

(3) 에릭슨의 성격발달단계 이론

에릭슨은 태어나서부터 노년기에 이르기까지 여덟 단계로 나누어 각 단계마다 일반적인 문제점과 여러 가지 갈등에 대해 언급하였다. 각 단계는 고정된 순서로 전개되며 각 단계에서 나타나는 문제나 갈등은 문화와는 상관없이 공통적으로 나타난다. 성인기 혹은 노년기의 성격발달과정은 제 8 단계에 속하며 통합성 대 절망감이 나타난다. 즉, 지금까지의 인생에 만족하면 생의 유한성도 수용하지만, 그렇지 않으면 공허함과 초조함을 느끼며 절망감을 느낀다. 노인들은 청 · 장년층의 상황과 현재 달라진 상황과 역할에 대해 혼란을 느끼며 일종의 아노미 상태에 이르게 되어 자살을 유발할 수 있다. 또한 노년기에 사회의 하위체계인 가족과 통합이 이루어지지 않아 소외되고 삶의 공허감을 느끼게 되면 자살을 결심하게 된다. 이러한 예로 아들의 권유에 못 이겨 재산을 넘겨주고 아들과 함께 살아온 할머니가 아들내외의 돌변한 태도에 배신감을 느껴 자살을 결심하였다는 뉴스(2006년10월3일 쿠키뉴스)가 있다. 반면에 삶의 의욕과 이웃에 베푸는 사랑을 통해 사회구성원으로서의 소속감을 느끼면 건강한 노후생활을 보낼 수 있다.

40 김형수(2000), 노인과 자살(The Elderly and Deviant Behavior), 노인복지연구 2000 겨울호, pp33-34

(4) 심리학적 이론

노인자살 원인의 70%는 심한 우울증 때문이다. 노년기는 배우자의 죽음, 직업과 지위의 상실, 수입의 감소, 신체적 건강의 약화 등으로 인해 우울증이 발생할 가능성이 매우 높은 시기이며, 이 우울증 증상이 노인들을 자살로 이끌게 된다고 본다. 노인의 우울증은 무기력감과 절망감을 그 특징으로 하고 있다. 무기력이란 개인들이 중요한 생활 사건들을 도저히 통제할 수 없다는 느낌을 경험하는 특성을 가진다. 노인들은 타 연령층보다 무기력감을 가장 많이 받기 쉬운 집단으로 직업, 수입, 신체적 건강, 사회적 역할 등의 상실은 노인들에게 무기력감을 초래하게 하는 요인이 된다. 한편 칼 메닝걸(Karl Menninger, 1938)는 노인자살을 죽고 싶은 욕구의 결과로 특징짓고 있으며, 그 중요한 결정요인으로 절망감을 제시하고 있다. 절망감이란 미래에 대한 부정적인 생각, 즉 자신이나 어느 누구도 불행이나 고통을 변화시키기 위하여 아무 것도 하지 못할 것이라고 믿는 심리적 상태를 말한다. 자살 시도자의 사후 조사결과 거의 모든 노인 자살시도자가 정신 건강상의 문제를 가지고 있었으며, 우울증이 가장 많은 것으로 드러났고 미국의 경우 자살을 시도하는 노인의 50%~80%가 우울 증상이 있다고 보고한다(NIH, 1992). 따라서 우울감이 높은 노인일수록, 경제적 상태가 불안정한 노인일수록 자살 생각을 할 가능성이 매우 높다.

(5) 기타 요인들

사회학적, 심리학적 요인 외 노인자살의 위험요인으로 성별, 배우자 유(有)·무(無), 교육수준, 가정생활수준, 가족형태, 경제상태, 건강상태, 가족통합, 지역사회 통합, 우울정도 등 다양한 요인들을 들 수 있다. 이는 노인자살이 단일한 요인에 의해서 발생되는 현상이라기보다는 복합적인 요인들로 인해 발생하고 있음을 보여준다. 사회학적 요인들은 직접적으로 자살에 영향을 준다기보다는 간접적인 영향을 통하여 자살에 이르게 한다는 것이다. 심리학적 요인인 우울변인이 그 어느 요인보다도 노인의 자살변인에 가장 큰 위험요인으로 작용하고 있다. 그 다음으로 경제상태, 가족통합, 건강상태, 지역사회통합 등의 순으로 파악되었다. 이 결과를 종합해볼 때 우울과 경제변인이 노인자살에 직접적인 영향력을 구사한다.

그러나 노인 자살 생존자들의 자살경험에 근거한 연구(박지영, 2006)에 의하면 사회적 고립, 신체적 질병, 빈곤, 완고하고 융통성 없는 성격적 특성들은 자살 생존자들이 경험하는 현상에 지나지 않는다고 한다. 즉 노인들이 경험하는 부정적인 생활 사건이나 경험 자체를 노인 자살 원인으로 규정하기보다는 이러한 경험에 대해 노인들이 부여하는 의미체계를 이해하는 것이 노인 자살의 원인에 접근하는 것이라 하였다.[41] 따라서 노인자살을 이해할 때 노인들이 경험하는 현상만을 볼 것이 아니라 그 의미를 이해하는 노력이 함께 필요하다고 할 수 있겠다.

〈표 10-9〉 일반 자살과 노인 자살의 요인 비교

구분	일 반 자 살	노 인 자 살
사회학적 요인	• 이기적 자살(Egoistic Suicide) 사회집단에 강력하게 융화(통합)되지 않는 사람들의 자살. 사회적 유대가 끊겨져 사회적 격리, 지지상실로 인한 고립감, 소외감에 빠짐. • 이타적 자살(Altruistic Suicide) 사회집단과 지나치게 융화되어 사회를 위해 자살하는 경우 (의무감으로 자신을 희생시킴) • 무통제적 자살(Anomic Suicide) 사회에 적응 혹은 융화되는 것이 차단되거나 와해됨으로써 행동의 일상적인 기준을 상실한 경우 (또는, 개인적 요구와 사회 집단적 양심이 일치되지 않는 경우에 나타나는 자살)	• 이기적 자살(Egoistic Suicide) 노인들은 실직, 핵가족화, 배우자의 죽음 등으로 인한 사회적 격리와 지지상실로 인해 고립감과 소외감에 빠짐. • 무통제적 자살(Anomic Suicide) 사회에 적응 혹은 융화되는 것이 차단되거나 와해됨으로써 행동의 일상적인 기준을 상실한 경우, 개인적 요구와 사회 집단적 양심이 일치되지 않는 경우에 나타나는 자살형태. 노인들은 정년퇴직과 실직 등으로 인해 일상적인 생활범위를 벗어나게 됨으로서 자살에 이름.
심리학적 요인	• 현대의 자살이론가들은 특정한 정신역동적 혹은 성격적구조가 자살과 연관되어 있다는 식으로 주장하지는 않으나 자살하는 이들의 환상을 관찰함으로써 자살의 정신역동과 결과를 어느 정도 제시할 수 있다고 봄.	• 배우자의 죽음, 직업과 지위의 상실, 수입의 감소, 신체적 건강의 약화 등으로 인해 우울증이 발생. 노인의 우울증은 무기력감과 절망감 동반.
생리학적 요인	• 유전적 요인 : 가족적으로 출현하는 경우, 쌍생아 등	• 만성질병으로 인한 고통
기타요인		• 성별, 배우자 유 · 무, 교육수준, 가정 생활수준, 가족형태, 경제상태, 건강상태, 가족통합, 지역사회 통합의 복합적 요인으로 발생.

(2009, 재요약)

〈표 10-10〉 일반자살과 노인자살의 증상 비교

구 분	일반 자살 증상	노인 자살 증상
언어적 증상	• 자살하겠다는 얘기를 농담 반 진담 반으로 한다.	• 죽고 싶다. • 모든 것을 끝내고 싶다. • 내가 없으면 네가 더 편해질 것이다

41 박지영(2006), 노인자살 생존자의 자살경험에 관한 연구, 이화여자대학교 박사학위논문

행동적 증상	• 갑자기 사찰이나 교회를 찾는다. • 몸이 크게 불편하지도 않으면서 의사를 찾아가 아프다고 얘기한다. • 평소 아끼던 물건들을 스스럼없이 남에게 주는 등의 행동을 한다. • 불면증에 걸린 사람이 숙면을 취하거나, 숙면을 취하던 사람이 잠을 못 자는 등의 증상이 나타난다. • 식사량이 줄어든다.	• 신체기증 • 개인 업무나 사업상 일들의 정리 • 유언을 남기거나 유언변경 • 보험금을 꺼내가거나 연금이나 보험금 수령인 변경 • 장례계획 세우기 • 갑작스럽게 신앙에 관심 증가나 감소 • 특별한 이유 없이 의사와 면담 약속이나 자주 의사 방문

(2009, 재정리)

3) 노인자살의 실태

(1) 노인의 자살률

우리나라 노인 자살률이 경제협력개발기구(OECD) 30개국 가운데 1위이며, 특히 독거노인들이 일반 노인들보다 자살률이 세 배나 많다. 전체 자살자에서 노인이 차지하는 비율은 다른 일반 연령층에 비해 그다지 높지 않았으나 1983년부터 2005년까지의 자살 통계자료를 보면 60세 이상군 모두에서 자살자 비율이 뚜렷이 증가하였고 연령이 증가함에 따라 자살률이 증가하고 있다. 60세 이상 노인들의 자살 사망률은 매년 크게 증가하는 추세로 하루 평균 12.7명이 자살하고 있으며, 7년 전인 2001년에 비해서도 크게 늘었다.

특히 75세 이상의 고연령층에서의 자살률이 매우 현저하게 증가하였으며 지난 10년 동안 4배나 증가하였다. 성별로 비교하면 연령이 증가할수록 남녀 자살률의 차이가 더 벌어지고 있다. 모든 연령대에서 남성노인이 여성노인에 비해 훨씬 높은데, 3배가량 남성노인의 자살이 훨씬 높다.

자살 시도 대비 사망 비율을 보면 젊은이는 200대 1 정도로 자살시도 후 실행으로 이어지는 예가 희박하나, 노인은 4대 1정도로 자살 가능성이 훨씬 높다. 이는 노인들이 자살시도에 대한 의지가 강하고, 자살의도를 은폐하기 때문이다. 청소년의 경우 학업성취의 압박감이나 실연, 부모와의 불화 같은 단일 요인에 의해 자살을 결심하지만, 노인은 배우자나 친지와의 사별, 만성적인 신체질환, 경제적인 어려움 등 여러 가지 요인이 복합 작용해 자살을 시도하는 게 특징이다. 자살 성공률은 연령이 증가할수록 증가하며 65세 이상 노인의 경우 31.8%로, 그 외 연령층의 자살 성공률 보다 약 4배 높다.

〈표 10-11〉 우리나라 노인인구 10만 명 당 자살자수 변화 (단위 : 명)

연령대	60-64	65-69	70-74	75-79	80-84	85이상
1995년	17.4	19.2	24.8	27.5	30.2	25.4
2005년	48	62.6	74.7	89	**127.1**	127

* 출처 : 보건복지가족부(2008)

2008년 자살자 통계자료를 토대로 한국과 일본의 노인자살자수를 비교해 보면, 청 · 장년층에서는 일본의 자살률이 한국보다 높으나, 65세 이상부터는 한국노인의 자살률이 특히 높음을 알 수 있다. 특히 75세 이상에서는 한국이 일본보다 2.5배 이상 높다. 그러한 원인으로는 한국은 노인이 되면 질병 등으로 자식들에게 부담을 지우기 싫어서 자살하는 경우가 많으나 , 일본의 경우 우리나라보다 상대적으로 요양보험제도 등 사회복지 기반이 잘 되어있어 우리보다 낮은 것으로 생각된다. 또한 우리나라에서는 여성노인보다 남성노인의 자살률이 높으며, 남성 노인 자살자 중에는 이혼 혹은 사별 등으로 혼자 사는 노인이 많다. 반면 일본의 경우 여성 자살자의 45%가 65세 이상 여성노인이다.

〈표 10-12〉 한국과 일본의 연령별 10만 명 당 자살자수 변화 (단위 :명)

	15-24세	25-34세	35-44세	45-54세	55-64세	65-74세	75 이상
한국	8.4	15.6	20.8	25.8	32.1	**42.6**	**83.4**
일본	11.8	22.0	27.7	37.9	40.9	32.1	32.1

* 출처 : 보건복지가족부(2008)

(2) 노인자살의 현실

우리나라 노인자살자수는 노인 10만 명 당 86명으로 전체 자살률의 약 3.7배로 높은 수준이며, 2006년 한 해 동안 65세 이상 노인 3,203명이 자살하였다. 이는 전체 자살자의 30%에 해당되어(통계청, 2007) 노인자살이 사회문제가 되고 있다.

노인자살이 증가하는 이유로는 경제적인 불안정, 조기퇴직, 건강악화, 가족부양체계의 약화, 정서적 고립을 들 수 있다. 특히 이러한 상황 가운데 기초생활권자나 장애를 겪고 있는 독거노인의 자살률이 일반 노인 자살률보다 3배가량이 많다.

독거노인 중에서도 장애노인에 대한 현황파악과 예산 지원, 관심 등이 매우 낮은 상황이고 이러한 상황에서 독거노인의 자살률은 높을 수밖에 없다. 또한, 무엇보다도 노인들의 90%이상이 한 가지 이상의 만성질환을 앓고 있으며, 노인의 8.3%인 34만 여명이 치매를 앓고 있어 가정이 흔들리고 있다. 이러한 현실 속에서 노인 자살자의 절반이 병고를 이기지 못해 죽음을 택한다. 또 다른 노인자살의 이유 중 하나로는 가족부양 체계의 약화를 들 수 있다. 현재는 자녀부양에서 국가부양으로의 복지제도가 과도기이기 때문에 안타깝게도 지금의 노인세대들은 미쳐 노후를 준비하지 못한 세대들로 그들에게 따르는 빈곤과 질병으로 인해 자살로 내몰리고 있다.

(3) 노인자살의 특징

노인 자살은 청소년이나 성인 자살과 비교하여 보면 몇 가지 다른 측면이 있으며, 노인자살의 요인을 분석해 보면, 다음과 같은 특징을 가지고 있다.

첫째, 다른 연령대보다 자살률이 높다. 2007년 통계청 자료를 분석한 결과 전체 자살 중 65세 이상 노인의 비율은 1983년 6.8%에서 2003년 25.2%로 20년 만에 18.4%가 증가하였고, 2006년에는 30%에 이르렀다.

둘째, 본인의 건강문제로 인해 자살이 비롯되며, 충동성이 낮고, 자살 성공률이 높은 것이 특징이다. 자살시도 대비 사망비율을 보면 젊은이는 200대 1 정도로 자살시도 후 실행으로 이어지는 예가 희박하나, 노인은 4대 1정도로 자살 가능성이 훨씬 높다. 이는 노인들이 자살시도에 대한 의지가 강하고, 자살의도를 은폐하기 때문이며, 이로 인해 자살방지 또한 쉽지 않다. 방법 또한 치명적이어서 자살시도가 곧바로 죽음으로 연결되기 때문에 노인의 자살은 고령자의 중요한 건강 문제가 되고 있다.

셋째, 노인자살이 가족관계의 변화나 지위상실에 의한 고독감이 요인이 된다. 노인은 기력 · 체력의 쇠퇴, 정년퇴직, 배우자나 친구의 상실 등을 계기로 우울상태로 되기 쉬운 경향이 있으며, 자살자 중에는 우울증이 많은 것이 특징이다. 우울증이 되기 쉬운 요인으로는 ① 심신의 건강을 잃은 것, ② 경제적 자립을 잃은 것, ③ 가족이나 사회와의 연계를 잃은 것, ④ 살아갈 목적을 잃은 것, 이 4가지 요인을 들 수 있다.[42]

넷째, 노인자살은 다양한 복합요인들이 작용하여 발생하게 된다(McIntosh, 1995). 일반적으로 노인자살에 관련된 요인으로는 퇴직(직업역할의 상실), 건강약화, 만성질환, 신체적 · 정신적 장애, 사회관계의 축소, 배우자의 상실, 경제적 불안정, 가족불화, 우울증상 등을 들 수 있다. 청소년 자살이 학업성취에 대한 압박이나 실연, 부모 또는 선생님과의 불화 등 단일요인에 의해 주로 발생하는 것에 비해 노인 자살은 위의 여러 가지 요인들이 복합적으로 작용하여 발생하게 된다.[43]

42 데라사끼 아끼미 편저(2006), 이렇게 막을 수 있는 고령자의 사고, 나가사끼 대학
43 김현순, 김병석(2008), 노인과 청소년의 자살생각 비교 연구, 한국노년학회 학회지, Vol, 28, No, 2, p.329 인용

(4) 노인자살의 가능성[44]

자살의 가능성이 생각될 경우에는 다음의 위험인자 〈표 12-13〉를 사전에 체크하고 생활 속에서 자살의 기미를 충분히 관찰하여야 한다. 자살기도의 징조가 인정될 경우, 그 원인의 해결이나 자살예방에 노력하는 한편 긴급사태에 대해서 관계직종과 사전에 대응을 협의해 둘 필요가 있다. 또 자살기도를 반복할 가능성이 크기 때문에 누군가가 언제든지 곁에 있어야 하며 혼자 있게 해서는 안 된다.

〈표 10-13〉 자살의 위험인자

① 자살기도력	이제까지 자살미수를 인정하였다. 자살기도의 상황, 방법, 의도, 주의에서의 반응 등을 검토한다.
② 정신질환	조울증, 정신분열증, 인격장애, 알코올중독, 약물의존 등
③ 원조 조직의 결여	미혼자, 이혼자, 배우자와 이별한 사람, 근친자의 사망을 최근에 경험한 사람
④ 성별	자살기수자 : 남 여 자살미수자 : 남 여
⑤ 연령	연령이 높아질수록 자살률도 상승한다.
⑥ 상실체험	경제적 손실, 지위의 실추, 질병과 외상, 친인척의 사망, 소송 등
⑦ 자살의 가족력	친인척중에 자살자가 존재한다. (아는 사람 중의 자살자를 인정하는 것도 마찬가지로 중요함)
⑧ 자기성향	사고를 막는데에 필요한 조치를 주의하지 않고, 취하지 않음. 만성질환에 대한 예방 혹은 의학적 조언을 무시함.

자살미수가 있었을 때, 특히 자살미수로 인해 의식장해나 외상이 생겼을 경우, 신속히 의사나 관계기관에 연락하여 긴급한 신체적 치료를 해야 한다. 또한 우울증의 의한 우울증상 · 우울상태와 다른 원인과의 판별이 중요하므로 정신과 의사의 관여가 필요한 경우가 있다. 따라서 조기에 상담하는 것이 중요하다.

4) 노인자살에 대한 문제점과 대책

(1) 노인자살의 문제점

노인자살의 현황과 경향성, 즉 자살의 방법과 동기에 관한 정보나 노인자살자의 개인적 특성 및 노인자살과 관련된 사회구조적 요인에 대한 정보가 매우 부족한 실정이다. 그 이유로는

44 데라사끼 아끼미 편저(2006), 이렇게 막을 수 있는 고령자의 사고, 나가사끼 대학

자살에 대한 연구자료를 얻는 데 따르는 여러 제약점과 선행연구의 결여 등을 들 수 있다. 통계청의 사망원인통계와 경찰청의 경찰통계를 통해 보고되는 우리나라의 공식적인 자살통계가 줄 수 있는 노인자살에 대한 정보가 극히 제한적일 뿐만 아니라, 가족 혹은 친지를 대상으로 하는 사후추적연구가 이루어지지 못하기 때문에, 현재로서는 자살당시의 심층적 요인들을 파악하기는 거의 불가능한 실정이다. 일본의 경우 노인 자살률은 우리나라의 절반 이하에 불과하며, 매년 유서 등을 통해 직업별, 배우자 유무별, 가족 형태 등으로 종합 분석하여 자살 원인을 통계내고 이를 책으로 발간하여 일반에 공개하고 있다. 고령화 사회를 맞아 노인자살문제의 심각성은 날로 더해가고 있어, 정부가 이를 해결하기 위해 사회안정망을 구축해야 할 때이지만 아직 그 실태조차 파악하지 못하고 있다.

또한 노인들은 고독과 소외 속에서 자신의 힘든 상황을 이야기하고 도움을 받을 수 있는 사회적 지지체계를 절실히 필요로 하고 있다. 노인자살예방센터(363-3119), 119, 노인학대예방센터(1389), 보건복지부 콜센터(129) 등 도움을 받을 수 있는 곳이 있음에도 불구하고 정작 이러한 사회적 지지체계에 대한 홍보가 매우 부족하여 실제 급박한 상황에서 노인들이 이용하지 못하고 있다. 그러나 홍보 부족만이 문제가 아니다. 우리 사회에서 「사랑의 전화」, 「노인의 전화」 등 전화상담센터에서 다양한 연령층을 포괄하는 자살예방관련기관으로서의 기능을 일부 하고 있다. 하지만 아직은 노인인구를 중점 대상으로 하는 자살예방기관이 매우 부족한 형편이다. 또한 노인자살에 대한 예방조치가 거의 이루어지지 않고 있으며, 더욱이 자살위험성이 높은 노인들을 대상으로 하는 효과적이며 혁신적인 대응 프로그램이 아직 없는 상황이다.

이를 해결하기 위한 하나의 방법으로 외국에서 현재 시행되고 있는 2차적 자살 예방 프로그램을 우리 사회에도 적용해 볼 필요가 있다. 현재 미국에서 성공적으로 실시되고 있는 노인전용 전화상담서비스, 노인자살예방 전용센터, Tele-help/Tele-check 서비스, 게이트키퍼 프로그램, 다양한 지역사회 교육프로그램 등을 우리 사회의 문화적 특수성을 감안하여 평가한 후 적용해 보면서 우리만의 예방프로그램을 만드는 것도 하나의 방법이 될 수 있을 것이다.

(2) 노인자살문제의 대책

노인자살률이 해마다 꾸준히 증가하고 있음은 노인들의 욕구에 부응하는 노인복지적 대응체계가 적절치 못하고 그 기능을 충분히 하지 못하고 있음을 보여주는 것이다. 노인 자살문제에 대한 대책으로 다음 4가지를 생각해 보고자한다.

첫째, 노인자살을 예방하기 위해서는 개인의 구조적 문제를 해결하는 것도 중요하나 자살시도자, 유가족에게 지원체계구축, 사회제도(의료보험, 응급구조)개선, 전문가 양성의 제도화, 일자리 창출 등 사회 구조적인 개선이 필요하다. 노인 문제는 사회의 지원으로 상당한 효과를 나타낼 수 있다. 노인 일자리 창출등과 같은 간접적 도움을 주거나 노인복지를 통한 직접적 도움을 주는 등 사회적 제도와 정부의 지원이 적극적으로 필요하다.

둘째, 노인자살문제를 개인적 접근을 통해 대책을 세울 수 있다. 개인 및 가족의 문제해결을 통해 노인자살 문제에 접근하는 것으로 자살문제나 자살충동으로 힘들어하고 있거나, 자살 고위험자에게 위기개입 및 상담서비스를 제공하거나, 자살 시도자를 위한 예방프로그램, 사후관리, 자살가족모임등으로 심각한 노인과 그 가족의 문제에 즉각적으로 개입하여 위기상황을 막을 수 있다.

셋째, 노인 자살증가의 사회적인 원인으로는 노인에 대한 관심이 부족을 들 수 있다. 대중들에게는 노인자살을 사회 문제로 인식하게 하여 그들에게 관심과 사회제도 개선이 가능하도록 하게 한다. 이러한 활동으로는 공익광고, 캠페인, 강연, 연극이나 영화 등의 영상매체를 활용, 인터뷰 및 언론기고, 다큐프로그램 제작지원 등이 있다.

넷째, 자살에 대한 예방과 홍보 및 계몽활동이 무엇보다 중요하다. 자살예방홍보 및 계몽을 함으로서 생명존중의 정신을 함양하고 자살에 대한 오해와 편견을 줄이며, 자살 위험이 높거나 이미 자살시도를 했던 사람들에게서 발생할 수 있는 자살행동의 재발을 방지할 수 있다.

3. 노인자살 예방

노인자살의 증가는 세계적인 추세이며, 국내에서도 더 이상 간과할 수 없는 심각한 사회문제이다. 이에 세계보건기구(WHO)와 국제자살예방협회가 공동으로 매년 9월 10일을 '세계 자살예방의 날' 로 정하였다. 우리나라에서도 늘어가는 자살 사망률을 줄이기 위해 2005년에 보건복지부가 '자살예방 대책' 을 수립하였다. 이 내용은 자살률 10% 감소를 목표로 국민들의 인식개선과 사회안전망 구축을 주요내용으로 적극적인 예방 및 상담을 실시한다. 특히 노인의 자살사망률이 높아지면서 사회문제화 되고 있으며 이를 위해 보건복지부는 '생애주기별 서비스 범주별 자살 예방 대책' 의 일환인 '노인 자살예방사업(2004)' 에서 우울증과 같은 자살행위의 원인으로 분류되는 노인정신질환자에게 치료서비스를 제공하고 있다.

1) 노인 정신건강증진 및 자살예방 대책

노인 연령층의 자살 사고 원인을 분석하고 다각적인 대책을 추진함으로서 고령화 사회에서 노인계층의 자살사고를 방지하고자 함이 자살예방 대책사업의 목표로 이를 위한 사업내용으로는 노인자살예방에 관한 조사 · 연구를 정책과제로 삼고, 노인자살예방 인프라를 구축한다.

첫째, 노인자살예방 및 죽음준비교육 전문가 양성 및 교육 훈련을 실시한다. 이 교육은 국립서울병원(정신보건연구과) 또는 보건복지인력개발원에 노인자살예방 전문가과정을 개설하여 운영하며 노인복지시설, 재가노인복지 종사자 등 노인계층을 빈번하게 접촉하는 직원을 대상으로 노인자살예방 및 정신건강 증진을 내용으로 교육을 실시(별도 과정 또는 노인복지 관련 교육 커리큘럼에 포함)한다.

둘째, 노인 정신건강증진 및 죽음예방 가이드북을 개발하여 보급한다. 내용은 노인의 심리 특성, 노인의 정신사회적 특징 및 문제들, 노인들의 생물학적 신체 변화, 노년기 정신건강의 평가, 노인들에서 흔한 정신장애(우울증 및 노인자살, 신체 장애, 수면장애, 배우자 사별, 노인 학대), 노인 정신장애의 치료지침 · 약물치료 등 서비스 대상별 자살예방대책 치료, 환자 및 가족 상담기법이 포함된다.

2) 생애주기별 서비스 범주별 자살예방 대책

〈표 10-14〉 서비스 대상별 자살예방 대책

사회환경적 접근 (지역사회 대상)	• 공동체 의식 강화 • 경제성장율 제고 및 실업율 감소 • 개인워크아웃제도 등 신용불량자에 대한 대책 • 인터넷 자살사이트 단속 폐쇄 • 고층건물 및 강다리 관리강화 • 수면제/독극물 판매의 적절한 규제 • 생명존중문화조성 • 매스컴의 선정적 자살보도 억제 • 자살위험도 모니터링체계 구축
정신건강증진 (일반인구 대상)	• 일반국민 대상의 정신건강의 중요성 홍보 • 정신보건센터에서 스트레스 관리프로그램 제공 • 직장 정신보건사업(직무스트레스 관리) 시행
자살위험요인 예방 (정신건강위험인구 대상)	• 배우자사망, 독거노인, 만성질환자 대상 우울증예방프로그램 및 사회지지체계 연결사업
자살위험자 조기발견 및 조기개입 (자살위험자 대상)	• '우울증 선별의 날' 등 국가적인 행사로 우울증에 대한 조기발견 분위기 조성 • 정신보건센터의 조기발견체계 구축 • 자살상담 등 정신건강전화 구축 • 인터넷상담 활성화 • 생명의 전화 활성화 • 생명의 전화 상담이후 정신보건센터로의 연계 활성화 • 자살징후에 대한 주민교육홍보 • 정신과 치료상담에 대한 편견감소 홍보

자살시도자 치료 및 사후관리 (자살시도자 대상)	• 정신보건센터 상담전화 및 생명의 전화와 119연계 강화 • 우울증 및 자살시도 대상자의 치료연계 및 사례관리 강화 • 저소득층에 대한 정신과 치료비 지원 • 자살시도로 응급실에서 치료받은 자에 대한 정신과 치료 강화

(2009, 요약 정리)

3) 각국의 노인자살 예방책

(1) 일본

일본에서는 1998년 노인자살예방에 대한 대응책으로 일본정부에서 '보건노동후생성'의 주도로 국가적 자살방지 대책 3단계를 시행하여 자살동기자, 자살 행위자에 대한 체계적 관리를 실시하였다. 2002년에는 'Health Japan 21' 캠페인을 벌이고 직장 내 자살방지 매뉴얼을 보급하고, 우울의 중요성을 강조한 우울관리 매뉴얼을 발간하였다. 또한 현(縣)별 자살방지 프로그램을 가동하여 구체적으로 자살방지 활동을 하고 있다. 그 외에 자살방지를 위해서 정부에서는 기금을 제정하여 노인 부부들에게 부족한 수입을 보조하여 주며, 가난한 노인들의 식료품 구입을 위해 쿠폰을 제공하여 수혜자들로 하여금 수치감을 느끼지 않도록 배려하고 있다. 또한 노인과 자식들이 모여 살 수 있는 주거형태를 보급하였다. 이러한 제도는 위급 상황 시 신속하게 대처할 수 있으며, 정서적 안정으로 노인의 우울증을 예방할 수 있다. 노인들에 대한 공평한 취업기회를 제공하고 일부 기업에서는 퇴직 노인들에게 생활보조금을 지급하기도 하며, 재취업 시 이전 직장의 월급을 보전해 주는 제도도 시행하고 있다.[45]

또한 주목해볼 만한 노인자살 예방책으로 '경청 자원봉사'가 있다. 이는 1999년 '동경 고령자 안심전화'에서 시작되었다. 일본은 현재 혼자 사는 노인세대가 2000년 12%에서 2005년에 27.5%로 증가하면서 고독한 노인들이 늘고 있다. 고령의 노인단독세대가 늘어나면서 바라지 않는 독신생활로 인해 가족과 사회로부터 격리됨으로서 느끼게 되는 고독감과 버려졌다는 감정이 노인들로 하여금 우울증을 심화시켜 결국 자살에 이르게 만든다. 이를 지역사회 사람들의 보살핌 네트워크를 통해 더불어 사는 생활을 할 수 있도록 정서적 심리적 지지 등을 위해 전화로 노인과 이야기를 나누며 지지해주는 자원봉사를 '경청자원봉사'라 한다. 현재 지자체 70개 이상에서 4,000명 이상이 경청자원봉사자로 활동하고 있다. 이처럼 일본에서는 고령화

45 한나라당 여의도 연구소, 노인전용자살예방센터 자료실, 노인자살분석 및 대안

대응책을 통해 노인자살을 예방하고 있다.[46]

(2) 미국

미국은 일본과 거의 비슷한 자살방지 맥락을 가지고 있다. 대책방안이 3단계로 구성되어 있으며, 첫 단계는 국민에게 자살을 인식시키는 것, 두 번째 단계는 자살에 대한 전문가를 양성하는 것, 세 번째 단계는 직접 자살을 방지하는 방법을 쓰고 있다. 미국에서 시행한 구체적인 내용들을 살펴보면 '노인전용 전화상담서비스', '노인자살예방 전용센터', '게이트 키퍼 프로그램', 다양한 지역사회 교육프로그램 등을 운영하여 크게 성과를 보고 있다. 『샌프란시스코 노인자살 예방센터』에서는 24시간전화를 통해 정서적 지지와 위기개입, 정보제공, 의뢰 등의 서비스를 제공하며 종사원들은 계획표에 따라 노인과 전화 접촉을 하고 자살 위험이 크다고 판단될 경우 가정방문을 한다. 이 프로그램에 1년 동안 참가한 70세 이상 노인 116명을 조사한 결과, 모두 절망감과 우울 증세가 크게 감소한 것으로 조사됐다. 또한 워싱턴 스포케인 커뮤니티 멘털 헬스센터에서는 '게이트 키퍼' 라는 프로그램이 있다. 노인을 자주 접하는 경찰관과 소방관, 약사, 은행원 등이 지역 노인들에게 자살 예방교육을 하고 위험도가 높은 노인을 전문기관에 의뢰하는 '자살 문지기' 역할을 하는 것이다. '게이트 키퍼 프로그램' 에는 노인자살에 대한 잘못된 믿음, 노인자살의 원인, 증상에 대한 교육이 들어있다. 이 밖에도 지역사회 서비스 기관과 연계해 우울증이 있는 노인들을 대상으로 전화상담을 통해 지속적으로 중점 관리하는 '노인전용 전화상담 서비스' 등 다양한 프로그램이 정부와 지자체 차원에서 실행되고 있다.

(3) 이탈리아

이탈리아에서는 위기에 처한 노인들이 즉각 도움을 요청할 수 있는 경보 시스템인 '텔레-헬프, (Tele-help/Tele-check)' 프로그램을 시행하고 있다. 노인자살 예방교육을 받은 사람들이 위험도가 높은 노인에게 일주일에 두 차례 정도 전화를 걸어 면담하면서 정서적인 도움을 주는 것으로 이 프로그램을 4년간 시행한 결과 해당 지역의 노인 자살이 13%정도 감소한 것으로 나타났다.

46 일본의 경청 자원봉사, NHK방송프로그램

4) 노인자살을 예방하기 위한 사회적 대책

노인자살을 예방하기 위한 사회적 대책은 노인의 자살을 가져오는 다양한 요인에 대한 종합적인 대책이 필요하다. 경제적 어려움에 대한 소득보장지원, 노인취업알선, 건강유지와 질병치료 등에 대한 의료보장제도, 계속적인 가정보호가 가능한 지역중심의 재가노인복지사업의 확충, 고독함, 소외감, 상실감을 극복할 수 있는 다양한 여가프로그램 확충, 노인복지회관 등의 노인종합복지센터의 설립 등이 필요하다. 노인자살을 적극적으로 예방할 수 있는「사랑의 전화」,「노인의 전화」,「생명의 전화」,「노인학대상담전화」,「한국노인의 전화」(부록 3, p.543~548, 상담관련 전화 참조) 등의 다양한 노인전용의 전화상담 서비스나 자살 예방센터 등의 프로그램의 도입도 필요하다.

제 4 부
죽음관련 이슈

제11장 뇌사와 장기기증

- 뇌사
- 장기기증

이것은 죽음이 아니라 탄생, 즉 속박으로부터의 자유이다. 또한 잃는 것이 아니라 얻는 것, 즉 어둠 뒤에 오는 햇살이다.

– 마거릿 캐머런, 「일곱 가지 목적」, 1918

헬렌 니어링(2002), 인생의 황혼에서, 민음사

제11장 뇌사와 장기기증

죽어가는 생명을 살리기 위해 죽어가는 누군가의 헌신이 필요한 것이 바로 장기기증이라 할 수 있다. 우리사회에서는 장기기증에 대한 편견과 오해로 장기기증이 활성화 되어 있지 못했다. 최근 사회 저명인사들의 장기기증이 화제가 되면서 다소 활성화되어가고 있는 듯 보인다. 장기기증과 맞물려 죽음관련 이슈가 되고 있는 것이 뇌사의 문제다. 뇌사가 인정됨으로서 장기기증은 활성화될 수 있다. 그러나 죽음을 뇌사로 인정했을 때 예기치 않게 나타나게 될 여러 가지 문제에 대한 대처방안들이 미비한 것도 사실이다. 이러한 상황 가운데서 장기기증을 활성화할 수 있는 방안들은 무엇이 있을지 이 장을 통해 생각해 보고자 한다.

1. 뇌사

하버드 의과대학(Harvard Medical School)에서는 죽음은 하나의 사건(Event)이며 죽어가는 것은 과정이고, 임신의 순간에서부터 시작된다고 정의한다. 애틀리(Atheley, 1980)는 죽음이란 사람이 육체적으로 숨을 거두거나, 심장의 고동이 멈춘 상태로 정의하고 있다. 또한 죽음은 살아있는 상태에서 죽어가는 상태로의 전환(Kass, 1971 : 699) 즉, 죽음은 죽어감을 시작해서 죽음으로 종말을 맺는 전이과정이며(Kalish, 1970), 죽어가는 것(dying)은 실재하고 관찰할 수 있는 과정, 유기체가 생존능력을 상실해 가는 과정 등 다양한 정의가 있다.

일반적으로 뇌사란 뇌질환이나 교통사고 등으로 뇌간을 포함한 뇌전체가 손상되어 뇌의 기능이 손상되고 심장박동 외의 모든 기능이 정지되고 몸은 전혀 움직일 수 없으며, 인공호흡기가 없으면 호흡이 불가능하고 반드시 사망하는 상태로 정의한다. 이에 반해 식물인간(living vegetables)은 대뇌만이 손상되어 기억, 사고, 감각능력 등은 없으나 손발은 조금은 움직일 수 있고 자발적인 호흡이 가능할 수 있으며 수개월 수 년 동안 생존할 수 있을 뿐만 아니라 드문 경우이긴 하지만 회복도 가능하다.

이러한 이유로 뇌사가 죽음으로 인정되는 것이 전 세계적 추세가 되고 있다. 1951년부터 서양에서는 뇌사에 대한 논의가 활발해지기 시작하여 대부분의 선진국에서는 뇌사를 법으로 인정하고 있으며, 일본은 지난 1992년 1월 뇌사를 인정해야 한다는 최종결론을 내렸다.

우리나라의 경우는 1999년 2월 8일자로 장기등 의식에 관한 법률제정으로 2000년 2월 9일

효력이 발생하게 되었으며, 이로 인해 장기를 이식하는 경우에 한해 뇌사를 인정하였다.

이때부터 우리사회에서는 심폐사에서 뇌의 기능이 불가역적으로 정지된 상태인 뇌사를 인간의 사망으로 간주하게된다. 그리고 당연히 뇌사상태에서의 장기 적출을 합법화하였다.

2. 장기기증

장기기증이란 자신의 소중한 장기의 일부를 간절히 필요로 하는 환자들에게 아무런 조건 없이 나누어 주어 새 생명을 주는 것을 말한다.

장기기증과 관련하여 장기이식 수술이 세계 각국에서 보편화되면서 예전에는 존재하지 않았던 법적, 윤리적 문제가 발생하고 있으며, 논란이 계속되고 있다.

장기이식과 관련된 이슈로는 장기이식만이 최선의 치료방법인가 하는 문제와 기증자는 사망자인가 아니면 생존자인가에 대한 의문과 관련되어있다. 특히 현실적으로 가장 심각한 윤리적 문제는 장기매매이다. 장기매매는 장기기증자의 사망 여부와 관계없이 자신의 신체 중 일부를 파는 불법행위이다. 그러나 현실적으로 많은 사람들이 장기기증에 의한 장기이식을 기다리고 있으나 기증하는 수효에 비해 필요로 하는 수효가 훨씬 더 많기 때문에 장기매매가 이뤄질 수밖에 없는 상황이다. 의료기술의 발달로 장기이식이 보편화되면서 죽음에 대한 정의도 새롭게 제시되었지만 윤리적으로는 문제가 야기되었다.

1) 장기등이식에관한 법률

장기이식과 관련된 이슈로 인해 장기 등의 이식에 관한 법률적 개입이 필요하게 되었으며, 우리나라에서는 「장기이식에관한법률」을 제정하여 2000년부터 시행하였다.

법률에 의해 장기기증은 다음과 같이 행해진다.

- 장기 등의 적출 및 이식은 인도적 정신에 따라 행해져야 한다.
- 장기 등을 기증하고자 하는 자가 자신의 장기 등의 기증에 관하여 표시한 의사는 존중되어야 한다. 이 경우 장기 등을 기증하고자 하는 자의 의사는 자발적인 것이어야 한다.
- 장기 등을 이식받을 기회는 장기 등의 이식을 필요로 하는 모든 사람에게 공평하게 주어져야 한다.
- 장기 등의 적출 및 이식은 윤리적으로 타당하고 의학적으로 인정된 방법에 의하여 행하여져야 한다.

〈표 11-1〉 장기등이식에관한 법률 주요내용

법률의 주요 내용
• 인도적 정신에 따라 기증자의 자발적인 의사가 존중하고, 이식을 필요로 하는 자에게 공평한 기회제공 • 적출 또는 이식대상 장기 등의 범위 규정 (신장, 간장, 췌장, 심장, 폐, 골수 및 각막, 췌도, 소장, 이식이 필요한 조직) • 장기등의 매매 또는 교사, 알선, 방조 금지 • 장기적출금지 (살아있는 자 중 16세 미만인자, 정신질환자, 정신지체인, 마약, 대마 및 향정신성약품에 중독된 자) • 장기기증 요건규정 → 생전에 장기기증에 동의한 경유로서 가족 또는 유족이 명시적으로 거부하지 아니하는 경우 → 본인의 기증의사가 확인되지 아니한 경유로서 그 가족 또는 유족이 동의하는 경우 • 운전면허증 등 국가 및 자치단체가 발행하는 증명서에 희망자에 한해 장기등 기증의사 표시

* 출처 : 국립장기이식관리센터(www.konos.go.kr)

2) 장기기증의 종류

장기기증의 종류는 뇌사기증, 사후기증, 생체기증이 있으며, 기증할 수 있는 장기의 종류는 각막기증, 골수기증(조혈모세포 기증), 기타 신장, 간, 심장, 폐, 췌장 등이 있으며, 이들 장기는 심장사 또는 뇌사 판정이후 가족의 동의하에 기증이 가능하다.

〈표 11-2〉 장기기증의 종류

종류	내용
뇌사기증	의학검사를 통해 뇌사판정을 받은 장기를 기증하는 것
사후기증	죽은 이후에 기증하는 것. 주로 각막을 기증. 유족에게 소정의 장제비가 지급됨.
생체기증	살아 있을 때 할 수 있는 기증. 신장 2개 중 1개, 의학적으로 인정되는 범위 한에서 간장, 골수의 일부분을 기증할 수 있음.

장기기증을 하기 위해서는 기증 의사를 가족들에게 미리 알려야 한다. 본인이 아무리 기증 의사를 밝혔다 해도 법적으로 가족의 동의가 없으면 기증이 불가능하다. 따라서 장기이식 신청을 하기 위해서는 본인의 인적사항과, 기증하고자 하는 형태, 법정 대리인의 동의가 반드시 필요하다. 장기기증자로 등록하고자 하는 사람은 전국의 장기이식 등록 기관 중에서 한 곳을 선택하여 본인이 직접 장기기증자 등록신청을 하여야 한다. 이 경우 장기기증자가 살아있는 자가 아니라 뇌사자 또는 사망한 자인 경우에는 그 가족이나 유족 중에서 1인이 대신하여 등록

신청을 할 수 있다.

3) 장기이식 관련기관 및 현황

장기이식 관련기관은 장기이식윤리위원회, 장기이식등록기관, 장기이식의료기관, 뇌사판정의료기관, 뇌사판정대상자관리전문기관(HOPO : Hospital based Organ Procurement Organization) 등 전국을 3권역으로 나누어 관리되고 있으며 기관수는 2007년 5월 기준 296개이다.

이식대기자 현황은 10,683(2008년 기준)이며, 대기기간은 장기별로 각각 다르다.

〈표 11-3〉 장기등 이식대기자 현황 (2008년 12월 기준)

(단위 : 명)

장기 년도	누계	신장	간장	췌장	심장	폐	췌도	소장
2000	2,840	2,309	367	72	70	22	–	–
2001	3,628	2,904	541	101	62	20	–	–
2002	4,259	3,417	627	123	71	21	–	–
2003	4,915	3,878	786	142	81	28	–	–
2004	5,549	4,309	975	162	81	22	–	–
2005	6,498	4,910	1,279	187	93	28	1	–
2006	7,614	5,672	1,598	225	91	27	1	–
2007	9,188	6,695	2,108	257	99	28	–	1
08.12.23	**10,683**	7,631	2,568	314	131	30	5	4

* 각 연도말 기준 장기이식대기자 누계임
* 이식대기자는 이식등록자에서 이식자(해외이식 포함), 사망자, 본인수술 취소자, 검사값 누락자를 제외함
* 출처 : 보건복지가족부(2008), 보도자료, "2008년 뇌사장기기증자 250명 돌파"

기증은 뇌사기증, 사후각막기증, 사망자 기증, 생체기증으로 나뉘며, 각각의 기증과 이식현황은 아래의 〈그림 11-1〉과 〈표 11-4〉와 같다.

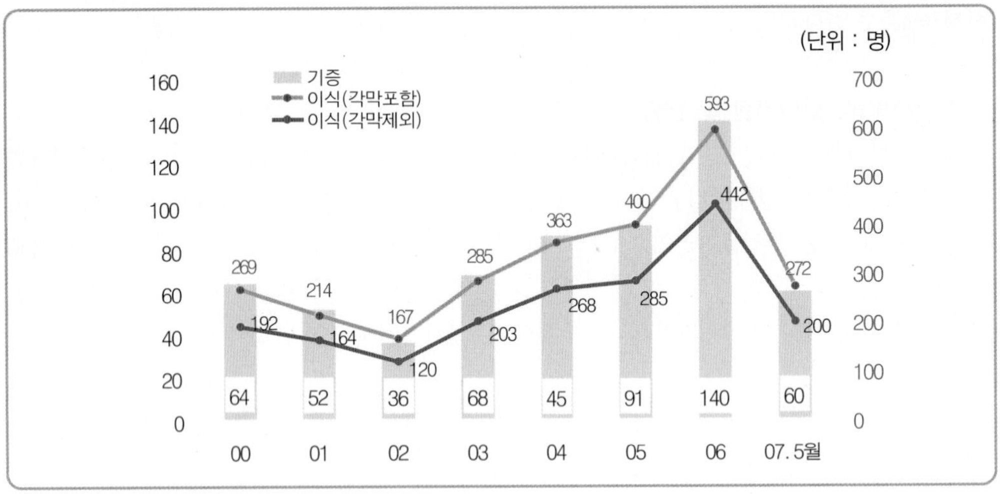

* 출처 : 국립장기이식관리센터(www.konos.go.kr)

〈그림 11-1〉 뇌사기증 및 이식 현황 (연도별)

뇌사기증 및 이식현황을 살펴보면 뇌사장기기증자가 가장 많았던 해는 1999년으로 162명이었으며, 2000년 이 시행되면서 불법 장기매매가 엄격하게 규제됨으로서 기증자가 2002년에는 36명으로 줄어들었다. 이는 「장기등이식에관한법률」 제정으로 뇌사기증장기의 분배는 성공하였으나 뇌사장기기증이 감소하여 이식대기 환자가 장기간 대기로 고통 받고 있음을 알 수 있다. 그러나 2002년 이후로 기증자의 수가 점차 증가추세를 보이고 있으며, 보건복지가족부와 국립장기이식관리센터의 발표에 의하면 2008년 12월 말에는 순수한 동기에 따른 기증으로 뇌사장기기증자가 250명을 넘어섰다. 그러나 아직까지 이식대기 환자의 수에는 훨씬 미치지 못하고 있다. 그렇지만 이러한 기록은 그동안 뇌사자 발굴 의료기관에 인센티브를 제공하고, 국민적 참여와 인식전환을 위해 운전면허증 장기기증희망의사표시제를 시행하는 등 장기기증 활성화를 위해 노력해 온 결과라는 점에서 의의가 있다.

〈표 11-4〉 뇌사 장기기증자 현황(장기별)

(단위 : 명, 건)

장기 년도	뇌사자	계	장기							
			신장	간장	췌장	심장	폐	췌도	소장	각막
1999	162	435	306	84	8	34	3	–	–	
2000 (2.9 ~)	52	233	100	34	11	12	2	–	–	74
2001	52	216	101	37	5	21	–	–	–	52

2002	36	167	70	28	8	11	3	-	-	47
2003	68	285	124	50	12	15	2	-	-	82
2004	86	363	167	64	10	23	4	-	-	95
2005	91	400	173	66	12	26	8	-	-	115
2006	141	598	263	118	29	29	5	-	-	154
2007	148	675	280	128	18	50	17	1	-	181
2008	250	1,119	469	227	21	82	14	-	1	305

* Non-Heart beating donor 포함
* 출처 : 보건복지가족부(2008), 보도자료, "2008년 뇌사장기기증자 250명 돌파"

뇌사기증의 원인은 뇌혈관성질환과 뇌졸증이 압도적으로 많으며, 뇌사기증자 연령은 남녀 모두 40대가 가장 많다. 성별로는 남성이 68%, 여성이 32%로 남성비율이 높다. 사후각막기증 및 이식현황도 2000년도 이후 약 2배가량 증가하였다.

4) 장기이식 절차

장기이식의 절차는 장기를 기증하겠다는 사람이 나타나면 국립장기이식 관리기관에서 전국의 장기이식 대기자를 대상으로 이식 대상자를 선정하는 장기이식 대상자 선정절차를 거치게 되며, 이를 위하여 장기를 기증하고자 하는 사람을 장기기증자로 등록하게 된다. 그 과정은 다음 그림과 같다.

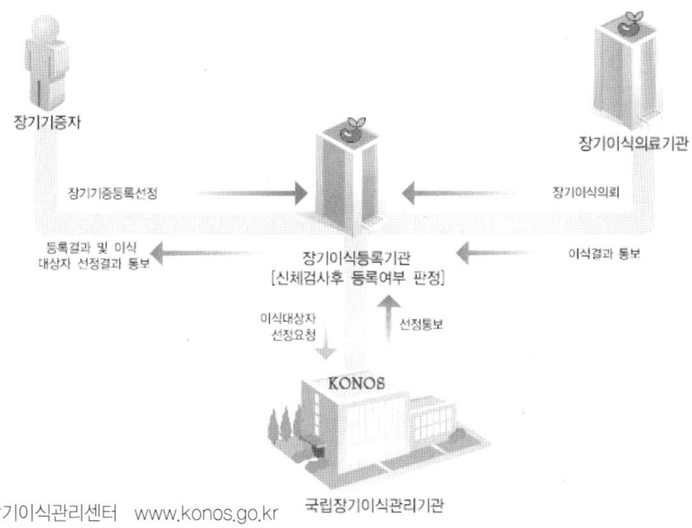

*출처 : 국립장기이식관리센터 www.konos.go.kr

〈그림 11-2〉 장기 이식의 절차

5) 장기이식관리 문제점 및 과제

현행 장기이식관리체계에 있어서의 문제점은 다음과 같다.

첫째, 장기기증의사 결정 및 표시제도가 미비하다. 이로 인해 생전 장기기증 의사결정기회가 부족하며, 장기기증등록기관 지정 및 역할 또한 부족한 상황이다.

둘째, 능동적 장기구독(donor procurement)을 할 수 있는 체계가 부재하다. 잠재뇌사자 발굴과 관련하여 잠재 뇌사자 확인, 신고체계, 발굴을 위한 교육홍보 등이 부족하며, 기증의사 확인 및 설득체계가 없으며, 장기구득전문기관 및 전문인력 등이 부족한 상황이다.

셋째, 장기구득 및 관리과정의 비효율성, 경직성을 들 수 있다. 우리나라는 아직 뇌사판정 절차가 복잡하며, 뇌사자의 전문기관 이송 시 제약이 따르고, 장기기증 관련 서류 제출절차가 복잡하다. 이를 위해 장기이식관리기관이 있으나 그 역할이 미흡하다.

넷째, 우리나라는 2000년에 「장기등이식에관한법률」을 제정하여 국가관리에 의한 뇌사기증장기의 분배는 성공하였지만 뇌사장기기증이 감소하였다. 장기기증의 감소가 만성화됨으로서 이식대기 환자가 장기간 대기로 고통받고 있다. 이러한 장기수급의 불균형 해소와 장기기증자를 늘이고 잠재뇌사자를 발굴하여 장기기증을 설득하는 능동적 뇌사장기기증 및 이식관리체계를 구축하기 위해 보건복지부는 「장기기증관리개선 종합대책」을 발표하였으며 그 내용은 다음과 같다.

〈표 11-5〉 장기기증관리개선 종합대책의 주요내용

종합대책	주요내용
장기기증희망자 모집확대를 위해	• 대국민 홍보 및 교육활동, 뇌사장기기증자를 위한 추모비 건립 등 장기기증자에 대한 지원사업 실시 • 지방자치단체에서도 업무 수행토록 함 • 운전면허 등에 장기기증희망의사를 표시토록 할 근거를 마련
능동적 장기발굴체계 구축을 위해	• 의료기관에서의 잠재뇌사자 신고제도화, 발굴 의료기관에 인센티브 제공
효율적인 뇌사장기기증 설득 및 뇌사판정을 위해	• 장기기증 설득과 적출 코디네이션을 전담수행하는 『장기구득기관(OPO)』 신설. • 뇌사자관리전문기관을 개편한 『의료기관 장기구득기관(HOPO)』를 설치 운영함 • 『독립장기구득기관(IOPO)』의 연구 및 시범사업 전개 후에 추진계획
국립장기이식관리센터 (KONOS)의 역할 재정립	• 잠재뇌사자 발굴을 위한 홍보 및 장기구득코디네이터 교육훈련 • 장기기증과정에 필요한 행정업무를 유가족이 아닌 장기구득기관에서 직접 수행토록 함으로서 유가족에게 서비스를 제공

* 출처 : 보건복지부, 『장기기증관리개선 종합대책』

장기기증을 위한 과제는 다음과 같이 생각해 볼 수 있다.

① 생전 장기기증 의사결정 및 표시기회를 확산하기 위해 운전면허증, 주민등록증, 건강보험증에 연계하여 표시토록 한다.

② 뇌사추정자 신고 및 기증의사확인제도를 정착하고 뇌사자 관리를 강화하기 위해 Doner Hospital을 활성화한다.

③ 능동적 장기구득체계를 위해 장기구득기관을 도입한다.

④ 사전검사 강화, 부작용 보고 및 조사체계등 장기이식 안전성 강화

⑤ 장기이식 관련 정보시스템을 구축한다.

⑥ 민간기관이 참여하는 장기구득기관 지원, 뇌사자 발굴 시스템 구축, 뇌사장기기증자 유족 등에 대한 예우강화를 통해 장기기증 문화가 보다 확산되도록 해야 한다.

사랑의 장기기증 자매결연 체결(최철주, 2008년 해피엔드, 재인용)

제 4 부
죽음관련 이슈

제12장 유언과 상속

- 유언에 관한 이해
- 상속에 관한 이해

죽음은 우리에게 이 지상에 있는 시간이 많지 않다는 것을 일깨운다. 우리가 한 말이나 행동이 어쩌면 우리가 사랑하는 이에게 하는 마지막 말과 행동이 될지도 모른다.

엘리자베스 큐블러-로스, 류시화 옮김(2006), 인생수업, 이레

제12장 유언과 상속

법정의 '무소유'를 보면 우리가 살아가고 있다는 것은 죽음 쪽에서 보면, 한 걸음 한 걸음 죽어오고 있다는 것을 의미하며 사는 일이 곧 죽는 일이고 생과 사는 결코 절연된 것이 아니라 죽음도 삶의 한 과정임을 잘 표현해 주고 있다. 특히 유서는 우리가 흔히 생각하는 남기는 글이기 보다 지금 살고 있는 '생(生)의 백서'이다. 앞으로 누구나 죽음을 맞이할 것이고 이에 대한 죽음준비는 지금 현재에 이루어져야 할 것이다.

죽음준비를 도울 수 있는 방법들로 다음과 같은 것을 생각해 볼 수 있다. 죽음에 관련된 그룹과 대화, 기관에서의 죽음준비 프로그램에 참여하기, 유언장 또는 유언형식의 영상, 송별잔치(파티), 가고 싶은 곳에 가거나, 하고 싶은 일을 하거나, 만나고 싶은 사람 만나기, 장례준비(장례, 관, 수의, 화장/묘지 등), 임종증상에 대해 설명하기, 상속문제 처리하기 등을 생각해 볼 수 있다.[47]

또한 일본에서는 일본변호사연합회가 "매년 4월 15일은 '유언의 날' 입니다. 유언장작성을 도와드립니다."라는 공개 캠페인을 벌인다. 이와 더불어 존엄사협회에서도 '리빙 윌 남기기' 캠페인을 벌이는데, '유언장 쓰기'나 '리빙 윌 남기기'는 똑같이 죽음을 염두에 두고 사전에 준비한다는 면에서 같다. 그러나 '유언장'은 주로 재산에 관한 것이고, '리빙 윌'은 생명에 관한 유언이란 점에서 차이가 있다.[48]

1. 유언에 관한 이해

1) 유언 및 유서[49]

유언이란 사람이 죽기 전에 후손들에게 남기는 말 또는 서류를 말한다. 이러한 유서에는 세속적 유언과 법률상 유언이 있다.

세속적 유언은 유언의 내용이나 절차에 제한 없이 유언자의 의사를 표시할 수 있다. 예를 들

47 김태민, 노인의 죽음준비 어떻게 도와야 하는가?, 고령친화전문인력육성사업단, p.2
48 최철주 (2008), 해피...엔딩, 궁리, p.126
49 서혜경 (2007), 실버플래너 교재, 한국노인종합복지관 협회, 사랑의 열매

면, "형제간에 우애 있게 지내거라.", "정직하고 바르게 살도록 해라.", "아버지를 잘 모셔라." 등등 훈시적인 말로 유언자가 얼마든지 남길 수 있다. 또는 자신의 장례식에 어떤 음악이 연주되기를 바라며, 어떤 문구가 읽혀지고, 위령비에는 어떤 꽃과 사진이 놓이기를 원한다고 표현할 수도 있다. 유언은 가족에게 재산을 남긴다는 것뿐만 아니라 친지나 친구에게 인생의 중요한 부분을 남긴다는 의미에서 일종의 감사의 표현이기도 한다. 예를 들면 친구에게 남긴 물건들(만년필, 바둑판, 악기 등등)은 그 물건들을 남겨준 사람에 대한 기억과 감정을 내포하기 때문에 돈으로 살 수 있는 그 어떤 물건보다 훨씬 의미 있고 가치 있는 것이 된다. 또 죽음을 앞둔 사람이 죽기 전에 감사, 사과, 오해를 푸는 편지를 쓰기를 바라며, 여의치 않을 시 대필해주기를 바라는 마음도 위와 같은 맥락이라 할 수 있다.

법률상 유언은 법이 정한 절차에 따라 죽음 이후의 법률관계를 정하려는 생전의 의사표시이다. 법률상 유언은 재산 문제, 신분상 내용 등을 반드시 민법이 정한 내용에 한해 유언을 남길 수 있으며 절차도 민법이 정한 방식에 따라야만 유언이 성립된다. 법률상 유언의 특징은 일정한 형식을 요구하며 상대방이 필요 없는 단독행위이다. 대리가 허용되지 않으며 언제든지 철회가 가능하다. 유언의 결과는 일정한 법적효과를 발생하는 법률행위이다.

2) 유언의 필요성

유언장은 개인이 죽은 후에 발생될 여러 가지 문제에 대해 본인의 뜻과 원하는 바를 명시한 서류이다. 살아생전에 유언장을 작성하는 일이 죽음을 금기시 하는 우리 사회에서는 그리 유쾌하게만 여겨지지 않지만 유언장이 없이 사망할 경우 본인이 원치 않는 방향으로 재산이 분배될 수 있으며, 법적분쟁으로까지 이르게 된다. 법원이 개입하게 되면 유가족에게 많은 비용과 시간이 들게 되므로 유언장 작성은 남아 있는 가족들을 위해 만드는 것이다.

유언장의 내용에는 작성자 본인이 원하는 자산처리 방식, 자산 처리를 담당할 지정유언집행인(executor)지정, 본인 사망 시 자녀의 연령이 19세 이하일 경우 자녀 및 재산을 관리할 후견인(guardian)지정과 같은 내용이 포함된다. 후견인을 지정하지 않을 경우 법원이 임의로 후견인을 세우게 된다. 유언장의 기본 내용 중 하나는 사후에 재산을 어떻게 분배하느냐가 되며, 반드시 이 일을 담당할 지정유언집행자를 지정해야 한다. 유언집행자는 개인, 법인이나 여러 명을 지정해도 되며 가장 믿을 수 있는 사람을 선정하도록 한다.

유언장 작성자가 원하는 바를 명시할 수 있으나 일부는 포함될 수 없는 내용이 있다. 예를 들면 공동명의로 된 재산은 소유주 중 한 명이 사망하게 되면 자동으로 나머지 소유주가 재산을 승계하게 된다.

유언장 작성은 재산의 소유권과 유언장 관련법규에 대해 잘 모르게 되면 문제가 복잡해지고 법적으로 효력을 인정받지 못하기 때문에 세심히 작성해야 하므로 법에 정한 요건에 맞추어 작성하도록 한다.

3) 유언의 방법

일반적으로 '유서' 나 '유언장' 은 모두 "유언을 적는 글"로 의미상 차이가 없이 쓰이며, 민법상에는 '유언서' 라는 표현을 쓴다. 다만 유서나 유언장이 법적효과를 가지기 위해서는 법이 정한 방식으로 작성되어야 한다. 민법에서 정한 유언방식은 자필증서에 의한 유언, 녹음에 의한 유언, 공정증서에 의한 유언, 비밀증서에 의한 유언, 구수증서에 의한 유언 5종을 규정하고 있으며, 이 방식을 따르지 않으면 유언이 무효가 된다. 이처럼 법적으로 엄격한 방식을 요구하는 이유는 유언자가 사망한 후에는 그의 진의를 확인할 기회가 없고 효력에 이의를 제기할 수 없기 때문이다.

(1) 자필증서에 의한 유언

유언자가 유언내용, 작성 년 월 일, 주소, 성명을 자필로 직접 작성하고 날인한 서면을 말한다. 이 때 증인은 필요 없으며 반드시 본인의 친필로 작성하여야 한다. 혼자서 비용을 안 들이고 어디서나 쉽게 작성할 수 있으며 유언의 존재와 내용도 비밀로 할 수 있는 장점이 있다. 그러나 글을 모르는 사람은 사용할 수 없고 법률을 잘 모르는 사람은 내용이 명확하지 않아 후에 그 효력에 다툼이 생길 위험성이 있다. 또한 분실과 은닉, 위조여부의 문제가 있어 신뢰도가 낮다.

(2) 녹음에 의한 유언

유언자가 유언의 내용, 자신의 성명, 녹음 년 월 일을 직접 말하여 녹음하고 그 녹음에 참여한 증인이 그 유언의 정확함과 증인 자신의 성명을 직접 말하여 녹음하는 방식이다. 녹음기만 있으면 간편하게 할 수 있는 반면 녹음된 것이 소멸될 우려가 있다.

(3) 공정증서에 의한 유언

공정증서에 의한 유언은 유언자가 증인 2인이 참여한 공증인의 면전에서 유언의 취지를 말하고 공증인이 그 유언내용을 필기하여 낭독하고 유언자와 증인이 그 정확함을 승인한 후 각자가 서명 또는 기명날인하는 방법의 유언이다. 문자를 몰라도 할 수 있고 효력이 부인될 염려도 없으며, 분실, 은닉의 우려도 없다. 또한 변호사에게 의뢰하기 때문에 추후에 하자가 생겨서 번거롭게 되는 일을 피할 수 있다는 장점이 있다. 그러나 방식의 엄격성과 많은 비용이 든다.

(4) 비밀증서에 의한 유언

유언자가 유언내용 및 자신의 성명을 기입한 증서를 엄밀히 봉하고 날인한 후, 그 증서를 2명 이상의 증인의 면전에 제출하여 자신의 유언서임을 표시한다. 봉투표면에 유언서의 제출 년 월 일을 표기하고 유언자와 증인이 모두 자신의 서명 또는 기명, 날인 한 뒤 그 유언봉투를 그 표면에 기재된 날로부터 5일 이내에 공증인 또는 가정법원 서기에게 제출하여 봉인된 부분에 확정일자를 받는 방식이다. 비밀누설을 막을 수 있으며 문자를 쓸 수 없어도 읽고 서명, 날인을 할 수 있는 사람이면 활용할 수 있는 장점이 있다. 하지만 유언내용과 다름이나 검인절차 등의 번거로움이 있다.

(5) 구수증서에 의한 유언

질병이나 기타 급박한 사유로 다른 방식에 의한 유언이 불가능할 때 2인 이상의 증인이 참여하여 유언자가 그 1인의 증인에게 유언의 취지를 말하고, 그 말을 들은 다른 증인이 그 내용을 필기, 낭독하여 유언자와 다른 증인 1인이 그 정확함을 승인한다. 승인 후에는 유언자와 증인 2인이 모두 서명 또는 기명, 날인하고 유언자의 급박한 사유가 종료한 날로부터 7일 이내에 증인이나 유언의 이해관계인이 가정법원의 검인을 거치는 방식이다. 급박한 경우 간단한 형식으로 할 수 있지만 가정법원의 검인절차를 밟아야 하는 단점이 있다.

(6) 유언신탁

또 다른 방법으로 유언신탁이 있다. 은행에 돈을 맡기는 것처럼 개인의 유언을 보관해주고 이를 집행까지 해주는 상품이 은행에서 개발되었다. 유언신탁은 유언이 필요한 사람을 대상으로 개개인의 사정에 맞게 유언서 작성을 도와주고 은행금고에 안전하게 보관하고 있다가 사후 유족에게 책임지고 전달한다.

(7) 인터넷 유언

최근에는 평소에 가족 등 사랑하는 이를 위해 준비해 놓은 메일(메시지, 유언)을 당사자가 세상을 떠난 후에 이메일 또는 우편으로 전달해 주는 인터넷 유언 서비스도 등장하였다. 이것은 법률행위를 목적으로 한 현재의 유언장 방식이 공증문서로서 절차 및 비용 면에서 간편하지 않으며, 혼자의 힘으로 가족에게 남기는 글을 작성하여도 이를 분실 및 변조의 위험 없이 보관하거나, 제때에 수신인에게 전달하는 것이 쉽지 않는 단점을 보완하여 준다.

〈표 12-1〉 유언방식

보통의 방식 (민법에서 정한 방식)	
자필증서에 유언	유언내용, 작성 년 월 일, 주소, 성명을 자필로 직접 작성하고 날인한 서면
녹음에 의한 유언	유언내용, 성명, 녹음 년 월 일을 녹음하고 증인이 공증하고 증인의 성명을 함께 녹음하는 방식, 최근에는 캠코더 촬영으로 유언장을 작성하기도 함
공정증서에 의한 유언	유언자가 증인 2인이 참여한 공증인의 면전에서 유언의 취지를 말하고, 공증인은 유언내용을 필기, 낭독하여 정확함을 승인 후 서명하는 방법의 유언
비밀증서에 의한 유언	유언장을 작성하여 봉인 후, 증서를 2명 이상의 증인의 면전에 제출하여 자신의 유언서임을 표시한다. 봉투표면에 유언서의 제출 년 월 일을 표기하고 기재된 날부터 5일 이내 공증인 또는 가정법원 서기로부터 봉인된 부분에 확정일자를 받는 방식

특별 방식	
구수증서에 의한 유언	질병, 기타 급박한 사유 시 2이상의 증인이 참여하에 유언자가 유언의 취지를 말하여 정확함을 승인한 후 급박한 사유가 종료한 날로부터 7일 이내 지정법원의 검인을 거치는 방식
유언신탁	은행이 개인의 유언을 보관해주고 이를 집행 해줌
인터넷 유언	평소 준비한 메일을 사후에 이메일이나 우편으로 전달

4) 유언장 작성의 내용과 기타

유언장 작성에는 일반적으로 재산처분에 관한 내용이 주를 이루나 그 밖에 다음과 같은 내용들이 포함될 수 있다.

① 나의 장례식의 특성은 무엇인가?
(예를 들면 누가 조사를 읽을 것이고, 장례식에 얼마의 돈이 쓰여질지 등)

②) 나는 내 사체가 어떻게 처치되는 것을 더 좋아하는가?
(장기를 기증할 것인지, 화장을 할 것인지, 매장을 할 것인지)

③ 장례식에서 가족과 친구들은 어떤 역할을 할 것인가?

④ 나는 사람들이 어떤 식으로 조의를 표했으면 좋겠는가?

⑤ 나의 재산들을 어떻게 처리 할 것인가? 등

최근에는 컴퓨터로 유언장을 작성하거나 캠코더 촬영에 의한 유언장작성을 하기도 한다. 이와 같은 방법이 법적으로 효력 있는 유언장이 되기 위해서는 다음과 같이 해야 한다. 먼저 컴퓨터 작성 유언장은 민법1068조의 공정증서에 의한 유언이나 민법 제 1069조의 비밀증서에 의한 유언의 방식과 똑같은 절차를 밟으면 된다. 다음으로 캠코더 녹화는 녹음에 의한 유언(민법 제 1067조)의 방식으로 유언자가 유언의 취지, 자신의 성명, 연월일 구술, 이에 참여한 증인이 유언의 정확함과 증인의 성명을 구술한 내용이 모두 녹화되어야 그 효력을 인정받을 수 있다.

〈표 12-2〉 유언장 작성의 예

■ 유언장 작성의 예 1

1. 성　　명 :　○○○ (인)
   주민등록번호 : ○○○○○○-○○○○○○○
   주　　소 : 서울 서초구 ○○○
   작 성 일 : 2009년 1월
   작성장소 : ○○○

2. 시신처리, 장례방법, 추모방법에 대한 바람
   나를 위해 슬퍼하지 말았으면 합니다. 왜냐하면 난 지금 자유롭기 때문입니다. 그들의 슬픔은 나에게 더 큰 슬픔을 안겨줄 것입니다.
   만약 나하고의 이별이 빈자리로 남게 된다면 함께 했던 좋은 추억으로 채워주세요.
   그리고 수목장으로 화장해 주세요. 담소 나누면서 좋은 분위기 속에 장례식을 치루었으면 합니다.
   존엄하게 죽고 싶습니다. 생명유지장치를 원하지 않습니다.
   모든 갈등 · 원망 · 욕심 · 미움 등을 벗어버리고 따뜻한 벗으로 마음 가득채우고 가겠습니다.

3. 재산 및 물건 처리 방법
   남은 자들에게 죄송합니다. 깨끗하게 처리를 하지 못하고 가서…. 웬만하면 다 버리고 혹시라도 작은 유품들중에 주위에 원하는 분들이 계시면 나눠주면 좋겠습니다.
   남편은 좋은 여성 만나 행복하게 살았으면 합니다. 그래야 하늘에서라도 편할 것 같습니다.
   재산은 남편이 내 뜻을 살려 덕을 많이 베푸는 일에 쓰기를 바랍니다.

4. (기타)남기고 싶은 말
   많은 사람들이 '정말 허무한 인생이다. 한 것 없이 인생 이렇게 가는구나' 라고 얘기한다고 합니다. 적어도 그렇게 얘기하지 않았으면 하는 바램입니다.
   나름대로 멋진 생을 살아왔다고… '정말 잘 살다가 가는 인생' 이라고, 그 동안 너무 감사했다고 … 좋은 기억만 추억으로 남겨달라고….
   다시 태어나면 남성으로 태어났으면 합니다. 군대도 갔으면 합니다.

■ 유언장 작성의 예 2

최근의 언론 보도에 의하면 대한민국 남자의 건강수명은 약 63세이며, 대략 10년간 앓다가 죽는다고 한다. 이제 내 나이도 한국인의 평균 건강수면에 도달하였기에 언제나 죽을 수 있다는 각오를 하고 있다. 가능한 한 건강하게 남은 인생을 살고 싶다. 그러나 죽고 사는 것은 인간이 어쩔 수 없는 일이기에 여기에 맑은 정신으로 적는다.

1. 무엇보다도 내가 죽은 후에 나의 묘지를 만들지 않는다. 살아서 내게 부족하지 않을 만큼의 공간을 나에게 허락하신 하나님께 감사드리며, 죽은 후에는 내가 공간을 차지하는 일이 있어서는 안 된다.
2. 내가 죽은 후에는 내 시신은 병원에 기증하여 환자의 치료나 의학실험 등의 어떤 용도로든지 사용하도록 한다. 나는 이미 1992년 7월 3일에 사랑의 장기기증운동본부에 내 시신을 기증하기로 약속하였으며, 이 약속은 반드시 지켜져야 한다.
3. 만약에 내게 불상사가 생겨서 의식을 잃고 1주일 이상의 치료를 필요로 하는 경우에는 나는 치료를 거부한다. 위에서도 언급하였지만 나는 이미 평균 건강 수명을 살았기에 불편한 몸으로 내 수명을 연장하고 싶지 않다.
4. 내가 뇌사 판정이 되거나 또는 무의식을 잃고 오랜 시간을 병상에 있어야 하는 경우에는 나의 장기 중에서 다른 환자의 치료에 도움이 되는 장기는 우선적으로 기증한다. 내가 건강한 상태에서 장기를 기증할 만큼 용기가 없는 것을 부끄러워 할 뿐이다.
5. 나는 현재까지 경제적으로 큰 어려움이 없이 살아왔다. 이것에 대하여서도 하나님께 감사드린다. 내가 만약 나의 아내보다 먼저 죽는다면 나의 재산은 모두 아내에게 주어서 그가 원하는 문화사업을 하는데 보탬이 되도록 한다.
6. 만약 내가 아내보다도 오래 살아서 죽게 되면 역시 아내가 설립하였거나 아내의 뜻을 따라 설립한 문화재단에 내 재산을 모두 기증한다. 다만 나의 장례에 필요한 최소한의 경비만을 내 재산에서 사용한다.
7. 내가 사랑하는 아들에게 재산을 남기지 않는 것은 아들의 뜻이며, 우리에게 그렇게 좋은 아들을 주신 하나님께 역시 감사드린다.

내가 살아오면서 가족, 친척, 은사, 동료 등 주변의 여러 사람들로부터 많은 도움을 받았음에도 불구하고 그 은혜를 갚지 못하는 것을 유감으로 생각한다. 다만 내 마음 속에서 항상 감사한 마음을 갖고 살았음을 밝혀둔다.

2000년 10월 18일 저녁

서울특별시 송파동 잠실의 아파트에서 000 씀

5) 사망선택유언(死亡選擇遺言 또는 Living Will)[50]

사망선택유언 또는 사망희망서란 온전한 성인이 의사에게 자신이 '말기' 이거나 '죽음이 임박' 했다고 진단되는 경우 기계적이거나 인공적인 생명연장 시술을 보류하거나 중단할 수 있도록 허용하는 사전 유언장 작성을 말한다. 사망선택유언은 사망지시서(Advanced Directive)의 한 종류로 환자의 임종이 가까워야 한다는 것이 요구된다. 이 사망선택유언은 반드시 희망자가 정신적, 신체적으로 온전한 상태에서 법적인 공증절차를 거쳐서 작성되어야만 한다(Hoyer et al. 1999). 이러한 유언의 형태는 의학적으로 치료 불가능 한 상태를 예상하여 죽음을 연장하지 않도록 미리 법적 조치를 취하는 것이다. 매년 많은 미국인들은 그들에게 닥치게 될 임종 시의 의료와 관련된 필요사항으로 '사망선택유언' 을 준비하고 있으며, 2004년 집계로 50개주와 콜롬비아주가 '사망선택유언' 을 인정하는 법력을 가지고 있다.

사망선택유언제도는 죽음과 관련하여 몇 가지 의미를 가진다.

첫째, 삶과 죽음에 대해서 본인이 통제하고 결정하는 권리를 가진다는 점에서 의미가 있다. 이 결정은 생명의 마지막 순간이 올 때 무의미하게 죽음을 늦추지 않겠다는 자기결정이다.

둘째, 사망선택유언은 자신의 죽음에 미리 준비 또는 대비하게 하는 역할을 한다. 사망선택유언을 함으로서 죽음에 대해서 좀 더 겸허하게 대면할 수 있으며 남은 일생을 더욱 충실하게 살도록 하는 기능을 한다는 면에서 죽음준비교육의 효과를 가진다.

셋째, 사망선택유언에 장기기증과 같은 내용을 포함하게 된다면 자신에게는 마지막 순간까지 타인을 위한 숭고한 봉사가 될 것이며, 장기기증체계를 더욱 확립할 수 있게 될 것이다.

죽음은 누구에게나, 언제든지, 어디서나 일어날 수 있으므로, 죽음에 대비하기 위해 자기가 원하는 죽음의 방식을 미리 가족과 협의 할 필요가 있고, 이를 유서 형식으로 문서화 해 두면 만약의 사태에 대비할 수 있을 것이다. 단순히 유서만 써 두자는 것이 아니라 '리빙 윌(Living Will)' 에 서명함으로써 자기 자신의 삶을 되새겨 보면서 인간다운 삶과 품위 있는 죽음맞이는 어떠해야 하는지 깊이 성찰해 볼 수 있을 것이다.

50 시립노원노인종합복지관, 죽음준비학교 운영의 실제, p.58 재인용

6) 사전의료지시서[51]

사전지시(事前指示, advanced directives)제도란 의사결정을 가진 어떤 사람이 환자 자신이 법적으로 온전하게 행위 할 수 없을 때인 미래의 상황을 대비하여 자신을 대신하여 행위 할 사람을 지정하거나 자신에 대해 어떠한 진료행위를 시행할 것을 결정하여 두는 것을 말한다.

사전지시제도에는 사전의료지시서(事前醫療指示書)가 있는데, 이것은 사고를 당했거나 불치의 병에 걸려 의식불명이 되었을 때 대비해서 품위 있는 존엄사를 맞이하기 위해 자신이 받게 될 치료내용에 대해서 자기의 소원을 기록하고 의료진에게 할 수 있는 치료와 그렇지 않는 치료를 미리 주문하여 놓은 문서이다. 의식 불명상태가 되었을 때 연명치료가 의미가 없을 경우라도 본인의 동의가 없으면 법적으로 치료를 중단할 수 없는데, 이때를 대비해서 본인이 원하는 사항과 원치 않는 사항을 미리 적어 놓는 것이다. 이것은 생전 유언과 같은 것으로 그 내용에는 자신에 대한 의료행위의 의사결정, 대리인(법적)의 지명, 심폐소생술의 거절과 원하지 않는 치료행위의 거절 등을 구체적으로 기록해서 지시할 수 있다.[52]

미국은 1990년 '환자의 자기결정법(Patient Self-Determination Act)' 을 만들었는데, 이는 모든 의료 또는 어떤 조치도 거부할 수 있는 환자의 권한 행사에 도움을 주고 환자의 자율성 확보와 담당의사와 환자간의 깊이 있는 의사소통에 도움이 되기 위한 목적으로 만들어졌다.

우리나라의 실정법도 '사전의료지시서' 나 대리인 지명 등으로 환자의 사전의사(事前意思)에 대한 확인절차를 중요하게 인정하고 있다. 하지만 얼마나 사람들이 '사전의료지시서' 를 준비하고 있고 또 의료진이 이 문서를 공식문서로 받아들일 준비를 하고 있느냐가 앞으로 해결해야 할 우리의 과제이다. 현재 '소극적 안락사' 가 법적으로 금지되어 있는 상황에서 연명치료를 원하지 않는 사람들은 소극적 안락사의 대안으로서 '리빙 윌' 이나 ' 사전의료지시서' 에 서명해두고 평소 자기 의사를 가족들에게 분명하게 알려 놓는다면, 위급 상황 시 담당의사에게 관련서류를 제시함으로서 당사자의 뜻이 수용될 수 있을 것이다.

사전의료지시서는 반드시 공증을 받아놓아야만 한다. 그래야 이 서류가 본인의 것이라는 것이 증명되어져 법적 기능을 할 수 있기 때문이다. 여기서 공증인이 공증해주면서 확인하는 것은 단지 이 서류가 본인의 것임을 확인해 주는 것뿐이다. 사전의료지시서의 양식은 다음과 같으며, 작성 후 공증 받아 서재 등 잘 보이는 곳에 보관하고 가족에게 알려놓는다.

51 김건열 (2005), 존엄사, 최신의학사, p.202-214 인용
52 구인회 (2008), 죽음과 관련된 생명윤리적 문제들, 집문당, p.182-184 재인용

〈표 12-3〉 사전의료지시서의 서식

■ 사전의료지시서 예[53]

함부르크 의사협회 사전의료지시

성　　명 : ○○○
생년월일 : ○○○○ 년 ○ 월 ○○ 일
주　　소 : 서울시 ○○○ ○○○

본인은 생명의 마지막 시기를 위하여 지금 다음과 같은 요구사항을 미리 밝혀 둔다.

본인은 의료진에게, 의료조치에 관한 결정시점에 본인이 거처할 양로원이나 요양원에, 또한 그 밖에 본인에 관한 결정을 내릴 수 있는 모든 사람에게 다음과 같이 요청한다.

본인은 인간존엄성을 유지하는 가운데 죽음을 맞이하기 원하며, 존엄한 죽음을 맞을 수 있도록 도와줄 것을 본인을 진료하는 의사, 가족, 간호사에게 부탁하는 바이다.

생명유지에 불가결한 기관, 뇌에 중증의 불가역적인 손상이 와서 진료하는 의사들의 일치된 확신에 따라 본인에게 의식이 있는 생명이 불가능할 것이라는 판단이 서는 경우, 본인은 생명을 연장시키는 더 이상의 집중의료 조치를 원하지 않는다. 여기에는 인공급식이나 생명을 유지하는 약품이 투여도 포함된다.

본인은 최소한 두 명의 전문의가 독자적으로 본인에게 회복이나 건강상태의 호전가능성이 전혀 없다는 판단을 하고, 진료하는 의사의 다른 진단이 없다면, 그러한 상황을 받아들일 수 있다.

만일 본인이 피할 길 없이 죽음에로 이를 중병으로 고통 받으며, 강한 통증이 유발된다면, 비록 통증완화 약품의 사용으로 인해 죽음이 보다 일찍 도래할지라도 의사의 판단에 따라 통증이나 커다란 부담을 덜어 줄 약품을 투여해 줄 것을 요청한다.

53 구인회 (2008), 죽음과 관련된 생명윤리적 문제들, 집문당, p.185-186 재인용

본인은 세심한 숙고 후 스스로 완전한 책임을 지겠다는 결의 하에서 이러한 해명서를 제출한다. 의식을 잃거나 다른 신체적 손상으로 인해 더 이상 개인적으로 중요한 일에 관해 결정을 할 수 없을 경우에는 이 해명이 본인의 분명한 의지의 표현으로서 유효해야 한다.

이 지시를 본인을 진료하는 의사에게 알리도록 요청하는 바이다. 이 지시에 상반되는 조치에 대해 본인은 분명히 동의를 거부한다.

본인의 진료 담당자가 결정되면, 이 해명이 모든 조치에 유효해야 한다. 여기 정해지 조치들을 담당자에게 청원해야 한다.

본인을 진료하는 의사는 아래에 기입된 사람들에게 본인의 건강 상태에 관한 설명을 해야 하며 그러한 한에 있어 비밀유지의 의무로부터 벗어난다.

성명 : 서명 :
주소 :

(필요한 경우 아래 지명된 사람이 본인으로부터 이 사전의료지시의 변경을 맡아 할 수 있는 특별한 예비조치에 대한 전권을 위임받았다)

성명 : 서명 :
주소 :

이 해명은 본인에 의해 서명되었다. 본인이 신뢰하는 두 사람이 함께 서명함으로써 본인의 의사표명을 확인한다.

서명 :
날짜 :
증인의 성명 및 주소 :
서명 및 날짜 :

후기 반복 확인 승인을 위해:

본인의 사전의료지시의 내용을 검토하였고 본인의 의지가 변하지 않았음을 서명으로써 확인하는 바이다:

날짜, 서명 :

날짜, 서명 :

날짜, 서명 :

(부록 7 유언관련 양식에서 p.575~579 참조)

7) 계속적 대리 위임장(Durable Power of Attorney)

계속적 대리 위임장 또는 항구성 대리인 위임장은 또 다른 형태의 사전의료지시서이다. 통상적으로 유언(living will)에 추가하여 쓰여지며, 위임장을 작성하려면 18세를 초과해야 하며 정신적 장애가 없고 능력자이야 한다. 보통 유언장은 가능성 있는 모든 상황에 원하는 바를 예측할 수 없는 반면에 항구성 대리권은 그렇지 않다. 이것은 재산 및 재정문제 관하여 개인의 이익을 위해 누군가에게 권한을 위임하는 것으로 대리인이 변호사와는 다르며, 반드시 변호사일 필요가 없다.

일반적인 위임장은 본인이 무능력자나 정신장애가 발생하면 자동으로 끝나게 되는 반면 이것은 우리가 정신적으로 무능하게 된 후에도 계속 효력을 갖게 된다. 그리고 이 경우만을 계속적 대리(Durable)라고 한다. 많은 사람들이 위임을 하면 자신들이 할 수 있는 모든 권한을 포기하는 것으로 잘못 생각하나 관련문제에서 시작하는 재정적인 문제에 대해서만 부여(대리권)되기 때문에 그 개인이 대리권 통제를 포기하는 것은 아니다. 대리인의 권한은 서류에 기술된 만큼만 권한을 갖게 된다(부록 7-3, 4, 의료대리인 지정서, p.577 참조).

8) 의료대리권 또는 건강치료에 있어서의 항구성 대리권 (A Medical Power of Attorney)

의료대리권 혹은 건강치료에 있어서의 항구성 대리권은 환자가 스스로 결정할 수 없을 때 특별히 치료에 관해 결정을 내리는 것을 허용한다. 건강치료에서의 항구성 대리권은 무능력상태에서 어떤 분야에서도 보다 광범위하게 적용할 수 있기 때문에 유언장을 대신하여 혹은 부가하여 사용될 수 있다.

항구성이라는 것은 그 위임인이 무능력 혹은 의학적인 결정을 할 수 없을 때에도 그 합의가 계속됨을 의미한다. 항구성 대리권 동의는 서명의 효과에 의한 것으로 혹은 무능력 상태가 발생했을 경우에 쓰여 질 수 있다(부록 7-4, 의료대리인 지정서, p.578 참조).

9) 후견인(Conservatorship or Guardian)

후견인 제도는 개인의 재정적인 업무뿐만 아니라 신체에 대한 통제권도 성립되는 법적이 도구이다. 후견인 제도에서 유언검인재판소는 개인의 정신적 불능으로 그 자신을 보호한다는 차원에서 개인의 재산 및 재정을 보호하기 위하여 누군가를 지정한다. 그 후견인은 개인의 의학처치, 집, 개인적인 요구, 재정 및 재산에 대한 지시에 대하여 책임을 진다. 후견인권이 성립되기 위해서는 의사로부터 정식적으로 자신을 보호할 능력이 없다는 것을 진술한 인증이 있어야 한다. 일단 지정되면 관재인은 자산에 관한 물품 목록을 요구할 수 있고 매년 수익과 비용에 관한 보고를 요청할 수 있다. 그러나 그 개인은 자신의 재산과 재정에 관한 통제권을 잃게 된다. 관재권처럼 의사에 의한 의학적 증명은 유언겸인 재판소가 이러한 선임을 하기 전 10일이내 것이어야 하며, 후견인권은 필요에 앞서서 선정 할 수 없다.

그러나 의학대리권에도 불구하고 개인은 필요하면 후견인처럼 행동할 수 있는 누군가를 임명할 수 있다. 후견인은 개인의 모든 일을 관장하기 때문에 후견인 제도는 일반적으로 마지막 수단으로 고려된다. 또한 이것은 필연적으로 개인의 법적권리를 제한하기 때문이다. 승인을 요하지 않으므로 희생이 크고 거의 비가역적이다.

가족구성원 중 재정과 관련된 사람은 이런 선택들을 통해 빠르게 움직일 수도 있다. 그러나 가족과 서비스 제공자는 가능한 삶의 계획, 법적의지와 재정적인 결정과 관련된 노인의 희망을 존중하여야 한다. 다시 말해서 노인은 인식상태가 허용하는 한도까지 가능한 많은 통제권을 발휘할 수 있도록 권고되어져야 한다.

10) 세계의 유언

유언 속에는 그 사람의 인생관과 사상, 후회와 회개, 살아 있는 사람에게 남기는 부탁들이 고스란히 담겨져 있다. 세계의 유명 인사들의 유언을 통해 우리는 어떠한 자세로 삶을 살아가야 할 지 생각해 볼 수 있을 것이다.

(1) 오드리 햅번의 유언

아름다운 입술을 갖고 싶으면 친절한 말을 하라.
사랑스런 눈을 갖고 싶으면 사람들에게서 좋은 점을 보아라.
날씬한 몸매를 갖고 싶으면 너의 음식을 배고픈 사람과 나누라.
아름다운 머리카락을 갖고 싶으면
하루에 한 번 어린이가 손가락으로 너의 머리를 쓰다듬게 하라.
아름다운 자세를 갖고 싶으면 결코 너 자신이 혼자 걷고 있지 않음을 명심해서 걸어라.
사람들은 상처로부터 복구되어져야 하며 낡은 것으로부터 새로워 져야하고

오드리 햅번

김활란

피에르 신부

* 출처 : 네이버 인물검색

병으로부터 회복되어야 하고 무지함으로부터 교화 되어야 하며
고통으로부터 구원 받고 또 구원받아야 한다.
결코 누구도 버려서는 안 된다.
기억하라 만약 내가 도움을 주는 손이 필요하다면 너의 팔 끝에 있는 손을 이용하면 된다.
내가 더 나이가 들면 손이 두 개라는 것을 발견하게 될 것이다.
한 손은 너 자신을 돕는 손이고 다른 한 손은 다른 사람을 돕는 손이다.

(2) 김활란 (전 이화여자대학 총장)

육체가 없어졌다고 해서 나를 죽은 사람으로 취급하고 장례식을 해 주는 것은 절대로 싫다.

친척 친구들이 원한다면 더욱 화려한 승리의 길로 나를 환송해 주는 환송예배를 장례식 대신 해 주기를 바란다.

나는 부모, 형제, 동서양의 수많은 스승, 형제, 친지, 동지들에게 빠짐없이 큰 사랑의 빚을 지고 간다.

(3) 피에르 신부의 유언[54]

꽃향기는 천리를 가지만 사람의 덕은 만년 동안 그 향이 퍼진다.

(4) 석가모니의 유언

80세 때 파바라시가에서 제자 춘다의 공양을 받고 열반했다. 이 때 제자들이 눈물을 흘리자 다음과 같이 위로했다. "울지 마라, 가까운 사람과 언제나 헤어지게 되는 것이 이 세상의 인연이다. 그러니 너희들은 저마다 자기 자신을 등불로 삼고 의지하여라. 진리를 등불로 삼고 의지

54 아베 피에르 (2006), 피에르 신부의 유언, 웅진지식하우스

석가모니

랜디 포시

공병우

하여라. 모든 것은 덧없다. 게으르지 말고 부지런히 정진하여라."

(5) 랜디 포시 교수

시한부 삶에도 좌절하지 않고 인생을 긍정적으로 살라는 '마지막 강의'를 남기고 47세의 젊은 나이에 떠난 카네기 멜런대학의 랜디 포시 교수는 고별 강의에서 다음과 같이 말하여 감동을 남겼다.

"삶을 즐기고 절대 포기하지 말라. 벽에 부딪치거든 그것이 절실함의 증거임을 잊지 말라........물질적인 부가 아닌 다른 사람들과의 의미 있는 교류를 통해 가치 있는 삶을 살 수 있다. 잘못했으면 사과하며, 감사하는 마음 자세를 가지고 살아라."[55]

출처: http://www.google.co.kr/ 랜디 포시 강의

(6) 공병우

당대 제일의 안과의사였던 공박사는 품위 있는 죽음이 어떠한 것인지를 보여주는 유언을 남겼다.

"우선, 본인이 죽어 장기가 쓸 만한 것이 있으면 기증할 것이요, 아니면 시신은 의학연구용으로 바칠 것이다. 그렇지 않으면 본인의 시신은 화장을 하거나 묘를 쓰더라도 최소한의 면적에 쓰라. 친지에게 한 달 후에 죽음을 알려 다른 사람에게 폐를 끼치지 말라, 유산은 앞을 못 보는 사람들을 위한 복지에 쓰라."

(7) 슈니요셉 신부의 유언

한국에 와서 나환자를 돌본 그는 "내가 죽으면 나를 땅에 묻은 다음에 내 묘위에 나무를 두 그루 심어서 그 나무가 잘 성장한 다음엔 집도 없고 갈 곳도 없는 나환자를 위하여 집을 짓는

55 조인스 뉴스, 2008.7.28 00:51, 남정호 기자

데 써 주시오"라고 하였다.

Tips

삶의 마지막 때를 위한 준비 (유언장 작성)

- 삶의 마지막을 부드럽고 아름답게 보내려 애쓴다.
  ☞ 편안한 마음으로 임종을 맞는데 꼭 필요한 생활 태도로 한국자원봉사능력개발연구회 김옥라 회장은 "생에서 가장 후회스러웠던 부분을 뉘우치고 감정도 정리해야 하며, 특히 가족 · 이웃 등 인간관계를 부드럽게 유지하는 것이 중요하다"고 말한다.
- 만약 자신이 불치의 병을 선고 받았을 때나, 의식을 잃었을 때의 대처 방안을 평소 가족에게 이야기해 둔다.
  ☞ 말기암 선고를 받았을 때 가족들이 본인에게 알리지 않음으로서 여생을 정리할 기회를 가질 수도 없고 완치가능성 없는 과잉치료를 하도록 하여 환자와 가족 모두를 고생시킬 수 있다. 말하기 어렵다면 글로 써 두고 가족에게 이의 보관 장소를 알려준다.
- 매장 · 화장을 선택하고 준비를 해둔다.
  ☞ 매장을 선택하면 장지를 미리 마련해두고, 화장을 원하면 화장에 필요한 절차도 살펴본다. 최근에는 건전 장묘문화 운동의 하나로 납골당 이용이 많아지고 있다. 미리 시설 · 관리 여부를 확인해 보는 것이 좋다.
- 유언장도 미리 작성한다.
  ☞ 고인이 유언도 남기지 못하고 불시에 세상을 등져 재산을 둘러싸고 자식들 간에 송사가 벌어지는 일이 흔하다. 본인이 글을 쓰지 못하고 말도 못하는 상태에서 제3자가 유언장을 작성하고 동의를 구해 본인이 고개를 끄덕끄덕 했을 때 이는 유언의 효력이 없다는 대법원 판례가 있으니, 분쟁의 소지를 막기 위해서도 건강할 때 유언장을 작성해야한다. 특히 재산 중 50%는 법률이 정한 상속지분대로 분배해야하지만 50%는 자신의 마음대로 물려줄 수 있으므로 이 부분을 명확히 해야 한다. 유언장을 작성할 때는 민법이 정한 유언장 작성 요건에 맞춰 만들고, 공증사무소의 공증을 받아둔다. 그러나 공증을 받았더라도 자필 유언장이 아니고 증인 2명이 참여하지 않았으면 효력이 없다.
- 수의 등 장례용품을 마련하고 장례절차도 이야기해준다.
  ☞ 자신의 종교단체 등에 장례절차를 미리 이야기 해 두며, 자녀들은 당황해 우왕좌왕하기 쉬우므로 친구나 친지에게도 자신의 바램을 알려두도록 한다.

출처 : 아름다운 노년생활(www.komericanjournal.com)

2. 상속에 관한 이해[56]

사망한 사람의 모든 재산상의 권리와 의무를 일정한 사람이 승계하는 것을 상속이라 한다.

56 서혜경 외(2007), 실버플래너 교재, 한국노인종합복지관 협회, 사랑의 열매, p.217-223 인용

상속인이란 사망자의 권리와 의무를 승계한 사람을 말하며 피상속인은 사망자를 말한다.

상속의 종류는 유언상속과 법정상속이 있다. 유언상속이라 함은 피상속인의 유언에 의해 재산을 상속하는 것을 말하며 효력을 갖춘 유언은 상속에서 가장 우선하는 기준이 된다. 법정상속이라 함은 유언이 없는 경우에 이루어지는 것으로 법에서 정한 상속의 순위에 의해 정한다.

상속에 관해서는 다음의 3가지 이론이 있다.

〈표 12-4〉 상속 이론

종류	내용
이타적 유산상속동기 이론 (Altruistic Bequest Motive Theory)	이타적인 부모가 자신의 소비효용뿐 아니라 자녀들의 소비효용을 위해 자산을 저축하고 자녀에게 인적자본투자를 함
전략적 유산상속동기 이론 (교환유산상속동기이론, Strategic Bequest Motive Theory)	부모가 부모에 대한 자녀들의 서비스(지원)의 대가로 자신의 소유재산을 서로 교환함
우발적 유산상속이론 (Accidental Bequest Motive Theory)	사망 시기를 예측할 수 없으므로 죽음에 대한 위험을 회피하고자 저축하지만 사망시기가 불확실하여 계획에 근거하지 않고 유산상속을 남기게 됨

1) 상속인의 범위 및 순위

제 1 순위 : 피상속인의 직계비속과 배우자

직계비속은 촌수에 차이가 있는 직계비속이 여러 명 있는 경우에는 최근 친자가 선순위의 상속인이 되고, 같은 촌수의 상속인이 여러 명 있는 경우에는 공동상속인이 된다. 즉 아들 · 딸은 손자녀에 우선하여 상속인이 된다. 직계비속은 혼인중의 출생자, 혼인 외의 출생자, 기혼 · 미혼 같은 호적, 혼인 · 분가 · 입양 등에 의해 다른 호적에 있는 것, 성별, 자연혈족, 법정혈족에 상관없이 그 상속순위에 아무런 차별이 없다.

제 2 순위 : 피상속인의 직계존속과 배우자

부계나 모계, 양가 또는 생가와 상관없이 피상속인의 직계존속이면 된다. 즉, 친생부모와 양부모가 있을 때에는 함께 같은 순위로 공동상속인이 된다. 이혼한 부모나, 인지로 인하여 부(父)의 가(家)에 입적한 자녀의 생모도 이혼자 · 혼인 외의 자에 대하여 각각 상속권이 있다. 그러나 적모와 계모는 1990년의 민법의 일부 개정으로 상속권이 없어졌다.

제 3 순위 : 피상속인의 형제자매

형제자매는 성차별, 기혼 · 미혼의 차별, 동일호적여부의 차별, 법정혈족 차별, 동복 · 이복의 차별이 없다. 형제자매가 여러 명이 있는 경우에는 같은 순위로 공동상속인이 된다.

제 4 순위 : 피상속인의 4촌 이내의 방계혈족

피상속인의 직계비속 · 직계존속 · 배우자 · 형제자매가 없는 경우에만 상속인이 된다. 촌수가 같으면 공동상속인이 되고 촌수가 다르면 근친부터 공동상속인이 된다.

제1순위		제2순위		제3순위		제4순위
직계비속 배우자	➡	직계존속 배우자	➡	형제 · 자매	➡	4촌 이내의 방계혈족

〈그림 12-1〉 상속인의 범위 및 순위

2) 상속분

상속인이 상속에 의하여 피상속인으로부터 승계하는 재산에 대한 지분, 즉 상속받는 몫을 상속분이라 한다. 상속분은 지정상속분과 법적상속분이 있다.

지정상속분은 피상속인은 유언으로 특정인이 법정상속분에 우선하여 상속재산을 취득하게 할 수 있다. 하지만 상속채무에 대해서는 유언으로 지정할 수 없다. 다만 민법에서 피상속인의 재산처분에 제한을 두어 각 상속인이 최소한 받을 수 있는 상속분을 보호하는 유류분제도를 두고 있다. 피상속인의 직계비속 및 배우자는 각각 그 법정 상속분의 1/2이고, 피상속인의 직계존속 및 형제자매는 각각 그 법정상속분의 1/3이다.

법정상속분은 피상속인이 상속분을 지정하지 않은 경우 법정상속분에 의해 상속분을 정한다. 상속순위가 동일한 상속인의 경우 각 상속분이 균등하다. 다만 피상속인의 배우자의 상속분은 직계비(존)속 상속분의 5할을 가산한다.

3) 재산상속계획 (Estate Planning)[57]

재산상속계획은 자신의 재산을 자신이 원하는 바에 따라 남은 가족에게 주기 위해 반드시 필요하다. 또한 재산상속계획은 살아서 정상적인 생활을 하는 동안은 물론 심신장애가 생겼을 때 재산을 관리하기 위해서 필요하며, 사망 후에는 누구에게 어떻게 재산이 분배될 것인지에 대한 청사진을 제공한다.

일반적으로 유언서가 재산상속계획의 중요한 부분이기는 하지만, 유언서만으로 재산상속계획이 완료되는 것이 아니므로 상세한 상속계획을 세워야 한다. 또한 이러한 상속계획은 노인에게만 해당하는 것이 아니다. 많은 수의 젊은 사람이 갑자기 사망하며, 또 죽음은 어느 연

57 쿠키뉴스, 2005.12.15

령대이든 피해갈 수 없는 문제로 언제 어떻게 죽음을 맞이할지는 아무도 모른다. 만약 재산상속계획을 하지 않고 있다가 사망하면, 재산은 민법에 정한 바에 따라 분배된다.

재산상속계획은 최소한 퇴직 전에 완성해야 자녀들이 상속 받을 시 세금 부담을 줄여줄 수도 있고, 갑작스런 상속과정에서 빚어지는 가정불화를 막을 수 있다. 이 때 상속계획은 배우자 및 자녀와 함께 하여 가족구성원 모두가 현재의 재무상태를 면밀히 점검해 안정된 미래를 대비하는 차원에서 접근하는 것이 좋으며, 세부적인 사항은 전문가와 함께 계획하도록 한다.

Tips

상속계획의 예[58]

1. 개인적 연락자 명단
   즉시 연락해야 할 사람들로 배우자나, 아이들, 친척, 가까운 친구와 이웃, 기타 필요한 사람들의 이름, 주소, 전화번호가 포함된 명단을 작성한다.

2. 직업적 연락자 명단
   변호사, 고용주, 보험 관리사, 중개인 그리고 기타 필요한 사람의 이름, 주소 전화번호를 남겨 둔다.

3. 장례식, 화장, 묘지 계약 내용
   장례식 절차와 화장이냐 매장이냐 등 원하는 것을 분명하게 기록해 두어야 한다. 만약, 장례보험 등에 들었다면 이것도 명시하여야 한다. 그리고 그 서류를 어디에 두었는지 말해 둔다.

4. 재산과 부채의 목록
   은행 통장 목록, 증권 투자 계좌, 보험 증권, 펀드, 개인 은퇴 연금, 기타 은퇴보험 등에 대해 자세하게 기록해 두어야 한다. 또한 부채에 관한 사항도 기록해 둔다.

5. 서류 보관 장소
   유언장 원본 등의 보관 장소도 확실하게 알려주어야 한다.

6. 특별 지시 사항
   예를 들면 애완동물 처리 등 유언장에 미포함된 것들의 처리방법을 명시해 둔다.

위의 목록이나 지시사항은 최소 1년에 1번 정도 재검토해보고 다시 작성하도록 한다.

4) 우리나라 유산상속의 실태[59]

우리나라의 전통적 상속은 수직적, 전통적, 불평등적 특성을 갖고 있으며, 상속인은 배우자

58 www. seniornavigator.org
59 김혜경 (2008), 한국노년학, 제28권 2호(통권 62호), 한국노년학회, p.309-311 인용

보다 아들이, 유언에 의한 것보다는 관례에 의해 상속이 이루어지고 있다. 또한 차남은 장남에 비해 상속분이 적으며, 결혼한 딸이나 배우자는 상속에서 제외되거나, 비 가족원에 대한 상속은 거의 없다. 전통적으로 우리나라에서는 가부장적 전통과 더불어 노부모 부양은 장남의 몫으로 부양에 대한 보상으로 장남에게 상속이 이루어져 왔다. 그러나 도시화, 핵가족화, 여성의 사회진출 등으로 인한 사회변화가 장남중심의 부양의식에도 변화를 가져왔고, 이러한 사회적 변화의식을 반영하여 1990년 재산상속과 관련된 민법을 개정하여 '제(諸)자녀균분상속의 원칙' 이 채택되었다. 하지만 여전히 장남 및 아들에 대한 상속이 우선시 되어 오고 있는 실정이다.

상속의식과 관련한 연구에 의하면, 40세 이상은 애착이 가는 자녀에게 생전에 상속을 하겠으며, 상속방법은 배우자와 자녀에게 공동으로 상속하고, 자녀의 출생순위나 성별에 관계없이 부모와의 유대가 깊은 자녀에게 상속하겠다는 비율이 가장 높았다. 50대의 경우 자녀의 장래를 위해 상속이 필요하다고 생각하고 있으며, 아들 위주 또는 직계혈연 위주의 전통적 상속 경향을 보였다. 공통적으로는 교육수준이 높고 여성일수록 균분상속을 지지한다는 결과가 있다.

노인의 유산상속과 관련된 특성을 알아보고, 상속과 자녀로부터의 지원과의 관련성을 검토하는 연구(김혜경, 2008)에 의하면 우리나라 상속의 실태는 다음과 같았다.

먼저, 상속방법에 있어 「장남형」 41.9%와 「평등형」 27.1%가 압도적으로 높다. 그러나 경제사정이 어려운 자녀에게 주겠다는 「이타형」과 도움을 주는 자녀 혹은 마음에 드는 자녀를 선택한 「현실형」은 낮은 비율을 보였다. 이는 아직까지 현 세대 노인들은 장남중심의 상속을 하거나 또는 상속할 계획을 하는 사람이 매우 많으며, 서구처럼 자신의 재산을 현실적 수단으로 활용하려는 「현실형」 노인은 여전히 적음을 나타낸다. 이러한 현실은 연금제도로 대표되는 사회적 부양체계가 성숙하지 못한 상태에서 노년기에 겪게 될 경제적 어려움을 가중시킬 수 있음을 시사한다. 「장남형」을 택한 사람들의 특성으로는 여성의 비율이 높고, 학력이 낮으며, 사별 혹은 독거의 비율이 높고, 경제적 상태가 나쁜 편으로 신체적, 심리적, 사회적으로 의존적 특성이 강한 노인들이 그러하다. 「평등형」 노인은 대도시의 비율이 높고, 자녀동거를 원하지 않으며, 독립적인 성향이 강한 특성을 보인다.

다음으로는 상속상태에 있어서는 이미 자녀에게 전부 상속을 한 노인의 특성으로는 여성, 저학력, 고령, 사별, 군읍지역에 거주, 자녀와의 동거를 희망하는 사람들이 높았다. 이것은 자녀에게 의존적이거나, 고령자이거나, 여성과 같은 재산을 관리하는 것이 어려운 일이 될 수 있는 노인일수록 재산을 전부 상속한 상태일 가능성이 높음을 말해준다. 즉 다시 말해 우리나라 상속의 실태는 전반적으로 장남중심의 상속의식이 강한 가운데, 고령, 여성 등과 같이 의존적인 노인일수록 상속완료율이 높고 장남에게 상속하려는 경향이 있음을 볼 수 있다.

끝으로 유산상속과 사회적 지원과의 관계에서는 경제적 지원이 전체적으로 장남의 비율이 가장 많으며, 「평등형」이나 「이타형」은 장녀의 비율이 상대적으로 높다. 향후에 받을 경제적 지원은 「평등형」과 「이타형」은 배우자로부터이고, 「장남형」은 장남에게서 받을 것으로 나타났다. 또한 노년기에는 성격변화의 하나로 재산, 자손, 지식, 기술과 같은 유산을 남기려는 경향이 강해지는데, 우리나라 노인들의 재산상속은 자녀에게 부양이나 사회적 지원을 바라거나 기대하여 남기는 것이 아닌 자녀에게 남기는 것 자체에 만족하는 이타적 유산상속동기이론에서 비롯된다.

제 4 부
죽음관련 이슈

제13장 상 · 장례 문화

- 장례문화에 대한 이해
- 장묘문화에 대한 이해

바로 다음 순간이 마지막인 것처럼 매 순간을 살아야 한다.
그리고 언제라도 죽음이 닥쳐올 수 있음을 염두에 두면서,
두려워하지 말고 침착하게 살아가야 한다.

– 아널드 토인비, 『죽음에 대한 관심』, 1968

헬렌 니어링(2002), 인생의 황혼에서, 민음사

제13장 상 · 장례 문화[60]

사람이 태어나는 일만큼 죽는 일 또한 매우 중요한 예식과정이며 일생일대의 가장 중요한 과제이다. 그렇기 때문에 어느 나라를 막론하고 장례문화는 그 나라의 중요한 문화로서 자리하고 있다. 우리나라도 예부터 죽은 자에 대한 예의이자 존엄의 표현으로 장례의 절차가 다소 복잡하면서도 장엄하게 치루어져왔다. 이러한 예식절차는 비단 죽은 자만을 위한 것이 아니라 산 자에 대한 위로이기도 하다.

우리나라의 주검 처리방법은 매장, 화장, 풍장 등 각 시대의 문화적, 사회적 요인, 종교적 요인에 따라 유지되거나 발전되어 왔다. 오늘날처럼 매장위주의 장묘문화로 고착된 것은 조선시대로 유교와 풍수지리사상의 영향을 받아 전통 장묘관행이 되었다. 그러나 최근에는 매장위주에서 화장위주로 급격히 변하고 있다.

또한 산업화 이전만 하여도 조상이 묻혀 있는 묘지가 대부분 마을 뒷산이거나 가까운 곳에 자리하고 있어 후손과 같은 생활공간에서 교감하며 자리하고 있었다. 그러나 점차 산업화, 도시화, 핵가족화 되면서 산자와 죽은 자의 공간이 분리되었다. 대도시지역에도 공동묘지와 화장장이 폐쇄되고 외곽으로 밀려나 장묘시설들이 주거지역과 분리되어 있으며 무관심과 회피 내지 혐오대상 시설이 되었다. 또한 도시개발이란 이름으로 대부분의 묘지들이 이장되고 그 자리에 주택이나 아파트 등이 들어서게 되었다. 이러한 분리현상 외에도 묘지에 관한 규제를 받지 않고 불법적으로 매장이 관행처럼 이뤄지고 있어 최근에는 묘지문제가 심각하다. 외국의 경우 원칙적으로 개인묘지를 인정하지 않으며 묘지가 집단화되어 있고 집단묘지시설 내 개인이나 가족단위의 묘지를 허용한다. 그러나 우리는 전국에 있는 묘지들 가운데 70%정도가 개인묘지이며 이들 묘지 중 70%가 불법묘지이다. 또한 묘지들 중 40% 이상이 가족이 찾지 않거나 버려진 무연분묘로 추정되며, 이는 사회변화에 따라 더 심해질 것이다.

우리나라는 묘지에 관한 제도가 존재하기는 하나 법으로 엄격히 규제하기보다 관행이나 관습으로 장묘문화가 이어지고 있다. 따라서 그로 인해 파생되는 문제들을 살펴보고, 외국의 현황을 살펴보면서 우리나라 실정에 맞는 장묘문화로의 개선 · 정착을 함께 생각해 보고자 한다.

60 서혜경 (2007). 실버플래너 교재. 한국노인종합복지관 협회. p.242-247. 인용

1. 장례문화에 대한 이해

1) 장례

장례(葬禮)란 장송의례의 약칭으로 좁은 의미로는 장례식을 뜻한다. 상례의 한 부분으로, 장례는 시신을 처리하고 이에 따르는 모든 의례절차를 말한다. 우리가 장례에 의미를 부여한다는 것은 주검처리 과정에서 의식절차에 의미를 부여하는 것을 뜻한다. 장례의 의미는 사회의 구성원이 가지고 있는 도덕적 규범과 종교의 형태에 따라서 사회적 신분에 맞는 예절로서 산 자가 죽은 자를 위하여 행하는 의식절차이다. 하지만 동서고금을 통하여 장례는 고인을 위한 형식적 의식절차이며 실제적으로는 산 자가 산 자를 위해서 행하는 의례절차라고 할 수 있다. 다시 말해 장례는 의례절차를 통하여 죽음과 삶의 의미를 깨닫고 가족과 구성원이 서로의 소속감과 일체감을 확인하며 인간에게 주어진 죽음의 보편성을 다시금 확인하는 행위로서 가족과 구성원의 위로 속에서 일상생활 속으로 돌아가는 산 자의 의식행위라고 할 수 있다.

한편 시신처리방법 즉 장례는 매장(埋葬) · 화장(火葬) · 풍장(風葬) · 수장(水葬)등의 방법이 있으며, 방법은 그 나라의 사회 관습이나 시대적 · 종교적 배경과 관계를 가지고 다양한 형태로 나타난다. 또한 넓은 의미로의 장례는 장례식뿐만 아니라 고인의 명복을 비는 절차로 임종부터 사후의 상에 이르기까지의 사자를 장사지내고 애도하기 위한 일련의 의례를 표하는 것이다.[61]

상례(喪 禮)는 시신을 처리하는 과정과 상례 중 행하는 모든 의례를 말하며, 상례의 전통적인 의미는 임종부터 시작하여 5대 조고비가 묘사로 옮겨지는 길제까지의 3년 동안의 절차를 말한다. 다음은 우리나라 전통 상 · 장례절차와 현대식 상 · 장례절차의 비교를 통해 현대에 맞으면서도 격식과 예의를 갖춘 상 · 장례를 알아보도록 한다.

(1) 전통 장례절차[62]

전통적인 장례절차는 점차 그 모습이 사라져가고 있으며, 현대에는 시대적 흐름에 맞는 절차로 바뀌어 가고 있다. 전통 장례절차는 다소 복잡하나 다음의 표로 요약하였다.

61 국민장묘개발, "전통장례 모습"
62 장묘문화정보시스템, http://jangmyo.anyang.go.kr/jangsang/jang_info6.htm

〈표 13-1〉 전통 장례절차

날	명칭	내용
첫째날	초종	별세, 운명하는 순간을 의미. 운명을 확인하는 것. 임종(臨終), 종신(終身)
	복	시신의 영혼을 부르는 의식으로서 육체를 떠나는 영혼을 부르는 행위
	입상주	상(喪)의 주인을 세우는 것. 주인은 장자나 장손을 이르며, 없을 시 승중(承重) 상주가 되며, 상주에 의해 모든 예를 받드는 것을 말한다.
	역복불식	죽은 자에 대한 예우로 옷을 벗고 음식을 먹지 않는 것
	치관	관을 만들게 하는 것으로 생전에 만들어 놓기도 함
	부고	호상과 사서(司書)가 상가(喪家)를 위해 친척과 동료에게 서신을 발송하는 것.
	목욕	시신을 목욕시키는 것을 말한다.
	습	시신에게 옷을 입히는 것으로, 의복을 겹쳐서 입힌다.
	전	예찬을 갖추어 장만하여 상에 진설(陳設)하고 향로(香爐), 향합(香盒), 초(촉:燭)를 그 앞에 설치하는 것이다. 습전(襲奠)이라고도 함.
	위위곡	주인 이하 모두 위(位:자리)를 정하고 위(位)에 나아가 부복(俯伏)하고 곡하는 것
	함	입쌀과 진주(眞珠)를 입안 오른쪽과 왼쪽, 가운데에 채우고 수건을 씌워 충이를 하고 명목을 덮어 싸매고, 리를 신긴 뒤 상복을 입히고 대대를 매고 악수를 싸매고서 이불을 덮는다.
	영좌	시신의 자리를 뜻하는 것으로 육체를 대신하여 유의(遺衣:살았을 때 입던 옷 또는 복을 한 옷을 쓰기도 한다), 영혼을 대신하여 혼백을 놓아 사자를 대신함
	명정	죽은 사람의 직위와 이름을 쓴 기(杞), 붉은 비단으로 만들며 영좌의 오른편에 세운다.
둘째날	소렴	소렴상을 설치하고 시신을 교포, 산의, 염의로 싸는 것. 소렴 후 이불을 덮고 병풍을 치고 습상을 치움.
	전	예찬을 진설하고 그 앞에 향로, 향합, 초를 설치
셋째날	대렴	소렴한 시신을 교포와 이불 및 옷으로 싸서 묶고 입관하는 절차. 대렴 후 전을 올리고 대렴한 날 성빈(成殯)을 하고 전을 올림.
넷째날	성복	대렴한 다음 날, 즉 죽은지 나흘째 날에 오복제도에 따라 상복을 입는 것
	조상	조문은 모두 소복(素服)을 하고, 부의(賻儀)는 돈과 비단을 씀. 자(刺:명함)를 갖추어 통성명을 한 후 들어와 곡하고 전을 드림.

구분	절차	내용
장례이후	문상/분상	문상은 멀리서 상을 듣고 의례를 행하는 것이고, 분상은 상을 듣고 장사를 지내러 집으로 달려가는 것을 말함.
	치장	묘터를 잡고, 묘역을 조성하고, 돌이나 구운 자기 또는 편회등으로 죽은 사람의 공덕을 기록한 표지물인 지석을 만듦.
	천구	발인 전날 아침 전제를 드리며 영구를 옮기는 것을 아뢰고 영구를 모시고 조상을 뵙는다. 이튿날 영구를 상여로 옮기고 나서 견전(遣奠:발인하기에 앞서 영구를 떠나보내기 위해 올리는 전)을 차림.
장례이후기간	발인	관을 상여에 싣고 장지로 가는 절차로, 방상씨 등이 앞에서 인도하고 명기, 명정, 영차, 공포, 상여, 상주와 복인, 존장, 무복친, 빈객의 순으로 감
	급묘/하관	영구가 묘지에 도착하는 것을 말하며, 하관은 관을 땅속에 묻는 것을 말함.
	반곡	영거를 모시고 천천히 집으로 오면서 슬픔이 복받치면 곡하고, 문에 이르면 곡을 함.
	우제	우는 편안하다는 뜻으로, 부모의 장사를 지내고 돌아와 당일 날 빈소에서 돌아가신 이의 혼령을 편안하게 해드리기 위해 제사는 지내는 것.
	졸곡	곡을 그친다는 뜻으로 삼우 후에 강일을 만나면 졸곡을 하며, 제사는 우제 때와 같이 하고, 이후에는 조석곡만 하고 이외에는 곡을 하지 않음.
	부제	부란 합사한다는 뜻으로 신주를 조상의 사당에 함께 모시도록 하는 절차로 졸곡 다음날 지냄.
	소상	첫 기일이며, 초상으로부터 13개월이 되는 날로 만 일 년을 맞아 지내는 제사
	대상	죽은 지 2년 만에 두 번째 기일로 제사를 지내는 것
	담제	담은 담담하니 편안하다는 뜻으로 평상의 상태로 돌아가기를 기원하는 의미에서 지내는 제사이다. 담제를 지낸 후 비로소 고기와 술을 먹을 수 있음. 대상 뒤에 한 달을 걸러 담제를 지냄.
	길제	신주의 대를 바꾸는 제사로서 집안의 종손이 바뀌고 상주가 주인이 되었음을 의미함. 담제 다음날 날을 받아 지냄. 길제 후 상주는 완전한 일상으로 돌아감.

(2) 현대의 장례절차[63]

현대에는 특별한 사정이 없는 한 3일장을 기본으로 하므로 사망 후 당일로 수시를 행하게 되고, 사망한 다음날 습을 행하며 습이 끝나면 바로 소렴을 하고 입관까지 하게 되어 염습의 과정이 2일째 한꺼번에 이루어지고, 3일째 발인을 하게 된다.

가. 임종 준비

임종이란 운명할 때 곁에서 지켜보는 것이다. 현대에는 예전처럼 집에서 보다 병원에서 임종을 맞는 사람이 더 많아졌다. 집에서 임종을 맞을 시에는 천거정침(遷居正寢)이라 하여 병세가 위중하면 환자를 안방이나 거처하던 처소로 옮기고 편하고 바르게 눕힌 후 깨끗한 새 옷으로 갈아입힌다. 안팎을 정숙히 하고 깨끗이 청소한 후 환자의 마음을 편안하게 하고 임종을 맞을 준비를 한다.

임종이 다가오면 가족이나 평소에 보고 싶어 하던 사람들에게 연락하여 모이도록 한다. 사람들이 모인 가운데 환자가 말을 할 수 있을 경우에는 유언을 하도록 하고, 중요한 경우 대리인이 받아 적거나 녹음을 하도록 한다.

임종이 가까워 오면 평소 믿고 있거나 관심 있던 종교의 성직자를 모셔다가 임종의례를 행하는 것이 도움이 된다. 각 종교에 따라 임종의례를 행하는데 기독교는 임종예배, 불교는 임종염불, 천주교는 종부성사 등이 있다. 이러한 임종의례는 종교를 통해 죽음이 임박한 사람들에게 육체적 고통과 정신적 두려움 및 외로움을 이겨내고 편안하게 임종을 맞이할 수 있도록 하며, 가족들에게도 주검에 대한 두려움과 처리에 대한 불안함을 덜어 줄 수 있다. 성직자가 행하는 것이 원칙이나 사정이 허락하지 않을 경우에는 보조하는 분이나 일반 신도, 혹은 가족들도 의례를 행할 수 있다.

나. 장례준비

운명을 하게 되면 눈을 감겨 드리고 나서 복(초혼(招魂))을 행하나 요즘 도시 주택이나 아파트에서는 생략하기도 한다. 사잣밥을 놓기도 하며, 장례치를 준비를 시작한다.

63 한국장례업협회(www.fta.or.kr), 자료실, 장례절차

〈표 13-2〉 장례준비

장례준비
• 사망진단서나 인우 증명서 발급(서류제시)과 작성
• 매장이나 화장 시의 절차 및 서류(서류제시)
• 호상 선정 : 장례전반에 관한 결정이나 의논을 하는 사람으로 집안의 어른이나 범절에 밝은 사람을 선정함. 상주가 장례동안 신경 쓰지 않도록 지휘, 부고, 금전 지출 결정 등의 제반 업무를 맡음
• 장의사 선정, 종교적인 의례에 따른 장례방법, 장례용품선정
• 손님접대에 관한 준비

다. 장례절차

전통상례는 산업사회의 발전과 더불어 일부 변화하였다. 전통장례는 다소 형식에 너무 치우치거나 본심과 너무 유리된 절차들 때문에 바쁜 현대생활에서 시간적 제약들을 가져오게 되었고 이 때문에 전통상례의 일부를 바꾸어 놓게 된 것이다. 다음은 장례절차를 간략히 요약한 것이다.

〈표 13-3〉 장례절차

날	명칭	내용
첫째날	수시	시신을 바르게 한다는 뜻으로 시신이 굳어지기 전에 수족(手足)을 골고루 주물러 굽힘이 없이 바르게 펴고 묶어 주는 절차를 말함. 임종 후 바로 행함.
둘째날	부고	가까운 친척과 친지들에게 상이 났음을 알리는 것으로 호상이 상주와 의논하여 진행하며, 사망시간 및 장소, 발인일시, 발인장소, 장지, 상주와 상제 등을 기록함.
	염습	습(襲)이란 원래 의복을 겹쳐 입는 것을 의미하지만 최근에는 옷을 겹쳐놓고 시신을 목욕시킨 후 수의를 입히는 절차를 말함. 현대에는 사망 다음날 염습이라 하여 습과 소렴, 대렴(입관시키는 것)이 한꺼번에 이루어지고 있다. 대렴 시 영좌(靈座)를 설치하고 혼백(魂帛)을 두나 최근에는 사진으로 대신하는 것이 상례(常禮)임.
	성복	대렴이 끝나고 나서 상주들은 상복(喪服)을 입고 제물을 차리고 자손이 상주가 되었음을 고하는 성복제를 지내게 되며 이때부터 손님을 받게 됨. 입관 후 아침, 저녁으로 밥상을 차려 올림.
셋째날	발인 및 운구	발인식이란 망자가 집을 떠날 때 관 앞이나 영구차 앞, 장례식장에서 행하는 의식. 제물을 차려 놓고, 종교에 따라 제물을 생략하기도 하나 일반적인 순서는 개식, 각 종교에 따른 의례, 약력소개, 종교 의례, 추도, 분향, 헌화, 폐식의 순으로 진행. 운구는 관을 들고 나가는 것으로 종교에 따라 약간의 차이가 있으나 대체로 행렬의 순서는 먼저 성직자 및 성물을 든 사람이 인도하고, 사진이나 영정, 영구, 상주, 친척, 조문객의 순으로 뒤를 따름.

장례후	삼우제	장례를 치른 후 3일째 되는 날에 지냄. 졸곡, 소상, 대상, 담제, 길제가 행해지기도 하나, 최근에는 49일이나 100일에 탈상을 하는 경우가 많음. 종교에 따라 다른 의례를 행하기도 하고 생략하기도 함.

라. 수의와 상복

수의의 재질은 삼베나 명주, 면 등이나 최근에는 주로 삼베가 이용되고 있다. 그러나 화장일 경우 값비싼 삼베로 만든 것보다 면이나 한지 등의 이용이 보기 좋으며 환경 친화적인 수의를 쓰는 것이 바람직하다. 새로 만들 경우 평소의 치수보다 크고 넉넉하게 제작하나, 평상시 좋아하던 옷이나 결혼할 때에 입었던 옷, 직책에 따른 관복 등을 이용하기도 한다.

〈표 13-4〉 수의의 품목

종류	품목
남성수의	겉옷으로 심의나 도포, 웃옷으로는 두루마기, 저고리와 적삼. 아래옷은 바지와 속바지, 행전 등, 머리에 씌우는 복건.
여성수의	원삼이나 두루마기, 웃옷은 저고리와 속적삼, 아래옷은 바지와 속바지(단속곳), 치마와 속치마, 머리에 씌우는 여모
공용수의	명목(얼굴싸개), 악수(장갑), 버선, 습신(수의신발), 오낭(다섯개의 주머니), 대렴금, 소렴금, 천금(이불), 지요, 베개, 염포 등이 있으나 집안이나 지방에 따라 가감하여 사용하기도 함.

상복의 종류는 예전에는 복친의 범위에 따라 착용하는 상복의 종류도 다르고 다양하였다.

그러나 현대에는 주로 남자는 검은 양복, 여자는 흰색이나 검은색의 한복을 많이 착용하고 검은색 양장을 하기도 한다. 상주는 상주임을 표시하는 표식을 한다. 평소에 준비해 둔 상복이 있으면 착용하기도 하며, 남자는 베로 만든 굴건제복이나 여자는 대수장군을 착용하기도 한다.

■ 장례절차

장례 1일차

장례에 대한 구체적인 계획 수립
- 병원전화번호, 병명, 주치의 메모
- 장례식장 상담(평형별 빈소, 화장 또는 매장, 묘지, 납골당 등)
- 영정사진 및 유품 정리
- 부고를 보낼 단체나 지인 · 친지 등 연락처 정리

운명

↓

- 故人 이송 ↓ 응급실 ↓ 장례식장 (자택이나 타병원)
- 장례식장 (원내입원)

준비사항 (응급실)
- 담당의사에게 사망진단서 발급 요청
- 주민등록증, 의료보험증 지참
- 응급실(사체검안시 7부)

구비서류 (장례식장)
- 원내사망자 : 발급신청(병동) → 퇴원정산 → 원무팀 발급
- 원외사망자 : 사망진단서 사체검안서 발급 신청서
- 사망진단서 사용처

↓

안치
- 안치번호 확인
- 상례사 안내에 따라 접수 · 상담실로 이동

↓

접수
- 사망진단서(1통) 접수
- 빈소임대차계약서 작성
- 빈소 결정 • 염습일시 결정
- 장지 결정 • 부고 신청
- 도우미 신청
- 음식 및 제수주문 (상식, 성복제, 발인재, 평토재)
- 유족들에게 연락

↓

빈소
- 유족 연락
- 음식 주문
- 종교별 음악 오디오 시스템 제단 비치

용도	제출처	수량	비고
매장용	장지(공원묘지, 화장장)	1부	원본
사망신고용	읍 · 면 · 동사무소	1부	원본(1개월이내 신고)
장제비청구용	국민건강보험공단	1부	원본대조필(1개월이내 제출)
염습용	장례식장 상담실	1부	원본대조필(1개월이내 제출)
직장제출용	직장	1부	원본
기타	보험회사 등	2부씩	원본

장례 2일차

염습 실시
- 염습 및 입관참관
- 염습종료 후 성복제 및 종교의식

↓

비용 정산
- 안치료
- 빈소료
- 장례용품비
- 전화이용료
- 편의점 이용대금
- 회원이용대금
- 예복이용대금
- 사진대금
- 도우미 인건비
- 영구차량 이용요금

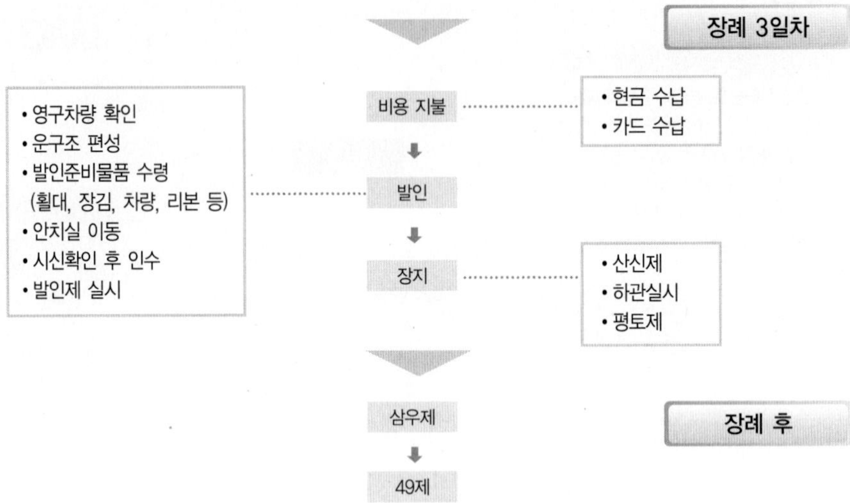

〈그림 13-1〉 장례 절차

생전----------------------------------개인묘지 신고
가족/종 · 문중묘지 설치 허가

사망---------------------- ---사망확인서 / 사망진단서 발급
장제비 지급신청

염습/발인/운구------------------- - -장묘시설 사용허가
매장신고 / 화장신고

매장/화장 -------- -------------------사망신고

사후처리 ---------------- ----------개장신고/이장
분묘사용시간 연장 허가

종결

* 출처 : 서혜경(2007), 실버플래너 교재, p.246인용

〈그림 13-2〉 장례관련 행정절차

(3) 상 · 장례 이후

장례를 치르는 동안 어수선해진 집안을 정돈하고 장례 때 사용했던 물품들과 고인의 유품을 정리한다. 고인의 영정은 고이 따로 모셔서 제사 때 쓰도록 하고 호상으로부터 장례중의 모든 사무를 인계 받아 금전 관리 등의 일을 정리한다. 그리고 장례 때 애써주신 호상, 친지, 이웃들께 인사드리는 것을 잊지 않는다.

Tips

상 · 장례 이후 행해지는 인사말

예 1)

인사드립니다.

이번 저희 (누구누구)상사 시에 바쁘신 중에도 따뜻한 위로와 조의를 베푸셔서 무사히 상례를 마치게 되었음을 깊이 감사드립니다. 일일이 찾아뵙고 인사를 드리는 것이 도리이오나 황망 중 이옵기 우선 서신으로 인사드리오니 해량하여 주시기 바랍니다.

년 월 일 拜

예 2) 모델 출신 고 이언의 아버지가 팬들에게 남긴 편지 64

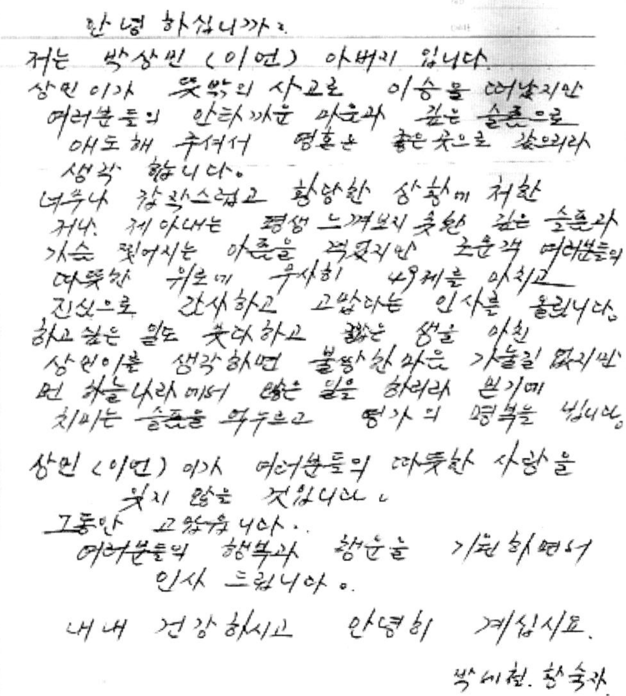
안녕하십니까.
저는 박상민(이언) 아버지 입니다.
상민이가 뜻밖의 사고로 이승을 떠났지만
여러분들의 안타까운 마음과 깊은 슬픔으로
애도해 주셔서 영혼은 좋은 곳으로 갔으리라
생각합니다.
너무나 갑작스럽고 황당한 상황에 처한
저나 제 아내는 평생 느껴보지 못한 깊은 슬픔과
가슴 찢어지는 아픔을 겪었지만 그동안 여러분들의
따뜻한 위로에 무사히 49제를 마치고
진심으로 감사하고 고맙다는 인사를 올립니다.
하고 싶은 일도 못다 하고 짧은 생을 마친
상민이를 생각하면 불쌍한 마음 가눌길 없지만
먼 하늘나라에서 좋은 일을 하리라 믿기에
치미는 슬픔을 억누르고 영가의 명복을 빕니다.

상민(이언)이가 여러분들의 따뜻한 사랑을
잊지 않을 것입니다.
그동안 고맙습니다.
여러분들의 행복과 행운을 기원하면서
인사 드립니다.

내내 건강하시고 안녕히 계십시요.

박세철. 한숙자.

64 스포츠조선, 2008년 11월 12일(수) 오전 09:23 "고 이언 아버지, 미니홈피에 친필 편지 남겨"

다음은 상 · 장례 이후에 행해지는 의식들을 정리한 것이다.

〈표 13-5〉 상 · 장례 이후의 의식

의식	내용
삼우제	장례를 치른 지 3일 되는 날로 제수를 올리고 분향하며 곡을 한 뒤 묘소나 납골당에 찾아가 묘소를 둘러보고 봉분이나 주변의 뒤처리를 함. 묘소에 떼가 잘 입혀졌는지도 살핌.
사십구제	장례일로부터 49일 되는 날 올리는 제사. 본래 불교 의식이었으나 유교에서도 지냄. 고인이 생전에 다니던 절에서 거행하며, 영혼을 극락으로 인도한다는 뜻에서 제를 지냄. 고인이 불교 신도가 아니더라도 상제의 뜻에 따라 지낼 수 있음.
백일제	장례 후 100일 되는 날에 모시는 것으로 보통 절에서 영혼의 천도를 위하여 올리는 제사. 집에서 모실 수도 있으며, 가정의례준칙에서는 이날 복을 벗음.
탈상	옛날의 3년 탈상이 현대화되어 1년 탈상 혹은 100일 탈상으로 줄고 대상 때 복을 벗는 것이 보편적이며, 백일제 때 복을 벗기도 함.
기일	돌아가신지 1년이 되는 첫 기일은 소상을 모시고, 2년째는 가족과 가까운 친척이 모여 대상을 지냄. 의식은 일반 기제와 같음.

2) 장례방법[65]

(1) 매장

시신을 땅에 묻는 장례방법으로 인류 장묘문화의 가장 오래된 전통이다. 방법은 우리가 일반적으로 알고 있는 것처럼 시신을 땅에 눕히거나 호주나 뉴질랜드에서와 같이 시신을 세워서 매장을 하기도 한다. 미국은 평장을 하고 중국에서는 농지에 매장하기도 하는데 매장 시 땅 속 깊이 시신을 매장한 후 그 위에서 계속 경작을 한다.

영화 '축제(Festival)'의 한 장면
(부록 8-12 p.592 참조)

(2) 화장

시체 또는 유골을 화장하기 위한 시설인 화장장 등에서 시체 또는 유골을 불에 태워 그 뼈를

65 시립노원노인종합복지관, 죽음준비학교 운영의 실제, p.80 인용

모아 장사지내는 장례방법이다. 뼈를 추려 항아리나 상자에 넣어서 땅에 묻기도 하고, 가루로 만들어 강이나 산에 뿌리기도 한다.

① 납골

화장한 유골을 납골 시설에 안치하는 것을 말한다. 납골은 화장의 풍습과 함께 그 역사가 시작되었으며, 한국에서는 불교 전래 이후 불교식 장례의 영향을 받아 퍼진 것으로 알려져 있다. 그러나 불교의 영향을 받지 않은 고대의 장례에서도 화장과 납골의 흔적은 찾아 볼 수 있다.

납골에 관한 용어를 살펴보면, 화장 후 유골을 추려 넣는 단지를 '납골함'이라 하며 '골호', '납골단지', '장골용기'라고도 한다. 납골시설은 장사 등에 관한 법률 제2조 제4호 및 제8호에 의거해 매장을 하고 유골을 안치하는 시설인 '납골묘'와 매장을 하지 않고 유골을 안치하는 '납골당', '납골탑'이 있다.

② 산골장

산골이란 화장 후 봉안 외의 방법에 의해 고인을 장사모시는 것으로 나무장, 바다장, 산호장 등 다양한 방법으로 이루어지며 산골장례는 장사문화 선진국에서 널리 행하여지는 장례방식이다.

③ 수목장

시신을 화장해 골분을 나무 밑에 묻는 자연친화적 장묘방식의 하나이다. 자연에서 태어나 자연으로 돌아간다는 자연장형태로 사람과 나무가 상생한다는 의미를 지닌다. 인구증가에 따라 나타나는 묘지 부족 문제를 해결하고 국토를 효율적으로 활용하기 위해 등장하였다.

④ 풍장

들판이나 산 속, 동굴 등에 죽은 자의 시신을 두어 비바람에 자연히 썩어서 흙으로 되돌아가게 하는 방법으로 아시아, 동남아시아, 멜라네시아, 호주, 북미의 원주민들에게서 볼 수 있는 풍습이다.

⑤ 수장

죽은 사람의 시신을 물에 띄어 보내거나 물속에 넣어 지내는 것으로 물이 만물의 근원이라고 생각하는 사람들의 장묘방법이다.

3) 장례비용[66]

한국 소비자연맹(2007)에 따르면 장례식에 드는 총 비용은 평균 304만원정도이며, 최저 125만원에서 최고 1060만원까지 무려 8배 이상 차이가 난다고 한다. 또한 소비자보호원에 따르면 장례방법에 따라 비용이 차이가 나는데 매장의 경우 평균 1652만원이고, 화장 후 납골당 이용의 경우 평균 1196만원, 매장을 위한 묘지구입비 및 석물비 등은 714만원, 화장 후 납골당 안치비용은 260만원등이다.

장례식장비, 조문객 접대비 등의 장례비용이 가장 큰 부담이 되는데, 대학부속병원 장례식장의 경우 343만원 수준이며 전문장례식장은 238만원정도이다.

장례비용에 대해서 국가적으로는 국민건강보험관리공단에서 사망 시 가족에게 장제비지원을 하고 있으며, 개인적으로는 상조회를 통한 장례보험을 통해 비용을 충당할 수 있다.

(1) 장제비 지원[67]

국민건강보험관리공단에서는 건강보험 가입자가 사망한 경우 장례를 지낸 가족에게 일괄적으로 25만원의 장제비를 지급한다. 사망자의 건강보험증서와 사망진단서, 입금계좌 통장을 관리공단 지사에 접수하면 7일 이내에 지급된다. 단, 사망사유가 타살, 교통사고, 공무(업무)상 재해 등으로 가해자 또는 다른 법령으로부터 장제비 명목을 포함한 보상(배상)을 받게 되는 경우와 사망일로부터 3년 이내에 청구하지 않는 경우 장제비가 지급되지 않는다.

또 국민기초생활보장법에 의한 수급자는 근로능력이 없는 자로 구성된 가구는 가구당 50만원, 근로능력이 있는 가구원이 있는 경우는 가구당 40만원을 현금으로 지급받는다. 다만, 국민건강보험법에 의하여 장제비를 지급받는 수급자는 해당금액을 차감하여 지급 받는다.

(2) 장례보험

최근에는 생명보험사와 계약을 맺고 장례업협회와 연계하여 장례토탈 서비스를 제공하는 단체가 생겨났다. 이른바 "상조회"라는 이름의 장례보험은 보험인이나 제3자가 생전에 매달 일정액을 불입하면 사망 시 약정한 장례절차(희망 종교방식, 매장 또는 화장)에 따라 장례식을

66 파이낸셜 뉴스 2007년 3.12
67 종합복지정보(http://www.gsnd.net), 국민건강보험, 장례비 신청

보험회사나 또는 국가단체가 치르게 할 수 있다. 그러나 우리나라에서는 아직까지 법적으로 상조회에 대한 규제가 없는 상황이다.

4) 사망증명서

사망증명서란 한 사람이 죽었음을 선언하는 공식적인 문서이다. 이러한 사망증명서는 2가지 목적으로서 기능한다. 첫째는 자연사가 아닌 죽음에 대해 확실히 종지부를 찍을 수 있는 권한이다. 부검을 수행하는 중요한 위치에 있는 훈련된 담당자들에게 제한함으로써 살인 은폐를 막는다. 둘째는 공중보건 통계에 통계치를 제공한다.

그외에도 사망증명서는 매장허가를 받기 위해, 생명보험 청구를 하기 위해, 재산문제를 처리하기 위해, 그리고 사망연금을 타기 위해 사용한다. 또한 공중보건부서에서 암과 같은 특정 건강문제들의 전조가 될 수 있는 패턴들을 찾는데도 사용된다. 특히 공중보건정책들은 사망증명서로부터 뽑은 사망관련 데이터가 사망원인과 사망에 선행하는 질병들에 관한 유일한 정보원이기 때문에 이에 크게 의존한다. 이러한 데이터들은 보건시스템에 정부가 어떻게 예산을 지원할지에 중요한 영향을 미친다. 그 외에 사망증명서는 종종 사기(예, 보험사기)나 법을 피해기 위해 사용되기도 한다.

사망증명서는 장례책임자들이 증명서를 작성한 후 서명하여, 의사가 부검여부를 결정한 뒤, 책임지역이나 관청으로 보내져 매장허가를 받는다. 또한 대부분의 화장터와 공동묘지는 사체를 화장하거나 묻기 전에 매장 혹은 화장허가서(미국은 유골의 처분증명서라 함)를 요구한다.

〈표 13-6〉 사망증명서 작성과정

과정 1
장례책임자들이 이름, 성별, 사망일자, 사회보장번호, 사망 시 연령, 출생일자, 출생지, 인종, 최근 주소, 주 직업, 학력, 병역복무, 사망지와 주소, 혼인상태, 생존배우자가 있다면 그 이름, 부모이름, 정보제공자의 이름 및 주소, 고인의 개인정보, 신체 처분(매장, 화장, 기증, 혹은 기타)방법과 장소를 포함한 증명서 작성 후 서명.
⬇
과정 2
의사가 부검여부를 결정 직접적인 사인들(기타 사망에 영향을 준 중요한 조건들, 사망방법, 상해를 입은 날짜, 시간, 장소, 수법, 사망시간, 사망선고일, 검시관에게 통지했는지의 여부) 을 작성 후 의사가 서명
⬇
과정 3
작성된 사망증명서는 책임지역이나 관청으로 보내짐 ➡ 매장허가를 함 (미국의 경우 생명 관련 통계담당 부서로 사망증명서의 정보가 보내짐 ➡ 미국보건통계센터)

(부록 6, 죽음관련신고서 p.565~573 참조)

5) 장례식장[68]

환우의 호스피스 장례식(봄내호스피스)

현대사회는 핵가족화, 고령화, 사회구조의 변화 등으로 전통적인 장례관습까지 변화하고 있다. 자택에서 장례식을 치르는 것이 일반적인 모습이었으나 지금은 대부분이 병원이나 전문장례식장에서 치르고 있어 장례식장에 대한 비중과 역할이 커지고 있다. 특히 우리나라는 외국의 장례문화와는 다르게 전문장례식장에서보다는 의료기관내의 병원장례식장 이용률이 더 높다. 그 이유는 사망장소가 대부분 병원이며, 병원의 이미지와 문상객의 방문 접근성이 용이하기 때문인 것으로 생각된다.

그러나 대부분의 이용자들은 장례식장 서비스에 불만족하고 있다. 장례식장 서비스란 장례상담을 통해 장례일정, 장례절차, 방법을 안내하고, 장례장소와 장례용품을 공급하며, 보건위생적인 시신처리와 염습, 문상예절 등을 알려 원활하게 장례절차를 진행시키고 필요한 서비스 제공하는 것을 말한다. 또한 엄숙한 장례의식을 치를 수 있도록 시설제공, 장례용품 제공의 기능을 한다. 그런데 이러한 서비스에 불만족한 이유는 사용자가 장례에 대한 사전준비와 정보 부족으로 인해 선택의 폭이 좁고, 아직까지 장례식장 서비스 품질에 대한 선택기준이 마련되어 있지 않기 때문인 것으로 해석된다. 그러나 최근에는 장례식장간의 경쟁력 확보와 고객의 서비스 욕구를 부합하기 위해 고객 중심의 현대적인 장례서비스 개선을 위한 다양한 방안을 모색하는 곳이 늘고 있다.

우리나라 장례식장의 문제점은 다음과 같다

첫째, 장례식장 설치 및 운영에 관한 법적 · 제도적 장치가 미흡하다. 1999년 가정의례에관한법률의 폐지로 장례식장에 관한 규정은 장사등에관한법률에 포함되어 장례식장 영업은 관할 세무서에 사업자 등록을 하는 것만으로 운영이 가능하여 시설운영과 관련된 별도의 기준이 없다. 따라서 관리의 사각지대에 놓이게 되었다. 또한 불법 장례식장 영업에 대한 정확한 실태 파악조차 되어 있지 않아 이용자들에게 피해를 주고 있다.

둘째, 장례식장 이용자 및 종사자들에 대한 보건위생적 관리가 미비한 상태이다. 장례식장은 보건위생시설로 분류되어 있고, 시신의 보관 및 시신의 위생처리, 감염성폐기물 배출 등 국민의 보건위해의 위험성이 매우 높은 곳이지만 단순 서비스 산업으로 인식되어 보건위생에 대

68 박귀종, (사)한국장례업협회

한 적절한 관리가 이루어 지지 않고 있다.

셋째, 무분별한 장례식장 난립에 따른 수급 불균형 문제가 발생되고 있다. 장례식장은 별다른 규제사항이 없어 무분별하고 매우 급속하게 증가하여 공급과잉이 되고 있다.

넷째, 장례식장 종사자의 전문성을 확보하는 국가공인 자격제도가 없는 상태이다. 장례서비스는 타 서비스와는 다르게 고인의 존엄성과 보건위생의 측면에서 전문적인 능력과 기술, 직업의 윤리를 요구하는 직업이다. 장례식장 서비스는 종사자가 서비스를 제대로 수행할 수 있는 능력과 기술, 지식 등이 중요한 요소로 작용하지만 이러한 사항들을 인정하고 검증할 수 있는 제도적 뒷받침이 되어 있지 않다.

6) 장례지도사

우리사회가 점차 고령사회가 되어가고 삶의 질이 높아질수록 죽음의 질도 높아지고 있다. 이러한 사람들의 요구에 맞춰 장례에 관해서도 점차 전문성을 가지게 되었으며, 장례의식(葬儀, 장의)을 통해 죽은자를 보다 아름답고, 깨끗하며 편안하게 저세상으로 보내드리기 위한 의식이 되도록 이를 총괄적으로 운영하는 사람인 '장례지도사' 란 전문인이 생겨났다.

일본 독립 영화 굿바이(おくりびと:일본제목)에서 나온 장면
(부록 8-5, p.585 참조)

장례지도사란 장례의식을 총괄적으로 운영하는 사람을 말한다. 장례의식 즉 葬儀(장의)는 예전에는 장의사에서 행했었다. 장례지도사는 이러한 장의사에서 하던 업무와 같기는 하지만 여기에 장례의식에 관한 전문적인 지식과 기술을 겸비한 전문인이다.

전통적으로는 장례도 결혼식과 마찬가지로 상부상조하였으나 현대에 와서는 공동체적인 삶에서 개인적인 삶의 모습으로 바뀌었고, 죽음 또한 집에서 보다 병원이나 시설에서 맞이하는 경우가 많다보니 장례문화 또한 서비스 산업으로서 인식되고 있다.[69] 이러한 추세에 맞게 전문 장례식장이 생겨났고 이러한 장례의식을 보다 전문적으로 맡아 진행하는 장례지도사의 양성이 각 대학에서 신설학과로 생겨나고 있다.

장례지도사를 양성하는 곳은 크게 대학과 대학원 과정, 단기코스과정, 평생교육원과정이 있다.

69 매경이코노미, 2004-11-03 13:26

4년제 대학으로는 서울보건대학 장례지도과, 동국대 생사의례학과, 충남논산 건양대 예식학부 4년제 과정이 있다. 2년~3년 전문대학과정으로 대전보건대학 장례지도과, 창원전문대 장례지도과, 서라벌대 장례지도과, 동부산대학 장례지도과가 있다.

그 밖에도 장례지도사 자격증 인증시험이 있어 이를 위한 단기 코스로 동국대학교 불교대학원 장례아카데미(funeral academy) 1년 과정, 명지대학교 사회교육대학원 가정예의학과 1년 과정, 대구카톨릭대학 웰엔딩최고경영자 1년 과정, 수원동남보건대 장례 지도과 1년 평생교육원 과정이 있다.

평생교육원 과정으로는 경북대, 전남대, 경상대, 대구카톨릭대에 4개월(1주당, 2일, 6시간) 90시간 이수를 필요로 하는 평생교육차원의 장례지도사 양성기관이 있다. 최근에는 성결대학교 사회교육원에서도 '장례지도사 자격 취득 과정'이 개설되었으며, 156시간 수료 후에는 장례업협회에서 매년 실시하는 장례지도사시험에 응시할 수 있다.

장례지도사 자격증 시험자격은 만 20세 이상 장례관련 대학의 학위과정을 2년 이상 이수한 자로 취득시험과목은 이론시험으로 상장의례학, 장사관련 법규, 공중보건과 실기시험으로 수시, 영좌설치 및 조혼, 염습, 입관 등을 치른다.

〈표 13-7〉 국내 장례문화학과 (2005년 기준)

학교명	학과명	수학기간	주요 커리큘럼	개설년도
동국대학교 불교 대학원	장례문화학과	석사 (5학기)	장묘제도사 등	2000년
명지대학교 사회교육대학원	가정의례학과	석사 (5학기)	상장례 사회학 등	2000년
서울보건대학	장례지도과	3년	장례학개론 등	1999년
대전보건대학	장례지도과	2년	장례학개론 등	2002년
창원 전문대학	장례지도과	2년	장례학개론 등	2003년
건양대학교	예식산업학과	4년	예식학개론 등	2003년
서라벌대학교	장례풍수창업과	2년	의례학 등	2004년

* 출처 : 강동구(2005), "장례관련학과의 현황 및 발전방향에 대한 연구"

〈표 13-8〉 건양대학교 예식산업학과 커리큘럼

학년	커리큘럼(장례전공 관련) 소개
1학년	장례학개론, 가정의례학, 예식학개론 등
2학년	상장의례학, 장례와 풍수, 공중보건학, 죽음학, 상장의례 실습
3학년	장례문화사, 장묘시설관리, 인간관계와 커뮤니케이션, 장례사회학, 외국의 장례서비스
4학년	장례연출과 문화콘텐츠, 상조회 경영론, 장례식장 현장실습, 장례상담 실무

* 출처 : 건양대학교 예식산업학과 (http://eve.konyang.ac.kr)

장례지도사가 하는 일은 상담부터 시신을 씻은 다음 수의를 입히고 염포로 묶는 '염(殮)' 등 장례절차에 관련된 모든 일을 도맡아 하며 학과에서 배우는 과목 영어, 전산학 개론, 한문 등 교양과목과 장묘관련법규, 상장의례학, 염습실습, 사체화학, 시신위생처리, 회복기술학(메이크업)등의 많은 과목을 배운다. 졸업 후에는 장례예식전문가로 병원장례식장, 전문장례식장, 장례용품관련업체, 장례컨설팅업체 등에서 활동하게 된다.

〈표 13-9〉 장례지도사의 직무

직 무	내 용
1. 장례 상담	사망접수 및 확인 , 장례일정 확정 장례절차 및 방법 안내 , 물품 상담 및 안내
2. 시신관리	위생처리 및 관리 → 수시 → 염습 및 입관 → 발인 및 운구 → 개장 및 이장
3. 의례지도	빈소(영좌)설치 , 호상 및 조문예절 지도 성복하기, 종교별 장례지도
4. 장례 행정관리	행절 절차 안내, 장례 후 의례안내, 집단사망자 관리

지금까지 국내에서는 장례관련 전문적인 교육을 받은 장례지도사가 많지 않았지만, 선진국에서는 이미 장례제도를 법제화하고 위생처리함으로 전문인력을 제도적으로 양성하고 있다. 그 중에서도 미국이 장례문화와 관련하여 가장 활발하며, 장례지도사 자격증 제도를 갖추고 있다. 그 이유는 죽음관이나 주검처리는 국가나 민족마다 종교와 신화에 따라 전통적인 방식이 존재하는데, 미국은 다민족 국가이며, 신흥사회로 역사적인 전통적인 뿌리를 가진 장례문화가 존재할 수 없었다. 따라서 장례문화에 있어 과학적, 실용적이며 현대적인 접근을 하게 되

어 일찍 상업화되었다. 이러한 현상은 미국뿐만 아니라 오스트레일리아, 뉴질랜드 같은 신흥 사회나 급격한 사회변동이 이었거나 진행 중인 사회에서 나타나는 현상이며, 이로 인해 장례와 관련된 학과가 발달하게 되었다. [70]

〈표 13-10〉 외국의 장례문화학과, 생사학과 현황

구분		학교명	학과명	수학기간	주요 커리큘럼
일본	장례문화	학령학원 일본휴먼라이프 세리모니 전문학교	휴먼라이프세리모니학과 (Human Life Ceremony)	2년	의례문화학, 장례연출 외
		쓴다이 여행 호텔전문학교	Life Stage Produce 학과	1년	서비스업론, 이벤트, 프로듀스론 외
미국	생사학	후드대학외 50여개 대학	생사학	학부/석사	생사학입문 외
	장례경영		장례식장 경영학 장례비지니스학	학부	장례경영학 외
	장례문화	미네소타대학 외 58개교	영안학과 (Mortury science)	2-4년	장례역사 외
기타 (캐나다)	생사학	메트로폴리탄 칼리지 외	Grief Counseling (슬픔카운셀링)	학부	죽음학입문 외

* 출처 : 강동구(2005), "장례관련학과의 현황 및 발전방향에 대한 연구",

미국의 경우를 보면, 장례지도사 자격증 제도가 있으며, 장례를 비즈니스로 생각하기 때문에 장제시설 등의 관리자에 대한 교육이 1980년대부터 이루어지고 있다. 이러한 장례비즈니스 교육프로그램의 내용은 다음과 같다.[71]

1980년대는 ACA University (American Cemetery Association University : 전미 묘지 협회 대학)을 개설하고, 현재 멤피스 대학의 캠퍼스에서 매년 7월 1일 1주간을 합숙하면서, 하루 6시간 이상의 강의와 실습, 현장체험 등을 하고 있다. 코스는 Sales and Marketing, Accounting, Land Management, Graduate Course 4개 코스로 매년 1코스를 선책하고 4

70 강동구 (2005), 장묘관련학과의 현황 및 발전 방향에 대한 연구, 장례문화학회지, http://blog.daum.net/deatheducation/2646556
71 하늘신문, 2007.7.27일자 종합뉴스 (출처: Funeral Business 2007.8월호, 장만석)

년에 졸업하게 된다. 교육내용으로는 영업, 시장조사, 재무, 묘지설계의 교육에 경영의 관점을 포함시킨 것이다. 중점적인 교육은 묘지(영원)사업으로 미국에서는 묘지경영이 주식회사의 형태가 일반적이다. 구체적인 수업내용에는 묘지판매나 묘지 코디네이트 업무를 위한 '인간의 비탄처리방법', '지원체제', '그룹심리치료', 등이 포함되나 주된 수업내용은 묘지사업에 있다. 또한 묘지설계의 연습을 실제의 묘지에서 행하고, 그룹토의, 설계계획을 입안 · 도면화하고 발표하는 수업을 한다.

2007년에는 ACA University가 ICCFAU (International Cemetery, Cremation and Funeral Association University : 국제묘지 · 화장 · 장례협회 대학)로 변경되었다. 이는 산업의 극적변화와 핵가족화의 진행, 이혼율의 증대에 의한 가족의 의미가 변화하고, "기념하는 의식"이 가장 중요하게 변화함으로서 화장률이 높아지면서 ACAU에서 화장을 도입하게 되었기 때문이다. 이에 따라 코스도 관리와 경영, 장례식장 경영, 묘지설계와 토지경영, 화장서비스 검정과 증명서, 판매와 시장조사 5개 코스로 바뀌었으며, 장례식장, 화장장의 컨비네이션 경영을 전제로 한 커리큘럼으로 바뀌었다. 특히 80년대에는 묘지와 장례식장이 다른 업종으로 생각하여 분리되었으나 장제관련 시설을 한 곳에 집약함으로서 경영의 효율성과 소비자의 편리성을 동시에 추구하게 되었다. 미국은 종교적, 민족적으로 복합국가로 기독교와 이슬람교의 부활사상으로 인해 매장이 주를 이루었으나 현재는 전 미국에서 약 30%가 화장을 하고 있다.

80년대 ACA University와 또 다른 점은 석사프로그램과 CEO프로그램(최고 경영핵임자로서의 경영자 코스)의 코스가 생겼다는 점이다. 이러한 변화는 ICCFAU (International Cemetery, Cremation and Funeral Association University : 국제묘지 · 화장 · 장례협회 대학)의 교육이 인지되어 업계 내의 졸업생이 늘었음을 의미한다고 볼 수 있다. 미국은 이미 1980년대부터 ACAU가 묘지만의 교육프로그램으로 시설과 경영, 재무까지 포함하는 선진적인 교육을 하였으며, 약 20년이 지나면서 화장률 상승으로 장송비지니스가 변화에 맞게 다시 장례비즈니스 교육프로그램으로 변화하게 되었다.

미국을 포함한 신흥국가는 전통적인 죽음체계의 부재를 극복하기 위해 죽음에 관심을 가져왔으나, 우리나라, 일본, 동남아 국가, 러시아 등은 전통적인 죽음체계의 약화에 따른 죽음체계의 재구축이 죽음관련 학문에 대한 관심을 가지게 하였다. 이러한 배경으로 우리나라도 죽음과 장례에 관련된 학과가 생겨나게 되었다. 그러나 아직 장례문화가 새롭게 개선되기 위해서는 선진처럼 장례제도의 법제화가 정비되어야 할 것이며, 장례지도사와 같은 전문인력을 제도적으로 양성하여 점차 바뀌어가는 장례문화에 부응해야 할 과제가 남아있다. 그러나 한국사회가 점차 고령화 사회로 변하고 있고 핵가족화에 따른 공동체의식의 결여에 따라 향후에는 장례지도사에 대한 의존도가 상당히 증가하리라 예측된다.

7) 변화하는 장례문화

우리나라의 장례문화에도 변화가 일고 있다. 몇 가지로 나누어 살펴보면 다음과 같다.

(1) 매장에서 화장으로

우리나라의 화장률은 해마다 증가하는 추세로 보건복지가족부는 2007년도 전국 화장률은 58.9%로 10년 전인 '97년도 화장률 23.2%에 비해 약 2.5배 증가하였다고 발표하였다. 이는 매우 빠른 증가로 우리나라처럼 매장문화를 고수해오던 나라가 10년 새 이 같은 빠른 변화를 가져온 원인은 핵가족화와 도시화, 정부의 적극적인 화장장려정책과 시민사회단체의 장사문화개선운동으로 인한 개인의 가치관과 의식변화가 무엇보다 크게 작용하였다고 할 수 있다.

보건사회연구원의 2007년 '장사문화관련 국민의식 조사' 에 의하면 화장 선택의 이유는 사후관리 편리 41.3%, 국토이용의 효율성 38.0%, 자연환경보존 15.8%, 비용절약 3.3%, 묘지구입 어려움 1.8%로 나타났다.[72]

이처럼 매장에서 화장으로 급속 변화되면서 매장묘지에 대한 걱정이 크게 줄게 되었다.

(2) 도심속의 납골당

납골당은 혐오시설로 여겨지며, 님비현상의 대표로 납골당이 들어서기 위해서는 지역주민의 동의와 이해가 반드시 있어야 하는 시설이다. 이러한 시설이 서울을 비롯한 몇몇의 성당 안에 설치되어 있어 산자와 죽은자가 교감하며, 어린 아이들을 비롯하여 방문객들에게 견학하게 함으로서 주검은 두려운 것이 아니며 죽음에 대한 새로운 생각을 갖게 한다는 점에서 죽음준비교육의 한 모델이 되고 있다. 대표적으로 성공회 서울교구주교좌성당에 있는 '안식의 집' 이 있으며, 그 외 의정부 신곡2동 성당도 2002년에 납골당이 들어섰으며, 흑석동 성당, 절두산 성당 등도 납골시설을 갖추었다. 또한 도심 속의 대표적인 추모관으로 분당에 위치한 '메모리얼 파크' 는 공원형식으로 되어있어 산자와 죽은자가 함께 공존하고 있는 곳이다.

삼성생명이 건립하는 40만평 규모의 추모공원내 납골당 시설

그러나 이러한 변화에도 불구하고 늘어나는 화장률에 맞춰 화장시설도 늘어야 하지만 지역주민들의 강한 반발로 화장시설을 설치할 마땅한 장소를 구하지 못하고 있다. 특히 수도권의 경우 화장시설이 턱없이 모자라 화장로 한 곳에서 적정물량 이상으로 과다 처

72 네이버 뉴스, "2007년도 경남도 화장률 65.3%" / 출처 : 경상남도청

리하거나 강원 · 충청지역으로 '원정 화장'을 하는 일이 비일비재하며 원정화장일 경우 요금도 비싸질 수밖에 없다. 따라서 각 지역자치단체들은 지역주민들의 이해와 인식을 바로잡는 것에 노력을 기울이는 것이 선행되어야만 부족한 화장시설을 확충해 나갈 수 있을 것이다.[73, 74]

(3) 사이버 추모 사이트의 등장

우리나라는 국토면적이 인구대비 매우 좁은 것이 현실이다. 이러한 사실은 죽음이후 모든 사람들이 매장을 할 경우 전 국토가 묘지화 되는 것은 시간문제일 것이다. 이러한 취지에서 사이버 추모 사이트가 등장하였다.

대표적으로 서울특별시 시설관리공단 장묘사업소에 운영하는 '추모의 집'(www.memorial-zone.or.kr)은 추모의 집(납골당)을 이용하는 유가족이면 이 사이트에 접속해 사이버 묘비를 세워 헌화와 분향을 하며, 추모의 글을 쓰면서 망자를 기릴 수 있다. 이 사이버 납골당은 직접 가지 않고도 언제나 고인을 추모할 수 있는 장점이 있어 이용자가 늘고 있는 추세이다. 그리고 장묘전문업체인 「효손흥손」이 개설한 사이버 묘원 '하늘나라(www.hanulnara.co.kr)'는 형식과 명분 위주의 매장문화를 개선하기 위해 사이버상에 고인의 생전 모습, 경력, 육성 등을 담은 개인 역사박물관 형태로 만들어 놓았다. 그 외 '유토피아 추모관' 등이 있다. 또한 '추모(www.chumo.co.kr)', '사이버묘지(www.ecemetery.co.kr)', '실버캡슐(www.silvercapsule.com)' 등은 장례전문사이트로 장례절차에 관한 정보와 사후 예약 메일 서비스, 유언 남기기 등의 기능을 갖추고 있다. 이 외에 갑작스럽게 세상을 떠난 시인이나 가수(김광석 추모 사이트), 열사(노동운동가 전태일www.juntaeil.com)등의 추모사이트도 있어 생전에 남긴 글이나 노래를 들을 수 있다.

(4) 친환경적인 장묘문화에 대한 관심급증[75]

장묘문화가 매장에서 화장으로 급속히 변화하면서 살아있는 자와 죽은 자가 함께 공유하는 문화공간으로 장묘문화가 바뀌어 가고 있다. 대표적으로 우리나라에는 경기도 안성의 '유토피아 추모관'과 분당의 '메모리얼 파크' 등은 아름다운 공원처럼 되어 있다.[76] 외국의 경우 납골당은 혐오시설이 아닌 고인을 추모하면서 유족들이 휴식을 즐길 수 있는 산자와 망자가 공존

73 뉴스메이커, 2005년 9월 16일 10:18, 김경은 기자 jjj@kyunghyang.com
74 경향신문칼럼, "[사설]늘어나는 화장률", "미흡한 화장문화" 입력: 2008년 09월 11일 22:37:19
75 경향신문 2005.09.28 17:54:58, "개신교도 수목장 바람", 김준기 기자,
서울시 시설관리공단 장묘문화센터 이용안내는 부록 7-2 참조
76 한국경제 2003-07-24 15:54, "자연이 숨쉬는 '유토피아 추모관'"

LG에서 건립하는 추모공원 내에 들어서는 생태습지공원

하는 공간이다. 또한 미국이나 유럽의 경우 경건하고 아름다운 공간으로 주택지구안에 납골당이 들어서기도 하며, 미국의 경우 납골당이 결혼식장으로 이용되기도 하고, 프랑스는 조각공원으로 시민들의 사랑을 받는다. 이러한 점에서 우리나라도 점차 공원개념의 추모관들이 생겨나고 있다.

산자와 죽은자의 공유공간과 더불어 친환경적인 장묘방법에 관한 관심이 지방자치단체와 국민들 사이에서 관심이 높아지고 있다. 이러한 친환경적인 장묘방법으로는 친환경 자연장(自然葬) 제도를 활성화하는 일이 근본적인 대책일 될 수 있다. 자연장이란 화장 후 유골을 납골 시설에 보관하지 않고 나무나 잔디, 화초 밑에 묻어 자연에 동화시키는 것을 말한다. 환경과 미관을 해치지 않으면서 추모의 의미도 살릴 수 있는 선진적 제도로 복지부는 2008년 5월에 합법화 시켰다. 자연장중에서도 묘지난 해소와 산림보호라는 이중의 효과를 얻을 수 있는 수림장은 자연회귀형장묘법으로 친환경 장묘문화를 대표한다. 스위스와 독일, 영국 등에서는 수림장이 대중적인 장묘문화이지만 이 방식이 우리나라에서 새로운 장묘문화로 자리매김 될 수 있을지 지켜봐야 할 것이다. 현재에는 화장(火葬)을 주로 하는 불교계뿐만 아니라 개신교계까지 빠르게 확산되고 있다. 경북의 은해사, 온누리교회의 '온누리가족나무동산', 서울시의 '용미리 시립묘지'에 수목장 위주의 산골공원등이 대표적이다.[77]

또한 선조 합동묘는 암장법을 응용한 것으로 납골당처럼 소요면적이 작아 국토를 적절하게 활용하려는 국가정책에도 맞고 전통적으로 묘지가 후손들이 선조의 성묘나 제사로 효심을 표할 수 있는 장소가 된다. 이필도 서울보건대학 교수(장례지도과)는 이러한 선조합동묘가 공공장묘시설이 부족한 현실에 좋은 아이디어로 보인다며 국민의 정서나 우리의 문화에도 어울리는 바람직한 형태의 장묘라고 하였다.[78]

또 다른 예로는 「납골평장(平葬)」으로 화장과 매장을 혼합한 형태의 장묘법이 새로운 장묘형태로 기대되고 있다. 납골평장은 화장한 유골을 나무함에 담아 봉분 없이 묻고 와비(臥碑)를 설치하는 방식이다. 부산에 있는 UN묘지와 같은 매장법으로 남해군이 지방자치단체가 시범적으로 2004년 10월 고현면 갈화리에 공원묘지의 형태로 묘역이 조성되어 좋은 반응을 얻었으며 이 방식 역시 장묘문화에 혁신을 가져올 방법으로 주목된다.

77 뉴스메이커 2005.09.16 10:18:00. 산골공원 이용안내 등은 부록 9-1 참조.
78 상동

8) 장례문화 개선방향

앞으로 우리나라의 장례문화는 많은 모습으로 변화될 것이다. 그러한 변화가 모두 다 긍정적인 결과만을 가져오는 것이 아니기에 앞으로 어떠한 방향으로 개선되는 것이 긍정적이며 바람직한 장례문화를 만들어 갈지 함께 생각해 보고자 한다.

첫째, 고비용의 장례구조[79]

우리나라 장례산업규모는 1인당 평균장례비용을 1천만원으로 추산했을 때 약 5조원에 이른다. 그러나 이는 장례식에 들어가는 비용만을 계산한 것으로 매장이나 납골비용은 제외한 비용이다. 호화분묘나 대형호화 납골묘의 경우 억대를 넘기도 한다. 외국과 비교해보면 세계 최고의 장례서비스를 가진 체코의 경우 기본적인 장례비용 2500 크로네(약 10만원), 10년간 묘지 임대료 1500 크로네(약 6만원)으로 우리돈 약 16만원 정도이다. 여기에 비하면 우리의 장례비용이 고비용의 장례구조를 가지고 있음을 알 수 있다.

특히 새로운 장례문화인 납골묘의 경우 사치, 호화납골묘가 논란의 대상이 되고 있으며, 일본의 경우 이러한 문제를 해결하기 위해 "신(新)납골묘"라는 표준모델을 제시해 현재의 장묘문화를 고쳐나가고 있다. 우리의 경우도 납골시설물의 자재와 규격을 통일하고 석재시설물에 대한 설치약관과 규정등 관련법이 보완되어야 하겠다.

둘째, 장례식장 조화문화[80]

평균 장례식장에서 사용되는 조화의 가격은 개당 10만 원 정도로, 장례식장 한곳에서 1년간 사용하는 조화의 수만도 1만8000여개, 18억 원 어치나 되고 장례 뒤 폐기를 위해 1t 화물차 720대가 필요하며, 비용만 2400만원에 이른다. 이러한 문제를 해결하기 위해 부산시 시설관리공단과 (사)한국화원협회 공동으로 한번 사용하고 버리는 조화 대신 가정에서 재활용 할 수 있고 비용도 저렴한 조화를 개발하여 전시회를 여는 등 장례식장 조화문화를 개선하고자 노력하고 있으나 아직까지 실용화되지는 못하고 있다. 그러나 앞으로 자원낭비를 줄이고 환경보호를 위해서는 이 같은 움직임들이 더 많아져야 할 것이다.

셋째, 여성상주의 위치[81]

남녀평등주의를 외치고 있는 현대에도 장례식장에서만큼은 남녀평등이 아니다. 유가족이라면 남녀 할 것 없이 모두가 슬픔에 처해 있는 상황인데도, 남성은 상주로서 문상객 맞이하기에 바쁘고, 여성은 상주이지만 손님들 음식을 챙기는 모습을 볼 수 있다. 외국의 경우 장례예배를 갖고 묘지에 둘러서서 추모하다가 관이 안치되면 각자의 삶으로 돌아가는 것과 대조적으

79 한국경제신문, 2005-10-05 오후 3:04: "[장묘문화가 바뀐다] '고비용 장례구조 이렇게 개선하자'"

80 뉴스와이어, 2005년 07월 18일(월) 19:53, "부산 영락공원 이색조화전시회 개최"/보도자료 출처 : 부산광역시 시설관리공단

81 여성신문 2001.10.27, 박정 희경 기자 chkyung@womennews.co.kr

로 우리의 장례모습은 아직까지 전통의 사상과 관습이 이어져 오고 있다. 남녀 할 것 없이 유가족이라면 누구나 상주로서의 권리와 충분히 슬퍼할 수 있는 기회를 가질 수 있도록 현재의 장례문화가 개선되어야 하겠다.

넷째, 병원장례식장의 서비스[82]

일반적으로 전문장례식장은 병원장례식장보다 저렴하고 나은 시설을 갖추고 있다. 그럼에도 병원장례식장을 선호하는 이유는 우리의 죽음이 대부분 병원에서 이루어지고 있으며, 시신을 옮기는 것에 대해 꺼려하거나, 문상객의 편의를 위해 병원장례식을 선택한다. 또한 그 의식의 밑에는 장례식장이라는 시설을 혐오시설로 생각하여 대부분 도심에서 떨어져 있어 불편하기 때문이기도 하다. 그러나 대부분의 이용자가 병원장례식장의 서비스에 대해 불만족하고 있다. 99년 병원장례식장의 서비스와 관련한 시민의식조사(주부클럽연합회) 결과 응답자 가운데 51.2%가 '문제 있다' 고 답했으며 '매우 문제 있다' 41.5%에 이른 것으로 조사됐다. 즉 대부분의 이용자가 불쾌한 경험을 하고 있으며 소비자 만족도가 0에 가까운 실정이다.

9) 장례문화 발전방향

앞으로 변화될 장례식장의 모습을 생각해 보고자 한다. 현대사회는 핵가족화, 고령화, 사회구조의 변화 등으로 전통적인 장례관습에 변화를 겪고 있다. 따라서 우리나라 장례식의 모습도 일률적이 아닌 차별화된 서비스를 가지고 다음과 같은 점들을 부각시켜 변화되어야 할 것이다.[83]

(1) 내 집 같은 장례식장, 고인중심의 장례식장으로 감성적 접근

기존의 장례장소는 자택이었으나 현대는 대부분 병원 및 전문 장례식장에서 장례가 치러지고 있다. 그만큼 장례식장에 대한 비중과 역할이 커지고 있다. 그러나 사람은 살았던 곳에서 최후를 맞이하고 싶어하므로 향후에 베이비붐 세대가 실버세대가 될 즈음에는 다시 집이나 집 가까운 장소로 바뀌게 될 가능성이 높다. 지금의 장례식장 모습은 일률적이나 앞으로는 장례식장이 내 집같이 편히 느껴지며, 고인을 중심으로 생각할 수 있도록 고인이 즐겨들었던 음악틀어주기, 사진전시 등등 미래를 보면서 망자중심의 장례식장으로 점차 전환해야 할 것이다.

(2) 합리적이고 적당한(투명하고 공정한)요금 관련서비스 제공

대부분의 시민들은 장례식장이나 이삿짐센타의 요금에 대해 신뢰하지 않는다. 많이 나아졌

82 KST 한겨레/사회, 편집시각 2001년01월05일22시04분, 이상기 기자amigo@hani.co.kr,
83 서혜경, ○○○장례식장에서 돌아가시고 싶은 10가지 이유, ○○○장례위원회 위원

다고는 하지만 아직도 장례식장 서비스나 이삿짐 서비스에 있어 합리적이고 적정한 서비스를 제공받고 있지 못하다는 인식이 팽배하다. 그러므로 이 부분을 확실하게 불식시켜줄 필요가 있다.

(3) 충분한 장례정보제공과 이용자의 선택의 폭 확대

장례서비스가 다른 서비스 분야와 달리 불확실하고 예측하기 어려운 특성을 가지고 있는 이유는 사전에 준비가 어렵고, 충분한 장례정보가 부족하며, 이용자의 선택의 폭이 좁기 때문으로 해석된다. 또한 이용자가 장례식장 서비스 품질에 대한 선택기준이 마련되어 있지 않아 다양한 서비스의 품질을 결정하기에 어려움이 있다. 최근 들어 많은 장례식장들이 고객 중심적이고 현대적인 장례식장 서비스 개선을 위해 다각적인 방안을 모색하고 있다.

(4) 전문복지상담사를 둔 토탈서비스 제공

처음 장례상담에서부터 돌아가신 후 유가족의 안녕을 위해 전문복지상담사를 두어 토탈서비스가 되도록 한다. 이를 위한 내용으로는 장례식장 서비스, 기본적으로 장례상담을 통해 일정한 시간 내에 장례일정, 장례절차 방법을 안내하고, 장례장소와 장례용품을 공급하며, 보건위생적인 시신처리와 염습, 문상예절, 장례 후 유가족상담에 이르기까지 원활하면서도 경건하게 장례절차를 진행시키고 필요한 서비스를 제공받을 수 있도록 연계하는 것 등이 포함된다.

(5) 장례식장 종사자의 확보와 전문성 검증

장례식장 서비스 종사자가 서비스를 제대로 수행할 수 있는 능력과 기술, 지식 등이 중요한 요소로 작용하지만 이러한 사항들을 인정하고 검증할 수 있는 제도적 뒷받침이 잘 되어 있지 않다. 장례서비스의 분야는 타 서비스와는 달리 고인의 존엄성과 보건위생의 측면에서 전문적인 능력과 기술, 직업의 윤리를 요구하는 직업이기 때문에 장례식장에서는 이런 부분에 강한 신뢰를 주어야 할 것이다. 장례식장에서는 시신의 보관 및 시신의 위생처리, 감염성폐기물 배출 등 국민의 보건위해의 위험성이 매우 높은 곳이지만 현재 이에 대한 적절한 조치가 미비한 상태이다.

(6) 장례식장 이용자 및 종사자들에 대한 보건위생적 관리

장례식장은 종합병원, 요양기관 등과 함께 보건위생시설로 분류되어 있지만 단순한 서비스 산업으로 인식하고 이에 대한 보건위생에 대한 적절한 관리가 안 되어 있다. 사실 장례식장에 안 가고 싶어 하는 사람들 중에는 죽음이 무서워서도 있지만 웬지 꺼림직해서라고 대답하는 분들도 많다. 상가 들어가는 입구, 화장실, 식당 등 많은 사람들이 모이는 곳에는 분사소독을

하는 등 보건위생적 관리가 필요하다.

(7) 미래지향적인 장례문화 만들기에 선두적인 역할

미래지향적인 장례문화를 만들기에 선두적인 역할을 하기 위해서는 첫째, 국민들에게 보다 다양하고 적극적인 마케팅을 개발 제공하며, 둘째, 장례식장 시장구조의 투명성을 확보하여 이용자가 장례식장을 선택 할 때 믿고 신뢰할 수 있는 정보를 제공한다. 이러한 역할은 장례식장의 서비스 수준을 향상시키는 효과가 있다.

(8) 학문적 단체나 관련 민간운동단체와의 네트워크 형성, 다양한 프로그램 개발

대학교산하의 장례식장등에서 사업성보다는 학문적인 접근, 의식개선운동 등의 차원으로 접근한다. 이를 위해서는 한국죽음학회 등과 같은 학문적 단체나 관련민간운동 단체등과의 긴밀한 네트워크 형성을 통해 다양한 프로그램 개발을 하도록 한다. 특히 죽음준비교육 프로그램을 개발하여 보급함으로서 자살방지, 생명존중, 유서쓰기 운동 등을 전개해 나가도록 한다.

(9) 저소득층 노인들을 위한 무료장례지원 서비스 제공

수익금의 일정부분을 기초생활수급권자나 저소득층의 노인들을 위한 장례지원서비스로 활용한다.

(10) 죽음관련 추모문화 공간 만들기 (일명 : 새날맞이)

죽음과 관련하여 관심 있는 학자, 학생, 일반인 등등이 이용할 수 있는 문화공간을 설립하여 관련 심포지움, 전시회, 관련 책, 관련 프로그램 실행, 상담실 운영 등을 한다. 이러한 문화공간의 확보를 통해 삶을 더욱 빛나게 만들고, 자유롭게 보고 느끼고 참가할 수 있도록 한다.

2. 장묘문화에 대한 이해

1) 우리나라 장묘시설 현황

장묘문화는 오랜 기간에 걸쳐 일상생활 속에 뿌리내린 관습이자 전통이다. 우리나라는 전통적으로 매장을 하여왔으나 1998년에 '묘지강산을 금수강산' 으로 만들자는 시민단체의 활동이 전개되면서 화장위주의 장묘문화로 바뀌어 오고 있다. 장묘문화라는 것은 어느 시대에 제도나 캠페인을 통해 순간으로 바뀔 수 없는 관습이자 전통임에도 불구하고 우리나라의 장묘문화는 매우 빠른 속도로 변화해가고 있다.

이처럼 빠른 속도로 장묘문화가 변화해 가는 원인으로 도시화, 핵가족화, 국제화 등으로 인한 사회변화를 들 수 있다. 불과 몇 년 전 만 해도 전통적으로 신체를 보존하여 매장하던 것이 우리의 장묘문화였다. 그러나 90년대 이후 묘지로 인한 여러 사회적 폐해 때문에 화장문화로 변화하였고 여기에는 국가정책의 변화와 시민단체의 장묘문화 개선관련 활동이 큰 역할을 하였다. 그리고 전통관습이었던 매장을 통한 묘지 조성은 후세대가 조상묘 돌보기를 통한 효의 모습이었으나 도시화, 핵가족화, 출산율의 저하로 이러한 조상묘 돌보기를 불가능하게 만들었다. 특히 우리나라 출산율은 세계에서 가장 낮은 축에 속한다. 이러한 상태에서 조상의 묘를 돌 볼 후손이 없는데 현실에서 과거의 장묘관행을 전통이라는 명분으로 지킨다는 것은 무의미한 일이다. 현대에는 이처럼 사회변화와 함께 우리 고유의 전통 상 · 장례의 모습은 거의 사라졌고, 그 의미마저 많은 부분이 쇠퇴하였다. 지금은 이러한 부분을 대신하여 짧은 기간 내 새로운 형태의 상 · 장례가 생겨났다. 새롭게 생겨난 장묘문화의 모습 중 가장 큰 변화는 매장위주에서 화장위주로의 급격히 변화이다. 이러한 변화로 인해 화장, 납골시설의 공급부족, 석물위주로 조성되고 있는 납골묘의 문제점, 사설납골당의 난립으로 인한 문제, 장묘문화의 지나친 상업주의 등 매우 부정적이고 바람직하지 못한 현상들도 나타나고 있다. 또한 우리나라의 장묘정책을 화장위주로 바꾸어 나가고자 묘지의 면적 축소 및 시한부 매장제도 등을 채택하여 2001년부터 '장사등에관한법률' 을 시행하고 있다. 하지만 '장사등에관한법률' 은 장묘문화의 빠른 변화를 미처 따라가지 못할 정도로 미비하며 법의 실효성도 확보되지 못하고 있어 2004년 7월부터 「장사제도개선추진위원회」를 구성, 현행 법률의 개정을 위한 작업을 해오고 있다. 한편 국립묘지 운영도 화장을 원칙으로 하고 있으며, 시한부 사용을 하기 위한 법적 근거도 마련되어 있다.

최근에는 외국의 경우처럼 화장 이후 보다 빠른 자연회귀를 추구하는 장법에 대한 논의가 활발해지고 있다. 이러한 자연회귀적 장법으로 바다나 산 등에 화장유골을 흩어버리는 산골(散骨)이나 큰 나무 주변에 묻는 수목장(樹木葬) 등에 큰 관심을 모으고 있다. 그러나 현행 '장사등에관한법률' (부록 4 참조, p.561)에서는 이러한 화장유골의 자연친화적 처리에 관한 구체적인 규정이 없어 제도의 보완 및 시설과 운영에 관한 연구가 필요하다.

2) 선진국의 장묘문화의 특징 및 시사점

선진국의 장묘문화는 다음과 같은 특징을 가지고 있으며, 앞으로 우리의 장묘문화를 만들어 가는데 있어 많은 점을 시사하고 있다.

① 장묘시설은 도시계획 시 근본적으로 도시기반시설로 포함되어 설계되고 건립된다.

② 장묘시설은 종합적인 장례서비스가 제공되는 편익시설이며 복지시설이다.

③ 외국의 집단묘지들은 주거지역 또는 도심 한복판에 입지하여 살아있는 자와 죽은 자가

공유하는 공원으로 존재한다.

④ 외국의 집단묘지는 관광명소이자 지역주민들의 자랑거리이다.

⑤ 묘지들은 끊임없이 재사용, 재활용된다.

⑥ 묘지 조성 시 자연지형, 숲 등 자연환경을 그대로 살려 묘지를 조성하고 자연훼손을 최소화하여 환경친화적인 장묘시설로 설치된다.

⑦ 집단묘지 내 납골시설이 다양하다.

⑧ 외국 집단묘지 내에는 산골시설이 다양한 형태로 설치되어 있다.

⑨ 미래의 수요에 대비하여 묘역을 확장할 수 있는 유휴지(遊休地)가 확보되어 있다.

이처럼 각국의 장묘문화는 역사, 종교, 문화, 자연환경 등에 따라 장묘관행과 시설, 제도 등이 다르다. 복지이념을 구현하고 있는 선진국의 장묘시설은 '요람에서 무덤까지' 라는 말처럼 죽음 또한 복지의 한 차원으로 다루고 있다. 오늘날 우리의 장묘문화는 전통적인 장묘문화에서 급속도로 변화하고 있으나 선진국의 장묘문화 제도, 시설, 국민의식 등에 뒤떨어져 있다. 외국의 집단묘지들은 수목과 수많은 꽃나무들 그리고 잔디로 된 전원묘지, 공원묘지 형태로 되어있어 외관상 일반공원과 다르지 않다. 따라서 살아있는 사람과 죽은 사람이 공존하는 공간이 되고 있다. 또한 개인의 다양한 개성과 취향을 묘지에도 적용하고 있어 죽어서도 개인만의 독특한 취향과 욕구를 충족시킬 수 있다. 지금도 시대흐름에 따라 묘지 내 시설들이 다양하게 개발되고 변화, 발전하고 있다.

앞으로 우리의 장묘문화 모습도 선진국의 장묘문화처럼 복지이념을 가지고 복지적인 측면에서 다루어져야 하겠으며, 선진 장묘문화를 통해 우리만의 고유한 모습으로 문화를 발전시켜 나가야 할 것이다.

3) 우리나라 장묘시설의 문제점

(1) 화장시설의 문제점

매장문화에서 화장문화로의 매우 빠른 변화를 보이고 있으며, 2007년도 이후에는 전국 화장률이 58%를 넘어서는 등 화장문화는 모든 계층과 종교를 초월하여 국민들에게 긍정적으로 받아들여지고 있다. 그러나 화장시설의 부족으로 많은 어려움을 겪고 있다. 전국적으로 지방자치단체에서 화장장을 신설하기 위해 추진하고 있으나 화장장이 들어설 경우 지역의 지가하락과 이미지 때문에 지역주민들의 반발로 화장장의 신설이 매우 어렵다. 특히 재정이 열악한 지방자치단체에서는 예산확보의 어려움까지 겹쳐 화장장 확충을 어렵게 하고 있다. 또한 최근에는 성묘의 어려움이 가중되면서 납골묘 조성이나 산골을 하기 위한 개장유골의 화장이 성행하고 있어 화장시설 부족이 더욱 심각해지고 있는 실정이다.

(2) 납골시설의 문제점

전국적으로 가족, 문중 납골묘가 성행하면서 납골묘가 무분별하게 불법적으로 설치되고 있다. 납골묘가 문제되는 것은 대형의 석물위주로 조성되고 있어 이 시설들이 관리되지 않고 방치될 경우 매장묘지보다 더 심각한 환경파괴 요인이 되고 있다. 또한 사설납골당들도 운영면에서 많은 문제가 있어 이용자의 피해 및 관할 지방자치단체의 문제가 될 수 있다.

이러한 문제로 전국의 기초자치단체들 중에는 기존의 공동·공설묘지 재개발을 통해 묘지 확보 및 납골시설을 확충하고 있다. 또한 화장문화 확산과 함께 납골시설 수요가 급증하면서 우리나라에는 봉분형납골묘나 건축물로 된 납골당 이외에 구조물로 된 옥외벽식납골시설도 빠르게 보급되고 있다. 경남 남해군과 부산시의 경우, 공설묘지 내에 평장식 납골묘를 조성하고 있어 다양한 납골시설의 개발 및 시설수준이 높아지고 있다.

(3) 묘지의 문제점

우리나라의 장묘문화가 화장위주로 바뀌고 있으나 아직도 지역에 따라서는 매장관행이 주를 이루고 있다. 매장을 원할 경우 지방자치단체가 운영하는 공설묘지나 재단법인 또는 종교법인 등이 운영하는 사설묘지를 이용하거나 개인적으로 가족, 종중산을 이용할 수도 있다. 현재 서울, 부산등 대도시의 공설묘지 내 매장묘지 공급은 중단되었으며 그 밖의 집단묘지들도 묘지공급이 원활하지 못한 상태이다.

농촌지역에서는 벌초하기 쉬운 장소로서 도로변의 경작지를 묘지로 활용하고 있는 사례가 크게 늘고 있어 국토의 효율적 이용을 저해할 뿐만 아니라 불법묘지가 양산되고 있는 실정이다. 그뿐 아니라 매장을 했을 경우 한 달 이내에 관할관청에 신고하도록 현행 법률이 규정하고 있으나 전국적으로 개별묘지의 매장신고 건수는 2~3%에 그치고 있는 실정이어서 각 지방자치단체들도 단속을 하지 못하고 있는 실정이다.

이러한 묘지문제해결을 위해서는 법의 실효성 확보와 화장문화의 빠른 정착이 시급하다.

4) 장묘문화의 발전방향

우리나라의 장묘문화의 발전방향은 다음과 같이 생각해 볼 수 있다.

죽음과 관련된 장묘문화는 그 나라의 국민의식수준과 복지수준과 관계가 있다. 즉 장묘문화의 질이 높다 함은 죽음의 질을 높이는 것이며, 죽음은 삶과 마찬가지로 복지와 연계된다. 따라서 죽음의 질이 높으면 삶과 죽음에 관한 국민의식수준과 복지수준이 높다고 할 수 있다. 이처럼 죽음의 질을 높이기 위해서는 장묘문화의 질을 높여야 하며, 그러기 위해서 다음과 같은 것을 제언하고자 한다.

먼저 정책적으로 장묘에 관한 장기적인 정책이 필요하며, 이를 위한 법안이 필요하다. 장묘시설은 도시계획시 반드시 포함되어야 하는 도시기반시설로 포함시켜 설계되고 건립되어야 하겠다. 그래야만 장지 신규 건설시 지역주민의 반대와 같은 지역이기주의가 생겨나지 않을 것이며, 묘지들이 주거지역 또는 도심 한복판에 위치하여 살아있는 자와 죽은 자가 함께 공유하는 곳으로서 존재할 수 있을 것이다. 또한 정부가 장묘복지 실현을 위해 장묘시설의 안정적 공급과 장묘관련 법률의 실효성 확보를 해야 하겠다.

다음으로는 죽음에 관한 국민들의 인식전환 및 장묘문화에 대한 선진시민의식이 필요하다. 국민들은 장묘시설에 대한 부정적 인식을 개선하고 장묘시설을 일상생활이 있어 반드시 있어야 하는 시설로서 친근하게 받아들일 수 있도록 교육과 홍보가 지속적으로 이루어져야 하겠다. 장묘시설이 회피의 대상이 아닌 종합적인 장례서비스가 제공되는 편익시설이며 복지시설이란 인식이 필요하다.

마지막으로 환경친화적인 장묘문화를 만들어 가야 하겠다. 최근 우리나라의 장묘문화의 모습은 급속도로 달라지고 있지만 빠른 속도로 변해가는 것만큼 이에 맞는 문화가 정착되지 못하고 있어 여러 가지 문제가 발생하고 있다. 우리나라 전국 화장률은 이미 58%를 넘어서고 있으며 대도시에서는 60~70%의 화장률을 나타내고 있어 화장이 보편적인 장법(葬法)으로 자리잡고 있다. 따라서 화장이후의 자연친화적인 장법 및 시설들을 개발하여 환경친화적인 화장문화를 만들어가야 하겠다. 또한 묘지조성 시에 자연지형, 숲 등 자연환경을 그대로 살려 묘지를 조성하고 자연훼손을 최소화하는 환경친화적인 장묘시설이 되도록 해야 하겠다.

이러한 노력들이 있을 때 우리의 장묘문화의 질은 높아질 것이며 죽음의 질을 높일 수 있을 것이다.

- 호스피스팀에서 팀원의 협력을 위해 사회복지사가 할 수 있는 일은 무엇일까요?
- 호스피스를 활성화시키기 위해 우리가 사회를 향해 할 수 있는 것은 무엇이 있을까요?
- 우리의 실정에 맞는 호스피스 모델은 무엇이 있을까요?
- 죽음을 직면한 사람들에게 해야 할 가장 중요한 것은 무엇이라고 생각하십니까?
- 다음의 질의응답에 대해 어떻게 생각하십니까?

Q : 임종자와 그의 가족을 대하는 사회봉사자의 임무는 무엇입니까?

A : 호스피스에 있어 여러 보조 전문직을 수행하는 사람들 사이에 엄밀한 구분점을 두지 않습니다. 즉 목사는 환자들의 종교적 요구나 영적 문제만을 다루고, 정신과 의사는 환자의 정신적 요구만을, 의사는 환자의 육체적 문제만 보살펴 주는 것을 원치 않습니다. 이전의 관념에 의하면 사회봉사자들은 오직 환자의 가족과 그 가정의 경제적 문제만 취급하는 것이 임무라 여겼으나 지금은 상호수련을 도모하는 인간의 모임으로 함께 손을 잡고 일함으로서 임종환자와 그 가정의 요구를 보살펴 줄 수 있습니다. 즉 환자를 돌보는데 있어 가장 마음 편안하게 느끼는 사람이면 누구든지 전문직종을 따지지 말고 그 사람의 협조자가 되어야 합니다. 많은 경우 봉사자들이 환자와 의미심중하고 선량한 인간관계를 맺어왔기 때문에 임종환자를 훌륭히 보살폈습니다.

*출처 : 큐블러-로스(1974), 『죽음과 임종에 관한 의문과 해답』, 우진출판사(1983), p.183-184 인용

- 우리나라에서는 '사망선택유언'이 공식적으로 실시되지 않고 있는데, 여기에 대해 어떻게 생각합니까?
- 노인자살예방 프로그램의 개발 및 교육을 어떻게 하면 효과적일까요?
- 다음의 자살관련 질의응답에 대해 어떻게 생각합니까?

Q&A 1

Q : 죽음을 갈망하는 사람에게 어떻게" 살려는 의지"를 줄 수 있을까요? 예를 들면 자살을 생각하거나 마약이나 알코올로 제 몸을 망치고 있는 사람에게 어떻게 하면 다시 살기를 원하게 만들고 보람찬 삶을 다시 한 번 사랑하게끔 만들어 줄 수 있을까요?

A: 이러한 사람들에게는 우선 판단하는 태도를 보이지 말고, 그들이 살고 있는 그대로를 받아들여야 합니다. 그리고 왜 마약이나 알코올로 자신의 몸을 망치며, 삶의 의지를 갖지 않는지, 그 원인을 찾아내려고 노력해야 합니다. 그 다음에서야 우리는 그들을 진정으로 도울 수 있습니다. 이런 사람은 전문가의 도움을 필요로 합니다.

생각해 볼 문제

Q&A 2

Q : 만일 자살이 만인의 권리이어야 한다면 그 시간과 장소와 방법에 대해서 어떠한 제한과 제약을 두어야 할까요?

A : 자살이 만인의 권리인양 광고해서는 안 됩니다. 한때 프랑스 역사에서는 자살이 정상적인 것으로 간주되어 어떤 보건소에 가면 자살하고자 하는 사람에게 독약을 주었다고 합니다.

자살을 생각하느라 시간을 보내는 것은 무의미하나 소위 "의학적 가능성을 상실 한" 사망예정환자가 단지 약을 먹지 않거나 더 이상의 치료를 거부함으로써 자살을 생각하는 것이라면 그럴만한 권리가 있다고 봅니다. 즉 환자에게는 인공적으로 생명이 연장되는 것이 싫어 자기 나름의 고유한 죽음을 원할 권리가 있다는 것과 한편 자기 자신의 목숨을 절단하는 일 사이에는 엄격한 구별이 있습니다.

Q&A 3

Q : 사망예정질환을 앓고 있는 사람에게 자기 목숨을 끊을 권리가 있다고 생각하십니까? 아니면 이런 행동을 저지할 권리가 의료진에게 있다고 보시나요?

A : 호스피스의 목표가 자연사를 할 때까지 도와주는 것이므로 환자가 심각한 좌절상태에 빠져 자살을 기도하고자 할 때는 우선 조절상태로부터 환자를 구하도록 온갖 조치를 취해야 합니다. 그러나 환자가 자신의 유한성을 받아들이고 자기 집안일을 정리한 다음 자살하고자 한다면 그것은 말릴 수 없으며, 그 결정을 비판할 수 없습니다. 다만 환자가 의료진의 보호 속에 있는 한 최선을 다해 삶을 참을 만하게 해주어야 합니다. 비록 생명의 의미를 부여하지는 못하지만 그렇게 함으로써 환자는 자연사할 때까지 생명을 부지해 나갈 수 있을 것입니다.

*출처 : 큐블러-로스(1974), 『죽음과 임종에 관한 의문과 해답』, 우진출판사(1983), p.95-96 인용

- 나의 유서 및 유언을 작성해 봅시다.
- 나만의 상속계획을 작성해 보고 소감을 이야기해 봅니다.
- 화장과 매장에 대해 어떻게 생각하십니까?
- 화장의 방법 중에서 수목장과 수장 중에 어디에 묻히기를 원하십니까?
- 당신의 시신이 당신 집근처(Not In My Back yard, Pimby) 또는 집과는 먼(P in my back yard, Nimby)장소 중 어디이기를 원하십니까?
- 외국여행 중에서나 사진으로 묘나 비석(공원 가까이)을 본적이 있다면, 어떤 느낌을 받았으며, 또 그것을 우리의 장묘문화에 어떻게 적용하여 발전시키는 것이 바람직할까요?
- 다음의 질의응답에 대한 당신의 생각은 어떠한지요?

생각해 볼 문제

Q&A 4

Q : 장례식에 대한 당신의 생각은 어떠하십니까? 장례식이 인간의 고뇌를 더욱 증가시킨다고 생각하나요? 아니면 죽음의 현실을 그대로 받아들이도록 도와준다고 생각하시나요?

A : 함께 모여 고인에 대한 추억을 나누기 위해서는 여러 사람이 공개적으로 간소한 장례의식을 갖는 것이 죽음의 실제를 직시하는데 필요하다고 생각합니다. 그런데 온갖 상업적인 측면만 고려된 쓸데없이 요란한 장례는 오랜 동안 환자가 앓던 때에 감수해야 했던 끔찍스런 비용을 더 증가시키는 것이라고 봅니다.

Q&A 5

Q : 미국인들의 장례의식 중 죽은 사람을 눈으로 보는 의식과 장례절차의 성대함을 어떻게 생각하십니까?

A : 장례절차는 가족과 친지의 요구사항을 충족시키는 것이지, 결코 돌아가신 분을 위하는 것이 아니라는 점을 알아야 합니다. 개인적인 의견은 고인의 죽음을 수용할 준비가 되어 있지 않거나 급작스런 죽음을 당했을 경우에만 시체를 눈으로 봄으로서 사랑하는 사람의 죽음이 사실이라는 것을 확인하는 것이 중요합니다. 개인적으로는 관을 닫아 두고, 가족과 친지들이 둘러앉아서 죽은 이에 대해 이야기와 추억을 되살리며 음식을 나누는 아주 간소한 장례를 좋아합니다.

온갖 화장을 해놓고, 시체를 담고, 관뚜껑을 열어서 잠자는 사람인 것처럼 방에 눕혀 놓은 채, 요란하고 비용이 드는 전시를 함으로써 단지 아직도 잠자고 있다는 생각을 강하게 풍기는 장례는 살아남은 사람들의 거부적 감정단계를 더 연장시키는 일 밖에 되지 않는다고 생각합니다.

*출처 : 큐블러-로스(1974), 『죽음과 임종에 관한 의문과 해답』, 우진출판사(1983), p.161-162 인용

제 5 부
실무종사자들을 위한 가이드라인

제14장 호스피스 상담

- 말기환자의 심리
- 상담자의 태도와 상담원칙
- 임종시 대처방법

삶에서 죽음은 성장의 마지막 단계이다.
완전한 죽음이란 없다. 오직 육신의 죽음이 있을 뿐,자아나 영혼 또는 뭐라 이름 붙이고 싶어하든 간에, 그것은 영원하다.

엘리자베스 큐블러-로스(1975),『죽음, 성장의 마지막 단계』, 1975

제14장 호스피스 상담

죽음이란 인간에게 있어 위협적인 사건으로 죽음의 공포는 어느 문화에서나 보편적으로 나타난다. 따라서 말기환자를 대하는 의사, 간호사, 사회복지사 등 의료인이 가장 다루기 어려운 일 중의 하나가 임종환자를 돕는 일일 것이다. 또한 점차 임종이 병원에서 이루어지는데 병원세팅은 죽음의 문제를 다룸에 있어 경직되어 있다. 의료인의 경우 주로 치료나 회복에 관련되어 있기 때문에 말기환자에 대해서는 그들이 더 이상 할 수 있는 일이 없다는 상실감과 죄책감을 느끼므로 의료인들은 말기환자에 대한 상담을 편안하게 생각하지 않는다. 대개는 불안함을 느끼며, 어떻게 말하고 무엇을 해야 할지 알지 못하는 경우가 있으며, 의료인 본인들의 죽음과 통합적인 삶의 일부분으로서 죽음에 대해 인식하지 못하는 경우도 있다.

이러한 가운데 호스피스 상담은 환자들에게 희망을 주며, 여기서의 희망은 임종환자들에게는 아주 적은 희망이지만 그 희망으로 인해 환자들이 삶을 유지할 수 있는 버팀목이 된다. 호스피스 상담에 있어 중요한 것은 백만 명 중 한 명이 회복될지라도 그 희망에 대하여 솔직하게 말하는 것이다.

1. 말기환자의 심리[1]

죽음에 대한 태도는 삶의 방식에 의해 결정되며 삶의 내용이 죽음에 그대로 반영된다. 하이데거는 "개개인의 죽음은 그 사람만이 가지는 특수한 존재 양상인 동시에 삶의 독자적 마무리이며 완성으로 인간이 사는 동안 스스로가 만든 결과의 실현"이라고 보았다. 삶의 모양이 다양한 것만큼이나 말기 환자들의 심리 상태와 반응은 각각 다양하고 복잡하게 나타나며 때로는 상식적이고 보편적으로 이해하기 어려운 여러 가지 심리적 요구를 갖는다.

1) 심리적 요구

죽어가는 사람들은 다양한 심리적 요구를 가지게 되며, 이러한 그들의 요구를 잘 알고 이에

1 카톨릭대학교 강남성모병원 호스피스과(2001), 말기환자의 심리, 교육자료집, p.41-43

적절히 반응하는 일이 필요하다.

- 미완성의 일을 완성하고자 한다.
- 죽기 전까지 인간다운 삶을 영위하면서 편안한 죽음을 기대한다.
- 최대한의 통증완화로 편안함과 신체기능을 유지하고 싶어한다.
- 자신의 남은 삶을 선택하고 소망을 이루고자 한다.
- 중요한 사람들과의 관계가 계속 유지되고 회복되기를 원한다.
- 유가족에게 닥칠 변화에 대한 대처를 계획하려 한다.
- 자신의 이야기를 조용히 들어주고 대화할 상대자를 필요로 한다.
- 사회적 고립을 두려워하고 피하려 한다.
- 주위 사람들의 진실성 있는 태도를 원한다.
- 애정적 돌봄을 원한다.

또한 일반적으로 말기환자들은 통증의 자유, 고독의 자유, 에너지의 보전, 자기존중감 유지 등의 욕구를 가지고 있으며, 이러한 욕구들은 말기환자가 여생을 만족스럽게 사는 능력에 영향을 미친다. 에버솔과 헤스(Ebersole & Hess, 1990)는 말기 환자들이 가지고 있는 욕구들을 5단계 위계적인 체계로 구성하여 설명하였다.[2]

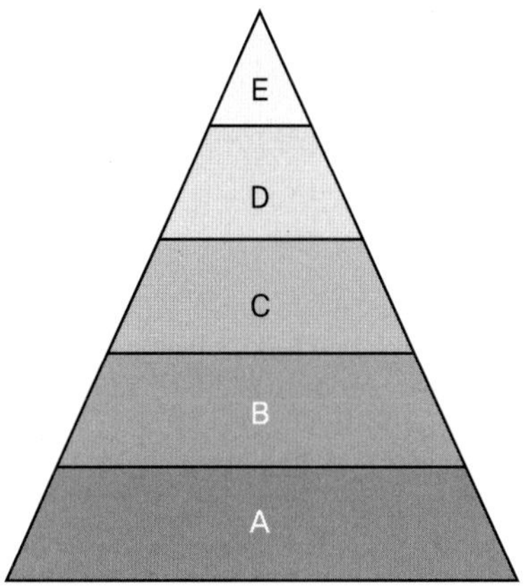

E { 피할 수 없는 미래를 감수하기
죽음에서 의미 깨닫기 }

D { 쇠약함에 직면하여 존중하기
독립성 유지하기
삶의 일부분이 끝나고 있음을 정상적인 사람처럼 느끼기
개인적 정체감 유지하기 }

C { 이야기하기
자신의 이야기가 이해받고 경청되기
사랑받고 서로 사랑을 나누기
죽을 때 돌보는 사람과 함께 있기 }

B { 감추어진 공포를 말할 기회를 얻기
자신을 돌보고 있는 사람을 신뢰하기
진실을 듣고 있다고 느끼기
안전하기 }

A { 신체적 징후의 제거
에너지 보존하기
통증에서 자유 }

* 출처 : Ebersole & Hess(1990), p.737 인용

〈그림 14-1〉 말기 환자의 위계적 욕구체계

2 이호선 (2005), 노인상담, 학지사, p.326-330 인용

2) 심리 · 정서적 문제

(1) 상실감(Loss)

상실감은 인간이 의미 있고 가치 있는 어떤 것을 박탈당하는 것으로 정의된다. 상실과 관련된 심리적 반응은 매우 다양하며 말기환자는 죽어 가는 과정을 통해 신체적, 정서적, 사회적 상실감을 체험하게 된다. 환자는 건강악화에서 비롯되는 신체적 상실과 절망, 고립감, 자아존중감, 존엄성에 대한 위협에서 오는 정서적 상실 그리고 사회적 접촉 관계감소, 역할변화에서 오는 사회적 상실 등을 느낀다.

(2) 두려움(Fear)

패티슨(Pattison)은 두려움의 원인으로 미지에 대한 두려움, 고독에 대한 두려움, 가족과 친지의 상실에 대한 두려움, 신체기능의 상실에 대한 두려움, 자기조절 능력의 상실에 대한 두려움, 주체성(정체성) 상실에 대한 두려움, 통증에 대한 두려움, 퇴행에 대한 두려움이 있다고 하였다. 환자가 어떤 두려움을 느끼는지 잘 관찰하고, 이야기를 들어주면서 두려움의 원인을 찾는 것이 중요하며, 이로서 두려움의 원인을 제거할 수 있다.

(3) 절망감(Despair)

절망감은 무능감, 무력감, 실망, 포기가 순환적으로 작용하는 연속적인 상태이다. 무능감은 자아가치의 소멸, 자아조절의 상실, 의사결정 능력 감소 시에 생기게 되고, 무력감은 자기간호 능력 소멸, 좌절된 의존감, 자원이 고갈될 경우에 생기게 된다. 실망은 미래가 침울하게 상상되고, 무익하고, 불가능하고, 무의미하다고 느낄 때, 그리고 포기는 더 이상 대처할 수 없다고 인지할 때 나타나는 반응들이다.

이처럼 죽음은 죽음을 경험하는 당사자나 가족, 친구 등 모두에게 어려운 일이며 이에 대한 심리 · 정서적 반응이 다양하게 나타난다. 최근 연구에 의하면 죽음에 대한 반응이 환자의 병종류, 성, 성격, 문화와 생활환경 등 개인차에 따라 다를 수 있으며, 죽음의 과정에 보편적인 단계나 양식이 존재하는 것이 아니라고 주장한다(Corr, 1995).(호스피스 9장 참조)

2. 상담자의 태도와 상담원칙[3]

1) 상담자의 태도

호스피스 상담자는 말기환자들의 욕구를 고려하여 환자에게 신중하게 반응하여야 하며 상담가는 환자들과의 경험을 통해 얻는 성숙함이 필요하다. 특히 죽음에 대한 염려나 두려움 없이 환자와 대화할 수 있는 개방형 의사소통기술이 매우 중요하다. 이러한 기술습득을 위해서는 먼저 상담사 본인이 죽음에 대한 공포나 염려, 또는 편견없이 죽음에 대해 편안하게 느껴야 한다. 죽음을 성장의 최종 단계로 보고 죽는 것과 관련해서 자기 정체성을 잘 개발하는 일이 중요하다고 하겠다. 정체성이 개발되기 위해서는 현실적인 삶의 목적을 달성해야 하며 삶의 청사진을 가져야만 삶이 분절되지 않고 목적을 가지게 된다. 또 개인의 성장에 따른 이별과 고통을 끊임없이 경험하게 되는데 이러한 변화의 삶은 성장을 가져오며 변화에는 공포와 염려가 따른다. 변화가 개인의 성장을 가져온다면 새로운 기회와 변화에 잘 준비해야하고 현재의 도전으로부터 야기된 공포와 염려를 극복하는 것은 죽음이 임박함을 알게 될 때 야기되는 공포와 염려에 대비할 수 있도록 도움을 준다.

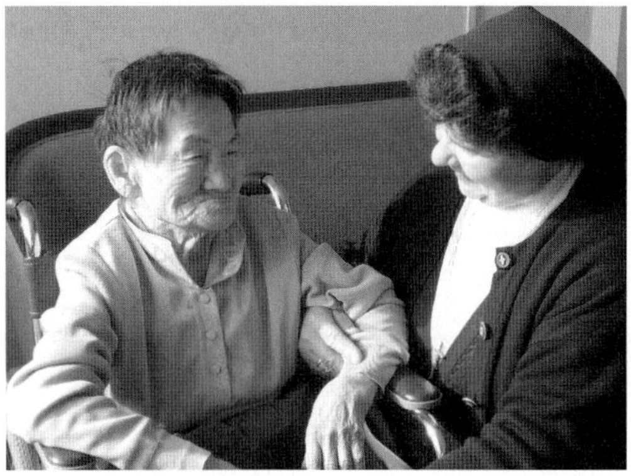

성골롬반의원 원장수녀님과 노인 내담자와의 상담

〈표 14-1〉 말기 환자를 대하는 상담자의 태도

- 내담자의 상태에 신중한 태도를 보인다.
- 현재 중태임을 인정한다. 또한 가족에게는 처음부터 알린다.
- 내담자에게 가능성에 대한 희망을 준다.
- 내담자의 성격과 삶의 주제를 파악한다.
- 신체적으로 매우 약해져 있는 경우 부정적이거나 충격적인 접근을 삼간다.
- 내담자의 심리적 상황을 파악하면서 내담자가 자신의 병의 정도를 서서히 알도록 한다.
  → 도중에 내담자가 놀라거나 불안해하면 일단 그 선에서 중지한다.

2) 상담의 원칙

상담자는 말기환자와 상담 시 다음의 원칙들을 신중하게 고려해야 하며, 환자의 가족에게는 처음부터 알리고 설명해야 한다. 상담원칙은 '말기 · 임종의 순간이 다가왔음을 아는 내담자'와 '병의 상황을 알기를 거부하는 내담자'로 나누어 살펴볼 수 있다.

먼저 '자신의 임종의 순간이 다가왔음을 아는 내담자'와의 상담의 원칙은 다음과 같다. 과거와는 달리 현재의 경향은 내담자의 상황에 대해 정직, 개방적인 자세를 갖는 것이 바람직한

3 이호선 (2005), 노인 상담, 학지사, p.327~329 재인용

것으로 되어 있다. 이것은 환자가 자신의 상태를 정확하게 파악하고 스스로 향후 치료결정에 참여할 권리를 갖는다는 점을 중요시하기 때문이다.

〈표 14-2〉 말기환자 상담의 원칙

- 내담자 가까이에서 격려하고 지지해 준다.
- 내담자가 고독감을 갖지 않도록 도우며, 가족, 친지, 친구의 문병을 독려한다.
- 내담자가 자신의 슬픈 마음을 표현하도록 하여 충분히 애도할 수 있도록 돕는다.
- 내담자가 호소하는 문제를 진지하게 듣는다.
- 내담자의 통증호소에 적극 반응한다.
- 내담자가 자기 삶의 의의를 발견하도록 돕는다.
- 말기환자들에게서 일어나는 어느 정도의 퇴행을 자연스럽게 받아들인다.

다음은 '병의 상황에 대한 사실을 아는 것을 거부하는 내담자'를 상담할 때의 상담원칙이다.

병의 상황에 대한 진실 알기를 거부하는 내담자에게는 병의 진행과 현재 상황에 대해서 굳이 알리지 않아도된다. 상담자는 마음의 평화를 주고 호소하는 통증에 즉시 반응하면서 내담자가 심리적인 안정을 계속 유지하도록 돕는다.

〈표 14-3〉 부인하는 내담자 상담에 대한 원칙

- 내담자를 정직하게 대해야 하되 '죽어가고 있다', '마지막이다' 라는 표현은 하지 않도록 하고 삶에 대한 희망을 제공하도록 한다.
- 내담자의 질병상태에 대해 신중히 반응하고 호소하는 통증과 심리적 고통에 진지하게 반응한다.
- 내담자 옆에 앉아 눈을 자주 맞추고 내담자의 이야기를 적극적으로 경청한다.
- 병 상태에 대한 자세한 설명보다는 상담자가 옆에서 끝까지 지켜주고 함께 싸우겠다는 태도를 보여준다.
- 내담자의 심리변화를 살피고, 내담자가 느끼는 기대와 실망의 내용을 살핀다.
- 내담자가 충분히 애도과정을 거칠 수 있도록 돕는다.
- 가족과 용서와 화해 할 수 있도록 도우며, 내담자와 가족이 서로 충분히 만나도록 한다.
- 내담자가 원하는 경우 유서나 가족, 친구에게 남길 편지를 쓰도록 한다.

3. 임종 시 대처방법

예전에는 온 식구가 임종을 맞는 사람의 머리맡에 둘러앉아 마지막 말을 조심스럽게 기억하고 임종자의 바램을 존중하여 귀 기울여 들었다. 그러나 현대에는 대부분이 병원이나, 요양원 등 집이 아닌 다른 곳에서 죽음을 맞이하며, 자식들이나 가족들은 멀리 있어 마지막 임종을 지켜보지 못하는 경우가 많다. 그래서 외국의 경우 가족이나 친구에게 마지막 말이나 바램을 들려주기 위해 수 주 동안 할 말을 준비하고 연습하기도 하고, 비디오에 자신의 모습을 담기 위해 자신을 멋있게 치장하고 촬영을 즐기기도 한다. 이러한 기록물들은 후손을 위해 보존되는 가족이야기로서 매우 귀중한 물건이 될 수도 있다.

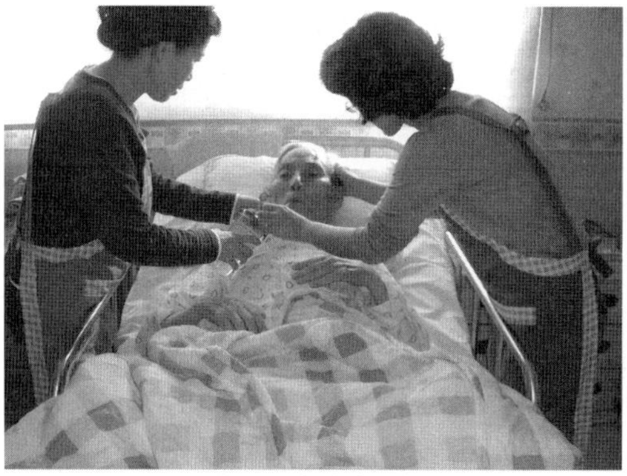

봄내 호스피스(기쁨의 집)

그러나 아직까지 가족의 죽음이란 모두에게 고통스럽고 두려움을 준다. 그러나 대부분 생각보다는 임종은 평화롭다. 임종하는 사람과 가족의 불안을 감소시키는데 도움이 되는 것은 임종을 위한 준비를 하는 것이다. 임종의 준비로는 장례계획을 세우고, 죽음이 임박했을 때의 증상들과 임종 후의 돌봄에 대해 미리 아는 것이 포함된다.

1) 임종이 다가왔을 때의 증상들

(1) 음료나 음식에 대한 소비가 감소한다.

죽음을 맞이하는 사람들은 보통 먹을 것이나 마시는 데에 거의 흥미가 없어 먹는 것이 감소한다. 적은 양으로 천천히 섭취되어야 하며 언제, 얼마나 섭취할 것인가는 본인 스스로 정하게 한다.

(2) 사람들과 어울리는 것을 회피한다.

죽음에 임박한 사람은 본인이 약해지고 피로해지면 사람들과 어울리는 것을 피하므로 한 사람 혹은 몇 사람들과만 함께 있기를 원할 수 있다. 또한 말이 종종 느려지거나 어렵게 되기도 하며 결국은 말하는 능력을 잃게 될 수도 있다.

(3) 잠자는 것이 늘고 말과 반응이 없어진다.

잠자는 시간이 계속 늘어나고 말과 반응이 없어지고, 때때로 일어나는 것 자체가 어렵게 될 수 도 있다. 이 때 환자의 손을 잡고 부드럽고 자연스럽게 이야기하며 '같이 있는 것' 이 무엇보다 중요하다. 또 감각 중 청각이 가장 늦게 소실되므로 환자가 의식이 없거나 잠들어 보일 때에라도 깨어 있을 때 하지 않는 말들을 이때에도 절대 하지 않도록 한다.

(4) 불안하고 반복적인 행동을 자주한다.

죽음에 임박한 사람은 시트나 옷가지를 잡아당기는 것 같은 불안하고 반복적인 행동을 계속해서 할 수도 있다. 뇌에 산소공급이 부족하거나 신진대사에 변화가 생겼을 경우 존재하지 않는 사람이나 사물의 환영이 보이기도 하므로 놀라지 말고 이런 행동들을 억제하지 않도록 하며, 조용하고 안심이 되도록 이야기해서 당사자가 더 이상 놀라거나 겁먹지 않도록 한다.

(5) 방향감각의 상실로 시간이나 장소에 대해 혼돈하거나 환상들의 경험을 하기도 한다.

시간이나 장소에 대해 혼란스러워 하고 가깝고 익숙한 사람들을 비롯해 방안에 있는 사람들이 누구인지에 대해 혼란스러워 할 수 있다. 이 때 환상과 같은 경험을 할 수 있다 .이에 대해 환자를 반박하거나 환자와 논쟁하지 말고 차분하고 조용하게 이야기를 할 수 있도록 하며, 잘 들어준다.

(6) 대소변의 실금과 소변의 감소되며, 이때 깨끗함과 편안함을 유지시켜준다.

근육이 약해지기 시작하면서 소변 혹은 배변의 조절이 잘 안 될 수 있다. 이 때 기저귀나 일회용 깔개는 침대를 청결하게 유지하는 데 도움을 줄 수 있고, 임종자로 하여금 깨끗함과 편안함 속에 있게끔 도와줄 수 있다. 보통 소변 배출이 감소하고 더욱 농축되어 색깔이 차 색깔과 같아진다.

(7) 호흡이 비정상적이 되므로 환자의 몸을 옆으로 돌려줘서 편안하게 한다.

평소 호흡패턴이 변화할 수 있어 호흡이 비정상적이 될 수 있고 얕아지거나, 고르지 못하거나, 빠르거나 혹은 느려질 수 있다. 빈호흡, 체이스톡스 호흡(cheyne-stokes, 무호흡과 과소환기)을 한다. 호흡패턴의 변화는 임종이 가까운 사람에게 매우 흔하게 생기는 일이다. 환자의 머리를 들어 올리고 환자의 몸을 옆으로 돌리면 환자가 더 편안해질 수 있다.

(8) 충혈과 입안 분비액이 많이 생기고 폐로부터 나오는 기침소리가 증가할 수 있다.

입안에 분비액이 더 많이 생기게 되고 분비액이 목구멍의 뒤쪽에 모인다. 가슴(폐)으로부터 나오는 콜록콜록하는 소리도 증가할 수 있다.

(9) 팔 다리등의 온도 변화와 피부색이 검거나 퍼렇게 변화된다.

순환계가 변화하기 때문에 팔과 다리가 차거나 뜨거워질 수 있고 변색될 수 있다. 이러한 현상은 더 검게 되고 퍼렇게 된 사지의 끝(팔 또는 다리)에서 눈에 더 잘 띤다. 색의 변화와 더불어 심장박동과 맥박은 더 느려지며 약해지고 불규칙해 질 수 있다.

(10) 떠난다는 허락을 받기위해 가족들은 '가셔도 된다'는 허락을 하는것이 필요함.

죽음의 마지막 날이 임박해오면 임종자의 몸은 폐쇄하는 과정이 시작된다. 이 과정은 모든 신체 기능이 멈추었을 때 끝이 나게 된다. 이것은 육체가 죽음을 위해 스스로 준비하는 자연의 순리를 따르는 것이다. 이 때 죽어가는 사람은 자신이 죽은 뒤 모든 것이 문제없다는 것을 확신하기 위해 집착할 수 있다. 그러므로 임종자가 이러한 근심에서 벗어나고 안심할 수 있도록 가족들은 '가셔도 된다'는 허락을 하는 것이 필요하다. 이것은 가족들이 임종자에게 줄 수 있는 마지막 사랑의 선물이 된다.

(11) 작별 인사

당사자가 죽음을 맞이할 준비가 되어 있고, 가족들 역시 임종자를 보낼 수 있을 때가 되면 각자의 방식대로 작별 인사를 함.

이 때 임종자와 함께 침대에 누워 손을 잡고, 필요한 대화를 나누는 것도 도움이 될 수 있다. 눈물을 흘리는 것은 작별 인사를 할 때 생기는 자연스럽고 정상적인 행동이므로 감추거나 그것에 대해 사과할 필요가 없다. 눈물은 사랑을 표현하는 것이고 죽는 사람을 떠나보낼 수 있도록 도와준다.

위의 상황들은 응급상황이 아니므로 병원이나 119에 전화하기보다는 임종 후에 도와줄 수 있는 사람에게 미리 전화하거나 상황에 적응할 시간을 갖고 본인 스스로를 돌보는 것이 더 중요하다. 또한 죽음이 임박하였을 때 나타나는 육체적, 감정적, 영적, 정신적 증후와 증상들은 임종자의 육체가 꺼져가는 자연스러운 과정이 완성되는 것으로 자연스러운 과정임을 이해하도록 한다. 실제로 이러한 과정들은 각 개인과 가족이 지닌 가치관, 믿음 그리고 삶의 방식에 적합하고 고유한 방식에 따라 진행된다.[4]

2) 임종이 가까울 때의 대처방법[5]

임종자가 마지막으로 떠날 때에 무엇을 할지에 대해 가족들이 미리 의논하는 것은 가족들에게 도움이 된다. 따라서 임종을 앞둔 환자와 가족이 미리 협의하여 결정되어야 할 사항들이 있다. 환자가 의식이 없을 경우의 의료적인 처치 여부에 대한 결정을 해야 하며, 장례방법 및 장

4 On Our Own Terms : Moyers on Dying Discussion Guide (New York : Educational Broadcasting Corporation and Public Affairs Television, Inc., 2000). Original Copyright © 2000 Metropolitan Hospice of Greater New York.

5 김태민, 노인의 죽음준비 어떻게 도와야 하는가?, 고령친화전문인력육성사업단, p.3

례주관자를 협의한다. 장지를 결정하고 장지로 옮길 구체적인 방법 등을 결정하도록 한다. 또한 본인의 생년월일, 의사의 전화번호, 연락해야할 분들의 전화번호, 장의사 및 병원의 전화번호, 종교관계자들의 전화번호 등을 챙기도록 한다.

특히 집에서 돌아가시는 경우에 수발은 아무리 지성으로 시중을 든다 해도 한계가 있다. 따라서 미리 각오를 하고 있어도 그 때에 직면하게 되면 당황스러워 무엇을 어떻게 해야할지 당황하게 된다. 죽음을 맞는 본인도 보내는 측도 될 수 있으면 후회 없는 편안한 상태에서 최후를 맞을 수 있었으면 하고 바란다. 점점 상태가 악화되어가도 노인이 자신의 집에서 죽음을 맞기를 바라고 이에 의사도 응해주면 가정에서 죽음을 맞을 수가 있다. 노인에게 있어서 살던 집에서 친척이나 가까운 사람들에게 둘러싸여 최후를 맞을 수 있다는 것은 어떤 의미에서 행복감을 갖고 대부분의 사람이 자는 듯이 편안하게 죽음을 맞을 수 있다.

또한 수발자측에서도 대부분의 사람이 가정에서 임종했다는 만족감을 가질 수 있다. 죽음에 직면한 노인은 대부분이 죽음에 대한 불안을 안고 있는 것으로 조사된다. 누군가가 곁에 붙어서 손을 잡고 임종까지 귓전에서 조용히 말을 건네는 것은 조금이라도 노인에게 편안한 마음을 줄 것이다. 의식이 몽롱해지고 삼킬 수가 없으면 무리하게 물 같은 것을 주지 말고 의치는 벗겨서 물에 담가놓아 질식을 예방하도록 한다. 의식이 없는 것 같이 보여도 귀는 들을 수 있는 경우가 많으므로 노인이 가슴아파할 이야기나 태도는 결코 하지 않도록 한다.

임종이 가까워 올 때 가족이나 보호자는 다음과 같이 대처하도록 한다.

〈표 14-4〉 임종이 가까울 때의 대처방법

- 병원 입원 시에는 의료진이나 간호사에게 상황을 전달한다.
  (호흡에 변화가 왔던지 맥이 짚어지지 않는 등 용태에 변화가 있으면 주치의에게 연락한다. 의사가 도착하기 전에 호흡이 멎으면 그 시각을 기록해둔다.)
- 당황하는 기색을 환자에게 보이지 않도록 한다.
- 환자 옆에서 떠나지 말고 손을 계속 잡아준다.
- 평안한 말로 격려하고 노인의 죽음을 허락하는 말이나, 마지막 인사 등 작별인사를 한다.
- 종교가 있을 때에는 성직자를 불러 임종 종교의식을 행하도록 한다.
- 환자 중심으로 대화를 한다. 친척들이 모여 밖에서 시끄럽게 얘기하거나 지나친 애도는 금지한다.
- 친척이나 친한 친구 등에게 요령 있게 연락한다.
  (특히 만나고 싶어 했던 사람에게 아직 의식이 분명할 때 만날 수 있도록 신속히 연락하도록 한다.)

3) 임종 시 케어 방법

① 임종 시, 눈을 먼저 감기고, 임종시간을 기록한다.

② 다른 친지들에게도 노인이 편히 소천하셨다는 말로 위로하고 격려한다.

③ 가족들이 애도할 시간을 충분히 가진다.

④ 가족이나 장례지도사 2~3명은 간단한 사후케어(Dead care)를 한다.

• 눈을 잘 감기고, 옷을 벗기고 몸을 알코올이나 따뜻한 물로 깨끗하게 닦는다. →기저귀를 채우고 준비해 둔 깨끗한 옷으로 갈아입힌다. → 반듯이 눕히고 손을 가슴 위에 올려놓는다. → 벌어진 턱을 수건이나 화장지등으로 고여 놓는다. → 얕은 베게 등을 받힌다. 이불을 가슴 위까지 덮는다. → 이때 얼굴은 덮지 않는다. 종교에 따라 찬송가나 염불 등을 틀어놓고 촛불을 켜 놓아 악취를 제거한다.

⑤ 가족들은 다시 들어가서 마지막 인사를 하게 한다.

⑥ 의사에게 사망확인을 받고 사망진단서를 부탁한다.
(만약 사망 시에 의사가 도착되지 않았더라도 주치의라면 사망진단서를 써준다.)

⑦ 의사에 의해 사망확인이 끝나면 입술을 몰로 적신다. 임종의 물이다.
(나무젓가락 끝에 솜을 말거나 새 붓 끝에 물을 적시어 고인의 입술에 가볍게 적신다.)

⑧ 사후경직이 오기 전에 사후조치를 하여 유체를 깨끗이 하기위한 조치를 한다.(사후경직은 사후 2-3시간 정도부터 시작되고 턱, 머리, 손, 발 순으로 점점 아래로 진행된다.)

⑨ 사후조치는 장의사에 의뢰해도 되나 가족의 손으로 몸차림을 깨끗이 해주는 것이 보다 낫고 입관 시 사람 앞에서 신체를 보이지 않아도 된다.

⑩ 자택에서 최후를 맞게 되는 때에는 그 취지를 반드시 친척에게 알려서 문제가 일어나지 않게 해두어야 한다.

4) 사후에 돌봐야 하는 수속

① 하복부를 압박하여 대소변을 나오게 하고 따뜻한 물로 깨끗이 씻어 항문에 나무젓가락을 사용하여 면으로 항문을 막는다.

② 탈지면에 알코올을 묻혀서(없을 때는 따뜻한 물로 가함) 전신을 닦는다. 욕창 같은 상처가 있으면 붙여놓았던 거즈를 깨끗한 것으로 바꾼다.

③ 기저귀를 하고 커버도 해서 수의로 갈아입힌다.

④ 입에 나무젓가락으로 솜을 막고 의치를 넣는다. (볼의 안쪽에 솜을 넣으면 볼록하게 보인다.) 코 귀도 솜으로 막는다.

⑤ 눈을 뜨고 있을 때는 솜을 엷게 해서 윗눈꺼풀 밑에 넣고 닫으면 된다.

⑥ 머리손질(흐트러진 머리를 알코올로 닦아 빗으로 빗으면 깨끗해진다.) 남성이면 면도(상처가 생기지 않도록 조심스럽게) 여성이면 엷은 화장(분, 눈썹그리기, 립스틱 등)

⑦ 손발톱을 자르고 손을 가슴 앞에 모은다. 미끄러질 때는 손목을 붕대로 감았다가 굳어지면 푼다.

⑧ 베개를 높게 하면 입을 다물게 된다. 닫기 힘들 때는 타월을 말아 턱밑에 고인다.

⑨ 하얀천으로 얼굴을 가린다.

5) 사후의 수속

① 장의사와 본인의 종교계통에 연락하여 장례의식에 대해 협의한다(장례식의 진행, 일시, 장지 등).
② 장의사는 24시간 영업하고 있고 거의 모든 준비와 요령 등을 맡아준다.
③ 만일 사후의 조치까지 요청하는 때에는 입관 시에 사람들 앞에 알몸을 보이지 않게 해달라는 요청까지 하도록 한다.
④ 사망진단서 사망계 (한 장의 종이에 다 쓰게 되어 있음)를 관공서에 제출하고 매장허가증을 받는다.
⑤ 사진 등 본인이 좋아했던 것을 준비해둔다.
⑥ 집에서 소천하셨을 경우엔 병원 앰뷸런스를 불러 응급실로 들어가 담당의사로부터 사망진단서를 발급받는다.
⑦ 사망진단서는 사망신고는 동사무소에 1달 이내에 신고하며, 이 진단서는 장례식장, 화장터, 각종 금융관계 등에 사용된다.

6) 장례계획

장례에 대한 계획을 세우는 것이 가족과 환자들에게 다른 반응을 보일 수 있다. 아직 환자가 살아 있는 동안 장례를 계획하고 정리하는 것이 도리가 아닌 것처럼 느껴질 수도 있어 장례계획을 세우는 것에 대해 꺼릴 수도 있으며, 환자 또한 이러한 계획에 참여하기를 바라는 사람도 있고 그렇지 않은 사람도 있다. 그러나 장례계획을 세우는 것이 편안하게 장례를 치를 수 있고 가족의 상실감과 슬픔을 줄일 수 있다.

장례 계획으로는 장의사 선정, 임종을 선언할 의사를 선정, 종교를 고려하여 성직자의 도움을 받을 수 있도록 하며, 관계기관의 연락처를 미리 알아 가족에게 알려주는 것, 연락할 사람들의 명단작성 등이 포함된다.

제 5 부 실무종사자들을 위한 가이드라인

제15장 유가족 상담

- 유가족 상담
- 유가족 상담원칙
- 유가족 상담방법
- 유가족 상담을 위한 치료기법들
- 유가족을 위한 적응교육
- 상실로 인한 상담에 영향을 주는 요인들
- 유가족 상담의 특수한 상황들
- 사별노인의 상담
- 사별관리에 대한 사회복지적 개입

아무도 당신이 배워야 할 것이 무엇인지 알려줄수 있는 사람은 없다.
그것을 발견하는 것은 당신만의 여행이다.
죽음을 눈앞에 둔 사람들은 위대한 가르침을 주는 인생의 교사들이다.
삶이 더욱 분명하게 보이는것은 죽음의 강으로 내몰린 바로 그 순간이기 때문이다.

엘리자베스 큐블러-로스, 류시화 옮김(2006), 인생수업, 이레

15

제15장 유가족 상담

죽음은 누구에게나 큰 공포로 다가오며 이러한 공포를 막기위해 인간이 할 수 있는 모든 노력을 다하나 해결할 수 없는 문제이다. 인간이 죽는다는 것은 자연의 피할 수 없는 섭리임에도 불구하고 우리는 그 사실을 잊고 산다. 그러다가 가까운 사람의 죽음을 경험할 때에야 비로소 삶에 대해 긴장하거나 불안해하며, 인생의 가장 큰 비애와 허탈함을 맛보게 되며 인간이 느낄 수 있는 가장 강도 높은 상실을 경험하게 된다. 상실로 인한 심리적 고통은 심각한 정서적인 위기이기 때문에 죽음에 직면한 사람들이 그들의 삶과 죽음에 대한 감정과 과정을 잘 겪어 나가도록 도와야 한다. 뿐만 아니라 가까운 사람의 죽음을 맞이한 그들의 가족, 즉 부인, 남편, 자녀, 부모, 친구들이 사랑하는 사람을 떠나보내며 감정을 잘 다룰 수 있도록 돕는 일이 적극적으로 필요하다. 최근에는 유족들이 겪는 심리적 어려움을 상담을 통해 돕고 있으며, 이러한 죽음에 관한 문제와 비탄에 관한 상담은 죽음이 공포와 피해야할 대상이 아닌 삶의 경이로운 사건임을 알게 하고, 이로서 삶을 순간순간 긍정적이고도 풍요롭게 살아가도록 돕는다.

1. 유가족 상담

홀로남은 여성노인과의 상담

유가족이 슬픔(grieving)을 갖는다는 것은 정상적인 것이다. 슬픔의 과정이 오히려 인간이 가지고 있는 가장 귀중한 자질, 창조성이라고 하는 것을 개발하고 확산시켜 나갈 수 있는 절호의 기회가 될 수 있다. 따라서 슬픔을 잘 통제한다면 건전한 슬픔(healthy grieving)이 될 수 있다. 하지만 정도가 지나치면 병적현상이나 기능장애를 보이게 되며 해결되지 않은 슬픔(unresolved grieving)을 간직한 유족에게는 1년 또는 그 이상의 집중적 원조가 필요하다. 따라서 이들을 도울 수 있는 방법으로 상담이 중요하다. 왜 유족에게 상담이 필요한지 그 이유는 다음과 같다.

1) 유가족 상담의 필요성

(1) 사별을 당한 사람은 그렇지 않은 사람보다 신체적 · 정신적인 면에서 발병률이 높기 때문에 애도의 시기에 도움을 받을 필요가 있다. 또한 유족(사별 1년 이내)이 일반사람과의 사망률 비교에서 7배나 높다고 한다. 특히 배우자를 잃은 사람들의 사망률이 급격히 높아진다는 사실이 발견되었으며, 특히 부인을 잃은 남편의 사망률이 급격히 증가된다. 로체스터 의과대학의 조사에 의하면 상을 당해 사랑하는 사람을 잃은 사람들의 고통이 암을 발생시킨다고 한다. 슬픔을 당한 사람들 가운데 암환자와 심장병 환자가 많다는 사실에 비추어 볼 때 예방의학적 중요성이 부각되고 있다.

(2) 슬픔을 제대로 처리하지 못하게 되는 경우, 살아 있는 인간과의 관계도 부정적으로 나타난다. 가장 유명한 사례가운데 하나는 영국의 빅토리아 여왕의 이야기로 남편이 아들을 위해 함께 여행을 하던 중 병으로 사망하게 되자 그녀는 남편의 사망이 아들로 인한 것이라고 생각되어 아들을 볼 때마다 신경질이 난다고 말했다.

(3) 슬픔을 성공적으로 해소시키기 위해서는 적절하게 표현해야 한다. 자기의 감정을 억제하는 것은 작업을 통해 슬픔을 적극적으로 처리하는 것을 방해한다. 자신의 감정을 그대로 드러내거나 잘 조절하지 못하고 사람을 비난하는 잘못된 영웅주의 교육은 종종 자신의 감정을 극도로 절제하여 결국에는 커다란 정신적 파탄을 초래하기도 한다.

(4) 슬픔 가운데는 특별히 견디기 어려운 시기가 있다. 자식을 출가시키고 남편과 사별한 여성에게 가장 어려운 시간은 주말에 혼자 있어야 하는 시간이다. 죽은 배우자의 생일, 남은 배우자의 생일이나 결혼기념일 등을 주위사람들이 잘 알아서 유가족들이 잘 극복할 수 있도록 도와야 할 것이다.

(5) 슬픔이라는 단계는 감정을 정화시키는 역할을 한다. 걱정이나 긴장이 해소되고 자유로워지게 된다. 이러한 감정적 해방의 단계에서 사망한 사람과의 감정적 유대는 점차적으로 포기되어진다. 감정적으로 연결된 것을 끊어버리고 새로운 인간관계를 향해 힘을 다시 재투자해야 한다는 측면에서 슬픔의 적절한 처리를 위한 유가족 상담이 중요한 의미를 갖고 있음을 알 수 있다.

(6) 슬픔의 기간이 의미를 가진다. 병리적인 슬픔과 보통의 정상적인 슬픔을 구분해야 그 슬픔의 상태를 정확히 파악할 수 있게 된다. 슬픔의 과정을 끝내고 회복상태까지 도달하기

위해서는 일반적으로 대개 1년 정도가 걸린다고 한다. 대부분의 경우 상을 당한 사람은 1년이 지나면 인생의 새로운 장을 열어 나가게 된다. 그러나 1년 후에도 상처를 처리하지 못하고 슬픔의 과정에 그대로 머물러 있는 경우에는 개인간의 차이는 있지만 전문가와 상담을 해야 한다.

(7) 당면하게 된 슬픔을 통하여 개인의 인격이 성숙해지고 잠재되어 있는 가능성이 더 개발되어 질 수 있는 상담이 필요하다. 이것은 유가족 상담이 갖는 궁극적인 목적이기도 하다.

2) 유가족 상담의 목적

유가족 상담의 목적을 슈쳐털(Shuchter,1986)은 상실로 인한 심리적 고통을 첫째, 내담자가 잘 표현하고 통합하는 방법을 배우고, 둘째, 고통을 가장 잘 조절하는 방법을 발견하도록 하기 위함이며, 셋째, 죽은 자와의 계속적인 관계성을 통합하며, 넷째는 건강과 계속적인 기능을 유지하도록 하기 위함이라 하였고, 끝으로는 변경된 관계성에 성공적으로 적응하며 통합된 건강한 자아상을 개발하고 안정된 세계관을 개발하도록 하기 위함이라고 하였다.

워든(Worden,1982)에 의하면 상실의 현실감을 증가시키도록 도우며 내담자가 표현하거나 그에게 숨어있는 정서를 다루고 재적응하는데 따르는 어려움을 돕기 위해 상담이 필요하다고 하였다. 또 상담은 내담자가 죽은 사람으로부터 건강한 정서적 철회를 하도록 하여 그러한 감정들을 새로운 관계성에 편안하게 재투자하기 편하도록 돕는다고 하였다.

덜쉬머(Dershimer,1990)는 상실로 인한 심리적 고통과 사별에 대한 지식을 증가시킴으로서 슬픔, 죄의식, 분노의 적절한 표현을 도와 죽은 자와의 감정적인 관계를 정리하여 기존관계를 회복시키고 새로운 관계를 늘리도록 돕는다고 하였다. 이로서 자신감을 강화시키고 현실의 인식과 수용을 증가시키고 삶에 대한 궁극적인 의미와 목적의식, 영적인 면을 강화시킨다고 하였다.

3) 상담자와 상담대상[6]

(1) 상담자

죽음과 사별에 요청되는 상담자는 유능한 능력과 진정한 관심을 갖고 있어야 한다. 파커스(Parkes,1980)에 의하면 상실을 경험한 사람들을 상담할 수 있는 상담자의 유형은 다음과 같

6 최예선, 상실로 인한 심리적 고통을 다루는 상담 및 심리치료, p.194-195

다.

먼저, 상실한 사람들을 지지하기 위해 특별히 훈련받은 의사, 간호사, 심리학자, 또는 사회복지사 등의 전문가들이며 이들은 개인이나 집단, 또는 가족단위로 상담할 수 있다.

다음으로는 전문가에 의해 선발되어 훈련받은 자원봉사자들이다. 한 예로 미국 하버드대학의 지역사회 정신의학 연구팀을 통해 만들어진 프로그램이 "사별여성노인 대 사별여성노인에게 실시하는 프로그램(Widow to Widow Program)"이 있다.

마지막으로 사별의 슬픔을 겪은 사람이 다른 사람을 원조하는 '자조집단' 이 있다. 자조집단은 개인 대 개인, 또는 집단상담의 형태로 실시 될 수 있다. 이 때 봉사자는 충분한 융통성을 가지고 필요할 때는 두려움과 좌절에 대하여 논할 수도 있고, 적절한(기독교인의 경우-성경에서, 기타 환자의 가치관과 신념에서) 위로와 격려를 끄집어 낼 수 있어야 하며, 때로는 단지 침묵을 지키며 앉아있기도 해야 한다. 가족에게는 죽어가는 환자의 반응을 이해하도록 도와주고, 때로는 장래의 실제적인 계획들을 의논해 줄 수 있고, 죽음의 시간을 앞두고 흔히 나타나는 죄책감에 대하여 대화하고 이해시켜줌으로써 그 주위의 사람들을 격려시켜 주기도 해야 한다.

위와 같은 상담자의 태도(일치성, 베푸는 온정, 정확한 공감)는 임종을 맞이하는 사람과 사별 가족에게 치유(To heal), 화해(To reconcile), 지탱(To sustain), 인도(To guide), 성장(To enable growth)을 성취할 수 있도록 돕는다.

가족 구성원의 죽음을 수용하고 새롭게 적응하는 것은 가족에게 매우 어려운 일이며, 구성원이 죽어가고 있는 동안과 죽었을 때의 가족집단은 도움이 절실히 요청된다. 암 환자의 경우 가족구성원은 평상시보다 사회적 기능을 잘못하게 되고 치료의 부담을 갖고 있기 때문에 상당한 불안과 우울을 경험하게 된다. 그러므로 상담자는 정서적지지 뿐만 아니라 환자의 경제적 문제를 파악하여 치료비 문제를 해결할 수 있도록 정보를 제공한다. 장례의식은 사별과정에서 매우 중요한 요소라 할 수 있으므로 장례절차에 가족이 원하면 도와주고 환자 사후와 관련된 법적인 정보 제공도 한다.

또한 상담자는 가족면접을 통하여 사별을 당한 가족이 느끼는 죄의식, 분노, 두려움, 상실의 고통 등을 표현할 수 있도록 도우며, 사별 후 가족구조와 구성원의 역할을 재조정할 수 있도록 돕고, 다른 체계와의 새로운 관계를 확립할 수 있도록 돕는다.

다음은 유가족의 상담을 위한 상담자의 자세이다.

Tips

유가족을 위한 상담[7]

- 유가족을 '이해하는 마음', '아파하는 마음', '사려 깊은 마음'을 갖는다.
- 경청하는 자세를 갖는다.
  → 일반적으로 사람들은 충격을 받으면 자신의 이야기를 거듭 반복해서 말하기 원한다. 따라서 경청은 상담에서 아주 중요하다.
- 충격을 당한 사람이 어떤 말을 하든지 충격을 받지 않는다.
  → 죽음은 악몽과 같은 것이 될 수 있으므로 내담자에게 삶과 현실을 왜곡시켜 이성적인 사람도 불쾌한 말을 할 수 있다. 여기에 민감한 반응을 보이기보다는 묵묵히 경청하면서 옆에 있는 것 자체만으로도 큰 위로가 된다.
- 영적인 지원을 한다.
- 필요한 것을 헤아린다.
  → 슬픔을 당한 사람은 처리해야 할 일이 많으나, 실제로 감당할 말한 경황이 없다. 장례식 준비, 수없이 걸려오는 전화 등 이것을 위한 도움과 배려가 있어야 한다.
- 위로자의 역할을 계속한다.
  → 시간이 지남에 따라 상처가 나아지는 듯 보이나, 상담자는 지속적으로 위로자가 되어야 한다. 기념일, 생일, 추도일 등 마음의 아픔이 되살아나기 쉬운 날 특별히 위로의 손길이 필요하다.

(2) 상담의 대상

상담의 대상은 모든 개개인들이 될 수 있다. 하지만 현실적으로 비용과 다른 요인들로 인해 개별적으로 원조할 수 없으며 모든 사람에게 개별상담이 꼭 필요한 것은 아니다. 내담자가 도움을 필요로 할 때 상담하는 것이 비용면에서 좀 더 효율적이고 상담의 효과도 클 수 있다. 죽음으로 인한 상담이나 집단중재를 필요로 하는 사람들의 유형적 특성을 보면[8] 나이가 낮을수록(50세~69세), 교육수준이 높을수록, 자신감이 있을수록, 우울이 높을수록, 낮은 삶의 만족과 능력의 지각된 수준이 낮을수록 참여가 높고, 지각된 건강, 자아존중감, 스트레스, 지지망의 도움, 성별, 종교, 사회경제적 수준에 따라 차이를 보인다.

7 빌리 그레 함(1991), 지상우 옮김, 기독교 관점에서 본 죽음이란 무엇인가,서울, 크리스챤 다이제스트
8 Dale. A. Lund, Margaret Dimond and Merry Juretich (2004) Bereavement Support Groups For The Elderly : Characteristics of Potential Participation ,

2. 유가족 상담원칙[9]

유가족을 상담하는 데는 몇 가지 원칙이 있다. 먼저, 상실은 되돌릴 방법이 없는 불가항력적인 것으로 현실로 받아들이는 것과, 다음으로는 상실로 인한 분노와 죄책감 등 다양한 정서반응들과 그에 따르는 고통이 있음을 인식하고 받아들여야 한다. 받아들임이 있고 난 후에는 다시 체험해내야 한다. 마지막으로 고인에 대한 관계를 재정립한 후 다시 새로운 삶에 대한 에너지를 얻고 적극적으로 삶을 시작하는 것을 도와야 하는데 여기에는 상담자의 무조건적인 수용과 공감 및 적극적인 경청을 통한 지지가 절대적으로 필요하다. 유가족 상담에 있어 가장 중요한 원칙은 상실에 관한 전반적인 의미를 숙고할 수 있도록 돕는 것이다.

다음은 상담의 원칙과 그에 따른 상담자가 해야 할 일과 상담방법을 기술한 것이다.

원칙 1 죽음이 실제로 일어났음을 이해하는 일이 어렵다

상담자는 유가족들이 죽음을 현실로 직면할 수 있도록 도우며 그에 따라 발생하는 정서반응들을 다룬다. 지지상담방법으로는 죽음과 죽음에 관련된 사건들을 유가족이 세세하게 모두 지속적으로 이야기할 수 있도록 분위기를 조성하고 지지한다.

원칙 2 분노, 죄책감, 불안, 무력감 및 슬픔과 같은 정서들을 인정하는 일이 어렵다.

상담자는 고인이나 자기 자신에 대한 고통스러운 느낌들을 탐색하여 이를 모두 표현하게 한다. 상담방법으로는 부정적인 정서들을 느끼는 것에 대해서 두려워하지 않게 돕는다. 또한 이를 유가족이 모두 말로 표현하도록 돕는다.

원칙 3 고인이 주었던 기쁨이나 지지가 없는 상황에서도 사는 법을 배우는 것이 필요하다.

상담자는 고인이 주었던 기쁨들이 없어졌다는 것을 인정하고 다른 방법으로 그 욕구를 충족시키는 방법을 터득한다. 상담방법으로는 실제적 혹은 관계에서 발생하는 문제들을 탐색하여 이를 해결할 방법을 강구한다.

9 황애란 (2007), 슬픔치유과정과 유가족 상담, 시립노원노인종합복지관 죽음준비학교 운영의 실제, p.131~132인용

원칙 4 유가족의 정서생활에서 고인을 위한 새로운 자리를 마련하는 것이 필요하다.

고인을 대신할 방법은 없지만, 고인이 없는 새로운 관계를 수립하는 것은 매우 가치 있는 일임을 유가족이 배우도록 한다. 상담방법으로는 유가족이 상실된 관계의 강도를 인정하고 시간이 지나면서 새로운 관계로 이행해 가야 함을 인정하도록 돕는다.

원칙 5 슬픔은 시간을 요하는 것이며 점진적인 과정이다.

슬픔은 복합적인 것이며 고인이 존재하지 않음을 인정하는 일은 매우 어려운 일임을 깨닫도록 한다. 상담방법은 휴일, 생일 혹은 기타, 다른 기념일에 유가족들이 더욱 힘들 수 있음을 알게 한다.

원칙 6 유가족이 지금 살고 있는 것이 현실이 아닌 것 같다는 느낌을 갖는 것은 정상적인 일이다.

정신적인 문제가 있는 것과 같은 증상들은 유가족에게 흔히 나타나는 일임을 알려준다. 상담방법으로는 유가족에게 사별의 다양한 영향을 인식하고 그 증상들이 자연스러운 것이며 일시적인 것임을 알 수 있도록 돕는다.

원칙 7 사람들마다 각기 다르게 슬픔을 치러낸다.

유가족으로 하여금 슬픔을 경험하는 방식이나 이를 표현하는 방법이 모두 다 다르다는 것을 인식하게 한다. 상담자는 다른 가족들이 슬픔을 표현하는 방식이나 혹은 슬픔을 표현하지 않기 때문에 다른 가족이 불편해 하고 있는지를 확인하고 이를 돕는다.

원칙 8 유가족은 상담 기간 동안 지속적인 지지가 필요하다.

유가족은 적어도 1년 이상 슬픔을 함께 나누고 상실에 대해 탐색할 수 있어야 한다. 따라서 상담자는 장기간 동안 지속적으로 연락을 취해 유가족을 돕도록 하며, 필요한 경우 다른 지지모임이나 상담자에게 연결해 주도록 한다.

원칙 9 방어기제나 대처양식에 따라 슬픔은 다르게 나타난다.

슬픔에 개인적으로 대처를 못할 경우 슬픔이 지연되거나 건강하지 못한 방식으로 적응을 하게 될 수 있다. 따라서 상담자는 유가족의 슬픔에 대한 반응을 잘 관찰하고, 유가족들이 신뢰할 수 있고 지지받는 관계 속에서 자신의 슬픔에 대해 성찰할 기회를 갖도록 돕는다.

원칙10 사별은 어떤 사람들에게는 정신적인 문제를 초래한다.

상담자는 필요하면 전문가에게 의뢰한다. 유가족이 일반적인 슬픔치유접근으로는 대상자를 도울 수 없다고 판단되는 경우 적절한 전문가에게 의뢰한다.

3. 유가족 상담방법

죽음으로 인한 상실은 매우 큰 고통을 가져오며 이에 대해 정상적인 반응 또는 비정상적인 반응을 보인다. 사별한 사람들은 애도의 과정을 거치면서 고인이 함께했던 그 시간들과 친숙했던 시간들을 떠나 낯설고 새로운 세계로의 여행을 시작하게 된다. 그러나 그 여행은 매우 고통스럽고 힘겨우며, 막막한 느낌이 들므로 이러한 내담자에게 상담자나 지지그룹은 여행 안내자이자 동반자가 된다. 여기에서 상담자는 사별한 내담자가 자신을 재충전하는 시간을 갖게 함으로서 인생의 새로운 면을 볼 수 있고, 인격적으로 성장할 수 있도록 도움을 줄 수 있다. 여기에서는 이러한 도움을 줄 수 있는 상담자가 내담자를 어떻게 도울 수 있는지 그 방법에 대해서 소개하고자 한다.

시각장애 여성노인과의 면담

1) 경청

상담자는 존중하는 마음을 가지고 경청한다. 상담자 자신의 틀을 버리고 무조건적인 존중심을 가지고 내담자의 이야기를 경청하는 자세가 필수적이다. 상담자는 내담자가 충분히 자신의 이야기를 할 수 있고 또 충분히 울 수 있도록 하며, 슬픔을 표현할 수 있게 한다. 또한 상담자는 먼저 잃어버린 관계성의 의미를 파악해하도록 한다. 가장 중요한 것은 상실의 고통을 경험하는 내담자는 상담자의 반응에 매우 민감하므로 내담자가 상담자에 의해 판단되거나 이상하게 느껴질 것이라는 두려움이 들지 않도록 해야 한다. 상담자가 어느 한계 내에서 자신의 감정을 표현하는 것이 다른 어떤 말보다 더욱 강한 효력을 얻을 수도 있다. 그러나 신체적 접촉은 효과적일 수도 있지만 매우 조심해서 사용해야 한다. 함께 사진이나 과거의 여행기념품 등을 보거나 고인에게 편지를 쓰게 하고 함께 토론하는 것도 좋은 방법이다. 특히 고인에 대해 이야기하는 것을 잘 듣게 되면 죽은 사람과 어떠한 관계였는지 알 수 있으며, 죽음이 이들에게 무엇을 의미하는지 알 수 있다. 가족 내에서 죽음을 어떻게 다르게 인식하고 있는지를 파악하게 되면 어떤 문제가 있는지를 파악해 낼 수 있다. 또한 죽음으로 인해 유가족들이 현실감각에 균형을 잃어버릴 수 있는데, 이야기를 지속적으로 하게 하면 이것을 통해 새로운 현실을 재구성할 수 있다.

2) 교육

대개의 내담자들은 지금 자신이 뭔가 잘못되어 있다는 생각에 두려움을 느낀다. 내담자가 느끼는 혼란, 스트레스, 환상, 꿈, 부부간의 갈등, 고립감, 신체적인 증상 등이 모두 누구나 슬픔가운데서 느낄 수 있는 것이며 자연스런 현상임을 확신시키는 일이 중요하다. 이를 위해 상담자는 내담자에게 이 단계 다음에는 이런 느낌이나 반응이 오고 그 후에는 이런 어려움을 겪을 것이라는 과정에 대해 교육함으로서 사별에 대처하는 교육을 한다. 이 때 타인의 경험과 극복방법을 듣는 것도 매우 유용하다. 그리고 집단구성은 내담자에게 매우 도움이 된다.

3) 문제해결

사별 후 내담자가 부딪치게 되는 문제는 현실적인 문제, 대인관계 문제, 영적인 문제, 심리적인 문제 등 다양하다. 상담자는 이러한 문제점들을 명확히 해주되 어떤 해결책을 제시하는 대신 내담자가 취할 수 있는 가능한 행동들과 선택들을 분명하게 해줌으로서 도울 수 있다. 여기서 중요한 것은 문제해결을 위해 내담자를 판단하면 안 된다는 것이다. 슬픔에 대한 감정이나 상실된 관계에 대한 것은 개인마다 매우 특별하고 고유한 것이고 개인뿐만 아니라 가족마다 어떤 문화를 가지고 있느냐에 따라 가족의 역동도 다르다. 따라서 상담자는 유가족의 느낌과 그들이 하고 싶어 하는 것에 대해 섣불리 판단해서는 안 된다. 다만 판단을 하지 않고 그들의 이야기를 경청하면서 그들의 삶을 스스로 성찰하게 도우면 혼란한 가운데서도 스스로 어떤 의미나 삶의 힘을 찾아낼 수 있게 된다.

첫째, 문제해결을 위해서 가족 내에서 가장 힘든 사람이 누구인지를 파악하는 것이 중요하다. 가족역동을 잘 관찰하면서 건강한 방식으로 슬픔을 치러내는 사람과 그렇지 않은 사람을 파악하여 적절한 도움을 줄 수 있도록 계획해야 한다. 계획 시 개인마다 차이가 있고, 성별에 따른 차이, 연령의 차이가 있을 수 있으므로 이에 대해서 세심한 관찰이 필요하다. 특히 슬픔치유가 효과적이려면 미해결된 정서적인 문제가 남아있는 경우 이를 찾아내어 다루어 주어야만 한다.

둘째로는, 가족들이 서로 대화할 수 있도록 돕는다. 가족 내 죽음이 발생하면 죽음이라는 커다란 사건을 놓고 가족마다 대응하는 방식이 다를 수 있다. 각 가족의 문화와 상황에 따라 다르기는 하겠지만 가족들이 하나의 공동체라는 것을 인식시키고 응집력과 결속력을 높이기 위해 가족들이 서로 대화할 수 있도록 상담자가 도와야 한다. 이것은 슬픔의 여정 속에서 가족들이 서로의 이야기를 경청하게 도와 서로의 생각이나 감정을 공유하고 서로 다른 방식으로 문제에 대응하는 것이 있다면 이를 이해하고 수용할 수 있도록 돕는다. 이런 공동의 과정을 통해 가족들은 자신만이 힘들고 외로운 것이 아님을 알게 되고 가족들로부터 이해받고 있음을 알게 되어 큰 힘을 얻을 수 있다. 이것은 가족들이 서로 돕는 것의 중요성을 인식하게 하고 서로 힘이 되어 줌으로서 슬픔으로부터 잘 극복할 수 있게 한다.

마지막으로 내담자에게 통제력을 다시 획득할 수 있도록 도와야 한다. 죽음이 발생하면 가족들 모두 자신의 삶에 대한 통제력을 상실한 것처럼 느껴지게 된다. 상담자는 가족들 개개인과 지속적으로 이야기를 나눔으로써 그들이 현재 슬픔 여정 속에서 어느 위치에 와 있는지 알게 함으로써 자신에 대한 통제력을 회복하게 도울 수 있으며, 비슷한 경험을 하고 있는 사람들과 만나게 함으로서 자신에 대한 통제력을 회복하게 할 수 있다.

4) 의뢰

죽음자체에 대한 해결책이나 죽음의 의미를 긍정적으로 생각하기에는 시간이 필요하다. 유가족들은 전문상담자의 도움도 필요하지만 다른 가족들이나 친지들의 도움이 필요하다. 또 자조모임이나 다른 사회지지체제의 도움도 필요하다. 전문상담자의 중요성은 이러한 모든 상황을 총체적으로 분석한 후 필요한 정보나 도움을 적시에 주면서 슬픔치유가 끝날 때까지 함께 하는데 있다. 만약 문제가 복잡하거나 깊은 상담을 필요로 할 경우에는 자조집단에 의뢰할 수 있다. 이런 경우에는 상담자가 1-2주 후에 전화를 하는 것이 바람직하다. 즉 상담자는 유가족의 슬픔을 치유하는데 총체적으로 관심을 가지고 관여를 하기는 하지만 전체적으로 볼 때 상담자의 도움은 부분적인 도움밖에 되지 않음을 받아들이는 자세가 필요하다.

5) 종결

목표가 성취되었을 경우에 내담자가 아직 고통 중에 있다하더라도 종결함이 원칙이다. 상실로 인한 심리적 고통과정을 끝마치는 것은 내담자 스스로가 해야 한다. 때때로 당분간 전화나 짧은 서신 등으로 비공식적인 접촉을 유지하는 것이 바람직하다. 또한 고인의 생일이나 기일을 기억하고 함께 참여하는 것은 바람직한 일이다. 유가족에게는 고인이 항상 가슴에 늘 기억되고 있으므로 상담자가 내담자의 마음에 고인이 차지하는 비중을 그대로 기억하여 고인의 생일이나 기일에 함께 참여하는 행동은 유가족에게 큰 위로가 되고 슬픔치유를 지속적으로 돕는 방법이 된다. 갑작스러운 종결보다는 면접과 면접사이를 점차 늘려가면서 심리적 준비를 하도록 하며 종결하게 한다. 사별을 경험하는 사람들은 흔히 도움을 받을 동기가 있으며 지지적인 사람에게 애착심을 쉽게 느끼므로 상담자와도 관계성이 빠르고 깊게 이루어진다. 그들은 미해결된 버림받은 느낌과 충족되지 않은 의존하고 싶은 감정을 느끼며 동시에 관계성의 문제들에 특히 민감하므로 종결을 잘해야 한다. 종결은 내담자가 다른 지지체계가 없는 상태에서는 매우 조심스럽게 이루어져야 한다.

Tips

유가족 상담의 중요 방법[10]

- 내담자를 존중하는 마음을 가지고 경청하라.
- 말하는 것의 위력을 인정하라.
- 내담자를 판단하지 말라.
- 내담자가 느끼는 감정이나 행동이 비정상이 아님을 확신시켜라.
- 상담자의 도움이 내담자에게는 부분적인 도움밖에 되지 않음을 받아들여라.
- 가족들이 서로 대화할 수 있도록 도와라.
- 내담자로 하여금 통제력을 다시 획득할 수 있도록 돕는다.
- 가족 내에 가장 힘든 사람이 누구인지를 파악한다.
- 상담자는 고인의 생일이나 기일을 반드시 기억하고 함께 참여하라.

4. 유가족 상담을 위한 치료기법들

1) 심리치료기법

유가족 상담에 사용할 수 있는 심리치료기법들로는 다음과 같은 것들이 있다.

게슈탈트 치료(Gestalt Therapy)의 '빈의자 기법', Guided Imagery (방금 죽음의 소식을 들었다고 가정하고 상담자가 내담자를 상상의 세계로 이끌어 가는 방법), 눈을 감고 죽은 이와

10 황애란, 슬픔치유과정과 유가족 상담, 시립노원노인종합복지관 죽음준비학교 운영의 실제, p.133~134 인용

의 대화를 현재형으로 하게 하는 방법, 싸이코 드라마 (Psycho Drama), 죽은 이의 편지, 사진 등의 사용, 꿈과 환상을 검토함, 녹음기를 가지고 무덤에서 죽은자와 대화하게 하거나 추억이 있는 곳을 방문하게 한다. 또 6개월 후, 1년 후, 5년 후 등을 상상하게 하거나 고인에게 편지쓰기를 한다. 장례식 의식을 치르거나 옷, 책등 죽은 이의 유물을 묻거나 태우는 의식을 한다.

2) 집단구성[11]

유가족이 사랑하는 사람을 잃은 슬픔 때문에 정신적 타격을 받으면, 전문적인 개별원조나 집단원조의 필요성이 발생한다. 유가족은 때로 잃어버린 사람과 함께 희망과 장래를 포함한 세상의 모든 가치 있는 것들을 동시에 잃어버렸다고 느낀다.

개별 상담이 개인의 문제해결을 위해 내담자와 상담자 사이에 초점을 맞춘 것이라면 '집단자조그룹(Self help group)' 은 개인의 문제와 요구를 해결하기 위해 특별한 목적을 가지고 자발적으로 모인 사람들과의 관계를 통해 집단 안에서 문제를 해결하게 된다. 대표적인 집단으로는 자녀를 잃은 부모들을 위한 적극적인 자조집단인 '동정의 친구들(videka)', '사별여성노인의 동우회(Widow-to-Widow), Silverman, 1969' 등이 있으며 이러한 단체들은 구체적인 원조와 함께 우정과 사회화의 기회를 제공한다.

(1) 집단구성의 유익

집단구성을 통해 참여자들은 다음과 같은 유익을 얻을 수 있다.

- 새로운 희망을 얻을 수 있다.
- 사회적 관계 안에서 기술을 증진시킬 수 있다.
- 외로움으로부터 벗어날 수 있다.
- 사별 후에 생기는 새로운 규칙에 대해 배울 수 있다.
- 자신의 말에 귀를 기울일 청중을 가질 수 있다.
- 비슷한 어려움을 가진 사람들을 통해 위로와 동질성을 느낄 수 있다.
- 집단에 소속되어있다는 느낌이 정체성을 갖게 한다.
- 사회적으로 보조를 받을 수도 있다.

이러한 집단구성은 직접적인 서비스 외에 사회적 행동, 전문적 통제의 정도, 동질성과 친밀감이 어느 정도인지, 그 그룹에서 얼마나 안전할 수 있는지가 집단구조에 반영되며, 또 이러한

11 김동배 (1991), 신학논단, 연세대학교 신과대학, p.229~238

요건들에 따라 변화된다. 또한 그 그룹이 어떠한 기능을 하는지와 집단 구성원이 어떻게 구성되는지에 따라 달라진다. 집단구성은 개인에게 유익할 뿐만 아니라 비용적인 측면에서도 서비스나 치료보다 저렴하며, 마지못해 정신건강서비스나 다른 전문기관들을 이용하는 내담자들에게는 집단그룹이 더 유용하다. 특히 비슷한 나이와 비슷한 상황의 사람들과의 관계를 좋아하는 고령자들에게는 더 효과가 있으며 사별 후 노인은 거의 모든 질병에 노출되어지게 되는데 집단 구성으로 질병을 예방할 수 있어 예방적인 측면도 가지고 있다.

집단구성의 시기는 장례를 지낸 직후가 유가족들이 도움을 가장 필요로 할 때이므로 이 때 집단구성을 하는 것이 가장 효과적이다. 가끔 해결되지 않은 슬픔(unresolved grief)을 간직한 유가족에게는 1년 혹은 그 이상의 집중적 원조가 필요하다.

로저스 시냅터(Roger Synepter, 1983)는 유족을 위한 자조집단에서 토의되는 주제 중 중요한 4가지를 제시하였다.

① 시간 : 애통의 적절한 기간은 어느 정도인가 하는 문제
② 정서상태의 처리 : 건전한 혹은 건전하지 못한 감정을 구분하는 문제
③ 집단에 참여하는 것에 대하여 다른 가족구성원으로부터 협조를 받는 문제
④ 친구, 직업, 경제문제, 기타 사회생활에 있어서 사회적 기능을 유지하는 문제

(2) 유가족을 위한 자조집단과정의 3가지 전형적인 모델

가. 웨이커트(Weikart)의 새 출발(New Beginnings)

로버트 웨이커트(Weikart) 목사가 사랑하는 부인을 잃은 후 자기가 겪은 슬픈 경험을 토대로 하여 개발한 모델로 슬픔이란 지극히 개인적이어서 사람들은 저마다 독특한 방법으로 애통하며, 그 정도와 기간은 각기 다르다는 것을 전제로 한다(6회에 걸친 세미나, 2시간씩 주 1회 모임).

횟 수	내 용
1회	나에게 무엇이 일어나고 있는가?
2회	치유의 추억 – 망자와 관련된 즐겁고, 슬픈 추억을 발표
3회	인간전체 – 슬픔 때문에 발생하는 신체적 변화
4회	가치관의 변화 – 유족이 되기 전후의 가치관의 변화
5회	삶과 죽음에 대한 논리적 규명 – 왜 이 비극은 일어나야만 하는가?
6회	새 출발

나. 쉬프(Schiff)의 원조집단모형

Harnet Sarnoff Schiff(1988)는 그녀의 사랑하는 아들이 심장수술을 받고 사망한 후 고안해 낸 모형이다. 그녀가 개발한 모형의 8단계 회합내용은 다음과 같다.

횟수	내 용
1회	프로그램 내용에 대한 전반적인 이해
2회	부정에 대한 토의, 그리고 장례절차와 연관된 추억담
3회	분노와 그것을 긍정적으로 다루는 방법에 대한 토의
4회	종교와 죽음에 대한 종교의 영향을 합리적으로 발전시키기 위한 토의
5회	죄책감과 그것의 역동성과 유해성을 이해하기 위한 토의
6회	우울증과 그것을 건전한 방법으로 해결하기 위한 토의
7회	무력감과 통제력 상실을 이해하기 위한 토의
8회	수용에 대한 토의, 고통을 수반하지 않으면서 잃어버린 사람을 회상하는 능력을 개발하는 방법에 대한 토의

다. 매닝(Manning)의 집단세미나 모형

이 모형은 Doug Manning이 그의 친한 친구가 사랑하는 딸을 여의고 애통해하며 고통을 극복하는 과정에 동참하면서 개발한 것이다(Manning, 1985).

횟수	내 용
1회	집단운영의 간단한 지침제시, 구성원들이 집단을 통해 무엇을 얻으려 하는지를 질문
2회	슬픔의 단계에 관한 개회사, 각자의 현 상태에 관한 토의
3회	분노에 관한 개회사
4회	부정적 감정에 관한 개회사
5회	집단과정의 발달에 관한 개회사
6회	적절한 행동에 관한 개회사
7회	슬픔에 대한 정상적 반응과 비정상적 반응 - 슬픔에 대한 반작용현상(수면, 음주, 종교적 열정, 정신적 곤란상태 등)이 비정상적이 아님을 알림
8회	인생의 목적에 대한 토의와 새 출발하는 인생에 대한 결의의 시간

(3) 자조집단 상담원

자조집단의 상담원은 전문적 상담자 또는 훈련을 받은 일반인으로 집단구성원이 슬픔과 부정적 감정을 지혜롭게 극복하는 방법을 알 수 있도록 도움을 주는 사람이다. 그러나 주제가 애도를 위한 자조모임이므로 자칫 집단의 우울과 당황이 발생할 수 있으므로 이를 최소화하기 위해서 유능하고 건설적인 집단 지도자가 필요하다. 또한 상담자는 경청자이며 집단발전을 저해하는 요소를 처리할 수 있어야 한다.

다음은 집단의 발전을 저해하는 요소를 처리하는 방법이다.

먼저, 집단구성원의 비참여적 행위에 대해서는 감정이입을 한다. 감정이입이란 인지적이며, 정서적인 과정으로 상담자는 구성원의 생각과 느낌을 정확하게 식별하여 분류함과 동시에 지금 그가 느끼고 있는 것과 동일한 것을 느낄 수 있으며, 그 느낌에 정서적으로 반응함으로서 내담자를 집단에 참여하게 할 수 있다. 다음으로 내담자를 수용한다. 수용이란 인지와 개별화를 통한 기대의 과정이다. 상담자는 구성원의 현실과 경험을 이해하고, 독특한 가치관과 생활양식을 갖는 인간임을 인정하며, 자신의 문제를 자신이 해결할 수 있는 능력을 보유한 인간으로 신뢰한다. 내담자가 침묵과 같은 비참여적 행동을 보일 때에는 침묵이 뜻하는 바가 무엇인지 질문한다. 이것은 과거의 경험을 강렬하게 상기하며, 현재의 순간적 느낌을 고조시킬 목적을 갖고 질문하는 것이다.

다음으로는 어느 한 구성원이 독점적 행위를 할 때 이를 처리하는 방법이다.

이 때 상담자는 토의에 구성원 모두가 참여하며, 한 두 사람이 대화를 독점하는 것은 금물이라는 당초의 약정을 상기시킴으로서 수문장의 역할을 한다. 또한 상담원과 구성원의 관계보다는 구성원과 구성원의 상호작용을 강조함으로서 집단구성원을 연결시키는 역할을 한다. 보통 집단상담에서 자주 상용되는 도전과 직면은 가급적 피하는 게 좋으며, 다른 구성원들이 한 구성원의 독점적 행위에 대해 어떻게 느끼는지 자신들의 감정을 토론할 수 있도록 유도한다. 상담자는 이야기 도중에 순간을 포착하여 지금까지의 이야기를 요약해 줌으로서 자기가 지금 어디에 와 있는지를 인식하게 해준다.

(4) 사별 가족지지 프로그램의 예(강남성모병원 호스피스 병동)[12]

시기	프로그램
입원 중	가족 면담 및 기록보관, 가족지지 모임 및 교육, 미사
임종 시	임종실 운영으로 존엄성 유지

12 카톨릭대학교 강남성모병원 호스피스과(2001), 말기환자의 심리, 호스피스 교육자료집, p.61

임종 후	영안실 방문 및 연도, 위로
사별 1개월 이내	전화방문 : 위로, 사별가족 사정 및 계획
49일 째 / 3개월 째 / 6개월 째 / 9개월 째 / 1주기 째	위로 편지와 전화 방문
1주기 이후	사별 가족 모임 초대장 발송 사별 가족 모임 행사 : 연 2회(5월, 11월)

5. 유가족을 위한 적응교육

사별한 사람이 자신에게 얼마나 소중하고 사랑했던 사람이었는가에 따라서 개인이 느끼는 고통이나 슬픔은 다양하다. 이 고통과 슬픔은 일반적으로 개인의 연령, 성별, 건강상태, 사회 역할변화 정도, 사회적 지지의 정도, 죽은 사람과의 유지했던 예전의 관계, 사회 경제적 수준 등에 따라서 달라진다. 이러한 교육의 목적은 각 개인이 절친한 사람과의 사별 이후에도 자신의 삶의 의미를 다시 발견하고 사회에 복귀하여 사회적인 유대를 계속할 수 있도록 도와주는데 있다.

이별의 슬픔을 지혜롭게 극복하여 인간적인 성장을 이루게 되는 사람이 있는가 하면, 슬픔에서 빠져 나오지 못해 무기력해지거나 심각한 정신적, 신체적 질병에 걸리게 되어 끝내 사망까지 이르게 되는 사람도 있다. 정신과 신체를 연결하는 정신 · 신체의학에서 지적한 것은 영혼이 상처를 받게 되면 많은 경우에 신체의 질병이 나타나게 된다는 것이다. 따라서 사랑하는 사람을 잃음으로써 깊은 슬픔에 빠지게 되는 유가족에게 주위의 보다 전문적인 도움이 필요하다.

유가족을 위한 적응교육은 다음과 같이 3단계 과정으로 나뉼 수 있다.

1단계 'Before' 과정	중요한 타인이나 자신의 죽음이라는 사건 이전의 교육. 유아기 때부터 실시, 미래에 맞이할 노화를 올바르게 이해시키는 교육.
⬇	
2단계 'During' 과정	모델의 중간상태를 의미. 죽어가는 사람과 그 가족에게 지금 현재도 의미가 있다는 사실이 크게 부각. 건강한 죽음을 위해 도움을 주거나 죽어가는 사람은 그들의 죽음에 대해 독특한 요구뿐 아니라 삶에 대한 요구도 가지고 있음을 감안함.
⬇	
3단계 'After' 과정	유가족이나 자살기도자들을 교육하고 상담하는 것. 목표는 삶의 타당한 의미를 발견하고 사회에 재적응하도록 재교육시키고 사회관계를 발전시키는데 있음.

〈그림 17-1〉 유가족을 위한 3단계 적응교육

6. 상실로 인한 상담에 영향을 주는 요인들 (Dershimer, 1990)[13]

1) 성격요인들

개인의 독특한 성격이 슬픔에도 반영된다. 예를 들면, 조용한 성격을 가진 사람이라면 슬픔을 조용히 경험할 것이며, 적극적인 성격의 소유자라면 슬픔을 보다 잘 표현할 수 있을 것이다. 또한 자존감, 가치관 및 믿음과 같은 면들이 각 개인의 죽음에 대한 반응에 영향을 미친다. 그리고 개인이 평상시에 스트레스나 불안에 대처하는 방법은 상실로 인한 심리적 고통을 다루는데 영향을 끼친다. 평상시에 스트레스에 잘 대처하는 사람은 상실의 경험을 잘 다루지만, 강한 방어기제를 보이는 사람들은 방어에 시간과 관심과 에너지를 많이 기울이기 때문에 현실대처에 필요한 에너지가 상대적으로 적어져 어려움을 겪는다. 또한 남에게 의존함을 못 견디는 사람, 자신을 강한 자로 보는 사람들은 상실을 해결하는데 어려움을 느낀다. 그 외 조증, 우울증, 정신분열증, 강박형도 어려움을 겪는다.

2) 과거의 상실 경험들

과거의 상실들의 수와 상실이 미친 영향과 해결된 정도들은 이후의 상실들에 대한 반응에 영향을 미친다. 과거에 상실의 경험을 잘 해결했으면 현재에도 잘 해결할 가능성이 높다. 어떤 사람들은 나이가 들수록 더 많은 상실을 경험하므로 더욱 쌓이는 감정이 많아지고, 또 어떤 사람들은 상실의 경험이 많아질수록 인생의 깊이와 균형을 형성하기도 한다. 그러나 어릴 때 부모를 잃은 경험이나 중요한 사람과의 불안정 애착형성은 현재의 상실을 처리하는데 부정적인 작용을 한다.

3) 사별상황의 복잡성

다른 가족구성원들의 비기능적인 행동들, 경제적인 문제들, 부부갈등, 이전의 비기능적인 행동의 재발, 사회적 지지망의 해체 등은 상실로 인한 고통을 다루는데 어려움을 준다. 특히 상을 당한 가족 안에서 가족체계 전체를 흐르는 정서적인 충격은 오랜 시간동안 그 파문이 지속된다고 하였다.

4) 발달적 요인들

아이들의 경우 살아남은 부모가 죽은 부모의 역할을 대신해 줄 수 있는 정도, 부모를 잃은

13 최예선, 상실로 인한 심리적 고통을 다루는 상담 및 심리치료, p.202-205

나이, 아이가 죽음을 이해할 수 있는 능력 등 각 아동의 발달단계에 따라 상실을 경험하는 강도가 다를 수 있다.

5) 죽음에 대한 불안감

평소 죽음에 대해 불안감을 강하게 느낀 사람들은 그렇지 않은 사람에 비해 더욱 상실감을 강하게 느낀다.

6) 사회적 요인들

워든(Worden, 1982)은 상실로 인한 심리적 고통이란 사회적인 과정이므로 고통은 사회적 관계 안에서만 가장 잘 다루어질 수 있다고 하였으며, 라자레(Lazare, 1979)는 복잡한 상실로 인한 심리적 고통반응을 일으키는 세 가지 사회적 조건을 다음과 같이 말하였다.

먼저, 죽음이 언급될 수 없는 경우이다. 자살이 여기에 속하며 이런 가족들만을 위한 자조집단이 도움이 된다. 다음으로 죽음이 사회적으로 소홀이 취급되는 경우이다. 생존자와 주위사람들이 마치 죽음이 안 일어난 것 같이 행동하는 것이다. 마지막으로 사회적 지지망(Social Support Network)의 정도와 질에 문제가 있을 경우이다. 사별여성들 중 2년 이후에도 계속 재적응의 어려움이 있는 사람들의 특징을 연구해 보면 그들은 사회적 지지망이 결핍되었기 때문이었다. 사회적 지지망으로부터 필요로 하는 도움들은 집안일, 경제관리, 아이들 돌봐주기 등과 같은 실제적인 도움과 적응을 위한 상실경험에 관한 정보들, 종교적 도움들, 홀로서기 위해 필요한 능력들의 부여, 감정표현의 장려, 자신의 가치와 신념들을 재확인할 수 있는 기회, 사회적 지지망의 높은 질 등이다.

7) 죽음의 유형

개인에 따라 죽음에 대해 스트레스를 받는 강도는 다르다. 대개 자연사보다는 돌연사, 자살, 사고, 어린 자녀의 죽음이 더 많은 스트레스를 가져온다.

8) 생물학적인 성별 차이

성별이 슬픔에 영향을 미칠 뿐만 아니라, 타인과의 관계형성에도 영향을 미친다. 일반화 할 수는 없지만 여성이 남성보다 더 관계 지향적이므로 상실에 더 민감하다고 한다. 한 연구에 의하면 남성들은 상실을 관계의 '해체' 로 보나 여성은 '버림' 으로 해석한다고 한다. 여성은 때때로 분노의 감정을 표현하는 것이 어렵다. 그러나 남성은 이와는 반대로 폭발적인 감정으로 쉽게 반응하는 경향이 있다. 남성의 경우 사회에서 보다 강하고 참는 모습이 기대되며 여성보다 가슴 아픈 느낌들을 경험하는 것을 스스로 허용하는데 어려움을 경험한다. 또한 남성은 독립하도록 사회에서 요구하기 때문에 밖에서 지지를 얻는다는 것을 수용하는 것이 힘들다. 따라서 상실의 고통을 여성보다 잘 표현하지 못하며, 이는 상담에 영향을 줄 수 있다.

9) 잃어버린 관계성의 질

애도의 과정은 고인과 강한 밀착관계에 있었을 경우, 관계성이 감정적 개입이 강했을 경우, 고인에 대한 의존심이 강했을 경우, 고인만이 유일한 관심사이고 취미생활이나 친구가 없었을 경우, 또 고인에 대한 양가감정이 큰 경우일수록 복잡하고 강렬하다.

10) 종교적 영적자세

사람마다 상실의 경험을 통해 종교적 영적 면들이 더욱 깊어지고, 새로워지고, 변화되어졌음을 발견하는 사람이 있는가하면, 애도의 과정 속에서 과거에 믿던 가치체계에 대해 의문을 가지는 사람도 있다. 죽음이전이나 또는 죽음의 결과로 약화된 경우엔 상실을 처리하는 과정이 더 어렵고 지연된다. 종교적 신념이 상실로 흔들리게 되는 경우가 많고 이런 현상은 때때로 몇 년씩 지속되기도 한다. 자신의 종교적인 면에 진심으로 관심이 있고 절대로 비판하지 않을 것이라는 확신이 있어야만 종교적인 면에서 마음을 열기 때문에 상담자는 이점에 주의해야 한다. 또한 믿음이 있다고 해서 애도할 필요가 없다고 잘못 생각하고 있는 경우 내적으로는 슬퍼하나 외적으로 애도를 표출하지 않는 것이기 때문에 상담에 영향을 줄 수 있다. 종교적으로 믿음이 있다는 것은 내담자로 하여금 애도할 수 있도록 용기를 갖는다는 의미이지 애도가 필요 없다는 것이 아니다. 누구든지 상실을 경험하게 되면 이에 대한 의미를 추구하게 되며 이것을 근거로 삶을 재평가하게 된다. 이 때 종교적 혹은 영적 가치를 평가하게 되며, 삶에 대한 태도를 점검하게 되는데 이것은 시간을 요하는 일이며, 누군가 들어줄 사람이 필요하다.

〈표 15-1〉 유가족 상담에 영향을 주는 요인들

요인	영향을 미치는 요인들
성격요인들	• 개인의 독특한 성격이 슬픔에 반영. • 자존감, 가치관 및 믿음. 평상시 스트레스 대처법. • 남에게 의존함을 못 견디는 사람, 자신을 강한 자로 보는 사람들은 상실 해결에 어려움을 느낌. • 조증, 우울증, 정신분열증, Obsessive형 어려움을 겪음.
과거의 상실 경험들	• 과거의 상실들의 수와 영향과 해결된 정도들. • 어릴 때 부모를 잃은 경험, 중요한 사람과의 불안정 애착 형성

사별상황의 복잡성	• 다른 가족구성원들의 비기능적인 행동들, 경제적인 문제들, 부부갈등, 이전의 비기능적인 행동의 재발, 사회적 지지망의 해체 등. • 상을 당한 가족체계에 흐르는 정서적 충격의 파문은 상당히 오래 지속됨.
발달적 요인들	• 살아남은 부모가 죽은 부모의 역할을 대신해 줄 수 있는 정도, 부모를 잃은 나이, 아동의 경우 아이가 죽음을 이해할 수 있는 능력.
죽음에 대한 불안감	• 평소 죽음에 대한 불안감의 정도.
사회적 요인들	• 죽음이 언급될 수 없는 경우(ex. 자살). • 죽음이 사회적으로 소홀이 취급되는 경우 (생존자와 주위사람들이 죽음이 안 일어난 것 같이 행동하는 것). • 사회적 지지망(Social Support Network)의 정도와 질에 문제가 있을 경우
죽음의 유형	• 돌연사, 자살, 사고, 어린 자녀의 죽음(더 많은 스트레스를 줌)
생물학적인 성 차이	• 성별이 상실과 타인과의 관계 형성에 영향을 미침. 여성 : 관계 지향적(상실에 더 민감). 상실의 관계를 '버림' 으로 해석. 분노의 감정표현이 어려움 남성 : 상실을 관계의 '해체' 로 봄. 폭발적 감정으로 반응함. 사회에서 강하고 참는 모습이 기대됨. 상실, 아픔 등을 스스로 허용하기가 어려움. 상실의 고통을 잘 표현하지 못함(외부의 지지를 수용하기 힘들므로 상담에 영향을 줌
잃어버린 관계성의 질	• 고인과의 밀착관계, 의존정도, 고인에 대한 양가감정에 따라 다름.
종교적 영적자세	• 상실로 종교적 영적 자세는 2가지로 나뉨. ① 이전보다 성숙해지고 새로워지고 변화됨을 경험하는 경우 ② 과거의 믿음에 대한 의문과 회의를 가져 약화되는 경우 → 상실 처리 과정이 어려움 • 믿음이 있음으로 해서 애도의 필요성을 부인하는 경우

(2009, 재요약)

7. 유가족 상담의 특수한 상황들[14]

Worden(1982)는 상실의 특수한 상황으로 자살과 갑작스런 죽음, 오랫동안 지연된 죽음을

14 최예선, 상실로 인한 심리적 고통을 다루는 상담 및 심리치료, p.212-214 인용

말하였다. 이러한 특수한 죽음으로 내담자의 특수한 심리적인 상태를 파악하여 이에 맞는 개입을 하여야 한다.

1) 자살

자살은 음주문제나 아동학대, 가정폭력 등 이미 다른 문제가 있는 집에서 흔히 일어난다.

가족구성원 중 한 사람이 자살을 하게 되면 나머지 가족원들이 느끼는 감정적인 반응은 자신들이 혹시 자살 행위를 촉진시키는 역할을 하지 않았나 하는 혼돈감과 수치심을 느낀다. 또한 그들이 할 수 있는 일이 있었는데 못했다는 느낌으로 죄의식을 가지게 되며 이것은 특히 유족과 고인 사이에 갈등이 심했을 경우 더욱 그러한다. 때로는 주변사람들이 유가족에게 자살의 책임을 전가함으로서 죄의식이 강화되기도 한다. 분노, 운명주의, 왜곡된 생각 등을 가지게 된다.

2) 갑작스런 죽음

갑작스런 죽음은 미리 예견된 죽음을 다루는 것보다 훨씬 힘들다. 내담자는 고인의 죽음에 대해 현실감을 가지기 어렵고 심한 책임감과 죄의식을 가진다. 대부분의 사람들은 갑작스런 죽음에 대해 누군가를 비난하거나 희생양으로 만들고 싶어 한다. 또한 왜 갑작스런 죽음이 일어날 수 밖에 없었는지, 누가 비난 받아 마땅한지, 신은 존재하는 것인지 등의 질문들을 던지며 원망한다.

이러한 갑작스런 죽음을 경험한 내담자를 위한 개입방법은 다음과 같다.

⑴ 대부분의 내담자는 갑작스런 죽음으로 인한 충격 속에서 먼저 도움을 구할 수 없기 때문에 상담자나 치료자 측에서 먼저 도움을 제공하며, 위기가 일어난 즉시 상담을 시작한다.

⑵ 내담자가 분노와 죄책감을 충분히 표현하도록 하며, 고인에게 하지 못한 말과 일들에 대해 마무리 할 수 있도록 돕는다.

⑶ 내담자나 그 가족들이 죽음을 현실로 받아들일 수 있도록 돕는다. 예를 들면 고인에 대해 "죽었다", "돌아가셨다"등의 직접적인 표현을 사용한다.

⑷ 내담자에게 감정이입을 하여 그들의 마음을 읽어주는 말을 한다. 예를 들면 "어떤 말도 위로가 되지 않을 겁니다. 하지만 당신은 이 어려움을 이겨낼 수 있을 거예요."와 같은 말은 내담자에게 도움이 된다.

⑸ 상담 종결 후에는 사후관리로 다른 지역사회 또는 종교단체등과 연결하여 주거나 다시 연락을 취해 안부를 살핀다.

3) 오랫동안 지연된 죽음

오랫동안 지연된 죽음에 대해서는 유가족들의 반응이 죄책감으로 인해 두 가지 반응이 나올 수 있다.

만성질환의 경우 가족들이 환자를 귀찮고 못마땅해 하는 감정이 생기고 이 때문에 정서적으로 미리 작별인사를 하고 감정을 철회한다. 이런 상황에서 죽음을 맞게 되면 유가족들은 죄책감을 가지게 된다. 다른 하나는 죽어가는 환자와 심리적으로 지나치게 가까워 환자의 생활과 병원치료에 지나친 간섭을 하기도 한다. 이것은 환자에 대한 사랑에서 나올 수도 있지만 죄의식이나 양가감정에서 나올 수도 있다.

만성질환의 가족들을 상담하는 개입방법은 다음과 같다.

(1) 죽음 이전의 시간들을 충분히 활용한다.
생존자와 죽어가는 환자와의 끝맺음하지 못한 관계성의 문제들이나 실제적인 면들을 다루도록 돕는다. 관계성 문제에 있어서는 서로 하고 싶은 감사의 말이나 바라는 말 또는 오해 등을 표현하게 한다. 이러한 것은 환자의 죽음 후에 있을 많은 후회들을 방지해 준다. 상담자는 가족들에게 죽어가는 사람과 가능한 많은 시간을 보내도록 장려해 줄 수 있다.

(2) 환자가 죽음을 앞두고 가족이나 친지로부터 정서적 철회를 하는 경우가 있다. 이것은 환자의 죽음이 남은 가족들에게는 한 사람을 잃는 것이나 죽어가는 사람은 여러 명을 잃는 일이기 때문에 환자에게 이 사실이 너무나 압도적으로 다가오므로 자신이 먼저 정서적 철회를 함으로서 자신을 보호하고자 하는 것이다. 이점을 상담자는 가족들에게 알려 주어서 감정적인 오해를 풀 수 있도록 도와야 한다.

8. 사별노인의 상담[15]

노인들은 역할 상실이나 중요한 타자의 죽음, 만성질환이나 정신건강의 문제로 야기되는 각종 상실에 대한 다양한 상담이 필요하다.[16]

특히 노년기의 배우자 사별은 심각한 슬픔과 걱정, 불행감, 두려움 등을 나타내며, 여성보다는 남성이 더 고독감이나 사기 저하를 경험하게 된다. 또한 남겨진 배우자의 복지감을 저하시

15 이호선 (2005), 노인상담, 학지사, p.330-339
16 찰스 자스트로 (2004), 사회복지개론, 시그마프레스, p.357

키며 사망의 가능성도 증가시킨다. 따라서 노년기의 애도의 특성을 잘 이해하여 다른 연령대의 사별상담과는 다른 상담접근이 필요하다.

1) 배우자 사별노인들의 애도의 특징

배우자와 사별한 노인들에게서는 다음과 같은 애도의 특징들을 보인다(Worden, 1991).

〈표 15-2〉 배우자 사별 노인들의 애도의 특징

애도의 특징	내용
상호의존 (Interdependence)	• 배우자의 역할과 활동에 대한 의존도가 높을수록 배우자 사망 후 적응이 더욱 어려워짐. • 상호의존은 사별들의 지지그룹을 통해 도움과 위로를 나눔으로서 사별 후 적응력을 향상시킬 수 있음.
복합상실 (Mutiole Losses)	• 배우자와 사별한 노인은 정서적 · 사회적 · 경제적 · 성적인 영역 등에서 동시에 다른 종류의 상실을 경험하게 됨. • 복합적인 상실은 우울증이나 부적응감을 유발할 수 있으며, 상실감이 클수록 자살 가능성이 높음.
개인적 죽음 인식 (Personal Death Awareness)	• 죽음으로 인한 상실경험은 자신의 죽음에 대한 인식을 증가시며, 실존적인 불안을 야기할 수 있음 → 상담 시 죽음에 대한 불안과 두려움을 표현하도록 돕고, 죽음에 대한 개인적 느낌과 감정을 주의 깊게 경청해야 함.
고독감 (Loneliness)	• 혼자 남겨졌다는 생각에 배우자에 대한 추억이 있는 장소에서 추억을 간직하고 환경변화에 대한 두려움을 최소화하려함. → 혼자 사는 것과 배우자와 함께 살았던 환경은 더욱 고독감을 느끼게 함.
역할적응 (Role Adjustment)	• 남성 노인은 역할적응이 어려운 반면, 여성 노인은 가정을 유지하고 자립적으로 살아가는 데 특별한 어려움을 겪지 않음 → 남성 노인이 역할적응에 실패할 경우 위축감과 우울감을 느끼게 됨.
지지그룹 (Support Groups)	• 지지그룹은 배우자와 사별한 사람 모두에게 유익함. • 노인에게 사회적 관계망이 축소로 인한 고립감과 소외감에 있어 대인 접촉을 할 중요한 역할을 함.
접촉 (Touch)	• 사별노인들은 개인적 · 사회적 접촉에 대한 욕구가 있음. → 욕구는 고독감과 연결되어 있으므로 상담자는 상담 시 손을 잡는 등 신체적 접촉을 개입기술로 사용할 수 있음.

회상 (Reminiscing)	• 회상 : '인생 회고(life review)'라 불림. 사별 후 자연스런 과정으로 노인들의 적응적 기능을 담당하면서 노년기의 정체성 유지에 도움을 줌. • 회상기법 : 과거회상은 사별노인들에게서 공통적으로 나타나며 이러한 기법은 치료적 자극이 될 수 있음.
재배치 논의 (Discussing Relocation)	• 이사 등과 같은 환경의 재배치를 통해 배우자에 대한 슬픔을 덜고 심리적인 안정감을 찾는 경우도 있음. • 재배치가 죽은 배우자와의 유대감을 약화시키고 자아개념을 경감시킬 수도 있음, 또한 환경변화 없음으로 인해 개인적 통제감을 가질 수 있고 과거를 회상할 수도 있음. • 재배치에 대한 결정은 노인이 스스로를 돌볼 수 있는가에 달려있으며, 상담자는 재배치의 결정에 도움을 줄 수 있음.
기술형성 (Skill Building)	• 상실에 대한 반응으로 변화한 삶에 대처하는 기술을 익히는 것은 사별 노인들에게 활력과 자신감을 줄 수 있음. • 기술 습득은 자아존중감을 가져옴. → 배우자가 없어도 새로운 기술을 개발할 능력이 있으며, 안정적으로 생활할 수 있다는 생각을 갖게 함.

(2009, 재요약)

2) 사별노인 상담방법

사별노인을 상담하는 상담자는 위에 기술한 사별한 노인들에게서 나타나는 애도의 특징을 잘 이해하고 다음의 사항에 집중하여 상담하도록 한다.

(1) 배우자 사별에 대한 슬픔은 사별까지의 과정보다 사별 이후에 더 격렬해지므로 충분한 애도기간을 갖도록 해야 한다.

상담자는 배우자 사별 후 홀로 남은 노인이나 유가족들이 충분한 애도과정을 경험하도록 고인의 생전 모습과 생전 활동 및 관계에 대한 이야기를 충분히 이야기할 수 있도록 도와야 한다. 그 형태는 애도, 외침, 침묵, 눈물 흘리기, 이름 부르기, 이야기하기, 통곡하기 등 다양하다. 이 때 상담자가 주의해야 할 것은 충분한 애도시간을 가진 뒤에는 반드시 상실의 감정을 긍정적인 기억으로 갖도록 유도해야 한다.

(2) 홀로 남은 배우자는 상실을 슬퍼하고 애도하면서 먼저 가 버린 배우자에 대해 원망과 배신감을 표현하기도 하며, 생전에 배우자와 좋지 않았던 기억과 심리적 고통과 괴로움으로 사별 배우자에 대한 적개심을 표현하기도 한다.

상담자는 고인의 생전이야기를 나누도록 돕고, 고인에 대한 긍정적인 기억과 부정적인 기억들을 나름대로 정리하도록 하는데, 이 방법은 고인에 대한 가족의 평가를 통해 남은 이들의 관계를 두텁게 하고 서로 지지망을 형성하게 해 준다. 고인에 대한 용서는 남은 유가족의 정체성과 향후 생활의 적응에 긍정적인 영향을 준다.

(3) 고인이 오랜 병을 앓았거나 유가족과 관련된 갑작스런 사고로 사망하였을 경우 유가족은 고인의 사망에 대해 죄책감을 느낀다.
죄책감이 강하면 우울증상을 보일 수 있으며 심하면 사망에 이르기도 한다. 상담자는 사별을 경험한 사람이 충분히 배우자 사망에 대한 애도과정을 거치도록 하며, 사망의 책임이 자신에게 없음을 분명히 인지시켜 죄책감에서 벗어나도록 도와야 한다.

(4) 배우자 상실을 경험한 사람들은 처음 얼마동안 슬픔에 압도되어 충격에서 벗어나지 못한다. 상실의 경험에서 우울감과 더불어 죄책감은 일반적인 현상이며, 모든 사망에 관련된 장례절차, 법적절차, 관례적 절차를 마친 후 보다 강하게 나타난다. 따라서 상담자는 애도의 시간을 충분히 갖도록 돕고, 고인에 대한 죄책감을 남은 가족과의 관계에 있어 긍정적인 자원으로 사용하도록 도와야 한다. 죄책감이 심하면 전문의의 도움을 받도록 권한다.

(5) 상담자는 배우자와의 좋은 추억을 기억하고 되새기도록 돕는다.
이 때 주의할 것은 고인의 죽음을 이상화시키지 않도록 주의해야 한다. 이러한 긍정적인 기억들을 공유함으로 유가족들은 상실의 슬픔을 만회한다. 그리고 이러한 기억들을 가족 간 연합을 위한 긍정적인 자원으로 사용한다.

(6) 배우자 사별 후 노인은 생활의 많은 부분에서 변화를 겪는다.
남성과 여성은 배우자 상실에 대해 다소 다르게 반응한다. 따라서 상담자는 사별 이후 배우자가 일상생활을 충실하고 원만하게 유지할 수 있도록 도와야 하며, 주거문제, 경제적 문제 등 사별 이후에 발생하는 변화와 계획 설정에 도움을 주도록 한다.

(7) 사별 이후 자녀와 사는 경우도 있지만 혼자 사는 노인들도 늘고 있다.
이 경우 노인은 급격히 사회적 관계에서 물러나며, 가족구성원과 원만한 만남을 회피하는 경향이 있다. 상담자는 노인이 사별을 경험한 후에도 지속적으로 자녀와 가족구성원들이 원만한 관계를 갖고 만남을 유지하도록 하여 노인이 고립되지 않도록 돕는다.

(8) 복합적인 상실을 경험하는 노인들은 배우자 사망에 빠르게 반응하지 못한다.
상담자는 상실의 단계들을 충분히 겪게 하고 우울증상이나 자살 충동에 대해 충분히 검토하도록 한다.

(9) 사별 후 남성노인은 여성노인보다 고립감을 더 많이 느낀다.
남성노인의 경우 외부와의 접촉이 줄고 가사노동의 어려움으로 현실적인 상실감을 더 크게 느낀다. 여성노인의 경우 내성적인 여성들이 사회적 접촉을 훨씬 줄이는 경향이 있다. 상담자는 내담자의 성격적 특성과 개인의 상황 적응 정도를 고려하여 노인이 사회적 접촉을 갖도록 돕고, 고립감을 갖지 않도록 한다.

(10) 사별 후의 격렬한 감정은 신체에도 영향을 미친다.

상실의 슬픔으로 전신에 걸쳐 동통이나 식욕부진, 불면증이 나타나는 경향이 있다. 이는 상실을 경험한 사람들이 겪는 일반적이 증후로 감정을 억누르면 누를수록 신체화증상은 더 강해진다. 상담자는 사별 노인의 건강상태에 주목해야 하며, 신체화 증상들과 더불어 우울증상이 노인들의 신체약화에 주요 원인이 될 수 있음을 알고 적절히 대처하도록 한다.

9. 사별관리에 대한 사회복지적 개입

1) 사회복지적 개입의 타당성

사별관리의 목적은 사별가족들이 슬픔과 상실의 위기를 극복하고, 질병을 예방하며, 성숙한 새로운 삶으로 살아가도록 돕는 것이다.

사별관리를 하기 위해서는 먼저 일반적 정보수집, 고인과의 관계양상 파악, 신체상태, 심리 · 정서적 상태, 사회 · 경제적 상태, 영적 상태 등의 자료를 수집한다.

사별관리에서 핵심적으로 다루는 내용으로는,

- 사별 후의 감정들을 표현하고 수용하도록 돕고, 고인을 잘 추모할 수 있도록 한다.
- 신체적, 정신적 건강을 잘 관리할 수 있도록 한다.
- 정상적인 슬픔반응과 사별과정을 교육시키고 증상과 단계에 따라 돌봄을 제공한다.
- 사별 후 변화된 생활에 대해 대처능력을 향상시켜준다.
- 가치관과 철학, 신념 등이 위협을 받아 삶의 방향이 흔들릴 수 있으므로 삶의 의미를 다시 재창조할 수 있도록 영적인 활동(좋은 글과 책, 기도, 명상)을 격려한다.

사별관리를 위해 기관의 특성에 따라 사별관리정책을 펴고 있으며, 기관마다 조금씩 다를 수 있으나 대개는 다음과 같은 기본적인 정책들을 포함한다.

〈표 15-3〉 사별관리 정책

정책	내용
서비스 제공기간	환자를 돌보기 시작한 시점부터 최소 사망 후 1년
지속적 서비스 제공	사별관리를 위한 정책과 절차를 마련하고 지속적 서비스를 제공
의뢰체계 구축	비정상적인 사별문제를 지닌 가족을 위해 내 · 외부의뢰체계 구축
사별관리 인력	사별관리를 위한 인력들을 교육, 지속적 관리감독
광범위한 서비스 제공	지역사회를 위해 사별교육과 지지적 서비스 제공

2) 사별관리서비스의 형태

사별관리의 내용은 개인상담이나 가족상담, 그리고 사별 자조모임 등 여러 가지 서비스의 형태를 통해 제공될 수 있다.

상담은 본인이 직접 사별관리기관으로 오게 하거나 기관에서 가정을 방문하거나 전화로 상담할 수 있다. 또한 정기적으로 편지를 보내거나 사별과 관련된 교육 및 정보지를 보내는 방법은 내성적이거나 대인관계를 꺼려하는 사별가족들에게 유용하게 사용될 수 있다. 사별 자조모임은 일반사별과 특별한 사별(에이즈, 자살 등)을 나누어 진행하는 것이 바람직하며, 최근에는 인터넷을 이용한 자조모임도 생겨났다. 그 외에 사별가족들의 애도 및 추모행사(예를 들면 장례, 삼우제, 49제, 100일, 1주기)에 참석하거나 사별관리팀이 애도행사를 주최하여 사별가족들을 초대할 수 있으며 다양하고 창의적인 방법으로 개인적인 애도와 추모를 도울 수 있다. 우리나라에서는 1993년부터 '삶과 죽음을 생각하는 회' 에서「홀로 남는 이를 위한 소그룹 상담」, 「홀로된 여성을 위한 슬픔치유 프로그램」, 「슬픔치유 소그룹 상담」, 「대화모임- 자기 성찰과 슬픔 경험 나누기, 애도과정」등의 프로그램 등을 통해 상담을 통하여 사별의 아픔을 나눔으로 슬픔의 고통을 치유하고 심리적 안정을 회복하도록 돕고 있다.

다음은 Corless(2001)가 제안한 여러 가지 개인 상담방법과 추모를 돕는 방법의 중 일부이다(23장 영성기법 p.458~465 참조).

〈표 15-4〉 개별 사별상담 및 추모의 형태 (Corless, 2001)

30분 동안 울어야 할 울음을 20분 만에 그치지 말라	
방법	진행 과정
고인에게 편지쓰기	유족의 생각이나 느낌을 편지로 고인에게 표현하게 함.
빈의자	빈 의자에 고인이 앉아 있다고 상상을 하고 고인에게 할 말을 할 수 있도록 함.
치료자가 고인역할하기	치료자가 고인의 역할을 하는 것으로 역할극을 함.
일기 쓰기	사별과정 동안 겪게 되는 생각과 느낌을 표현하게 함.
그림 그리기	그림에 표현된 것이 사별한 이의 느낌과 관심을 나타냄.
변화된 역할 분석	사별로 인한 이차적인 변화와 상실로 인한 이차적인 상실에 대해 사정하고 도움
분노 표출	소리 지르며 울도록 하여 분노가 배출되도록 도움

다음은 사별자조모임의 한 사례를 소개한다.

〈표 15-5〉 사별자조모임의 사례[17]

죽음과 현실	
목표	고인에 대한 마음을 정리하면서 죽음과 현실에 대해서 생각할 수 있는 기회를 제공한다.
과정	① 프로그램 성원들을 두 그룹으로 나누어 둥글게 앉도록 한다. ② 지도자는 프로그램을 설명하고 백지와 펜을 나누어 준다. ③ 빈 종이에 이미 죽음을 맞이한 사람의 이름을 적고 고인에게 편지를 쓰도록 한다. ④ 편지내용으로는 고인에게 미처 하지 못했던 말, 그리워하는 내용을 위주로 한다. ⑤ 자신이 죽기 전에 가족이나 친구들에게 꼭 말하고 싶은 사항을 더불어 정리한다. ⑥ 쓴 내용을 서로 나누고 의견을 교환하고 감정을 표현한다.
결과	고인에게 편지를 쓰면서 고인에 대한 감정을 정리하고, 자신이 죽기 전에 꼭 하고 싶은 말을 적어봄으로서 자신의 죽음에 대해서도 한 번 더 생각하는 기회를 준다. 진지하면서도 꼭 필요한 활동이다.
준비물	편지지 혹은 백지, 펜
평가	고인이 부모님인 경우 편지의 내용이 많았으나, 고인이 자식이나 배우자인 경우 조금 소극적인 모습이었다.

17 서혜경 · 김미혜 (2002), 노인복지실천론, 동인출판사, p.242-243 인용

제 5 부
실무종사자들을 위한 가이드라인

제16장 자살상담

- 자살상담 개입
- 노인자살 증상에 대한 이해와 관찰
- 노인의 자살 경고 증상
- 노인자살 방지를 위한 상담목표
- 노인자살 상담기법

삶의 첫번째 목적은 살아있는 것이다. 현재가 슬픔과 고통과 불행으로 점철된 삶의 음지 속이라 할지라도 살아내야 하는 것이다.
아무리 힘들고 고통스러워도 그래도 계속 가야 하는것 그게 우리네 삶이다.

조셉 M.마셜, 유향란 옮김(2008), 그래도 계속 가라, 조화로운 삶

16 제16장 자살상담[18]

죽음을 금기시하여 드러내놓고 죽음에 대해 말하기를 꺼려하는 우리사회의 풍조를 생각한다면, 스스로 자신의 목숨을 끊는 자살행위는 어떤 이유에서든지 사회에서 용납되기 어렵다. 때문에 자살하고픈 충동이 있는 내담자라 할지라도 선뜻 상담을 하기가 어려운 실정이며, 실무관계자 역시 자살상담을 어렵게 생각할 수 있다. 자살을 상담하는 상담자는 자칫 편견을 가지고 내담자를 대하거나 자살상담의 특수한 상황을 이해하지 못함으로 돌이킬 수 없는 우를 범할 수도 있다. 따라서 자살상담이 다른 죽음상담과는 다른 면들을 이 장을 통해 인지해 보도록 한다.

1. 자살상담 개입

자살상담의 범주는 자살생각을 하고 있는 사람들의 예방차원에서 상담이 이루어질 수도 있으며, 이미 자살시도를 한 사람들에 대한 상담이 될 수도 있다. 또한 가족구성원의 자살로 인한 나머지 가족구성원들이 느끼게 되는 감정적인 문제들이 상담의 대상이 될 수 있다. 특히 후자의 경우 자살은 대부분 음주문제나 아동학대, 가정폭력 등 이미 다른 문제가 있는 집에서 흔히 일어나게 된다. 따라서 가족구성원의 자살은 남은 가족들로 하여금 자신들이 자살 행위를 촉진시킨 역할을 하지 않았는가 하는 혼돈감과 수치심으로 유족과 고인 사이에 갈등이 심했을 경우에는 더욱 더 죄의식을 가지게 된다. 또한 아직까지 우리사회에서는 자살이 떳떳하지 못한 죽음으로 인정되기 때문에 드러내놓고 말할 수 없는 문제이다. 이러한 경우 유족들은 분노, 운명주의, 왜곡된 생각 등을 가지게 된다. 이처럼 고인의 자살로 가족구성원이 상담하게 되는 경우 아래의 표와 같은 상담개입이 필요하다.

18 이호선 (2005), 노인상담, 학지사, p.299-318 인용

〈표 16-1〉 자살로 인한 유족상담 개입방법

내담자의 생각	상담자의 역할
죄의식	현실적 근거에 의한 죄의식이 있는 경우 : 내담자 스스로 자신을 용서할 수 있도록 도움. 현실적 근거가 없는 경우 : 비현실성을 지적, 내담자 스스로 깨닫도록 함.
고인에 대한 이분법적 생각	고인에 대해 아주 좋거나 아주 나쁜 사람으로 보는 생각에 대해 현실적 이미지를 가지도록 도움.
분노	고인에 대한 분노를 적절하고도 충분히 표현할 수 있도록 함.
버림받은 느낌	고인으로부터 버림받았다는 느낌을 다루어 주어야 함.
가족신화	고인이 자살을 하지 않았다는 가족신화가 생기기 전에 남은 가족들은 즉시 상담을 받도록 함.
부정적 자아상 표출	내담자는 상담 중에 부정적인 자아상을 표출하여 문제행동을 일으켜 상담자에게 저항하는데, 이를 미리 알고 말려들지 않도록 함.
기타	자살 생존자들의 집단을 만들어 그들로 하여금 내담자의 고통을 함께 다루도록 함은 좋은 방법이 됨.

(2009, 재요약)

다음은 자살생각이나 자살시도자를 상담하기 위한 상담개입방법이다. 상담자는 내담자의 자살 증상에 대한 이해와 관찰을 통해 상담의 목표를 세우고 이를 구체적으로 실천하기 위한 상담개입이 이루어져야 한다. 상담개입 시에는 상담기법들 활용한다.[19]

1) 자살에 대해 스스로 탐색하도록 도움을 준다.

자살에 대한 생각을 하고 있는 내담자는 자신이 왜 그러한 생각을 하게 되었는지 탐색할 기회가 없다. 상담자는 이에 자살에 대해 내담자 스스로 탐색할 기회를 제공하고 내담자의 탐색 내용에 대해 판단하기보다는 지지하며 내담자의 자살하려는 이유를 진지하게 받아들인다. 이 때 내담자가 상담자로부터 존중받고 있으며 공감을 얻고 있다고 느끼게 해 주는 것이 중요하다.

2) 자살 사고 가능성에 대한 직접적 질문을 한다.

상담자는 다음과 같은 질문을 자살 가능성이 있는 내담자에게 직접 물을 수 있다.

① 현재 자살 시도 계획을 가지고 있습니까? 만일 있다면 구체적으로 말씀해 주세요.

19 이호선 (2005), 노인상담, 학지사, p.299-318 인용

② 과거에 자살 시도 경험이 있습니까? 또는 가족이나 친구의 자살을 목격한 적이 있습니까?
③ 가정적 · 사회적인 지지망이 형성되어 있습니까?
④ 현재 더 이상 견딜 수 없는 상황, 또는 스트레스를 가지고 있습니까?
⑤ 현재 알코올이나 약물을 남용하고 계십니까?

특히 노인 내담자에 질문을 할 때에는 다음의 단계를 밟도록 한다.

① 지금처럼 사는 게 의미가 있습니까? 아니면 죽는 게 더 나은가요?

⬇

② 죽음을 앞당길 생각이 있으신가요?

⬇

③ 빠른 시일 내에 일을 시도할 생각이신가요?

⬇

④ 죽음을 어떻게 실행하실 건가요?

⬇

⑤ 언제 실행에 옮기실 건가요?

위의 질문을 차례대로 하되 ②~④의 질문에 '그렇다' 라고 대답한 경우, 상담자는 내담자의 안전을 위한 행동을 취해야 하며, 내담자를 정신과 전문의와 만나게 해야 한다. 이 때 내담자가 정신과 전문의를 만나길 거부하거나 상담자가 내담자를 꼭 치료해야 하겠다면, 내담자의 가족을 상담에 참여하도록 한다.

3) 자살 시도를 막도록 구체적 차원에서 합의를 하고 이를 실행하도록 도와 준다.

먼저 상담자는 자살 사고 정도와 자살 가능성 정도를 평가하여 내담자를 타 기관에 입원의뢰를 할 것인지와 가족 및 보호자에게 내담자의 자살 사고 정도와 가능성을 이야기할 것인지를 결정해야 한다. 다음에 내담자와 함께 자살충동이 들 때에 구체적으로 어떻게 해야 할지 의논하고 자살을 막기 위한 실제적인 대책을 강구하여 내담자의 동의를 구한 후 구체적인 약속을 한다. 이 때 구두로 약속을 하는 것이 아니라 반드시 서면으로 상세히 기록하고 이를 내담자가 큰 소리로 읽게 한 후 서명하게 한다. 약속의 내용으로는 예를 들면 신체적 활동량을 증가시키기 위한 운동, 사회활동 증가, 감정표현의 강화 및 구체화, 자살에 대처하는 개인적인 방법, 상담자와 약속한 시간까지는 결코 자살시도나 자해를 하지 않겠다는 등의 내용이 포함된다. 이러한 '자살서약서' 는 내담자로 하여금 다음 상담시간까지 희망을 가지고 버틸 수 있도록 함으로서 자살 시도를 막을 수 있고, 자살에 대한 생각을 감소시키고 합의한 것을 실행하는데 도움이 된다.

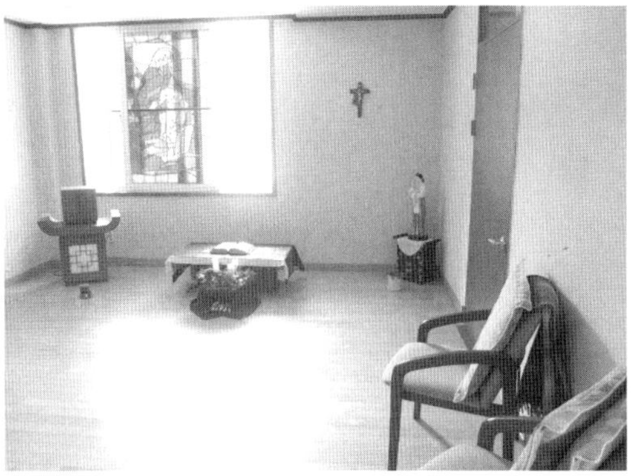
춘천 성골롬반 의원의 상담실

4) 알코올이나 약물의존 문제에 우선적 개입을 한다.

자살에 대한 의지가 있는 내담자는 알코올이나 약물에 의존하는 경우가 많으며, 이러한 알코올이나 약물 의존은 자살에 대한 의욕을 강화시킨다. 따라서 상담자는 자살상담 이전에 이 문제를 우선적으로 다뤄야 이후에 이뤄질 자살상담의 예후가 비교적 안정적일 수 있다.

5) 감정표현을 격려하여 내담자 스스로에 대한 이해를 도와준다.

자살 의지가 있는 노인들은 오랫동안 자신에 대해 무가치하다고 느껴 무력감을 느끼고 있으며 내면의 정서표현에 익숙하지 않다. 따라서 상담자는 지속적인 격려를 통해 노인 스스로 자신의 감정에 닿을 수 있도록 도와야 한다. 또한 그들의 심리적 아픔과 무가치감의 근원을 탐색하여 그 원인에 대해 통찰할 수 있도록 격려한다. 이 과정을 통해 내담자는 스스로 자신을 살피고 이해하는 데 도움을 얻을 수 있다.

6) 자살과 관련된 내담자 사고를 인식하고 탐색하도록 도와 준다.

노인 내담자가 자살하려는 이유와 현재의 상황을 말로 표현할 수 있도록 돕고, 자살과 관련된 생각 이면에 있는 무력감과 무가치감을 강화시키는 내담자의 사고를 인식할 수 있도록 격려해야 한다. 이 과정을 통해 내담자는 삶의 의미와 가치에 대한 개인적인 평가를 긍정적인 차원과 부정적인 차원에서 살펴 자신의 삶에 대한 전반적인 통찰을 얻을 수 있다.

7) 내담자가 가지고 있는 장점과 자원을 탐색한다.

내담자의 삶에서 최저점과 최고점을 탐색하여 내담자가 행했던 대처방법을 살펴봄으로서 내담자가 가지고 있는 긍정적 자원과 장점을 탐색, 평가할 수 있다. 이러한 탐색과 평가는 자살의지에 영향을 미치는 현재의 가장 어려운 문제를 긍정적 자원을 연결하여 풀어나갈 수 있도록 돕는다.

2. 노인자살 증상에 대한 이해와 관찰

노인 자살의 대부분이 노인 우울증과 깊이 연관되며, 약 76%의 자살이 의사를 만나고 한 달

이내에 발생하기 때문에 우울증상이 있는 노인이 자살을 하고자 하는 증상이나 양상을 보일 때에는 신속히 개입하여야 한다. 그리고 상담자는 노인 우울증세가 심각할 경우 내담자의 자살 의도를 반드시 확인해야 한다.

1) 죽음과 관련된 지속적인 생각을 한다.

자살을 생각하고 있는 노인은 죽음과 관련된 구체적인 계획을 갖고 있다. 또는 과거 몇 차례 시도한 경험을 가지고 있거나 자살에 대한 구체적인 계획이 없더라도 자살 생각에 몰입되어 있어 늘 죽음을 생각한다. 상담자는 자살에 대한 생각과 구체적인 내용을 알아봐야 한다.

2) 세상과 삶에 대한 비관적 · 냉소적인 태도를 갖는다.

자살을 생각하고 있는 노인은 삶에 대한 즐거움이나 애착이 없고, 삶을 비관하며 세상에 대해 냉소적인 태도를 가지고 있다. 상담자는 내담자의 삶에 항상 부정적인 면만 있는 것이 아님을 인식시키도록 과거 즐거웠던 경험들을 기억시키고, 내담자의 가치관과 생의 즐거움의 기억들과 생의 비참하고 슬펐던 기억들에 대한 인식 평가 등을 신중히 살피도록 한다. 이것을 바탕으로 노인이 가지고 있는 삶의 적응방식과 태도를 살펴야 한다.

3) 자신의 무능력감을 강하게 나타낸다.

변화된 환경에서 이전의 능력을 인정받지 못하거나 더 이상 자신의 능력이 필요로 하지 않다고 느낄 때 자살에 대한 생각이 강화된다. 이들은 무기력감을 느끼며 자살에 대해 자주 생각한다. 상담자는 노인이 가지고 있는 자기효능감, 변화된 환경에서 스스로 얼마나 적응하는지 평가, 자기확신, 자기만족감에 대해 자세히 파악하도록 한다.

4) 통제되지 않는 현실도피를 위한 우발적 자살시도를 한다.

외부 환경을 통제하고자 하거나 자신의 능력과 존재를 외부에 알리기 위해 자살을 선택하는 경우가 있는데, 이는 대개 우발적이고 과도하게 감정이 집중되어있다. 상담자는 이러한 시도가 일시적이고 우발적이었는지 아니면 계획적이고 의도적인 것이었는지 판단하여 상담목표에 이를 반영하여야 한다.

5) 죽음에 관한 이야기나 자살 희망을 자주 표현한다.

자살을 의미하는 말이나 자살 가능성을 담고 있는 표현들을 자주하거나 진지하게 자살 의사를 표현하는 경우, 상담자는 내담자의 자살 가능성을 살펴야 한다. 또한 이러한 표현들이 어려움에 처해서 극단적으로 감정을 표현한 것인지 정말 자살의 의도를 가지고 있는 것이지 신중한 평가가 있어야 한다.

6) 구체적인 관찰을 필요로 하는 세부 영역(정서적 · 사고 · 행동 · 신체)을 잘 파악한다.

상담자는 내담자의 자살 가능성을 정서, 사고, 행동, 신체 등 다양한 측면에서 살펴 파악해야 한다. 정서적인 영역으로는 자포자기, 분노, 몰려오는 슬픔, 죄책감, 무가치감, 외로움, 상실감, 무기력함, 무의미 등에 대해 살핀다. 사고영역에서는 내담자가 '이 상황이 지나가면 모든 것이 끝이야.', '이 일은 절대 끝나지 않을 거야.', '내가 문제니 나만 없으면 이 문제는 다 해결될거야.', '이제 혼자야. 혼자서 이 모든 것을 해내야 해.' 등의 생각이나 진술을 하는지 살피도록 한다. 행동적인 영역에서는 평소 아끼던 물건들을 다른 사람들에게 나누어 주거나, 평소에 알고 있는 사람들에게 갑작스럽게 전화를 하거나 편지를 보내 고마움을 표시한다. 또 친척이나 친구 등 모든 사람들과 접촉을 끊거나, 규칙적으로 하던 일을 중단하거나, 알코올이나 약물을 과용하거나 자해 행위를 하는 경우 자살의 가능성을 생각해야 한다. 신체적인 측면에서는 외모에 관심을 갖지 않거나, 식욕이나 체중이 눈에 띄게 변하거나, 불면증이 심해지며, 지나치게 잠을 많이 자는 경우도에도 자살 가능성이 있으므로 신중히 살피도록 한다.

3. 노인의 자살 경고 증상

노인의 자살 경고 증상은 언어증상, 행동증상, 상황증상 등으로 나타난다. 언어적 증상은 다음의 표에 있는 말을 자주 하며, 행동증상으로는 이전에 없던 관심과 행동들을 나타낸다.

〈표 16-2〉 노인의 자살 경고 증상

증상의 종류	증상의 내용
언어증상	'죽고 싶다', '모든 것이 소용없어', '차라리 내가 없는 것이 더 낫지', '모든 게 다 나 때문이야.'
행동증상	시신 기증, 사업이나 관계 정리, 유언 작성 및 변경, 보험 해지, 연금이나 보험금 수령인 변경, 갑작스런 신앙에 대한 관심 증가나 감소, 이유 없이 의사나 상담자를 찾음.
상황증상	배우자의 사망, 말기질환 진단, 가족, 친지, 가까운 친구에게 이유 없이 화를 냄, 후기 우울증 증상, 신체기능에 대한 지나친 관심(예, 변비 설사, 통증, 어지럼증, 심장증상 등의 빈번한 호소), 자존심 저하, 무가치감, 무시당한다는 느낌, 특별한 이유 없이 공포와 불안 표현 등을 함.

(2009, 재정리)

또한 자살을 하고 싶은 자살충동이 극에 오르면 다음과 같은 양상을 보인다. 먼저, 자살에 관해 자주 이야기하거나, 심한 우울증과 알코올을 남용하게 된다. 또한 주의가 산만하고 짜증과 염려가 두드러지며, 기억력의 현저한 저하나 기억이 혼란해지며, 상황에 대한 절망과 포기를 하게 된다.

4. 노인자살 방지를 위한 상담목표

1) 자살 사고의 위험 수준을 진단 · 파악한다.

내담자의 자살 가능성을 평가하기 위해 자살위험척도 등을 사용하여 진단 한다. 진단 결과 자살 사고 위험성이 높을 경우 상담자는 내담자가 약물치료를 받을 수 있도록 하거나 가족에게 알릴 것인지를 결정한다. 진단결과가 자살 사고 위험성이 비교적 낮고 긴밀한 상담관계를 통해 내담자의 문제를 다룰 수 있는 것이라면 상담을 계속 진행하도록 한다.

2) 자살 위기를 진정시킨다.

상담 상황에서 내담자의 자살 가능성이 크고 내담자의 자살 의도 상황이 구체적일 때에는 우선 내담자의 자살 위기를 안정시켜야 한다.

3) 약물치료의 가능성과 방법, 효과에 대한 논의를 한다.

자살에 대한 충동이나 강한 우울감은 약물 치료를 통해 현저하게 좋아지는 경우가 많다. 만약 상담자는 우울증상이 강하고 자살 가능성이 높은 내담자가 약물 사용을 꺼린다면, 약물치료의 장점과 상황의 변화 가능성, 효과들을 내담자에게 알리고 인식시키도록 해야 한다. 또한 이에 대한 반응을 살피도록 한다.

4) 내담자와의 계약과 수행을 돕는다.

내담자가 자살 가능성이 높은 경우 상담자는 내담자와 일련의 계약을 맺는다. 만약 자살을 한다면 어떤 방법과 경로로 실행할지 자세히 물어보고 자살을 결심하게 되었을 때에는 반드시 상담자에게 미리 알려 줄 것을 약속받는다. 또한 자살을 유보하거나 하지 않겠다고 하는 경우에는 이에 대한 계약서를 작성하고 서명하도록하여 내담자가 이 계약을 성공적으로 수행할 수 있도록 돕는다. 이 외에도 자살과 관련된 내용들을 내담자와 함께 구체적으로 살펴 분명한 기록으로 남기도록 한다.

5) 수면과 섭식 패턴을 살핀다.

대개 자살 의도가 있는 경우에는 수면이 불규칙하고 음식섭취가 잘 이뤄지지 않는다. 따라서 상담자와 내담자 사이에 한 계약에 수면과 음식섭취에 관한 내용들을 넣어 이를 잘 수행하도록 도와야 한다. 이것은 내담자가 수면과 섭식에서 안정을 찾을 때까지 계속 되어야 한다.

6) 억압된 감정을 자유롭게 표현하게 하도록 도와준다.

자살을 생각하는 노인들은 자신의 현재 처한 상황 때문에 자신의 의사를 잘 표현하지 못한다. 또한 감정에 대한 억압이 강해 심리적 상처, 아픔, 정서상태 등을 잘 표현하지 못한다. 따라서 상담자는 내담자가 억압된 감정을 충분히 이야기하고 정서를 표현할 수 있도록 이끌어야 하며, 동시에 내담자의 심리적 변화를 살펴야 한다.

7) 자살과 관련된 생각, 감정, 계획 등을 말하도록 격려한다.

자살의 과정을 파악하고 이에 대한 적극적인 대처를 하기 위해 내담자가 가지고 있는 자살에 관한 자세한 내용과 상황, 계획등을 자세히 이야기하도록 격려하고 지원한다. 내담자의 이러한 이야기는 곧 자살상담의 목표가 된다.

8) 자살 생각에 대한 심리변화 과정을 탐색하고, 긍정적인 변화 모델을 찾도록 돕는다.

상담자는 내담자가 자살 생각에 이르기까지 내담자에게 일어난 환경적·심리적 변화 과정을 탐색하도록 하여 내담자의 추후 감정변화와 행동반응을 예측한다. 또한 상담자는 심리적 탐색과정을 통해 내담자가 추구할 만한 바람직한 변화모델을 찾도록 돕는다. 이 때 변화모델에는 현재의 자살 의지에서 내담자가 생각하는 가장 바람직한 모습에 이르기까지 전 과정이 포함되도록 하며, 내담자가 이 모델을 형성하는 데 적절한 도움을 제공하도록 한다.

9) 자살기도가 없거나 미약했던 이전의 기능 수준으로 회복하도록 목표를 정한다.

내담자와의 상담을 통해 이들이 안전하고 보다 심리적으로 스스로를 지지할 수 있었던 이전의 기능 수준을 회복하도록 목표를 정한다. 이를 위해 내담자가 이전의 건강했던 기능 수준을 회복하도록 하기 위해 다양한 기법을 사용할 수 있으며, 그 방법으로 내담자가 가장 좋았다고 생각되는 과거의 상태를 회상하게 하고, 그 상태를 가능하게 하였던 요인을 찾도록하거나 도움이 되는 자원들을 적극 활용한다.

10) 알코올, 약물의 의존 여부를 확인한다.

내담자의 자살 가능성을 높이는 요소를 파악하면서 알코올이나 약물에 의존하는지 확인한다. 알코올이나 특정 약물에 의존하게 되면 자살의지가 보다 강해질 수 있으므로 이런 경우 자살상담보다 먼저 알코올과 약물 의존에 대한 상담계획을 세우도록 한다.

5. 노인자살 상담기법

1) 인지도 그리기 (cognitive mapping)

인지도 그리기는 내담자가 자신의 신체적 증상, 느낌, 바라는 바를 언어로 표시하도록 도와 문제의 원인과 해결방법을 모색하게 하는 방법으로 내담자인 노인은 상담자가 보여 주는 그림들을 점차 정교화해가면서 자신이 가지고 있는 문제에 대한 그림을 수정하고 확장하여 스스로 문제를 해결해 나간다. 이 방법은 노인들이 본래 가지고 있는 지적능력과 호기심을 사용하여 자살문제에 대한 관련 정보들을 얻는 것으로 상담자는 정보의 전반적인 형태를 그림으로 표시하여 내담자가 자신의 사고과정을 살피게 한다.

2) 회피(avoidance)

회피는 개인에게 문제가 되는 상황을 가능한 한 피하게 하는 방법이다. 이 기법은 내담자를 문제와 분리하여 문제가 야기되는 구체적인 갈등과 스트레스를 중단시킴으로서 내담자가 심리적인 안정을 가지도록 한다. 또한 내담자가 거리를 두고 문제를 보면서 자신의 문제를 보다 객관적으로 보게 하여 다른 시각에서 문제해결을 시도할 수 있도록 한다.

3) 도움요청(help-seeking)

내담자의 문제에 대해 상담자가 아닌 다른 사람의 도움을 요청하는 방법이다. 상담자는 자살 가능성이 높은 노인에게 가장 믿을 수 있으면서 그의 어려움을 이해해 주거나 실질적인 도움을 줄 수 있는 사람에게 도움을 요청할 수 있도록 동기를 부여한다.

4) 최소화(minimizing)

최소화는 노인이 자신에게 발생한 문제의 심각성이나 그 중요성을 의식적으로 최소화시켜 받아들이는 방법이다. 상담자는 노인 내담자가 자신의 문제를 지나치게 심각하게 받아들이거나 실제보다 과장하여 이해하지 않도록 돕는다. 이러한 기법을 통해 내담자는 자신의 문제로부터 해방감을 갖게 되며, 문제를 해결하고자 하는 의지가 강해져 심리적으로 안정을 얻을 수 있다.

5) 비난하기(blaming)

상담자는 내담자의 문제 발생 요인을 자신에게서 찾지 않도록, 문제 유발 상황이나 문제를 발생시킨 사람에 대해 신랄한 비난을 하도록 유도한다. 이렇게 함으로서 내담자는 죄책감이나 무기력감을 감소시킬 수 있다.

6) 전환(substitution)

전환기법은 내담자가 가지고 있는 환경적 특성들을 최대한 긍정적인 방향으로 전환하여 사용할 수 있도록 하는 것이다. 한 예로 우울증세를 보이는 노인에게는 집안에만 있게 하지 말고 햇볕을 쬐도록 산책이나 등산, 취미생활을 함께할 수 있는 사람들을 만나거나 사회활동을 할 수 있는 프로그램 등을 하도록 상담자가 유도한다. 전환을 함으로서 노인 스스로 느끼는 무능함이나 무기력감을 개선할 수 있으며, 스스로 환경을 환기하도록 도울 수 있다.

생각해 볼 문제

- 죽음과 관련된 상담을 하는 상담자는 삶과 죽음에 대해 어떠한 가치관과 자세를 가져야 할 것인지 생각해봅시다.
- 전문 상담자가 아닌 우리들이 애도의 단계에 있는 사람들에게는 줄 수 있는 구체적인 도움은 무엇이 있을지 생각해봅시다.
- '적절한 죽음의 과정'을 위한 중재적 역할을 할 수 있는 상담의 방법에 대해서 알아봅시다.

다음의 사례에서 호스피스 상담이 환자에게 어떤 역할을 하는지 생각해봅시다.

김 노인(76)은 암 말기상태이며, 3개월 이상을 살 수 없다는 사실을 알게 되었다. 그 동안 막연하게 생각했던 죽음이라는 사실 앞에 심한 두려움과 공포감을 느꼈다. 김 노인은 두려움 속에서 분노와 우울한 감정에 빠져 있을 때 주변가족들의 권유로 호스피스를 전문으로 하는 상담자에게 의뢰되었다. 김 노인은 처음에는 자신의 죽음에 대해 부인하고 상담을 거부하다가 차츰 상담자와의 대화를 통해 자신에게 주어진 상황을 이해하고 받아들이게 되었다. 이제 김 노인은 죽음에 대한 불안감을 덜 느끼게 되었고 짧은 시간이었지만 평온하게 가족들에게 작별을 고하고 임종을 맞이할 수 있게 되었다.[20]

- 다음의 대화에서 만약 당신이 상담자라면 이 외에 어떤 일을 할 수 있을지 생각해 봅시다.

Q&A 1

Q : 여기 죽음을 갈망하는 사람이 있습니다. 예를 들어 자살을 생각하거나 마약이나 알코올 등으로 자신의 몸을 망치고 있습니다. 이러한 사람에게 어떻게 하면 다시 살고 싶고 보람찬 삶을 살고 싶은 '살려는 의지'를 줄 수 있는 상담을 할 수 있을까요?

A : 상담자는 우선 판단하는 태도를 보이지 말고, 그들이 살고 있는 그대로를 받아들여야 합니다. 그리고 왜 마약이나 알코올로 자신의 몸을 망치며, 삶의 의지를 갖지 않는지, 그 원인을 찾아내려고 노력해야 합니다. 그 후에야 그들을 진정으로 도울 수 있으며, 또한 이런 사람들은 전문가의 도움이 필요합니다.

Q&A 2

Q : 자살한 사람의 죽음을 받아들이도록 그 가족이나 친척을 어떻게 도울 수 있을까요?

A : 사랑하는 사람의 죽음이 자살이라는 죽음의 성격 때문에 가족과 친구들은 더 한층 부가된 죄책감과 회한감을 갖게 됩니다. 가족들이 평화와 수용의 단계에 도달하기 위해서는 전문가의 도움이 필요합니다. 그들의 상심은, 자연사로 인한 슬픔보다 훨씬 더 오래 가는 것은 당연하며, 어떤 죽음이든 가족이나 친구들은 임종의 심리적 단계를 모두 거치게 됩니다.

20 노인상담입문 (2006). 서혜경외, 집문당. p.104

제 6 부
죽음관련 척도

제17장 죽음불안척도

- Collett-Lester의 Fear of Death Scale(FODS) 죽음불안 척도
- Templer Death Anxiety Scale(TDAS) 템플러의 죽음불안 척도
- Thorson & Powell의 Revised Death Anxiety Scale (RDAS) 톨슨과 포엘의 죽음불안 척도
- Multidimensional Fear of Death Scale(MFODS) 다차원적 죽음불안 척도
- Death Attitude Profile Revised(DAP-R) 죽음태도 척도-개정판

죽음과 가까이 산다는 사실이 나에게 별로 겁을 주지 않는다. 생물은 언젠가 죽는 것이고 사실 죽기 때문에 생물인 것이다. 죽지 않는다면 그건 그냥 사물(事物, 死物)일 뿐이다.

황동규 산문집(2008), 삶의 향기 몇 점, Human & Books

현재 우리나라에서 학위논문을 제외한 학술지에 검색되는 죽음불안관련 논문은 약 30편 정도이며, 죽음불안 척도를 이용한 국외 연구는 60여 편 정도이고, 국내 연구로 죽음불안 척도를 사용한 연구들은 22편 정도이다. 이 중에서 국내 척도를 사용한 3개의 연구를 제외한 나머지 18편은 외국의 척도를 번안하여 신뢰도와 타당도를 제시하고 여러가지 관련변수들을 적용하여 변수들간에 인과관계를 보는 연구들이 대부분이었다. 그외 연구들은 질적연구이거나 문헌연구였다.

사용된 척도들을 살펴보면, 우선 Collett-Lester(1969)의 FODS(Fear of Death Scale), Templer(1983)의 DAS(Death Anxiety Scale)을 활용한 논문이 각 7편이었으며, 그 다음으로 Thorson & Powell(1994)의 RDAS(Revised Death Anxiety Scale)이 3편으로 그 뒤를 잇고 있고, 우리나라에서 만들어진 척도로서는 박은경(1995)이 개발한 척도를 사용한 연구가 3개로 나타났다.

따라서 제 6 부에서는 미국을 중심으로 개발된 척도를 중심으로 죽음, 죽음불안, 우울, 스트레스와 관련된 척도를 소개하였다. 우선 척도에 대한 전반적인 개요, 척도의 신뢰도, 측정방법, 척도의 종류에 따라 활용한 국내연구, 문제점 등을 중심으로 정리하였다.

제17장 죽음불안 척도

1. Collett-Lester의 Fear of Death scale(FODS) 죽음불안 척도[1]

1) 목적 : 죽음불안을 4가지 부분으로 나눠서 측정하기 위한 척도

2) 척도 소개 : Collett-Lester(1969)가 만든 FODS(Fear of Death Scale) 는 복합차원에서 '죽음의 불안도를 측정' 하는 척도로서 현재까지 가장 널리 사용되고 있다. 36개 항목으로 자신이 죽어가는 과정, 타인이 죽어가는 과정, 자신의 죽음과 타인의 죽음에서 느끼는 두려움과 불안을 측정한 것이다. 이 점수는 Likert-type Scale의 4점 등간척도를 사용했다.

1990년도에 각 항목 8개 질문, 총 32개 항목으로 제 2판으로 개정이 되었다가, 2003년도에 3판으로 개정되었다. 즉 각 항목 7개 질문에 총 28항목으로 개정 되었다.

우리 나라에서는 1983년도에 서혜경의 연구로 인해 처음 소개되었으나, 첫 번째 척도만이 소개되었을 뿐 2003년도에 개정된 척도는 본서에 처음으로 소개되는 것으로, 타당도와 신뢰도 검증이 완료되지 않았으므로 사용상에 주의를 필요로 한다.

3) 척도의 신뢰도 : 자신이 죽어가는 과정 Cronbach α값 .92, 타인이 죽어가는 과정 Cronbach α값 .92, 자신의 죽음 Cronbach α 값 .91, 타인의 죽음 Cronbach α 값 .88로 전체 척도의 신뢰도는 Cronbach α 값 .90으로 나타났으며, 기존의 척도는 4점 척도였던 것에 비해 새로 나온 척도는 5점 척도를 사용하였다.

4) 측정방법 : 각 부분 7문제의 평균을 이용하여 측정

5) 국내적용연구 : 1판의 경우 서혜경(1987). 한미노인의 죽음에 대한 태도. 한국노년학 7. 39-61.외 다수가 있으나, 2판이나 3판의 경우에는 없음.

---

1 Lester & Abdel-Khalek (2003), A Collett-Lester Fear of Death Scale : A correction, Death Studies 27, :81-85, 2003.

	Very	Somewhat			Not
Your Own Death(자신의 죽음에 대한 불안)					
1. The total isolation of death 죽으면 모든 것이 끝일 것이다.	5	4	3	2	1
2. The shortness of life 인생이 너무 짧다.	5	4	3	2	1
3. Missing out on so much after you die 내가 죽은 후에 너무 많은 것을 놓칠 것 같다.	5	4	3	2	1
4. Dying young 내가 너무 일찍 죽을 것 같다.	5	4	3	2	1
5. How it will feel to be dead 죽을 때의 느낌에 대해 생각해 봤다.	5	4	3	2	1
6. Never thinking or experiencing anything again 죽으면 어떤 것도 다시는 생각할 수도, 경험할 수도 없다.	5	4	3	2	1
7. The disintegration of your body after you die 내가 죽은 후에는 내 몸이 분해 될 것 같다.	5	4	3	2	1
Your Own Dying(자신이 죽어가는 과정에 대한 불안)					
1. The physical degeneration involved 신체적 능력이 퇴화될 것이다.	5	4	3	2	1
2. The pain involved in dying 죽는 것은 고통스러울 것 같다.	5	4	3	2	1
3. The intellectual degeneration of old age 노화로 인하여 지적인 능력이 퇴보 될 것 같다.	5	4	3	2	1
4. That your abilities will be limited as you lay dying 당신이 죽어가는 과정 중에 여러 가지 능력이나 기능에 제약이 생길 것이다.	5	4	3	2	1
5. The uncertainty as to how bravely you will face the process of dying 죽어가는 과정에서 내가 얼마나 용감하게 대처해 나갈지 잘 모르겠다.	5	4	3	2	1
6. Your lack of control over the process of dying 죽음의 과정에서 내 자신을 통제할 수 없을 것이다.	5	4	3	2	1
7. The possibility of dying in a hospital away from friends and family 가족과 친구들과 떨어져 병원에서 죽을 가능성이 있다.	5	4	3	2	1

	Very	Somewhat			Not
The Death of Others(타인의 죽음에 대한 불안)					
1. losing someone close to you 나의 가까운 지인을 잃을 수도 있다.	5	4	3	2	1
2. Having to see the person's dead body 죽은 사람들의 시신을 봐야 할 일이 있다.	5	4	3	2	1
3. Never being able to communicate with the person again 죽은 그 사람과 다시는 얘기할 수 없다는 것을 안다.	5	4	3	2	1
4. Regret over not being nicer to the person when he or she was alive. 죽은 사람이 살았을 때 더 잘해주지 못한 것에 대한 후회를 한다.	5	4	3	2	1
5. Growing old alone without the person 다른 사람들과 함께가 아닌 혼자 늙어간다는 생각을 갖게 된다.	5	4	3	2	1
6. Feeling guilty that you are relived that the person is dead 그 사람이 죽어서 다행이라고 생각하면서 죄책감을 느껴 본적이 있다.	5	4	3	2	1
7. Feeling lonely without the person 주변에 아무도 없어서 외롭다.	5	4	3	2	1
The Dying of Others(타인이 죽어가는 과정에 대한 불안)					
1. Having to be with someone who is dying 죽어가는 사람이 있다면 함께 있어주어야 한다고 생각한다.	5	4	3	2	1
2. Having the person want to talk about death with you 나와 함께 죽음에 대해 이야기하고 싶어 하는 사람이 있다.	5	4	3	2	1
3. Watching the person suffer from pain 어떤 사람이 고통스러워하는 것을 그냥 봐야만 할 때가 있다.	5	4	3	2	1
4. Seeing the physical degeneration of the person's body 다른 사람이 육체적으로 노화해 가는 것을 지켜볼 때가 있다.	5	4	3	2	1
5. Not knowing what to do about your grief losing the person when you are with him or she 함께했던 사람이 죽었을때 그 슬픔을 어떻게 주체해야 할지 모른다.	5	4	3	2	1
6. Watching the deterioration of the person's mental abilities 나는 어떤 사람의 정신적인 능력이 퇴보해 가는 것을 봐야만 할 때가 있다.	5	4	3	2	1
7. Bing reminded that you are going to go through the experience also one day 나도 언젠가 이런 경험을 하게 될 것을 생각하게 한다.	5	4	3	2	1

2. Templer Death Anxiety scale(TDAs)[2]

1) 저자 : Donald I. Templer

2) 목적 : 죽음불안의 측정

3) 소개 : 죽음 불안을 측정하기 위하여 15문항으로 구성됨. TDAS는 죽음에 대한 포괄적인 질문을 포함하고 있으며, 다양한 인구집단을 통한 타당도 검증을 통해 연령, 성별, 종교, 특정 환경적 영향, 인성, 신체적 및 정신적 건강 등의 다양한 행동의 관계를 알 수 있다. TDAS는 다양한 집단을 대상으로 조사를 하였으며, 대체적으로 4.5-7점 내외의 점수대로 나오면 정상으로 봄. 청소년층의 경우 7.5점 이상, 청년층의 경우 7.25, 중년층의 경우 6.85, 그리고 노인층의 경우 5.74점이 평균인 것으로 나타남.

4) 점수 환산 법 : 각 문항의 정답을 맞힌 개수에 따라 점수를 합산함 (1 = T, 2 = F, 3 = F, 4 = T, 5 = F, 6 = T, 7 = F, 8-14 = T, 15 = F).

5) 신뢰도 : Cronbach α 값을 제시하지 않고, Kuder Richardson Formula 지수를 제시하고 있으며, 신뢰도 지수는 .76로 나타났다. 또한 TDAS는 3주 재검사신뢰도의 상관계수는 .83이며. 국내연구에서는 고효진 외(2006)의 연구에서 Cronbach α값이 .80으로 나타남

6) 국내연구 : 고효진, 최지욱, 이홍표(2006), Templer 죽음불안 척도의 요인구조와 신뢰도. 한국심리학회지:건강. 11-2, 315-328.

2 Lonetto, R. and Templer, D. 1. (1983) The nature of death anxietym in C. D. Spielberger an d J. N. Butcher (eds.) *advances in personality Assesement*. Vol 3 Hillsdale, N. J. Lawrence Earlbaum, pp 14-174. Instrument reproduced with permission of Donald I templer.

Instruments for Adults

TDAS

If a statement is true or mostly true as applied to you, circle "T"
If a statement is false or mostly or false as applied to you, circle "F"

자신에게 해당되는 내용이면 T(참)를, 해당사항이 없는 내용이면 F(거짓)를 선택하시오.

T F 1. I am very much afraid to die.
나는 죽음이 전혀 두렵지 않다.

T F 2. The thought of death seldom enters my mind.
나는 죽음에 대한 생각을 거의 하지 않는다.

T F 3. It doesn' t make me nervous when people talk about death.
사람들이 죽음에 대해 말해도 별로 신경 쓰이지 않는다.

T F 4. I dread to think about having to have an operation.
만일 수술을 받아야 한다면 굉장히 무서울 것 같다.

T F 5. I am not at all afraid to die.
나는 죽는다는 전혀 두렵지 않다.

T F 6. I am not particularly afraid of getting cancer.
나는 암에 걸릴까봐 걱정하지 않는다.

T F 7. The thought of death never bothers me.
죽음에 대한 생각 때문에 심란하지는 않다.

T F 8. I am often distressed by the way time flies so very rapidly.
시간이 너무 빨리 흘러간다는 사실에 심란할 때가 있다.

T F 9. I fear dying a painful death.
고통스럽게 죽을까봐 두렵다.

T F 10. The subject of life after death troubles me greatly.
죽음 이후에 무슨 일이 있을지 사후에 대한 이야기가 나오면 마음이 불편하다.

T F 11. I am really scared of having a heart attack.
심장마비가 일어날까봐 겁이 난다.

T F 12. I often think about how short life really is.

인생이 정말 짧다는 생각이 자주 든다.

T F 13. I shudder when I hear people taking about a World War 3
세계3차 대전이 일어날 것에 대해 말하는 것만 들어도 겁이 난다.

T F 14. The sight of a dead body is horrifying to me.
죽은 사람의 몸을 보면 소름이 끼친다.

T F 15. I feel that the future holds nothing for me to fear.
지금 죽는다고 해도 별 미련이 없다.

3. Thorson & Powell 의 Revised Death Anxiety Scale(RDAs)[3]

1) 목적 : 죽음불안의 측정

2) 구성 : 1977년도에 Nehrke가 Templer와 Boyar의 죽음불안 척도에 수정을 가한 척도이다. 34문제에서 저자들이 25문제, 리커트 5점 척도로 재구성한 죽음불안 척도.

3) 신뢰도 및 타당도 : Cronbach α값을 .83으로 보고하고 있으며, 타당도에 대한 정보는 없음

4) 점수환산법 : 17개의 긍정문항과 8개의 부정문항(4, 10, 11, 13, 17, 21, 23, 25)으로 구성. 각 문항별 총합을 더한 점수가 높을수록 죽음불안이 크다고 봄.

5) 국내연구 : 현재 알려진 국내연구는 없으며, 따라서 아래 척도는 소개를 목적으로 하는것이며, 사용시에는 타당도와 신뢰도 검증이 필요함.

범주 : 0 = 매우부정 1 = 부정 2 = 중립(모르겠다) 3 = 긍정 4 = 매우긍정

3 Thorson, J. A., Powell, F. C.(1994). Revised Death Anxiety Scale. Death Anxiety Handbook Ch.2., Ed. Neimeyer, R. A.

1. I fear dying a painful death.
   나는 고통스럽게 죽을까봐 겁난다.
2. Not Knowing what the next world is like troubles me.
   다음 세상에 대해 잘 모르는 것이 나를 곤란하게 한다.
3. The idea of never thinking again after I die frightens me.
   내가 죽은 다음 아무것도 생각할 수 없다는 사실이 나를 두렵게 한다.
4. I am not at all anxious about what happens to the body after burial
   나는 내가 죽은 다음 매장된 이후의 상황에 대해 궁금하지 않다.
5. Coffins make me anxious.
   관은 나를 불안하게 만든다.
6. I hate to think about losing control over my affairs after I am gone.
   나는 사후에 모든 일에 대한 통제를 잃는다는 생각을 하기 싫다.
7. Being totally immobile after death bothers me.
   사후에 완전히 움직일 수 없다는 것이 나를 불편하게 한다.
8. I dread to think about having an operation.
   나는 수술을 받을까봐 두렵다.
9. The subject of life after death troubles me greatly.
   사후인생에 대한 걱정이 매우 많다.
10. I am not afraid of a long, slow dying.
    나는 길게 천천히 죽는것이 두렵지 않다.
11. I do not mind the idea of being shut into a coffin when I die.
    나는 죽어서 관에 들어가는 것에 대해 아무렇지도 않다.
12. I hate the idea that I will be helpless after I die.
    나는 사후에 아무런 도움이 되지 않을 것이라는 생각을 하기 싫다.
13. I am not at all concerned over whether or not there is an afterlife.
    나는 사후세계가 있는지 없는지 상관하지 않는다.
14. Never feeling anything again after I die upsets me.
    사후에 아무것도 느낄 수 없다는 것은 나를 슬프게 한다.
15. The pain involved in dying frightens me.
    죽음에 수반되는 고통은 나를 두렵게 한다.
16. I am looking forward to new life after I die.
    나는 사후에 새로운 인생이 올거라고 기대한다.

17. I am not worried about ever being helpless.
어쩔수 없는 상황에 대해서 걱정하지 않는다.
18. I am troubled by the thought that my body will decompose in the grave.
나는 내 몸이 땅속(묘지)에서 부패될 것이라는 생각에 괴롭다.
19. The feeling that I will be missing out on so much after I die disturbs me.
내가 죽은후에 아주 많은부분이 빠져 나갈것이라는 느낌이 나를 괴롭힌다.
20. I am worried about what happens to us after we die.
나는 우리가 죽은 다음에 무슨일이 생길지 걱정이 된다.
21. I am not at all concerned with being in controls of things.
나는 어떤 일들을 통제할 수 없다는 사실을 신경 쓰지 않는다.
22. The total isolation of death is frightening to me.
죽음에 대한 완전한 고립은 나를 두렵게 한다.
23. I am not particularly afraid of getting cancer.
나는 암에 걸릴까봐 두렵지 않다.
24. I will leave careful instructions about how things should be done after I am gone.
내가 죽은 다음에 어떻게 해야할지를 자세히 남기겠다.
25. What happens to my body after I die does not bother me.
내가 죽은 다음 내 몸에 대해 무슨 일이 일어나던지 나는 상관하지 않겠다.

4. 다차원적 죽음불안 척도[4]

(Multidimensional Fear of Death Scale=MFODS)

1) **목적** : 죽음불안의 측정

2) **구성** : 1979년도에 Hoelter가 대학생 375명(남 143, 여 232)을 대상으로 조사하여 만든 척도로서 8가지 하위영역, 42문항으로 구성되어 있다. 그 8가지 하위영역은 아래와 같다.

4 Neimeyer. R. A., Moore. M. K.(1994). Revised Death Anxiety Scale. Death Anxiety Handbook Ch.5., Ed. Neimeyer. R. A.

F1 : 죽어가는 과정에 대한 불안
F2 : 죽음에 대한 불안
F3 : 파멸된다는 불안
F4 : 다른 사람들에게 영향을 줄 수 있다는 불안
F5 : 잊혀질 것이라는 불안
F6 : 죽음을 인식할 것이라는 불안
F7 : 죽음이후 내 몸의 처리에 대한 불안
F8 : 일찍 죽을지 모른다는 불안

척도의 설명에는 서구국가 및 기독교국가에 적합한 척도라고 나와 있으나, 광범위한 죽음불안에 관련된 문제를 측정하는데 도움이 된다고 밝히고 있다.

3) **신뢰도 및 타당도** : Cronbach α값을 .75로 보고하고 있으며, 9번 문항을 삭제하고 신뢰도를 산출할 경우 .85까지 신뢰도가 높아진다고 보고하고 있다. 타당도에 대한 정보는 없음

4) **점수 환산법** : 42개 문항의 총점이 낮을수록 죽음불안도가 높으며, 역코딩 문항은 각 항목별로 아래에 표시해 놓았다.
F1 : 죽어가는 과정에 대한 불안 : 1, 13, 22, 27, 31, 42
F2 : 죽음에 대한 불안 : 2, 14*, 23, 26, 32, 39
F3 : 파멸된다는 불안 : 3*, 15, 24, 33
F4 : 다른 사람들에게 영향을 줄 수 있다는 불안 : 4, 16, 17, 25*, 34, 37
F5 : 잊혀질 것이라는 불안 : 5, 9*, 18, 30, 36
F6 : 죽음을 인식할 것이라는 불안 : 6, 10, 19, 29, 38
F7 : 죽음이후 내 몸의 처리에 대한 불안 : 7, 11, 20, 28*, 35, 40
F8 : 일찍 죽을지 모른다는 불안 : 8, 12, 21, 41

5) **국내연구** : 현재 알려진 국내연구는 없으며, 따라서 아래 척도는 소개를 목적으로 하는것이며, 사용시에는 타당도와 신뢰도 검증이 필요함.

범주 : 1 = 매우긍정 2 = 긍정 3 = 중립(모르겠다) 4 = 부정 5= 매우부정

1. I am afraid of dying very slowly.
   나는 천천히 죽을까봐 겁이 난다.
2. I dread visiting a funeral home.
   나는 장례식장에 가는 것이 두렵다
3. I would like to donate my body to science.
   나는 사후에 시신기증을 하고 싶다.
4. I have a fear of people in my family dying.
   나는 가족 중에 누가 죽을까봐 두렵다.
5. I am afraid that there is no afterlife.
   나는 사후세계가 없을까봐 두렵다.
6. There are probably many people pronounced dead that are really still alive.
   사망 선고가된 많은 사람들중에 아마도 아직 생존해 있을지도 모른다.
7. I am afraid of my body being disfigured when I die.
   나는 내 몸이 사후에 부패될까봐 두렵다.
8. I have a fear of not accomplishing my goals in life before dying.
   나는 살아가면서 이루고 싶은 것들을 못하고 죽을 것 같은 생각에 두렵다.
9. I am afraid of meeting my creator.
   나는 창조주를 만나는 것이 두렵다.
10. I am afraid of being buried alive.
    나는 산채로 묻힐까봐 겁난다.
11. I dread the thoughts of my body being embalmed some day.
    나는 사후에 언젠가 내 몸이 방부처리가 될 것이라는 생각을 하면 두렵다.
12. I am afraid I will not live long enough to enjoy my retirement.
    나는 나의 퇴직이후의 삶을 충분히 즐기지 못할까봐 두렵다.
13. I am afraid of dying in a fire.
    나는 불에 타 죽을까봐 겁이 난다.
14. Touching a corpse would not bother me.
    시체를 만지는 것에 대한 거부반응이 없다.
15. I do not want medical students using my body for practice after I die.
    나는 사후에 내 시신으로 의대생들이 실습하는 것을 원하지 않는다.
16. If the people I am very close to were to die suddenly, I would suffer for a long time.

만약에 내 주변에 가까운 사람들이 갑자기 죽으면, 나는 오랫동안 괴로워할 것이다.

17. If I were die tomorrow, my family would be upset for a long time.
내가 만약 내일 죽는다면, 나의 가족들은 오랫동안 슬퍼할 것이다.
18. I am afraid that death is the end of one' s existence.
나는 죽음이 존재의 끝이라는 사실이 두렵다.
19. People have autopsies to ensure that they are dead.
사람들은 죽었다는 사실을 확인하기 위해 부검을 받는다.
20. The thoughts of my body being found after I die scares me.
죽은 뒤에 내 시체가 발견될 것이라는 생각이 나를 두렵게 한다.
21. I am afraid I will not have time to experience everything I want to.
나는 내가 경험하고 싶은 일들을 모두 경험하기에는 충분한 시간이 없다는 것이 걱정된다.
22. I am afraid of experiencing a great deal of pain when I die.
나는 죽을 때 엄청난 고통을 겪을까봐 겁이 난다.
23. Discovering a dead body would be a horrifying experience.
시체를 발견하는 일은 충격적인 경험일 것이다.
24. I do not like the thought of being cremated.
사후에 화장한다고 생각하면 기분이 좋지 않다.
25. Since everyone dies, I won' t be too upset when my friends die.
모두 죽는다는 것을 안 이후에 나는 내 친구들이 죽어도 그리 슬퍼하지 않을 것이다.
26. I would be afraid to walk through a graveyard, alone, at night.
밤에 혼자서 공동묘지를 걸어다니면 무서울 것이다.
27. I am afraid of dying of cancer.
나는 암으로 죽을까봐 겁이 난다.
28. It doesn' t matter whether I am buried in a wooden or a steel vault.
내가 나무로 된 관이나 철제로 된 관에 묻히던 나는 상관이 없다.
29. It scares me to think I may be conscious while lying in a morgue.
내가 시체안치실에 누워있다는 것을 인식하고 있을까봐 두렵다.
30. I am afraid that there may not be a Supreme Being.
나는 신이 존재하지 않을 것 같아 두렵다.
31. I have a fear of suffocating(including drowning)
나는 질식사 할까봐 두렵다(익사 포함)
32. It would bother me to remove a dead animal from the road.

길가에 죽은 동물의 시체를 옮기는 일은 피할 것이다.

33. I do not want to donate my eyes after I die.
 나는 사후에 안구를 기증하고 싶지 않다.

34. I sometimes get upset when acquaintances die.
 나는 주변에 아는 사람들이 죽었다고 하면 슬퍼진다.

35. The thoughts of being locked in a coffin after I die scares me.
 내가 사후에 관에 들어가 잠겨있다고 생각하면 무섭다.

36. No one can say, for sure, what will happen after death.
 누구도 확실히 죽음 뒤에 일어나는 일들을 말해줄 수 없을 것이다.

37. If I die, my friends would be upset for a long time.
 내가 만약에 죽으면 내 친구들은 오랫동안 슬퍼할 것이다.

38. I hope more than one doctor examines me before I am pronounced dead.
 나의 사망선고 전에 여러 명의 의사들이 나를 진찰해주기를 바란다.

39. I am afraid of things which have died.
 나는 모든 것들이 죽는다는 사실이 슬프다.

40. The thought of my body decaying after I die scares me.
 내가 죽은 다음에 내 몸이 부패한다는 사실이 나를 슬프게 한다.

41. I am afraid I may never see my children grow up.
 나는 나의 자녀들이 성장하는 것을 더 이상 못 볼 것 같아 슬프다.

42. I have a fear of dying violently.
 나는 잔인하게 죽을까봐 겁난다.

5. 죽음태도척도-개정판(Death Attitude Profile Revised=DAP-R)[5]

1) 목적 : 죽음의 태도 및 불안을 측정

2) 구성 : 1987-88년도에 Gesser et al. 이 개발한 척도로써 4개의 하위영역 21문항이었던

5 Wong. P. T.P., Reker. G.T., & Gesser. G.(1994). Revised Death Anxiety Scale. Death Anxiety Handbook Ch.6., Ed. Neimeyer. R. A.

원척도를 5개 하위영역 36개 문항으로 개정했으나, 타당도 검증 과정에서 4문항을 제외하여 32문항, 7점 척도로 구성되어 있다. 그 5가지 하위영역은 아래와 같다.

F1 : 죽음에 대한 불안.1, 2, 7, 18, 20, 21, 32
F2 : 죽음을 회피한다.(3, 10, 12, 19, 26)
F3 : 중립적으로 받아들인다.(6, 14, 17, 24, 30)
F4 : 서서히 받아들인다.(4, 8, 13, 15, 16, 22, 25, 27, 28, 31)
F5 : 도피로 받아들인다.(5, 9, 11, 23, 29)

3) 신뢰도 및 타당도 : 5개의 하위영역별 Cronbach α값을 제시하고 있는데, F1=.86, F2=.88, F3=.65, F4=.97, F5= .84로 제시하고 있으며, 매우 높은 신뢰도를 나타난다고 보고하고 있다. 타당도에 대한 통계적 검증결과도 유의미한 것으로 나타남.

4) 점수환산법 : 32개 문항의 총점이 낮을수록 죽음불안이나 죽음에 대한 태도가 나쁜 것으로 나타나며, 각 하위영역별로 평균점수를 구한 다음에 총점과 나눠서 판단해도 가능하다. 역코딩 문항은 없는 것으로 원척도에 나타남.

F1 : 죽음에 대한 불안 : 1, 2, 7, 18, 20, 21, 32
F2 : 죽음을 회피한다. : 3, 10, 12, 19, 26
F3 : 중립적으로 받아들인다. : 6, 14, 17, 24, 30
F4 : 서서히 받아들인다. : 4, 8, 13, 15, 16, 22, 25, 27, 28, 31
F5 : 도피로 받아들인다. : 5, 9, 11, 23, 29

5) 국내연구 : 현재 알려진 국내연구는 없으며, 따라서 아래 척도는 소개를 목적으로 하는것이며, 사용시에는 타당도와 신뢰도 검증이 필요함.

범주 : 1 = 매우부정 2 = 부정 3 = 약간부정 4 = 잘 모르겠다
5 = 약간긍정 6 = 긍정 7 = 매우긍정

1. Death is no doubt a grim experience.
   죽음이 암울한 경험이라는 것은 의심할 여지가 없다.
2. The prospect of my own death arouse anxiety in me.
   내 죽음에 대한 전망은 나에게 불안감을 일으킨다.

3. I avoid death thoughts at all costs.
   나는 어떤 경우에도 죽음에 대해 생각하는 것을 피한다.
4. I believe that I will be heaven after I die.
   나는 죽어서 천국에 갈 것이라고 믿는다.
5. Death will bring an end to all my troubles.
   죽음은 나의 고통을 모두 끝내줄 것이다.
6. Death should be viewed as a natural, undeniable, and unavoidable event.
   죽음은 자연스럽고, 거부할 수 없고, 피할 수 없는 사건으로 보여진다.
7. I am disturbed by the family of death.
   가족의 죽음에 대해 불편함을 느낀다.
8. Death is an entrance to a place of ultimate satisfaction.
   죽음은 궁극적인 만족을 가져다주는 곳으로 가는 최초의 시작이다.
9. Death provides an escape from this terrible world.
   죽음은 이 끔찍한 세상으로 벗어나는 도피처를 제공해 주는 것이다.
10. Whenever the thoughts of death enters my mind, I try to push it away.
    죽음에 대한 생각이 내 마음속에 떠오르려고 할 때 나는 그런 생각을 하지 않도록 노력한다.
11. Death is deliverance from pain and suffering.
    죽음은 근심과 고통으로부터 구원되는 것이다.
12. I always try not to think about death.
    나는 언제나 죽음에 대해 생각하지 않으려고 한다.
13. I believe that heaven will be a much better place than this world.
    나는 천국이 지금 살고 있는 세상보다 더 좋은 곳이라고 믿는다.
14. Death is a natural aspect of life.
    죽음은 인생의 한 단계에 있어 자연스러운 것이다.
15. Death is a union with God and eternal bliss.
    죽음은 신과 불멸의 축복과의 만나는 순간이다.
16. Death brings a promise of a new and glorious life.
    죽음은 인생의 새롭고 찬란한 약속을 가져온다.
17. I would neither fear death nor welcome it.
    나는 죽음을 두려워하지도 않고 반가워하지도 않는다.
18. I have an intense fear of death.

나는 죽음에 대해 극도로 불안해한다.

19. I avoid thinking about death altogether.
    나는 죽음에 대한 생각 자체를 피한다.
20. The subject of life after death troubles me greatly.
    죽음 이후의 세상에 대한 문제는 나를 언제나 걱정스럽게 한다.
21. The fact that death will mean the end of everything as I know it frightens me.
    죽음이 내가 아는 모든 것에 대한 종말이라는 사실이 나를 두렵게 한다.
22. I look forward to a reunion with my loved ones after I die.
    나는 내가 사랑하던 모든 것과 죽음 이후에 재회하고 싶다.
23. I view death as a relief from earthly suffering.
    내가 생각할 때 죽음은 속세의 고통으로부터 해방되는 것이다.
24. Death is simply a part of the process of life.
    죽음은 인생의 진행과정 중에 일부분에 속한다.
25. I see death as a passage to an eternal and blessed place.
    나는 죽음이 영원불멸로 가기위한 과정이라고 생각한다.
26. I try to have nothing to do with the subject of death.
    나는 죽음에 대한 문제는 어쩔 수 없는 문제라고 생각한다.
27. Death offers a wonderful release of the soul.
    죽음은 영혼에 대해 완벽한 구원을 제공해 준다.
28. One things that gives me comfort in facing death is my belief in the afterlife.
    사후에 내세가 존재한다는 나의 믿음은 내가 죽음을 받아들이는데 위안을 준다.
29. I see death as a relief from the burden of the life.
    나는 죽음을 인생의 부담을 덜어주는 것으로 생각한다.
30. Death is neither good nor bad.
    죽음은 좋지도 않고 나쁘지도 않다.
31. I look forward to life after death.
    나는 죽음 이후의 인생을 기다린다.
32. The uncertainty of not knowing what happens after death worries me.
    죽음 이후에 어떤 일이 생길지 모르는 불확실함이 나를 걱정스럽게 한다.

제 6 부
죽음관련 척도

제18장 죽음관련척도

- Templer Death Depression Scale(DDS) 템플러의 죽음 우울 척도
- Concern about Death-Dying(CADD) & (Coping:C))
  죽음과 죽어가는 것에 대한 생각과 대처방법에 관한 척도
- Sense of Symbolic Immortality Scale(SSIS) 상징적 불멸감 척도
- Bugen's coping with death scale and death self-efficacy
  버건의 죽음대처 유능감 척도

하루 하루를 자신의 마지막 순간으로 생각한다면,
예기치 않은 시간이 은혜롭게 여겨질 것이다.

– 호라티우스, 「서간집」, B.C.15

헬렌 니어링(2002), 인생의 황혼에서, 민음사

18

제18장 죽음관련 척도

1. Templer DDS(Death Depression Scale)[6]의 죽음 우울 척도

1) 저자 : Donalds I. Templer, Michael LaVoie Hilda Chalgujian, and Shan Thomas-Dobson

2) 목적 : 죽음 우울의 측정.

3) 척도설명 : 17문항으로 구성되어 있으며, 자신의 죽음 임박, 다른 사람의 죽음, 일반적인 죽음의 우울에 대해 측정하도록 구성되었으며, 죽음불안도를 측정할 수 있다. 이 척도는 죽음 우울에 대해 처음으로 측정하는 척도이다. 각종 죽음에 관련된 우울을 측정하기에 적합한 척도이다.

4) 구성 : 6개 요인으로 구성되어 있으며, 죽음에 대한 절망(8,11,16), 죽음에 대한 외로움(4,9,10,13), 죽음에 대한 염려 내지는 걱정(14,15,16), 죽음에 대한 슬픔(2,3), 죽음에 대한 우울(1,12), 그리고 죽음에 대한 종말(6,7)로 구성되어 있다.

5) 점수환산 방법 : 참 거짓으로 물어보는 방식과 5점 리커트 척도(1=매우 긍정 ~ 5=매우 부정)로 질문하는 방법이 있음. 참, 거짓으로 질문하였을 경우 11번과 12번을 제외하고는 모두 참으로 표시되었을 때 점수를 1점 부여하며 11번과 12번은 부정문항으로 점수를 부여하도록 함. 5점 척도로 전수 환산시에는 11번과 12번 문항은 역코딩을 하여야 함. 점수가 높을수록 죽음우울정도가 높아짐.

6) 신뢰도 및 타당도 : 이 척도의 신로도 계수는 Kuder-Richardson 지수가 .77로 보고되었으며 다른 정보는 언급되어 있지 않음. 타당도의 경우 다른 죽음 불안척도와의 유의상

6 Templer, D. L, Lavioe, M., Chalgujian H., and Thomas Dobson, S.(1990). The measurement of death depression, Journal of Clinical psychology, 46, 834-839.

관을 통한 타당도 검증에서 좋은 타당도가 있는 것으로 나타남.

8) **국내연구** : 현재 알려진 국내연구는 없으며, 따라서 아래 척도는 소개를 목적으로 하는것이며, 사용시에는 타당도와 신뢰도 검증이 필요함.

Instruments For Practice

DDS

Please circle “T” for true or “F” for false in each item as it applies to you.
아래 질문을 읽고 자신의 생각과 맞는 곳에 표시하시오.

T F 1. I get depressed when I think about death.
죽음에 대해 생각하면 우울해진다.

T F 2. Hearing the world death make me sad.
죽음이라는 것을 생각하면 내 자신이 슬퍼진다.

T F 3. Passing by cemeteries makes me sad.
무덤을 지나간다고 생각하면 슬프다.

T F 4. Death means terrible loneliness.
죽음은 끔찍한 고독을 뜻한다.

T F 5. I become terribly sad when I think about friends or relatives who have died.
나는 죽은 친구나 친척들을 생각하면 매우 슬퍼진다.

T F 6. I am terribly upset by the shortness of life.
인생이 짧다는 것에 대해 매우 서글프다.

T F 7. I cannot accept the final of death.
나는 나의 마지막 길이 죽음이라는 사실을 받아들일 수 없다.

T F 8. Death deprives life of its meaning.
죽음은 인생을 박탈한다는 의미로 생각한다.

T F 9. I worry about dying alone.
나는 혼자 죽을까봐 걱정된다.

T F 10. When I die, I will completely lose my friends and loved ones.

내가 죽을 때, 나는 나의 친구들과 사랑하는 사람들을 완전히 잃을 것이다.

T F 11. Death does not rob life of its meaning.
죽음은 인생을 빼어간다는 의미는 아닐 것이다.

T F 12. Death is not something to be depressed by.
죽음은 우울한 것이 아니다.

T F 13. When I think of death, I feel tired and lifeless.
내가 죽음에 대해 생각하면 피곤하고 활기없는 것으로 느껴진다.

T F 14. Death is painful.
죽음은 고통스럽다.

T F 15. I dread to think of the death of friends and loved ones.
나는 내 친구들이나 사랑하는 사람들의 죽음에 대해 생각하는 것을 무서워한다.

T F 16. Death is the ultimate failure in life.
죽음은 인생에 있어 완전한 실패다.

T F 17. I feel sad when I dream of death.
나는 죽음에 대한 꿈을 꾸면 슬퍼진다.

2. 죽음과 죽어가는 것에 대한 생각과 (Concern about Death-Dying:CADD) 대처방법(Coping:C)에 관한 척도[7]

1) **목적** : 죽어가는 과정과 죽음에 대한 불안과 대처 반응을 측정

2) **설명** : 죽음과 죽어가는 불안을 설명하는 7개 분야 30항목의 질문으로 구성된 CADD와 이러한 불안에 대처하는 6개 분야 27개 항목의 질문으로 구성된 C-체크리스트로 구성.

3) **신뢰도** : CADD 의 경우에는 Cronbach α 값은 .71이며 C-체크리스트의 경우 Cronbach α값이 .94로 나타남.

7 Fry,P.S.(1990). A factor analytic investigation of home-bound elderly individuals' concerns about death and dying and their coping responses, Journal of clinical Psychology, 46, 737-748.

4) 점수 계산 방법 : 총점으로 점수를 계산하여 높을수록 불안도가 높은 것임.

5) 국내연구 : 현재 알려진 국내연구는 없으며, 따라서 아래 척도는 소개를 목적으로 하는 것이며, 사용 시에는 타당도와 신뢰도 검증이 필요함.

아래 질문 중에서 해당하는 내용에 표시를 하시오.

____ 1. Thoughts of physical pain and being hurt
육체적인 고통과 아플 것 이라는 생각

____ 2. Thoughts of suffocating and choking
질식하거나 숨이 막힐 것 같다는 생각

____ 3. Thoughts of lingering indefinitely on life- supporting systems
생명보조기구에 삶을 의지해 나갈 것이라는 생각

____ 4. Thoughts of being taken off life-supporting systems
생명보조기구를 떼어낼 것이라는 생각

____ 5. Thoughts of unsuccessful organ transplant
장기이식수술이 실패할 것이라는 생각

____ 6. Thoughts of death by violent means
극단(폭력)적인 방법으로 죽을지도 모른다는 생각

____ 7. Thoughts of being consumed by parasites
기생충에 의해 죽을지도 모른다는 생각

____ 8. Fear of paralysis
중풍이나 마비 등에 대한 공포

____ 9. Fear of blindness
볼 수 없다는 공포

____ 10. Fear of inability to hear and communicate
의사소통하기 어려울 것이라는 공포

____ 11. Fear of darkness
어두운 것에 대한 공포

____ 12. Thoughts that my belongings will be destroyed after my death
나의 소유물들이 내가 죽으면서 모두 파괴될 것이라는 생각

____ 13. Thoughts of burglars invading my possessions

도둑이 내 소유물들을 훔쳐갈 것이라는 생각

_____ 14. Thoughts of strangers taking over
낯선 사람이 나를 돌볼 것이라는 생각

_____ 15. Thoughts of being permanently forgotten after death
죽은 이후에 완전히 잊혀 질 것이라는 생각

_____ 16. Thoughts of no one caring
아무도 나를 걱정해주지 않을 것이라는 생각

_____ 17. Thoughts that life has been useless
인생이 무의미하다는 생각

_____ 18. Thoughts of no one attending funeral
아무도 장례식에 오지 않을 것이라는 생각

_____ 19. Thoughts of no one paying respect or tribute
아무도 존경을 표하지 않을 것이라는 생각

_____ 20. Thoughts of indignity at the hands of undertakers, bankers, and insurance agents
장의사, 은행원, 보험회사직원에게 함부로 다루어질 것이라는 생각

_____ 21. Thoughts of autopsy
부검을 할 것이라는 생각

_____ 22. Rejection by god
신으로부터 거부당할 것이라는 생각

_____ 23. Thoughts of reincarnation
환생할 것이라는 생각

_____ 24. Devil and other punitive elements in life beyond death
죽은 뒤에 악마 또는 형벌 같은 것들이 있을 것이라는 생각

_____ 25. No admission to heaven or other place of peace
천국이나 평화로운 곳에 들어갈 수 없다는 생각

_____ 26. Thoughts of timelessness in life beyond death
죽음 뒤의 신생이 영원할 것이라는 생각

_____ 27. Loud noises everywhere (wind blowing, thundering) in the life beyond death
죽음 이후의 인생이 혼란스러움

_____ 28. Stillness, emptiness

고요와 공허함

_____ 29. Shadows everywhere beyond death
죽음 뒤의 그림자

_____ 30. Darkness everywhere beyond death
죽음 뒤의 어둠

C 체크리스트

1. Reminisce on happy event of the past.
과거의 행복했던 일들을 회상함
2. Keep busy in thing that are of interest
관심 있는 일들을 하면서 바쁘게 지냄
3. Remind myself that there is nothing to be afraid of
두려울 것이 없다고 내 자신에게 다짐함
4. Tell myself that everything is going to be ok
모든 것이 괜찮을 것이라는 생각함
5. Think happy and pleasant thoughts of the future.
미래에 대한 긍정적인 생각을 함
6. Try to relax
긴장을 풀려고 노력 함
7. Call family member(s) into room and ask them to sit close by.
가족들을 방으로 불러 함께 있으려고 함
8. Telephone friends or relative and have a prolonged conversation.
친구나 친척들에게 전화를 해서 장시간 통화를 함
9. Reminisce about old times with family members or friends.
가족이나 친구들과 함께했던 지난 일들을 회상함
10. Visit doctor or physician and ask question about physical health problems, physical illness symptoms, or medications.
의사를 방문하여 건강상의 문제나 약물, 질병에 대한 문제들을 질문을 함
11. Call child in the family(grandchild, niece, nephew)and ask him or her to spend the night.
가족 중에 손자나 조카 등을 불러 밤에 내 방에 같이 있어달라고 함

12. Go or ask to be taken to visit family members or relatives.
    가족이나 친지들을 방문하러 가거나 방문을 요청함.
13. Go or ask to be taken to church.
    종교기관(교회나 사찰 등)을 방문하거나 같이 가자고 함.
14. Go or ask to be taken for a drive.
    가까운 곳으로 여행을 가거나 같이 가자고 함.
15. Go or ask to be taken to the park.
    공원에 가거나 같이 가자고 함.
16. Say a prayer.
    기도를 한다.
17. Phone a prayer line
    전화로 기도를 들어주는 기관에 전화를 한다.
18. Listen to religious or sacred music.
    종교적이거나 성스러운 음악을 듣는다.
19. Watch religious programs on TV
    종교적인 내용의 TV 프로그램을 본다.
20. Read holy books
    종교적인 책을 읽는다.
21. Look at family picture album
    가족의 사진첩을 본다.
22. Look at family heirlooms.
    가족 대대로 내려오는 가보(상속 동산)를 본다.
23. Read old letters from family members, relatives and friends.
    가족이나 친지 친구들에게 온 오래된 편지들을 본다.
24. Bring out family will and read and ask question about it.
    가족들과 유언장을 읽고 그에 관한 의견을 나눈다.
25. Stay up late till ready to fall asleep.
    잠들기 전에 늦게까지 깨어 있다.
26. Ask for a snack or something to drink.
    간식이나 마실 것을 요구한다.
27. Watch TV or listen radio late into the night.
    늦은 시간까지 TV를 시청하거나 라디오를 듣는다.

3. 상징적 불멸감 척도[8]

(Sense of symbolic Immortality scale : SSIS)

1) **목적** : 개인의 불멸감을 측정하기 위한 척도

2) **저자** : Jean-Louis Drolet

3) **설명** : 26개 문항으로 구성되어 있으며, 개인이 내재적으로 죽음에 대해 인식하는 것을 알기 위한 척도이다. 로버트 제이 리프턴의 이론에 근거하여 만들어진 이 척도는 크게 5가지 하위영역으로 구성되어 있다.

4) **구성** : 생물사회적 (B척도):5,11,12,14,19,21,23,25
창조적 (C척도) : 4,6,7,9,20,22,24
영성적 (S척도) : 1,8,10,15
초월적 (T척도) : 3,13,17,26
자연적 (N척도) : 2,16,18
7점 척도로 구성되어 있음

5) **점수의 계산** : 3,4,5,6,11,12,14,17,19,23,26번은 역코딩 해야함. 7점 척도의 점수의 합계에 26으로 나눈 후의 점수가 총점이며, 점수가 높을수록 상징적 불멸감이 큰 것으로 봄.

6) **신뢰도** : 전체 척도의 신뢰도는 .91이며, 부문별로는 B척도 .75, C척도 .82, S척도 .64, T척도 .63, N척도 .53으로 나타남. 전체 재검사 신뢰도는 .97로 나타남.

7) **국내연구** : 현재 알려진 국내연구는 없으며, 따라서 아래 척도는 소개를 목적으로 하는 것이며, 사용시에는 타당도와 신뢰도 검증이 필요함.

8 Drolet, J. L.,(1990). Transcending death during early adulthood: Symbolic immortality, death anxiety, and purpose in life, Journal of Clinical Psychology, 46, 148-160.

척도

1. I have developed a personal understanding of existence which helps me appreciate life fully.
   나는 인생을 최대한으로 즐길 수 있도록 존재에 대한 나름대로의 의미를 발견했다
2. The physical surroundings in which I live are very healthy.
   내 주위의 물리적인 환경은 매우 건전하다
3. Nothing interesting happens in my life.
   내 인생에 있어서 신나는 일이라고는 찾아볼 수 없다
4. I don' t have any influence on my surroundings.
   나는 내 환경에 아무런 영향을 미치지 못한다.
5. I am of no value in the eyes of society.
   나는 사회적으로 아무런 가치가 없다
6. If I died today, I feel that absolutely no trace or influence of myself would remain.
   내가 오늘 죽는다 해도 나의 영향력 또는 흔적이 조금도 남아 있지 않을 것 같다
7. I participate in the development of many others.
   나는 타인의 계발에 동참 한다
8. I feel that, in spite of my inevitable death, I will always be an integral part of the world.
   나는 죽음이라는 불가피한 운명이 온다 할지라도 항상 이 세상의 중요한 부분으로 남아 있을 것 같다
9. I feel that I am doing what I want in life.
   나는 내가 원하는 인생을 살고 있다고 느낀다.
10. I have certain values or beliefs that help me accept or rise above my mortal condition.
    나는 죽어야 한다는 사실을 받아들이거나 초월할 수 있는 특정한 가치체계 또는 신념을 가지고 있다
11. I have the feeling that human nature is doomed to destruction.
    나는 인간 본성이 파멸로 치닫고 있다고 생각 한다
12. Intimate relationships scare me.
    친밀한 관계는 나를 두렵게 만든다.

13. Once I've decided to do something, I do it with sustained interest.
    일단 뭔가를 결심하면 난 지속적인 관심을 가지고 그 일을 추진 한다
14. I often feel very lonely.
    나는 자주 매우 외롭다
15. The eventuality of my death contributes towards giving meaning and structure to my life.
    내 죽음이라는 결말은 내 인생에 의미와 질서를 부여하는 데에 기여 한다.
16. My sex life contributes greatly to my well-being.
    내 성생활은 내 행복에 지대한 공헌을 한다.
17. I have difficulty undertaking new things.
    나는 새로운 것을 받아들이는 데에 어려움을 느낀다.
18. I feel comfortable in my body.
    나는 내 신체가 만족스럽다
19. My love life brings me little joy.
    내 애정 생활은 내게 그다지 기쁨을 주지 못한다.
20. I feel competent in what I do.
    나는 내가 하는 일에 유능하다고 느낀다.
21. If I died today, I have the feeling that I would live on in certain people I would leave behind.
    내가 오늘 죽는다면 나는 내 사후에 남는 사람들의 마음에 계속 살아 있을 것 같다
22. I am full of energy and vitality.
    나는 힘과 활력이 넘쳐 난다
23. I am not sure of who I am.
    나는 내가 누구인지 확실히 알고 있지 못하다
24. I am satisfied with my life so far.
    나는 여태까지의 삶에 만족한다.
25. I have good contact with others.
    나는 다른 사람들과의 관계가 좋다
26. I feel that I do not use my time well.
    나는 시간 활용을 잘 못하고 있는 것 같다

4. Bugen의 죽음대처 유능감 척도[9]
(Bugen's coping with death scale and death self-efficacy)

1) **목적** : 죽음에 대한 반응 및 대처능력을 측정

2) **구성** : 1980-81년도에 Bugen이 개발한 척도로써 죽음 대처에 대해 조작적 정의를 한 다음에 죽음대처에 대한 30개 문항을 7점 척도로 구성되어 있다.

3) **신뢰도 및 타당도** : Cronbach α값은 .89이며 2주 간격으로 재검증법을 사용해서 신뢰도를 다시 구할 경우 .91로 높은 신뢰도를 나타내고 있으며, 다른 유사죽음불안 및 죽음태도 척도들과의 상관분석을 통해서 타당도에도 문제가 없다고 언급하고 있다.

4) **점수환산법** : 30개 문항 중 13번과 24번을 역코딩 후 총점을 구하여 죽음대처에 대한 능력을 판단함. 점수가 높을수록 죽음대처능력이 뛰어난 것으로 판단함.

5) **국내연구** : 현재 알려진 국내연구는 없으며, 따라서 아래 척도는 소개를 목적으로 하는것이며, 사용시에는 타당도와 신뢰도 검증이 필요함.

범주 : 1 = 매우부정 2 = 부정 3 = 약간부정 4 = 잘 모르겠다(중립)
5 = 약간긍정 6 = 긍정 7 = 매우긍정

1. Thinking about death is a waste of time
   죽음에 대해 걱정하는 것은 시간낭비이다.
2. I have a good perspective on death and dying.
   나는 죽음과 죽어가는 것에 대해 좋은 관점을 가지고 있다.
3. Death is an area that can be dealt with safely.
   죽음은 토론할 때 안전하게 다루어질 수 있는 분야중에 하나이다.

9 R. A. Robbins.(1994). Death Competency : Bugen's Coping with Death Scale and Death Self-Efficacy. Death Anxiety Handbook Ch.7., Ed. Neimeyer. R. A.
죽음대처 유능감 개념은 Kübler-Ross(1969)가 처음 제안한 개념으로서, 죽음을 앞둔 환자나 그 가족들을 도와주기 위해 요구되는 자질을 정의하는 개념이다. 죽음교육의 평가를 위한 목적으로 개발되었다.

4. I am aware of the full array of services from funeral homes.
나는 장례식장의 서비스 전반에 대해 알고 있다.
5. I am aware of the variety of options for disposing of bodies.
나는 시체를 처리하는 다양한 방법을 알고 있다.
6. I am aware of the array of emotions that characterize human grief.
나는 인간의 고통을 특징짓는 감정들에 대해 알고 있다.
7. Knowing that I will surely die does not in any way affect the conduct of my life.
내가 언젠가 죽을 것이라는 것이 나의 인생을 살아가는 태도에 어떠한 영향을 미치지 않는다.
8. I feel prepared to face my death.
나는 다가오는 죽음을 준비해야 한다고 느낀다.
9. I feel prepared to face my dying process.
나는 다가오는 죽어가는 과정을 준비해야 한다고 생각한다.
10. I understand my death-related fears.
나는 죽음과 관련된 불안들을 이해한다.
11. I am familiar with funeral prearrangement.
나는 상조서비스 비용을 분납하는 것이 익숙하다.
12. Lately I find it OK to think about death.
최근에 나는 죽음에 대해 생각하는 것이 괜찮아졌다.
13. My attitude about living has recently changed.
최근 나의 삶에 대한 자세는 변했다.
14. I can express my fears about dying.
나는 죽음에 대한 나의 불안을 표현할수 있다.
15. I can put words to my gut-level feelings about death and dying.
나는 죽음과 죽어가는 것에 대한 나의 육감적인 단어를 부여해서 설명할 수 있다.
16. I am making the best of my present life.
나는 현재 나의 인생을 가장 최고로 만들어가고 있다.
17. The quality of my life matters more than the length of it.
나의 삶의 질은 내가 언제까지 사는 것보다 중요하다.
18. I can talk about my death with family and friends.
나는 내 가족과 친구들과 나의 죽음에 대해 얘기할 수 있다.

19. I know who to contact when death occurs.
나는 죽음 발생시 누구에게 연락할지를 알고 있다.
20. I will be able to cope with future losses.
나는 미래의 상실에 대처할 수 있을 것이다.
21. I feel able to handle the death of others close to me.
나는 내 주변의 지인의 죽음을 견뎌낼 수 있을 것이다.
22. I know how to listen to others, including the terminally ill.
나는 죽음을 앞둔 환자들의 얘기를 들어 주는 법을 알고 있다.
23. I know how to speak to children about death.
나는 아이들에게 죽음에 대해 설명하는 법을 알고 있다.
24. I may say the wrong thing when I am with someone mourning.
나는 문상중일 때 실수를 할 수도 있다.
25. I am able to spend time with the dying if I need to.
내가 필요하다면 죽어가는 사람과 시간을 같이 보낼수 있다.
26. I can help people with their thoughts and feeling about death and dying.
나는 다른 사람들과 함께 죽음과 죽어가는 것에 대한 생각을 공유할 수 있다.
27. I would be able to talk to a friend or family member about his or her death.
나는 친구나 가족들의 죽음에 대해 서로 얘기할 수 있다.
28. I can lessen the anxiety of those around me when the topic is death and dying.
죽음이나 죽어가는 것에 대한 주제로 얘기를 할때 나는 나의 불안에 대해 설명할수 있다.
29. I can communicate with the dying.
죽어가는 것에 대해 소통할 수 있다.
30. I can tell people, before I or they die, how much I love them.
나는 내가 죽기 전이나, 타인이 죽기 전에 얼마나 그를 사랑했는지 말할 수 있다.

〈표 18-1〉 국내외 연구에서 사용된 척도의 현황 및 연구들

기준	국내	국외
Collett-Lester Fear of Death Scale(CLFD)	서혜경, 1987, 2007 ; 한미정&최정윤, 1999; 한혜경&김정이; 2003; 신은영&유시순, 2005; 장덕희&이승민, 2007; 서혜경 & 윤민석, 2008.	Lester, 1990; Loo&Shea, 1996; Hayslip&Servaty, 1996; Kolawole and Olusegun 2008
Templer's Death Anxiety Scale(TDAS)	안미령 외, 2000; 장휘숙, 2000; 고효진 외, 2006; 서석희&박애선, 2007; 최외선, 2007; 최외선&박인전, 2007; 권오균, 2008	Abdel-Khalek, 1997; 2002; 2005; Abdel-Khalek and Al-Kandari 2007; Lewis&Espe-Pfeifer, 1999; Lonetto, Fleming et al. 1979; Tang, Wu, &W.Yan, 2002, Rose&O'Sullivan, 2002; Chan, Chan, Tin, Chow, &Chan, 2006.
Multidimensional fear of death scale(MFODS)	이홍표 외 2005	Lewis&Espe-Pfeifer, 1999; Walkey 1982; Tang, Wu, &W.Yan, 2002; Depaola, Griffin, Young, &Neimeyer, 2003; Benton, Christopher, &Walter, 2007
Revised Death Anxiety Scale(RDAS)	여인숙&김춘경, 2005;2006; 이현림, 외, 2007.	Thorson&Powell, 1992; Tang, Wu, &W.Yan, 2002; Cotter, 2003; Ens &Bond, 2007.
Death Anxiety Questionnaire(DAQ)		Conte, H.R., M.B.Weiner, et al. 1982
Death Anxiety Scale-extended(DAS)		Templer, D.I., A.Awadalla, et al. 2006.
Death Anxiety Inventory(DAI)		Tomas-Sbado and Gomez-Benito, 2005
Fear of Death		Jon and Epley, 1979
Fear of personal death	이현지&조계화, 2006	Florian&Kravetz, 1983.
박은경의 죽음불안척도	권영숙&김정남, 2003; 오미나&최외선, 2005; 최외선, 2007.	

(윤민석, 2009 정리)

제 6 부
죽음관련 척도

제19장 자살, 우울, 스트레스 관련척도

- Beck Kovacs & Weissman의 자살 생각척도(Scale for Suicide Ideation)
- 자살위험 진단 척도(Los Angeles Suicide Prevention Center Scale)
- 융의 자기평가 우울반응 척도(SDS)
- 한국형 노인우울검사(KGDS)
- 한국형 우울증 척도(K-BDI)
- 스트레스 측정도구(Brief Encounter Psychcsocial Instrument - Korean)
- 무망감 척도(Beck's Hopelessness Scale=BHS)

죽음은 여전한 우리의 숙명이다.
삶이 만든 최고의 발명이 죽음이다.
죽음은 인생을 변화시키며, 죽음은 헌것을 새것으로 바꿔놓도록 길을 닦아놓는다. 여러분의 삶에도 끝이 있지 않은가.
그러니 인생을 낭비하지 말라. 다른 사람들의 생각, 도그마에 사로잡혀서는 안 된다.

– 스티븐 잡스(애플사의 최고경영자)

최철주(2008), 해피...엔딩 우리는 존엄하게 죽을 권리가 있다, 궁리

19 제19장 자살, 우울, 스트레스 관련척도

1. Beck Kovacs & Weissman의 자살생각 척도[10] (scale for suicide Ideation)

1) 소개 : SSI는 자살시도 전에 자살에 대한 심각성을 측정하는 도구이다. 자살에 대한 생각이 반드시 자살시도를 이끌지는 않지만 검사결과는 이후에 보일 자살 행동의 중요한 예언지표가 될 수 있고, 자살위험에 대한 임상가의 평가와 높은 상관이 있음이 보고되었다(Beck et al., 1979). 이에 Beck Kovacs와 Weissman이 자살생각을 측정할 수 있는 척도를 개발하였다.

SSI는 임상면접을 통해 임상가가 평정하는 3점 척도로 된 19문항으로 된 검사이다. 그러나 많은 피험자들을 일일이 면담하는 것이 어려움으로 신민섭 외(1990)이 가능한 원래의 문항에 충실하게 자기 보고형 질문지로 변형한 것이다.

2) 구성 : 이 척도는 Likert식 3점 척도로 구성되어 있고, 자살생각이 많은 경우가 2점, 보통은 1점, 자살생각이 없는 경우가 0점으로 점수가 높을수록 자살생각이 많음을 의미한다. 신뢰도는 .81이다.

척도 :

이 질문지는 여러분이 일상생활에서 경험할 수 있는 내용들로 구성되어 있습니다. 다음의 문항들을 자세히 읽어보시고 당신이 일상생활에서 느끼고 있는 바를 가장 잘 나타내주는 문항의 해당번호를 기입해 주십시오

1) 살고 싶은 소망은?
   0. 보통 혹은 많이 있다.
   1.약간있다.

10 신민섭, 박광배, 오경자, 김중술(1990), 고등학생의 자살 성향에 관한 연구 : 우울-절망-자살간의 구조적 관계에 대한 분석, 한국심리학회지 임상, Vol.9, No.1.p1-19. 한국심리학회.

2. 전혀 없다

2) 죽고 싶은 소망은?

0. 전혀 없다
1. 약간 있다.
2. 보통 혹은 많이 있다.

3) 살고 싶은 이유/죽고싶은 이유는?

0. 사는 것이 죽는 것 보다 낫기 때문에
1. 사는 것이나 죽는 것이나 마찬가지다.
2. 죽은 것이 사는 것보다 낫기 때문에

4) 실제로 자살 시도를 하려는 욕구가 있는가?

0. 전혀 없다.
1. 약간 있다.
2. 보통 혹은 많이 있다.

5) 별로 적극적이지는 않고 수동적인 자살 욕구가 생길 때는?

0. 생명을 건지기 위해 필요한 조치를 미리 할 것이다.
1. 삶과 죽음을 운명에 맡기겠다.
2. 살기 위한 노력을 하지 않겠다

6) 자살하고 싶은 생각이나 소망이 얼마나 오랫동안 지속되는가?

0. 잠깐 그런 생각이 들다가 곧 사라진다.
1. 한동안 그런 생각이 계속된다.
2. 계속, 거의 항상 그런 생각이 지속된다.

7) 얼마나 자주 자살하고 싶은 생각이 드나?

0. 거의 그런 생각이 들지 않는다.
1. 가끔 그런 생각이 든다.
2. 그런 생각이 계속 지속된다.

8) 자살 생각이나 소망에 대한 당신의 태도는?

0. 절대로 받아들이지 않는다.
1. 양가적이나 크게 개의치 않는다.
2. 그런 생각을 받아들인다.

9) 자살하고 싶은 충동을 통제할 수 있는가?

0. 충분히 통제할 수 있다.
1. 통제할 수 있을지 확신 할 수 없다.

2. 전혀 통제할 수 없을 것 같다.

10) 실제로 자살 시도를 하는 것에 대한 방해물이 있다면?
(예, 가족, 종교, 다시 살 수 없다는 생각 등)
0.방해물 때문에 자살 시도를 하지 않을 것이다.
1. 방해물 때문에 조금은 마음이 쓰인다.
2. 방해물에 개의치 않는다.

11) 자살에 대해 깊게 생각 해 본 이유는?
0. 주변 사람들을 조종하기 위해서 : 관심을 끌거나 보복하기 위해서.
1. 주변 사람들의 관심을 끌고 보복하거나, 현실 도피의 방법으로.
2. 현실 도피적인 문제 해결 방법으로.

12) 자살에 대해 깊게 생각 했을 때 구체적인 방법까지 계획했는가?
0. 생각해 보지 않았다.
1. 생각해 보았으나 자세한 것까지는 생각하지 않았다.
2. 자세하고 치밀하게 생각해 놓았다.

13) 자살 방법을 깊게 생각했다면 그것이 얼마나 현실적으로 실현 가능하며, 또한 시도할 기회가 있다고 생각하나?
0. 방법도 현실적으로 실현 가능하지 않고, 기회도 없을 것이다.
1. 방법이 시간과 노력이 필요하며, 기회가 쉽게 오지 않을 것이다.
2a.생각한 방법이 현실적으로 실현 가능하며, 기회도 있을 것이다.
2b.앞으로 기회나 방법이 생길 것 같다.

14) 실제로 자살을 할 수 있는 능력이 있다고 생각하나?
0. 용기가 없고 너무 약하고 두렵고 능력이 없어서 자살 할 수 없다.
1. 자살할 용기와 능력이 있는지 확신 할 수 없다.
2. 자살할 용기와 자신이 있다.

15) 정말로 자살 시도를 할 것이라고 확신하나?
0. 전혀 그렇지 않다.
1. 잘 모르겠다.
2. 그렇다.

16) 자살에 대한 생각을 실행하기 위해 실제로 준비 한 것이 있나?
0. 없다.
1. 부분적으로 했다.(예, 약을 사모으기 시작함)
2. 완전하게 준비했다.(예, 약을 사모았다.)

17) 자살하려는 글(유서)을 쓴 적이 있는가?
 0. 없다.
 1. 쓰기 시작했으나 다 쓰지 못했다 ; 단지 쓰려고 생각했다.
 2. 다 써놓았다.
18) 죽음을 예상하고 마지막으로 한 일은? (예, 보험, 유언 등)
 0. 없다.
 1. 생각만 해 보았거나 약간의 정리를 했다.
 2. 확실한 계획을 세웠거나 다 정리를 해 놓았다.
19) 자살에 대한 생각을 다른 사람들에게 이야기 한 적이 있습니까, 혹은 속이거나 숨겼습니까?
 0. 다른 사람에게 터놓고 이야기 하였다.
 1. 드러내는 것을 주저하다가 숨겼다.
 2. 그런 생각을 속이고, 숨겼다.

2. 자살위험 진단 척도[11]
(Los Angeles suicide Prevention Center scale)

1) 소개 : 자살위험 진단척도는 자살 위험을 측정하는 리커드식 척도이다. 일반인의 자살위험을 진단하기 위한 도구이기도 하지만 특히 노인 자살위험을 측정하는데 유용하다.
이 척도는 자살의 위험을 측정하기 위해 10개의 범주를 두고 있다. 각 범주는 ① 나이와 성, ② 증상, ③ 스트레스, ④ 자살 계획, ⑤ 급성 및 만성 자살성, ⑥ 자원, ⑦ 자살 시도 경험, ⑧ 건상, ⑨ 의사소통, ⑩ 내담자가 중요하게 생각하는 사람들의 반응으로 나누어 지며, 각 항목에 기입된 점수를 바탕으로 전체 평균치를 낸다.

2) 사용방법은 다음과 같다.

① 척도를 최소 1에서 최대 9까지 그 정도에 따라 관찰자가 표시할 수 있다. 옆에 '1-3' 혹은 '7-9' 처럼 표시되어 있는 것은 꼭 그 범위 안에서 번호를 선정하라는 뜻이다. 각각의 범주에서 응답할 수 있는 문항에만 답변을 한다. 적합하지 않은 문항은 빈 칸으로 남겨

11 대한노인정신의학회 편(2003), 한국형 치매평가 검사, 서울 : 학지사

둔다. 그리고 0이라는 숫자는 기입하지 않는다.

② 각 범주의 문항에 대한 답변을 마치면 범주의 전체 수를 총 문항 수로 나누어 평균을 구한다.

예를 들어, 범주 1의 경우는 총 문항이 '나이와 성' 이라는 문항 하나이므로 이 문항에 대한 답을 2로 하였다면 평균은 그대로 2가 된다. 각 범주의 평균을 모두 더하여 총 범주 수인 10으로 나눈다. 이렇게 산출된 수는 자살 위험성의 지침이 된다.

③ 평균점수가 1~3까지는 자살 위험성이 낮으나 관찰과 돌봄, 지지를 필요로 한다. 4~6은 중간 수준의 자살 위험을 보인다. 이 수준은 전문적인 심리치료를 요하며, 주변의 특별한 관심이 필요한 수준이다. 7이상의 내담자는 자살 가능성이 아주 높을 뿐만 아니라 자살 실행이 임박한 경우이기 때문에 약물치료와 심리치료를 병행하는 것이 좋다.

자살위험 진단 척도

최소	자살위험	최고
저	중	고
1 2 3	4 5 6	7 8 9

범주 1. 나이와 성

(7-9) 50세 이상의 남자
(4-6) 35세 이상 49세 이하의 남자
(1-3) 15세 이상 34세 이하의 남자
(5-7) 50세 이상의 여자
(3-5) 35세 49세 이하의 여자
(1-3) 15세 이상 34세 이하의 여자
범주 1의 평균치

범주 2. 증상

(7-9) 심한 우울증 (불면, 식욕부진, 체중 감소, 절망, 무감각, 의욕부진, 의기소침)
(7-9) 절망감, 무능력감, 극심한 피로감
(6-8) 환각, 망상, 현실감 상실, 혼미함
(6-8) 강박적 도박
(5-7) 정신적 혼란과 혼돈

(5-7) 알코올중독, 마약중독, 동성애
(4-6) 동요(흥분)되어 있음, 긴장, 공포
(4-6) 죄책감, 수치스러움, 곤혹을 느낌
(4-6) 격정과 분노, 공격성, 보복심을 가짐
(4-6) 충동 조절과 사리 판단에 어려움을 느낌
기타 다른 증상 기입 :
범주 2의 평균치

범주 3. 스트레스
(5-9) 사랑하는 사람과의 이별, 사별 혹은 이혼
(4-8) 직장, 돈, 명예와 지위의 상실
(3-7) 병을 앓음, 심각한 질환, 수술, 사고, 사고로 인한 수족의 절단
(4-6) 고소당할 위험, 범죄에 동조, 범죄행위에 노출
(4-6) 생활환경과 삶 자체 그리고 사회적 환경의 변화
(2-5) 성공, 책임감 증대
(1-3) 심한 스트레스가 없음
기타 다른 스트레스 요인 기입 :
범주 3의 평균치

범주 4. 자살계획
(1-9) 죽음을 유발할 수 있는 자살 방법의 치명도
(1-9) 이 자살 방법의 접근 가능성
(1-9) 자살 계획에 매우 상세한 것까지 포함되어 있음
(1-9) 자살하기 위해 특정한 시간을 정해 놓음
(1-9) 자살 계획이 매우 잔혹함
(1-3) 자살 계획을 가지고 있지 않음
기타 :
범주 4의 평균치

범주 5. 급성 및 만성 자살성
(1-9) 갑작스럽게 특정한 자살 기능 증상이 시작
(4-9) 전에 볼 수 있었던 증상의 재발
(4-7) 잘 드러나지 않았던 특성이 최근에 뚜렷이 드러남
(1-4) 최근에 특별한 변화가 없음
기타 :

범주 5의 평균치

범주 6. 자원

(7-9) 아무런 사회적 지원이 없음(직업, 가족 등)
(4-7) 가족이나 친구가 있지만 도움을 줄 가능성이 없음
(4-7) 재정적 어려움
(2-4) 전문가의 도움을 받을 수 있음
(1-3) 고용된 상태
기타 :
범주 6의 평균치

범주 7. 자살 행위 시도 경험

(6-7) 높은 치명도를 가진 자살 시도를 한 번 이상 했음
(4-68) 낮은 치명도를 가진 자살 시도를 한 번 이상 했음
(3-5) 과거에 자살 위협을 반복적으로 하거나 우울증에 빠진 적이 있음
(1-3) 이전에 자살 시도나 우울증 증상을 보인 적이 없음
기타 :
범주 7의 평균치

범주 8. 건강

(5-7) 만성적으로 건강을 쇠약하게 하는 질병이 있음
(4-6) 전에 받은 치료에서 효과를 보지 못함
(4-6) 자신의 병을 의사가 치료하지 못한 경험이 있음
(2-4) 심신장애(천식, 궤양)
(1-3) 만성적인 질환 호소와 건강 염려
(1-2) 의학적인 문제가 없음
기타 :
범주 8의 평균치

범주 9. 의사소통

(5-7) 의사소통이 와해되었고, 이를 회복하려는 노력이 거절됨
(2-4) 의사소통이 내재화된 목표를 지니고 있음.
(예를 들면 다른 사람에게 죄책감을 유발시키려함, 다른 사람을 이용하려 함)
(3-5) 의사소통이 막연한 사람들이나 일반대중을 향하고 있음

(1-3) 의사소통이 한 사람 혹은 특정한 사람에게만 향하여 있음
기타 :
범주 9의 평균치

범주 10. 내담자가 중요하게 생각하는 사람들의 반응
(5-7) 방어적, 편집증적, 거부 · 차별적 반응이 있음
(5-7) 자신 혹은 자살하려는 사람에게 도움이 필요하다는 사실을 부정함
(4-6) 자살하려는 사람에게 아무런 관심이 없음. 자살하려는 사람을 이해하지 못함
(3-5) 결단력 결핍, 무기력한 느낌을 가지고 있음
(2-4) 분노나 거부감과 같은 부정적인 감정과
도움을 주려고 하는 긍정적 감정이 교차함(양가적 감정)
(1-3) 동정과 관심을 가지고 있으며, 도움의 필요성 인식
기타 :
범주 10의 평균치

전체 평균치 총계 :
전체 평균치의 평균 :
* 해당 평균에 표시하십시오.

저	중	고
1 2 3	4 5 6	7 8 9

3. Zung의 자기평가 우울반응 척도[12]
(Self-Rating Depression Scale=SDS ;Zung,1965)

1) **목적** : 임상적 장애로서의 우울을 사정하고 측정한다.

2) **소개** : 이 척도는 우울의 세가지 측면 (1)파급적인 영향, (2) 생리적인 부수현상, (3) 심리적인 부수현상을 조사하기 위해 고안된 20문항의 도구로, 긍정적 증상을 나타내는 10문항과 부정적 증상을 나타내는 10문항으로 구성되어 있다. 이러한 문항들은 특히 위에 기술된 우울의 측면들 중 하나에 해당하며 인식적, 정서적, 심리적, 신체적, 사회관계적 문항을 포함하고 있다. 응답자들은 검사 당시 20문항에 대해 어떻게 적용되는지 평가하도록 질문을 받는다. 전체 점수뿐만 아니라 개별문항의 점수도 의미를 지닌다. 저자는 우울정도를 측정하기 위해 다음과 같은 임상적 구분점을 제시하고 있다. 50-59(경증에서 중간), 60-6(중간에서 심각), 70 이상(심각).

3) **채점방법 및 해석** : SDS는 각 문항에서 얻어진 점수를 합산하여 20에서 80까지 원점수를 산출한다. .25에서 1.00(점수가 높을수록 우울의 정도가 심해짐)의 점수를 나타내도록 80으로 원점수를 나누어 SDS 지표를 산출한다. 2,5,6,7,12,14,16,17,18,20번은 역코딩 문항이다.

4) **대상** : 초기 연구는 일차적인 우울증으로 병원치료를 받고 있는 56명의 환자와 100명의 정상인을 대상으로 실시되었다.

5) **신뢰도와 타당도** : 반측검증으로 신뢰도를 조사한 결과 .73으로서 비교적 높은 내적 일치성을 보였다. 우울 샘플과 정상 샘플 사이를 구분하는 타당도를 볼 때, Beck의 우울척도나 Hamilton 우울척도 같은 다른 우울척도와 비교하여 높은 타당도를 나타낸다. SDS는 임상적 변화에도 민감한 것으로 나타난다.

다음은 귀하가 현재 어떻게 느끼고 있는지에 대해 알아보고자 합니다. 귀하의 생각과 일치하는 난에 V표를 해주십시오

12 Zung, W. K.(1965). A Self-Rating Depression Scale, Chieves of General Psychiatry, 12, 63-79.
최경애(1994). 편마비 환자와 가족의 치료집단 프로그램의 사례연구. 이화여자대학교 석사학위 논문.

범주 : 아니다. 가끔 그렇다. 자주 그렇다. 항상 그렇다.

1. 나는 매사에 의욕이 없고 우울하거나 슬플때가 있다.
2. 나는 하루 중 기분이 가장 좋은 때는 아침이다.
3. 나는 갑자기 얼마동안 울음을 터트리거나 울고 싶을 때가 있다.
4. 나는 밤에 잠을 설칠 때가 있다.
5. 나는 전과 같이 밥맛이 있다(식욕이 있다).
6. 나는 매력적인 여성(혹은 남성)을 보거나 앉아서 이야기하는 것이 좋다.
7. 나는 요즘 체중이 늘었다.
8. 나는 변비 때문에 고생한다.
9. 나는 요즘 가슴이 두근거린다.
10. 나는 별 이유 없이 잘 피곤하다.
11. 내 머리는 한결같이 맑다.
12. 나는 전처럼 어려움 없이 일을 한다.
13. 나는 안절부절 못하고 진정할 수가 없다.
14. 나의 장래는 희망적이라고 생각한다.
15. 나는 전보다도 더 안절부절 못한다.
16. 나는 결단력이 있다고 생각한다.
17. 나는 사회에 유용하고 필요한 사람이라고 생각한다.
18. 내 인생은 즐겁다.
19. 내가 죽어야 다른 사람들 특히 가족이 편할 것 같다.
20. 나는 전과 다름없이 일하는 것이 즐겁다.

4. 한국형 노인우울검사
(KGDS : Korean Form of Geriatric Depression Scale)

아래는 지난 1주일 동안 어르신의 기분을 알아보기 위한 질문입니다.
질문을 잘 읽으시고 그렇다면 '예', 그렇지 않다면 '아니오'에 ○표 하십시오.

질 문	응 답	
1. 자신의 삶에 대체로 만족하십니까?	예	아니오
2. 활동이나 관심거리가 많이 줄었습니까?	예	아니오
3. 삶이 공허하다고 느끼십니까?	예	아니오
4. 지루하거나 따분할 때가 많습니까?	예	아니오
5. 앞날이 희망적이라고 생각하십니까?	예	아니오
6. 떨쳐버릴 수 없는 생각들 때문에 괴롭습니까?	예	아니오
7. 대체로 활기차게 사시는 편입니까?	예	아니오
8. 자신에게 좋지 않은 일이 생길 것 같아 걱정스럽습니까?	예	아니오
9. 대체로 행복하다고 느끼십니까?	예	아니오
10. 아무 것도 할 수 없을 것 같은 무력감이 자주 듭니까?	예	아니오
11. 불안해지거나 안절부절 못 할 때가 자주 있습니까?	예	아니오
12. 외출하는 것보다 그냥 집안에 있는 것이 더 좋습니까?	예	아니오
13. 앞날에 대한 걱정을 자주 하십니까?	예	아니오
14. 다른 사람들보다 기억력에 문제가 더 많다고 느끼십니까?	예	아니오
15. 지금 살아있다는 사실이 정말 좋다고 느껴지십니까?	예	아니오
16. 기분이 가라앉거나 울적할 때가 자주 있습니까?	예	아니오
17. 요즘 자신이 아무 쓸모없는 사람처럼 느껴지십니까?	예	아니오
18. 지난 일에 대해 걱정을 많이 하십니까?	예	아니오
19. 산다는 것이 매우 신나고 즐겁습니까?	예	아니오
20. 새로운 일을 시작하는 것이 어렵습니까?	예	아니오
21. 생활의 활력이 넘치십니까?	예	아니오
22. 자신의 처지가 절망적이라고 느끼십니까?	예	아니오
23. 다른 사람들이 대체로 자신보다 낫다고 느끼십니까?	예	아니오
24. 사소한 일에도 속상할 때가 많습니까?	예	아니오
25. 울고 싶을 때가 자주 있습니까?	예	아니오
26. 집중하기 어렵습니까?	예	아니오
27. 아침에 기분 좋게 일어나십니까?	예	아니오
28. 사람들과 어울리는 자리를 피하는 편이십니까?	예	아니오
29. 쉽게 결정하는 편이십니까?	예	아니오
30. 예전처럼 정신이 맑습니까?	예	아니오
총 점		점 / 30점

채점용 GDS-K

■ 점수의 계산

각 문항에 대해, 우울성 응답에는 1점, 비우울성 응답에는 0점을 준다.

이 검사의 최종점수는 우울성 응답의 합계이다.

*「채점용 GDS-K」를 참고하여 채점

('예' 또는 '아니오' 중 굵은 글씨로 표시된 것이 우울성 응답 - 1점 부여)

* 30개 문항 A(14-18점) : 우울의심 및 경도의 우울증

B(19-21점) : 중도의 우울증

C(22점 이상) : 심한 우울증

5. 한국형 우울증 척도 K-BDI(Beck Depression Inventory)

다음은 한국판 Beck 우울증 척도(K-BDI)에서 발췌한 우울증의 진단법입니다.

주의 깊게 읽어 보시고 각 번호의 4가지 문항 중 오늘을 포함하여 지난 1주일 동안의 자신의 상태를 가장 잘 나타낸다고 생각되는 문항 하나를 선택하십시오.

1 ( )	0	나는 슬프지 않다.
	1	나는 슬프다.
	2	나는 항상 슬퍼서 그것을 떨쳐버릴 수 없다.
	3	나는 너무나 슬프고 불행해서 도저히 견딜 수 없다.
2 ( )	0	나는 앞날에 대해서 별로 낙심하지 않는다.
	1	나는 앞날에 대해서 비관적인 느낌이 든다.
	2	나는 앞날에 대해서 기대할 것이 아무 것도 없다고 느낀다.
	3	나의 앞날은 아주 절망적이고 나아질 가망이 없다고 느낀다.
3 ( )	0	나는 실패자라고 느끼지 않는다.
	1	나는 보통 사람들보다 더 많이 실패한 것 같다.
	2	내가 살아온 과거를 뒤돌아보면 생각나는 것은 실패뿐이다.
	3	나는 인간으로서 완전 실패자인 것 같다.

4 ( )	0	나는 전과같이 일상생활에 만족하고 있다.
	1	나의 일상생활은 전처럼 즐겁지 않다.
	2	나는 더 이상 어떤 것에서도 참된 만족을 얻지 못한다.
	3	나는 모든 것이 다 불만스럽고 지겹다.
5 ( )	0	나는 특별히 죄책감을 느끼지 않는다.
	1	나는 죄책감을 느낄 때가 많다.
	2	나는 거의 언제나 죄책감을 느낀다.
	3	나는 항상 언제나 죄책감을 느낀다.
6 ( )	0	나는 벌을 받고 있다고 느끼지 않는다.
	1	나는 아마 벌을 받을 것 같다.
	2	나는 벌을 받아야 한다고 느낀다.
	3	나는 지금 벌을 받고 있다고 느낀다.
7 ( )	0	나는 나 자신에게 실망하지 않는다.
	1	나는 나 자신에게 실망하고 있다.
	2	나는 나 자신이 혐오스럽다.
	3	나는 나 자신을 증오한다.
8 ( )	0	내가 다른 사람보다 못한 것 같지는 않다.
	1	나는 나의 약점이나 실수에 대해서 나 자신을 탓한다.
	2	내가 한 일이 잘못되었을 때는 언제나 나를 탓한다.
	3	일어나는 모든 나쁜 일들은 다 내 탓이다.
9 ( )	0	나는 자살 같은 것은 생각하지 않는다.
	1	나는 자살할 생각은 하고 있으나, 실제로 하지는 않을 것이다.
	2	나는 자살하고 싶다.
	3	나는 기회만 있으면 자살하겠다.
10 ( )	0	나는 평소보다 더 울지는 않는다.
	1	나는 전보다 더 많이 운다.
	2	나는 요즈음 항상 운다.
	3	나는 전에는 울고 싶을 때 울 수 있었지만 요즘은 울래야 울 기력조차 없다.
11 ( )	0	나는 요즈음 평소보다 더 짜증을 내는 편은 아니다.
	1	나는 전보다 더 쉽게 짜증이 나고 귀찮아진다.
	2	나는 요즘 항상 짜증스럽다.
	3	전에는 짜증스럽던 일에 요즈음은 너무 지쳐서 짜증조차 나지 않는다.

12 (　　)	0	나는 다른 사람들에 대한 관심을 잃지 않고 있다.
	1	나는 전보다 다른 사람들에 대한 관심이 줄었다.
	2	나는 다른 사람들에 대한 관심이 거의 없어졌다.
	3	나는 다른 사람들에 대한 관심이 없어졌다.
13 (　　)	0	나는 평소처럼 결단을 잘 내린다.
	1	나는 결정을 미루는 때가 전보다 더 많다.
	2	나는 전에 비해 결정 내리는 데에 더 큰 어려움을 느낀다.
	3	나는 더 이상 아무 결정도 내릴 수가 없다.
14 (　　)	0	나는 전보다 내 모습이 더 나빠졌다고 느끼지 않는다.
	1	나는 나이 들어 보이거나 매력 없어 보일까봐 걱정한다.
	2	나는 내 모습이 매력 없게 변해 버렸다고 느낀다.
	3	나는 내가 추하게 보인다고 믿는다.
15 (　　)	0	나는 전처럼 일을 할 수 있다.
	1	어떤 일을 시작하려면 특별히 더 많은 노력이 든다.
	2	무슨 일이든 하려면 나 자신을 매우 심각하게 채찍질해야만 한다.
	3	나는 전혀 아무 일도 할 수 없다.
16 (　　)	0	나는 평소처럼 잠을 잘 수 있다.
	1	나는 전처럼 잠을 자지 못한다.
	2	나는 전보다 한 두 시간씩 일찍 깨고 다시 잠들기 어렵다.
	3	나는 평소보다 몇 시간이나 일찍 깨고 다시 잠들 수 없다.
17 (　　)	0	나는 평소보다 더 피곤하지는 않다.
	1	나는 전보다 더 쉽게 피곤해진다.
	2	나는 무엇을 해도 언제나 피곤해진다.
	3	나는 너무나 피곤해서 아무 일도 할 수 없다.
18 (　　)	0	내 식욕은 평소와 다름 없다.
	1	나는 요즈음 전보다 식욕이 좋지 않다.
	2	나는 요즈음 전보다 식욕이 많이 떨어졌다.
	3	요즈음에는 전혀 식욕이 없다.
19 (　　)	0	요즈음 체중이 별로 줄지 않았다.
	1	전보다 몸무게가 2Kg가량 줄었다.
	2	전보다 몸무게가 5Kg 가량 줄었다.
	3	전보다 몸무게가 7Kg 가량 줄었다.
※ 나는 현재 음식 조절로 체중을 줄이고 있는 중이다(예, 아니오).		

20 (　　)	0	나는 건강에 대해 전보다 더 염려하고 있지는 않다.
	1	나는 여러 가지 통증, 소화불량, 변비 등과 같은 신체적인 문제로 걱정하고 있다.
	2	나는 건강이 매우 염려되어 다른 일은 생각하기 힘들다.
	3	나는 건강이 너무 염려되어 다른 일은 아무 것도 생각할 수 없다.
21 (　　)	0	나는 요즈음 성(sex)에 대한 관심에 별다른 변화가 있는 것 같지는 않다.
	1	나는 전보다 성(sex)에 대한 관심이 줄었다.
	2	나는 전보다 성(sex)에 대한 관심이 상당히 줄었다.
	3	나는 성(sex)에 대한 관심이 완전히 잃었다.

※ 위의 각 문항에 점수를 주어 합산한 총점에 따라 다음과 같이 해석합니다.

1~10점 : 정상　　10~16점 : 가벼운 기분혼란
16~20점 : 임상적 우울증의 경계선　　20~30점 : 온건한 우울증
30~40점 : 심한 우울증　　40이상 : 극도의 우울증

* 계속 17점 또는 그 이상을 받으면 전문가의 치료를 받아야 한다. 2주 이상 이 범주에 있으면 전문가의 진찰을 받도록 권한다.

* 만일 9번 질문에서 2점이나 3점을 받는다면 위험스런 자살을 시도할 가능성이 있으니, 이런 사람은 즉시 전문가를 찾도록 권한다.

6. 스트레스 측정도구
(Brief Encounter Psychcsocial Instrument - Korean)

1) 소개 : BEPSI-K는 1988년 Frank와 Zyznaski가 기존의 스트레스를 측정하는 복잡한 설문 대신 바쁜 외래에서 쉽게 사용할 수 있도록 개발한 것이다. 1개의 개방형 질문과 5개의 폐쇄형 질문으로 구성되어 있고 기존의 스트레스 측정 도구와 강한 상관성을 보여 외래에서 사용 가능함이 입증된 것이다. 우리나라에서는 배종면, 정은경, 유태우(1992)가 개발하였고, 임지혁 등(1996)이 다시 수정, 보완하여 그 타당성이 검증된 것이다.

2) 척도구성 : BEPSI-K는 5문항으로 구성되어 있고 각 문항은 스트레스의 외적요구에 대한 생각, 내적인 요구, 기대에 대한 조화, 요구의 불화실성, 요구의 조율을 검증한다. 5점 척도로서 '전혀 없다.'는 0점, '간혹 있다'는 1점, '종종 여러 번'은 2점, '거의 언제나'는

3점, '언제나 항상'은 4점으로써, 총점 0에 가까울수록 스트레스를 느끼지 않는 것이고 20점에 가까울수록 스트레스를 더 많이 느끼는 것이다.

1. 지난 한 달 동안, 살아가는데 정신적 신체적으로 감당하기 힘들다고 느낀 적이 있습니까?
   ① 항상 있었다. ② 거의 언제나 있었다. ③ 종종 여러번 있었다.
   ④ 간혹 있었다. ⑤ 전혀 없었다

2. 지난 한 달 동안, 자신의 생활신념에 따라 살려고 애쓰다가 좌절을 느낀 적이 있습니까?
   ① 항상 있었다. ② 거의 언제나 있었다. ③ 종종 여러번 있었다.
   ④ 간혹 있었다. ⑤ 전혀 없었다

3. 지난 한 달 동안, 한 인간으로서 기본적인 요구가 충족되지 않았다고 느낀 적이 있습니까?
   ① 항상 있었다. ② 거의 언제나 있었다. ③ 종종 여러번 있었다.
   ④ 간혹 있었다. ⑤ 전혀 없었다

4. 지난 한 달 동안, 미래에 대해 불확실하게 느끼거나 불안해 한 적이 있습니까?
   ① 항상 있었다. ② 거의 언제나 있었다. ③ 종종 여러번 있었다.
   ④ 간혹 있었다. ⑤ 전혀 없었다

5. 지난 한 달 동안, 할 일이 너무 많아 정말 중요한 일들을 잊은 적이 있습니까?
   ① 항상 있었다. ② 거의 언제나 있었다. ③ 종종 여러번 있었다.
   ④ 간혹 있었다. ⑤ 전혀 없었다

방법

다음의 질문들은 자신이 스트레스를 느끼는 정도를 측정할 수 있도록 고안되었습니다. 지난 한달 동안의 생활에서 자신의 감정상태를 가장 잘 표현한다고 생각되는 문항에 V표 해 주십시오. 너무 오래 생각하지 마시고 솔직하게 응답해 주시면 감사하겠습니다.

배점

① 항상 있었다 : 5점
② 거의 언제나 있었다. : 4점
③ 종종 여러번 있었다 : 3점

④ 간혹 있었다. : 2점
⑤ 전혀 없었다 : 1점
BEPSI-K량=다섯문항의 점수 총합 /5
BEPSI-K량에 따라
- 2.8 이상 : 고 스트레스군
- 1.8~2.6 : 중등도 스트레스군
- 1.6이하 : 저 스트레스군

7. 무망감 척도[13] (Beck's Hopelessness Scale=BHS)

1) 목적 : 개인의 부정적인 미래에 대한 기대를 측정하는 자기보고식 도구이다.

2) 소개 : Beck 등(1974)이 개발한 BHS는 개인의 부정적인 미래기대를 측정하는 척도이다. 이를 신민섭, 박광배, 오경자, 김중술(1990) 등이 번안하고, 이영호(1993) 등이 연구에 활용하였다.

3) 채점방법 : 이 척도는 모두 20개의 참, 거짓 문항으로 0에서 20까지의 점수범위를 가지며, 점수가 높을수록 무망감이 심각함을 나타낸다. 20개의 문항 중 11개는 부정적(무망감을 나타내는)으로 구성되어 있고, 나머지 9개 문항은 긍정적(희망감을 나타내는)인 문항으로 이루어져 있다. 이 척도는 변수들의 문화적 차이에 따라 무망감의 정도가 차이가 난다는 보고와 더불어 Beck과 Steer(1998)는 점수의 범위에 따라서, 0-3점(정상범위), 4-8점(경도의 무망감), 9-14점(중등도 무망감), 15점 이상(중도 무망감)의 상태로 분류하였다.
1,3,5,6,8,10,13,15,19번은 역채점 문항이다.

4) 신뢰도와 타당도 : 신뢰도는 Beck et al.(1974)에서 내적 일치도가 .93이었고, 한국어판에

13 Beck, A. T., Weissman, M. A., Lester, D. & Trexler, L.(1974). The measurement of pessimism: The hopelessness scale, Journal of Consulting & Clinical Psychology, 42(6), 861-865.
신민섭, 박광배, 오경자, 김중술(1990), 고등학생의 자살 성향에 관한 연구 : 우울-절망-자살간의 구조적 관계에 대한 분석, 한국심리학회지 임상, Vol.9, No.1.p1-19. 한국심리학회.
이영호(1993). 귀인양식, 생활사건, 사건귀인 및 무망감과 우울의 관계: 공변량 구조모형을 통한 분석. 서울대학교 박사학위 논문.

서는 .83과 .87의 내적 일치도를 보였다. 타당도는 일반인구 대상과 노인 외래환자 대상으로 타당도가 입증되었다.

이 질문지는 여러분이 일상생활에서 경험할 수 있는 내용들로 구성되어 있습니다. 다음의 문항들을 자세히 읽어보시고 당신의 일상생활에서 느끼고 있는 바를 가장 잘 나타내 주는 문항은 "예"에, 그렇지 않은 문항은 "아니오"에 ○표 해 주십시오.

범주 : 예, 아니오

1. 나는 내 미래에 대해서 희망적이고 의욕적이다.
2. 내 생활은 더 좋게 할 수 없기 때문에 차라리 포기하는 것이 낫다.
3. 일이 잘 안 될 때 항상 이렇지는 않을 것이라고 마음먹으면 도움이 된다.
4. 나는 10년 후에 어떻게 되어 있을지 모르겠다.
5. 내가 가장 원하는 것을 성취할 수 있는 충분한 시간이 있다.
6. 장래에 나는 내게 가장 중요한 일에서 성공할 수 있을 것이다.
7. 나의 미래는 어두울 것 같다.
8. 나는 내 인생에서 보통 사람보다 좋은 것을 더 많이 얻을 수 있을 것이다.
9. 나는 현재 마음이 편치 않으며 앞으로도 아마 그럴 것이다.
10. 나에게 있어서 과거의 경험은 미래를 위한 좋은 준비가 되었다.
11. 앞으로 일어날 모든 일들은 좋은 일보다 나쁜 일이다.
12. 내가 정말로 원하는 것을 가질 수 있다고 생각하지 않는다.
13. 나는 미래가 지금보다 더 행복할 것이라고 생각한다.
14. 내가 원하는 대로 일이 잘 풀리지 않을 것이다.
15. 나는 미래에 대해 큰 신념을 가지고 있다.
16. 내가 원하는 것을 가질 수 없는 상황에서 어떤 것을 원하는 것은 바보 같은 일이다.
17. 나는 장래에 진정한 만족감을 느끼지 못할 것이다.
18. 나에게 미래는 막연하고 불확실하게 보인다.
19. 나는 미래에 나쁜 일보다는 좋은 일이 더 많이 있을 것이라고 생각한다.
20. 내가 원하는 것을 얻기 위해 노력하는 것은 아마 소용이 없는 일이다. 왜냐하면 나는 아마도 그것을 갖지 못할테니까.

생각해 볼 문제

- 죽음불안도 척도를 활용하여 본인의 죽음불안도를 체크해 봅시다.
- 어느 스케일이 본인에게 잘 맞는지, 척도들을 비교해 봅시다.
- 또한 다른 급우들과 어느 항목이 다른지 왜 다른지에 대해 그룹토의도 제안합니다.
- 척도들이 전부 외국에서 만들어진 것들이기 때문에 문화, 역사적 배경 등이 얼마나 잘 스며들었는지, 공유할수 있는 스케일로 만드는 방법 등에 대해 토론해 봅시다.
- 앞서 언급했듯이 자살에 대한 생각이 반드시 자살시도를 이끌지는 않지만 상당히 위험함에 틀림이 없습니다. 일단 스트레스가 요즘 얼마나 쌓였는지 측정해 봅시다.
- 그리고 우리들 자신의 자살진단을 체크해 보도록 합시다.

  어떤 항목에 점수가 높고 낮은지 검토해 봅시다. 해당평균치가 저중고에서 고점수로 갈수록 위험한데, 위험집단을 가려 보도록 합시다.
- 우울반응척도를 활용하여 최근 우울이 얼마나 심한지를 스스로 점검해 보는 시간을 가져봅시다.

제 7 부
실천현장에서의 프로그램, 기법 및 상담사례

제20장 죽음준비관련 교육프로그램

- 노인죽음준비교육
- 학교에서의 죽음준비교육
- 기타 죽음준비교육

죽음준비는 삶에 대해 감사하게 여기는 것이다.
내가 걸어온 길 말고는 나에게 다른 길이 없었음을 깨닫고 나를 성장시켜 주었음을 믿게 하는 것이다.
자신에게 일어난 일과 모든 과정의 의미를 이해하고 나에게 성장의 기회를 준 삶에 대해 감사하는것이 아름다운 마무리이다.

법정스님(2008), 아름다운 마무리, 문학의 숲

지금까지는 죽음에 관한 이론적 내용들을 살펴보았다. 우리사회는 잘사는 것(Well-Living)만큼이나 잘 죽는 것(Well-dying)을 화두삼기 시작하였다. 그러나 정작 문제가 되는 것은 죽음 그 자체라기보다는 어떻게 죽음을 바라보며, 그것을 우리의 삶에 어떻게 받아들일 것인가 즉, 죽음을 삶의 방식으로 수용할 수 있느냐 하는 것이 문제이다. '삶은 끝이 아니라 삶의 연장이요 삶의 완성이라는 것을 이해하지 못하면 죽음의 순간은 결코 편안하지 못하며 우리의 삶조차도 결국 가치가 없는 것이다(오진탁, 2008). 따라서 죽음에 관한 이론적 접근과 함께 실천적인 면이 더 중요하다고 하겠다.

따라서 제 7 부에서는 죽음과 관련된 프로그램 및 사례, 기법들을 소개한다. 제 20 장에서는 현재 실시되었던 죽음준비교육 관련 프로그램들을 소개하여 앞으로 더 나은 죽음준비교육 관련 프로그램들을 개발하는데 도움을 주고자 한다. 제 21 장에서는 실천현장에서 실무자들이 죽음과 관련된 활동에 활용할 수 있는 기법을 소개하였다. 제 22 장에서는 죽음관련 상담사례를 통해 상담사례를 분석해보고 사례들의 성격을 파악해 봄으로서 전반적으로 죽음과 관련된 상담들에 대한 모델을 제시하고자 하였다.

제20장 죽음준비관련 교육 프로그램

1. 노인 죽음준비교육

노인의 죽음준비에 관한 교육프로그램은 노인에게 죽음을 이해시키고 죽음에 대한 불안을 감소시키고자 하는데 주된 교육의 목표가 있다. 따라서 심리적 정신적 적응을 강조하고, 사후에 대한 사회적 적응, 슬픔 극복등의 다양한 내용을 포함하고 있다. 주로 노인종합복지관에서 노인을 대상으로 실행되고 있는 프로그램의 사례를 들었다. 유언장 작성, 장례방법의 결정, 법적인 내용 등 실제적인 것도 포함되며, 내용은 다음과 같다. [1]

〈표 20-1〉 노인 죽음준비교육의 프로그램 내용(1990년대 초창기)

프로그램 명	프로그램 내용
죽음을 준비하는 건강교육프로그램에 관한 제언 (서혜경,1992)	노년기에 대한 포괄적 이해 / 죽음의 개념정의, 죽음에 관한 소개 / 죽음의 형태와 과정 / 죽음에 대한 태도와 관련요인 / 생명의 연장과 포기 : 안락사, 자살 / 임종간호 및 유서, 법과 죽음, 장기기증 / 장례의식 / 애도 : 배우자의 사별 시 슬픔 극복하기
노인의 죽음에 대한 태도에 영향을 미치는 요인과 죽음 준비교육프로그램 개발 (안황란, 1999)	신체적 · 생리적 · 정신적 · 사회적 준비 : 유언작성, 장례에 관한 결정 / 영적 준비
노인의 죽음준비교육이 죽음의 불안도에 미치는 요인분석 연구 (고승덕 외, 1999)	노년의 특성과 죽음의 태도 / 노년기의 적응과업 소개 / 죽음에 대한 이해와 내용소개/ 애도 반응이론 소개 및 인생 / 여생의 계획 / 비디오 시청

1) 아름다운 생애 마감을 위한 Senior 『죽음준비학교』[2]

본 프로그램은 사회복지법인 『성원복지재단』 시립노원노인종합복지관에서 서울시 사회복지공동모금회 지원으로 2006년부터 실시된 죽음준비교육이다.

1 성혜영, 조희선(2005), 노인교육프로그램의 현황과 과제
2 시립노원노인종합복지관, 아름다운 생애 마감을 위한 senior 『죽음준비학교』운영의 실제 manual p.17-96 재인용

(1) 프로그램 목적 및 목표

교육과정을 통해 죽음에 대해 타인과의 관계와 자신에 대한 회고 및 성찰의 기회를 가지며, 바른 죽음에 대한 교육을 통해 어르신들에게 삶의 희망을 주고자 한다.

프로그램은 과거 인생에 대한 회고의 시간, 현재의 삶 가운데 발생하는 노인문제 중 일부를 거론하고, 본격적인 죽음에 대한 이론적인 교육과 더불어 견학 등의 기회를 제공하여 사전에 자신의 죽음을 준비할 수 있도록 하였다. 이러한 과정을 통해 더 성숙한 삶을 이루기 위해 나눔의 교육내용을 포함하였고 "나 알기 class"로부터 시작하여 "인생 알기 class", "죽음 알기 class", "나눔 알기 class"의 4 section으로 구성되었다.

(2) 프로그램 개요

프로그램 제목	아름다운 생애 마감을 위한 Senior『죽음준비학교』
참여 대상	시립노원노인종합복지관 남녀 노인
대상인원 수	각 기별 20명 기준
교육 기간	총 7주, 2006년 1월~ , 매주 월 · 수 · 금 (주3회)
실시 장소	시립노원노인종합복지관 2층 나눔터(교육실)
내용 및 진행방법	• 예비소집 · 오리엔테이션 • 나 알기 class : 자서전작성 프로그램 • 인생 알기 class : 캠프 집단프로그램 • 죽음 알기 class : 죽음준비 집단프로그램 • 나눔 알기 class : 죽음준비교육 파급 집단프로그램 • 죽음준비교육을 마치며

(3) 프로그램 실제

1회기	주제	개인의 죽음을 준비하기 위한 첫 단계
나 알기 class	목표	(1) 죽음준비의 첫 단계로 나를 발견한다. (2) 삶의 발자취 정리를 통해 정체성을 확인한다.
	진행 방식	총4회 구성, 방법은 ① 자서전쓰기를 바탕으로 개인의 인생을 나누며 자서전 노트 작성 및 교육생들간의 토론 형식 ② 교육생 각자의 인생을 오픈하도록 하고, 서로의 인생을 함께 나눠 공유하며 나를 알고 서로를 알아가는 프로그램

	회차	진행내용
	1회	나는 누구인가? (꽃 그림 그리기를 통한 나 알기)
	2회	나의 인생그래프 그리기
	3회	나의 사랑 · 나의 가족, 기억하는 사람들
	4회	남기고 싶은 이야기, 나의 사망기 작성 자서전 쓰기(주제를 정하기도 하고 첨가하기도 함)

2회기	주제	자신의 인생 돌아보기
인생 알기 class	목표	(1) 인생의 사건과 사연을 되돌아보고 자신의 모습을 발견한다. (2) 인생의 굴곡을 내려놓고 함께한 이들의 소중함을 깨닫는다.
	진행 방식	총2회(1박 2일)로 구성, 방법은 ① 일상에서 벗어나 자신을 내려놓고 즐거움과 흥미로운 기회를 가질 수 있도록 또 다른 환경 제공 ② 어르신들의 건강 상태를 사전에 고려하여 1박 2일의 일정으로 진행 ③ 자연과 함께 마음의 여유를 가질 수 있는 곳으로 하되 연수원 혹은 펜션 등에서 진행 ④ 집단 프로그램 및 죽음준비전문 강사, 사회복지사 동행 진행
	회차	진행내용
	총2회 (1박2일)	영화 축제 감상(축제 등)
		현대사회 노인문제와 역할극
		well-living에서 well-dying (마음 내려놓기, 인생의 마무리, 초대하고 싶은 사람)
		가족에게 보내는 영상편지
		나의 묘비명 쓰기
		나의 다짐 (내 주먹 석고뜨기, 신문지를 이용한 버려야 할 것 퍼포먼스 등)

3회기	주제	죽음을 위해 어떻게 접근하고 준비할 것인가
죽음 알기 class	목표	(1) 이미 경험한 죽음을 함께 거론함으로서 바람직한 죽음에 대해 논의한다. (2) 죽음에 대한 준비를 현실적이고 구체적으로 한다.
	진행 방식	총6회로 구성, 방법은 ① 죽음에 대한 구체적인 정보와 실제적인 견학을 포함하여 진행 ② 죽음에 가장 근접하게 접근할 수 있으며, 노인들이 죽음준비와 관련하여 가장 궁금해하는 상속, 유언의 효력, 장례방법, 수발 등 자신의 죽음을 구체적으로 준비할 수 있도록 도움 ③ 노인들에게 무리함이 없도록 견학일정 조정 ④ 가장 구체적으로 죽음을 준비하는 이 과정 속에서 노인들의 우울감을 높이지 않도록 꾸준한 개별상담 병행
	회차	진행내용
	1회	변호사 특강
	2회	강의수업 I (죽음과 임종)
	3회	강의수업 II (죽음준비교육)
	4회	사랑의 장수사진(영정사진)촬영
	5회	호스피스센터 견학
	6회	장묘문화센터 견학
	진행중	개별상담

4회기	주제	성숙한 삶을 이루기 위한 나눔의 단계
나눔 알기 class	목표	죽음준비의 과정으로 타인과 함께 나눌 것은 무엇인지 깨닫고 발견하게 한다.
	진행 방식	총4회로 구성 방법은 ① 나눔 실천에 관한 노인의 인식변화와 사회적 인식의 변화를 가져올 수 있도록 교육실시 ② 유언장 작성을 하며 인생의 연륜과 지혜를, 교육을 통해 배움을, 완성된 죽음준비가 가족과 함께 나눌 수 있는 부분임을 알리고 가족과도 공유시간 제공
	회차	진행내용
	1회	장기기증 관련 교육(장기 나눔)
	2회	유언장 작성(인생 나눔)
	3회	老-老메아리(죽음준비교육 나눔)
	4회	수료식(사랑 나눔)

이상은 노원노인종합복지관에서 발행한 운영의 실재 매뉴얼의 내용이다. 죽음이라는 다소 무거운 주제를 다양한 방법으로(예, 1박 2일 집단캠프 등) 흥미롭게 이어나갔으며, 내용이 탄탄하게 구성되어 있다. 7주 동안의 기간으로 구성된 이 프로그램은 교육종료 이후 교육생들의 평가에서 모든 죽음에 관한 준비가 완성되었다고 볼 수는 없으나 죽음에 관한 공포와 잘못된 인식, 삶에서 무엇을 어떻게 해야 하는지에 관해서 많은 도움을 받았다고 말하고 있다. 다음은 죽음준비교육을 수료한 교육생들의 소감이다.

"죽음공부하러 왔다가 오히려 활기차게 사는 법을 배우고 간다."

"예전에는 사는 날까지 그냥 살다가 죽는 것이며, 막연하게 죽음을 생각했었으나 이제는 구체적으로 준비할 수 있는 자신감으로 삶을 더 단아하고 깨끗하게 마무리 할 수 있는 길을 찾을 수 있게 되었다."

"죽음은 누구에게나 곧 오는 것으로 어떻게 준비하느냐에 따라 즐겁게 갈 수 있는지 없는지가 달려있다. 자신은 모든 것을 준비해 놓았으므로 자식들을 포함하여 주위사람들에게 누를 끼치지 않게 되었으니 너무 기쁘고 이제는 죽음이 두렵지 않다."

"죽음준비교육을 통하여 사람들을 대함에 있어 더욱 신중하게 생각하게 되었으며 오히려 삶의 의욕이 생기고 활력을 찾아가게 되어 고맙다. 1분, 1초라도 헛되이 보내서는 안 되겠다."

2) 사(死)는 기쁨[3]

「서울노인복지센터」는 2003년, 2004년, 2006년, 2007년 총 4회에 걸쳐 죽음준비프로그램을 운영하였고 2006년과 2007년은 서울시 사회복지기금2차년도 지원사업으로 진행한 것이다. 본 프로그램은 2006년도 평가결과를 토대로 수정 보완된 것으로 죽음준비 프로그램의 보다 효과적인 목표 달성을 위해 집단활동과 자조모임이 병행되었다. 또한 죽음준비 프로그램 조사연구를 강화하고 하나의 문화로 향유할 수 있도록 '사(死)축제'를 개최한 것이 큰 특징이라 할 수 있다.

(1) 프로그램 목적 및 목표

죽음에 대한 인식개선 교육 프로그램과 실천활동 중심의 자조모임으로 노인들이 죽음을 긍정적으로 수용하고 활기찬 노후의 삶을 영위하게 하는 자아통합 상태를 이루도록 하는 것이다.

3 서울노인복지센터(2007), 죽음준비프로그램 '사는 기쁨' 결과보고서

목표로는

1. 죽음준비교육의 인지 · 정서 · 사회적 차원에 대한 집단활동을 통해 자아성찰을 도모한다.
2. 죽음준비교육의 행동적 차원에 대한 사후모임을 통해 죽음준비실천을 지속한다.
3. 사축제와 토론회를 통해 죽음준비 프로그램을 홍보하고 확산시킨다.
4. 프로그램 과정에서 다양한 방법으로 조사 · 연구하여 노인복지서비스에서의 죽음준비프로그램 의미를 정립한다.

(2) 프로그램 개요

프로그램 제목	2007년 사(死)는 기쁨
참여 대상	서울노인복지센터 60~79세 남녀 노인
대상인원 수	20명
교육 기간	2007년 3월 ~ 2007년 11월
실시 장소	서울노인복지센터
내용 및 진행방법	• 사업설명회(1회) • 집단교육 및 집단활동(총27회) 죽음의 의미와 준비의 필요성, 철학, 종교, 문화, 의학, 견학 (10회) / 인생회고 4회 / 준비활동 : 유언, 유서, 견학, 토론 (5회) / 남은 생 계획 : 봉사활동, 영정사진(7회) • 사후모임(15회) • 사축제 : 약 1만 건 • 강사 : 10명 / 담당사회복지사 :1명

(3) 프로그램 내용

사업명	회수	주요활동내용
홍보 및 모집	1회	사업설명회 개최–'사(死)는 기쁨' 사업소개 및 모집홍보
죽음에 대한 가르침	10회	• 모임의 시작(짝꿍 별칭 짓고 서로 소개하기) • 죽음의 의미와 임종준비 필요성 • 죽음의 철학 • 죽음과 철학–주제토론, 유서쓰기 • 죽음과 종교 • 죽음과 종교–주제토론, 동료이름 외우기 • 죽음과 문화 • 조별토론 : 임종준비에 필요한 5가지

		• 죽음과 의학 – 모현호스피스센터 견학 • 견학후기 신문기사 작성 후 발표
찬란했던 나의 인생 그리고 참회할 일들	4회	• 인생 회고의 필요성 • 인생 회고와 현재의 나 – 참회문 • 영화감상 –「이끼루」 • 내 생애 잊지 못할 인연에 대해 이야기하기
또 다른 생을 여는 준비	5회	• 아름다운 이별을 위한 기록 • 유언 – 죽음을 말한다(영상자료) • 서울시장묘문화센터 및 용미리납골당 견학 • 장묘문화인식개선을 주제로 한 자유토론 • 영상유언촬영
남은 인생 여는 준비	7회	• 아름다운 삶, 아름다운 마무리 • 영정사진 촬영 • 명상 • 자원봉사활동 체험하기 – 급식봉사활동 • 봉사활동 체험나누기 및 사는 기쁨 집단활동의 발전방향 토론하기 • 사는 기쁨 집단활동 참여 소감나누기 및 수료식 준비 • 발원(發源)
수료식	1회	• 수료식 및 홍보인식활동 – 일반회원 참관

3) 후기고령자의 죽음에 대한 긍정적 수용 및 정서적 지지

다음은 동작구 노인종합복지관에서 후기고령자들을 대상으로 한 죽음준비관련 프로그램이다.

(1) 프로그램 목적 및 목표

프로그램 제목	후기고령자의 죽음에 대한 긍정적 수용 및 정서적 지지
참여 대상	서울 동작구내 고령자수가 많은 10개소의 경로당 남녀 노인
대상인원 수	실제 클라이언트 수는 10개 경로당 평균이용회원인 200명(20명×10개소)
실시 장소	동작구내 경로당
프로그램 기대효과	① 죽음에 대한 긍정적인 수용을 통해 죽음이 인생의 한 부분임을 수용하게 되어 개인의 자아통합을 이루게 된다. ② 사회적으로 금기시 되어있는 장례문제에 대해 가족과 함께 의논할 수 있는 기회를 제공함으로써 가족관계를 강화시킬 수 있다.

(2) 프로그램 개요

프로그램명	일정	목표	프로그램 내용
프로그램 설명회	10회	프로그램에 대해 경로당 이용자가 이해할 수 있도록 한다.	- 복지관소개 : 복지관 사업에 대해 안내지와 함께설명 - 프로그램 설명 : 앞으로 진행되는 프로그램의 목적과 중요성 등을 설명
죽음이해 교육	15회	죽음의 의미와 이를 수용하는 태도에 대해 올바르게 이해한다.	〈내용 〉 - 노화와 죽음 : 노화의 과정과 죽음의 의미 - 사별의 극복 : 가족 및 배우자와의 사별극복 - 죽음과 법률 : 유언장 작성법, 재산상속문제 등
집단활동 1.공개토론 2.영상편지	20회	죽음의 문제에 대해 개방적인 의사소통을 할 수 있도록 한다	〈 토론내용 〉 - 주제 1 : 갑론을박 - 매장인가? 화장인가? - 주제 2 : 우리동네에 납골당이 생긴다면? - 주제 3 : 안락사를 허용해도 되는가? - 영상편지 : 캠코더로 영상편지 촬영. 편지내용을 CD 및 Video Tape에 담아 인생박람회에서 공개상영
장묘정보제공	5회	경로당이용자와 가족에게 장묘에 관한 정보를 제공한다.	- 장묘에 관한 VTR시청 - 서울시의 장묘정책 설명 - 장묘문화에 대한 안내책자 배부
장례지 견학	2회	금기시 되었던 장묘의 문제를 가족과 함께 준비할 수 있는 기회를 제공한다.	- 서울시립승화원 견학 - 점심식사 및 레크리에이션 - 용미리 추모의 집 견학 - 평가서 작성
응급의료체계 구축	10회	위급한 상황에서 침착하고 안전하게 대응할 수 있도록 한다	- 응급의료기관의 연락처 및 비상조치방법 안내 - 응급상황시(범죄상황 등) 대응 시스템 구축 (119, 112 등 응급지원체계 마련) - 경로당간의 지지체계 구축
보건교육	20회	보건의식을 함양한다	- 노화에 따른 건강관리 방법 - 응급상황시 비상조치 사항 안내
Socio drama (소시오 드라마)관람	1회	노인 스스로의 자발적인 참여를 통해 자신의 인생을 돌아보고 삶에 대한 의욕을 얻는다	〈Socio Drama 내용〉 - 지금까지의 인생을 돌아봄 - 죽음을 준비하는 바람직한 자세
인생박람회	1회	인생을 되돌아보고 정리할 수 있는 시간을 제공하여 삶의 만족감을 향상시킨다	〈박람회 내용(출품내용)〉 - 경로당 이용자의 개인 애장품 - 추억의 사진첩 - 개인작품(서예, 그림 등)

			- 가족에게 보내는 영상편지 공개 상영 - 근 · 현대사에 대한 다큐멘터리 VTR상영 - 결연 대상 어린이 집의 축하공연
어린이와 함께 새 희망을 (어린이집 결연사업)	10회	어린이와의 상호작용을 통해 지지적 감정과 안정감을 경험한다	- 월 1회 어린이집을 방문하여 어린이들과 함께 다양한 프로그램에 참여 - 민요 배우기, 레크리에이션, 간식 만들기, 동요배우기, 멧돌체조, 전래동화 들려주기, 전통무용 배우기 등

4) 유성노인종합복지관의 죽음준비교육

다음은 유성노인종합복지관에서 실시한 죽음준비교육 프로그램이다.

<table>
<tr><td>주제</td><td colspan="2">1회 : 죽음과 삶은 하나/ 죽음 준비교육의 필요성</td></tr>
<tr><td>목표</td><td colspan="2">삶과 죽음은 정반대의 개념이 아닌 같은 단어이다.
삶을 의미 있게 멋지게 사는 것은 죽음을 멋있게 맞이할 수 있는 것이다.</td></tr>
<tr><td>준비사항</td><td colspan="2">1. 만원짜리 지폐
2. 인생 그래프
3. 조별 편성</td></tr>
<tr><td>전체내용</td><td colspan="2">1. 새 돈, 구겨진 돈, 발로 밟혀지고 더러운 것이 묻은 돈을 보면서 그 가치를 이야기 해 본다.
2. 인생의 3대 뉴스 (슬픈, 기쁜)
3. 어린 시절 가졌던 꿈을 나누어 본다.</td></tr>
<tr><td rowspan="3">진행과정</td><td>도입</td><td>- 건전한 노래(인생에 관한)를 하면서 서로 인사하기
- 한 주일 동안 지낸 이야기와 서로에게 긍정적인 관심을 표현하기</td></tr>
<tr><td>전개</td><td>1. 인생이란? 무엇인가에 대해서 토론하고 정리해본다.
2. 강의
• 아름다운 삶에 대한 강의
• Long Living 에 대해서 준비해야할 것을 설명 : 건강, 돈, 친구, 일, 이별
3. 앞으로의 인생을 어떻게 살 것 인가에 대해 계획하고 서로 나누기</td></tr>
<tr><td>마무리</td><td>- 프로그램을 평가
- 다음 프로그램 소개
- 노래를 하면서 마무리</td></tr>
<tr><td>유의사항</td><td colspan="2">- 인생에 대해서 부정적인것 보다는 긍정적인 것을 떠올려 보도록 한다.</td></tr>
<tr><td>기대효과</td><td colspan="2">- 삶에 대한 긍정적인 이해를 통해 죽음을 긍정적으로 맞이하도록 도와준다.
- 남은 삶을 잘 마무리 할 수 있도록 도와준다.</td></tr>
</table>

주제	2회 : 준비하는 아름다운 삶과 존엄한 죽음	
목표	자신이 경험했던 주변인들의 죽음에 대한 이야기를 표현하도록 한다. 죽음이란 무엇인지 바르게 이해한다.	
준비사항	1. 꽃 그림 복사용지 2. 칠판 3. 조별 편성표	
전체내용	1. 꽃그림을 통해 죽음에 대한 다양한 생각을 표현해본다. 2. 삶과 죽음에 대한 긍정적, 부정적 생각정리해보기 3. 죽음에 대한 이론적 강의를 한다. 4. 죽음이 두려움의 대상이라기보다 축복의 통로임을 인식한다.	
진행과정	도입	– 건강 박수를 치면서 서로 인사하기 – 한 주일 동안 지낸 이야기와 서로에게 긍정적인 관심을 표현하기
	전개	1. 조별로 꽃그림을 통해 죽음에 대한 생각을 정리해본다. 2. 강의 • 삶과 죽음에 대해 토론하게 한다. • 모든 사람이 아는 것 3가지, 모든 사람이 모르는 것 3가지 : 나는 언제, 어디서, 어떻게 희망하는가? • 아름다운 죽음과 초라한 죽음의 차이를 토론하게 한다. 3. 자신이 깊이 경험한 가까운 죽음이 자신에게 어떤 영향을 주었는지 조별로 나눈다. 4. 생노병사의 해석을 통한 죽음에 대한 인식을 바꾼다.
	마무리	– 프로그램을 평가 – 다음 프로그램 소개 – 노래를 하면서 마무리
유의사항	– 죽음에 대한 자신의 생각을 자연스럽기 표현할 수 있도록 진행한다. 무리하게 강요하지 않도록 한다.	
기대효과	– 죽음에 대한 개인적인 느낌을 편안하고 자연스런 분위기에서 나누면서 서로의 차이를 이해하고 받아들인다. – 죽음에 대한 인식을 바르게 한다.	

<table>
<tr><td>주제</td><td colspan="2">3회 : 나의 소중한 사람과 화해와 용서</td></tr>
<tr><td>목표</td><td colspan="2">- 자신의 삶을 돌아보면서 소중한 사람이 누구인지 탐색해본다.
- 자신의 삶을 돌아보면서 가족관계가 어떠했는지 정리해본다.
- 사랑을 표현할 수 있도록 한다.</td></tr>
<tr><td>준비사항</td><td colspan="2">1. 나의 소중한 사람, 친한 사람, 좋은 사람, 아는 사람 리스트 만들기
2. “소중한 사람(　　)에게 편지”쓰기위해 편지지 준비하기
3. 유리컵 1개, 먹물, 깨끗한 주전자. 물 받을 물통, 휴지
4. 빈 의자 2개</td></tr>
<tr><td>전체내용</td><td colspan="2">1. 자신의 삶에 좋은 영향을 준 소중한 사람에 대하여 상고해본다.
2. 소중한 사람에게 편지를 써 보도록 한다.</td></tr>
<tr><td rowspan="3">진행과정</td><td>도입</td><td>- “당신은 사랑받기 위해 태어난 사람” 부르면서 서로 인사하기
- 한 주일 동안 지낸 이야기와 서로에게 긍정적인 관심을 표현하기
- 우향우, 좌향좌 안마해주기</td></tr>
<tr><td>전개</td><td>1. 자신을 오늘까지 있게 한 중요한 사람을 생각해 본다
: 만약 내가 한 달 밖에 살지 못한다면 그 안에 꼭 만나야 하거나 만나고 싶은 사람은?
- 참 고마운 사람 / 참 미안한 사람 / 꼭 화해해야 할 사람(용서를 주고받아야 할 사람) / 부탁할 것이 있는 사람 / 꼭 해결해야할 일
2. 강의
• 인간관계에 대한 설명
• 심리적 내면의 거리에 대한 설문
3. 나의 소중한 사람(　　)에게
늘 마음속에만 간직하고 잘 표현하지 못한 말. 지금 나는 (　　　)에게 전하고 싶어요. 예전의 (　　)는 나에게 ————한 사람으로 기억되었어요.
하지만 지금 생각해보니 이제는 (　　)가 ————한 사람이라는 것을 알게 되었어요. (　　)를 통해 나는 ————————를 알게 되었어요. 그래서 참 감사해요.
나의 소중한 (　　)! 고마워요. 그리고 사랑해요.</td></tr>
<tr><td>마무리</td><td>- 프로그램을 평가
- 다음 프로그램 소개
- 노래를 하면서 마무리</td></tr>
<tr><td>유의사항</td><td colspan="2">- 참여자가 글쓰기가 불편하면 말로 표현 할 수 있도록 유도한다.
- 참여자가 표현한 말을 대상자에게 전할 수 있도록 방법을 강구한다.</td></tr>
<tr><td>기대효과</td><td colspan="2">- “용서의 힘” 시 낭송
- 용서하고 화해하고자 하는 내용을 구체적으로 나누고 실천하도록 독려하고 본인의 느낌을 나눈다.</td></tr>
</table>

<table>
<tr><td>주제</td><td colspan="2">4회 : 인생의 목적과 의미</td></tr>
<tr><td>목표</td><td colspan="2">- 삶의 우선순위와 가치관을 재정립 할 수 있도록 한다.
- 자신의 죽음을 직면함으로써 남은 삶을 어떻게 살아갈 것인지 인생설계와 죽음준비를 잘 하도록 도와준다.</td></tr>
<tr><td>준비사항</td><td colspan="2">1. 나에게 삶이 한 달 남아 있다면? List 종이
2. 명함 크기의 종이 10장씩
3. 촛불</td></tr>
<tr><td>전체내용</td><td colspan="2">1. 인생의 목적과 의미를 되새기기 위해서 삶의 우선순위를 정해본다.
2. 자신의 삶이 유한함을 인식하고 단 하루의 삶을 어떻게 마무리 할 것인지 숙고한다.</td></tr>
<tr><td rowspan="3">진행과정</td><td>도입</td><td>- 노래에 맞춰 스트레칭을 하면서 서로 인사하기.
- 한 주일동안 지낸 이야기와 서로에게 긍정적인 관심을 표현하기</td></tr>
<tr><td>전개</td><td>1. 단 하루의 삶이 내개 남아 있다면?
나는 어디서 누구와 무엇을 하면서 보낼 것인가를 구체적으로 나눈다.
- 그때의 느낌, 상황을 상상해본다.
- 간절히 원하는 것이 무엇인지 이야기를 나눈다.
- 간절한 바램을 미루지 말고 실천할 수 있도록 한다.
- 꼭 내가 정리해야할 일이 있다면?
- 꼭 버려야 할 것은?
- 꼭 하고 싶은 말은?
- 마지막 까지 꼭 간직하고 싶거나 듣고 싶은 말은?
2. "단 하루의 시간이 주어진다면.." 시를 낭송
3. 촛불 의식
둘러앉아서 버리고 싶은 것을 태우고 간절히 원하는 것을 말하고 듣고 싶은 말을 듣는다.</td></tr>
<tr><td>마무리</td><td>- 프로그램을 평가
- 유서를 쓰는 요령 설명
- 노래를 하면서 마무리</td></tr>
<tr><td>유의사항</td><td colspan="2">- 상상하기 힘들 수 있으므로 진행자가 잘 유도한다.</td></tr>
<tr><td>기대효과</td><td colspan="2">- 아름다운 이별의 장면과 새로운 출발의 장면을 연출시켜준다.
- 남은 삶이 풍성할 수 있도록 준비시켜준다.</td></tr>
</table>

5) 해피엔드(Happy End)[4]

다음은 2007년 덕성여자대학교에서 실시한 죽음준비교육 프로그램이다.

(1) 프로그램 목적 및 목표

■ 목적

노인들은 자신이 지나온 인생을 나름대로 정리하여 삶에 의미를 부여하고 죽음에 관한 정보를 서로 나눔으로써 죽음을 이해하며 자신의 죽음에 대한 긍정적인 감정을 탐색한다. 그리하여 죽음과 관련된 실제적인 준비를 할 수 있으며 죽음에 대한 두려움에서 벗어나 슬기롭게 죽음을 준비하고 가치 있는 여생을 영위한다.

■ 목표

1) 죽음, 죽어가는 과정, 사별 등 죽음 관련 정보를 습득한다.
2) 죽음에 대한 경험과 의미 탐색을 통해 삶과 죽음에 대한 가치관을 확립한다.
3) 죽음에 대한 부정적인 태도, 불안, 공포 등의 감정을 변화한다.
4) 죽음에 대처하는 능력을 배양한다.
5) 만족스러운 여생을 다짐한다.

(2) 프로그램 개요

프로그램 제목	『해피엔드(Happy End)』
참여 대상	수산경로대학 수강생으로서 70-75세 남녀 노인
대상인원 수	소집단의 인원으로 8명의 어르신
실시기간	총 5회, 2007년 6월 15일~ 2007년 6월 29일, 매주 화, 금 오전 9:30-11:30(120분) 주 2회 실시
실시장소	수산경로대학 강의실 및 기타 장소
진행방법	강의, 자유토론, 만들기, 그리기, 역할극, 글쓰기, 영상 찍기, 사진촬영, 관련 비디오 보기 등. 흥미 유발을 위한 시청각 자료로써 컴퓨터와 빔 프로젝트, 비디오, OHP기자재를 적극 활용
참가비	3,000원×5회 = 15,000원 / 접수 시와 1 · 2 · 3 · 4회기 때 분납 접수

4 덕성여자대학교 가족생활교육(2007), "해피엔드"–죽음준비교육 프로그램

(3) 프로그램 내용

일시	회수	제목	목표	활동
6/15 (금)	1회기	인생 극장	• 나의 인생 정리를 통해 서로 이해하고 친밀감을 형성한다. • 삶의 발자취 정리를 통해 정체성을 확인한다.	• 건강 체조 • 나의 인생 돌아보기-찰흙으로 만든 사물에 비유해보기 • 죽음의 의미 탐색하기-의견 나누기 • 사전검사, 프로그램 회기평가
6/19 (화)	2회기	해피 엔드 (Happy End)	• 사별과 상실의 심리적 상태를 받아들일 수 있다. • 타인의 죽음을(이야기를 통해)간접적으로 경험하고 죽음에 대한 이해를 가져올 수 있다. • 타인의 죽음이 자신의 삶에 끼쳤던 영향을 회상하고 현재의 삶 속에 수용할 수 있다.	• 건강 체조 • 사별에 대한 경험, 감정나누기/그리기 • 호스피스의 강의를 통해 죽음에 대한 경험을 피부로 느끼기 • 프로그램 회기평가
6/22 (금)	3회기	해피 엔드 (Happy End)	• 죽음에 대한 두려움에서 벗어난다. • 죽음을 표출하고 준비하는 자세를 통해 죽음을 긍정적으로 받아들인다.	• 건강 체조 • 다함께 촛불의식하기 • 죽음의 문턱에서 이야기하기-역할극 • 자신이나 가족에게 편지쓰기(간략) • 영상편지로 옮기기 • 프로그램 회기평가
6/26 (화)	4회기	내게 주는 선물	• 죽음과 장례에 대한 노인의 이해를 돕고 스스로 계획해본다. • 아름다운 모습으로 영정사진을 찍어본다. • 유서, 유언장의 의미를 이해하고 작성해본다.	• 건강 체조 • 나의 장례 계획하기-장례 전문 지도사 강의 및 활동 • 영정사진 촬영하기 • 유서작성하기 • 프로그램 회기평가
6/29 (금)	5회기	인생은 아름다워	• 자신의 삶의 의미와 목적을 재확인한다. • 가치 있는 여생을 계획할 수 있다. • 수료증과 영정사진을 전달하고 교육을 마무리한다. • 자가진단표의 점검으로 건강한 생활을 할 수 있도록 한다.	• 건강 체조 • Well-aging관련 비디오 시청 • 시청소감 및 여생 계획하기 • 수료증, 영정사진, 자가 진단표 전달 • 프로그램 참가소감 나누기 • 추후모임 예고, 사후검사, 프로그램 회기평가

1회기	주제	인생을 회고하고 죽음의 의미 탐색			
	목표	(1) 나의 인생 정리를 통해 서로 이해하고 친밀감을 형성한다. (2) 삶의 발자취 정리를 통해 정체성을 확인한다.			
	단계	수업 내용	시간 (120분)	수업 자료	비고
	도입	(1) 서로의 간단한 소개와 인사를 나눈다. (2) 인사를 나누며 건강 체조를 시작한다. (3) 보는 시각에 따라 다른 얼굴그림을 통해 우리가 죽음을 어떻게 생각하고 받아 들이냐에 따라 달라질 수 있음을 설명 (4) 앞으로의 교육주제와 과정에 대해 간단히 이야기한다.	15분	건강 체조 음악 얼굴 모습 사진	
인생 극장	전개	(1) 나의 인생 돌아보기 찰흙으로 만든 사물에 자신의 인생을 투영·비유해보기. 이를 통하여 자신의 지나온 삶을 돌아보고 교육집단 내에 서로의 인생을 이야기해 봄으로써 친밀감을 증진함.	45분	찰흙, 찰흙에 필요한 도구 준비	
		간식과 휴식	20분	빈대떡, 음료	
		(2) 죽음의 의미 탐색하기 죽음이란 어떤 것일까? 죽음에 대해 어떤 생각을 가지고 있는지, 죽음의미탐색 활동을 통하여 자신이 생각하는 죽음의 의미를 탐색.	25분		
	마무리	(1) 전반적인 수업 내용 요약정리 (2) 다음 회기 프로그램 예고 (3) 첫 번째 건강 체조, 조 확인 (4) 사전검사, 프로그램 회기평가	15분	사전 검사지	프로그램 회기평가 스티커 설문지 배치

<table>
<tr><th>2회기</th><th>주제</th><th colspan="4">죽음이라는 단어를 심리적으로 이해하기</th></tr>
<tr><td rowspan="7">해피엔드
(Happy End)</td><td>목표</td><td colspan="4">(1) 사별과 상실의 심리적 상태를 받아들일 수 있다.
(2) 타인의 죽음을 (이야기를 통해)간접적으로 경험하고 죽음에 대한 이해를 가져 올 수 있다.
(3) 타인의 죽음이 자신의 삶에 끼쳤던 영향을 회상하고 현재의 삶속에 수용할 수 있다.</td></tr>
<tr><td>단계</td><td>수업 내용</td><td>시간</td><td>수업자료</td><td>비고</td></tr>
<tr><td>도입</td><td>(1) 참가자들과 인사를 나누며 건강체조로 시작
(2) 지난 회기의 수업내용 복습하기
(3) 복습한 경험 나누기
(4) 오늘의 주제와 과정에 대해 간략히 소개</td><td>15분</td><td>지난 회기 수업 자료</td><td>첫 번째 조, 두 분 어르신의 건강 체조 전날 확인</td></tr>
<tr><td rowspan="3">전개</td><td>(1) 사별에 대한 경험, 감정 나누기
– 자신의 죽음에 대한 경험을 나누는 것이 아닌 타인의 죽음으로부터 왔었던 경험을 나누어, 보다 죽음에 대한 이해를 천천히 도모한다.
– 흰 도화지 위해 상실했을 때의 감정을 색으로 표현 해 본다.</td><td>40분</td><td>흰도화지, 크레파스</td><td></td></tr>
<tr><td>간식과 휴식</td><td>20분</td><td colspan="2">녹두전, 음료</td></tr>
<tr><td>(2) 호스피스를 통해 죽음에 대한 경험을 피부로 느끼기
– 죽어가는 사람들은 어떻게 죽음을 맞이했는지, 진행자의 이야기를 통해 참가자 스스로가 죽음에 대한 이해를 가져올 수 있도록 유도한다.</td><td>30분</td><td></td><td>호스피스 강의</td></tr>
<tr><td>마무리</td><td>(1) 전반적인 수업 내용 요약정리
(2) 다음 회기 프로그램 예고
(3) 두 번째 건강 체조, 조 확인
(4) 프로그램 회기평가</td><td>15분</td><td></td><td>프로그램 회기평가 스티커 설문지 배치</td></tr>
</table>

3회기	주제	해피엔드 (Happy End)			
해피엔드 (Happy End)	목표	(1) 죽음에 대한 두려움에서 벗어난다. (2) 죽음을 표출하고 준비하는 자세를 통해 죽음을 긍정적으로 받아들인다.			
	단계	수업 내용	시간 (120분)	수업 자료	비고
	도입	(1) 참가자들과 인사를 나누며 건강체조로 시작한다. (2) 지난 회기의 수업을 되짚어 복습한다. (3) 오늘의 주제와 과정에 대해 간단히 소개한다.	15분	지난 회기 수업 자료	두 번째 조, 두 분 어르신의 건강체조 전날 확인
	전개	(1) 다 함께 촛불 의식하기 (2) 죽음의 문턱에서 이야기하기 - 죽기 전에 꼭 해야 할 일이 있다면 - 죽은 뒤에 다시 태어난다면 무엇이 되고 싶은지	45분	초, 종이컵	역할극
		간식과 휴식	20분	빈대떡, 음료	
		(3) 각자 가족이나 자신에게 편지쓰기 - 간략하게(요약해서) (4) 영상편지로 옮기기	30분	활동지 필기구 카메라	
	마무리	(1) 전반적인 수업 내용 요약정리 (2) 다음 회기 프로그램 예고 (3) 세 번째 건강 체조 조 확인 (4) 프로그램 회기평가	15분		프로그램 회기평가 스티커 설문지 배치

<table>
<tr><th>4회기</th><th>주제</th><th colspan="4">아름다운 나의 죽음 준비하기</th></tr>
<tr><td rowspan="7">내게
주는
선물</td><td>목표</td><td colspan="4">(1) 죽음과 장례에 대한 노인의 이해를 돕고 스스로 계획해본다.
(2) 아름다운 모습으로 영정사진을 찍어본다.
(3) 유서, 유언장의 의미를 이해하고 작성해본다.</td></tr>
<tr><td>단계</td><td>수업 내용</td><td>시간 (120분)</td><td>수업 자료</td><td>비고</td></tr>
<tr><td>도입</td><td>(1) 참가자들과 인사를 나누며 체조 한다.
(2) 지난 회기의 수업을 되짚어 복습한다.
(3) 오늘의 주제와 과정에 대해 간단히 소개한다.</td><td>10분</td><td>지난 회기
수업 자료</td><td>세 번째 조, 두 분 어르신의 건강 체조 전날 확인</td></tr>
<tr><td rowspan="3">전개</td><td>(1) 장례계획하기
• 자신의 장례를 계획해 봄으로써 내 의지와는 상관없이 삶을 마감하는 것이 아닌 체계적이고 아름답게 진행될 것임을 믿고 마음의 여유를 가질 수 있도록 한다.
- 사망 후의 절차와 장례계획하기
- 장례관련 질문&상담
(2) 영정 사진 찍기</td><td>50분</td><td>활동지
사진
촬영
장비</td><td>장례전문지도사 강의</td></tr>
<tr><td>간식과 휴식</td><td>20분</td><td colspan="2">팥죽, 음료</td></tr>
<tr><td>(3) 유서작성하기
• 죽음 앞에서 후회 없음을 고백하고 남게 되는 배우자나 자녀들에게 미처 전하지 못했던 고마움과 미안함 혹은 충고를 전한다. 재산상속에 관한 부분도 언급할 수 있다.
- 유서작성의 소개와 직접 작성
- 병고에 대비한 생명유언장 작성</td><td>30분</td><td>활동지
녹음기
배경음악</td><td></td></tr>
<tr><td>마무리</td><td>• 지난 회기 때의 영상편지 전달하기
(1) 전반적인 수업 내용 요약정리
(2) 다음 회기 프로그램 예고
(3) 세 번째 건강 체조, 조 확인
(4) 프로그램 회기평가</td><td>10분</td><td></td><td>프로그램
회기평가
스티커
설문지 배치</td></tr>
</table>

<table>
<tr><th>5회기</th><th>주제</th><th colspan="4">Well-aging</th></tr>
<tr><td rowspan="7">인생은 아름다워!</td><td>목표</td><td colspan="4">(1) 자신의 삶의 의미와 목적을 재확인한다.
(2) 가치있는 여생을 계획할 수 있다.
(3) 수료증과 영정사진을 전달하고 교육을 마무리한다.
(4) 자가진단표의 점검으로 건강한 생활을 할 수 있도록 한다.</td></tr>
<tr><td>단계</td><td>수업 내용</td><td>시간 (120분)</td><td>수업 자료</td><td>비고</td></tr>
<tr><td>도입</td><td>(1) 참가자들과 인사를 나누며 건강체조로 시작한다.
(2) 지난 회기 수업 되짚어 보기.
(3) 복습한 경험 나누기.
(4) 오늘의 주제와 과정에 대해 간단히 소개한다.</td><td>15분</td><td>지난 회기 수업 자료</td><td>마지막 조, 두 분 어르신의 건강체조 전날 확인</td></tr>
<tr><td rowspan="3">전개</td><td>(1) 비디오 시청 및 소감 나누기
- 어떻게 잘 늙어갈 것인가(Well-aging)?
- 제 2의 성장, 새로운 인생의 기회
(2) 가치있는 여생 계획하기
- 자신의 충족되지 못한 목적과 계획을 확인한다.
- 활동지를 통해 만족스러운 여생을 다짐한다.</td><td>50분</td><td>비디오, 활동지, 필기구</td><td>〈특파원 리포트 - 새로운 노인시대 제 2편 뉴 라이프, 아름다운 인생〉</td></tr>
<tr><td>간식과 휴식</td><td>20분</td><td colspan="2">잔치국수</td></tr>
<tr><td>(3) 수료증 및 영정사진 전달
- 자가진단표도 전달하여 교육 후 평소에 자신의 생활습관을 점검하도록 한다.
(4) 프로그램 참가소감 나누기
- 프로그램 전체에 대한 느낀점, 소감, 평가 등을 함께 나눈다.</td><td>25분</td><td>수료증, 영정사진, 자가 진단표</td><td>교육자도 함께 소감 나누기</td></tr>
<tr><td>마무리</td><td>(1) 추후 모임 예고
(2) 차후 노인 클럽 활동 권유
(3) 사후검사, 프로그램회기평가</td><td>10분</td><td>추후 모임/ 노인 클럽 안내장, 사후검사지</td><td>프로그램 회기평가 스티커 설문지 배치</td></tr>
</table>

2. 학교에서의 죽음준비교육

1) The Circle of Life Death Education Program[5]

(1) 프로그램의 목적 및 배경

■ 목적

이 프로그램은 미국의 10대들을 위한 The Circle of Life Death Education 프로그램으로 교실 세팅에서 상실과 애통함에 대한 10대들 사이의 대화를 증진시킬 수 있도록 교육자들을 지원하고자 만들어졌다. Hospice of the Valley와 애리조나 Memorial Mortuaries에 의해 개발된 협력프로그램으로 청소년들 가운데 죽음 대화와 지각을 만들어내는 것을 돕고 10대들(자살, 위기, 사별)에게 지역사회자원들을 제공한다.

■ 배경

1) 10대들은 민감하게 의사소통을 할 필요가 있는 특수한 집단으로 죽음 개념이 미성숙하고 그 주제를 향한 감정도 확실치 않다. 따라서 발달단계상 그들의 위치를 고려하여 만들어졌다.
2) 10대들이 자연사 혹은 조기사망과 관련된 이슈를 탐색하도록 돕는다. 10대들로 하여금 죽음을 전체 인생의 자연스런 한 부분으로 받아들일 수 있도록 돕기 위하여 임종 전 케어와 호스피스 철학을 그들에게 소개한다.
3) 10대들이 생활방식의 선택(예: 앞뒤 안 가리고 무모하게 운전하는 것, 마약 및 알코올 사용, 그리고 폭력조직에 가담하는 것)과 죽음 사이를 연관지어볼 수 있도록 돕는다.
4) 10대들이 그들 또래들과 죽음에 대한 그들의 감정을 나누고 탐색할 수 있는 편안하고 지지적인 세팅을 만들어낸다.

5 Hospice of the Valley and AZ Memorial Mortuaries 제공, 에디 로페즈(Eddie Lopez)
스테시아 오르테거, LCSW, CT
Corr, C., and Balk, D. (1996). Handbook of Adolescent Death and Bereavement. New York: Springer Publishing Company.
Corr, C., Nabe, C. and Corr, D. (2003). Death and Dying. Life and Living. Belmont: Wadsworth/Thomson Learning.

(2) 프로그램의 내용 및 실제

■ 프로그램명 :10대들을 위한 죽음교육 프로그램(Grief Speak)	
■ 목표 ■	
1) 많은 사람들이 임종에 다달았을 때 왜 호스피스 케어를 선택하는지 그 이유를 세 가지 작성할 수 있다. 2) 자기 자신의 애통함을 어떻게 다룰 수 있을지 배울 수 있다. 3) 앞뒤 안 가리는 무모한 행위와 죽음의 가능성 사이의 연관을 기술할 수 있다. 4) 호스피스 케어에 관심이 있는 10대들을 위한 자원봉사 기회를 가질 수 있다. 5) 장례 혹은 추모식을 하는 이유를 작성할 수 있다. 6) 10대들에게 지역사회 자원들을 제공할 수 있다(자살, 위기, 사별 관련).	
■ 커리큘럼 ■	
집단토의 1	자연스럽게 발생하는 죽음(예: 질병, 노화 등)과 호스피스 관점에서 본 생애 말 이슈들에 대한 집단토의
집단토의 2	무모한 행위들과 생애의 정상적 패턴에서 벗어난다고 간주되는 청소년 죽음 사이의 관계에 대한 집단토의
죽음서비스 탐색	• 장례/추모식 • 매장 대 화장 • 죽음 시스템과 관련된 비용들 • 애통함과 사별에 관련된 문화적 차이들
자원봉사기회에 대한 토의	Hospice of the Valley에서의 자원봉사기회에 대한 토의 • 10대들과 어르신 환자들 사이에 우정과 관계가 형성될 수 있도록 연결하는 세대 간 자원봉사 프로그램 • 10대들이 지지적인 세팅 속에서 삶에 대한 상이한 관점을 가질 수 있도록 도움 • 의료직에 관심이 있거나 사회봉사시간을 채워야 하는 학생들을 위한 좋은 기회
지역사회 자원을 나눔	• 자살예방 • 위기전화 • 사별관련 지지집단
■ 시설 및 소요시간 : 각 교실에서 50분간 진행, 유인물 제공	
■ 결과 ■ 학교는 죽음을 보다 잘 이해할 수는 환경을 제공할 수 있고, 죽음의 위기 시 대처하는 역량을 강화할 수 있다. 이 프로그램은 10대들이 죽음의 미스터리를 탐색하면서 대화를 지속하고 학생들을 지지하는 기반을 학교에게 제공한다.	

2) 초등학교에서의 죽음준비교육[6]

다음은 우리나라 초등학교에서의 죽음준비교육의 한 사례를 소개한다.

초등학교(사립, 공립)에서 각각 5학년생 한 학급에게, 50분간의 죽음준비교육을 실시하였다.

(1) 죽음준비교육의 교수(학습)사례

주제	생과 사를 생각해 봅시다
일시	2002년 7월 2일 (13:00~14:05)
인원	31명(남 15명, 여 16명, 연령 12세)
교수(학습)전개	동기유발(이제부터 할아버지가 여러분에게 흥미 있고 심각한 이야기를 하겠으니, 잘 듣고 여러분의 경험이나 생각을 적어 봅시다.) • 식물의 죽음 : 식물이 죽어가는 것을 본 경험이 있는지요? • 죽음이란 어떤 것일까요? • 다시 살아날 수 있을까요? • 동물의 죽음 : 동물이 죽는 것을 본적이 있는지요? 그때 생각이나 느낌을 적어 봅시다. • 인간의 죽음 : 조부모나 친척 중에서 돌아가신 분이 계신지요. 그때의 경험이 있는지요? • 그때의 감정은 어땠는지요. 지금의 감정이나 생각은 어떠한지요. • 이세상의 식물, 동물, 인간들은 반드시 죽을 것인가요? 왜 죽을까요? 영원히 살수는 없을까요?
과제	이들 3가지(식물, 동물, 사람)중에서 한 가지만 골라서 죽었을 때의 감상이나 경험을 적어 보세요.
실화	이제부터 할아버지가 7번이나 죽을 뻔한 경험을 이야기 할 테니, 잘 듣고, 소감이나 죽음에 대한 생각을 적어보세요. • 9세 때의 시소놀이에서 추락하여 의식을 잃었다.(의식불명) • 13세 때에 감나무에서 떨어져 가지에 걸쳐서 죽지 안했다.(구사일생) • 22세 때에 총살형을 당할 뻔했다.(죽기직전의 환희와 공포) • 40세 때에 한라산 등반에서의 자연 조난사고(자연의 위엄과 공포) • 45세 때에 2층에서 추락사고(심한 요통으로 호흡곤란) • 46세 때에 공동묘지에서 해골과의 만남(무한한 공포와 불안) • 63세 때에 각막수술로 12일간의 암흑세계와 입원체험 (죽음은 만물의 정지임을 자각)
찬반조사	소감을 다 적은 학생은 초등학교에서 죽음에 대해서 교육을 해야 할 것인지, 해서는 안 되는 것 인지, 대답을 쓰고 그 이유도 밝혀 주세요.

6 http://cafe.daum.net/hospiceacademy3호스피스 아카데미,『밝은 죽음을 준비하는 포럼』의 '죽음준비교육'을 특집시리즈

(2) 초등학교 죽음준비교육과정 시안

초등 6년간 교육에 있어서 현재로서는 재량시간을 활용할 수 있는 가능성이 있으므로(학교와 학부모의 찬성이 있다면), 학년별로 다음과 같은 내용으로 정규수업 시간에 죽음대비교육이 가능할 것이다.

〈표 20-2〉 초등학교 죽음준비교육과정 시안

학년	죽음준비교육과정 시안
1학년 식물의 성장과 죽음, 그리고 씨앗	주변의 식물에 대해서 싹트고, 성장하고, 시들어 죽어가는 문제를 중심으로 모든 식물들도 죽는다는 사실을 알게하여, 장차 인간도 죽는다는 것을 암암리에 알게 한다.
2학년 동물의 출생과 죽음, 그리고 새끼	주변의 동물, 특히 애완동물을 중심으로 그것들이 어떻게 태어나고 커서 새끼를 낳고 죽어가는 지에 대해서 생각해보고, 그것들이 죽었을 때의 심정이나 느낌을 이야기하게 하고, 장차 인간도 죽어간다는 것을 알게 한다.
3학년 인간의 죽음과 유족	특히 2인칭의 죽음이나 3인칭의 죽음 가운데, 친구들이나 이웃들이 자연사 또는 사고사 등으로 죽어갔을 때, 두려움이나 불안, 슬픔, 고통 등을 간접적으로 이야기해보고, 심리적 불안 등에 대해 부모나 교사와 대화하도록 한다. 죽음 본인보다도 살아남은 유족들의 걱정 근심을 직간접적을 느끼게 한다.
4학년 자살과 자연사와 유족	생명을 가진 것은 모두 자연스럽게 죽어가도 그 유족들은 슬픔에 잠기고 불안한데, 특히 자살을 한다면 본인은 물론이고 그 유족들은 어떠할 것인가에 대해서 논의해 보고, 어떤 어려움에 처하더라도 자살만은 해서는 안 되고, 자연스럽게 죽어감으로써, 존엄사는 소중하다는 것을 알아차리게 한다.
5학년 뇌사와 유체기증	원했던 원하지 않았던 죽음은 찾아오기 마련이고, 불가분의 사고사, 자연사를 못하고, 뇌사나 식물인간이 되었을 때의 그 유족들은 어떻게 대처해야 할 것인가와, 건강했을 때의 생명존중과 희생정신으로 사랑의 장기기증에 대해서 논의해 보고, 각자의 각오도 들어보도록 한다. 이때에 친권자는 어떻게 할 것인가
6학년 시체처리와 죽음문화	죽을 수밖에 없다면 어디에서(집, 병원 등)죽을 것이며 죽은 사람들의 시체처리는 어떻게 할 것인가? 매장, 풍장, 화장, 기증 등 죽기 전에 자신의 시체처리와 유산(유물)처리는 어떻게 할 것이며, 죽음 문화의 개선을 위한 공헌이 가능 할 것인가 등에 대해서 각자의 생각이나 각오에 대해서 토의해본다.

3) 고등학교 수학수업에 활용한 죽음교육[7]

우리나라에서는 초 · 중 · 고 정규 교과과정에는 죽음교육이 없다. 죽음은 우리 사회에서 금기시 하는 주제이기 때문에 특히나 외국의 경우처럼 교과교육에 도입하려는 움직임이 저조하며, 적절한 프로그램도 부족한 실정이다. 이러한 가운데 다음에 소개되는 죽음준비교육은 우리나라 한 고등학교 교사가 실제 교실 수업 사례를 근거로 하여 수학 수업에서의 죽음준비교육을 고안해 본 것이다.

이 안은 수학수업시간에 일반적으로 다루어지는 문제로 죽음교육의 소재를 삼고 있는 것이 특징이며, 수학 수업에서의 죽음교육은 수학적 사고를 활용하여 수학 문제를 해결하면서 죽음교육의 인지적 내용을 논리적으로 받아들이고 이를 통해 자신의 삶과 죽음을 돌아보게 하고자 하는 것이다.

(1) 프로그램의 목적 및 목표

수학적 사고를 활용하여 문제를 해결하면서 죽음교육의 내용을 받아들이고 이를 통해 삶과 죽음을 돌아보게 한다.

(2) 프로그램의 내용 및 실제

〈표 20-3〉 수학 수업에 활용하는 죽음교육 소재

순서	과목	대단원	수학적 개념	소재	죽음교육의 내용	죽음교육의 목표	죽음교육의 목적
1	수학 I	확률	통계적 확률	생명표	자신의 죽음과 친지의 죽음	'나'의 죽음에 대한 자각, 사별의 슬픔, 수용 및 승화	죽음의 인간화
2	이산 수학	그래프	인접행렬과 그래프	먹이사슬	생태계에서의 생물의 생활사	생물의 생활사 (Life cycle). 인간의 생활사, 더불어 사는 삶	
3	수학 II	이차곡선	타원의 성질	의료기기	의료기기의 발달에 의한 생명의 연장	생명의 연장과 인간의 존엄성, 죽음의 정의, 안락사	

7 차주연(2006), 고등학교 수학 수업에서의 죽음교육, 교육과정평가연구, 9권, 2호, pp.261-280인용

가. 생명표의 활용

수학 Ⅰ의 '확률' 단원에서는 생명표를 이용하여 통계적 확률을 공부하게 된다. 교과서에 실린 문제는 다음과 같다(이상섭 외 6인, 2003).

【문 제】

나이 \ 성별	남자	여자
0	100,000	100,000
20	98,545	98,868
40	95,704	97,628
60	81,890	92,562
80	33,190	57,620

생명표를 보고 다음을 구하여라.

1. 20세의 남자가 앞으로 60년간 생존할 확률
2. 40세의 여자가 앞으로 40년간 생존할 확률

학생들은 이 문제를 풀면서 죽음과 관련된 문제 즉, 죽음에 대한 생각, 죽음을 맞이하는 태도, 가족 및 친구의 죽음에 대한 경험, 나의 가치와 삶의 가치 등에 대해 토론할 수 있다. 죽음을 금기시하는 사회의 관념 때문에 처음에는 학생들이 죽음에 대해 이야기 하는 것을 꺼리지만, 이러한 어려움에서 벗어나게 하고자 하는 것이 죽음교육의 목표이므로 진솔하고 솔직한 태도로 죽음을 직시하게끔 이끌어 가야 한다.

나. 먹이사슬의 활용

이산수학의 '그래프' 단원에서 생각해 볼 수 있는 문제이다(Swetz & Hartzler, 1991).

【문 제】

습하고 비가 많이 오는 철이 되면 곤충의 수가 급작스럽게 증가한다. 곤충은 인간과 동물을 괴롭히기 때문에 지방자치단체에서는 곤충을 박멸하기 위해 살충제를 살포하려고 한다. 그러나 환경보호단체의 일원이라면 이러한 행동이 환경에 해로운 것은 아닌지 결정할 필요가 있다. 다음의 방향그래프는 곰, 들쥐, 곤충, 가재, 개구리, 숭어, 여우 사이의 먹이사슬을 나타낸 것이다. 들쥐는 곰과 여우의 먹이가 되고, 곤충을 먹이로 한다는 것을 나타낸다.

인접행렬 (a_{ij})를 $a_{ij}=\begin{cases}1 & (i\text{가 } j\text{를 먹는 경우})\\ 0 & (\text{그렇지 않은 경우})\end{cases}$ 와 같이 정의하기로 한다.

1. (그림 22-1)의 먹이사슬에 대한 인접행렬을 F라고 할 때, 다음 행렬을 구하여라.

(1) F

(2) F^2

(3) $F+F^2$

2. 이 먹이사슬에 살충제가 뿌려진다면 곤충이 박멸되어 곤충을 제외해야 할 것이다. 곤충이 없는 상태의 새로운 먹이사슬에 대한 인접행렬을 이라고 할 때, 다음 행렬을 구하여라.

(1) F'

(2) F'^2

(3) $F'+F'^2$

행렬 F, F^2, $F+F^2$을 구하면 각각 다음과 같다.

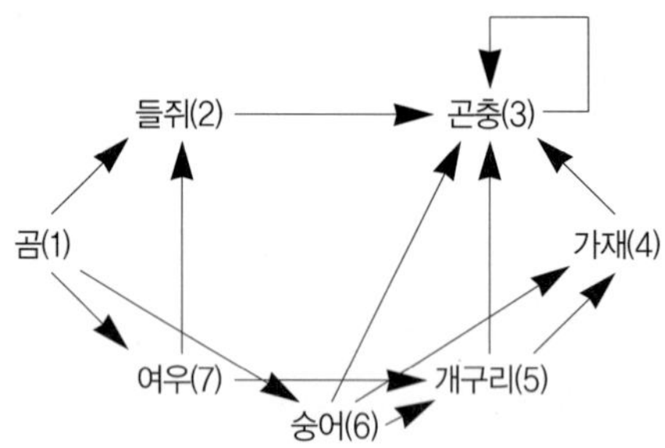

〈그림 20-1〉

위의 문제를 풀어봄으로 인해 행정편의상 살포되는 살충제의 영향을 예측할 수 있다. 이것이 살충제가 아닌 핵무기라면 더욱 큰 결과를 예측할 수 있을 것이다. 자신의 이익, 자국의 이익만을 생각하여 핵무기를 사용한다면, 타인의 생명뿐만 아니라 나의 생명도 잃을 수 있다. 타인의 생명을 소중히 해야 자신의 생명도 존중받을 수 있고, 이를 통해 더불어 사는 사회를 위해 노력하려는 생각을 갖게 할 수 있다.

다. 의료기기의 활용

이차곡선의 수업시간에는 타원의 성질을 이용한 의료기기에 대해 생각해 볼 수 있다.

【문 제】

신장 결석을 제거하는 데 사용되는 파쇄기는 타원의 성질을 이용한 것이다. 그림과 같이 타원의 한 초점의 전극에서 충격파를 보내면 타원체의 표면에 반사되어 환자의 신장 결석이 위치한 곳(타원의 다른 초점)에 도달하게 되어 결석을 파괴한다. 타원의 장축의 길이가 40㎝, 단축의 길이가 20㎝라면 결석을 부수기 위해 전극봉은 신장 결석으로부터 얼마나 떨어진 곳에 두어야 하는가?

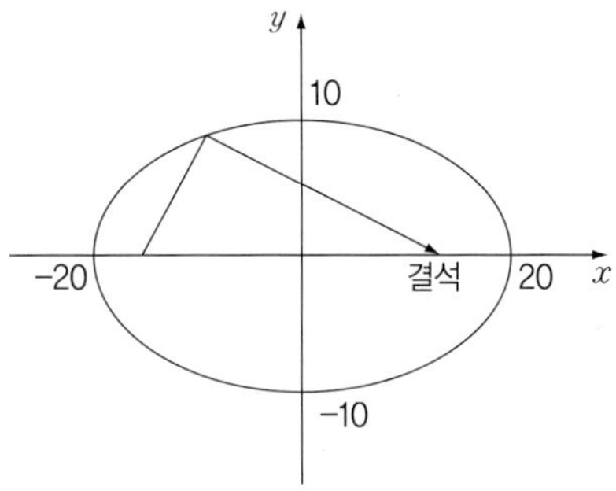

〈그림 20-2〉

수학적 개념을 활용한 의료기기의 효용성과 더불어 의료기기의 사용이 인간의 생명을 연장시키기는 하지만 이로 인해 죽음의 판단을 어렵게 한다. 즉 안락사와 같은 문제를 낳게 되며 이에 대한 토론을 해 볼 수 있다. 또한 죽음을 판단하는 방법의 변화와 죽음에 대한 여러 판단 방법에 대해서도 의견을 나눌 수 있다. 이 수업을 통해 생명의 연장만으로는 인간의 존엄성이 지켜지지 않음을 인식시키고, 인간의 존엄성을 지키기 위한 노력에 대해 논의 할 수 있다.

3. 기타 죽음준비교육

1) 임종체험(거듭나기 위한 새로운 삶)[8]

국내에서도 점차 잘 사는 것(well-Living) 못지않게 잘 죽는 것(well-dying)이 이슈화 되어가고 있으며, 이러한 추세에 맞춰 한 라이프 컨설팅회사에서 체험 교육 프로그램으로 임종체험을 실시하고 있다.

8 www.life2die.com, 임종체험

누구나 생에 한번은 꼭 경험하게 될 임종을 미리 경험해 봄으로서 지나온 과거를 반성하고 회상하며, 자신을 성찰하게 하여 새로운 삶을 살 수 있도록 하는 체험 교육과정이다.

임종체험이란 유언장 작성과 영정사진을 찍은 후 수의를 입고 입관한 후 약 10분 정도 관 속에서 명상의 시간을 가지며 지난 생을 돌아보고 앞으로 다가올 삶을 새로운 정신으로 살아갈 수 있도록 하는 것으로 그 목적은 죽음의 체험을 통해 자신에게 주어진 나머지 삶을 새로운 삶으로 살도록 하는데 있다.

체험절차는 다음과 같다.

① 유언장 작성(40분-1시간), ② 영정사진 및 유언장 준비, ③ 영정사진과 유언장을 지참하고 체험관으로 이동,

④ 각각 본인의 관 옆에 영정사진과 유언장을 놓는다,

⑤ 수의를 입고 관 옆에 앉는다.

⑥ 유언장 낭독,

⑦ 입관 후 관 덮개를 덮는다(못을 박고 흙을 뿌린다),

⑧ 명상시간, ⑨ 새로운 탄생 축하(계란과 꽃)행사, ⑩ 수료식(임종체험 수료증 수여)

2) 이미지를 활용한 임사체험[9]

이미지를 활용한 임사체험이란 명상의 한 종류를 이용하여 본인의 죽음을 이미지를 통해 상상함으로서 자신의 죽음을 경험해보는 체험이다.

명상이라 함은 고대의 종교로부터 시작하여 각기 다른 형태로 실시되어 왔다. 명상을 수행하는 역할은 각기 다르나 목적은 심신의 안정을 얻기 위한 것으로 마음을 컨트롤하고 심리적,

9 임사체험(臨死體驗, NDE : NEAR DEATH EXPERIENCE)이란 말은 미국 정신과 의사인 레이먼드 무디가 만든 이 용어로 죽음의 문턱까지 갔다가 살아남은 사람들이 죽음 너머의 세계를 엿본 신비스러운 체험을 의미한다. 이미지를 활용한 임사체험은 명상을 통해 죽음의 이미지를 그려냄으로서 임사를 경험해 보는 것을 의미한다. 여기에 소개된 임사체험은 2008년 11월 한림대학교 사회복지대학원생들이 직접체험한 것이다.

신체적 자아로부터 떠나 자기 자신을 해방하는 것이 주목적이다.

명상의 종류에는 여러 가지가 있다. 종교적인 방법 이외에 우리에게 쉽게 소개되고 있는 참선, 신선도, 도교, 단전호흡법, 국선도, 인도의 요가, 유럽과 미국의 초월명상법, 마인드컨트롤, 바이오피드백, 아봐타 등 수없이 많다. 여기에서는 또다시 명상의 내적과정에 초점을 두고 집중명상과 통찰명상으로 나눈다. 이미지를 활용한 임사체험은 집중명상 중에서 심상에 집중하는 방법에 속한다. 이는 마음속에서 스스로 만들어 내는 심상에 집중하는 방법으로 인도자의 안내에 따라 마음속으로 이미지를 떠올려 몰입하는 형태로 진행된다.

이러한 이미지를 활용한 임사체험은 훈련되지 않은 사람들도 간단한 이미지 훈련법을 통해 쉽게 접할 수 있는 장점이 있다. 그러나 현장에서 활용하다보면 쉽게 이미지를 떠올리지 못해 몰입하지 못하는 사람도 있을 수 있다. 사람의 유형은 머리, 가슴, 배의 유형으로 나누는데, 머리형은 지적인 면이 발달하였고, 가슴 유형은 감성이 발달한다. 쉽게 몰입하지 못하는 사람들의 대부분의 유형은 머리형이다. 그러나 반복되는 훈련을 통해 단단하게 갇혀 있던 내면의 껍질이 조금씩 벗겨져 나가고 끝내 막혔던 둑이 터지듯 감성이 살아나게 된다(유상훈, 2008).

과정은 간단한 이미지 훈련과 긴장이완을 한 후 안내자의 지시에 따라 마음으로 이미지를 떠올린다.

- 교통사고→ 응급실 → 영안실 → 영구차→ 무덤 (1차 과정)
- 무덤 속에서 자신의 신체가 부패되는 과정(2차 과정)
- 영혼이 자신의 집으로 가서 가족들을 본 소감(3차 과정)

(1) 1차 과정

본인의 교통사고를 당하는 장면을 떠올린다.

➡ 피투성이에 엉망이 된 나의 육체가 응급실에 실려 가고 의사가 사망진단을 내린다. 이때 소식을 듣고 가장 먼저 달려올 사람은 누구일까?

➡ 영안실에서 사랑하는 사람들 한 사람 한 사람에게 못다한 이야기를 하고 감사와 사죄의 인사를 한다.

➡ 나의 시신이 영구차에 오른다. 이때 끝까지 가지 못하게 붙잡는 이는 누구인가?

➡ 나의 장례식이 치러지고 장례식에 끝까지 남아있는 사람은 누구인가?

(2) 2차 과정

무덤 속에서 자신의 육체가 썩어져가는 과정을 조용히 관망한다. 자신의 살이 썩어 없어지고 뼈마저 삭아 없어져 가는 그 느낌은 어떠한가?

(3) 3차 과정

내가 없이 살아가는 가족들의 모습을 보기위해 자신의 집으로 나의 영혼이 향한다. 가족들은 어떠한 모습으로 생활하고 있는가?

(4) 해석 및 평가

장면에 대한 설명은 다음과 같으며, 설명을 통해 현재 나의 내면세계가 어떠한지를 알 수 있다. 응급실에서 가장 먼저 달려온 사람은 본인이 현재 가장 사랑하는 사람이다. 영구차에서 끝까지 내가 가지 못하게 통곡하며 붙잡는 사람은 나에게 집착하고 있는 사람이며, 무덤에서 끝까지 남아있는 사람은 내가 집착하는 대상이다.

이로서 내가 인식하지 못하고 살아왔던 인간관계에 대해 다시금 생각해 볼 수 있는 기회가 된다. 즉 내가 집착하고 있는 대상으로부터는 자유롭게 되기 위한 관계개선을 생각해 보면 방법을 모색할 수 있게 된다. 또한 타인이 나에 대한 집착은 관계에 거리를 둠으로서 관계를 개선 할 수 있을 것이다.

1차 2차 3차의 과정을 거치면서 느껴지는 느낌은 각각 다를 것이며, 자신의 죽음이라는 전제 하에 경험하게 되는 체험을 통해 인생에 대한 새로운 시각과 각오를 새롭게 할 수 있다. 이러한 의미에서 이제까지의 죽음준비교육이 대개는 자신의 죽음이전에 준비해야할 것들에 초점을 두었다면, 이미지를 통한 임사체험이나 임종체험은 죽음이후에 것들을 생각해 봄으로서 미처 깨닫지 못하는 부분을 보완할 수 있으며, 그 느낌의 강도가 다르다고 할 수 있다.

(5) 소감

이미지를 활용한 임사체험은 2008년 11월에 한림대학교 사회복지대학원 대학원생들을 대상으로 실시하였으며, 여기에서 소감의 일부를 소개한다.

〈표 20-4〉 임사체험 소감문

■ 소감 1

평소 죽음에 대한 생각은 많이 해왔었는데도, 체험시간이 지나면서 힘들었었습니다. 표현이나 상상이 잘 되지 않아 어려웠었고, 감정 몰입이 쉽지 않았습니다. 그러나 인도자의 인도에 따라 하다 보니 무덤에서 끝까지 남은 사람이 다른 사람들과는 다르게 언니였는데, 아마도 언니가 나의 정신적 지주가 아니였었나 생각해봅니다. 이 시간을 통해 나의 삶을 돌아보게 되었습니다.

■ 소감 2

저는 감정몰입이 잘되는 편이라 마치 정말 내가 죽은 것 같았습니다. 남편이 제일 먼저 달려왔고 그 뒤에 어머니가 달려와 통곡을 하는 장면이 떠오르니 내가 더 살았어야 하는데 하는 아쉬움과 미안함이 들었습니다. 1차 과정을 통해 가족과의 관계, 타인과의 관계를 생각해 보게 되었으며, 내가 나 자신만을 위해 살았었구나.... 만약 내가 다시 산다면 베풀면서 다른 생(生)을 살아야겠다고 생각하게 되었습니다.

■ 소감 3

저는 직업상 주변에서 죽음을 수없이 봐왔기 때문에 죽음을 아무렇지 않게 바라보았습니다.
또한 나는 울 일이 없을 것이며, 종교를 가지고 있기 때문에 죽음 이후의 삶도 인정하고 있습니다.
그런데 젊은 나의 육체가 죽어 썩어져 가는 것이 너무도 안타깝고 무덤에서 벌레가 나의 시신을 기어다닌다고 상상하니 정말 온 몸에 벌레가 기어다니는 것만 같았습니다.
아무렇지도 않게 받아들일 것만 같았던 죽음이 생각과는 다르게 감정과 느낌으로 다가오는 시간이었습니다. 이를 통해 내가 맺고 있는 관계들을 다시 돌아보게 되었습니다.

■ 소감 4

이미지 훈련법을 통해 임사체험 명상의 시간을 가질 수 있었습니다. 아직 젊었다고 생각하고 죽음에 관해 생각해 본적이 없는 나로서는 처음부터 깊은 명상에 참여하기가 어려웠습니다. 하지만 어느 순간 나도 모르게 눈물이 흐르고 내가 죽었을 때 나의 모습 가족들의 모습 등이 느껴지기 시작했습니다. 슬프게 흐느끼는 엄마가 느껴지고 외로이 앉아 있는 남편의 모습 등등..... 슬픔을 억제하기 어려웠습니다. 하지만 어느 순간 편안한 마음과 함께 나의 죽음을 뒤돌아 볼 수 있었습니다. 다른 참가자들의 느낌을 함께 공유하는 시간이 있었습니다. 사이가 별로 좋지 않았던 남편이었는데 자신의 죽음에 가장 많이 눈물을 흘리는 모습이 떠올라 남편에 대한 존재감에 대해 다시 생각해 보았습니다.

■ 소감 5

아이들이 가장 중요하다고 생각하며 살았는데 아이들보다 배우자가 더 큰 모습으로 나타났다고 고백하였습니다. 나는 내가 죽은 뒤 남아 있는 가족들이 쓸쓸하고 외로게 보였습니다. 이것은 내가 가족의 중심으로 살아왔기 때문에 그렇다고 생각해 보았습니다. 이제는 내가 가정의 중심이 아닌 가족모두가 중심이 되게 사는 삶을 살아가고 싶습니다. 이번 경험은 죽음에 관해 다시 생각해 보고 풍요롭고 행복한 삶에 대해 생각해 보는 시간이었다.

이미지를 활용한 임사체험

제 7 부
실천현장에서의 프로그램, 기법 및 상담사례

제21장 활용기법

- 영성기법에 대한 활용
- 노인죽음준비교육의 집단활동

내가 죽음에 대해 생각하면서 완전한 평화 안에 머물 수 있는 것은 우리 영혼이 파괴될 수 없는 본성을 지닌 존재라고 굳건히 믿고 있기 때문이다. 우리의 영혼은 영원에서 영원으로 움직인다. 마치 태양처럼, 그것은 우리 인간의 눈에는 꺼져가는 듯하지만, 실은 꺼지지 않고 영원히 빛난다.

– 괴테, 1830

헬렌 니어링(2002), 인생의 황혼에서, 민음사

제21장 활용기법

1. 영성기법에 대한 활용[10]

1) 영성기법에 대한 이해

사람은 나이가 들고 병이 들면서 철저히 자신에게 의존할 수 있는 능력을 빼앗기면서 '자아'를 되찾거나 그 질을 강화하기 위한 내재적인 욕구가 생긴다. 하지만 인간의 영성은 매우 중요함에도 보호자나 치료자로부터 무시되어져 왔다.

많은 전문가들은 영적인 깨달음을 찾는 것이 특정 종교의 신앙, 특히 집단 지도자의 신앙을 부추길 것이라고 두려워한다. 그 어떤 상담도 가치가 내재되지 않은 것이 없기 때문에 여기에는 개종의 잠재력이 분명 존재하기도 한다. 도날드 그림(Donald Grimm, 1944)은 자신의 영적인 믿음을 이해하고 문화적인 차이를 존중하며 타인에게 민감한 치료자는 클라이언트의 영적인 문제를 다룰 줄 안다고 하였다. 이때 영성에 관한 문제들은 긍정적인 치료결과를 극대화하는 방법으로 사용된다. 프레스트와 켈러(Prest & Keller, 1993)는 치료자들이 클라이언트의 영적인 체계에 대한 상담을 하게 했는데, 그 상담은 용기와 지지를 주는 것이었다. 전문가들이 영성과 관련된 것을 다루려 하지 않는 이유는 치료자가 영성과 종교를 구분 짓지 못하는 것과, 영적인 활동이 클라이언트의 인생에 긍정적인 영향을 준다기보다 문제라고 생각하는데서 비롯된다.

2) 영성과 대처

노인들은 대처기제로 자신의 영성을 맑게 하려는 강한 욕구를 지니고 있다. 영적으로 결속하거나 혹은 새롭게 하는 것은 실행 할 수 있는 변화로 남을 수 있어야 하며, 이는 남은여생을 좀 더 만족스럽게 보내게 한다. 이런 추구는 과거와 재결합하거나 현재의 문제에 대한 응답을 찾는 새로운 방향에 포함될 수 있다.

치료자들과 집단지도자들은 노인들의 영적인 문제, 즉 기본적인 '존재'와 관련 있는 문제들 즉 '죽음'이 그 어떤 요소보다도 더 노인집단을 예고 없이 침범하게 된다는 사실을 직면해야

10 서혜경 & 김미혜(2002), 노인복지실천론, 동인출판사 p.230-243 재인용

한다. 노인집단지도자로서 애도나 죽음의 문제를 다룰 수 없다면 프로그램의 효과를 기대해서는 안 된다. 노인의 죽음에 대해 간단히 알려주고 프로그램을 바로 시작하거나 아무 일도 없었다는 듯이 무시하는 접근은 성원들의 분노와 불신을 불러일으킨다.

집단 성원의 죽음을 맞이할 때마다 애도의 의미를 담은 짧은 세션으로 프로그램을 변경한다. 이에 대한 충분한 정보와 애도집단을 대하는 교육은 호스피스를 통해 가능하다. 또는 노인집단지도자들은 이 주제에 대해 트레이닝을 받거나 애도집단을 위한 기술을 배우는 과정에 참여한다. 허지스(Hughes, 1995)는 지도자가 정신역동의 기술로 그와 똑같이 중요한 주관적인 기술, 동정, 유연성, 경청, 기꺼이 배우려는 마음, 창의성, 틀리기 쉬운 기술을 적절히 조절하는 방법들을 배우라고 충고한다.

3) 영성과 치료

유능하고 지각 있는 지도자는 각 성원의 영성을 비판적이고 수용적인 양식으로 다루어 치료에 도움이 되도록 한다. 영성에는 충분한 은유가 있으며 그 은유는 이완이나 자기반성에 유용하다. 우화나 개인의 영적 경험에 관한 이야기나 성경, 구약성서나 혹은 다른 종교의 교리를 읽는 것은 신념에 대한 언어적인 표현을 뒷받침한다. 또한 비언어적인 수단으로 카톨릭에서 십자가를 그리는 행동, 기도책, 묵주, 미사보 등도 형식적으로 영적인 믿음체계를 구분 짓는 수단이다. 영적인 상징은 개개인에게 영성을 표현하고 깨닫게 한다.

집단 지도자가 영성의 다양한 표현을 허용할 때 가장 필수적인 것은 타인의 신념을 존중하라는 것이다. 이를 유념한다면, 어떤 언어적 혹은 비언어적 표현도 모두 건강하고 유익한 것이다. 물론 어떤 집단활동은 특정 신념이나 종교를 지닌 이들에게 부적합할 수 있다.

집단 지도자의 또 다른 중요한 과업은 집단 성원들이 자신의 신념체계 안에서 새로운 대처의 가능성을 인지하느냐 하는 것이다(Prest & Keller, 1993). 클라이언트의 인생이 스스로의 신념체계로부터 어떤 영향을 받았는지 이해함으로써 지도자는 그 신념체계가 현재의 문제에 대한 대안을 지지 혹은 외면하는지 파악할 수 있다(Joyce & Taylor, 1990).

만일 지도자가 느끼기에 집단 성원의 영적인 신념이 부정적이고 폐쇄적인 기능을 할 경우에는 집단 외부에서의 또 다른 접근이 요구된다. 물론 노인의 영성에 대한 정당성을 시험하는 것은 집단 내에서나 개별면접에서도 모두 피해야 한다.

한편 노인집단실천에서 종교적인 지도자와 팀을 이루는 것이 효과적이다. 사회복지사와 종교적인 지도자가 각각의 적합한 세션에서 원조를 제공함으로서 클라이언트에게 전문성을 만족시킬 수 있고, 지도자의 역할에 대한 혼란을 덜어줄 수 있다.

4) 의식, 예식

의식을 노인 집단활동에 적용시키는 것은 삶의 마지막 단계에 적응하고 반영해 보는데 있어 중요한 요소이다. 코올(Cole, 1990)는 익숙한 사회적 종교적인 의식은 경험을 영광스럽게 하거나 승인, 확인 시켜준다고 하였다. 일상적인 개인의 의식, 가령 자신이 선호하는 옷 입는 순서 등도 개인이 만족하는 방식으로 조직된다. 만약 그런 간단한 의식이나 체계가 불안을 줄이고 일의 완성도를 증가시킨다면, 복잡하거나 상징적인 의식은 존재의 불안을 줄여줄 수 있을 것이다.

5) 영성기법에 대한 활용

■ 영성기법 1 : 안녕이라고 말하기는 어렵다

목적	가까운 이웃이나 친지들의 죽음을 극복하는 방법을 알아내기
과정	① 현실과 죽음에 대해 설명하고, 지도자는 집단멤버나 친밀했던 주변인의 죽음에 대해 말한다. ② 지도자는 그를 위한 특별한 추모식을 제안한다. ③ 빈 의자에 사람이 있다고 생각하고 둥그렇게 앉은 집단의 한가운데에 놓는다. ④ 각 구성원은 돌아가면서 미처 나누지 못했던 가슴속의 이야기를 하며 망자와 작별의식을 치른다. ⑤ 추모곡에 맞춰 죽은 자에 대해 묵념한다. ⑥ 죽은 자를 기억하면서 지도자는 그 의자를 다시 뒤로 뺀다. ⑦ 우정, 정 등을 말하면서 남아있는 구성원들의 우애를 돈독히 하도록 한다.
결과	특별한 집단의 일원을 잃었을 때 정신적, 정서적으로 적절하게 슬퍼하고 표현하는 기회를 제공해준다.
준비물	장례식 음악 정도

■ 영성기법 2 : 죽음에 대비하기

목적	동료들의 죽음을 보면서 자신의 죽음을 준비할 수 있도록 생각을 정리한다.
과정	① 최근에 경험한 주위의 친구 혹은 친척들의 죽음에 대해 이야기 한다. ② 죽음이라는 것이 얼마나 민감한 사항인지 이해하지만 이를 어떻게 준비하고 대처하는가를 이야기하는 것이 무척 중요하다는 것을 인식시켜 성원들의 참여를 유도한다. ③ 자신의 죽음 이후의 상황을 생각해본 후 이에 대해 이야기한다. ④ 그리고 이때를 대비해 자신이 꼭 해야 할 일이 무엇인지 생각해 본다. ⑤ 그 생각을 말로 정리하거나 유언장을 작성함으로서 자신의 죽음에 대비하는 시간을 갖는다.
결과	노인들은 죽음에 대해 항상 염두에 두고 있으나 구체적으로 어떻게 죽음에 대처해야 하는지 잘 모를 수 있다. 이런 노인들에게 자신이 죽은 후의 상황을 생각해 보고 유언장 등을 작성하도록 하면, 죽음에 대해 미리 대비할 수 있는 기회를 주게 된다.
준비물	종이, 연필이나 펜

■ 영성기법 3 : 내세에 보내는 엽서

목적	성원들이 내세의 존재에 대해 깊이 있게 생각해 보도록 한다.
과정	① 지도자는 전형적인 관광엽서를 가져온다. ② 성원들에게 엽서를 나눠 준 후 자신이 여행을 왔다고 생각하고 특별한 사람에게 엽서를 써보도록 한다. ③ 자신이 설정한 여행 장소가 죽음 이후 영혼이 사는 곳이라고 생각해 본다. ④ 개인적인 종교관이나 철학관에 근거해 죽은 후의 장소를 자유롭게 생각할 수 있으며 이를 표현하도록 한다. ⑤ 내용은 짧게 쓰고 받을 사람의 주소를 쓴다. ⑥ 성원 중에 엽서 쓰기를 망설이는 사람이 있다면 사후 세계에 대한 다양한 생각과 관심을 토론해 볼 수 있다.
결과	죽은 후의 존재를 믿는 사람들은 대개 긍정적인 말로 엽서를 쓰며 사랑하는 사람들에게 가족과 함께 시간을 보내는 것에 대해 격려하고 조언을 한다. 죽음을 두려워하고 영적인 확신이 부족하면 부정적이고 분노의 내용이 담긴 엽서를 쓰거나 엽서쓰기를 거절할 것이다.
준비물	큰 관광엽서들, 펜

■ 영성기법 4 : 죽음에 대한 의식들

목적	시간의 변화를 긍정적으로 인식함으로써 자아존중감을 고취시킨다.
과정	① 칠판에 생일, 결혼, 졸업, 은퇴식과 같은 친숙한 의식의 목록을 적는다. ② 가능한 다양한 문화권의 중요한 의식 사진을 보여준다. ③ 지도자는 각각의 모임에서 토론하고 싶어 하는 의식을 고르도록 하고 나라별로 그 비슷한 점과 다른 점을 보도록 한다. ④ 지도자는 변화의 상징으로서 의식에 관해 언급하다. ⑤ 변화에 대한 의식은 개인이 새로운 지위로 상승되는 것을 의미한다. ⑥ 지도자는 칠판 위에다 출생에서 죽음까지의 시간선을 그린 다음 십년 주기로 표시를 한다. ⑦ 그 시간선 위에 각 의식이 언제쯤 있는지 성원들의 의견을 취합해 적는다. ⑧ 시간선을 완성한 후 참가자들에게 그들이 최근에 겪은 마지막 의식이 무엇이었으며, 앞으로 어떤 의식이 남아 있는지 생각해 보게 한다. ⑨ 기능 수준이 높은 노인들은 그들에게 남은 마지막 의식이 장례식임을 빠르게 인지한다. ⑩ 지도자는 다시 시간선을 보도록 주목시킨 후 다음과 같은 대화를 유도한다. - 어떤 의식이 인생에 있어 가장 중요한 전환점이 되었나? - 의식에 특별한 점이 있었는가? - 시각, 청각, 옷이나 세팅 등의 감각적인 요소들이 의식에 있어 중요했는가? - 한 가지 중요한 의식을 다시 체험할 수 있다면 어떤 것을 하고 싶은가?
결과	의식은 모든 문화에서 인생의 변화의 외적인 상징으로서 중요하다. 과거에 대한 반영이나 변화의 결과는 만족스러울 수 있는데, 이의 초점이 되는 개인은 보통 관심을 받고 좋은 의도로 축하를 받기 때문이다. 의식은 친숙했던 각종 기념식을 떠올리게 해 즐겁게 회상할 수 있다.
준비물	칠판, 의식 장면이 있는 사진들

■ 영성기법 5 : 죽음과 현실

목적	새로 왔었거나 집단활동에 적극적이지 않았던 성원의 죽음을 다룬다.
과정	(1) 집단시작 전, 지도자는(비밀보장의 한계 안에서) 가능한 한 많이 집단 성원의 죽음에 관한 정보를 얻는다. (2) 집단활동을 시작할 때 지도자는 돌아가신 분에게 경의를 표하기 위해 오늘의 프로그램이 변경되었음을 알린다. ③ 죽음의 정황과 어떤 알려진 추도 준비에 관한 기본적인 정보를 제공한 후, 지도자는 질문을 받는다. ④ 집단성원들이 가장 많이 질문한 것은 다음과 같다. – 그/그녀는 편안하게 죽었는가? – 그/ 그녀는 방과 병원 중 어디서 죽었는가? – 가족들이나 친구들이 있을 때 죽었는가? – 장례식이나 묘비를 위한 준비는 잘 되고 있는가? ⑤ 구체적인 것에 관해 너무 많은 시간을 들이거나, 임종에 관한 표면적인 이야기가 되풀이 되지 않게 지도자는 집단성원들이 돌아가신 분에게 하고 싶은 이야기를 하도록 한다. ⑥ 의견은 종종 다음과 같이 제시된다. : "나는 그에 대해 잘 알지 못했으며, 나는 그와 보다 많이 이야기 했어야 했다.", 혹은 "비록 그가 우리 집단에 새로 온 분이긴 하지만 웃는 모습이 너무 환했다. 그 웃음 때문에 나도 많이 웃을 수 있었다." ⑦ 지도자는 마지막으로 돌아가신 분에 대한 긍정적인 의견을 제시하고 이야기를 끝마친다. ⑧ 지도자는 이야기의 초점을 죽음에서 현실로 옮겨와 각 성원에게 용기를 주도록 한다. 이를 위해 각 성원들에 대해 긍정적인 발언이나 칭찬을 하는데, 각 성원의 오른편에 앉은 사람이 돌아가면서 한다. ⑨ 집단은 노래를 부르며 모임을 끝낼 수 있으며, 특히 돌아가신 분이 좋아하는 노래를 부를 수 있다.
결과	집단 성원의 죽음은 반드시 경의를 표하는 방식으로 알려져야 한다. 고인이 잘 알려지지 않았거나 인덕이 있지 않았을 때 다른 성원들은 고인과의 관계가 빈약했던 것에 대해 죄의식을 가질 수도 있다. 고인에 대해 집단 각 성원들이 생각을 긍정적으로 나누고 그 의견을 확인하는 시간이 중요하다.
준비물	없음

■ 영성기법 6 : 보이지 않는 위로

목적	시각적 심상을 사용해서 보이지 않는 위로가 어려움을 극복하는데 도움을 준다는 것을 확인한다.
과정	① 지도자는 시각적 심상치료에 기술이 있거나 훈련을 받아야 한다. ② 활동 전, 집단성원들에게 이 활동 중에 어떤 일을 할 수 있는지 간단히 알려준다. ③ 집단활동의 시작은 이완과 탐색으로 한다. ④ 탐색의 의도는 각 성원들이 자신의 인생여정을 돌아보고 어려웠던 점이나 당시 힘이 되었던 사람이나 사물이 무엇인지를 찾아내는 것이다. ⑤ 계속 그 보이지 않는 위로에 대해 주의를 기울이고 인생의 여러 고비에 위로가 되었던 것이 모두 동일한 원천에 의한 것인지 아닌지를 생각해 본다. ⑥ 그 위로에는 어떤 이름을 붙일 만한 것이 있는가? ⑦ 그것은 살아있는 사람에 의한 것인가 아니면 영적인 것인가? ⑧ 그 보이지 않는 위로가 현재에도 유용한가? ⑨ 위로가 필요로 할 때의 경험은 어떤 방식으로 이루어졌는가? ⑩ 활동을 끝내기 전에 기본적인 이완방법을 가르쳐 준다.
결과	시각적 심상은 현재 자신에게 없는 것 같은 '대처기술'을 가르쳐 준다. 각 성원들의 경험은 특수한 것으로 성원들과 반드시 공유될 필요는 없다. 각 활동이 끝날 때마다 성원들은 현재 어떤 기분을 느끼고 있는지, 이 활동을 통해 경험한 것에 근거하여 이야기할 수 있다.
준비물	시각적 심상화에 적합한 음악 테이프, 카세트 플레이어.

■ 영성기법 7 : 사별한 노인에게 희망 주기

목적	개인의 삶과 죽음에 관련된 경험을 영적인 방법으로 극복한 노인집단과, 배우자나 가족의 죽음을 경험한 지 얼마 안 되는 집단이 만나 서로에게 힘을 준다.
과정	① 사별의 슬픔을 영적인 방법으로 잘 극복해낸 노인 몇 명을 '무궁화' 집단이라 명명하고, 이제 막 죽음을 경험한 집단을 '진달래' 라 한다. 주의할 점은 집단성원의 성별이 동일해야 한다는 점이다. ② 두 집단의 노인들이 자연스럽게 만날 수 있도록 온돌방이나 아늑한 장소를 제공한다. ③ 두 집단은 점심이나 다과를 나눈다. ④ 자연스럽게 인사를 나누고 음식을 먹으면서 친밀해지는 시간을 가진 후, 진달래 집단이 먼저 최근의 죽음에 관한 경험을 이야기한다. ⑤ 이들이 조금씩 이야기하고 나면, 지도자는 이에 대해 위로의 말을 전하면서 무궁화 집단이 경험한 유사한 상황과 극복에 관해 이야기를 할 수 있도록 한다. ⑥ 이야기가 어느 정도 끝날 즈음에 다시 진달래 노인들에게 그들이 앞으로 어떻게 죽음을 극복해 나갈 것인지 이야기하도록 한다.
결과	죽음을 극복하는데 다른 노인들의 지지와 경험담은 큰 도움이 된다. 이들이 함께 죽음에 대해 이야기 하고 자신들의 죽음에까지 생각해볼 수 있다면 그들의 남은여생을 좀 더 의미 있고 행복하게 보낼 수 있다.
준비물	점심식사나 다과(따뜻한 차, 한과), 잔잔한 음악테이프, 카세트 플레이어

■ 영성기법 8 : 영적인 심볼

목적	영성을 표현하거나 재현하는 외적인 상징의 탐구
과정	① 영적인 심볼의 하나인 십자가, 생선문양, 묵주, 초 등을 예로 보여준다. ② 각 사진을 보여주면서 그것이 무엇을 상징하는지 이야기 해 본다. ③ 지도자는 성원들의 의견을 보드 위에 적는다. ④ 심볼이 신념을 드러내기에 충분한지, 하나의 심볼이 여러 가지 신념을 표현할 수 있는지에 대해 이야기 해 본다. ⑤ 양초와 촛불은 여러가지 의미를 담고 있는데, 각 성원들에게는 어떤 의미를 주는지, 다른 영적인 내용을 드러내는 심볼에는 어떤 것이 있는지, 시각적인 심상이 왜 보이지 않는 영적인 이미지를 드러내는 데 사용되는가와 같은 질문을 던질 수 있다.
결과	노인들은 전통이나 신념에 대한 외적인 표현을 고수하는 경향이 있다. 이런 토론은 한 개인이 심볼을 어떻게 사용하며 그것이 남에게 어떤 의미로 다가가는지 생각해 보는 기회를 준다.
준비물	마커 보드와 굵은 색의 마커, 종교적 심볼이나 창작물에 대한 사진들.

■ 영성기법 9 : 영적인 동반자

목적	인간을 보호해 주는 심볼로서의 영적인 동반자를 인식하는 데 있다.
과정	① 전래동화나 전설에 등장하는 영적인 동반자(천사나 조상, 미신적인 존재 등)는 다양한 문화권에서 발견된다. ② 지도자는 성원들에게 이러한 이야기를 하면서, 성원들에게 영적인 동반자의 존재를 믿는지, 그 동반자가 정말 영적인 신념체계에 중요한 의미를 가지고 있는지 묻는다. ③ 영적인 동반자의 긍정적인 모습을 사진이나 그림으로 보여준다. ④ 그러한 동반자는 인간과 유사한지 아니면 인간과는 다른 개체인가를 생각해 본다. ⑤ 영적인 동반자가 있음으로써 긍정적인 면이 무엇인지 생각해본다. ⑥ 과거나 현재를 되돌아보았을 때, 자신에게 도움이 필요로 하는 순간에 나타나 도움을 준 사람이 있는가? 또 자신은 남들에게 편안함을 주거나 용기를 불어넣어 주는 사람이 될 수 있는가에 대해 물어본다.
결과	영적인 힘을 긍정적으로 믿는 것은 외롭고 힘든 삶을 이겨내는데 중요한 요소가 되기도 한다. 그런 믿음을 타인에게 말로 설명함으로써 자신의 믿음을 구체화하거나 다른 사람들도 그러한 믿음을 갖고 있음을 발견하거나 혹은 함께 나눌 수 있다.
준비물	천사나 미신을 나타내는 존재, 조상 등과 같은 영적인 존재를 보여주는 사진, 데코레이션, 인형 등.

■ 영성기법 10 : 인생이 변화하는 순간들

목적	개인의 삶이 갑작스럽게 변화한 경험을 반추해 보고 자신이 가지 않은 인생의 길을 생각해 본다.
과정	① 인생이라는 여정은 항상 두 갈래의 길을 마주하게 되고, 그 중에 한 길을 선택해 걸어간다. ② 집단 성원들에게 그러한 말을 하면서 칠판에 두 갈래의 길을 그린다. ③ 성원들에게 정말 중요했던 결정의 순간을 떠올리고 그 중 어떤 선택을 했으며, 그 결과는 어떠했는지 생각해 보게 한다. ④ 성원들이 자신의 경험을 발표하면, 지도자는 칠판 위의 두 갈래 길에다 자잘한 정보를 받아 적고, 한 쪽 길로 갔을 때의 결과와 반대쪽으로 갔을 때의 결과를 적어 본다. ⑤ 이에 대해 개인을 어떤 평가를 내리는지 후회나 미련이 남지는 않았는지에 대해 이야기 할 수 있다.
결과	인생에 실패를 경험하고 이에 대해 보상을 받지 못한 노인들은 자신이 택한 길과 그렇지 않은 길에 대한 이야기가 무척 중요한 이슈이다. 이와 관련된 노인들의 의견을 들어보고 만약 그 노인이 잘못된 믿음을 가지고 있다면 이에 대해 성원 모두가 토론하는 시간을 갖는다.
준비물	마커 보드.

6) 노인집단 프로그램 사례 및 평가

다음은 죽음준비교육과 관련한 노인집단 프로그램의 한 사례와 이에 대한 평가이다.

노인집단 프로그램	
• 목적	죽음과 현실에 대해서 생각할 수 있는 기회를 제공한다. 고인에 대한 마음을 정리하는 기회를 갖는다.
• 과정	① 프로그램에 참여하는 성원들을 두 그룹으로 나누어 둥글게 앉는다. ② 지도자는 프로그램을 설명하고 흰 종이와 펜을 나누어 드린다. ③ 빈 종이에다 죽음을 맞이한 이의 이름을 적고 그에게 편지를 쓰도록 한다. ④ 편지내용은 미처 하지 못했던 말, 고인을 그리워하는 내용을 적는다. ⑤ 자신이 죽기 전에 가족이나 친구들에게 꼭 말하고 싶은 사항을 정리한다. ⑥ 서로 쓴 내용을 성원들과 나누어 의견을 교환하고 감정을 표현한다.
• 결과	고인에게 편지를 쓰면서 고인에 대한 감정을 정리하고, 자신이 죽기 전에 꼭 하고 싶은 말을 적음으로써 자신의 죽음에 대해서도 한 번 더 생각하는 기회를 준다. 진지하면서도 꼭 필요한 활동이다.
• 준비물	편지지 혹은 백지, 펜
• 평가	어르신들이 편지를 잘 쓸 수 있을까 걱정도 했지만 생각보다 잘 쓰셨고, 부모님께 편지를 쓸 때는 많은 내용을 썼으나 자식이나 배우자에게 쓸 때는 조금 소극적인 모습이었다.

활동평가서

이름 : ○○○

날짜		2002.4.8				
프로그램 명/프로그램 목표	점수	T	D	E	A	O
죽음과 현실	죽음과 현실에 대해서 생각할 수 있는 기회를 제공한다. 고인에 대한 마음을 정리하는 기회를 갖는다.	50	V	H	H	3
의견 : 열심히 편지를 쓰셨는데, 고인이 된 친구에게 보내는 내용을 이야기하며 약간 눈시울을 붉히셨다. 가족들에게 쓰는 마지막 편지는 무척 진지했으며, 이번 기회에 죽음에 미리 대비해야겠다는 생각이 들었다고 했다.						
* 활동평가서의 척도 T = 활동시간(분) D = 도움 필요 정도 I = 독립적(보조 필요 없음) V = 언어적 지시만 필요 D = 실제적 시연 필요 N = 무반응 E = 흥미도 (H = 높음, M = 중간, L = 낮음) A = 주의집중도 (H = 높음, M = 중간, L = 낮음) O = 목적성취도 (1-4등급 : 1 = 가장성공적인, 4 = 가장 성공적이지 못한)						

2. 노인 죽음준비교육의 집단활동[11]

인간은 끊임없이 무엇인가를 준비하고 실행하며 일생을 보내게 된다. 그래서 파스칼은 인간이 동물과 다른 점은 자신의 죽음을 미리 생각할 수 있다는 것이고 이 점에서 동물보다 우월하다고 하였다. 자신이 언제 죽을지는 정확히 아무도 모르지만 반드시 죽는다는 사실을 알고 죽

11 김선숙, 시립노원노인종합복지관 죽음준비학교 운영의 실제, 죽음준비교육 집단활동, p.116~119 인용

기 위해서 삶을 정리하고 떠날 준비를 해야 한다. 또한 인간은 육체적, 사회적, 정서적, 영적인 존재로 전인적이며 총체적이기에 죽음준비 또한 각각의 영역에서 준비하여야 한다. 이 4가지 측면을 철저히 준비하지 않는다면 본인은 물론 남은 유가족들을 매우 안타까운 상황에 처하게 만들 수 있다.

따라서 우리는 죽음을 앞두고 준비해야 할 것이 있다.

첫째, 죽음에 대한 바른 이해를 해야 한다. 죽음은 끝이 아니고 새로운 세계로의 시작으로 영원한 삶이 있음을 인식하여야 한다. 더 나아가 죽음의 과정이 삶의 마지막 성장이 될 수 있도록 준비해야 한다.

둘째, 삶에 대한 바른 이해가 필요하다. 지나온 삶을 되돌아보고 후회와 회환을 하기보다는 긍정적인 사고와 삶의 자세가 필요하다.

셋째, 영적인 준비를 해야 한다. 영적준비는 종교를 가지는 것뿐만 아니라 죽음 이후의 사후세계에 대한 소망을 갖는 것을 말한다. 그래서 불교에서는 탐착과 증오를 버리고 마음을 비우고 붓다의 지혜로운 마음과 자신의 마음을 일체시키라고 하며 기독교에서는 하나님을 믿는 믿음이 가장 중요하다고 한다. 그러나 그 무엇보다도 삶에서 사랑과 관심, 화해와 용서, 감사하는 마음을 가지는 것과 미움, 분노, 죄책감, 원망, 욕심 등을 버리는 삶이 의미 있는 삶이자 죽음에 대해 영적인 준비를 하는 것이라 할 수 있다.

넷째, 오늘을 최선을 다해 산다. 엘리자베스 퀴블러 로스는 '죽기 전에 간절히 원하는 것을 지금 하라' 고 하면서 오늘은 어제 죽어간 사람이 그토록 그리던 선물이므로 최선을 다해 사는 것이 곧 죽음연습이다.

위와 같은 죽음을 위해 준비해야 할 것들을 강의 등을 통해 개인에게 전달하는 것도 중요하지만 집단활동을 통해 실제 프로그램을 행해보고 서로 이야기를 나누고 피드백을 하는 가운데 교육적 효과를 더 높일 수 있다.

특히 집단활동 진행 시 노인집단을 진행하는 사람은 노인집단의 발달단계를 잘 이해하고 있어야 하며 다른 집단과의 다른 특성들을 고려해야 한다. 노인집단은 집단활동을 통해 각자의 변화와 배움, 개인적인 성장을 인식하게 된다. 또한 각 단계별 활동과 결과는 집단의 특성이나 주제에 따라 달라 질 수 있다.[12] 노인의 집단활동 진행 시 집단의 발달단계에 대해서는 코레이와 코레이(Corey & Corey, 1987)의 4단계로 구분되며 그 내용은 다음과 같다.

노인의 집단활동은 다른 집단활동보다 초기단계 혹은 시작단계에서 더 많은 시간이 소요된

12 서혜경, 김미혜(2002), 노인복지실천론, 동인출판사, p.111–115 재인용

다. 그 이유는 성원들과의 라포형성, 집단활동에 대한 저항을 극복하는 데 시간이 많이 들며 노인들 대부분의 원조와 상담에 의심을 하는 경향이 있기 때문이다. 따라서 노인들은 집단에서 자신의 진정한 모습을 나누데 어려움을 겪게 된다.

대부분의 노인들은 심리학이나 상담을 무슨 문제가 있는 경우에 실시하는 것이라 생각하여 상담을 부정적으로 여기며 집단활동에 참여하는 것에 대해 불안함을 가진다. 따라서 집단경험을 통해 감정을 나누고 힘을 얻는 것을 부담스럽게 여겨 내켜하지 않을 수도 있다. 그래서 본인들이 왜 집단활동에 참여해야 하는지에 대한 불안함을 가진다. 그러므로 노인집단을 구성하는데 있어 가장 중요한 이슈는 '믿음'이다. 따라서 집단활동의 목적이나 목표, 활동의 방법, 비밀보장에 대한 이야기를 하는 것이 무척중요하다. 노인집단활동을 이끌어가는 사회복지사나 지도자들은 노인집단에서 믿음이나 의사소통, 긍정적인 관심을 보여주는 주요한 모델이 되어야 한다. 특히 우리나라 노인들은 지지집단이나 치료에 대한 경험이 매우 적다. 집단활동과 가장 유사한 경험은 친구들이나 가족 성원과의 모임 정도뿐이었기 때문에 노인집단에서는 친근하고 수용적인 분위기를 재현해 내는 것이 매우 중요하다.

1) 변화단계 또는 전이단계(Transition stage)

토론의 주제나 단계가 심도 있게 진행되면서 변화단계에 있는 집단 성원들은 타인과 교류를 할 것인지 아니면 피상적으로 그 집단에 머물 것인지를 결정하게 된다. 집단의 크기와는 별로 상관없이 정서적으로 다치거나 버림받는 데 대한 개인의 방어, 또는 보호기제와 상관이 있기 때문에 몇몇 노인들은 이미 집단 속에서 고립되어 지속적으로 고립된 반응을 보일지 모른다. 반면에 어떤 노인들은 다른 사람과 이야기 나누고 교류하는 기회를 갖는 데 열심이다. 노인집단활동의 리더나 사회복지사는 이런 집단의 변화단계를 쉽게 판별할 수 있어야 한다.

어떤 집단 지도자들은 변화단계에서 성원들의 저항이나 방어기제가 두드러진다고 생각한다. 그러나 노인들의 저항과 방어에 대해 직접적으로 노인들과 대면하면 안 된다. 젊은 세대들은 타인과의 갈등을 경험하더라도 직접적이며 개방적으로 해결할 수 있지만 노인세대들은 아예 상대방을 거부해버릴 수 있기 때문이다.

변화단계는 집단 지도자에게 가장 큰 시험 단계이다. 성원들은 지도자가 갈등을 다루는 방법, 예를 들어 창피를 주지 않으며 동기부여에 힘쓰는지, 신뢰하는 분위기를 형성하는지, 그리고 성원들과의 관계에서 전략과 수용 두 가지를 적절히 사용할 줄 아는지 주의 깊게 살펴본다. 대다수의 노인집단은 다른 집단보다 변화단계에 더 많은 시간을 보내야 한다. 지도자는 실망감을 보이거나 집단활동의 주제를 강요하거나 이를 너무 빨리 달성하려고 하는 것을 삼가야 한다. 집단이 역동적일수록 변화 단계와 그 다음 단계인 작업단계 사이에서 흔들리게 될 것이다. 이와 같은 동요가 지도자의 입장에서나 새로운 성원들의 입장에서 볼 때 실패를 의미하는 것이 아니다. 새로운 성원이 들어오거나 성원이 죽을 경우, 또는 물리적 환경이 부적절하거나, 치료자가 바뀌고, 성원의 기능수준이 어떠하냐에 따라 예정된 집단의 발달단계를 빠르게 혹은 큰 문제 없이 밟아 나가는데 어려움이 있을 수 있다.

집단프로그램에 참여하는 노인분들

2) 작업단계(Working Stage)

집단활동이 본격적으로 진전되면 집단성원간의 응집력이나 신뢰, 개인적인 안정 수준이 눈에 띄게 높아진다. 성원들은 큰 문제없이 자유롭게 타인과 교류하면서 지도자의 역할을 적절히 가정할 수 있다. 직면은 성원이나 지도자에 의해 다루어지면서 긍정적인 결과를 가져올 수 있다. 성원들은 새로운 행동을 시도하거나 서로에게서 보여지는 변화를 격려한다. 지도자는 자신이 담당하던 집단내의 통제나 책임감을 성원들에게 조금씩 양도하기 시작한다. 더불어 일반적인 관심사나 집단 내의 변화에 참여하고 집단 외의 환경이 변화하는데 더 많은 관심과 주의를 기울이기 된다.

작업단계의 집단에 대한 묘사는 대다수의 노인집단에서 일어나는 것보다 더 강한 경험이다. 그 이유는 인생의 후반기에는 개인이 자신의 행동이나 신념에 큰 변화를 추구하는 경우가 거의 없기 때문이다. 오히려 그들은 수용적인 분위기에서 대처 기술을 배우고 자존감을 향상시키는 사회화가 필요하다. 물론 기술을 이론적으로 아는 것도 도움이 되지만 실제적으로 기술을 적용할 수 있어야 한다. 작업단계의 노인집단은 종종 교화(reclamation)집단으로 과거의 긍정적인 경험을 다루거나 그 경험을 현재에 적용시키는 방법을 찾는데 그 목적이 있다.

이 시기 노인집단에서의 응집력은 높거나 혹은 보통 수준의 범위를 보인다. 노인들은 응집력에 대한 개념을 좋은 이웃이 되어주는 것, 이는 과거 경험에 있어 사회화, 도움, 친절, 가족 이외의 관계를 맺는 것 등을 포함한다. 지도자는 자발적인 응답을 기다리기보다 집단성원들에 대한 즉각적인 피드백을 제공하는 것이 더 필요할지도 모른다. 대다수의 노인들은 즉각적으로 동료의 행동, 아이디어에 반문하는 것을 무례한 것으로 생각한다. 따라서 이성적인 질문이나 태도를 갖춘 성원이 오히려 다른 성원들에게 외면을 당하는 것이 별로 특별한 일이 아니다.

작업 단계의 강도는 때론 노인들에게 지속하기 어렵거나 너무 열정적인 것일 수 있다. 따라서 작업단계에서 예견된 결과를 얻으려고 무리하기 보다는, 모든 성원들의 수준을 고려하여 변화단계와 작업단계를 결합한 적응의 단계를 만들어주는 것이 더 적합한 것일 수 있다.

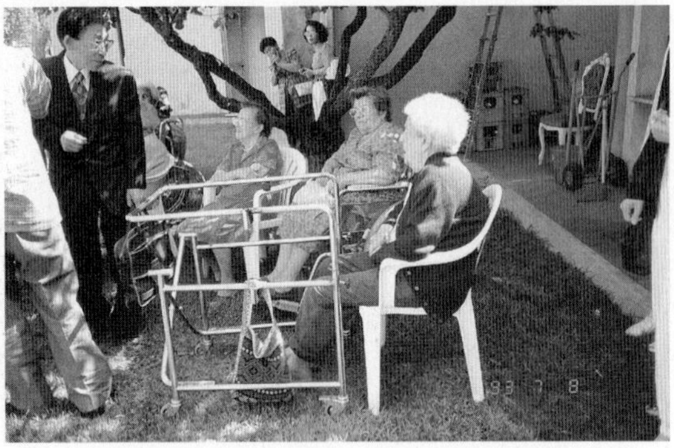

집단프로그램 종결식에 참여한 노인분들

3) 종결단계(Closing Stage)

시간이 한정되어 있는 집단은 미리 짜여진 종결날짜가 있을 것이다. 모든 성원들이 마지막 미팅 날짜를 알며, 그 날을 고대하거나 혹은 두려워하기 시작할 것이다. 지도자는 종결을 준비하는 데 마지막 세션까지 기다리지 않는다. 종결에 관련된 이슈는 간헐적으로, 집단활동 도중에 활동계획을 짜거나 활동일지 등을 만들면서 논의되어야 한다. 모임의 종결 날에는 일종의 졸업식으로 각 성원들의 발전을 축하하고, 지도자로부터 성원들이 긍정적으로 분리될 수 있도록 한다. 떠나기 전에 성원들은 미래의 계획을 이야기하고, 행동의 변화를 모니터링 할 수 있는 방법에 대해 의견을 나눌 수도 있다.

노인집단은 다른 집단에 비해 중간에 조기 종결이나 작은 종결이 있을 수 있다. 가령 성원이 죽거나 병원에 입원하고 혹은 타 지역으로 의뢰되어 가는 경우가 그렇다. 이때 반드시 지도자가 상실에 대해 이야기를 해야 하며, 그 주제를 가지고 1-2회 동안 마무리 하도록 한다. 어떤 기관에서는 노인 성원의 죽음 등 함께하지 못하는 상황에 대해 무시하려는 실수를 하기도 한다. 하지만 노인들은 그들의 동료성원이 나오지 않는 것에 대해 아무렇지 않게 여길 만큼 감정이 없지 않으므로 어느 누구든 집단에서 빠지게 되면 그 다음 세션에서 그에 대한 이야기가 다루어져야 한다. 이러한 주제를 가지고 이야기 할 수 있는 자리를 마련해 주는 것은 결국 지도자가 각 성원에 대한 진정한 관심과 존경을 표시하는 방법이 되며, 이러한 중간 종결은 집단성원들이 하나의 주제를 가지고 가장 응집력 있게 심오한 토론과 감정을 나눌 수 있는 시간이 된다.

제 7 부
실천현장에서의
프로그램, 기법 및 상담사례

제22장 죽음관련 상담사례

- 우울상담 사례
- 자살시도 및 자살상담 사례
- 죽음상담 사례

자연스럽게 삶과 죽음이 이항대립처럼 항상 서로 반대되는 상태가 아니고 이따금씩 서로 자리를 바꾸기도 하는 그런 유동적인 상태라는 생각으로 가게 된다.

자리를 바꾸기만 하랴 주위를 둘러보면
이미 죽은 것과 다름없는 삶도 있고
죽음의 상태에서 삶의 새 모습이 보이기도 한다.
그런 죽음 /삶의 이야기이다.

황동규(2008), 삶의 향기 몇 점, Human & Books

22

제22장 죽음관련 상담사례

1. 우울상담 사례

1) 사례 1 [13]

87세의 Julia 부인은 남편과 함께 4명의 아이들을 길렀던 집에서 54년 동안 살아왔다. 그녀는 거의 20년 동안 사별여성노인으로 지내왔으나 혼자서 그 집을 유지하며 살아왔음에 대해 자랑스럽게 여기고 있다. 항상 자신이 운전을 해서 교회에 가고 그곳에서 원례행사에 피아노를 친다. 이러한 활동은 사회적인 접촉을 제공하는 건설적인 통로이자 영적인 자기표현이며, 용돈을 버는 수단이 된다. 그러나 집이 오래되어 감에 따라 일상적인 잡일도 거의 없어져 갔고, 식구들과 친구들의 발길도 뜸해지면서 삶의 기쁨도 의욕도 거의 없어졌다. 또한 단기 기억력의 감퇴를 겪게 되어 각종 공과세 납부서가 분실되었으며, 음식물들은 썩어져 갔고, 사소한 것에 골몰하였다. 점점 피아노를 치기 위해 초대받는 것은 그녀가 할 수 있는 범주를 넘어서고 있으며, 그녀가 평생 해 왔던 일에 대한 통제력이 점점 약해져 가고 있다.

평소 충분한 영양공급과 예방운동을 평생 해왔으며, 이것은 그녀에게 안정감을 주었다. 그런데 어지러움증으로 인해 위와 같은 변화를 가져왔으며, 감정적으로는 건강상의 문제를 받아들일 준비가 되어 있지 않다. 하지만 그녀는 더 이상 혼자 살 수 없을 만큼의 증상을 보이고 있다. 게다가 정기적인 안과를 방문하고 있는데 초기 녹내장이라는 진단을 받았다. 이로 인해 더 이상 운전면허 시력검사를 통과하지 못하게 되어 운전면허가 취소되었고 이는 그녀의 인생에 위기를 가져왔다. 갑자기 고요하고 만족스러운 삶은 정지되었고 근심, 혼란, 슬픔의 감정으로 대체되었다. 자식들의 방문은 일시적으로 기분을 좋아지게 하였으나, 혼자서 살아가야 한다는 중압감은 삶의 만족도를 떨어지게 하였다.

이를 해결하기 위해 500마일 정도 떨어져 있는 딸과 함께 사는 방법이나 같은 동네에 살고 있는 아들과 장성한 손자녀들과 함께 지낼 수 있는 방법이 있지만, 그들과 생활방식이 다르기 때문에 해결방법이 될 수 없었다. 아들은 점점 더 자주 어머니를 찾아보게 되었으며, 거의 모든 경제적인 일들을 처리하게 되었다. 어머니는 선택의 여지없이 지인들이 살고 있는 은퇴자

13 Treating chronic Grief, Chapter17 Wolinsky J. S & Thyer, Bruce A(1998) Social problems pectic issues. Volume. 2.

마을에 입주하게 되었다. 그러나 생활세계가 좀 더 좁아지게 되었고 자존심 때문에 걱정하는 자식들에게도 눈물을 보이지 않음으로서 어머니의 분위기는 시무룩해져 갔다. 매일 4명의 자녀들이 번갈아가며 전화통화를 하며 환경의 변화에서 오는 불균형을 이야기하였지만 절박한 마음만 더해 갔다. 어머니은 자신의 의지에 반하는 일이기는 하지만 스스로의 판단에 의해 가까운 마을의 양로시설로 옮겨지게 되었다.

Julia 부인은 새로운 양로시설로 이사한 후, 엘리베이터, 식당, 길을 잃어버리는 것, 사회적으로 수용되지 못하는 것에 대한 두려움이 불안증과 함께 더욱 심해졌다. 기억력은 점점 더 단절되어 갔고 생각은 초점을 잃게 되었다. 알츠하이머병이라는 진단을 받았으나 의사는 원인을 찾지 못하고 있으며, 그녀의 증상들은 점점 깊어져 갔다. Julia 부인의 딸은 사회복지사인데, 딸은 어머니이게 우울증의 대표적인 증상에 관한 질문을 함으로서 어머니를 의사에게 보이고 '우울 기분과 적응장애' 라는 진단을 받았다.

우울증은 다양한 시기에 다양한 형태를 가지고 각기 다른 사람들에게서 각각 다른 방법으로 나타난다. 다행히 Julia 부인은 노인의 특성에 관해 잘 알고 있는 의사로부터 우울증 치료제를 처방받아, 몇 일만에 불안증이 감소하였으며, 몇 주가 지나 우울증은 새로운 생활환경에 적응하고자 하는 도전에 대한 동기로 대체되었다. 또한 몇 달이 지나자 새로운 친구들과 이야기하기 시작하였고, 매일 피아노 연주를 하게 되었다.

(1) 사정(내담자의 관련정보)

<table>
<tr><td>인적 사항</td><td colspan="3">여, 87세</td></tr>
<tr><td rowspan="6">가족사항</td><td>관계</td><td>비고</td><td>동거여부</td></tr>
<tr><td>남편</td><td>20년 전 사별</td><td>X</td></tr>
<tr><td>큰아들</td><td>인근에 살면서 어머니를 돌봄</td><td>X</td></tr>
<tr><td>작은 아들</td><td></td><td>X</td></tr>
<tr><td>큰딸</td><td>사회복지사로 어머니의 우울증을 발견</td><td>X</td></tr>
<tr><td>작은딸</td><td></td><td>X</td></tr>
<tr><td rowspan="3">의료 및
장애관련 사항</td><td>병명</td><td colspan="2">상태</td></tr>
<tr><td>기억력 감퇴</td><td colspan="2">일상생활에 어려움을 겪음</td></tr>
<tr><td>어지럼증</td><td colspan="2">평생을 해 오던 일에 대해 통제력을 상실해감</td></tr>
</table>

	녹내장	운전면허 취소로 사회와의 단절
	알츠하이머병	원인을 찾지 못하고 있음
	불안증과 우울증	자택에서 시설로 입소할 정도가 됨
주거	자택에서 54년간 거주, 발병 후 은퇴자 마을에 입주하였다가 현재 양로시설에 있음	
경제	그다지 어렵지는 않으며, 교회 피아노 반주로 용돈을 벌음	
지원현황	사회복지사인 딸의 도움과 노인의 특성을 잘 알고 있는 의사로부터 우울증 치료를 받고 있음.	

(2) 가계도와 생태도

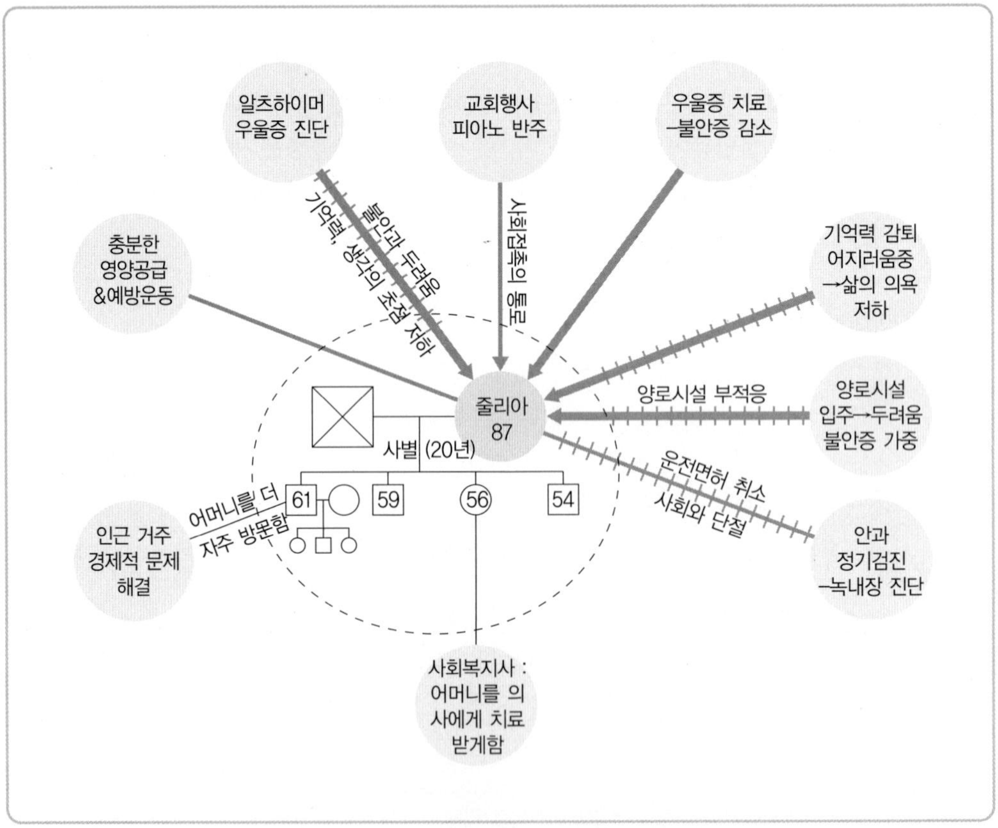

〈그림 22-1〉 우울사례 1의 가계도와 생태도

(3) 내담자의 욕구 및 사정

① 상담경위

알츠하이머병 및 녹내장 등 신체적 발병 후 우울증으로 더 이상 독거가 어려워져 시설에 입소하게 되었으며, 우울증 치료와 함께 상담을 하게 됨.

② 내담자의 욕구

- 신체적인 욕구 : 우울증의 회복으로 이전의 생활로 돌아가고 싶다
- 심리적인 욕구 : 불안증을 감소시키고 새로운 생활환경과 사람들에게 적응하고 싶다.
  피아노 반주를 하는 등 예전처럼 사회활동을 하고 싶다.

(4) 상담계획

① 내담자의 주 호소 문제

예전처럼 일상생활을 할 수 없고 기억력이 감퇴되고 있으며, 어지럽다.

② 내담자 문제의 이해

신체적 발병으로 인한 삶의 변화에 적응하지 못하고 내담자 본인의 성격으로 우울증이 수치심에 가려져 있었다.

③ 내담자의 자원

- 자녀들이 내담자를 적극적으로 도우려 한다.
- 평상시 꾸준한 건강관리와 충분한 영양공급으로 삶이 안정적이었기 때문에 회복이 빠를 수 있다.
- 경제력이 있고 적극적인 사회활동에 대한 욕구가 있어 회복에 도움이 될 수 있다.

④ 상담목표 : 내담자가 발병 이후의 새로운 삶에 적응할 수 있도록 한다.

⑤ 상담전략

- 우울증 치료를 통해 증세를 호전시킨다.
- 상담을 통한 우울증과 불안증을 감소시킨다.
- 새로운 시설에서 새로운 인간관계를 형성하도록 돕는다.

2) 사례 2 [14]

74세의 내담자는 30세에 부인을 만나 74세가 되는 해에 수영 강습 중 아내가 갑작스런 심장마비로 사망하였다. 부인이 사망하기 1년 전에 아들내외랑 같이 살았으며, 사망 후에 기거하던 큰 방을 내어주고 작은(문간)방으로 옮겼다. 첫째아들, 며느리, 손자 2명이 있으나 가족들과는 별로 대화가 없다. 아들이 직장가고, 손자가 학교가고 나면 며느리랑 같이 있기 거북하여 복지관에 일찍 나갔다. 내담자의 하루 생활은 아침 8시에 복지관에 가서 저녁 6시쯤 집에 들어간다. 복지관에서는 탁구와 바둑을 위주로 소일을 하고 있으며 가끔 무도관에 가기도 한다. 복지관 마치고는 집에 들어가기 싫어서 동네 공원에 있다가 최대한 늦게 집에 갔다.

부인이 사망하기 전까지 학원에서 경비로 근무하였으나 지금은 하지 않고 있다. 집에 가면 옷 갈아입고 방안에서 꼼짝 안하고 TV만 보다가 잔다. 9시-10시쯤 취침하여 새벽(대략 1시쯤)에 깨면 도통 잠이 오지 않아 베란다에서 줄 담배만 피우고 화장실 가기도 다른 식구들이 깰까봐 조심스럽다.

재산이 조금 있는데 재산으로 인해 자식들이 싸워서 큰딸, 작은딸 모두 집에 오지도 않고 전화도 없다. 현재 월 300만원 정도의 월세가 들어오고 있는데 며느리에게 관리하라고 주었고, 내담자는 부인이 사망하기 전에 관리하고 있던 통장에 든 돈으로 생활을 하고 있다.

(1) 사정(내담자의 관련정보)

<table>
<tr><td>인적 사항</td><td colspan="3">남, 74세</td></tr>
<tr><td rowspan="6">가족사항</td><td>관계</td><td>비고</td><td>동거여부</td></tr>
<tr><td>큰아들</td><td>45세, 트럭사업, 아버지와 사이좋지 않음</td><td>0</td></tr>
<tr><td>며느리</td><td>가정주부</td><td>0</td></tr>
<tr><td>손자녀 2명</td><td>할아버지와 대화 없음</td><td>0</td></tr>
<tr><td>큰딸</td><td rowspan="2">재산싸움으로 아버지와 왕래도 전화도 없음</td><td>X</td></tr>
<tr><td>작은딸</td><td>X</td></tr>
<tr><td rowspan="2">의료 및 장애관련 사항</td><td>병명</td><td colspan="2">상태</td></tr>
<tr><td></td><td colspan="2">신체상 별다른 이상은 없으나 가슴이 답답함.
기분이 매우 우울함</td></tr>
<tr><td>주거</td><td colspan="3">부인 사망 1년 전부터 큰아들 내외와 함께 살고 있음</td></tr>
<tr><td>경제</td><td colspan="3">월세 300만원의 수입(며느리에게 맡김), 부인 사망 전에 관리하던 통장의 돈으로 생활</td></tr>
<tr><td>지원현황</td><td colspan="3">복지관에서 상담권유를 받고 심리검사를 하여 상담을 받음</td></tr>
</table>

(2) 가계도와 생태도

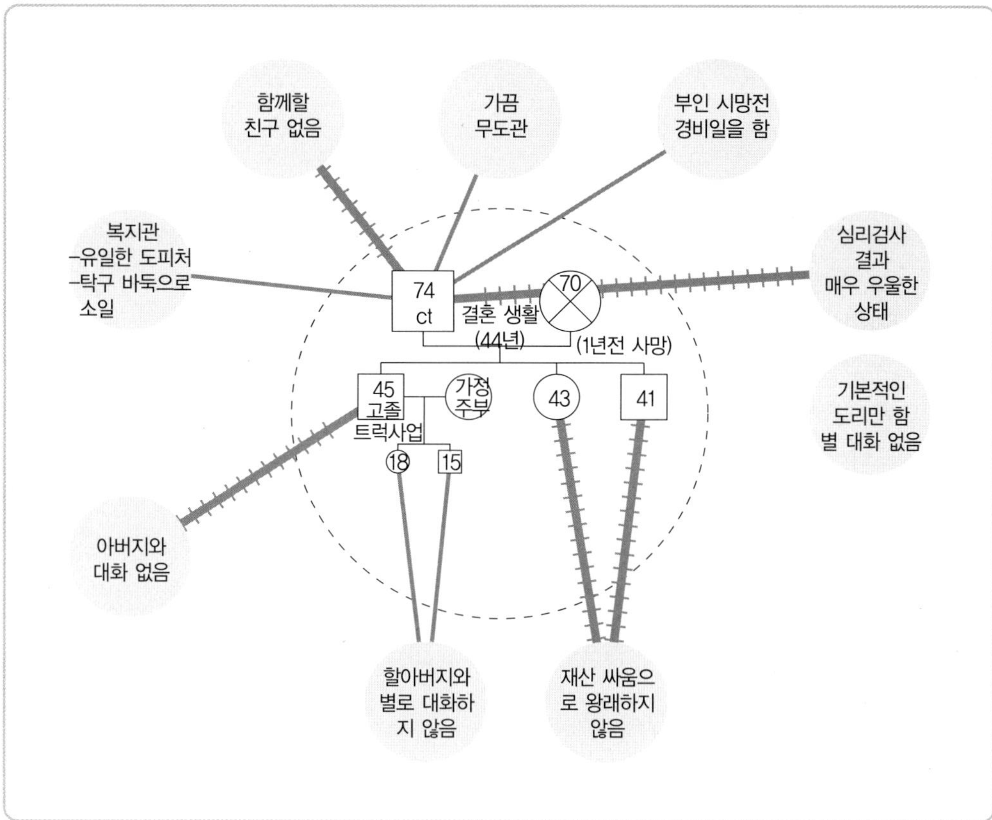

〈그림 22-2〉 우울사례 2의 가계도와 생태도

(3) 내담자의 욕구 및 사정

① 상담경위

상담실에서 파견된 심리검사 팀으로부터 MMSE-KC와 우울검사 후 연계됨.

② 내담자의 욕구

- 신체적인 욕구 : 가슴이 답답한 증상을 없애고 싶다.
- 심리적인 욕구 : 끊어진 가족과의 관계를 회복하고 싶다. 외로움에서 탈출하고 싶다.

14 경기도 노인복지시설협회 · 경기도 노인종합상담센터, 노인상담사례집(2007), p.9-11

(4) 상담계획

① 내담자의 주 호소 문제

우울이 심하고 관계가 잘 되지 않고 나는 비정상적이라는 생각을 갖고있다.

② 내담자 문제의 이해

타인의 말을 잘 신뢰하지 않으며 매 회기 반복해서 같은 말을 하고 있다. 외상 후 스트레스에 대한 우울감과 대인 관계 기피증이 있어 보이며, 외롭고 죽음에 대한 두려움이 있다.

③ 내담자의 자원

- 외모가 깔끔하고 인지능력이 있다.
- 상담에 대한 동기가 있어 변화하려는 의지가 있다.
- 경제력이 있다.

④ 상담목표

- 우울감을 줄인다.
- 자신감을 가져 대인관계를 잘 한다.

⑤ 상담전략

- 경청과 공감으로 신뢰감을 쌓는다.
- 필요시 교육으로 내담자가 자신감을 회복하는데 힘쓴다.
- 계속 반복되는 이야기를 요약 정리하여 내담자가 자신의 상태를 이해하도록 한다.

3) 사례 3[15]

내담자는 67세의 남성으로 노인복지관 회원으로 사회복지사의 권유로 상담을 받게 되었다. 내담자는 가족 갈등이 매우 견디기 힘들며 죽고 싶으며, 삶에 대한 자신감을 상실했노라고 호소하였다. 내담자는 얼굴과 팔 등에 상처가 있었고, 아내의 폭력으로 허리를 다쳐 현재 병원에 다니고 있고 허리벨트를 안하면 걷기도 힘들며 다리를 절고 있다. 내담자는 과거 경찰관, 보험설계사, 막노동을 하였다. 아내는 결혼 전 미스 춘향으로 선발될 만큼 미인이며, 현재는 공사장에서 관리하는 일을 하는데 처음에는 막노동을 하였다. 집안의 수입을 담당하고 있으며, 말

15 경기도 노인복지시설연합회 · 경기도 노인종합상담센터, 노인상담사례집(2007), p.72-75

투가 험악하고 힘이 있어서 화가 나면 남편에게 폭력을 행사해 남편이 병원에 입원되곤 한다. 싸우고 1달 정도 집을 나가기도 하며, 남편에게 고통을 주기 위해 쌀까지 퍼가기도 한다. 현재 내담자는 국민연금 20만원으로 용돈을 해결하고 있으며 집안의 모든 경제활동은 부인이 벌어서 담당하고 있다. 집안에서 왕따를 당한다고 하소연하면서도 가족사진을 코팅하여 가슴에 넣고 있다.

아들은 집안의 자랑거리이다. 공부도 잘했고 취직도 결혼도 잘했다. 내담자인 아버지에게는 함부로 말하고 학대를 하는 반면, 자신의 가정은 잘 보살피고 어머니와는 아무런 문제없이 잘 지낸다.

딸은 사춘기에 아버지의 방랑벽으로 집안이 어수선하여 방황을 하였고 본드를 흡입하는 등 가출을 하기도 하여서 학력이 초등 졸이다. 지금의 남편을 어머니의 주선으로 만나 결혼하였고 사위는 장모와 공사판에 다니고 있다. 말투가 거칠고 고분고분하지 않지만 가끔은 아버지와 통하는 면도 있다.

(1) 사정(내담자의 관련정보)

인적 사항	남, 67세		
가족사항	관계	비고	동거여부
	처	현재 공사판 감독, 집안의 수입을 담당, 남편에게 폭력을 행사, 외도	0
	아들	대학교 행정공무원, 집안의 자랑거리, 내담자에게는 함부로 하나 본인의 가정은 잘 보살핀다. 어머니와의 관계가 원만함	X
	며느리	대졸출신으로 전업주부, 집안일에 관여 않으며 온유한 성품의 소유자, 시아버지에게도 함부로 하지 않는 유일한 사람이나 영향력은 없음	X
	딸	초등졸로 사춘기방황이 심하였음, 어머니의 성격을 많이 닮았다. 아버지와 가끔은 통하는 면도 있다.	X
	사위	장모나 아내에게 잘하나 집안에는 영향력이 없음	X
의료 및 장애관련 사항	병명	상태	
	골절 복통	부인의 폭행으로 허리를 다쳐 통원 중이며, 걷기가 매우 힘들다. 다리를 절음. 복통이 매우 심하다.	
주거	부인과 함께 삶		
경제	국민연금 20만원으로 용돈을 해결		
지원현황	노인복지관의 사회복지사의 도움으로 상담을 받고 있음		

(2) 가계도와 생태도

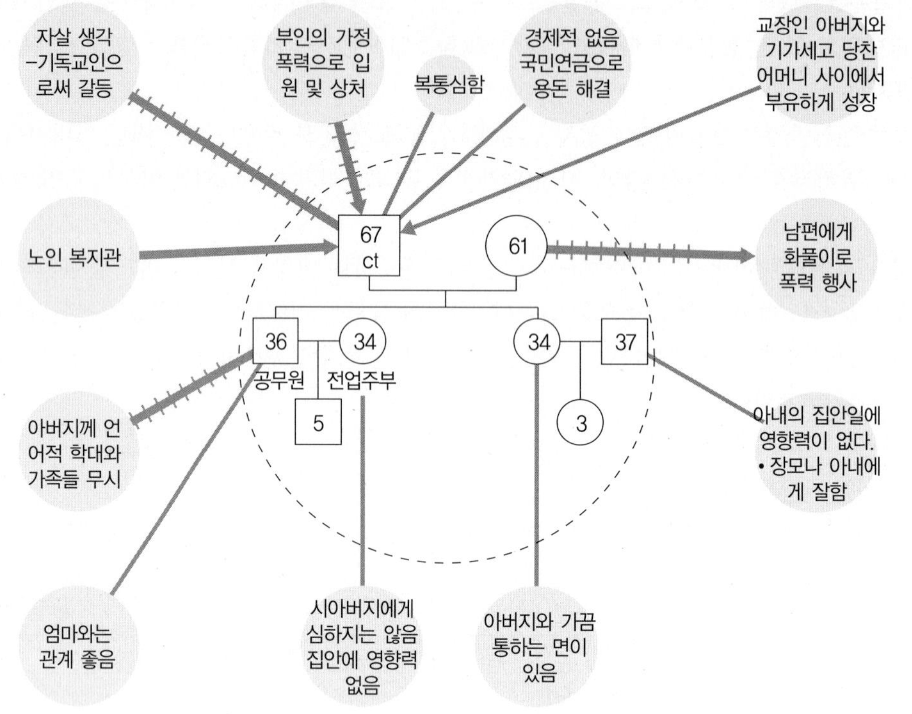

〈그림 22-3〉 우울사례 3의 가계도와 생태도

(3) 내담자의 욕구 및 사정

① 상담경위

노인복지관 회원으로 사회복지사의 권유로 상담을 받게 되었다.

② 내담자의 욕구

- 신체적인 욕구 : 복통으로 고통을 없애고 싶다.
- 심리적인 욕구 : 삶에서 자신감을 회복하고 가족으로부터 따뜻함을 느끼고 싶다. 외로움과 절망에서 벗어나고 싶다.

(4) 상담계획

① 내담자의 주 호소 문제

- 죽고 싶다.
- 삶에 대한 자신감을 상실했다.
- 가족 갈등을 견디기 힘들다.
- 복통이 매우 심하다.

② 내담자 문제의 이해

- 패배감 : 원하는 것은 무엇이든 충족되었던 성장과정과는 다른 현실을 수용하지 못하는 데서 패배감을 느낀다. 결혼생활에 대한 기대와 실패감, 원만하지 못한 가족관계에서 인생의 좌절을 느낌.
- 낮은 자존감 : 부인으로부터의 폭력과 장남의 폭언으로 자존감이 몹시 저하됨.
- 무력감 : 경찰생활 7년 만에 해고당하고 막노동, 외판원으로 일했으나 현재는 부인에게 경제적으로 의지해야 하는 상황에서 심하게 무력해짐.
- 분노, 우울감 : 자녀들의 하대로 분노하고 있으며, 잘못 살아온 인생, 되돌릴 수 없는 자신의 삶에 대해 절망하며 죽고 싶을 만큼 우울해 함.
- 적절한 자기표현의 부족 : 가족으로부터 사랑받고 싶은 욕구가 있으며, 좋은 관계를 유지하고 싶지만 그 표현을 가장 비효율적으로 하고 있다. 예) 술먹고 방안에서 소리지르거나 부인을 욕하는 등

③ 상담목표

- 따뜻하고 신뢰가 있는 관계 형성
- 가족관계 향상 – 부부관계, 자녀관계
- 자존감 회복과 삶의 의미를 찾아 우울감 극복
- 효율적인 자기표현법 익히기

④ 상담전략

- 죽고 싶다는 호소에 대해 탐색해보고, 사랑과 소속의 욕구, 인정받고 싶은 욕구를 충족시키기 위한 행동변화를 모색한다.
- 부인과의 관계 개선을 취한 대화의 통로를 마련하기 위해 내담자의 사고, 행동, 정서패턴을 탐색하고 스스로를 이해하게 하여 자신의 행동에 대한 평가와 책임을 지도록 한다.
- 삶의 활력을 찾을 수 있는 방법을 모색하고 실천 방안을 구체화한다.

• 이완법, 긴장을 푸는 법 등을 알려주어 복통과 스트레스를 줄일 수 있게 실천하도록 한다.
• 작은 일에 긍정성을 부여하여 긍정적인 사고로 대처하도록 한다.

4) 사례 4[16]

내담자는 의처증과 성격장애 등 개인적인 특성으로 30년 전 첫 번째 이혼을 하고 20살 넘게 차이가 나는 두 번째 아내와 동거하여 2남 1녀를 두었으나 내담자의 신용불량자 등록과 부인과의 성격차이로 별거하는 등 어려운 가정생활을 유지했다. 노인이 된 지금은 천식, 간기능 저하 등으로 병들고 경제적 능력이 전혀 없고, 3년 전 부인이 일방적으로 내담자의 주민등록을 말소시키면서 떠돌이 생활을 하고 있다. 두 번째 가족과는 아무런 호적관계를 갖고 있지 않으며, 다른 사람들을 의심하고 부정적으로 해석하는 성격적인 장애증세를 나타내고 있다. 현재는 신용불량자와 주민등록이 말소된 상태로 가족들의 보호가 필요하나 가족들로부터 방치된 상태이다. 그래서 행정상 불가능한 '기초생활 보장 수급권자' 지정을 위해 여러 차례 행정절차상의 도움을 제공하였으나 호적상 경제적 능력이 있는 아들 입적으로 인해 '기초생활 보장 수급권자'에서 탈락하였다. 꾸준히 아들과의 접촉을 통해 경제적 지원을 요청하였지만 매번 거절당했으며, 주변 인물들로부터 거의 사기형태로 생활을 연명해 나갔다. 두 번째 가족에 대한 미움과 분노가 상당하며 가족이 자신을 버렸다고 생각하고 있다. 겨우 이웃 주민과의 연계를 통해 긴급생활 지원을 할 수 있었으며 도움주기를 완강하게 거부했던 가족들과의 중재상담을 통해 내담자의 병원비를 지원할 수 있게 되었다.

(1) 사정(내담자의 관련정보)

인적 사항	남, 71세		
가족사항	관계	비고	동거여부
	첫 번째 아내	이혼	X
	두 번째 아내	별거 중	X
	전 부인 아들	이혼 후에도 10년 정도 꾸준한 부자관계 유지, 결혼 후 ct와 단절을 희망하고 있고, ct에게 도움을 주고 싶지 않음.	X
	아들 2, 딸2	아버지에 대해 도움주기를 거절함	X

16 한국노인의 전화(2004), 창립10주년 기념집 – 아픔편, p.8-16

	병명	상태
의료 및 장애관련 사항	의처증, 성격장애	첫 번째 이혼과 두 번째 아내와 별거
	천식, 간기능 저하	경제적으로 치료를 할 능력이 없는 상태임
주거	현재 혼자서 떠돌이 생활을 하고 있으며 구걸하다시피 생계를 유지하고 있음.	
경제	경제적 능력이 전혀 없음, 신용불량자로 주민등록이 말소된 상태	
지원현황	이웃 주민과의 연계를 통해 긴급생활을 지원 받음. 도움주기를 거부하던 가족들과의 중재상담을 통해 병원비를 지원할 수 있게 됨	

(2) 가계도와 생태도

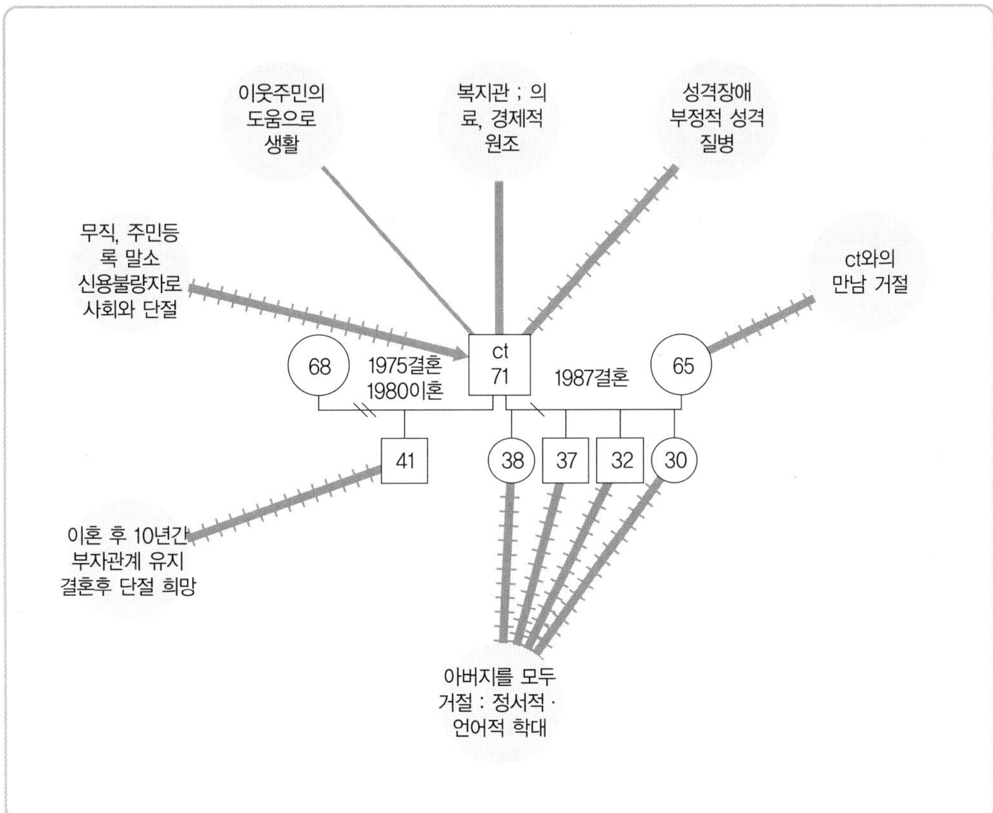

〈그림 22-4〉 우울사례 4의 가계도와 생태도

(3) 내담자의 욕구 및 사정

① 상담경위

내담자가 가족들로부터 방임과 언어, 정서적 학대를 받고 있음을 내담자의 이용 복지관 간호사가 알고서 신고하여 접수된 사례이다.

② 내담자의 욕구

- 경제적 지원이 필요
- 장기적으로 노인요양시설 입소 희망

③ 가해자 및 기타 주변인

- 내담자와 관계를 맺고 싶지 않음
- 두 번째 부인은 내담자가 새사람이 되어 잘 살기를 바라나 다시는 만나고 싶어하지 않음.

(4) 상담계획

① 내담자의 주 호소 문제

- 경제적으로 무능력함을 호소
- 머리가 아프다는 등 신체적 고통을 호소함.
- 가족들에 대해 부정적인 말과 생각으로 일관

② 내담자 문제의 이해

내담자는 은행대출 및 신용카드 불량자로 인해 주민등록을 말소하였고 현재 생활비를 마련할 방법이 없어 식사해결도 어려운 상황이며, 가족인 아들과 부인으로부터 방임과 정서적, 언어적 학대를 받고 있다. 이에 내담자는 가족에 관한 미움과 분노로 버림받았다고 생각하고 우울, 절망하고 있다.

④ 상담목표

- 건강문제 해결
- 경제적 지원
- 가족중재 상담을 통한 경제적 원조

⑤ 상담전략

- 무료병원알선 및 가족의 관심을 유도하여 건강문제를 지원하도록 함

- '생활보호대상자' 지정을 통한 공적지원 확보
- 동사무소와의 기관연계로서 정보제공을 통해 '수급권' 확보를 위한 방향을 모색
- 장기적 생활대책을 위한 시설 및 지역사회 자원 정보를 확보
- 가족이해 및 관계 회복
- 가족들과의 적극적인 접촉을 통해 심리적 지지, 정서적 지지 및 경제적 지원을 유도

5) 사례 5[17]

남편이 6개월 전에 갑자기 죽었어요. 함께 저녁을 먹고 TV연속극도 보고 잠자리에 들었는데, 아침식사를 차려 놓아도 안 일어나길래 깨웠더니 죽어 있더군요. 어떻게 장례를 치렀는지... 그저 멍한 상태에서 눈물 한 방울 나지 않더라고요. 장례가 끝나자 친척들, 자식들은 모두 쏜살같이 사라져 버렸어요. 텅 빈 집에 우두커니 앉아 있으니 온갖 생각이 다 났습니다.

남편과의 사이는 그렇게 잘 맞는 사이는 아니었지요. 젊어서는 '늙으면 보자' 며 참고 살았고, 남편이 일찍 퇴직해서 집에 있게 되자 답답해져서 친구들이랑 동남아니, 설악산이니 실컷 여행다니며 남편 밥도 제대로 못해 주었어요. 그런 중에 자식들은 출가해서 모두 떠나게 되자 노인 둘이서 있는 게 꼭 양로원 같더라구요. 우리는 공통된 취미도 없고 성격도 달라 각자 다른 생활을 했어요. 방도 따로 썼지요. 그러다가 어느 날 갑자기 말 한마디 없이 죽은 거예요.

그 사람이 죽은 뒤로 친구도 사람들도 만나기 싫고 자식들도 말은 안하지만 내가 늘그막에 남편에게 너무 했다고 생각하고 있을 것 같아 자식 보기가 두려워요. 요즘은 먹기도 싫고 밖에 나가기도 싫고 매사가 귀찮습니다. 밤에는 꿈에 자꾸 남편이 나타나 손짓을 하는 것이 나하고 어디를 같이 가자고 하는 것 같아 안 갈려고 버둥거리는데, 그러다 깨어나면 온몸이 식은땀으로 젖어 있지요. 아마도 나를 데리고 가려고 그러는 것 같아 어두워지는 것이 무섭습니다.

(1) 사정(내담자의 관련정보)

인적 사항	여, 59세		
가족사항	관계	비고	동거여부
	남편	6개월 전 사망	X
	큰아들	결혼하여 지방에서 살고 있음	X

17 김애순 (2008), 장노년 상담, 시그마프레스, p.130-132 인용

<table>
<tr><td rowspan="2"></td><td>작은 아들</td><td>결혼</td><td>X</td></tr>
<tr><td>큰딸</td><td>결혼, 어머니에게 친구 같은 역할을 함</td><td>X</td></tr>
<tr><td rowspan="2">의료 및 장애관련 사항</td><td>병명</td><td colspan="2">상태</td></tr>
<tr><td>불안, 우울증, 대인기피증</td><td colspan="2">사별 후 보이는 애도의 과정을 겪고 있음</td></tr>
<tr><td>주거</td><td colspan="3">자택</td></tr>
<tr><td>경제</td><td colspan="3">퇴직금으로 생활</td></tr>
</table>

(2) 가계도와 생태도

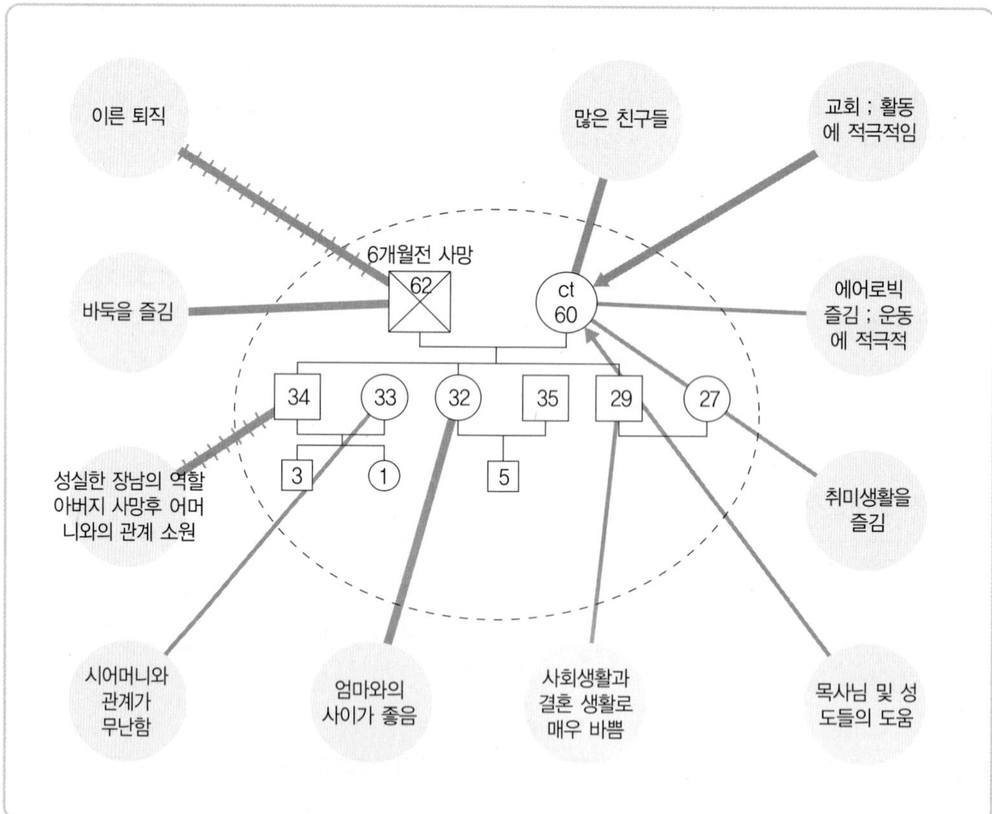

〈그림 22-5〉 우울 사례 5의 가계도와 생태도

3) 내담자의 욕구 및 사정

① 상담경위

남편의 죽음 뒤 사람만나기를 꺼려하고 자식들까지 보기 두려워하며 먹는 것도 싫고 밖에 나가기도 꺼리며 매사 귀찮다. 밤마다 남편이 자신을 부르는 악몽에 시달려 두렵고 불안하다. 주변 친구의 권유로 상담을 받게 되었다.

② 내담자의 욕구

- 신체적인 욕구 : 밤마다 꾸는 악몽으로부터 해방되어 단잠을 자고 싶다.
- 심리적인 욕구 : 남편에게 해주지 못했던 일에 대한 미안함과 죄책감에서 벗어나고 싶다. 무섭고 외로우므로 누군가 함께 하고 싶으면서도 한편으로는 만나기가 두렵다.

(4) 상담계획

① 내담자의 주 호소 문제

악몽으로 인한 불면과 두려움, 식욕감퇴, 대인기피, 의욕상실 등을 호소하였다.

② 내담자 문제의 이해

너무도 갑작스런 남편의 죽음으로 고인에 대한 죄책감과 동시에 사별 후 증상인 우울증을 겪고 있다.

③ 내담자의 자원

- 도움을 주고자하는 친구들이 있다.
- 자녀들과의 평상시 관계가 원만하였으므로 자녀들과의 관계를 통해 도움을 줄 수 있다.
- 적극적인 사회활동을 하였기에 주변에 도움을 받을 수 있는 곳이 많다.

④ 상담목표 : 사별 이후에 겪게 되는 과정을 알려주고, 자신의 상황을 이해하게 한다.

⑤ 상담전략

- 사별의 과정을 인지시키고 함께 공감한다.
- 충분히 애도할 수 있도록 돕는다.
- 상담을 통한 우울증과 불안증을 감소시킨다.

2. 자살시도 및 자살상담 사례

1) 사례 1 [18]

부인사별 후 혼자 살던 내담자는 사위의 사업자금으로 방 보증금 1900만원을 딸 내외에게 주고 딸 내외와 살림을 합쳐 함께 살게 되었다. 그러나 최근 사업이 어려워지면서 사업하던 사위도 집에 잘 안 들어오더니 미용실을 하던 막내딸이 경제적 압박으로 내담자에게 알리지 않고 야반도주를 하였다. 딸은 보지도 못하고 이삿짐센터 사람만 와서 이삿짐을 싣고 갔으며, 연락받고 온 셋째아들이 내담자를 모시고 수원으로 갔다.

아들네로 온 내담자는 아들에게서 심한 정서적으로 학대를 당하였다. '나가 죽어라, 죽는 게 낫다. 앓는 소리도 내지마라, 애 공부하는데 방해된다.' 등등 더 이상 견딜 수 없는 학대에 죽으려고 새벽에 집을 나와 전에 거주하던 곳 경로당까지 택시를 타고 왔다. 엉치가 너무 아파, 우선은 병원에서 주사라도 한 대 맞고 죽으러 가야겠다고 들른 곳이 전부터 다니던 아파트 상가에 위치한 병원이었다. 병원장이 자살의도를 내비치는 내담자를 보고 119로 문의하여 노인학대상담센터로 의뢰된 사례이다.

(1) 사정(내담자의 관련정보)

<table>
<tr><td>인적 사항</td><td colspan="3">남, 82세</td></tr>
<tr><td rowspan="6">가족사항</td><td>관계</td><td>비고</td><td>동거여부</td></tr>
<tr><td>부인</td><td>6년 전 사별</td><td>X</td></tr>
<tr><td>큰아들,
둘째아들</td><td>연락두절</td><td>X</td></tr>
<tr><td>셋째 아들</td><td>수원거주, 내담자의 주민등록은 셋째아들네로 되어있음. 정서적, 언어적 학대를 함</td><td>0</td></tr>
<tr><td>넷째 아들</td><td>제주도 거주</td><td>X</td></tr>
<tr><td>막내딸</td><td>3년 전부터 합쳐 살다 최근에 야반도주함</td><td>X</td></tr>
<tr><td rowspan="2">의료 및
장애관련 사항</td><td>병명</td><td colspan="2">상태</td></tr>
<tr><td>허리수술</td><td colspan="2">걸음걷기 불편하여 많이 걷지 못함, 누웠다가 일어날 때 심한 통증을 느낌, 앓는 소리를 연신 냄</td></tr>
<tr><td>주거</td><td colspan="3">부인 사별 후 독거하다 사위의 사업자금에 돈을 보태고자 딸 내외와 살림을 합침. 현재는 셋째 아들집에 거주</td></tr>
<tr><td>경제</td><td colspan="3">방 보증금을 딸네 주고 현재 경제능력이 전혀 없음</td></tr>
</table>

(2) 가계도와 생태도

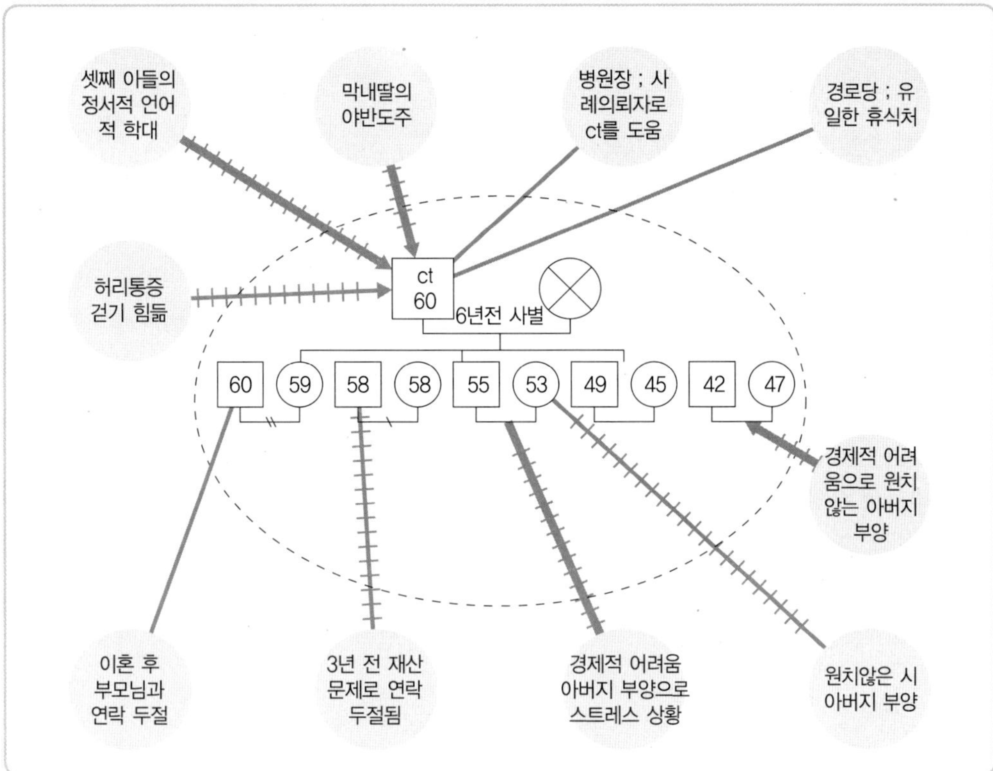

〈그림 22-6〉 자살시도사례 1의 가계도와 생태도

(3) 내담자의 욕구 및 문제사정

① 상담경위

자살을 결심하고 집을 나왔다가 통증으로 인해 주사를 맞고 죽으러 가야겠다며 들린 병원장에게 자살의도를 내비쳐 병원장이 119로 문의하여 노인학대상담센터로 접수되었다.

② 내담자의 욕구

- 아들 내외로부터 더 이상 학대받기 싫다.
- 고통 없이 죽고 싶다.

18 한국노인의 전화(2004), 창립10주년 기념집 - 아픔편, p.76-83

• 마음편히 지내고 싶다.

③ 내담자의 주 호소 문제

허리통증과 더불어 자식으로부터 버림받은 자신의 신세를 비관하고 있다. 죽고 싶으며, 구체적으로 죽을 방법을 언급하고 있다.

④ 내담자 문제의 이해

• 구체적인 자살방법을 언급(목을 매달려고 해도 힘이 없어서 끈을 매지 못하고, 육교에서 뛰어 내리려고 해도 바로 죽지 못할까봐 걱정함)하는 동시에 자살을 결심하고도 병원에 들린 점, 내담자의 자존심이 강하고 의지가 굳은 성격 등으로 미루어볼 때, 자살충동자체가 주변을 향해 외치는 도움의 외침이라 생각된다. 갑자기 변한 환경에 당황하는 내담자를 따뜻하게 보살펴주면 극단적인 행동까지는 막을 수 있을 것이라 여겨진다.
• 그 동안 부양을 맡고 있던 막내딸의 갑작스러운 이사와 준비되지 못한 상태에서 내담자를 모시고 간 셋째와의 갈등이 심하였고, 큰아들과 둘째와의 연락두절과 넷째의 어려운 형편으로 우선 셋째가 모시고 가는 과정 속에서 내담자는 버림받은 느낌, 자식들로부터 돈을 떼인 느낌, 육체적 고통, 셋째의 언어적 정서적 학대까지 겹쳐져 삶의 의욕을 잃은 듯하다.

(4) 상담계획

① 상담목표 : 내담자의 안전을 확보하고 부양문제를 해결한다.

② 상담전략

• 자살의도에 대한 위기상담으로 지지와 공감을 한다.
• 자살의도와 관련된 사례회의 및 자문이 필요하다.
• 주변자원 활용 필요(이웃, 가족 등)
• 셋째 아들과 다른 가족들과의 연락 필요

2) 사례 2

이모(당시 84세)할머니는 지난해 내내 자식들 싸움에 마음 편할 날이 없었다. 고혈압을 심하게 앓고 있는 자신을 두고 교수 아들 내외가 바깥 활동을 하는 것을 딸들이 자주 문제 삼았기 때문이다. 딸들은 "편찮으신 노모를 혼자 두고 오빠와 올케언니 모두 밖으로 돌아다닐 수 있느냐"고 따졌고, 아들 내외는 "볼 일이 있는데, 그럼 항상 곁에만 있을 수 있냐"며 싸웠다.

지난 해 아들 내외가 두 달간 해외 출장을 다녀오면서 또 한 차례 자식들 간에 큰 말다툼이 벌어졌다. 그리고 며칠 뒤, 할머니는 스스로 목숨을 끊으려는 시도를 하셨다. 담당 형사는 "할머니가 병든 자신 때문에 가정의 화목이 깨진다고 생각하신 것 같다"고 말했다.

(1) 사정(내담자의 관련정보)

<table>
<tr><td>인적 사항</td><td colspan="3">여, 84세</td></tr>
<tr><td rowspan="3">가족사항</td><td>관계</td><td>비고</td><td>동거여부</td></tr>
<tr><td>아들 내외
(60세)</td><td>부부가 교수로 출장과 출타가 많아 어머니를 돌보기 힘듦</td><td>O</td></tr>
<tr><td>큰딸(55세)</td><td>어머니에 대한 오빠의 행위를 이해하지 못함</td><td>X</td></tr>
<tr><td rowspan="2">의료 및
장애관련 사항</td><td>병명</td><td colspan="2">상태</td></tr>
<tr><td>백내장, 고혈압,
당뇨</td><td colspan="2">백내장으로 시력이 안 좋으며, 고혈압과 당뇨로 인한 여러 가지 합병증 증세가 있어 혼자서 밖으로 거동하지 못함</td></tr>
<tr><td>주거</td><td colspan="3">큰 아들내외와 아파트에서 거주</td></tr>
<tr><td>경제</td><td colspan="3">경제적 어려움은 없음.</td></tr>
</table>

(2) 가계도와 생태도

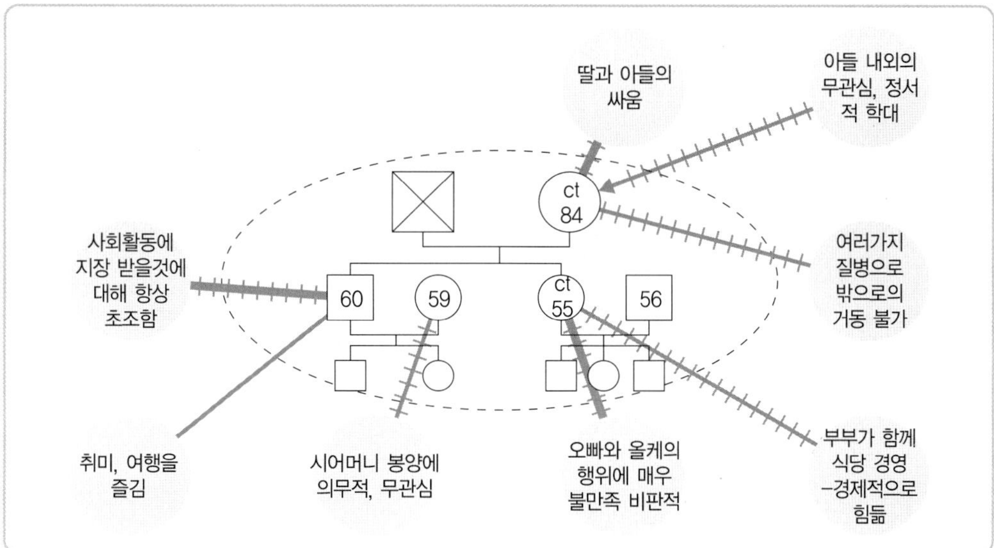

〈그림 22-7〉 자살시도사례 2의 가계도와 생태도

(3) 내담자의 욕구 및 문제사정

① 상담경위

큰딸인 내담자가 어머니의 자살시도로 상담을 요청해 왔다. 어머니 상담과 동시에 큰딸도 함께 상담에 응했다.

② 내담자의 욕구

- 어머니의 욕구는 가족들이 화목하게 지냈으면 좋겠다.
- 딸의 욕구는 오빠내외가 어머니를 잘 모셨으면 좋겠다.

③ 내담자의 주 호소 문제

- 나는 살 만큼 다 산 사람이라 더 이상 살아도 더 좋은 낙은 없을 것 같다. 내 맘을 알아주는 자식도 없는 것 같아 외롭다. 자식들이 싸우고 난 날이면 내가 죄인인 것 같아 말 한마디 하지 못한다.
- 사람의 도리로서 부모를 어떻게 그렇게 모실 수 있을까하는 원망으로 오빠 내외가 밉고 야속하다. 자신이 모시고 싶지만 그럴 형편이 되지 못해 답답하고 자신이 처량하게 느껴진다. 경제적으로 여러 가지 여건상 오빠가 모시는 것은 당연한데 이왕 모시는 것 맘 편하게 해드리면 안되는가?

④ 내담자 문제의 이해

- 부모의 부양문제로 인해 자신이 어찌할 수 없는 상황에 무기력하며, 가족에 대한 원망이 커져가고 있는 듯하다.
- 어머니의 자살시도 원인은 자식들간의 불화가 자신이 원인이라 생각함으로서 본인이 죽으면 모든 것이 해결될 것이라고 생각했기 때문이다. 이에 대해 내담자는 죄책감과 피해의식이 동시에 공존하면서 갈등하고 있다.

(4) 상담계획

① 상담목표 : 가족의 화합을 위한 이해

② 상담전략

- 딸들에게는 부모님 문제는 어느 한 사람의 책임이 아닌 공동의 책임임을 인식시킨다.
- 신변 호보가 어려운 노인을 혼자 계시게 하는 것도 노인학대 행위임을 알리고 이에 대한 적절한 대안을 마련하도록 브레인스토밍을 한다.

- 사회적인 주변자원을 활용하는 방법을 검토한다.
  (장기출장 시 외부자원과 시설의 도움을 받도록 하거나 도우미 등을 집에 들이는 방법 등)
- 어머니에게는 자신이 자녀들로부터 충분히 사랑받고 대접받을 수 있는 존재임을 인식하게 한다.

3) 사례 3[19]

노부부는 3형제를 두었고, 아들들은 모두 결혼해서 시내에서 살고 있다. 부모님만 외진 산속마을에서 개를 키우면서 개고기를 시장에 나가 팔아 생활을 하고 있다. 시어머니는 산속 마을에서 시장까지 장거리를 걸어다니면서 장사를 하는데, 술을 먹기 시작하여 현재 알코올중독 수준에 이르렀다.

시어머니는 자주 술을 먹고 술을 이기지 못해 온몸을 뒤틀며 거품을 일으키고, 이상행동을 보여 병원에 입원하기도 하는 생활이 반복되었다. 시아버지 역시 자주 술을 먹고 길에서 오토바이를 버려둔 채 잠을 자는 일도 자주 있다.

시어머니는 술을 하루라도 먹지 않으면 견디기 어렵다고 호소하였다. 자녀들하고도 사는 것에 의미를 두지 못하고 외로움을 호소하는 시어머니는 죽고 싶다고 하는 말을 자주하였다. 그러던 어느 날 시어머니가 갑자기 제초제를 먹고 자살하는 일이 발생하였다.

시아버지는 현재 술을 끊고 새 여자를 만나고 있다. 그러나 내담자의 남편도 술을 자주 마시고 있는 상황이어서 걱정이다. 또한 시어머니의 자살영향이 자녀들에게까지 이어지는 것은 아닌지 걱정이 된다.

(1) 사정(내담자의 관련정보)

인적 사항	여, 40세		
가족사항	관계	비고	동거여부
	시아버지(70세)	시어머니(69세) 사별 후 현재 술을 끊음	X
	남편(셋째)	어머니의 자살이후 잦은 음주로 걱정이 됨	X
	며느리(셋째)	시어머니의 자살로 인한 영향이 자녀들에게 이어지는 것은 아닌지 걱정이 됨	X

19 "강원 1366" 전화상담사례

의료 및 장애관련 사항	병명	상태
	알코올중독	시어머니는 알코올중독 수준이었음. 현재 남편도 알코올중독이 염려됨.
주거	노부부가 함께 산속마을에서 거주	
경제	노부부가 독립적인 경제활동을 하며 살고 있음	

(2) 가계도와 생태도

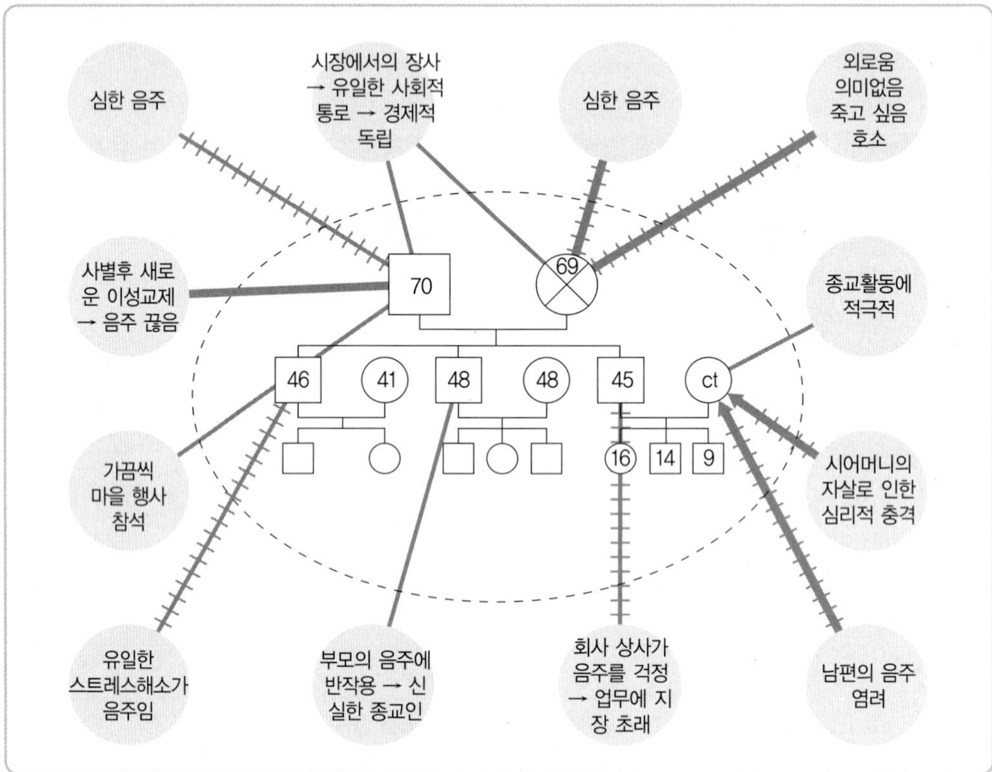

〈그림 22-8〉 자살사례 3의 가계도와 생태도

(3) 내담자의 욕구 및 문제사정

① 상담경위

남편의 알코올중독 염려로 알코올상담을 받게 되었으며, 이를 통해 시어머니의 자살로 인한 심리적인 상담이 이루어지게 되었다.

② 내담자의 욕구

- 남편의 알코올중독에 관한 상담
- 시어머니의 자살로 받은 심리적인 충격과 그것이 자신의 가족에게 미칠 영향에 대한 염려를 해소하고 싶다.

③ 내담자의 주 호소 문제

남편이 보이는 알코올중독 증세가 시부모님의 영향에서 비롯된 것은 아닌지 걱정이 되며, 남편이 어느 날 시어머니처럼 극단적인 자살을 선택할 것 같아 두렵다. 또한 자라는 아이들에게도 할머니의 자살이 미칠 영향에 대해 걱정이다.

④ 내담자 문제의 이해

시어머니의 자살이란 극단적인 선택이 건강한 가족을 이루려는 내담자의 노력에 큰 걸림돌로 다가 온 것 같다. 특히 부모님의 삶의 모습과 심리적인 면은 자녀들에게 그대로 답습될 수 있음을 아는 내담자는 남편의 행동을 통해 일어날지도 모를 일들에 대해 큰 걱정을 가져올 수밖에 없었던 것으로 보인다.

(4) 상담계획

① 상담목표 : 내담자로부터 현실적인 대안을 통해 안전감을 준다.

② 상담전략

- 시어머니의 자살에 대한 심리적 충격에 관한 상담으로 지지와 공감을 함.
- 시어머니의 자살의 원인(알코올중독과 소외감)을 이해하고 가족에 미치는 영향에 대한 이해와 대비책을 마련함.
- 알코올전문 상담소의 도움으로 알코올중독에 대한 이해를 깊이하고 적극적으로 대비책을 마련하도록 함.
- 시아버지가 술을 끊고 새로운 생활로 변화된 것에 대해 긍정적인 시각을 갖도록 함.

4) 사례 4

광주 시내 모 아파트에서 박모(60세)씨가 숨진 채 부패되어 있는 것을 친정에 다니러 온 딸(38세)에 의해 발견되었다. 박씨는 1986년 아내와 이혼한 뒤 혼자 살아왔으며, 2000년부터 건강이 악화되어 심장병과 목디스크로 연달아 수술을 받았다. 그러나 수술 합병증으로 몹시 고통받아왔다. 박씨는 죽기 전 “사는 게 고통스러워 죽음을 선택했다. 오랫동안 계속된 합병증으로 인한 지병과 아무도 나를 알아주지 않는 외로움으로 이제는 더 이상 살아갈 자신이 없다. 나의 시신은 화장한 뒤 고향인 전북 장수에 뿌려 달라"는 내용의 자필유서를 남겼다.

(1) 사정(내담자의 관련정보)

<table>
<tr><td>인적 사항</td><td colspan="3">남, 60세</td></tr>
<tr><td rowspan="3">가족사항</td><td>관계</td><td>비고</td><td>동거여부</td></tr>
<tr><td>아내</td><td>20년 전 이혼함</td><td>X</td></tr>
<tr><td>딸</td><td>혼자 사시는 아버지를 명절날 외에는 자주 찾아뵙지 못함</td><td>X</td></tr>
<tr><td rowspan="2">의료 및 장애관련 사항</td><td>병명</td><td colspan="2">상태</td></tr>
<tr><td>심장병, 목 디스크, 합병증</td><td colspan="2">심장병과 목디스크 수술 후 합병증으로 여러 가지 치료를 병행하고 있으며, 혼자서는 거동이 매우 불편한 상태</td></tr>
<tr><td>주거</td><td colspan="3">조그만 전세방에 혼자 거주함</td></tr>
<tr><td>경제</td><td colspan="3">그동안 모아놓은 돈과 딸이 보내주는 용돈 20만원으로 어렵게 생활하며, 병원비와 생활비로 거의 모든 재산을 탕진함</td></tr>
</table>

(2) 가계도와 생태도

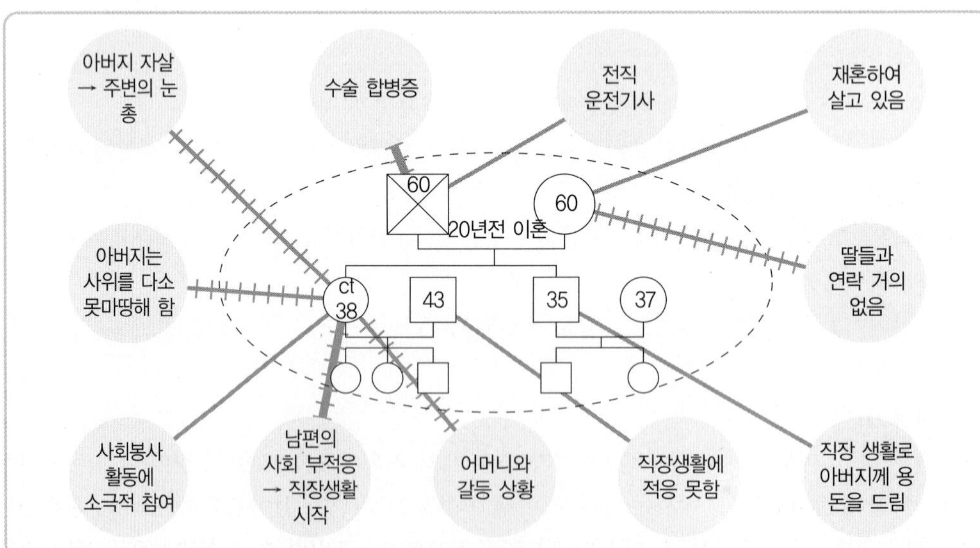

〈그림 22-9〉 자살사례 4의 가계도와 생태도

(3) 문제사정

아내와 이혼 후 혼자 외롭게 살아오는데, 심장병과 목 디스크로 인한 지병이 악화되어 심신이 연약해져 자살을 선택하게 된 것으로 보인다.

(4) 상담계획

남아있는 가족들이 부모의 자살로 인한 죄책감과 혼란, 그리고 사회적 편견으로부터 극복하도록 지지한다.

5) 사례 5

어버이 날인 5월 8일, 경기도 벽제 추모공원. 이모(48세, 여)씨는 부모의 유골함에 카네이션을 달아주고 있다. 눈에 잔뜩 고인 눈물이 카네이션 위로 뚝뚝 떨어진다. 남들은 부모를 모시고 나들이 가는 날 그녀는 "자식들에게 상처만 남기고 떠나시면 어떻게 해요."하며 회한의 눈물을 흘린다.

92세셨던 아버지는 78년을 해로한 어머니(당시 93세)와 함께 지난해 가을 목숨을 끊었다. 병석의 아내를 먼저 숨지게 한 뒤 자식들에게 4장의 유서와 장례비 250만원을 남기고 자신도 세상을 등졌다.

"살 만큼 살았으니 너무 슬퍼하지 말고 눈물 짓지 말아라. 서운한 내 딸들을 못보고 가는 이 아비 눈에 눈물이 나오니 한심하고 섭섭하다. 걱정 말고 몸 건강하길 바란다..... 78년이나 동거한 처를 죽이는, 독한 남편 ○○○불쌍하도다."

아버지는 지난 3년간 중풍과 치매로 거동도 못하는 어머니의 병 수발을 도맡아 왔다. "늙어서까지 짐이 될 수 있느냐"며 자식들이 주는 돈을 마다하고 아흔이 넘은 나이에도 폐품을 수집해 용돈을 벌어 쓴 아버지였다. 도리어 40~60줄의 자식들이 형편이 어려워 노동판을 전전하는 것만 걱정했다. 하지만 자식들에게 짐이 되지 않으시려던 아버지의 선택은 오히려 큰 멍에로 돌아왔다. 친지나 이웃들은 "부모를 어떻게 모셨기에...", "동네에서 나가라"는 등 차갑게 반응했다. 이씨는 "주변의 냉대에 또 한 번 울게 된다."고 했다.

(1) 사정(내담자의 관련정보)

인적 사항	여, 48세		
가족사항	관계	비고	동거여부
	아버지(92세)	3년 동안 아내의 중풍과 치매 병수발을 해왔음.	X
	어머니(93세)	지병 전까지는 남편과 함께 용돈을 버는 등 활동을 하였음.	X

	7남매의 형제들	각자 경제적 상황이 안 좋아 부모님을 보시지 못함	X
의료 및 장애관련 사항	병명	상태	
	중풍, 치매	지병으로 거동을 하지 못하며, 돌봄이 없이는 살아갈 수 없음.	
주거	노부부가 함께 거주		
경제	폐품 수집으로 용돈을 직접 벌어 씀.		

(2) 가계도와 생태도

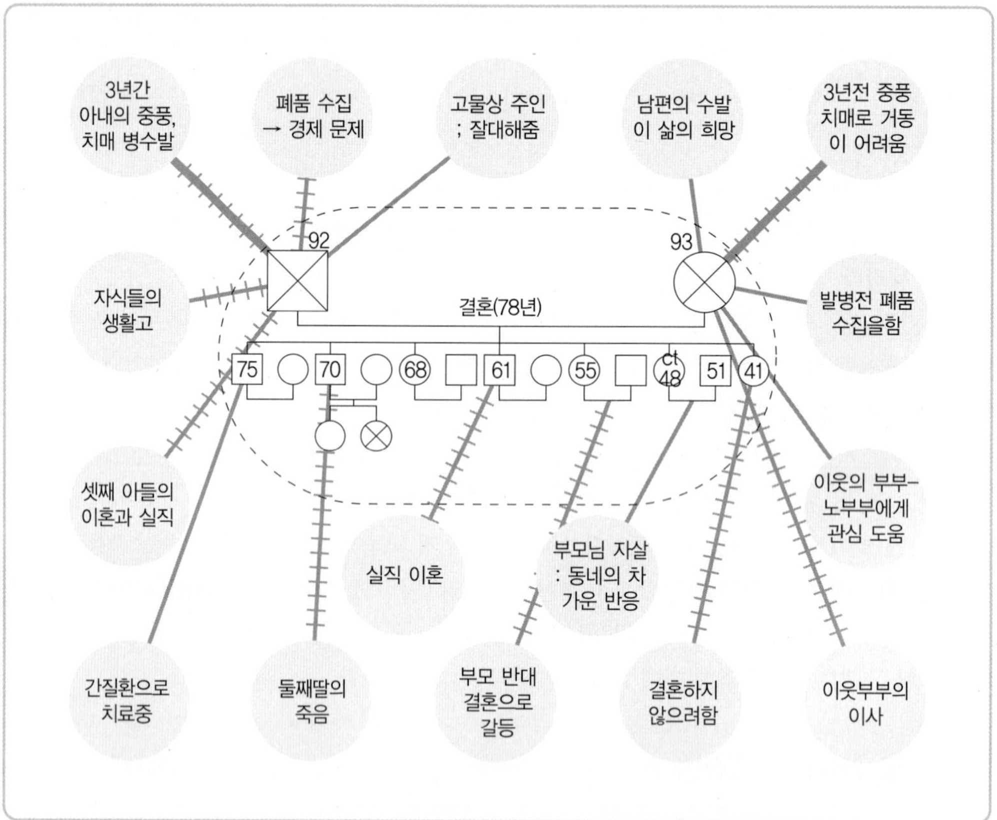

〈그림 22-10〉 자살사례 5의 가계도와 생태도

(3) 내담자의 욕구 및 문제사정

① 상담경위

아버지 어머니의 동반자살로 인한 주변의 냉대로 상담하게 되었다.

② 내담자의 욕구

• 부모님의 동반자살로 인한 죄책감에서 벗어나고 싶다.
• 사회적 냉대에서 벗어나고 싶다.

③ 내담자의 주 호소 문제

부모님의 죽음만으로도 심리적으로 감당이 되지 않는데, 주변에서의 질책과 따가운 시선들이 더 마음을 아프게 한다.

④ 내담자 문제의 이해

• 경제적인 어려움 가운데 오랜 장수로 생활형편이 어려운 자녀들에게 짐이 되지 않으려는 아버지의 깊은 마음이 자녀들에게 오히려 더 큰 상처를 준 사례이다. 부모님의 동반자살이 매스컴에 알려지면서 자신이 죄인이 된 듯 아픔을 가지고 있는데, 주변사람들의 눈총으로 인해 2차 피해를 입고 있다.
• 부모님의 죽음이 자살이라는 사회적 이슈인 만큼 그로 인해 피해를 입고 있는 내담자는 부모님에 대한 원망도 함께 공존하고 있어 원망과 죄책감의 이중심리로 갈등하고 있다.
• 모든 가족이 어려움 가운데서 지내온 것으로 이는 자녀들의 책임이라기보다는 노인부양의 사회적인 문제라는 것을 인식하게 하고 죄책감을 덜어내도록 도와야 할 것이다.

(4) 상담계획

① 상담목표 : 죄책감에서 벗어나게 한다.

② 상담전략

• 부모님의 동반자살은 자녀들을 생각하는 깊은 마음에서 비롯된 것임을 알도록 하여 부모님에 대한 원망과 죄책감의 이중갈등을 해소하도록 돕는다.
• 사회적 편견은 노인부양이 사회적 문제임을 인식하게 하여 죄책감을 덜어냄으로써 도울 수 있다.
• 주변에 같은 처지에 있는 지지그룹에 참여하도록 한다.

3. 죽음상담 사례

1) 사례 1[20]

D씨는 치매 증상이 있는 부인과 함께 시설에 들어왔다.

D씨의 몸 상태는 심한 빈혈증세에, 권태감, 노작성 흉내고민(勞作性 胸內苦悶 ; 육체적 노동을 하면 가슴에 답답함을 느끼는 현상)등의 증상이 있어 시설과 연계된 병원에서 2주일에 한 번씩 수혈을 받고 있는 상태이다. 또한 가슴이 답답하면 시설의 거실에 구비되어 있는 산소발생기를 이용하여 항상 산소흡입을 한다.

D씨는 규제가 많은 병원생활이 너무 고통스럽고, 치매증상이 있는 부인과 떨어져 여생을 보내고 싶지 않았기 때문에 몸 상태가 의료를 필요로 함에도 병원에 있지 않고 시설에 들어온 것이다.

D씨는 일단 의사를 존중하면서 상황에 맞추어 유연하게 대응하기로 케어 방침을 정했다. 시설에 들어 온지 얼마 되지 않아 D씨는 심부전증과 고도의 빈혈 증세로 병원에 재입원해야 했다. 그러나 D씨는 부인의 일이 걱정되어 야간에는 시설로 돌아와 부인과 밤을 같이 보내곤 했다. 의사와 간호사의 설득에도 D씨가 좀처럼 움직이지 않자 본인, 가족, 그리고 의사가 함께 충분히 대화를 나누고 본인의 삶과 죽음에 대한 가치관을 존중하는 차원에서 병원을 퇴원시키기로 결정했다. 그리고 다시 시설에서의 생활이 시작되었다.

D씨는 "내일 죽어도 여한이 없어. 단지 이 고통만 좀 없애 주면 좋겠어."라며 입버릇처럼 이야기하곤 하였으며, 스스로 자신의 고통을 줄이는 방법을 사용하여 직원들에게 의지하려 하지 않았다. 심한 통증이 오는 상태였으나 외출도 자유로이 허락되었으며, 옷차림과 몸단장에도 신경썼다. 그러나 흉부의 중압감과 권태감이 진행되면서 식욕저하가 눈에 띄게 저하되었다.

■ 존엄을 생각하는 케어 방법

극심한 통증을 가진 환자이었으나, 와상 상태가 싫다고 말하는 D씨에게 혼자 자유롭게 다닐 수 있도록 전동 휠체어를 제공해주고, 외출을 허락하였다. 또한 식욕저하와 음식섭취가 힘든 상황을 해결하기 위해 애썼다. 그러나 D씨는 많이 차려진 음식보다는 원하는 음식인 된장국이 먹고 싶다는 그의 바램을 통해 말기환자들의 상황에서는 진수성찬도 소용이 없음을 깨달을 수 있었다.

그는 결국 서서히 체력 저하가 되었고, 케어시간도 D씨의 패턴에 맞추고, 식사 시간도 늦추

20 종합케어센터 선빌리지(2006), 노인이 말하지 않는 것들, 시니어 커뮤니케이션, p.97-100 인용

어 원하는 시간에 금방 조리한 음식이 나오도록 하였다. D씨는 82세의 나이로 운명하였다.

여기서 우리는 D씨의 경우처럼 생활의 질을 존중하는 터미널케어를 실천하기 위해 생각해야 보아야 할 것이 있다.

첫째, 가장 중요한 것은 의사와의 연계를 기본으로, 자신의 생을 어떻게 마무리 할 것인가 하는 생사관(生死觀)이 있어야 하며, 이에 대한 굳은 신념과 의지를 가지고 있어야 한다.

둘째, 존엄을 생각하는 가장 이상적인 케어를 하고자 한다면 무엇보다 본인의 의사를 존중해야 한다는 것이다. 이를 위해 가족과 시설은 환자 본인의 의사를 존중할 수 있는 지원태세를 갖추고 있어야 한다는 것이다.

2) 사례 2 : 본인이 싫다는데 왜 계속 링거를 맞아야하죠?[21]

H씨는 말기 암 진단을 받았으나 본인에게는 그 사실을 알리지 않았다. 점점 식사하는 것도 힘들어지면서 몸도 쇠약해지고 있다. 그대로 두면 위험하다고 생각하여 케어팀은 의사의 진찰을 받아 링거를 처치하기로 하였다.

케어팀은 링거를 처치하는 것으로 조금은 안심할 수 있다 싶어 링거를 준비하여 H씨방에 찾아갔으나 평소와는 다르게 온화한 표정은 없다. 뭔가 맘에 들지 않는다는 듯 미간을 찌푸리고 있었다. 그는 링거를 맞기 싫다며 거부반응을 보였다. 담당 간호사는 식사를 하지 않아 링거를 맞아야 하며 맞지 않으면 죽을 수 있다고 설득하여 억지로 링거를 맞도록 하였다. 그러나 H씨의 표정에는 링거에 대한 강한 거부감이 나타났다.

케어팀도 '불필요한 의료 행위는 바람직하지 않다' 라는 점에서 H씨가 링거를 맞기 원치 않음을 어느 정도 알고 있었으나 간호사는 링거를 맞지 않으면 위험할 것이라 판단하였으며, H씨를 위한 조치라 생각하고 처치하기로 결정했다.

그러던 어느 날 호주에서 간호사로 일하고 있는 H씨의 딸이 귀국하여 시설로 찾아왔고, 왜 이 나라에서는 본인이 원치 않는데도 의료행위(링거 처치를 말함)를 계속 하냐며 눈물로 호소하였다. 결국 가족과 함께 의사에게 사정을 설명한 후 링거를 중지했다.

H씨는 얼마 남지 않은 시간을 딸과 함께 하고 싶다는 바램을 비췄고, 원하는 대로 링거를 중지하였으나 딸과 함께한 행복한 시간을 통해 예전의 온화하고 평화로운 표정으로 돌아갔다. 그리고 3일 후 편안하게 잠든 것처럼 임종하였다.

21 종합케어센터 선빌리지(2006), 노인이 말하지 않는 것들, 시니어 커뮤니케이션, p.101-104 인용

■ 존엄을 생각하는 케어 방법

우리는 이 사례로부터 다음과 같은 것을 생각해 볼 수 있다. 과연 환자로부터 링거를 그만 둔 것이 정말 옳은 일이었을까? 또 누구를 위해 링거를 계속 처치하고자 했는가? 시설이 행해야 할 터미널케어에서 간호사의 역할은 과연 무엇일까?

이러한 생각과 물음에 대한 깨달음은 우리가 행하는 처치는 환자와 가족은 물론 케어하는 직원들의 불안(곧 돌아가시면 어떻게 하지?) 해소를 위해 하는 조치라는 것이다. 이러한 불안과 책임에서 회피하고 싶었고, 그렇게 해서 스스로를 안심하려 했던 것이다. 즉 환자나 가족을 위한 것보다는 케어를 담당하는 사람들의 위안을 위해 시행된다는 것이다.

이러한 사례를 통해 알 수 있는 것은 임종이 가까운 시기에는 의료가 아닌 생활을 중시한 케어가 얼마나 어려운가 하는 것이다. 의료적인 조치를 거부해도 결코 상태를 방치해서는 안 되며, 간호사의 역할은 고통이 없는 일상생활을 지원하는 것이며 이를 위해 마지막 남은 시간에 대한 세밀한 관찰과 판단력이 필요하다는 것이다.

케어하는 사람들 모두는 '죽음'에 대한 막연한 불안감과 싸워나가며, 누구를 위해 무엇을 위해 이러한 행위를 하는지 되돌아보아야 한다. 또한 떠나는 사람의 마지막 인생의 시간에서 진정한 자신의 모습으로 돌아갈 수 있도록 지원하는 것이 그들의 역할일 것이다.

무엇보다 중요한 것은 본인의 결정과 전문성이 균형을 이룬 케어가 되어야 한다.

3) 사례 3 : 에이즈 환자를 받아들여도 괜찮을까요?[22]

60대인 A씨는 에이즈 환자이다. 에이즈로 인한 뇌기능 손상으로 인지장애가 약간 있다.

병원에서 퇴원하면서 자택에서는 생활이 곤란하므로 가족들이 A씨의 생활공간을 찾아 병원, 노인보건시설, 특별 양호노인홈 등 몇 군데를 찾아다니고 이었다. 그러나 그 어느 곳에서도 A씨가 에이즈 환자라는 이유로 입소를 거절하였다. 갈 곳을 찾을 수 없게 되자 복지 담당자와 상담을 하였고 우여곡절 끝에 종합케어센터 선빌리지로 입소가 의뢰되었다. 가족은 아직 젊은 A씨가 에이즈에 감염된 사실에 대해 좋은 감정이 아니었고, 마음으로도 아직 받아들이지 못하고 있어 어느 정도 시간이 필요했다.

A씨가 시설에 들어오는 것을 전제로 시설에서도 다른 이용자나 직원들에게 감염 리스크(위험)와 A씨를 담당해 줄 병원의 확보가능성 등을 검토한 결과, 적절한 지식과 기술을 습득한다면 이런 리스크는 방지할 수 있을 것으로 판단하고, 우선 시설입소 담당 팀이 사전조사를 했다.

22 종합케어센터 선빌리지(2006), 노인이 말하지 않는 것들, 시니어 커뮤니케이션, p.105-109 인용

■ 존엄을 생각하는 케어 방법

위의 사례처럼 에이즈 환자나 감염의 위험이 있는 환자의 케어는 누구든지 두려운 마음이 든다. 이러한 환자를 입소하기 위해 먼저 케어를 담당하는 직원이 의사와 협력 체제를 구축하고 감염증 예방센터로부터 전문 간호사와 사회복지사 등을 초빙하여 에이즈에 관한 세미나를 개최하였다. 두려움은 무지(無知)에서 나온다. 사전 준비와 정확한 지식 습득은 두려움을 없앨 수 있다. 또한 적절한 지식을 가지고 있다면 이러한 감염위험이 있는 환자의 케어도 가능하다.

대부분의 일반 사람들은 지식이 없기 때문에 쓸데없는 경계심을 가지고 한 사람의 인간이 아닌 '에이즈 환자' 로 밖에 보지 않는다. 그러나 이러한 편견을 가지고는 개인의 프라이버시를 존중하는 전문적인 케어가 이루어질 수 없다. 적절한 지식, 기술, 의료와 사회의 지원이 이루어져, 에이즈 감염과 같은 리스크를 사전에 관리함으로써 '000한 환자' 가 아닌 한 사람의 인간에게 케어를 제공하는 것이 바로 존엄을 생각하는 케어일 것이다.

이 사례에서는 거의 모든 직원이 A씨의 입소 전에 철저한 준비를 통해 에이즈에 대한 이해 수준을 높였고 이로 인해 A씨와 같은 환자가 편견에서 벗어나 존엄한 케어를 받을 수 있었다.

생각해 볼 문제

- 다양한 죽음준비교육 프로그램을 평상시에 구상해보고 집단프로그램을 만들어봅시다. 직접 프로그램을 돌려보고 동료사회복지사나 선임사회복지사들에게 수퍼비젼 등을 받아 보완점들을 찾아냅시다.

- 임사체험및 이미지를 통한 죽음체험프로그램에 참여하여 직 · 간접 경험을 해보고 그에 대한 경험을 동료들과 나누어 봅시다.

- 현장에서 노인분들과의 죽음관련주제에 대해 친숙해지기 위한 다양한 노력에는 어떤 것들이 있는지 의견을 나눠 봅시다(예를 들면 고인이 된 동료나 친족들이 어떻게 돌아가셨는지 그랬을때 어떤 감정이었는지 등).

- 상담사례 중에 죽음관련해서 어떤 상담들이 들어오고, 어떻게 해결하고 있는지 등에 관해 직접 생태도와 가계도를 그려보면서 케어플랜과 개입방법등을 작성해 보도록 합시다.

용어해설

얼마전 작고한 장영희 교수가 '내 힘들다'를 거꾸로 하면 '다들힘내'가 된다고 했다.
힘들어도 다들 힘을 내서 자기안에 있는 용기, 인내와 열정의 깃발을 다시 흔들자

김태익 조선일보 논설위원 글(2009) 중에서 발췌

사망공포증 necrophobia
죽음이나 죽어 가는 것에 대한 공포와 혐오.

사망률 대변혁 mortality revolution
기대 수명의 연장, 낮은 영아 사망률, 그리고 최근 여러 해 동안 발생한 전염병에 대한 제어 등을 지칭한다.

임종 dying
(1) 죽음이 일어나는 과정. (2) 살아있는 상태로부터 죽은 상태까지의 예정되지 않은 상태 경과

외생적 사망 exoteneous death
기본적으로 전염병이나 사고 같은 환경적 또는 외적 원인에 기인하는 사망.

우울단계 depression stage
Kübler-Ross의 죽음의 단계 이론 중 말기 질병의 자각과 죽음 사이에서 겪는 네 번째 단계.

임종궤도 dying trajectory
Barney G. Glaser와 Anselm L. Strauss에 의해 소개된 이 용어는 정상적인 건강 상태에서 죽음의 내리막길로 유형으로 이르는 과정의 단계를 표현하기 위해 사용되어졌다. 이것은 형태와 지속적 기간이라는 두 가지 주요 특징을 갖는다. 형태(shape)란 임종의 궤도는 그 상태를 도표로 만들 수 있음을 말하며 지속적 기간(duration)이란 그것이 시간에 걸쳐 지속적으로 발생됨을 의미한다. 임종의 궤도는 보통 질병의 본질이나 환자가 고통 받는 상황에 따라 다르기 때문에 노인들의 임종의 궤도는 젊은 이들의 그것과는 다르다.

임상적 사망 clinical death
호흡기능과 심장 박동의 단절로 순간적으로 측정되어지는 죽음.

죽음의 단계이론 stage theory of dying
사람은 탄생과 동시에 죽음을 향하는 것으로 가장 넓은 의미에서는 인생 전과정이 죽음의 과정인데 보통 보다 협의로 죽음이 주관적으로나 객관적으로나 확실시되는 과정을 파악해서 죽음의 과정이라고 하는 일이 많다. 이 과정에서 사람은 죽음과 맞서면서도 죽음을 수용하기 위한 적응과정을 가지게 되며, Elisabeth Kübler-Ross에 의해 제안된 이 학설은 임박한 죽음을 받아들이는 5단계의 심리적 적응 단계를 구분했다.
: (1) 부정 (2) 분노 (3) 타협 (4) 절망 (5) 수용

죽음 death

(1) UN은 죽음을 "출생 후 인생의 모든 증거가 전적으로 그리고 영원히 사라짐"으로 정의한다.

(2) 되돌릴 수 없는 뇌기능의 부재. (3) 살아있는 상태로부터 죽은 상태로의 변화

(3) 미국의 애틀리는 죽음이란 사람이 육체적으로 숨을 거두거나, 심장의 고동이 멈춘상태로 정의하고 있다. 또한 죽음은 살아있는 상태에서 죽어가는 상태로의 전환(Kass, 1971) 즉, 죽음은 죽어감을 시작으로 죽음으로 종말을 맺는 전이 과정이며 죽어가는 것을 실재하고 관찰할 수 있는 과정, 유기체가 생존능력을 상실해 가는 과정 등 다양한 정의가 있다.

죽음 불안척도 Death Anxiety Scale : DAS

말로 표현된 또는 말로 표현되지 않은 죽음에 대한 공포나 걱정 등을 측정하는 척도이다.

죽음-일시하락가설 death-dip hypothesis

사망률 통계치가 생일이나 선거 같은 중요한 사건 이전에는 떨어진다는 주장이다.

죽음학 thanatology

죽음과 그 현상을 연구하는 학문. 이 용어는 죽음을 뜻하는 그리스어 "thanatos"에서 파생되었다.

제2부 사별과 애도

고독감 loneliness

고독감은 그 자신의 인간관계나 생활방식을 다른 사람이나 과거의 자신과 비교해 볼 때 감정적으로나 사회적으로 부적절하다고 느끼게 되는 상대적 박탈감의 한 유형으로, 특히 변화와 손실을 경험할 확률이 높은 노인들에게 나타나기 쉽다.

만성슬픔 chronic grief

비정상적인 슬픔의 형태. 한 사람이 상대방에게 의존도가 아주 높은 관계에서 그 상대방의 죽음으로 발생하는 지속적인 슬픔을 말한다.

반응적 우울증 reactive depression

이미 경험한 사별의 슬픔과 관련된 감정 반응을 뜻한다.

사별 bereavement

(1) 좋아하는 사람이나 사물을 잃어버렸을 때의 느낌

(2) 협의로는 사랑하는 사람의 죽음으로 인한 상실을 말한다. Edmund H. Volkart와 Stanley T.

Michael은 사별을 "의존하고 싶은 욕구, 특히 감정의 교류와 관련된 욕구를 만족시켜준 사람이 죽어서 이별의 경험을 한 후 뒤따르는 생존자들의 감정상태, 행동, 생활"이라고 정의한다. 슬픔(grief), 애도(mourning) 참조

사별 치료사 Grief therapist

사별치료사는 가족의 죽음 등 예기치 못한 사고를 당했을 때 그 슬픔을 딛고 다시 건강하게 새로운 삶을 영위할 수 있도록 도와주는 일을 한다. 교통사고 등 각종사고들이 빈번하게 늘어 사별치료사의 역할은 점점 중요해지고 있다. 특히 병약한 노인인구가 증가하고 있어 죽음에 잘 대처할 수 있도록 죽음 준비교육 등을 도와 주는데 역점을 두고 있다.

상실 loss

사망, 이혼, 재해나 범죄피해 등을 겪음으로써 한때 소유하였던 것이 박탈된 상태를 뜻함.

슬픔 grief

사랑하는 사람이나 물건을 잃음에 대한 심리학적 반응. 일반적으로 물건, 지위, 위치, 능력, 태도가 없어지는 상태 의미한다. 그러나 소유주와의 관계의 강도에 따라 다르게 해석된다. 죽음으로 사랑하는 이를 잃었을 때 나타나는 반응이다. 사랑하는 대상의 죽음에 대해 느끼는 주관적인 느낌인 슬픔은 상실감과 같이 오는 정서적인 고통으로 심각한 정서적 위기를 뜻한다. 느껴지는 모든 것과 인지되는 상실에 대한 복합적이고 강렬한 내적 반응이다. 정서적인 반응이 일차적으로 나타나지만 다양한 심리적(인지, 사회-행동)과 신체적(신체-somatic) 증상과도 연관된다. 즉, 슬픔은 상실에 대한 정상적인 반응이며 신체적, 정서적, 사회적, 영적인 측면에서 총체적으로 경험하는 것이다.

슬픔극복 과정 grief work

개인이 중대한 손실 뒤에 경험하는 연속적인 정서적 단계 또는 국면으로서, 일반적으로 개인은 감정을 회상하고 표현하며 새로운 상황을 받아들이고 그에 적응하며 관계를 새로 형성한다.

애도 mourning

사별에 대한 슬픔을 표현함에 있어서 관습에 의해 정해진 과정. 슬픔이 풀어져 가는 과정으로 상실, 공포와 불안을 다른 사람들이 있는 곳에서 표현하는 경험이다. 상실에 대한 외부적 반응으로 사회나 문화집단에서 수행하는 슬픔의 사회적인 표현과 행동이다. 예를 들어, 장례와 상례와 관련된 관습이나 의식, 슬퍼하기 위한 일정한 기간을 의미하기도 한다. 사후 애도의 관습에는 상중에 집을 장식하는 것을 금하는 것, 검은 옷을 입거나 완장을 두르는 것, 그리고 일정기간 동안 종교기관(절, 교회 등)을 방문하는 것 등이 포함된다. 애도반응은 개인의 인격이나 문화에 따라 다르게 표현된다.

우울증 depression

(1) 식욕 감퇴, 불면, 무기력, 죄책감, 무가치함 그리고 거의 모든 일상생활에서 흥미의 상실과 감퇴로 특징 지워지는 심각한 정서 장애. 이것은 노인들에게서 발견되는 가장 흔한 정신장애이다.

(2) 슬픔, 불행, 우울함으로 특징 지워지는 이 용어는 원래 갱년기 우울증(involutional melancholia)으로 알려진 정신 상태를 지칭하였다.

(3) 노년기에 가장 빈번한 기능적인 장애이며, 주로 중요한 사람이나 물건을 상실했을 때 그에 대한 반응으로 나타난다. 죄의식, 풀리지 않는 슬픔, 분노, 외로움 등이 의기소침하게 하는 저변의 원인이 된다. 이것의 심리적 특성에는 낙심, 무용감, 자존심의 상실, 무감각, 비관주의 등이 포함되고 사고 과정을 방해할 수도 있고 언어 및 행동을 저하시킬 수 있다. 극심한 의기소침은 가장 흔한 자살의 원인이다.

예견된 슬픔 anticipatory grief

사랑하는 사람의 절박한 임종에 앞서 경험하는 슬픔

예기치 못한 슬픔 unanticipated grief

사랑하는 사람이 갑자기 죽었을 때 생존자가 느끼는 비정상적 슬픔

예비우울증 preparatory depression

미래 사별의 슬픔에 관련된 감정 반응

제3부 죽음 준비교육

사망 선택유언 Living-Will

건강한 상태에서 미래의 뇌사상태나 식물인간의 상태에서 치료의 가능성이 전혀 없는 상황에 처하게 될 때 생명유지장치에 의존하여 죽음을 연기시키지 않겠다는 의지를 법적으로 공증하는 것을 말한다. 자기의 생명을 마치는 법에 대한 의사표명을 미리 명확히 지시해 두는 문서이다. 입법에 의해 의료종사자는 이것을 지킬 의무를 진다. 자기가 정상적인 판단능력을 잃거나 말기의 상태에서 자기는 과도한 처치에 의한 연명보다도 죽음을 택한다고 하는 것을 말할 수 없을 경우에 대비해서 사전에 작성하여 놓는다. 이런 문서를 미국서는 헬스케어에 관한 사전지시문서라고 하고 이 외에도 특정 제3자에게 최종판단을 위임하는 지속적 위임문서는 법적 효력을 가진다. 1991년 12월 1일부터는 미국에서 환자의 자기결정법이 시행되고, 연방정부의 보험의 급부에 관련한 모든 병원, 노인 홈, 호스피스 등에서 환자 자신이 치료에 대한 결정권이나 거부권이 있다는 것을 문서로 주지시키게 되었다. (美)

죽음 준비교육 death preparation education

자기 자신이나 가까운 사람의 죽음에 대한 마음가짐을 배우고 죽음을 통해서 생의 의미를 배우기 위한 교육이다. 인간다운 삶, 죽는 법을 배운다. 최근 병원에서 죽음을 맞는 사람이 많아져서 가정에서 가족 일원의 죽음을 지켜보고 죽음에 직접 접하는 것을 통해서 죽음의 의미를 생각하는 기회가 사라

지고 있다. 또한 죽음에 대해서 명확한 의미를 주던 전통적인 종교나 관습의 약체화에 의해서 죽음과 생의 의미는 애매한 것으로 되었다. 이런 상황을 배경으로 죽음과 생의 의미를 반문하는 시도로 시행되고 있다. (日)

제4부 죽음관련 이슈

굴건제복
남자 상주의 전통 상례복(삼베)으로서, 혼인한 상주만 착용한다.

노인의료보험제도/임종간호적용범위 Medicare/Hospice coverage
노인의료보험제도의 혜택을 받을 수 있는 65세 이상인 사람들을 위하여 노인의료보험에서 승인한 임종간호제도는 다음을 지불한다. (노인의료보험제도에 적합하지 않은 변동 가능한 요금표) (1) 100% 가정간호원의 케어 (2) 100% 가정 건강 보조원/가정부 (3) 100% 긴급케어 (4) 100% 내구적인 의료장비 (5) 95% 일시적인 케어 (6) 95% 병에 관련해 처방된 약 (7) 의미 있는 사람을 위한 1년간의 조의 (美)

대렴금
대렴을 할 때 시신을 싸는 이불이다. 220cm 정도의 길이로 너비는 5폭으로 하는데, 남색 바탕에 자주색 깃을 달거나 자주색 바탕에 남색 깃을 달기도 하고 흰색 동정을 약 17cm 정도로 두른다.

말기의 감퇴 terminal decline
자연사하기 전 5년 이하의 기간에는 연령과 관계없이 지적 능력이 떨어진다는 주장. 이 가설은 1962년에 Robert W. Kleemeier에 의해 처음 알려졌으며 말기의 하락(terminal drop)이라고도 알려져 있다.

말기병 terminal illness
사망이 예상되는 질병을 말한다.

무규범적 자살 anomic suicide
1897년에 Emile Durkheim에 의해 확인된 자살형태들 중 하나. 사회의 정상적인 균형이 깨어지고 결과적으로 개인들의 행위를 규제하는 일정한 규칙과 지침이 부족하게 되면 그들은 자포자기와 절망감을 느끼고 그럼으로써 자살을 하고자 하는 것이다. 일부 학자들은 노인의 역할에 대한 의미 있는 기준과 지침이 별로 없어서 노인들이 어떤 행위를 함에 있어 명확한 규정도 없이 그들 자신의 역할을 조직하도록 방치되어 있다고 주장한다. 그래서 어떤 사람에게는 이것들이 자살을 초래하는 불균형한 상태로 이어지게 된다고 본다.

미리 준비한 장례 pre-arranged funerals

장례계획은 죽음보다 먼저 이루어진다. 고려대상에 재정적인 문제가 반드시 포함되지는 않는다. 성직자, 장례센터, 서비스의 위치, 관 나르는 사람, 묘지부지 위치나 준비, 매장, 소각, 기증 등을 선택한다.

미리 지불한 장례 pre-need or pre-financed funerals

장례서비스와 장례사의 요금에 대한 재정적인 정리를 미리 하는 것. 이것은 요금할인을 위한 것이거나 (요금할인은 없을지라도) 죽음의 순간에 결정해야 하는 괴로움을 피하기 위한 것이다. 장례비는 재정관리사가 선납하거나, 금융기관에 위탁한 증권에서 제하거나, 다양한 보험중계자나 때에 따라서 면허가 있는 보험대리자인 재정관리사를 통해 미리 준비한 보험에서 지불된다.

베르테르효과 Werther effect

자신이 모델로 삼거나 존경하던 인물, 또는 사회적으로 영향력 있는 유명인이 자살 할 경우, 글 사람과 자신을 동일시해서 자살을 시도하는 현상. 동조자살(copycat suicide) 또는 모방자살이라고도 한다. 독일의 괴테가 1774년 출간한 〈젊은 베르테르의 슬픔〉에서 유래하였으며, 1974년 미국의 사회학자 필립스(David Phillips)가 이름 붙였다. 유명인의 자살이 언론에 보도된 뒤, 자살률이 급증한다는 사실을 토대로 연구한 결과이다.

사망률 death rate

어느 인구집단을 대상으로 한 1년간의 사망자수가 그해의 그 인구집단 전체 인구에 대하여 차지하는 비율이다. 보통 인구 1,000명에 대한 숫자로 나타낸다. 그러나 원인별 사망률은 편의상 인구 10만 명을 대상으로 나타낸다. 사망률은 연차 · 지역 · 직업 · 성별 등에 따라 다르기 때문에, 어느 집단을 다른 집단과 사망의 빈도를 비교할 때는 조정사망률(adjusted death rate)을 사용한다. 즉 한 집단의 연령별 사망률을 구한 뒤에, 일정한 연령구성을 가진 표준인구의 사망률과 비교하는 것이다. 이를 조정사망률이라 하며, 처음에 말한 사망률은 이것과 대비한다는 뜻에서 조정사망률이라 한다.

사망소원 death wish

자기 파괴적이며 신체적으로 해가 되며, 죽음을 지향하는 개인의 행동이나 사고 유형.

사망일시금 lumpsum death benefit

국민연금의 급여 종류의 하나로 보험료를 3년 이상 납부한 자가 연금을 받지 않고 사망한 경우에 유족에게 지급되어지는 일시금이다.

사망증명서 death certification

사망증명서는 한 사람이 죽었다고 선언하는 공식적인 문서이다. 사망증명서는 두 가지 목적으로 기능한다. 이는 자연스럽지 못한 죽음에 대해 확실히 종지부를 찍을 수 있는 권한을 일반적으로 부검을 수행하는 중요한 위치에 있는 훈련된 담당자 들에게 제한 함으로써 살인 은폐를 막으며 또한 공중보건 통계치들을 제공해 준다.

사망진단서

인근 병원이나 입원했던 병원에서 발급 받는다.
의문사일 경우는 검안서로 바뀌어 사망원인에 대한 검안을 받아야한다.
사망진단서가 없으면 염습이 불가능하다.

생명표 life table

지정된 인구에서 각 연령 또는 연령집단에 대한 사망률, 예상수명 및 다른 자료들을 제공하는 표이다. 완전한 생명표는 각연령별 자료를 나타내는 반면, 축소된 생명표는 각 연령 집단별로 자료를 나타낸다(예를 들면 65-70, 70-80). 생명표는 주어진 인구의 사망률을 분석하기 위한 가장 중요한 도구이다. 과학적으로 정확한 최초의 생명표는 Joshua Milne이 1815년에 만들었다.

생명연장 절차 life sustaining procedure

아이오아주의 법에서, 이는 자발적인 생명기능을 유지하거나, 회복시키거나, 대신하기위해 기계적이거나 인공적인 도구를 사용하는, 단지 죽어 가는 과정을 연장시키기 위해서 사용될 수도 있는 의료적 절차나 치료를 말한다.

소렴금

소렴을 할 때 시신을 싸는 이불로서 대렴금과 같으나 세 폭으로 한다.

유언 last will

유언자의 사후의 신분상 및 재산상의 법률관계에 대 최후 의사표시이고, 그 자의 사망에 의해서 효력이 발생된다. 상속재산의 일정부분을 일정범위의 유족에게 유보시키는 유류분의 제도에 의한 제약을 제외하고 유언의 자유가 인정되어 있다. 유언자의 최종의사를 확보하기 위하여 유언자는 언제라도 유언을 철회할 수 있다. 유언은 거래와 다르므로 행위능력을 필요로 하지 않으나 일단 판단력(의사능력)을 갖추고 있지 않으면 무효이다. 만 15세부터 유언능력이 인정되고 있으며, 금치산자도 본심에 회복되어 있을 때는 의사의 입회하에 단독으로 유언을 할 수 있다. 유언은 유언자에게 신중히 의사표시를 시키기 위하여 또 타인에 의한 날조를 막기 위하여 엄격한 방식을 요구한다. 유언은 민법이 정하는 사항(법정사항)에 한하여 할 수 있다.

유족보조금 survivor's benefits

공적 및 사적 연금제도에서 사망한 연금 수급자의 유족에게 지급되는 연금

유족연금 survivor's pension or annuity

국민연금의 급여형태 중 하나로서 가입자, 가입기간이 10년 이상이었던 자, 노령연금 수급권자, 장애

2급 이상의 장애연금 수급권자 등이 사망 시 그에 의해 생계를 유지하고 있었던 유족에게 지급되는 연금

이타적 자살 altruistic suicide

1897년 Emile Durkheim이 확인한 여러 자살형태의 하나로서 사람들이 단체에 너무나도 결속되어 있어서 그들의 이익이 단체의 이익에 종속된다. 그들은 단체의 규범을 완벽히 받아들이고 단체의 복지를 위해 기꺼이 그들 자신을 희생한다. 예를 들어 산업사회 이전의 어떤 사회에서는 상태가 더 이상 견딜 수 없는 지경에 이르러 노인이 짐이 되게 되고 더 이상 단체에 공헌할 수 없게 될 때 그들은 자살을 선택하게 될 것이다.

인우증명서

자연사나 노환에 사망이 확실시되는 경우에는 인우증명서로 사망증명서를 대신 할 수 있다.
동사무소에 비치된 서류에 2인의 보증인 도장을 받는데 통장의 확인도장을 받아야 하므로 통장이 자동으로 증인이 되며 가족을 제외한 1인이 나머지 증인이 된다.
증인 2인의 인감을 첨부하여 동사무소에 제출하면 동장의 날인이 찍히면서 사망신고가 된다.
이 인우증명서는 사망진단서와 동일한 효력을 갖는다.

임종 dying

(1) 죽음이 일어나는 과정. (2) 살아있는 상태로부터 죽은 상태까지의 예정되지 않은 상태 경과

임종간호 hospice

(1) 특별하게 죽어가는 사람을 돌보는데 전념하는 독립 시설이나 병원부서. 시한부 환자들은 주의 깊은 고통치료와 최대의 사회적 지원을 통해 죽어가는 과정 동안에 도움을 받는다. 가족 지원은 환자의 투병기간뿐 아니라 사별 후에라도 계속된다. 어떤 임종간호 프로그램(hospice program)은 집에서 행해진다. Cicely A. Saundes는 1950년대에 런던 외곽의 세인트 크리스토퍼스에 처음으로 임종간호소를 만들었다. 미국의 첫 번째 임종 간호소는 1976년에 코네티컷, 브랜포드에서 시작되었다. 원래 호스피스(hospice)라는 용어는 "여행자 숙박소"라는 뜻이었다. (2) 시한부환자와 그의 가족들을 위한 특수한 보살핌과 가정지원으로 의사, 간호사, 가족상담사, 성직자, 자원봉사자들로 구성된 팀에 의해 제공된다. 임종 간호의 의료비 적용범위 (hospice/medical coverage)는 노인의료보험제도(Medicare)/ 임종간호(hospice) 적용범위 참조

임종게

임종할때 남기는 말. 일찍부터 선가에서는 '마지막 한마디' 이를 '임종게' 또는 '유게' 라고 한다.

임종궤도 dying trajectory

Barney G. Glaser와 Anselm L. Strauss에 의해 소개된 이 용어는 정상적인 건강 상태에서 죽음의 내리막길로 유형으로 이르는 과정의 단계를 표현하기 위해 사용되어졌다. 이것은 형태와 지속적 기간

이라는 두 가지 주요 특징을 갖는다. 형태(shape)란 임종의 탄도는 그 상태를 도표로 만들 수 있음을 말하며 지속적 기간(duration)이란 그것이 시간에 걸쳐 지속적으로 발생됨을 의미한다. 임종의 궤도는 보통 질병의 본질이나 환자가 고통 받는 상황에 따라 다르기 때문에 노인들의 임종의 궤도는 젊은 이들의 그것과는 다르다.

자살 suicide

개인이 저지르는 자기파괴의 강화된 행동이며 자신의 삶을 중단시키려는 계획적인 행동이다. 이 용어는 반드시 죽음을 목적으로 하지는 않지만 어떤 위기를 자초하는 행동으로 일반에 대해 보다 광범위하게 사용한다. 뒤르껭(E. Durkheim)은 자살을 동기에 따라 4가지 유형으로 분류하고 있다. 자기중심적 동기에서 비롯된 자살, 부적응에서 비롯된 자살, 이타적 동기에서 비롯된 자살, 국명론적인 동기에서 비롯된 자살 등이 그것이다. 청장년보다는 노년에서 자살이 많으며, 가족과 동거하는 사람보다는 독거하는 사람의 경우에, 특히 정신건강의 문제(우울증 등)를 가진 경우에 자살의 빈도가 높다고 보고된다.

자필유언서 holographic will

유언자에 의해 손으로 쓰여진 유언서이고, 증인이 있을 수도 있고 없을 수도 있다. 자필 유언서는 어떤 주에서는 인정되지 않는다. 또한 olographic will이라고도 불린다.

장제비 funeral expenses

국민건강보험법에 있어서 법정급부의 하나로 피보험자가 사망한 경우에 지급된다. 장제비의 지급 혹은 장제의 급부라고 한다. 국민건강보험법에서는 보험자는 특별한 이유가 있을 때에는 그 전부 또는 일부를 행하지 않을 수 있다고 되어 있으나 대부분의 시정촌이 실시하고 있다. 급부의 요건, 내용, 수급수속에 관한 사항 등은 모두 보험자의 조례 또는 규약에 의해서 정해져 있고 지급액은 1–5만 엔 정도로 하고 있는 곳이 많다. (日)

장제부조 funeral assistance

생활보호법에 의한 부조의 하나로 곤궁으로 최저한도의 생활을 유지할 수 없는 자가 사망한 경우에 장제를 행하는 자에게 적용된다. 또 부양의무자가 없을 때 제 3자가 장제를 행한 경우도 부조가 적용된다. 원칙적으로 금전급부다. 그 범위는 검안시신의 운반, 화장 또는 매장, 납골 기타 장제에 필요한 것의 비용이다. 1995년도의 기준액은 1~2급지의 경우 대인 14만 9000엔 이내 소인 11만 9200엔이다. (日)

장기간 무력증 long-term powerlessness

만성병 때문에 한 사람의 정상적인 활동들이 축소되는 것을 말한다. 활동 제한의 주원인은 만성병인 심장병과 관절염이다. 이 두 질병이 노인의 활동제한 가운데 거의 절반 이상을 차지한다.

절망 despair

에릭슨의 8단계 중 마지막 노년기에 해당되는 부정적인 심리·사회적 발달이다. 자기의 과거 및 현재의 인생을 후회스럽고 불만스럽게 생각하고 다시 한 번 기회가 주어진다면 다르게 살겠다고 생각하고 죽음 앞에 남은 시간이 너무 짧아 어떻게 할 수 없기 때문에 불안 초조해 하는 것을 말한다. 자아통합 참조

조울증 manic depressive psychosis

노년기의 기능적 장애인 정동장애로서 갱년기 우울증과 조울증이 그 대표적인 질환이다. 극심한 감정 주기의 변화를 나타내는 증상인데 우울증과 조증이 교차되는 것이 특징이다. 그런데 청년기에 시작되는 것을 우울과 조증이 교차되지만 50-60에 나타나는 증세는 주로 우울증 하나만 갖는 단극성 우울증이 많다.

천금

입관 후에 시신 위에 덮는 이불인데 길이 170cm, 너비 40cm 정도로 하고 흰색이나 남색으로 하며 겹으로 만든다. 공단이나 명주로도 만든다.

표준화사망율 standardized death rate

보통사망률은 인구의 연령구조의 영향을 받으므로 연령구조가 현저하게 다른 인구의 정확한 사망률을 비교하기에는 적절치 않다. 그 영향을 제거하고 비교할 수 있는 지표로서 고찰되었는데 정정 사망률이라든가 연령조절사망률이라고 불린다. 그것은 어떤 표준이 될 남녀연령별 인구구조를 선정하고 여기에 비교할 인구의 남녀연령별 사망률을 적용해서 사망률을 선정한다. 따라서 같은 기준으로 사망률을 비교할 수 있게 된다.

호스피스 hospice

원래는 여행자들을 위한 하숙집(숙소)을 뜻했지만, 현재는 대부분의 사회복지사들과 보건전문가들이 말기의 환자를 위한 프로그램, 서비스, 시설을 나타내는 용어로 쓰인다. 호스피스 서비스는 임종을 맞이한 사람과 그 가족들, 친구들, 그리고 의미 있는 사람들이 함께 있을 수 있는 병원이 아닌 가정과 같은 분위기의 시설 등에서 제공된다. 주로 지속적인 진행성 질병의 최종단계에 처한 사람들의 고통을 경감시켜 정서적, 사회적으로 도움을 줌으로써 임종자들로 하여금 선종을 해주는 봉사로 주로 말기 암환자나 임종을 앞둔 노인들을 대상으로 하고 있다.

호스피스 보호시설 hospice care facility

호스피스 보호시설은 한시적 생명의 말기 질병을 앓고 있는 노인들을 입주시켜 의료서 비스보다는 노인과 가족 수발자들의 심리적 및 정서적 어려움을 덜어주는 서비스를 제공하여, 노인과 가족들이 임종을 잘 맞이하도록 하는 시설의 서비스인데 이는 주로 병원에 부속하여 있는 시설에서 제공되는 경우가 대부분이다.

제5부 실무종사자들을 위한 가이드라인

고립 isolation

타인과 분리되어 멀어진 상태를 말한다. 심리적으로 타인에 대한 반감이나 접촉 공포를 의미하며 정신역학이론에서는 한 때 가지고 있었던 감정에서 멀어지는 방어기제라고도 본다. 즉, 과거 어떤 상황 속에 처해 있을 때 느꼈던 감정이 시간이 흐른 후에는 비슷한 상황에 관련될 때 그것에 대해 무관심한 것처럼 보일 수도 있다는 것이다.

사별여성노인 대 사별여성노인 프로그램 Widow-to-Widow program

사별여성노인들을 돕도록 교육받은, 역시 사별여성노인들로 구성된 상호 협력기구. 이 프로그램의 목적은 새로운 미망인을 찾아내어 배우자를 잃음으로 오는 실질적, 심리적 문제를 극복할 수 있도록 그들을 도와주는 것이다. 이 프로그램은 1960년 중반에 Boston의 Phyllis Silverman에 의해 개발되었다. (美)

사별여성노인 사회 society of widows

서로 서로에게 사회적 연결망을 제공하는 대부분 나이든 사별여성노인들로 구성된 조직

사별여성노인을 위한 준비 rehearsal for widowhood

배우자의 사망에 대해 미리 그 자신을 준비시키는 것. 예견된 슬픔(anticipatory grief)

제6부 죽음관련 척도

자살생각척도 Suicidal Ideation Scale

자살시도전에 자살에 대한 심각성을 측정하는 도구
자살에 대한 생각이 반드시 자살시도를 이끌지는 않지만 검사결과는 자살행동의 중요한 예언지표

스트레스 Stress

경고반응이라 번역되는 의학 · 생물학 용어. 생체에 해로운 자극이 가해지면 뇌의 특정 부위나 뇌하수체전엽에서 분비세포의 활동이 높아지고, 그에 따라 부신피질자극호르몬(ACTH)의 분비가 증가하며, 그 결과 혈액 속의 당질코르티코이드의 농도가 상승한다. 이 뇌하수체전엽-부신피질계의 기능 상승은 유해자극으로부터 생명을 지키고 유지하기 위해서는 불가결한 것이다. 캐나다의 내분비학자 H. 셀리에는 ACTH분비를 증가시키는 유해자극을 스트레서(stressor)라 정의하였다.

무망감 hopelessness

무기력이라고도 한다. 결과를 얻을 수 없거나 자기의 행동과는 무관하게 일의 형편이 변해가고 있다는 것을 깨닫게 되었을 때, 부정적인 심리상태에 빠지거나 의욕이 감퇴하는 것. 무력감(無力感)이라고도 한다. 무기력은 생리학적으로는 신경호르몬인 노르에피네프린의 저감(低減)으로 설명된다.

불멸감 Immortality

불사, 불후(성), 영원(성); 영원한 생명[존재]으로 표현된다.

우울증 hypochondria

조증상태와 울증상태가 주기적으로 반복되는 정신장애. 정신분열병과 함께 2대 정신병을 이루고 있다. 조울병은 감정의 흥분상태를 주조로 하는 <조>와 비애 · 불안의 감정을 주조로 하는 <울>의 양병상(兩病相)이 주기적으로 바뀌고 그 사이에 정상적인 행동기간을 보이는 것이 특징으로서, 순환정신병이라고도 하고 감정장애를 주요 특징으로 하므로 정동병(情動病)이라고도 한다. 조울병에는 조상태와 울상태의 양병상을 반복하는 양극형 조울병(순환정신병)과 조병상 또는 울병상의 상태만을 반복하는 단극형조병 · 단극형울병이 포함된다. 조울성 장애는 20~30대의 이른 연령에서 발병되는 경우가 많고 지식수준과 문화수준이 높은 민족에게 더 많이 나타나는 것으로 알려져 있다. 조병에 비해 울병의 발생빈도가 훨씬 높으며 양극형 조울병보다는 단극형 울병을 보이는 경우가 많다.

죽음에 대한 태도 attitude toward death

죽음에 대한 태도는 죽음에 대하여 개인이 느끼는 감정(affect)와 인지(cognition) 및 죽음에 대한 개인적 신념(belief)을 포괄하는 개념이다.

L.A 자살위험진단척도 L.A Suicide' Risk Diagnosis Scale

일반인의 자살위험을 진단하기 위한 도구이기도 하지만 특히 노인자살위험을 측정하는데 유용하다. 나이와 성별, 증상, 스트레스, 자살계획, 급성및 만성자살성, 자원, 자살시도경험, 건강, 의사소통, 내담자가 중요하게 생각하는 사람들의 반응등의 항목에 기입된 점수를 바탕으로 전체 평균치를 냄

부록

1. 전국 호스피스 기관 주소록
2. 죽음관련기관
3. 상담관련기관
4. 장사등에 관한 법률
5. 경실련의 존엄사법(안)
6. 죽음관련 신고서
7. 유언관련 양식
8. 죽음관련 영화 리스트
9. 장묘시설 이용안내

이렇게 살아 간다면 우리의 남은 인생은 행복한 시간일 수 밖에 없을 것이다. 모든 욕심의 옷을 마침내 벗어 버리고 우리 마음이 빛으로 가득찬 날 우리는 죽음을 통해 주님을 뵙게 될 것이다.
그 시간을 미리미리 연습하며 살아가는것이 우리네 인생이다. 하루하루 이러한 삶을 살아가는 사람들은 참으로 행복한 사람들이다.

(2009, 성당주보)

1. 전국호스피스 기관 주소록

〈서울지역〉

▶ 고대안암병원 호스피스

02)920-5977 / fax)920-5204 / graceone@dreamwiz.com

성북구 안암동5가 126-1 고대안암병원 / 우)136-705

▶ 남 서울교회 호스피스 (www.namseoul.org)

02)534-3631(교회) / fax)599-1194 / gracebright@namseoul.org

서초구 반포동 4-12 남서울교회 / 우)137-800

▶ 무지개 호스피스 (www.kakdang.or.kr)

02)736-1928 / fax)736-6588 / rainbowhospice@hanmail.net

종로구 신문로 2가 1-42 / 우)110-062

▶ 방화6복지관 호스피스

02)2666-6181-3 / fax)2666-6184 / hyoyoen@hanmail.net

강서구 방화1동 도시개발 6단지 내 / (우)157-746

▶ 보훈병원호스피스

02)2225-1781 / fax)484-4604 / losa54330@yahoo.co.kr

강동구 둔촌동 6-2 한국보훈병원 호스피스 사업실 / 우) 134-791

▶ 사랑의 교회 호스피스 (http://hospice.sarang.org)

02)3479-7619 / fax)3479-7313 /nkpark@sarang.org/ princess4290@sarang.org

서울시 서초구 서초4동 1310-5 영동프라자 내 334호 / (우)137-074

▶ 서울시립동부병원 (www.dbhosp.go.kr)

02)920-9338 / fax)02-920-9345

서울시 동대문구 용두동 118-2

▶ 서울영동교회 호스피스

031)265-3747

경기도 용인시 수지읍 상현리30 성원 116-1501 / (우)449-840

▶ 세브란스 호스피스

02)2228-6630 / fax)312-7032 hospice@yumc.yonsei.ac.kr

서대문구 신촌동 134 세브란스병원 암 센터 6층 / 우)120-752

▶ 순복음호스피스

02)3469-4600 / fax)538-4240 / hong0010@hitel.net

강남구 역삼동 833-6 순복음교회 여의도 제2성전 / (우)135-933

▶ 순천향 대학병원 호스피스

02)709-9747사무실 / fax)793-7548 namebmb@yahoo.co.kr

용산구 한남동 657 순천향대학병원 원목실 / 우)140-910

▶ 여의도 순복음 호스피스

02)782-8111~2 / brczzang@hanmail.net

서울 영등포구 여의도동 11세계선교센타 1층순복음호스피스 / 우)150-868

▶ 영락교회 호스피스

02)2273-6301(교환) / fax)2263-9811 / within-j@hanmail.net

서울시 중구 저동 2가 69 자원봉사 사무실 / (우)100-032

▶ 이화여대 가정호스피스센터

02)312-4100 / fax)392-6658 / ehospy@hanmail.net / www.24hospice.com

서대문구 북아현동 1-461 이대사회복지관 108호 / 우) 120-193

▶ 일원동교회 호스피스

02)2226-1048 / 016-9210-0560 / sd727@hanmail.net

강남구 일원 본동 732-1 일원동 교회 / (우)135-230

▶ 잠실중앙교회 호스피스

02)423-5303 / fax)416-1463 / shlee0952@yahoo.co.kr

송파구 신천동 7-5번지 종교부지 잠실중앙교회 / (우)138-240

▶ 정릉교회 다비다 호스피스

02)914-8914 / Fax)02-914-7818 / 3golbang@hanmail.net

서울시 성북구 정릉동 139-2 / 우)136-844

▶ 충신교회 호스피스

02)793-7740 / fax)794-1799 / kangsingu@hanmail.net / ezra@choongshin or.kr

서울시 용산구 이촌1동 302-67 충신교회 내 / (우)140-854

▶ 한양 호스피스

02)2290-8832 / fax)290-9289 / nurmi@hanmail.net

성동구 행당동 17 한양대학교 부속병원 / (우) 133-070

〈경기도 지역〉

▶ 고양호스피스

031)966-3391 / fax)967-0991 / lifeline91@hanmail.net

경기도 고양시 일산구 백석동 1175-6 3층 / 우) 411-721

▶ 그리심 호스피스회

031)711-5020-1 / gerizimhospice@hanmail.net

경기도 광주시 오포읍 신현리 803-8 / 우)464-890

▶ 남양주 호스피스회

031)566-2203, 031)552-2260 / leeinx@hanmail.net / liminx@hanmail.net

경기도 남양주시 도농동 경춘로116 동화중고등학교 내 길가에 교회 내

▶ 로뎀호스피스

032)751-5871 / rodemcys@yahoo.co.kr / sudekig2@yahoo.co.kr

인천시 중구 운서동 2781-1 금호 1차 103동 405호 / 우)400-833

▶ 샘물호스피스 선교회 (www.hospice.or.kr)
031)333-8632 / fax)339-8453 / vvjoohe@chol.com
경기도 용인시 백암면 고안리 548번지샘물의 집 / (우) 449-863

▶ 송월 호스피스 (www.sogwol.or.kr)
032)765-7851~3 / fax)765-7858 / songwol@songwol.or.kr / 3645seo@hanmail.net
인천광역시 중구 송월동 3가 3번지 / (우)400-223

▶ 수원기독 호스피스 (www.hospice.ne.kr)
031)254-6571 / fax-252- 6572 / khkpia@chol.com
경기도 수원시 장안구 조원동 668-9 / 우)440-846

▶ 안양 호스피스 선교회 (www.ayhospice.kr.to)
031)443-2785 / fax)467-9881 / ayhospice@hanmail.net
경기도 안양시 만안구 안양8동342-1-5 메트로병원 3층 사무실 / 우)430-720

▶ 양주, 동두천호스피스
031)859-7621 / fax)859-7621 / bongsanet@hanmail.net
경기도 양주시 화정동 장한빌라 11- 301호 / 우) 482-858

▶ 양평군보건소
031)770-3530 / fax-031)770-3537 / kyungsuk56@yq21.net / momall98@hanmail.net
경기도 양평군 양평읍 양근리 533-1 양평군 보건소3층 / 우)476-806

▶ 우리호스피스 시설
031)533-0691 의정부:828-5147 / woorihospice@hanmail.net
의정부시 의정부2동 433(의정부의료원내) / 우)480-848

▶ 의정부 실로암 호스피스
031)539-9499 / fax)532-0137 / aspodelos @hanmail.net

경기도 포천군 신읍리 243-4 우)487-803

▶ 인천 호스피스 (www.my.netian.com/~noyoun)
032)584-5146 / fax)572-2238 / ysch53@hanmail.net
인천시 서구 가정동 511-6 참사랑병원 호스피스실 / 우)404-230

▶ (사)인천광역시 호스피스센타
032)434-7007 / fax)422-7005 / salomhos@hanmail.net
인천시 남동구 구월1동 1149-2 유제빌딩 3층 / 우)405-835

▶ 일산 호스피스
031)902-0079 / harmonypark@hanmail.net
경기도 고양시 일산구 마두동 강촌 한신A. 209-802 / 우)411-716

▶ 중앙호스피스 선교회
031)229-9124 / fax)232-1653 / care1225@hanmail.net
경기도 수원시 팔달구 교동 144 중앙침례교회 / 우)441-130

▶ 지구촌 호스피스
031)710-9347 / fax)719-9400 / jwlee@jiguchon.org
경기도 용인시 수지구 신봉동 1-1 지구촌교회 / 우)449-844

▶ 창조호스피스
031)707-3224 / 016-346-5167
경기도 성남시 분당구 정자동 240 / 우)463-815

▶ 천국사다리 호스피스
031)395-5009 / fax)390-0671 / mercy9331@hanmail.net
경기도 군포시 산본동 1101-1 남천병원 6층 / 우) 411-721

▶ 평안호스피스
031)467-9259 / fax)442-0658 / pyongani@kornet.net

경기도 안양시 만안구 안양5동 613-9 샘안양병원 호스피스 병동 내 / 우)430-714

▶ 평촌 호스피스

031)459-3412 / fax-031)425-3020 /rimhyungsug@yahoo.com / csy3412@hanmail.net

경기도 안양시 동안구 평촌동134-3 평촌교회 / 우)431-070

▶ 평택호스피스

031)651-6828 / fax)651-6828 / goodmo1414@hanmail.net /t-hospice@hanmail.net

경기도 평택시 합정동 883 굿모닝병원 내 /우)450-833

▶ 하늘다리 호스피스

031)706-3351 / fax)706-3350 / haneuldari99@hanmail.net

경기도 성남시 분당구 야탑동 393 만나교회 내 / 우)463-827

▶ 할렐루야호스피스

031)780-9500 / fax)780-9595 / rejoicejun@hanmail.net

경기도 성남시 분당구 야탑동 132 할렐루야 교회 / 우)463-816

〈강원도 지역〉

▶ 봄내 호스피스 (http://hospicecc.or.kr)

033)263-5454, 033)261-5652 / cccarecenter@hanmail.net

강원도 춘천시 동내면 거두리 98-1 기쁨의 집 / (우)200-881

▶ 원주기독병원 사랑의 호스피스

033)741-1006 / fax)741-1006 / sorang@wonju.yonsei.ac.kr

강원도 원주시 일산동 162 강원도 원주시 일산동 162

▶ 춘천 성골롬반의원 가정호스피스

033)241-3497

강원도 춘천시 약사동 34번지

▶ 태백호스피스

033-553-0982 / fax)033-552-1274 / hskim1019@hanmail.net

강원도 태백시 황지동 14-1번지 황지교회내

〈충청도 지역〉

▶ 건국대학교 충주병원 호스피스 선교회

043)852-1031

충북 충주시 교현2동 620-5 건국대충주병원 원목실 / 우)380-704

▶ 공주 사랑의 호스피스

041)858-4004 / elisa2004@hanmail.net

충남 공주시 이인면 목동리 202 목동교회 / (우)314-843

▶ 당진 사랑의호스피스 (www.danjin.or.kr)

041)354-0161 / fax)354-0165 / hospice1004@hanmail.net

충남 당진군 당진읍 동문리 513-10 당진감리교회

▶ 대전건양대병원 호스피스

042)600-6885 / fax)600-9090 / kimplus12345@hanmail.net

대전광역시 서구 가수원동 685 대전건양대학교병원

▶ 대전 소망호스피스(http://smsilver.or.kr)

042)535-3111 / fax)535-3143 / fromlord@hanmail.net

대전시 중구 오류동 175-14 / 우)301-821

▶ 대전 호스피스회

042)221-8291 / 018-413-9727 / 8291you@naver.com

대전광역시 서구 가수원동 685 대전성모병원 옆 호산나교회

▶ 대흥호스피스 (www.daeheung.org)

042)525-8881 / fax)525-8883 / whdrn1002@hanmail.net

대전시 중구 오류동 177-36 우)301-120

▶ 사랑의 호스피스(천안)

041)573-4384, 041)571-7761 / fax)574-3543 / joc37@hanmail.net

충남 천안시 쌍용동 541-17 (남천안제일병원) / (우)330-947

▶ 청주엘림 호스피스

043)269-6831 / fax)043)266-0191 / hhongku@hanmail.net

충북 청주시 흥덕구 개신동 62 충북대학병원 기독교 원목실 / (우)361-711

▶ 충주호스피스

043)841-0278 / fax)043)845-0691 / kiman1220@hanmail.net

충북 충주시 문화동 1655번지 지방공사 충주의료원 원목실내 / 우)380-180

▶ 충청호스피스 선교회

042)638-0191 / fax)639-4242 / as23krkr@yahoo.co.kr

대전시 동구 자양동 211-9 (소망의 전화) / 우)300-831

〈전라도 지역〉

▶ 군산호남호스피스

063)465-0074 / jesus4564@hanmail.net

군산시 신풍동 892-121번지 / 우)573-130

▶ 군산 호스피스

063)472-5884 / fax)461-3378 / kshospice@hanmail.net

전북 군산시 지곡동 29-1 (우)573-713

▶ 광주 겨자씨교회 호스피스

062)231-7367(학교), 062)673-6830 / smin7367@hanmail.net

광주시 서석동 280 조선간호대학내 / (우) 501-140

▶ 광주 기독병원 호스피스

062)650-5570 / fax)671-7447 / yimkim12@hanmail.net

광주광역시 남구 양림동 264 / 우)503-715

▶ 광주보훈병원 호스피스 (www.bohun.or.kr)
062)602-6228 / fax)602-6980 / happymind55@hanmail.net
광주시 광산구 산월동 887-1

▶ 광주C.C.C 사랑의 호스피스
062)232-4953 / fax)232-4956 / ra1004@paran.com
광주시 동구 동명1동 154-44 / (우)501-813

▶ 겨자씨 나눔 선교회 호스피스
063)282-5546 / fax)282-5548 / kisasu@hanmir.com
전북 전주시 완산구 서완산동 1가 79-1 겨자씨 나눔선교회 / 우)560-151

▶ 남원기독호스피스
063)635-1359 / whdydd@hanmail.net(조) / didrnjstk@naver.com(양)
남원시 고죽동 200번지 남원 의료원내 / 우)590-702

▶ 순창 호스피스
063)650-1818 / fax)652-0308 / noinbokji@hanmail.net
전북 순창군 순창읍 남계리 489-25 / (우) 595-803

▶ 안디옥 호스피스
063)274-7211 / fax)253-4198 / yuh--@hanmail.net
전주시 덕진구 금암2동 1593-8 전주안디옥교회 내 / 우)561-805

▶ 익산기독교호스피스
063)852-0917 내선 411 / rkdtnsdhr0863@hanmail.net
익산시 남중동 375-292 새소망정형외과 4층 / 우) 570-956

▶ 전북소망 호스피스
063)284-2145 / fax)286-2145 / sohoson2145@hanmail.net

전북 전주시 완산구 중앙동 4가 1번지

▶ 전주 엠마오사랑병원 호스피스
063)232-8881내선311 / fax)288-2870 /yoonech@hanmail.net / bombi213@hanmail.net
전주시 완산구 중화산동1가 149-1 / (우) 560-835

▶ 전주예수병원호스피스
063)230-8014 / fax)230-8014 / boojoge@hanmail.net
전주시 완산구 중화산동1가 300번지 / 우)560-750

▶ 크로스 호스피스 (www.jchospice.co.kr)
063)244-0917 / fax)244-0918 / sbin21@hanmail.net
전북 완주군 용진면 신지리889-1 건강한 교회 내 / (우)565-814

〈경상도 지역〉

▶ 고신대 가정 호스피스센터
051)990-6447 / fax)990-3032 / sue@kosin.ac.kr
부산시 서구 암남동 34번지 고신대학교 간호대학 / 우)602-703

▶ 대구동산병원 호스피스
053)250-7924, 7974 / miok7795@dreamwiz.com
대구시 중구 동산동 194 대구동산병원 호스피스 병동 / 우)700-310

▶ 동서호스피스
053)776-0875 / fax)765-5074 / rysb21@hotmail.com
대구시 수성구 중동 479 우)706-838

▶ 부산고신의료원 호스피스
051)990-6747, 6084 /fax)990-6085 / youngillpa@yahoo.co.kr /hynok1110@hanmail.net
부산시 서구 암남동 34 고신대학교 복음병원 원목실 / 우)602-702

▶ 부산대병원 호스피스 (http-hospice.pnuh.co.kr)
051)240-7887 / sumie@pnuh.co.kr
부산시 서구 아미동 부산대학병원 호스피스 / (우)602-062

▶ 부산일신기독병원 호스피스
051)630-0560 / fax)647-8935 / kmc@ilsin.or.kr
부산시 동구 좌천동 471 / (우)601-050

▶ 부산침례병원 호스피스
051)580-2222-3 / fax)580-2226 / kes0827@yahoo.co.kr
부산시 금정구 남산동 374-75 / 우)609-813

▶ 선린호스피스
054)245-5542 / fax)054-245-5565 / sunlinhospice@hanmail.net
경북 포항시 북구 대신동 69-7 한동대학교 선린병원 / 우) 791-704

▶ 새소망호스피스
051)529-1524 / kimks66@kbs.co.kr
부산시 금정구 서3동 207-22 새소망병원4층 / 우)609-850

▶ 수영로교회 호스피스
051)758-0057 / fax)740-4510 / syrhospice@hanmail.net
부산광역시 해운대구 우2동 1418-1 수영로 교회 / (우)612-824

▶ 안동YWCA호스피스
054)854-5481 / fax)854-5482 / adywca@hanmail.net
경북 안동시 법상동 42 상일파크상가 내 / 우) 760-210

▶ 영도중앙교회 호스피스선교회
051)415-2241.3 / fax)418-6770 / joon459@hanmail.net
부산시 영도구 남항동 3가 126번지 / 우)606-033

▶ 울산 호스피스

052)268-0191 / fax)259-5260 / ush0191@hanmail.net

울산시 남구 신정5동 34-72 울산병원 내 / (우)680-742

▶ 호산나교회 호스피스(www.hosannna21.com)

051)208-0196 / fax)293-6087 / jmaljk@hanmail.net /landuk@krpost.net

부산시 사하구 하단2동 512-6 / 우)604-852

〈제주지역〉

▶ 제주호스피스선교회

064)726-3108 / fax)755-0116 / about-dream1@hanmail.net

제주시 일도2동 153-5 제주 영락교회 내 / (우)690-832

해피엔딩 프로그램에 참여한 교육생들

2. 죽음관련기관

자살 및 죽음관련기관 및 학회

▶ 밝은 죽음을 준비하는 포럼(www.gooddeath.or.kr)
▶ 한림대학교 생사학 연구소 (http://www.lifendeath.or.kr)
▶ 한국자살예방협회 사이버상담실(www.counselling.or.kr/ 1588-9191)
▶ 한국장례업협회(www.fta.or.kr / 02-3472-4444 / FAX 02-3472-4464)
▶ 한국죽음학회(www.kathana.or.kr / 02-2298-2692)

장기기증관련기관

▶ 국립장기이식관리센터 (www.konos.go.kr / 02-2276-0027 / FAX 02-2272-7163)
▶ 사랑의장기기증운동본부 (www.donor.or.kr / 02-363-2114)
▶ 생명나눔실천본부 (www.lisa.or.kr / 02-734-8050 / FAX 02-734-8052)
▶ 안구기증운동협회(www.eye.or.kr)
▶ 한국간이식인협회(www.ltkorea.or.kr)
▶ 한국조직은행연합회(www.katb.or.kr)
▶ 한국조혈모세포은행협회 (www.kmdp.or.kr)
▶ 한마음한몸운동본부 (www.obos.or.kr / 02-727-2270)

죽음준비교육 실시기관

▶ 동작노인종합복지관(www.djsw.or.kr)
▶ 삶과 죽음을 생각하는 회 (각당복지재단 http://www.kakdang.or.kr)
▶ 서울노인복지센타(www.seoulnoin.or.kr)
▶ 시립노원노인종합복지관(www.nowonsenior.or.kr)
▶ 아름다운 재단/아름다운이별학교 (www.beautifulfund.org)
▶ 유성노인종합복지관(www.yesilver.or.kr)
▶ 일산노인종합복지관(www.ilsansenior.org)
▶ 정토사관자재회재단의 정토마을 (www.jungtoh.com)
▶ 코리아 라이프컨설팅/임종체험 (www.life2die.com)
▶ 평화성결교회 (www.pyunghwa.org)
▶ 하이패밀리/사랑의 가정연구소 /천국준비교실(www.hifamily.net)

3. 상담관련기관

1. 종합상담	나눔의 전화	경남: 055-267-1374
		대구: 053-253-1405
		대전: 042-222-8844
		서울: 02-752-4411
	생명의 전화	전국공통: 1588-9191
		고양: 031-915-9191
		광주: 062-232-9192
		김해: 055-321-9195
		대구: 053-381-9193
		대전: 042-521-9196
		부천: 032-325-2232
		서서울: 02-2649-9232
		서울: 02-763-9195
		수원: 031-223-9291
		안양: 031-384-1114
		울산: 052-269-9191
		인천: 032-438-9191
		전주: 063-286-9192
		제주: 064-748-9191
		충주: 043-842-9191
		포항: 054-252-9177
	사랑의 전화	사회복지 응급지원: 712-8600, 714-8600
		상담: 02-715-8600, 02-716-8600
2. 노인종합 상담전화	한국 노인의 전화	경남: 055-284-0480
		광주,전남: 062-362-0773
		대구: 053-424-6070
		대전: 042-867-6070
		목포: 061-274-1622
		서울: 02-303-7070
		의성: 054-834-0918
		전북: 063-231-5333
		천안: 041-579-9988
		청주: 043-259-3333

	경기도 노인종합상담센터	031-222-1390
	부산광역시 노인종합상담센터	051-896-8517~8
3. 노인학대 상담전화	노인보호전문기관	강원: 033-253-1389
		경기: 031-736-1389
		경기북부: 031-821-1461
		경남: 055-222-1389
		경북: 054-248-1389
		광주: 062-655-4155~7
		대구: 053-472-1389
		대전: 042-472-1389
		부산동부: 051-468-8850
		부산서부: 051-867-9119
		서울: 02-3472-1389
		서울중앙지부: 02-3667-1389
		울산: 052-265-1389
		인천: 032-426-8792~4
		전남: 061-753-1389
		전북: 063-273-1389
		제주: 064-757-3400
		충남: 041-534-1389
		충북북부: 043-846-1380~2
		충북: 043-259-8120~2
4. 치매관련 상담전화	서울시 치매지원센터	강동구: 02-489-1130
		관악구: 02-882-5567
		동대문구: 02-957-3065
		성북구: 02-918-2225
		송파구: 02-425-1694
		양천구: 02-2698-8680
		성동구:02-499-8071
		은평구: 02-385-8233
	지역 치매지원센터	강릉: 033-652-9930
		경기: 031-667-5977
		경남: 055-221-0033
		거제: 055-633-7638
		부산: 051-558-8832
		철원: 033-452-1566
		마산: 055-296-9126

5.가정관련 상담전화	가정폭력상담소	고성: 055-673-2911
		함평: 061-324-1366
		논산: 041-732-0175
		영주: 054-634-1366
		정읍: 063-535-8223
		해남: 061-537-1355
		인천: 032-555-3331
		경북: 054-282-1799
		부산: 051-624-5521
		충북: 043-296-1258
		전북: 063-851-5113
	건강가정지원센터	중앙: 02-3141-9494
		강원 속초: 033-639-2631
		강원 양구: 033-481-8663
		경기 가평: 031-580-2266
		경기 김포: 031-980-5153
		경기 안양: 031-389-5570
		경남 진주: 055-749-2325
		경남 창원: 055-212-2701,5~6
		경북: 054-244-9701
		광주: 062-234-5790
		대구: 053-431-1231
		대전: 042-252-9989
		부산: 051-330-3470
		서울 직영:02-2606-2019
		울산: 052-274-3136
		인천 남구: 032-875-2993~5
		인천 서구: 032-569-1545
		전남: 061-797-6895
		전북: 063-443-5300
		제주: 064-733-9877
		충남 논산: 041-733- 7800~2
		충남 당진: 041-354-3671
		충북: 043-263-1818
		본부: 02-2269-2962
		강원 강릉: 033-643-1982, 1985

6. 여성상담 관련전화	한국 여성의 전화	경기 광명: (상담)02-2060-2545 (가정폭력)02-2681-0328
		경기 김포: 031-986-0136
		경기 부천 : 032-328-9711
		경기 성남: (가정폭력) 031-751-6677 (성폭력) 031-751-1120
		경기 수원: 031-232-6888
		경기 시흥: (여성상담)031-496-9393 (가정폭력)031-496-9494
		경기 안양: (성폭력)031-442-4394 (가정폭력) : 031-442-4395
		경남 김해: 055-329-6451, 6453
		경남 진해: 055-546-8322, 0036
		경남 창원: 055-266-3722
		광주: 062-363-0485
		대구: 053-471-6482, 3
		부산: 051-817-6464, 6474
		서울: 02-2272-2161
		서울강서양천: 02-2605-8466
		울산: 052-246-1555
		인천 강화: 032-934-1903~4
		인천: 032-529-2545
		전남 목포061-283-4551
		전남 영광: 061-352-1321
		전북 군산: 063-445-2285
		전북 익산: 063-858-9191
		전북 전주: 063-283-9855
		충남 천안: 041-561-0303
		충북 충주: 043-252-0968~9
	여성 긴급전화 1366	강원: 033-1366 (운영기관:033-252-4041)
		경기: 031-1366 (운영기관:031-442-2876)
		경남: 055-1366 (운영기관:055-298-8363)
		경북: 054-1366 (운영기관:054-338-1366)
		광주: 062-1366 (운영기관:062-384-1366,8)
		대구: 053-1366 (운영기관:053-256-7300)
		대전: 042-1366 (운영기관:042-222-7042)
		부산: 051-1366 (운영기관:051-508-2969)

		서울: 02-1366 (운영기관:02-533-3842)
		울산: 052-1366 (운영기관:052-244-1555)
		인천: 032-1366 (운영기관:032-862-1366)
		전남: 061-1366 (운영기관:061-692-1366)
		전북: 063-1366 (운영기관:054-452-8487)
		제주: 064-1366 (운영기관:064-712-1366)
		충남: 041-1366 (운영기관:041-571-7635)
		충북: 043-1366 (운영기관:043-286-1366)
	이주여성긴급지원센터	광주: 062-367-1577
		대전: 042-488-2979
		부산: 051-508-1366
		수원: 031-257-1841
	평등의 전화	광주: 062-361-3028
		마산창원: 055-264-5049
		부산: 051-506-2590~1
		부천: 032-669-1011
		서울: 02-3141-9090
		수원: 031-246-2080
		안산: 031-494-4362
		인천: 032-524-8831
		전북: 063-286-1633
7. 남성상담 관련전화	남성의 전화(가족,부부상담)	051-863-4050
	남성의 전화(제주YWCA)	064-747-3043
	한국 남성의 전화	남성의 전화: 02-2652-0456 가정폭력상담: 02-2653-1366 이혼상담: 02-2652-0458
	광주 남성의 전화	062-673-9001
	남성의 전화	054-748-9955
	남성의 전화	02-652-045602-529-4271~2
	아버지의 전화	02-2208-066
	남성의소리 상담소	041-572-0115
		강원: 033-256-2000
		경기: 031-248-1318
		경남: 055-276-0924
		경북: 054-853-3011~3
		광주: 062-232-2000
		대구: 053-659-6240

8. 청소년 상담전화	청소년상담지원센터	대전: 042-257-2000
		부산: 051-804-5001
		서울: 02-2285-1318
		울산: 052-227-2000
		인천: 032-432-0717
		전남: 061-724-2000
		전북: 063-273-1411
		제주: 064-759-9951~2
		충남: 041-554-2000
		충북: 043-258-2000
기타. 자살예방상담	노인전용자살예방센터 (시립서대문구 노인종합복지관)	1588-9191
	서울시광역정신보건센터	031-214-7942
	서울시소아청소년광역정신 보건센터	1577-0199
	서울시자살예방센터	02-2231-2188
	수원시자살예방센터	3633-119
	한국자살예방협회 상담전화	02-3444-9934

4. 장사등에 관한 법률[1]

[일부개정 2008.3.28 법률 제9030호]

주요개정 내용

- 친환경적이고 지속가능한 자연장 제도 도입
  - 자연장지(수목장림) 허가면적 종중 · 문중은 2천m²이하, 종교단체는 3만 m²이하, 법인은 10만m²이상
  - 자연장지(수목장림) 경사도는 21도 미만으로 제한

- 택지개발촉진법에 따른 택지개발계획에 장사시설을 설치 조성에 관한 사항 권고
  - 330만m²이상의 택지개발계획시 봉안시설 및 자연장치 설치 조성 권고
  - 990만m²이상의 택지개발계획시에는 화장시설 설치 권고

- 장사시설 설치지역 주민에 대한 인센티브 제공 근거 마련
  - 장사시설 등의 운영을 지역주민에게 우선적으로 맡김
  - 조례금 기금을 설치하여 지역주민을 지원할 수 있음

- 종교단체 봉안시설 및 자연장지의 설치기준 마련
  - 종교단체에서 설치하는 봉안시설, 자연장지의 경우 안치대상을 신도와 그 가족으로 정함
  - 봉안시설의 경우 안치규모를 유골 5천구 이하로 하고, 자연장지 면적은 3만m²미만으로 함

1 http://www.klaw.go.kr/ 법제처 종합법령정보센터

5. 경실련의 존엄사법(안)

1. 존엄사법 제정 법률안

제1장 총칙

제1조 (목적) 이 법은 말기환자의 인간의 존엄과 가치에 위해를 주는 것을 방지하고, 말기상태에서 말기환자의 의사표시를 존중하여 자기결정권에 따른 의료처치를 가능하게 함으로써 말기환자의 권익을 보장하고 그 적정성을 유지함을 목적으로 한다.

제2조 (정의) 이 법에서 사용하는 용어의 정의는 다음과 같다.

1. "말기환자"라 함은 의학적 기준에 따라 2인 이상의 의사에 의하여 말기상태임을 진단받은 환자를 말한다.
2. "말기상태"이라 함은 상해나 질병으로 인하여 의학적 판단으로 회복가능성이 없고 치료가 불가능하여, 연명치료가 없는 경우 단기간 내에 사망에 이르게 되는 상태로서, 이 상태에서의 연명치료의 적용은 단지 죽음의 과정을 연장하는데 기여하고 있는 것을 말한다.
3. "담당 의사"라 함은 의료법상의 의사의 자격을 취득한 자로서 말기환자의 치료를 책임지도록 선택되거나 선임된 의사를 말한다.
4. "연명치료"라 함은 기계적 또는 다른 인위적 수단을 사용하는 의학적 간섭으로 말기환자의 필수적 기능을 유지하거나 인위적으로 수분이나 영양을 공급하기 위하여 사용되지만, 단지 말기환자에게 죽음의 과정을 연장하는 형태의 시술을 말한다.
5. "응급의료처치"라 함은 기관 내 삽관 또는 체외의 심장마사지, 심장 전기충격 등의 의료처치로서 보건복지가족부령으로 정한 것을 말한다.

제3조 (기본이념) ① 누구든지 말기상태에서 연명치료의 시술을 포함하여 자신에게 행하는 응급의료처치에 대하여 시술여부를 선택하여 결정할 권리가 있다.

② 말기환자가 행한 말기상태에서의 연명치료의 거부 및 중단에 관한 의사표시는 존중되어야 한다. 이 경우 말기환자의 의사표시는 자발적인 것이어야 한다.

③ 말기환자의 의사결정에 따른 의료처치는 경제적 · 친족적 이해관계가 아닌 인도적 차원에서 이루어져야 한다.

제4조 (적용범위) 말기환자의 자기결정권에 관하여 다른 법률에 특별한 규정이 있는 경우를 제외하고는 이 법에 의한다.

제5조 (책무) ① 국가 및 지방자치단체는 말기환자의 삶의 질을 향상하기 위하여 의료지원 등 필요한 시책을 마련하여야 한다.

② 국가 및 지방자치단체는 말기상태에서 말기환자의 자기결정권을 존중하고 이를 효율적

으로 보호할 수 있도록 필요한 시책을 마련하여야 한다.

③ 의료인 또는 의료기관은 말기환자의 의료에 관한 자기결정을 존중하고 그의 권익을 보장할 수 있도록 조치하여야 한다.

④ 의료인 또는 의료기관은 말기상태이거나 말기상태가 추정되는 환자에게 사전의료지시서에 관하여 충분하고 자세히 설명하여야 한다.

제2장 국가의료윤리심의위원회, 기관의료윤리심의위원회

제6조 (국가의료윤리심의위원회의 설치 및 기능) 말기환자의 자기결정권 보호와 의료지원에 관한 다음 각 호의 사항을 심의하기 위하여 보건복지가족부장관 소속하에 국가의료윤리심의위원회(이하 "국가윤리위원회"라 한다)를 둔다.

1. 말기환자의 의료지원 및 권익보호를 위한 정책 목표 및 추진시책에 관한 사항
2. 연명치료 중단 내지 보류의 대상, 기준, 절차 등에 관한 사항
3. 응급의료처치 중단 내지 보류의 대상, 기준, 절차 등에 관한 사항
4. 기타 국가윤리위원회 위원장이 부의하는 사항

제7조 (국가윤리위원회의 구성) ① 국가윤리위원회는 위원장 1인, 부위원장 1인을 포함한 9인 이상 15인 이하의 위원으로 구성한다.

② 위원장은 위원 중에서 관련분야의 학식과 경험을 겸비하고 의료윤리에 대한 인식이 확고한 자 중에서 보건복지가족부장관이 임명 또는 위촉하며, 부위원장은 위원 중에서 호선한다.

③ 위원은 다음 각 호의 자가 된다.

1. 보건복지가족부 차관
2. 의료윤리 · 생명철학 분야의 학식과 경험이 풍부한 전문가,
3. 종교계를 대표하는 자
4. 사회과학계, 법조계를 대표하는 자
5. 시민단체를 대표하는 자(비영리민간단체지원법 제2조의 규정에 의한 비영리 민간단체를 말한다)
6. 의료인

④ 위원의 임기는 3년으로 하되, 연임할 수 있다.

제8조 (국가윤리위원회의 운영) ① 국가윤리위원회의 효율적 운영을 위하여 분야별로 전문위원회를 둘 수 있다.

② 국가윤리위원회의 회의는 재적위원 과반수의 출석으로 개의(開議)하고, 출석위원 과반수의 찬성으로 의결한다.

③ 그 밖의 국가윤리위원회의 구성 및 운영 등에 필요한 사항은 보건복지가족부령으로 정한다.

제9조 (기관의료윤리심의위원회의 설치) ① 연명치료를 실시하는 의료기관은 해당기관에 기관의료윤리심의위원회(이하 "기관윤리위원회"라 한다)를 두어야 한다.

② 기관윤리위원회는 해당 의료기관에서 발생하는 다음 각 호의 사항을 심의한다.

1. 말기환자의 연명치료의 중단 내지 보류의 의사표시의 확인에 관한 사항
2. 의사능력이 없는 말기환자의 의사표시의 추정 및 대리 의사표시에 관한 사항
3. 말기환자의 자기결정권 행사를 위한 설명방법과 의료지시서 서식의 작성에 관한 절차에 관한 사항
4. 연명치료의 중단 내지 보류의 이행에 관한 의료진 또는 말기환자 측의 요청이 있는 사항
5. 그 밖에 기관윤리위원회 위원장이 부의하는 사항

③ 위원회의 구성 및 운영에 관한 필요한 사항은 보건복지가족부령으로 규정한다.

④ 제1항의 의료기관 중에서 기관윤리위원회를 구성하지 못한 의료기관이 보건복지가족부령이 정하는 기준에 따라 기관윤리위원회를 설치한 다른 의료기관과 제2항의 규정에 의한 심의에 관한 협약을 체결한 경우에는 제1항의 규정에 불구하고 기관윤리위원회를 설치한 것으로 본다.

제10조 (기관윤리위원회의 구성과 운영) ① 기관위원회는 위원장 1인을 포함하여 5인 이상의 위원으로 구성한다. 이 경우 의료윤리 또는 생명철학 분야 전문가와 해당 의료기관에 종사하지 아니하는 자 1인 이상이 각각 포함되어야 한다.

② 위원은 제9조제1항 각호의 의료기관의 장이 위촉하며, 위원장은 위원 중에서 호선한다.

③ 그 밖에 기관윤리위원회의 구성 및 운영에 관하여 필요한 사항은 보건복지가족부령으로 정한다

제3장 의사표시

제11조 (연명치료의 선택권) ① 말기환자는 연명치료 시술 여부에 대한 선택권이 있으며, 이에 대해 충분한 설명을 받을 권리가 있다.

② 말기환자는 말기상태에서 연명치료가 행해지는 경우를 예상하여 사전에 연명치료를 거부하는 의사결정을 할 수 있다.

③ 말기환자에게 연명치료를 이미 행하고 있는 경우에는 말기환자는 연명치료의 중단을 요구하는 의사결정을 할 수 있다.

제12조 (응급의료처치의 선택권) 말기환자는 향후 응급의료처치가 행해지는 경우를 예상하여 사전에 이를 거부하는 의사결정을 할 수 있다.

제13조 (말기환자의 의료지시서 작성) ① 말기환자는 제11조 내지 제12조의 의사결정을 하는 경우 민법 제1065조에 의한 유언이나 이 법에 의한 의료지시서를 작성하여 자기결정의 의사표시를 할 수 있다. 다만, 말기환자는 본인이 지정하는 의료기관에 이를 제출하여야 한다.

② 말기환자는 제15조 제1항에 따른 상담절차를 거친 후 적어도 2주간의 숙려기간이 경과한 후에 전항의 의료지시서를 작성할 수 있다. 다만, 담당의사가 필요하다고 인정되는 때에는 숙려기간 이내에도 작성할 수 있다.

③ 전항에 의해서 작성된 말기환자의 의료지시서상의 의사표시는 언제든지 철회할 수 있다.

④ 말기환자가 전항의 철회의 의사표시를 담당의사에게 표시한 경우에는 담당의사는 해당 의료기관에 철회의 의사표시를 전달하여야 하며, 해당 의료기관의 장은 즉시 전항의 의료지시서를 말소하여야 한다.

⑤ 의료지시서의 서식에 관한 필요한 사항은 보건복지가족부령으로 정한다.

제14조 (성인의 의료지시서 작성) ① 의사능력을 가진 성인은 향후 이 법에서 말하는 말기상태로 진단되는 경우를 예상하여 제11조 내지 제12조의 의사결정을 표시하는 의료지시서를 제10조 제1항에 따른 상담절차를 거친 후 작성할 수 있다.

② 전항에 의해서 작성된 성인의 의료지시서는 보건복지가족부령이 정하는 바에 따라 지정된 의료기관에 제출하여야 한다.

③ 지정된 등록기관에 의료지시서를 제출한 성인은 언제든지 의료지시서상의 의사표시를 철회할 수 있으며, 의사표시를 철회한 때에는 즉시 지정된 의료기관은 전항의 의료지시서를 말소하여야 한다.

④ 성인의 의료지시서의 서식 및 등록절차에 관한 필요한 사항은 보건복지가족부령으로 정한다.

제15조 (상담절차) ① 말기환자가 제13조에 따라 의료지시서의 작성을 요청하는 경우 지정된 의료기관의 장은 말기환자에게 의료지시서를 작성하기 전에 연명치료 및 응급의료처치의 거부 · 중단와 관련된 충분한 설명을 포함하는 상담절차를 거치도록 하여야 한다.

② 성인이 제14조에 따라 의료지시서의 작성을 요청하는 경우 보건복지가족부령이 정하는 바에 따라 등록기관의 장은 전항의 상담절차를 거치도록 하여야 한다.

③ 제1항과 제2항의 상담절차에 관한 필요한 사항은 보건복지가족부령으로 정한다.

제16조 (의사표시의 확인) ① 제15조 제1항의 상담절차에 참여하는 담당의사는 말기환자가 의사능력을 구비하였는지 여부 및 자발적인 의사결정이었는지 여부에 대하여 확인하여야 한다.

② 담당의사는 말기환자의 의사능력이 의심스러울 때에는 정신과 의사 등의 협진을 받도록

하여야 한다.

③ 담당의사는 말기환자의 의사표시의 진정성이 의심스러울 때에는 제*조에 의해 설치된 기관윤리위원회의 심의를 거쳐 의사표시의 진정성을 확인하여야 한다.

④ 전항의 심의 결과 의사표시의 진정성이 확인되지 않는 경우 해당 의료기관의 장은 말기환자의 의료지시서의 작성을 중단하거나 의료지시서의 접수를 거부할 수 있다.

제17조 (의료지시서의 기재내용) ① 말기환자의 의료지시서에는 다음 각 호의 기재사항이 포함되어 있어야 한다.

1. 작성자의 성명, 주소 또는 거소
2. 말기상태에서의 의료처치에 관한 작성자의 의사표시
3. 작성자의 서명 날인
4. 의료지시서의 작성연월일
5. 담당의사의 서명 날인
6. 증인 2인의 서명 날인

② 말기환자가 의료지시서를 작성하는 때에는 말기환자의 의사표시를 증명할 증인 두 명이 입회하여야 하고, 증인 두 명의 서명날인이 있어야 한다.

③ 전항의 증인은 19세 이상의 성인이어야 하며, 말기환자의 사망으로 인한 상속인이 되거나 말기환자의 치료비의 재정적 부담을 지는 자 또는 해당 의료기관에서 고용한 자는 증인이 될 수 없다.

④ 전항의 규정에 의하여 증인이 될 수 없는 자라고 하더라도 말기환자의 신청에 의하여 기관윤리위원회에서 필요하다고 인정되는 때에는 증인이 될 수 있다.

⑤ 제1항 내지 제4항의 규정은 성인이 의료지시서를 작성하는 경우에도 준용된다.

제18조 (의사표시의 추정) ① 민법 제1065조에 의한 유언이나 이 법에 의한 의료지시서를 작성하지 않은 말기환자가 연명치료 중단여부에 대한 의사표시를 할 수 없는 때에는 말기환자의 직계친족이 말기환자가 이전에 연명치료 중단 여부에 대한 진술 등 이러한 의사표시를 한 바가 있다는 증거를 제출하는 때에는 담당의사는 해당 의료기관의 기관위원회에 말기환자의 이전의 의사표시의 진정성을 확인하기 위해 심의를 요청하여야 한다.

② 전항의 해당 의료기관의 기관윤리위원회는 말기환자의 의사표시의 성립 여부에 대한 조사를 행할 수 있고, 필요하다고 인정하면 말기환자의 직계친족 등의 의견을 들을 수 있다.

③ 기관윤리위원회가 심의 결과 말기환자의 의사표시를 추정한다는 의결을 하는 경우에는 말기환자가 연명치료의 중단 내지 보류의 의사표시를 한 것으로 본다.

제19조 (의사표시의 대리) ① 말기상태의 미성년자가 연명치료의 중단 또는 보류의 의사표시를 하고 법정대리인이 이에 동의하는 경우 기관윤리위원회의 심의를 거쳐 그 의사표시의

진정성을 확인한 때에는 연명치료의 중단 또는 보류의 의사표시를 한 것으로 본다.
② 말기상태의 미성년자나 신생아가 연명치료 중단여부에 대한 의사표시를 할 수 없는 때에는 미성년자나 신생아의 법정대리인이 이에 대한 의사표시를 대리할 수 있다. 다만, 기관윤리심의위원회의 심의를 거쳐 인정된 경우에 한해서 연명치료를 중단 또는 보류할 수 있다.

제4장 연명 치료의 보류 중단 등

제20조 (연명치료 보류 또는 중단의 이행) ① 담당의사 및 해당 의료기관의 종사자는 말기환자의 의료지시서 상에 명시되어 있는 연명치료의 보류 또는 중단의 의사표시에 반하여 연명치료를 하여서는 아니된다.
② 제1항의 담당의사 또는 해당 의료기관의 종사자가 정당한 이유 없이 연명치료의 보류 또는 중단을 거부하는 때에는 해당 의료기관의 장은 즉시 담당의사 등을 교체하여 연명치료를 보류 하거나 중단하여야 한다.
제21조 (연명치료의 보류 · 중단 시 확인) ① 말기환자의 의료지시서상의 의사표시를 존중하여 연명치료를 보류하거나 중단하는 경우에는 다음 각 호의 요건을 구비하여야 한다.
1. 담당의사를 포함한 2인의 의사가 말기상태임을 진단한 경우
2. 제8조 제1항과 제9조 제1항에 따라 의료지시서가 작성되었음을 확인한 경우
② 말기환자의 직계친족 또는 이해관계인이 말기환자의 의료지시서상의 의사표시에 대해 의문을 제기하는 경우에는 해당 의료기관의 장은 연명치료를 보류하거나 중단하기 전에 기관위원회의 심의를 거쳐서 그 성립의 진정성이 확인되어야 한다.
제22조 (응급의료처치의 보류 · 중단) 제8조에 따라 의료지시서를 작성한 말기환자에 대하여 응급의료처치를 하는 의사는 해당 말기환자의 의료지시서가 진정하게 성립한 것으로 확인한 후에 말기환자에 대한 응급의료처치를 보류 내지 중단하여야 한다.

제5장 연명치료의 보류 중단 등의 효과

제23조(책임면제) 말기환자의 의료지시서에 따라 연명치료의 보류 중단하거나 응급의료처치를 보류에 참여한 의사 또는 의료기관의 종사자에게 민사 · 형사적 책임을 물을 수 없다.
제24조 (사인추정) 이 법에 따라 연명치료중단으로 사망한 경우 그 원인이 된 상해, 질병으로 인해 사망한 것으로 간주한다. 누구라도 환자가 연명치료중단으로 사기가 앞당겨졌다거나 부작용?합병증 등이 발생하였다는 이유로 담당의사나 의료기관을 고소하거나 손해배상청구, 행정기관에의 이의신청 등을 할 수 없다.
제25조 (보험 등의 불이익금지) 말기환자의 사전의료지시서에 따라 연명치료를 보류하거나 중단하여 말기환자가 사망한 경우 법률상으로 이를 자살로 평가하지 않는다. 이로 인하여

말기환자에게 보험, 연금상 불이익하게 취급해서는 안된다.

제6장 기록 및 보고의무

제26조 (기록 및 보존의무) ① 의료기관의 장은 해당 말기환자의 말기상태에 대한 진단 및 연명치료의 보류 중단의 처치과정을 보건복지가족부령이 정하는 바에 따라 기록하고 이를 보존하여야 한다.

② 말기환자의 의료지시서의 경우에도 전항의 기록에 첨부하여 보건복지가족부령이 정하는 바에 따라 보존하여야 한다.

제27조 (보고의무) ① 이 법에 따라 연명치료를 중단한 담당의사 혹은 의료기관은 말기환자가 사망한 후 1달 이내에 서면으로 작성하여 기관윤리위원회에 보고하여야 한다.

② 기관윤리위원회는 전항의 보고사항을 분기별로 정리하여 국가윤리위원회에 보고하여야 하고, 국가윤리위원장은 이를 보건복지가족부장관에게 보고하여야 한다.

제6장 감독

제28조 (보고 · 조사의무) ① 보건복지가족부장관 또는 지방자치단체의 장은 연명치료 등과 관련하여 필요하다고 인정하는 경우에는 연명치료 시행 의료기관의 장 및 그 종사자, 기관윤리위원회에 대하여 그 업무에 관하여 필요한 명령을 하거나, 보고 또는 관계서류의 제출을 명할 수 있다.

② 보건복지가족부장관은 연명치료중단의 시행에 관하여 관계 공무원으로 하여금 조사하게 할 수 있다. 이 경우 조사를 담당하는 관계공무원은 그 권한을 증명하는 증표를 내보여야 한다.

③ 제1항 및 제2항의 경우에 의료기관의 장 및 종사자 등은 정당한 사유가 없는 한 이에 응하여야 한다.

제7장 벌칙

제29조 (적극적 안락사 등의 처벌) 말기환자의 자살을 조력하거나 말기환자의 의사에 반하여 연명치료를 중단하거나 보류한 자는 3년 이상의 징역에 처한다.

제30조 (말기환자의 자기결정에 반하는 연명치료) ① 제20조의 제1항과 제2항에 위반하여 말기환자의 의사에 반하는 연명치료를 하는 담당의사와 의료기관의 장은 5년 이하의 징역 또는 1,000만원 이하의 벌금에 처한다.

② 말기환자의 자기결정에 따른 연명치료의 중단을 방해하는 자는 3년 이하의 징역 또는 1,000만원 이하의 벌금에 처한다.

제31조 (의료지시서의 손괴 은닉 등) ① 말기환자의 동의 없이 환자의 의료지시서를 손괴·은닉하거나 위조·변조한 자는 5년 이하의 징역에 처한다.
② 말기환자의 직계친족이 제18조의 규정에 따른 증거를 제출하는 경우 거짓 그 외의 부정한 방법으로 증거를 제출한 자는 5년 이하의 징역에 처한다.
③ 말기환자의 의료지시서를 위조 변조하여 말기환자의 의사에 반하여 연명치료를 보류 중단하게 함으로써 말기환자를 사망에 이르게 한 경우에는 무기 또는 5년 이상의 징역에 처한다.
제32조 (상담절차 등 불이행) ① 제10조의 규정에 위반하여 말기환자의 상담절차의 개시 요청을 무시하거나 의도적으로 상담절차의 이행을 거부하는 해당 의료기관의 장은 1천만원 이하의 벌금에 처한다.
② 제13조 제2항의 규정에 위반하여 말기환자의 의사표시의 성립의 진정성을 확인하기 위한 기관생명윤리심의위원회의 심의절차의 이행을 거부한 해당 의료기관의 장은 1천만원 이하의 벌금에 처한다.
③ 제1항과 제2항의 규정을 위반한 경우 해당 의료기관의 장만 처벌할 뿐 아니라 해당 의료기관도 제1항과 제2항의 벌금형을 과한다.
제33조 (기록 및 보존의무 위반) ① 제26조의 규정에 위반하여 기록 또는 보존하지 아니한 의료기관의 장은 1년 이하의 징역 또는 1천만원 이하의 벌금에 처한다.
② 제28조에 의한 보고의무를 위반한 의료인 또는 의료기관의 장은 1년 이하의 징역 또는 1천만원 이하의 벌금에 처한다.
③ 제1항과 제2항의 규정을 위반한 경우 해당 의료기관의 장만 처벌할 뿐 아니라 해당 의료기관도 제1항과 제2항의 벌금형을 과한다.

부칙 (2009. **.**)

제1조 (시행일) 이 법은 공포 후 1년이 경과한 날로부터 시행한다.

2. 존엄사법안 청원 주요내용

▣ 입법청원 취지

○ 말기치료 단계에서의 환자들은 통증이나 육체적 고통보다는 오히려 존엄성과 자아상실과 같은 인격성을 위협하는 증상들을 두려워하며, 일부 환자들의 경우 마지막으로 인간으로서의 존엄성을 지키기 위한 대안으로서 존엄하게 죽을 권리, 원하지 않는 치료를 거부할 권리를 주장함. 하지만, 이러한 요청들은 의료현장에서 의사와 환자의 가족들에 의해 무시되기도 하며, 법에 의해 허용되지 않는 현실임.

○ 이미 존엄사 내지 연명치료중단은 사회적으로 뜨거운 논란의 대상이었지만, 20-30년 동안 구체화하는 작업이 없이 안락사 허용여부 및 개념 정의에 대한 논쟁에만 머물고 있음.

○ 이제 우리 사회에서는 말기환자의 인권적 차원에서 단계적으로 자기결정권 존중에 대한 정책방안들을 공론화하고, 제도적 장치들을 구체적으로 마련해야 할 필요가 있음.

○ 최근 회복 불가능한 환자의 추정적 의사표시를 존중하여 연명치료의 유형인 인공호흡기를 제거할 수 있도록 허용한 제1심 법원 판결을 계기로 이를 법제화하는 요청이 제기됨.

○ 우리 사회에서 존엄사법 입법이 가지는 사회적 함의를 정리하면 다음과 같음.

첫째, 생전유언 및 사전 의료지시서의 제도적 정착

말기의료 상황에 불가피하게 맞닥뜨리는 환자들에게는 의료가 해줄 수 있는 이득에는 어느 정도 한계가 있음. 어떤 경우에는 기술적으로 취할 수 있는 모든 조치를 다 취하지 않고 중단하는 것이 더 좋을 수 있다는 것을 의미함. 사전 의료지시서의 장점은 개인이 명시적으로 자신이 어떻게 치료를 받겠다는 의사를 표시하도록 하여, 그 결과 의식불명인 상태이거나 혼수상태가 된다고 하더라도 자신의 의사대로 계속해서 삶에 대한 통제력을 행사할 수 있게 한다는 점임. 존엄사법 규범은 의료지시서의 작성을 전제로 하기 때문에 죽음에 대한 대비의 문화가 형성될 수 있음.

둘째, 존엄한 죽음에 대한 환자의 자기결정권 존중문화의 형성

안락사의 문제는 1960년대 이후 '인간답게 살 권리'에 대응하여 '인간답게 죽을 권리'라는 주장에서 시작됨. 말기환자의 존엄사, 연명치료 중단 등의 구체적인 권리에 대한 자기결정권은 무엇보다 존중받아야 하며, 어떠한 경우에도 차별적으로 취급되거나 무시되어서는 안됨. 존엄한 죽음에의 요청은 단순히 환자 본인이 명시적으로 표현한 동의서가 있다는 것만으로 요건을 충족하는 것이 아니라 그렇게 표시된 의사가 진정성을 가지고 있는 지 문제되기 때문에,

의사결정능력에 이상이 없다고 판단된 말기환자에게 의사는 환자가 이해할 수 있는 용어를 선택하여 죽음의 선택과 그에 따른 처방책, 예상 징후 등을 충분히 설명하고 반드시 환자에게 질문의 기회를 주면서 언제든지 동의를 철회할 수 있다는 사실도 알려주어야 함.

셋째, 말기의료에서의 의료의 한계에 대한 사회적 성찰

우리나라의 경우 집착적 의료행위로 인한 의학적으로 무의미한 생명연장이 경우에 따라서는 환자에게 신체적 정신적 고통을 야기하고 환자의 가족에게도 정신적 경제적 부담을 가져오고 이러한 사회적 비용의 증가로 이어지고 있음. 말기상태나 사기가 임박한 회복불능의 환자에 대한 연명치료를 계속함으로써 죽음의 과정을 고통스럽게 연장해나가는 것보다 치료를 중단하고 완화의료 내지 호스피스 등의 의료를 통해 삶의 질을 유지할 때가 더 나을 수 있다는 물음이 제기되며, 이에 대해 최근의 국민들의 인식도는 연명치료의 중단에 대해 긍정적으로 평가하고 있는 것을 살펴볼 수 있음.

넷째, 환자의 자기결정권 혹은 진료거부권 행사에 대한 적법성 인정

환자의 의사에 따라서 생명연장의 적극적 수단을 취하지 않으면 환자의 진료거부권 행사로서 적법행위로 보아야 함. 그 이유로는 의사에게는 환자의 의사에 반하여 그의 생명과 고통의 연장을 강제할 수 있는 권리가 없을 뿐 아니라, 말기상태의 경우 의사의 진료의무가 더 이상 존재하지 않기 때문임. 즉, 환자의 자기결정권 내지 치료거부권을 존중하고 생명권의 내용으로서 자연적인 죽음의 권리와 인간으로서의 존엄성을 유지하는 사망의 권리를 존중해야 한다는 이면에 이에 참여한 의료진의 책임을 묻지 않는다는 의미도 함께 있으며, 더 이상 말기상태에서 의료진은 집착적인 의료행위의 시술만을 고집해서는 안된다는 것을 말함.

1. 법률안의 기본이념

1. 존엄한 죽음에 대한 선택권 인정

- 존엄사란 식물인간상태와 같이 환자에게 의식이 없고 그의 생명이 단지 인공심폐기에 의하여 연장되고 있는 경우에 품위 있는 죽음을 위하여 연명치료를 중단하는 것으로 정의하고 회복의 가망이 없는 불치의 질병으로 사경을 헤매는 환자에 대하여 그가 의식이 있는 경우에는 그 의사에 따라 의식이 없는 경우에는 그의 추정적 의사를 확인한 후 말기환자의 자기결정권에 따라 인간다운 죽음을 맞이할 수 있도록 연명치료를 중단 보류하는 행위를 말함.

- 존엄사를 인정하는 논거로서 환자의 의사에 반하는 의료진의 결정에 따른 생명연장시술은 환자가 갖는 신체에 대한 자기통제권과 인격적 존엄성에 대한 자기결정권을 침해하는 것이라는 점에서 죽음을 원하는 의학적으로 회복 불가능한 말기환자에게 적극적인 의료행위를 하지 않고 생명연장 시술을 중단, 보류하더라도 정당화된다고 할 수 있음.
- 따라서 의료진이나 가족은 말기환자의 치료를 거부할 권리를 존중해야 하고, 이를 위해 제도적으로 말기환자가 자발적인 의사표시를 가능하게 하고 이러한 요청을 확인한 후 존중하고 보호하는 절차적 장치를 마련할 필요가 있음.

2. 개인의 자기결정권 존중
- 현재 우리 의료현장에서 말기 및 임종환자의 연명치료 중단을 결정하는 실질적 주체는 환자가 아닌 의사와 보호자로 환자의 자기 결정권이 윤리적으로 우선시 되지 못함.
- 의사는 말기 상태의 환자가 진지하게 요청하는 경우 환자의 치료거부권을 신중하게 검토할 필요가 있으며 환자에게 의료처치 또는 수술과 관련된 대안들을 설명해야 함.
- 이에 법안에 생전유언의 형태로 말기환자가 죽음의 과정을 대비하여 의료지시서를 작성하도록 하는 것은 개인이 명시적으로 자신이 어떻게 치료를 받겠다는 의사를 표시하도록 하여, 그 결과 의식불명인 상태이거나 혼수상태가 된다고 하더라도 자신의 의사대로 계속해서 삶에 대한 통제력을 행사하도록 하는 장점을 찾을 수 있음.

3. 사회 여론 및 환경의 변화에 대한 수용적 접근
- 대부분의 형법학자들이 존엄사를 허용하고 있음
- 우리나라 국민들을 대상으로 한 인식도 조사에서 치료중단과 관련된 문항에 대해 회복불가능의 환자가 치료중단의 의사표시를 하였다면 치료를 중단할 수 있다는데 전체 응답자 중 87.9%가 동의함.
- 의사윤리지침은 환자의 자율적 결정이나 그에 준하는 가족들 환자 대리인의 판단에 의하여 생명유지치료를 비롯한 진료의 중단이나 퇴원을 문서로 요구하는 경우 의사가 그러한 요구를 받아들이는 것은 허용한다고 규정하고(지침 제30조)있고 의학적으로 의미없는 치료에 관해서도 의사가 회생 불가능한 환자에게 의학적으로 무익하고 무용한 치료를 보류하거나 철회하는 것은 허용된다고 규정하고 있음.(지침 제60조)

2. 법률안의 적용범위

1. 말기상태의 말기환자에게 적용

- 회복이 불가능하고 치료가 불가능한 말기환자 내지 장기간의 식물인간상태의 환자의 죽을 권리에 대한 의사, 내지 추정적 의사는 죽음의 과정에 대한 자기지배권, 신체에 대한 자기 결정권, 어느 누구에게도 침습 받지 않을 자유권의 표출로 이해할 수 있음.
- 이 법에서의 인위적인 연명치료의 보류 내지 중단, 응급의료처치의 보류 내지 중단은 말기상태의 말기환자에게 적용하고, 사전에 의료지시서 작성의 형태로 이에 대한 동의의 의사표시를 행한 경우에만 적용함을 원칙으로 함. 다만, 의사능력이 없는 말기환자가 연명치료 중인 경우 그러한 의사표시를 진술 또는 서면 등으로 표시한 바가 있음이 기관생명윤리심의위원회에서 확인된 경우에는 이를 존중하여 연명치료를 중단 보류할 수 있음.

2. 말기환자, 말기상태에 대한 정의 규정
- "말기환자"라 함은 의학적 기준에 따라 2인 이상의 의사에 의하여 말기상태임을 진단받은 환자를 말함.
- "말기상태"이라 함은 상해나 질병으로 인하여 의학적 판단으로 회복가능성이 없고 치료가 불가능하여, 연명치료가 없는 경우 단기간 내에 사망에 이르게 되는상태로서, 이 상태에서의 연명치료의 적용은 단지 죽음의 과정을 연장하는데 기여하고 있는 것을 말함.

3. 국가의료윤리심의위원회, 기관의료윤리심의위원회

1. 국가의료윤리심의위원회의 설치 운영
- 의료현장에서 발생하는 말기환자의 권익보호와 말기치료과정에서의 연명치료의 중단과 보류에 관한 일정한 합의점을 찾아나가고 이에 대한 기준을 정하는 합의체 기구가 필요함.
- 말기환자의 자기결정권 보호와 의료지원에 관한 사항을 심의하기 위하여 보건복지가족부장관 소속하에 국가의료윤리심의위원회를 둠.
- 심의사항은 말기환자의 의료지원 및 권익보호를 위한 정책 목표 및 추진시책에 관한 사항, 연명치료 중단 내지 보류의 대상, 기준, 절차 등에 관한 사항, 응급의료처치 중단 내지 보류의 대상, 기준, 절차 등에 관한 사항 등임

2. 기관윤리위원회의 설치 운영
- 연명치료의 중단에 관한 구체적인 사례에 대한 심의는 말기환자가 입원하고 있는 의료기관에서 이루어져야 함. 연명치료를 행하고 있는 의료기관은 말기환자가 보류 내지 중단에 대한 요청이 있을 수 있으므로 이에 대한 심의와 관리 감독을 위한 기구로서 기관의료윤

리심의위원회가 필요함. 따라서 연명치료를 실시하는 의료기관은 해당기관에 기관의료 윤리심의위원회를 두도록 함.

- 심의사항은 말기환자의 연명치료의 중단 내지 보류의 의사표시의 확인에 관한 사항, 의사능력이 없는 말기환자의 의사표시의 추정 및 대리 의사표시에 관한 사항, 말기환자의 자기결정권 행사를 위한 설명방법과 의료지시서 서식의 작성에 관한 절차에 관한 사항, 연명치료의 중단 내지 보류의 이행에 관한 의료진 또는 말기환자 측의 요청이 있는 사항 등임

4. 의사표시, 의료지시서의 작성

1. 의료지시서의 작성 전의 상담절차의 의의

- 생명에 대한 유언(living will) 즉, 이 법에 말하는 의료지시서는 말기상태에서 자신의 의사를 표현할 수 없는 상황에 대비하여 자신의 죽음과 신체기관의 이식, 치료방법의 결정에 대해서 남기는 의사표시임.
- 환자를 다루는 의료진들은 기계적인 연명치료 및 응급의료처치를 보류하거나 중단할 지 여부에 대해 미리 심사숙고하고 이를 정할 수 있도록 정보를 제공하고 사전 의료지시서를 작성할 수 있도록 기회를 환자에게 주어야 함.
- 이 법에서는 말기환자가 의료지시서의 작성을 요청하는 경우 이러한 정보제공 및 설명을 포함하는 상담절차를 거치도록 하고 있음.

2. 의사표시의 자의성 확인

- 연명치료 내지 응급의료처치의 중단이나 보류의 의사표시는 그 결과 사망이라는 결과가 발생하기 때문에 반드시 자의성이라는 요건을 요구함. 자의성 내지 자발성이란 질병으로 고통을 받고 있는 말기환자가 존엄한 죽음에 대해서 진지하게 요청하였음을 말함.
- 죽을 권리와 관련된 의사결정의 표현에는 동의 그 자체도 중요하지만 절차과정이 중요한 의미를 가지기 때문에 최종 의사표시의 경우 서면동의가 필요하며, 동의의 객관성을 확보하기 위해서 성인인 증인 2명의 입회가 필요할 것임.

5. 연명치료의 보류 · 중단

1. 연명치료 및 응급의료처치의 보류, 중단 절차 규정

- 담당의사 및 해당 의료기관의 종사자는 말기환자의 의료지시서 상에 명시되어 있는 연명

치료의 보류 또는 중단의 의사표시에 반하여 연명치료를 하여서는 안되고 정당한 이유 없이 연명치료의 보류 또는 중단을 거부하는 때에는 해당 의료기관의 장은 즉시 담당의사 등을 교체하여 연명치료를 보류 하거나 중단하여야 함.

- 의료진이 말기환자의 의료지시서상의 의사표시를 존중하여 연명치료를 보류하거나 중단하는 때에는 먼저 담당 의사를 포함한 2인의 의사가 말기상태임을 진단하여야 함. 그리고 말기환자가 자발적인 의사표시로 서면으로 작성한 의료지시서의 존재여부를 확인해야 함.
- 추청적 의사표시에 따른 연명치료의 중단 내지 보류는 먼저 연명치료 중인 말기환자가 의료지시서를 작성하지 않았고, 무의식 상태 내지 의사결정능력의 흠결로 인하여 자발적인 의사표시를 할 수 없는 경우 말기환자의 직계친족이 추정적 의사표시를 인정해달라고 요청하는 경우에만 가능함. 말기환자가 이전에 연명치료 중단 여부에 대한 진술 등 이러한 의사표시를 한 바가 있다는 증거를 제출하는 때에는 담당의사는 해당 의료기관의 기관위원회에 말기환자의 이전의 의사표시의 진정성을 확인하기 위해 심의를 요청하여야 함.

2. 적극적 안락사 및 의사조력 자살행위의 금지

- 의사조력자살 내지 적극적 안락사의 형태인 의사의 투약처방 내지 약물 주입의 방법을 허용하지 않음.
- 우리 형법 해석상 적극적인 안락사를 허용하지 않는 것이 다수설의 입장임. 적극적 안락사는 살인죄에 해당하며, 특히 환자의 부탁이나 승낙을 받아 살해한 경우에는 촉탁 · 승낙 살인죄(제252조 제1항)에 해당하고 말기 환자의 자살을 도운 경우에도 자살방조죄(제252조 제2항)를 적용함.

6. 연명치료의 보류 · 중단의 효과

1. 책임의 면책

- 의사나 의사의 지시에 따르는 의료제공자 혹은 의료기관은 법률이 정한 요건과 절차에 부합하여 말기환자로부터 연명치료를 보류하거나 중단하는 데 선의로 참여한 때에는 다른 과실이 없는 한 민사적 · 형사적 책임이나 직업적 제재로부터 면제되어야 함.
- 말기환자의 자기결정에 반해서 연명치료를 계속하는 경우에 그에 대한 처벌규정을 두어야 함.

2. 보험 등의 불이익 금지

- 말기환자의 의료지시서에 따라 연명치료를 보류하거나 중단하여 말기환자가 사망한 경우 법률상으로 이를 자살로 평가하지 않으며, 이로 인하여 말기환자에게 보험, 연금 상 불이익하게 취급해서는 안됨.

3. 벌칙조항

- 적극적 안락사행위 및 자살방조행위에 대하여 처벌규정을 둠. 말기환자의 자살을 조력하거나 말기환자의 의사에 반하여 연명치료를 중단하거나 보류한 자는 3년 이상의 징역에 처함.
- 의료지시서 등을 작성자의 의사에 반하여 손괴 은닉하거나 위조 변조행위에 대하여 처벌규정을 둠. 말기환자의 동의 없이 환자의 의료지시서를 손괴? 은닉하거나 위조?변조한 자와 의사표시의 추정시 말기환자의 직계친족이 거짓 그 외의 부정한 방법으로 증거를 제출한 자의 경우 5년 이하의 징역에 처함. 그리고 말기환자의 의료지시서를 위조 변조하여 말기환자의 의사에 반하여 연명치료를 보류 중단하게 함으로써 말기환자를 사망에 이르게 한 경우에는 무기 또는 5년 이상의 징역에 처함.
- 절차 규정에 위반한 경우에도 처벌규정을 둠. 말기환자의 상담절차의 개시 요청을 무시하거나 의도적으로 상담절차의 이행을 거부하는 해당 의료기관의 장은 1,000만원 이하의 벌금에 처함. 그리고 말기환자의 의사표시의 성립의 진정성을 확인하기 위한 기관생명윤리심의위원회의 심의절차의 이행을 거부한 해당 의료기관의 장은 1,000만원 이하의 벌금에 처함. 절차 규정 위반의 경우 해당 의료기관의 장만 처벌할 뿐 아니라 해당 의료기관도 동일한 벌금형을 과함.(홍익대 법학부 이인영 교수, 경실련)

6. 죽음관련 신고서

(부록 6-1) 시체 신고서

제 호 시 체 □ 매장 □ 화장 신 고 서 ※ □ 에 V를 기재하시기 바랍니다.					처리기간 즉시
사망자	성 명		주민등록번호		
	주 소				
	사망 장소		사 망 사 유 사망 연월일	. . .	
	매장 또는 화장 장소		분 묘 설 치 연 월 일	. . .	
신고인	성 명		주민등록번호		사망자와의 관 계
	주 소		전 화 번 호		

장사등에관한법률 제8조 및 동법시행규칙 제2조의 규정에 의하여 매장(화장)신고합니다.

. . .

신 고 인 (서명 또는 인)

귀하

※ 구비서류
의료법시행규칙 별지 제7호서식의 사망진단서(시체검안서) 또는 읍·면·동장의 확인서(화장신고의 경우에 한합니다.)

제 호 시 체 □ 매장 □ 화장 신 고 필 증 ※ □ 에 V를 기재하시기 바랍니다.					
사망자	성 명		주민등록번호		
	주 소		사 망 사 유 사망 연월일		
신고인	성 명		주민등록번호		사망자와의 관 계
	주 소		전 화 번 호		

장사등에관한법률 제8조 및 동법시행규칙 제2조의 규정에 의하여 위와 같이 매장(화장)신고를 하였으므로 이에 신고필증을 교부합니다.

. . .

시장·군수 (인)

(부록 6-2) 개장 신고서

<table>
<tr><td colspan="6">제　　호
개　장 □ 신고서
　　　 □ 허가신청서
※ □ 에 V를 기재하시기 바랍니다.</td><td>처리기간
개장신고 : 2일
개장허가 : 3일</td></tr>
<tr><td rowspan="5">사망자</td><td>성　　명</td><td></td><td>주민등록번호</td><td></td><td>사망연월일</td><td></td></tr>
<tr><td>묘지 또는 납골된 장소</td><td colspan="2"></td><td>매장 또는 납골 연월일</td><td colspan="2"></td></tr>
<tr><td>개 장 장 소</td><td colspan="2"></td><td>개 장 방 법 (화장 또는 매장여부)</td><td colspan="2"></td></tr>
<tr><td>개장의 사유</td><td colspan="2"></td><td>매장 (납골) 기간</td><td colspan="2">~</td></tr>
<tr><td>매장 또는 화장 장소</td><td colspan="5"></td></tr>
<tr><td rowspan="2">신고인 허가신청인</td><td>성　　명</td><td></td><td>주민등록번호</td><td></td><td>사망자와의 관계</td><td></td></tr>
<tr><td>주　　소</td><td colspan="2"></td><td>전화번호</td><td colspan="2"></td></tr>
<tr><td colspan="7">장사등에관한법률 제8조 · 제23조 및 동법시행규칙 제2조 · 제14조의 규정에 의하여 개장신고(허가신청)합니다.
. . .
신고인 (신청인)　　　　(서명 또는 인)
귀하</td></tr>
<tr><td colspan="7">※ 구비서류
1. 개장신고의 경우
가. 기존 분묘의 사진
나. 서면통보문 또는 신문공고문 (설치기간이 종료된 분묘와 타인의 토지 등에 설치된 분묘의 경우에 한합니다)
2. 개장허가의 경우
가. 기존 분묘의 사진
나. 분묘의 연고자를 알지 못하는 사유
다. 신청인 소유토지임을 증명하는 서류
라. 부산산등기법 등 관계법령에 의하여 해당 토지 등의 사용에 관하여 당해 분묘연고자의 권리가 없음을 증명하는 서류</td></tr>
</table>

<table>
<tr><td colspan="6">제　　호
개　장 □ 신고필증
　　　 □ 허가증
※ □ 에 V를 기재하시기 바랍니다.</td></tr>
<tr><td rowspan="3">사망사</td><td>성　명</td><td colspan="2"></td><td>사망 연월일</td><td></td></tr>
<tr><td>묘지 또는 납골된 장소</td><td colspan="2"></td><td>매장 또는 납골 연월일</td><td></td></tr>
<tr><td>개 장 장 소</td><td colspan="2"></td><td>개 장 방 법</td><td></td></tr>
<tr><td rowspan="2">신고인 (허가 신청인)</td><td>성　명</td><td></td><td>주민등록 번　호</td><td>사망자와의 관　계</td><td></td></tr>
<tr><td>주　소</td><td colspan="2"></td><td>전 화 번 호</td><td></td></tr>
<tr><td colspan="6">장사등에관한법률 제8조 · 제23조 및 동법시행규칙 제2조 · 제14조의 규정에 의하여 개장신고(허가신청)를 하였으므로 이에 신고필(허가)증을 교부합니다.
. . .
시장 · 군수 (인)</td></tr>
</table>

(부록 6-3) 개인묘지설치 (변경) 신고서

<table>
<tr><td colspan="8">개 인 묘 지 설 치 (변경) 신 고 서
※ □ 에 V를 기재하시기 바랍니다.</td><td>처리기간
7일</td></tr>
<tr><td rowspan="6">개 인
묘 지</td><td>①소재지</td><td></td><td>②지 번</td><td colspan="3"></td><td>③지 목</td><td></td></tr>
<tr><td>④면 적</td><td></td><td>⑤합장여부</td><td colspan="3">□예 □아니오</td><td>⑥합장내용</td><td></td></tr>
<tr><td>⑦분묘형태</td><td colspan="7">□봉분 □평분 □평장</td></tr>
<tr><td>⑧설치연월일</td><td></td><td>⑨시설물설치</td><td colspan="5">□비석 □상석 □기타석물 □없음</td></tr>
<tr><td rowspan="3">⑩설치변경</td><td>설 치 변 경 연월일</td><td colspan="6"></td></tr>
<tr><td>설 치 변 경 사 유</td><td colspan="6">□면적 □시설물 설치 □분묘형태</td></tr>
<tr><td></td><td></td><td>설 치 변 경 의
구 체 적 내 용</td><td colspan="6"></td></tr>
<tr><td rowspan="2">⑪사망자</td><td>성명</td><td colspan="4"></td><td>주민등록번호</td><td colspan="2"></td></tr>
<tr><td>주소</td><td colspan="4">(전화:)</td><td>사망 연월일</td><td colspan="2"></td></tr>
<tr><td rowspan="2">⑫설치자</td><td>성명</td><td colspan="4"></td><td>주민등록번호</td><td colspan="2"></td></tr>
<tr><td>주소</td><td colspan="4">(전화:)</td><td>사망자와의 관계</td><td colspan="2"></td></tr>
<tr><td rowspan="2">⑬관리자</td><td>성명</td><td colspan="4"></td><td>주민등록번호</td><td colspan="2"></td></tr>
<tr><td>주소</td><td colspan="4">(전화:)</td><td>사망자와의 관계</td><td colspan="2"></td></tr>
<tr><td rowspan="2">⑭신고인</td><td>성명</td><td colspan="4"></td><td>주민등록번호</td><td colspan="2"></td></tr>
<tr><td>주소</td><td colspan="4">(전화:)</td><td>사망자와의 관계</td><td colspan="2"></td></tr>
<tr><td colspan="9">장사등에관한법률 제13조제2항 및 동법시행규칙 제5조의 규정에 의하여 개인묘지설치(변경)신고를 합니다.
. . .
신고인 (신청인) (서명 또는 인)
귀하</td></tr>
<tr><td colspan="9">※ 구비서류
1. 지적도 또는 임야도, 평면도
2. 묘지소재지를 파악할 수 있는 위치도(약도) 또는 사진
3. 묘지 또는 토지 소유자의 사용승낙서(타인 소유 묘지 또는 토지에 설치하는 경우에 한합니다)
4. 설치변경의 경우 변경도면</td></tr>
<tr><td rowspan="2">공부확인</td><td colspan="3">구 분</td><td colspan="2">연월일</td><td colspan="2">결과</td><td>확인자(서명 또는 인)</td></tr>
<tr><td colspan="3">○도시계획관계확인서 (토지이용계획확인서)
○토지(임야)대장등본 및 등기부등본</td><td colspan="2"></td><td colspan="2"></td><td></td></tr>
</table>

<table>
<tr><td colspan="2">제 호</td><td colspan="5">개 인 묘 지 설 치 (변경) 신 고 필 증</td></tr>
<tr><td colspan="2">소 재 지</td><td colspan="5"></td></tr>
<tr><td colspan="2">면 적</td><td colspan="2"></td><td>설치(변경)연월일</td><td colspan="2"></td></tr>
<tr><td colspan="2">설치(변경)내용</td><td colspan="5"></td></tr>
<tr><td>사망자</td><td>성명</td><td colspan="5"></td></tr>
<tr><td rowspan="2">신고인</td><td>성명</td><td></td><td>주민등록번호</td><td></td><td>사망자와의
관 계</td><td></td></tr>
<tr><td>주소</td><td colspan="3"></td><td>전화 번호</td><td></td></tr>
<tr><td colspan="7">장사등에관한법률 제13조제2항 및 동법시행규칙 제5조의 규정에 의하여 개인묘지설치(변경)신고를 하였으므로 이에 신고필증을 교부합니다.
. . .
시장 · 군수 (인)</td></tr>
</table>

(부록 6-4) 묘지설치(변경)허가증

제 호

□ 가족
□ 종중 · 문중 **묘지설치(변경)허가증**
□ 법인

※ □에 V를 기재하시기 바랍니다.

<table>
<tr><td colspan="2">소 재 지</td><td colspan="3"></td></tr>
<tr><td colspan="2">면 적</td><td colspan="3"></td></tr>
<tr><td colspan="2">설치변경내용</td><td colspan="3"></td></tr>
<tr><td rowspan="2">대
표
자</td><td>성 명
(종중 · 문중 또는
법 인 명)</td><td>( )</td><td>주민등록번호
(법인허가번호)</td><td></td></tr>
<tr><td>주 소
(종중 · 문중 또는
법 인 주 소)</td><td>( )</td><td>전 화 번 호
(종중 · 문중 또는
법 인 전 화)</td><td></td></tr>
</table>

장사등에관한법률 제13조제3항 및 동법시행규칙 제6조의 규정에 의하여 위와 같이( )을 허가합니다.

. . .

시장 · 군수 (인)

(부록 6-5) 화장장(납골당)설치(변경)신고서

<table>
<tr><td colspan="6">화장장(납골당) 설치(변경) 신고서
※ □ 에 V를 기재하시기 바랍니다.</td><td>처리기간
30일</td></tr>
<tr><td rowspan="11">화장장·납골당</td><td colspan="2">①명칭</td><td colspan="4">□ 화장장
□ 가족납골당 □ 종중·문중납골당 □ 종교단체납골당 □ 법인납골당</td></tr>
<tr><td colspan="2">②소재지</td><td></td><td>③지 번</td><td>④지 목</td><td></td></tr>
<tr><td colspan="2">⑤면 적</td><td></td><td>⑥납골안치구수</td><td colspan="2"></td></tr>
<tr><td colspan="2">⑦설치연월일</td><td></td><td>⑧화 장 로 수</td><td colspan="2"></td></tr>
<tr><td colspan="2" rowspan="2">⑨설치변경</td><td>설 치 변 경 사 유</td><td colspan="3">□시설 □설치·관리자(대표자)</td></tr>
<tr><td>설치변경의구체적내용</td><td colspan="3"></td></tr>
<tr><td rowspan="2">⑩설치자</td><td>성명/종중·문중, 종교단체, 법인명</td><td></td><td>주민등록번호
법인허가번호</td><td colspan="2"></td></tr>
<tr><td>주소/법인 등 주소</td><td></td><td>자택/법인 등 전화</td><td colspan="2"></td></tr>
<tr><td rowspan="2">⑪관리인</td><td>성명</td><td></td><td>주민등록번호</td><td colspan="2"></td></tr>
<tr><td>주소</td><td></td><td>전화번호</td><td colspan="2"></td></tr>
<tr><td colspan="2" rowspan="2">⑫신고인</td><td>성명</td><td></td><td>주민등록번호</td><td colspan="2"></td></tr>
<tr><td>주소</td><td></td><td>전화번호</td><td colspan="2"></td></tr>
<tr><td colspan="7">장사등에관한법률 제14조 및 동법시행규칙 제7조의 규정에 의하여 납골당(화장장)의 설치(변경)를 신고합니다.
. . .
신청인 (서명 또는 인)
귀하</td></tr>
<tr><td colspan="7">※ 구비서류
1. 사설화장장
가. 지적도 및 임야도, 실측도 및 구적도
나. 화장장건립사업비, 자금조달계호기서 및 재해대책을 포함한 관리운영계획서
다. 상·하수도, 조경, 전기통신, 도로, 방재설비 등 기반시설계획서
라. 화장장건립계획 및 공정계획서, 주요시설물설치계획서(배치도·평면도 및 구조도를 포함합니다)
마. 설치변경의 경우 변경계획 및 변경도면

2. 사설납골당
가. 가족, 종중·문중 또는 종교단체의 납골당
(1)종중·문중의 경우 납골당 설치에 관한 종약 또는 종중·문중의 의사임을 증명하는 서류, 종교단체의 경우 종교단체등록증
(2)지적도 또는 임야도, 실측도 및 구적도
(3)사용할 납골당 건물 및 토지가 친족 또는 종중·문중, 종교단체의 소유임을 증명하는 서류나 건물 및 토지소유자의 사용승낙서
(4)설치변경의 경우 변경계획 및 변경도면

나. 법인납골당
(1)법인의 정관·재산목록 및 임원명부
(2)지적도 또는 임야도, 실측도 및 구적도
(3)사용할 납골당 건물 및 토지가 법인 소유임을 증명하는 서류나 건물 및 토지소유자의 사용승낙서
(4)납골당건축사업비, 자금조달계획서 및 재해대책을 포함한 관리운영계획서
(5)상·하수도, 조경, 전기통신, 도로, 방재설비 등 기반시설계획서
(6)납골당건축 및 공정계획서, 주요시설물설치계획서(배치도·평면도 및 구조도를 포함합니다)
(7)설치변경의 경우 변경계획 및 변경도면</td></tr>
<tr><td rowspan="2">공부확인</td><td colspan="2">구 분</td><td>연월일</td><td>결과</td><td colspan="2">확인자(서명 또는 인)</td></tr>
<tr><td colspan="2">○건축물관리대장등본
○도시계획관계확인서(토지이용계획확인서)
○호적등본(가족납골당에 한합니다)
○토지(임야)대장등본 및 등기부등본</td><td></td><td></td><td colspan="2"></td></tr>
</table>

(부록 6-6) 사망(호주승계)신고서

사망(호주승계)신고서 (년 월 일)	※ 뒷면의 작성방법을 읽고 기재하시되 선택항목은 해당 번호에 "○"으로 표시하여 주시기 바랍니다.

① 사 망 자	본적			호주 및 관계		의
	주소			세대주 및 관계		의
	성명	한글		성 별	주민등록 번 호	-
		한자		1남 2여		
	사망일시	년 월 일 시 분(사망지 시각 : 24시각제로 기재)				
	사망장소	장소	시(도) 구(군) 동(읍,면) 리 번지			
		구분	1주택내 2의료기관 3시설기관(양로원, 고아원 등) 4산업장 5 D.O.A(병원 이송 중 사망) 6공로(도로,차도) 7기타( )			
②기타사항						
③호 주 승계인	본적					
	성명	한글		한자	전호주와의 관계	
④신 고 인	성명	㊞(서명 또는 무인)		주민등록번호	-	
	자격	1동거친족 2호주 3비동거친족 4동거자 5기타(의 자격:)				
	주소		전화		이메일	

※ 다음은 통계법 제13조에 의거 개인의 비밀사항이 철저히 보호되고 또한 국가의 인구정책 수립에 필요한 정보 수집이 목적이므로 사실대로 기재하여 주십시오.

⑤발병(사고발생)당시 직업				
⑥사망원인 진단자	1의사 2한의사 3기타		⑦혼인상태	1미혼 2배우자 있음 3이혼 4사별
⑧사망자의 최종졸업학교	1무학 2초등학교 3중학교 4고등학교 5대학이상			
⑨사 망 종 류	1질병 2교통사고 3자살 4추락사고 5익사사고 6타살 7기타			
⑩사고발생장소			⑪사고내용	
⑫사망원인(사망진단서 참조)			⑬발병(사고발생)부터 사망까지 기간	
가	직접사인		→	
나	가의 원인		→	
다	나의 원인		→	
라	다의 원인		→	

※ 아래사항은 신고인이 기재하지 않습니다.

읍 면 동 접 수		세대별주민 등록표정리	월 일 (인)	본 적 지 접 수		호적부 정리 (전산입력필)	월 일 (인)
		개인별주민 등록표정리	월 일 (인)			주민 등록지 통 보	월 일 (인)
		주민등록증 회 수	월 일 (인)			인 구 동 태 신고서 송부	월 일 (인)
		본 적 지 송 부	월 일 (인)				

작 성 방 법

*분가호주인 호주승계인에게 수반입적자가 있는 경우에는 사망신고와 별도로 호주승계신고를 하여야 합니다.

①란 : 예) 오후 2시 30분 → 14시 30분, 밤 12시 30분 → 다음날 0시 30분

1 주택내는 사망장소가 사망자의 집이거나 부모·친척 등의 집 포함
2 D.O.A는 의료기관(병원 등)으로 이송 도중 사망한 경우
3 기타는 예시 외에 비행기, 선박, 기차, 승용차 안 등 기타 장소에 해당되는 경우

②란 : 아래 사항 및 호적의 기재를 분명하게 하는데 특히 필요한 사항을 기재합니다.

- 호주승계인이 전호주와 호적을 달리하는 경우 그 취지
- 선순위의 호주승계인이 호주승계권을 포기한 경우 그 취지 및 포기자의 성명, 본적
- 진단서(검안서) 미첨부시 그 사유
- 호주승계인이 의사능력 없는 미성년자이거나 금치산자인 경우 법정대리인이 신고할 때 그 취지

③란 : 호주승계인이 전호주의 사망신고와 호주승계신고를 동시에 할 때에만 기재

④란 : 자격란 해당항목에 "○"으로 표시하시되 4기타는 사망장소를 관리하는 자 등 해당 자격을 기재합니다.

⑤란 : 사망의 원인이 되는 질병 또는 사고가 발생한 때의 직업을 구체적으로 기재합니다.
- 잘못된 기재의 예 : 회사원, 공무원, 사업, 운수업
- 올바른 기재의 예 : ○○회사 영업부 판촉사원, 건축목공, ○○구청 건축허가 업무담당

⑧란 : 교육부장관이 인정하는 모든 정규교육기관을 기준으로 기재하되 각급 학교의 재학 또는 중퇴자는 졸업한 최종학교의 해당번호에 ○표시를 합니다.
(예 : 대학교 3학년 중퇴 → 4고등학교에 ○표시)

⑨란 : 사망진단서 또는 사체검안서 등에 기재된 내용을 참고로 기재하되, "7기타"의 경우 그 내용을 구체적으로 기재하며 추락·익사 등에 의한 자살은 "4자살"에 표기합니다.

⑩란,⑪란 : 사고로 사망할 경우 사고발생장소 및 사고내용을 구체적으로 기재합니다.

⑫란 : 사망진단서 또는 사체검안서 등에 기재된 모든 사망원인 내용을 동일하게 기재합니다.
- 잘못된 기재의 예 : 심장마비, 호흡정지, 심폐정지, 심부전, 호흡부전, 노쇠 등과 같은 사망형태나 유형

가직접사인이란 직접 죽음의 원인이 된 합병증, 질병, 손상
나는 가직접사인에 이르게 한 일련의 병적상태를 일으킨 질병과 손상
다는 나에 이르게 한 일련의 병적상태를 일으킨 질병과 손상
라는 다에 이르게 한 일련의 병적상태를 일으킨 질병과 손상

첨 부 서 류

1. 사망자에 대한 진단서나 검안서 1부
2. 사망의 사실을 증명할 만한 서면(진단서나 검안서를 첨부할 수 없을 때) : 아래 중 1부
   - 사망증명서(동·리·통장 또는 인우 2인 이상이 작성한 사망증명서) : 증명인이 인우인(2인이상)인 경우에는 증명인의 인감증명서, 주민등록증사본, 운전면허증사본, 여권사본, 공무원증사본 중 1부 첨부하여야 하며, 증명인이 동·리·통장일 때에는 1인의 증명으로 족하고 원칙적으로 동·리·통장임을 증명하는 서면 첨부 요.
   - 관공서의 사망증명서 또는 매장인허증
   - 사망신고수리증명서(외국관공서에 사망신고한 경우)
3. 사망신고와 호주승계를 동시에 할 경우
   선순위의 호주승계인이 호주승계권을 포기하여 후순위자가 호주승계신고를 하는 경우에는 선순위자의 호주승계권포기사실을 증명하는 서면(선순위자의 호주승계권포기의 취지가 기재된 호적등본 또는 선순위자의 호주승계권포기신고서가 수리되었다는 취지의 증명) 1부.

* 호적등본은 정보처리시스템에 의하여 그 내용을 확인할 수 있는 경우에는 첨부를 생략할 수 있습니다.

※ 재산상속의 한정승인, 포기의 안내

* 이 안내는 사망신고와는 관계가 없는 내용입니다. 자세한 내용은 가정법원 또는 지방법원 가사접수실로 문의하시기 바랍니다.

1. 의 의 :
   - 한정승인 - 상속인이 상속으로 얻은 재산의 한도에서 상속을 승인하는 것.
   - 포기 - 상속재산에 속한 모든 권리의무의 승계를 포기하는 것.
2. 방 식 :
   - 한정승인 - 상속재산의 목록을 첨부하여 가정법원에 신고함.
   - 포기 - 가정법원에 포기의 신고를 함.
3. 신고기간 :
   - 상속개시있음을 안 날로부터 3월 이내(민법 제1019조 제1항)
   - 상속인은 상속채무가 상속재산을 초과하는 사실을 중대한 과실없이 민법 제1019조 제1항의 기간내(상속개시있음을 안 날로부터 3월이내)에 알지 못하고 단순승인(민법 제1026조 제1호 및 제2호의 규정에 의하여 단순승인한 것으로 보는 경우를 포함)을 한 경우에는 그 사실을 안 날로부터 3월 이내에 한정승인을 할 수 있음.

(부록 6-7) 장제비지급청구서

장제비지급청구서(Ⅰ)	처리기간
	7일

① 증 번 호 (사업장기호)	②가 입 자 (세대주)	성 명	주민등록번호	③ 사망자	성 명	주민등록번호	관계구분	
			-			-	1	2

④ 사망일	⑤사망구분	⑥사망원인		지급금액						지급의뢰일
		상 병 명	분류기호	십	만	천	백	십	원	
. . .	1. 병 사 2. 사 고 사									. . .

⑦사고경위	

⑧거래금융기관명		⑨예금계좌번호		⑩예금주	성 명	⑪주민등록번호
					(사망자의)	-

국민건강보험법시행규칙 제16조의 규정에 의하여 위와 같이 장제비의 지급을 청구합니다.

. . .

청구인 (서명 또는 인) 전화번호 ( )

사망자와의 관계 : 사망자의 ( )

국민건강보험공단 이사장 귀하

구비서류 : 1. 건강보험증(제5조제2항의 규정에 의하여 추가로 발급한 건강보험증을 포함합니다)
2. 의료기관이 발행한 사망진단서, 사체검안서, 사망사실이 기록된 호적등본, 주민등록표등본 또는 기타 사망사실을 인정할 수 있는 서류 중 1부

(주) 굵은선 안은 작성하지 마시고, 작성요령은 뒤쪽을 참고하시기 바랍니다. 297㎜×210㎜(일반용지 60g/㎡(재활용품))

장제비지급청구서 작성요령(Ⅱ)

① : 가입자의 증번호(사업장기호)를 기재합니다.

② : 사망자의 사망당시 가입자(지역가입자의 경우는 세대주)를 기재합니다.

②~③ : 가입자(지역가입자의 경우는 세대주) 및 사망자의 성명은 한글로 기재하고 건강보험증에 기재된 주민등록번호를 기재합니다.

④ : 사망 년・월・일을 기재합니다. (예시 : 사망일이 2000년 7월 1일인 경우 → 2000. 7. 1.)

⑤ : 해당번호에 ○표를 합니다.

⑥ : 사망의 원인이 된 상병명을 기재합니다.(예시 : 심장마비, 뇌출혈 등)

⑦ : 사고사일 경우에 한하여 언제, 어디서, 어떻게 사고를 당하였는지 사고경위를 구체적으로 기재합니다.

⑧~⑩ : 송금받고자 하는 금융기관명, 예금계좌번호, 예금주, 예금주와 사망자와의 관계, 예금주의 주민등록번호를 정확히 기재합니다.

＊예금주는 장제를 행한 사람이어야 합니다.

＊예금통장은 온라인 계좌입금이 가능한 예금통장이어야 합니다.

〈예시 : 보통예금, 저축예금, 자유저축예금, 당좌예금, 기업자유예금, 가계당좌예금〉

＊ ⑪ : 가입자와 예금주가 다를 경우에만 기재하기 바랍니다.

(부록 6-8) **장기기증 희망 등록신청서**

<table>
<tr><td colspan="5">장기등 기증희망 등록신청서</td></tr>
<tr><td>성 명</td><td colspan="2"></td><td>주민등록번호</td><td></td></tr>
<tr><td>전화번호</td><td colspan="2"></td><td>전 자 메 일</td><td></td></tr>
<tr><td>주 소</td><td colspan="4"></td></tr>
<tr><td>기증형태
(중복체크 가능)
※ □에는 ∨표시를 합니다.</td><td colspan="4">□ 뇌사시 장기기증(신장 · 간장 · 췌장 · 심장 · 폐 · 각막 · 췌도 · 소장)
□ 사망시 장기기증(각막 · 신장 · 췌장 · 췌도)
□ 인체조직기증(뼈 · 연골 · 근막 · 피부 · 양막 · 인대 및 건 · 심장판막 · 혈관 등)</td></tr>
<tr><td>장기등기증희망
의사표시</td><td colspan="4">운전면허증에 장기기증희망 의사표시를 원하십니까?
□ 예 □ 아니오
※ 운전면허증 신규, 갱신, 적성검사, 재발급시 가능합니다.</td></tr>
<tr><td rowspan="2">법정대리인 동의
(만20세 미만 미성년자의 경우)</td><td>성 명</td><td></td><td>주민등록번호</td><td></td></tr>
<tr><td>관 계</td><td></td><td>서 명</td><td></td></tr>
<tr><td colspan="5">「장기등이식에관한법률」 제13조 제3항에 따라 본인은 숭고한 이웃사랑의 실천인 장기기증의 취지와 절차에 대한 충분한 설명을 듣고 장기등기증희망자로 등록을 신청합니다.

년 월 일

신청인 (서명)

( )등록기관의 장 귀하</td></tr>
<tr><td colspan="5">※ 신청인의 서명이 없는 경우 등록이 되지 않습니다.
※ 첨부서류
○ 법정대리인임을 확인할 수 있는 서류(신청인이 만20세 미만의 미성년자의 경우)</td></tr>
</table>

출처 : 국립장기이식관리센터 www.konos.go.rk

7. 유언관련 양식

(부록 7-1) 사전의료지시서 예1

'임사의학 연구회' 사전의료지시서

나 ○ ○ ○ (여)(주민등록번호 : ○○○○○○-○○○○○○○)은 현재 다음 주소에 거주하고 있으며 (현주소 : 서울시 서초구 우면동 ○○○), 여기에 나의 자의적 소망으로 맑은 정신 하에 어떤 부득이한 사정으로 인해, 나의 자의적인 의사표시가 불가능해질 경우를 대비해서, 나를 치료하는 담당의사와 가족들에게 다음과 같은 '사전의료지시서'를 남기니, 본인의 소망대로 실행해 주시기 바랍니다.

1. 제가 의식이 없어진 상태가 되더라도, 기도 삽관이나 기관지 절개술 및 인공기계 호흡치료법은 시행하지 말 것이며,
2. 제게 '항암 화학요법'이 필요하다는 의료진의 판단이 있다하더라도 항암치료는 시행하지 말것.(이는 항암화학요법의 효과의 불신에서가 아니라 나의 연령과 체력의 한계 때문임)
3. 그 외 인공영양법, 혈액투석, 더 침습적인 치료술도 시행하지 말 것.
4. 그러나 탈수와 혈압유지를 위한 수액요법과 통증관리 및 생리기능 유지를 위한 완화의료의 계속은 희망하며 임종 시 혈압상승제나 심폐소생술은 시행하지 말 것.
5. 그 이외 여기에 기술되지 않은 의료 내용은 '대한의학회'에서 공포하고 있는, 최근의 '임종환자 연명치료 중단에 관한 의료지침'에 따라 결정하기를 바람.
6. 나는 이상의 나의 '사전의료지시서' 내용이 누구에 의해서도 변형되지 않기를 원하며, 이 선언이 법적인 효력을 유지하고 담당 의료진에 법적 면제와 보호 조건을 구비하는데 도움되기를 소망하고 있음.

사전의료지시서를 통해 제가 바라는 사항을 충실하게 실행 해 주신 분들께 깊은 감사를 드립니다. 아울러 저의 요청에 따라 진행된 모든 행위의 책임은 저 자신에게 있음을 분명히 밝히고자 합니다.

200 년 월 일

환자 본인 성명 : ○○○ 서명(도장)
가족 증인 성명 : 관계
공증인 성명 : 서명(도장)

(부록 7-2) 사전의료지시서 예2

'임사의학 연구회' 사전의료지시서

성 명 : ○○○ 주민번호: ○○○○○○-○○○○○○○
현주소 :

만일 내가 지속적인 혼수상태(또는 임종직전 상태, 의식이 없는 상태, 치매상태, 또는 결정능력이 없는 무능력상태 등등)로 나의 주치 의사와 두 명의 자문의사의 의견이 어떠한 치료에 의해서도 의식 회복 가능성이 어렵다는 결론인 경우 이에 대한 대처나 앞으로의 어떤 추가적인 질병에 대한 나의 소망과 목적을 의료적으로 합당하게 다음과 같이 밝힘.

[다음 중 해당 항목에 표시를 함]

1. 심폐소생술
(임종에 앞서 앞가슴을 누르고 투약하고 전기적 충격을 주고 인공기계호흡 등의 의료 시술)
원함□ 결정하지 못했음 □ 원하지 않음□
2. 대수술(大手術)(예: 담낭 제거수술, 대장 부분절제술 등)
원함□ 결정하지 못했음 □ 원하지 않음□
3. 인공기계호흡(기도삽관 후 기계로 숨쉬게 하는 것)
원함□ 치료의 시도를 원하나 확실한 호전 없으면 중지□
4. 인공투석(人工透析)(복부의 튜브를 통한 기계로 혈액을 깨끗하게 정화(淨化)해 주는 의료시술)
원함□ 치료의 시도를 원하나 확실한 호전 없으면 중지□
5. 수혈 및 혈액제재 투약
원함□ 결정하지 못했음 □ 원하지 않음□
6. 인공영양 및 수액요법
원함□ 치료의 시도를 원하나 확실한 호전 없으면 중지□
7. 간단한 진단적 검사(예: 혈액 및 X-선 검사)
원함□ 결정하지 못했음 □ 원하지 않음□
8. 항생제(감염증을 치료하기 위한 약)
원함□ 결정하지 못했음 □ 원하지 않음□
9. 진통(비록 의식이 무디고 죽음의 과정을 촉진 하더라도)
원함□ 결정하지 못했음 □ 원하지 않음□

□생명 연장: 가능한 모든 것을 시행
□병의 치료 시도 계속, 그러나 주기적으로 재진단(재평가)을 원함.
□침습적이고 부담이 되는 진료 행위를 하지 말 것.
□완화의료(緩和醫療)만 시행할 것.
□기타(자세하게 특기할 것):

(부록 7-3) 의료대리인 지정서 예1

대리인 위임장

〈항구성(恒久性) 대리인 위임장(Durable Power of Attorney),

건강(질병)관리 대리 위임장(Health Care Proxy)〉

나는 나의 대리 결정권자로서 다음 사람 : OOO(주소: OO시 OO구 OO동)을 지정하며, 나의 건강(질병)관리에 관한 결정에 있어서 나의 대리인에게 나의 소망과 바램을 대리 평가할 것을 지시한다. 내가 만일에 스스로 결정할 능력이 없어질 경우에는 생명유지치료를 포함한 모든 건강(질병)관리에 관한 결정은 나의 대리인이 결정 권한을 갖는다. 나의 대리인의 권한은, 나의 주치의사가 서면으로 나의 건강(질병)관리에 관해 내 스스로의 결정이 불가능하다고 판단한 시점 이후부터 발효한다.

서명: 성명:
주소: 일자:

증인:
서명: 성명:
주소: 일자:

서명: 성명:
주소: 일자:

(부록 7-4) 의료대리인 지정서 예2

(내가 원하는 것(들)에 ○표시를 하고 원하지 않는 것(들)에 ×표함)

1. 나는 내가 의사 무능력 상태에 빠졌을 때 아래의 사람을 나를 대신해 나에 대한 의료조치를 선택할 대리인으로 지정합니다.

이름 : 관계 :

위의 사람이 대리인 역할을 하기 어려운 경우 다음의 순서대로 대리인이 되어 주기를 바랍니다.

이름 : 관계 :

이름 : 관계 :

2. 다른 사람들과의 협의 필요성 여부
① 나는 대리인이 나의 상태에 대해 다른 가족들(또는)과 상의하여 결정하기를 원합니다. 하지만 다른 가족들(또는)과의 의견이 일치하지 않을 경우 최종 결정권은 대리인이 갖기를 원합니다.
② 나는 대리인이 다른 사람들과의 의논 없이 혼자서 결정하기를 원합니다.

3. 대리인 권한
① 나의 건강 상태에 대한 정보들을 병원과 의사에게 요구하고 검토할 권한을 갖습니다.
② 나의 의료 정보에 대한 공개 여부를 결정할 권한을 갖습니다.
③ 나를 병원이나 호스피스 시설 등에 입원시키거나 퇴원시킬 권한을 갖습니다.
④ 생명유지장치를 포함하여 나에 대한 치료를 중단하거나 보류하는 데 동의할 권한을 갖습니다.

대리인의 권한은 다음 사항에 대해 제한되기를 원합니다.

____

____

4. 대리인의 판단 근거
① 대리인은 내가 남긴(a.특정조치요청, b.가치관 표명)문서에 근거해서 결정을 내려야 합니다.
② 대리인은 다른 경로로 나의 바람을 알게 되었을 때 이에 근거해서 결정을 내려야 합니다.
③ 대리인은(a.나에게 최선의 이익이 될 것, b.내가 바랐을 것)을 기준으로 결정을 해야 합니다.

작 성 자 :
주민등록번호 :
주 소 :

작 성 일 : 년 월 일
작성장소 :

(부록 7-5) 간단한 집단프로그램의 예시 1

나의 사망기

"나의 사망기"는 자신을 3인칭으로 하여 부고를 써봄으로써 자신의 삶을 객관적으로 돌아보는 죽음준비교육의 한 과정입니다.

1. ______________ 는 어제 00세를 일기로 세상을 떠났다.
2. 그의 사망 원인은 ______________ 이었다.
3. 그의 남은 가족은 ______________ 이며,
   그는 ______________ 의 구성원이었다.
4. 그는 사망한 그 때에 ______________ 을 하고 있었다.
5. 그를 아는 사람들은 그를 ______________
   ______________ 한(했던)사람이었다고 기억할 것이다.
6. 그의 죽음을 가장 슬퍼할 사람은 ______________ 일 것이다.
7. 그가 세상에 남긴 업적은 ______________
   ______________ 이다.
8. 그의 시신은 ______________ 처리될 것이며.
   장례식은 그의 유언에 따라 ______________ 진행될 것이다.

☐ 나의 유언장 , ☐ 리빙윌(Living-will) , ☐ 사전의료지시서

작성의 예는 제12장 유언 · 상속의 예시를 참조

(부록 7-6) 간단한 집단프로그램의 예시 2

프로그램 명 : 나(   )에게 삶이 한 달 남았다면 ?

1. 떠오르는 단어와 그 이유는 무엇인가?

떠오르는 단어	이 유
1)	
2)	
3)	

2. 자신이 간절히 원하는 것과 그 이유는 무엇인가?
(예를 들면 보고 싶은 사람, 가고 싶은 곳, 하고 싶은 것 등)

간절히 원하는 것	이 유
1)	
2)	
3)	

3. 버리고 싶은 것과 그 이유는 무엇인가? ('나의 마음속에 버리고 싶은' 노래)

버리고 싶은 것	이 유
1)	
2)	
3)	

4. 미워하는 사람이나 용서를 해야 할 사람이 있다면 누구이며, 그 이유는 무엇인가?
(편지쓰기, 전화하기, 또는 만나기 등 구체적인 실천방안을 제시한다.)

용 서	이 유
1)	
2)	
3)	

8. 죽음 관련 영화 리스트

(부록 8-1)

타이틀	제작년도	감독/출연	상영시간	국가
체리향기 The Taste Of Cherry, a'm E Guilass,	1997	압바스 키아로스타미 / 호마윤 엘사드, 아브돌라만 바그헤리	95분	이란
줄거리 (요약)	한 남자가 자동차를 몰고 황량한 벌판을 달려간다. 그는 지나치는 사람들을 눈여겨보며 자신의 차에 동승할 사람을 찾는다. 그가 찾고 있는 사람은 수면제를 먹고 누운 자신의 위로 흙을 덮어 줄 사람. 돈은 얼마든지 주겠다는 그의 간절한 부탁에도 사람들은 고개를 젓는다. 애띤 얼굴의 군인도, 온화한 미소의 신학도도 죽음이란 단어 앞에선 단호하게 외면할 뿐. 드디어 한 노인이 그의 제안을 수락한다. 박물관에서 새의 박제를 만드는 노인은 주인공 바디(Mr. Badii)에게 자신의 살아온 이야기를 해주며 작지만 소중한, 삶의 기쁨들을 하나씩 펼쳐 놓는다. 노인의 이야기를 들으며 불현 듯 삶에 대해 강한 애착을 느끼는 바디. 운동장을 뛰어노는 아이들의 재잘거림, 도시의 하늘 너머 펼쳐지는 저녁노을의 눈부신 빛깔. 밤이 오고 바디는 수면제를 먹고 자신이 파놓은 구덩이 안에 눕는다. 조금은 긴장된 그의 얼굴 위로 푸른 달빛이 서리고, 때맞춰 내리는 비. 사방은 온통 어둠뿐. 가끔씩 치는 번개의 빛에 그의 얼굴이 잠깐 보였다간 사라지는데. 아침이 오면 그는 그토록 바라던 죽음을 얻게 될까? 아니면.....			
느낌 (소감)	이 영화는 일상적이고 흔한 이야기로 화려한 감동이나 눈물을 흘릴만한 영화는 아니다. 그러나 우리의 일상과 너무나 닮아 있기에 가슴 한 편에 깊이 남는 영화이다. 영화는 현실의 삶 그 모습 그대로를 보여준다. 남자 배우는 곧 나의 모습이며, 할아버지 역의 배우는 곧 우리의 할아버지 모습을 그대로 닮아 있다. 또한 누구에게나 주인공처럼 살기 싫어 세상과의 끈을 놓아버리고 싶을 만큼 힘든 시기가 있다. 이럴 때 누군가에게 털어놓고 위로 받고 싶다. 진심으로 나를 이해해줄 누군가가 필요했기 때문에 극단적인 선택을 하게 되는 것은 아닐까? 체리향기처럼 일상의 아주 사소한 것에서도 삶의 의욕이 생기고 행복감을 맞볼 수 있도록 서로가 이해하고 이해받는 관계가 된다면 죽음도 종래에는 행복하게 맞이할 수 있을 것이라 생각된다.			

(부록 8-2)

타이틀	제작년도	감독/출연	상영시간	국가
너를 보내는 숲 The Mourning Forest, 殯の森: The Forest Of Mogari,	2007	카와세 나오미 / 사이토 요이치로	97분	일본

줄거리 (요약)	아이를 잃은 상처를 가지고 있는 마치코는 시골의 한 요양원에서 노인들을 보살피며 살아간다. 그 중 시게키를 눈 여겨 살펴보던 마치코는 그를 아내 마코의 무덤이 있는 숲으로 데려다 주기 위해 길을 떠난다. 하지만 길을 떠난 지 얼마 되지 않아 사고로 차가 움직일 수 없게 되고, 마치코가 도움을 요청하러 마을에 간 사이 시게키가 사라진다. 시게키를 찾아 헤매던 마치코는 결국 숲을 향해 가고 있는 그를 찾아내게 되고, 힘든 여정 끝에 그들은 결국 마코의 무덤을 찾아내는데….
느낌 (소감)	떠나간 사람은 '보내'야 살아갈 수 있다. 그러한 애도의 과정에서 가장 필요한 것은 누구와 함께 인생을 살아가는지가 삶에 중요한 만큼, '누구와 함께 애도하는가'는 여간 중요한 문제가 아니다. 아픈 노인의 수발을 드는 위치의 마치코가 자신의 아픈 상처 또한 치유될 수 있었던 것은 자신을 투사할 수 있는 대상이 곁에 있었기 때문일 것이다. 영화에서는 아무도 마치코의 사연을 묻지 않으나 다만 방에서 아들의 사진 앞에 향을 피우는 어머니로 과거에 자식을 잃은 한 할머니로 등장한다. 그녀처럼 함께 애도하는 사람은 병실에서 함께 울며 손 잡아주는 담당 간호사일 수도 있다. 그러나 그녀의 남편은 자식을 잃은 슬픔의 동병상련도 아닌 질타와 원망을 한다. 이 영화는 사람과 사람 사이를 잇는 체온의 역할을 강조한다. 하지만 우리가 새겨야 할 것은 권유에 못 이겨 어색하게 쭈뼛거리며 타인의 손등에 자기 손을 잠시 얹었다가 너무 길지도 않고 너무 짧지도 않아 예의에 어긋나지 않을 정도의 시간이 흐른 후 이내 손을 거두는 것으로는 체온을 전할 수 없다는 사실이다. 일단 죽어가는 이를 알아봐야 한다. 그리고는 죽을 힘을 다해 맨 몸을 문질러, 없는 온도라도 만들어내야 하는 것이 진정한 애도가 아닐까?

(부록 8-3)

타이틀	제작년도	감독/출연	상영시간	국가
아이리스(Iris)	2001	리차드 이어 / 주디 덴치, 짐 브로드벤트, 케이트 윈슬렛, 휴 보네빌	90분	영국, 미국

구분	내용
줄거리(요약)	아이리스 머독은 옥스퍼드 대학에서 철학을 가르치던 1950년대에, 영문학 강사인 존 베일리를 만난다. 존은 그녀의 지성과 시대를 뛰어넘는 자유정신에 경외심을 갖고 그녀에게 몰입하게 되지만, 한편으로는 그녀의 자유분방한 사생활 때문에 갈등을 겪기도 한다. 그러나 학문적 동지이자 연인으로서 사랑을 키워가던 이 두 사람은 결국 결혼하여 이후 40여 년 간 영국 최고의 지성인 커플로 함께 고락을 나누며 해로한다. 어느덧 노년이 된 부부. 아이리스에게 갑자기 알츠하이머 증세가 찾아오고, 그녀는 자신의 정신세계가 점차 무너져가고 있음을 알고 두려움에 떤다. 존은 아내가 치매에 걸렸음을 처음엔 부인하려 하지만, 결국엔 현실을 인정하고 그녀를 헌신적으로 돌본다. 그러나 때로는 젊은 시절 자신을 괴롭혔던 아내의 자유분방한 삶이 떠오를 때면, 존은 어린 아기처럼 변해버린 늙은 아내에게 걷잡을 수 없는 질투를 느끼기도 한다. 5년 동안 투병생활을 하던 아이리스는 자신을 추스르지 못할 정도로 정신이 완전히 망가져 간다. 이제 그녀의 증세가 최악에 이르러, 도저히 집에서 간병할 수 없게 되자 존은 그녀를 특수 요양원으로 보내게 되고, 이곳에서 어느 날 아이리스는 조용히 숨을 거둔다. "내일은 또 새 날이 밝겠지. 그 다음날도. 또 다음날도... 날이 갈수록 우린 점점 더 가까워질 꺼야!"
느낌(소감)	영국 최고의 지성인 커플의 사랑과 결혼 생활 그리고 알츠하이머병으로 인한 말년을 보여주는 논픽션을 영화화한 것으로 그들이 유명인이건 아니건 간에 삶을 풍요롭게 살다가 자유롭게 죽음에 이른 행복한 사람이었다는 생각이 든다. 알츠하이머병에 의해 자신의 세계에 갇힌 그녀와 그녀가 평소에 소설의 내용으로 삼았던 〈자유로워지는 법, 선해지는 법, 사랑하는 법.〉을 생각하자니, 알츠하이머병은 주위 사람들을 불행하게는 하지만 정작 당사자는 시끄러운 언어를 잃고, 욕망과 치열함의 기억을 잃고 아름다웠던 순간의 순수함만을 기억하며 주위 사람 따위는 생각하지 않고 오직 자기 자신만을 생각하며 행복하게 죽음을 맞이할 수 있는 축복이 아닌가 하는 생각이 들었다. 그러니 그녀가 했던 모든 말들도 던져 버려야할 것이다. 자신의 모든 것을 자신이 소유하고 있다고 확신하며 살던 그녀가 자신을 잃어가며 얼마나 기가 막혔을까? 인정하고 싶지 않았을 것이나 사실을 인정하면서 사랑하는 사람의 소중함을 알게 되면서 진정한 사랑의 의미는 혼자서 이루는 것이 아니라 두 사람이 이룬다는 진리를 깨달았을 것이다.

(부록 8-4)

타이틀	제작년도	감독/출연	상영시간	국가
밀리언 달러 베이비 (Million Dollar Baby)	2004	클린트 이스트우드 / 클린트 이스트우드, 힐러리 스웽크, 모간 프리먼	133분	미국

줄거리 (요약)	프랭키는 한 때 잘 나가던 권투트레이너였지만, 소원해진 딸과의 관계 때문에 스스로 세상과의 교감마저 피하는 나이든 트레이너다. 그는 은퇴 복서인 유일한 친구 스크랩과 낡은 체육관을 운영하면서 서로 티격태격하는 재미가 현재 유일한 낙이다. 그러던 어느 날, 체육관에 매기라는 여자 복서 지망생이 찾아오고, 프랭키는 그녀에게 '31살이 된 여자가 발레리나를 꿈꾸지 않듯 복싱 선수를 꿈꾸어도 안 된다' 며 냉정하게 그녀를 돌려보내나 권투가 유일한 희망인 매기는 매일 체육관에 나와 홀로 연습을 하고, 결국 프랭키는 그녀의 트레이너가 되기로 한다. "항상 자신을 보호하라!"라는 프랭키의 가르침 속에 훈련은 계속되고, 마침내 매기는 승승장구하며 타이틀 매치에 나가기에 이른다. 때로는 상처를, 때로는 격려로 함께한 프랭키와 매기는 어느새 서로에게 오랫동안 잊고 지냈던 가족의 정을 일깨워주며 아버지와 딸 같은 관계로 발전해 간다. 이제서야 세상을 향해 당당히 맞서기 시작한 그들, 그러나 뜻하지 않은 치명적인 사건이 일어나는데....
느낌 (소감)	고집 센 여주인공이 지가 하고 싶은 권투 열심히 하다가 링에서 얻어맞고 식물처럼 죽어가면서도, 꿈을 이룬 상태로 죽을 수 있어 행복하다고 읊조리던 게 잊혀 지지 않아서 죽어도 여한이 없는 삶이 무엇일까 생각해 보았다. 지금 마음으로야 내 맘껏 살았으니 후회 같은 건 않을 거라 확신하지만 죽음이 진짜 코앞에 다가왔을 땐 어떤 맘이 될지 그건 모르겠다. 하고 싶은 일이 너무 많았던 시절도 있었건만 불행히도 지금의 나는 온 열정을 다 바쳐 하고 싶은 일이 딱히 없다. 나이가 들수록 감수성은 느슨해지고 둔감해져서 심지어는 '꿈 없이 산다고 누가 뭐라는 사람도 없으니 그냥저냥 살다가 가지 뭐.' 하는 생각까지 치밀어 오를 때가 많다. 주인공은 늦은 나이임에도 꿈을 위해 자신의 모든 시간과 힘을 쏟아 부어 전력질주한다. 과연 그녀는 승승장구 링 위에서 활짝 피어나는 인생의 절정을 맛본다. 그녀의 트레이너는 그녀에게 혈육보다 더 진한 애정을 아낌없이 준다. 그녀 생애 최고 빛나던 순간을 맞이하였으나 힘들게 얻은 절정의 순간은 가혹하리만치 짧았고 내리막길은 급작스럽고도 순식간이었다. 하지만 그녀는 다른 것을 더 욕심내지 않고 시간이 지나면 곧바로 잊혀질 짧고 빛나던 순간에 만족하며 죽어간다. 내게도 모든 걸 바쳐 하고픈 일이 있었다는 사실을 깨닫게 해준 영화 속 여주인공에게 고마운 마음이 일지 않을 수 없었다.

(부록 8-5)

타이틀	제작년도	감독/출연	상영시간	국가
굿' 바이: Good & Bye (おくりびと: Departures)	2008	타키타 요지로 / 모토키 마사히로, 히로스에 료코, 야마자키 츠토무	130분	일본
줄거리 (요약)	도쿄에서 잘나가는 오케스트라 첼리스트인 '다이고'는 갑작스런 악단 해체로 백수신세가 되었고, 우연히 '연령무관! 고수익 보장!'이라는 파격적인 조건의 여행 가이드 구인광고를 발견하고 두근두근 면접을 보러 간다. 면접은 1분도 안 되는 초스피드로 진행되고 바로 합격한 다이고. 그러나 여행사인줄만 알았던 회사는 인생의 마지막 여행을 떠나는 사람들을 배웅하는 '납관' 일을 하는 곳이었다. 하루아침에 화려한 첼리스트에서 초보 납관도우미가 된 다이고. 모든 것이 낯설고, 거북하지만 차츰 베테랑 납관사 이쿠에이가 정성스럽게 고인의 마지막을 배웅하는 모습에 찡한 감동을 배워간다. 하지만 아내 미카와 친구들은 다이고에게 당장 일을 그만두라고 반대하는데……			
느낌 (소감)	우리가 흔히 알고 있는 '굿바이'가 아닌, "굿' 바이"가 되는 점 하나로 느낌이 달라지는 이 묘한 제목을 뭐라고 설명해야 할까. 좋은 보냄? 잘 보내기? 순화해서 설명한다면 '아름다운 이별' 정도이려나? 뭔가 풀어서 설명하기엔 막연한, 그저 "굿,바이"라는 제목 그 자체에서 오는 느낌 그대로 느끼는게 가장 좋을 듯하다. 이 영화는 납관사에 관한 이야기이다. 우리가 흔히 생각하는 염하는 모습에서 느껴지는 느낌을 과감히 깨버린, 너무나도 정성스러운, 살아있는 사람을 대할 때와는 또 다른 느낌의 정중하고 성스러운 납관사의 태도...죽은 자의 모습을 흐트러뜨리지 않으려 애쓰는 모습은 무척 감동적이었다. 각기 다른 사연, 각기 다른 모습으로 세상을 살아온 다양한 죽음의 모습이 보인다. 또 죽은 자를 보내는 사람들의 모습 또한 가지각색이다. 그러나 그 모두를 대하는 납관사의 모습은 늘 한결 같다. 주인공은 재능 있는 첼리스트를 꿈꿨으나, 그것은 그의 꿈이 아닌 부담감으로 그의 삶을 지치게 하는 꿈이었으며, 납관사라는 현실을 통해 해방감을 느낀다. 그의 아내를 비롯하여 모두가 '시체나 만지는 불결한 손'이라고 거부하지만, 다이고의 손은 가족들도 하기 힘든 고인을 보듬고 생전의 모습보다도 아름다운 모습으로 남은 사람들과 작별을 고할 수 있도록 어루만져 주는 귀한 손이었다. 천한 일 정도로 생각했던일이 가까운 가족들 역시도 어찌하지 못하는 일을 해내는, 사랑하는 누군가의 죽음을 정성으로 보살피는 귀한 일이었다. 시체를 만지는 납관사의 손이 첼로를 만지는 손보다도 더 귀한 손으로 느껴지는 그 어떤 직업보다도 고귀한 직업으로 여겨진다. 행복하게 사는 방법도 중요하지만 행복하게 죽는 방법도 중요함을 느끼게 되는 영화이다.			

(부록 8-6)

타이틀	제작년도	감독/출연	상영시간	국가
모리와 함께 한 화요일 (Tuesdays With Morrie)	1999	믹 잭슨 / 잭 레몬, 행크 아자리아	89분	미국

줄거리 (요약)	인기 높은 스포츠 기자이자 칼럼니스트인 미치 앨봄은 숨가쁘게 이어지는 취재와 데드라인의 압박 속에서 늘 시간이 모자라 쩔쩔매고, 그 때문에 애인 제닌과의 사이도 멀어진다. 우연히 TV를 통해 대학시절의 은사인 모리 슈워츠 교수가 루게릭병에 걸려 죽어가고 있다는 사실을 알게 된 미치는 16년 만에 처음으로 존경하던 스승을 찾아간다. 매주 화요일에 스승을 찾아가 대화를 나누고 삶의 지혜에 대한 가르침을 받으며, 미치는 차츰 두려워하던 감정에 대처하는 법을 배워 나가고, 사회적인 성공에 얽매이기보다는 사랑하는 사람들을 아끼며 인생을 의미 있게 살아가는 법을 터득한다. 하루하루 쇠약해지던 모리 선생은 마침내 세상을 떠나지만, 미치와 함께했던 화요일의 기록은 책으로 남아 모리 선생이 세상 사람들에게 전하고 싶어 했던 삶의 철학을 전한다.
느낌 (소감)	주인공 "모리"는 루게릭병에 걸려 하루하루 근육이 굳어지며 서서히 삶과의 별을 준비하는 노인이다. 어느 누구와 별다르지 않는 그저 한 병든 노인. 그는 병과 싸우면서 자신의 삶을 놓는 과정을 생생하게 전하고저 했다. 마치 라이브를 하듯 자신의 하루일과를 방송인터뷰로 허락을 했고 그 과정에서 우리가 배워야 할 진정한 삶과의 교감과 같은 병으로 시달리는 많은 사람들에게 도움을 주며 떠났다. 우리가 진정 배울 수 있는 건, 그의 자세 죽음으로 이르는 그의 과정이다. 그 초연한 자세가 처절하도록 안타깝고 사랑의 기운을 전하려는 그의 안간힘이 애처롭다. 죽음에 대해 진지하게 생각해 본적은 없지만 죽음도 삶만큼이나 진지하고 소중하게 여겨야 한다는 생각을 해 보았다. 이 세상에서 가장 아름다운 건 떠날 때 그가 마지막으로 보이는 모습이 아닐까. 신이 아닌 이상 죽음 앞에서는 모두들 무기력하다. 살아가는 데에 기술이 필요한 만큼 죽어 가는데도 기술이 필요하다. 적어도 내 눈에는 그랬다. 모리선생님은 죽음 앞에 초연하려 노력했고, 후회 없는 죽음을 맞이하려했고 행복하게 죽어가려 했다. 하지만, 밤마다 고통에 시달리며 이따금 눈물을 흘리는, 결국은 죽음 앞에서는 어쩔 수 없는 사람이었다. 다만 삶의 마지막을 나름의 최선의 방식으로 정리하고자 하는 약하지만 강한 사람이었다. 그는 인간은 결국 죽고 마는 약한 존재가 아니라. 모든 살아가고 죽어가는 우주의 순환 원리 속에 존재하는 일부분으로서의 우리 인간을 의미하고 싶었는지도 모르겠다.

(부록 8-7)

타이틀	제작년도	감독/출연	상영시간	국가
마지막 선물 (Last Present)	2007	김영준 / 신현준, 허준호, 조수민	107분	한국
줄거리 (요약)	세상 가장 소중한 사랑을 담은 (마지막 선물) 생애 처음, 지키고 싶은 사람이 생겼습니다. 희망이 없던 그 남자에게 지켜야 할 것이 생겼습니다. 세상이 버린 한 무기수의 생애 가장 소중한 사랑 조직의 명령에 의해 살인을 저지르고 무기수가 된 태주(신현준). 그에게 오랜 친구이자 형사인 영우(허준호)가 찾아와 자신의 딸에게 간이식을 해달라고 요청한다. 그러나 영우로 인해 10일간의 귀휴를 받은 태주는 세희의 목숨은 상관없이 탈출만을 시도하는데…			
느낌 (소감)	이 영화는 우리가 너무도 소중한줄 알면서도 쉽게 잊고 지내는 "가족"에 대한 이야기이다. 그러면서 동시에 어느 한 무기수를 통해 누구나 죽어야 함에도 불구하고 무기수라는 이름 때문에 시한부 생명처럼 살아가는 주인공을 통해 삶과 죽음을 생각하게 만드는 영화였다. 또한 주인공의 모습을 통해 항상 가족을 위해 최선을 다하시는 우리들의 아버지, 허리가 휘어져라 일하시는 우리들의 아버지, 자식을 위해서라면 모든 것을 버리고 주고 또 주시는 아버지의 크신 사랑에 눈물을 흘렸다. 위대한 가족의 사랑, 가족이 있기에 우린 얼마나 든든하고 행복한지... 가족에게 사랑한다고, 감사하다고하며 안아보고 싶다. 가슴이 따뜻해지고 너무도 행복해질 것 같다.			

(부록 8-8)

타이틀	제작년도	감독/출연	상영시간	국가
살다 いきる	1952년	구로사와 아키라 / 시무라 다케시, 카네코 노부오, 세키 쿄코	143분	일본

줄거리 (요약)	주인공은 어떤 도시의 시청에서 근무하는 노년의 남자. 시민 과장이란 직위는 있지만 매일 출근해서 서류에 도장을 찍는 기계다. 말수도 적고 인간관계도 서투른 그는 부인을 잃은 후 외아들에게만 희망을 걸고 독신생활을 해왔다. 약간의 저축도 하면서 아들 부부와 함께 살고 있다. 어느 날 갑자기 앞으로 3개월뿐이라는 위암선고를 받는 게 사건의 발단이 된다. 핏줄에게서 위안을 받으려 하지만, 부인과 함께 따로 살림을 차리는 데만 혈안이 된 아들의 모습에서 실망을 느끼고 자포자기 상태에 빠진다. 술과 도박장 등 쾌락에 의존해 죽음에 대한 공포를 떨쳐버리려 하지만 쉽지 않다. 그러다 옛날 여직원을 우연히 길에서 만나고, 지금은 인형 제조공장에서 여직공 일을 하고 있는 그녀에게서 건강함과 생명력을 느끼게 된다. 아무리 사소한 것이라도 뭔가를 창조하는 데서 즐거움을 얻을 수 있다는 사실을 배우게 되고, 먼지가 뿌옇게 쌓여 있던 서류더미 속에서 일거리를 찾아낸다. 가난한 사람들이 살고 있는 지역에 아이들을 위한 놀이터를 만들어달라는 건의였는데 계속 무시되고 있었다. 타성에 젖은 관료들에게 고개를 숙여 마침내 놀이터를 건립하지만, 준공식 후 주인공은 눈을 맞으며 죽고, 아무런 상관도 없는 관리들에게 공로가 돌아간다.
느낌 (소감)	제목은 참 단순하지만 무거운 주제를 약간의 웃음과 코미디를 섞어 진한 감동을 준다. 30년간 공무원으로써 살아가는 그를 맞이한 건 위암말기 선고였다. 진부한 스토리로 보일수도 있겠으나 모두가 동감하며 과연 삶이라는 주제를 다시 한 번 생각하게 된다. 30년간의 공직생활은 아무런 열정과 의욕 없이, 그저 일이라는 과제를 무의식속에서 해결하는 와타나베를 만들어냈다. 이 영화의 주인공인 와타나베는 평생을 관료라는 조직사회 속에서 기계 부속품처럼 산송장같은 인생을 살아왔지만, 반년의 시한부 삶을 선고받고 자신에게 주어진 남은 시간을 의미 있게 만들기 위한 여러 가지 노력을 시작한다. 죽음을 맞이한 그의 마지막 결정은 탁월한 선택이다. 살아가는데 있어서 사명감을 넘어 삶의 소명이 무엇인지 느끼게 해주는 영화이다. 우리는 같은 시간을 살아가지만, 주어진 삶을 그냥 살아가는 것과 그 속에서 어떤 의미를 찾고 가치를 창조하는 삶을 선택하는 것은 각자의 몫이다. 사람은 죽음 앞에서야 삶의 소중함을 인식하지만, 그런 사람조차도 남은 시간을 절망과 실의 속에서 사라져가는 것이 대부분이다.

(부록 8-9)

타이틀	제작년도	감독/출연	상영시간	국가
츠바키야마 과장의 7일간 (椿山課長の七日間)	2006	코노 케이타 / 니시다 토시유키		일본

줄거리 (요약)	죽음을 의식하지 못한 채 살다가 갑자기 세상을 떠난 츠바키야마 과장이 3일 동안 세상으로 돌아와 생전에 알지 못했던 사람들의 깊은 애정을 느끼면서 죽음을 받아들이는 모습을 감동적으로 그린 아사다 지로 원작을 영화화한 작품.
느낌 (소감)	처음에는 좀 지루하지 않을까라는 생각에 별로 기대하지 않았었다. 그런데 5분, 10분이 넘어가니 잠시라도 눈을 뗄 수가 없었다. 이렇게 가슴 찡하고, 감동적인 영화를 본 것이 얼마만인지 모르겠다. 이 영화는 자신을 되돌아보고 자기가 주변사람들에게 어떻게 하고 있는가를 생각하게 해주는 영화로 스토리도 너무나 따뜻하고 무엇보다 죽음에 대한 두려움을 없애준 영화였다. 인상적인 장면으로는 마지막 서로의 사인을 알아보며 사랑했던 사람을 보내주는 모습 등이 잊혀 지지 않는다.

(부록 8-10)

타이틀	제작년도	감독/출연	상영시간	국가
엘리자베스 타운 (Elizabethtown)	2005	카메론 크로우 / 올랜도 블룸, 커스틴 던스트, 수잔 서랜든	123분	미국
줄거리 (요약)	미국 유수의 신발 제조업체에서 연구원으로 일하던 드류 베일러는 자신이 디자인한 신발이 세계 시장에서 외면 받아 회사가 거액의 손실을 입게 되자 해고를 당하게 된다. 그리고 설상가상으로 아버지가 갑자기 사망했다는 소식까지 접하게 된다. 아버지 미치는 미국 남부인 켄터키주 엘리자베스타운 출신이다. 일가친척들은 드류의 어머니인 홀리와 사이가 좋지 않아 남편 친지들과의 거북한 만남을 피하기 위해 드류만을 켄터키로 보낸다. 모든 것을 잃고 좌절감에 빠져있는 드류에게 스튜어디스 클레어 가 관심을 보인다. 생동감 있는 클레어는 드류에게 용기를 북돋아주려고 노력하지만 자신의 절망감이 너무 큰 드류는 그녀에게 큰 관심을 보일 여유가 없다. 켄터키에 도착한 드류는 자신을 반갑게 맞아주는 친척들에게 따뜻한 정을 맛보게 된다. 친척들은 미치를 '엘리자베스타운'에 묻자고 주장하고, 어머니 홀리는 화장해서 유해를 집으로 가져오라고 고집 부린다. 그러는 와 중에 여자 친구에게도 차이게 되자 그는 상실감을 달래고저 클레어에게 전화를 한다. 클레어는 뜻밖에 '엘리자베스타운'으로 달려와 주고, 두 사람은 만남을 거듭하며 호감을 키워나가는데.			
느낌 (소감)	이 영화는 다시 한 번 서양의 장례문화를 통해 자칫 가벼워 보일 수 있는 그네들의 장례식이지만 고인을 추억하고 생전에 알지 못한 고인의 행적을 기리며 함께 슬퍼하고, 웃음짓고, 위로하는 과정들에 대해 보고 느낄 수 있는 그런 영화였다. 설움과, 울음으로 두렵고, 괴로운 맘을 유지하며 장례일 동안 내내 눈이 퉁퉁 부어있어야 하는 우리네 정서와 사뭇 다른 문화이지만 영화 속의 장례식은 가슴 뭉클했다. 누군가를 기억한다는 건 참 아쉬운 일이다. 장례식을 통해 돌아가실 때까지는 미처 알 수 없었던 아버지에 대한 진면목을 알게 되었고 아버지의 장례식에서 탭댄스를 추는 엄마, 해보고 싶었지만 남편 때문에 배우지 못했다고 말하며 탭댄스를 추던 그녀의 눈물, 장례식은 죽은 사람에 대한 예우이자 살아있는 사람들에겐 새 출발의 의식이다. 그를 추억하고, 그가 남긴 웃음들을 되짚어가며 남은 사람들을 위로하는 시간들 때문에 알 수 없었던 어떤 감정들이 희석되며 치유되는 것 같다 누군가의 죽음이 세상이 끝난 것 같은 절망이 아니라, 해보지 못했던 무언가를 시작 할 수 있는 의미라면 죽음이란 그렇게 서럽지만은 않을 것이다.			

(부록 8-11)

타이틀	제작년도	감독/출연	상영시간	국가
버킷 리스트 (The Bucket List) - 죽기 전에 꼭 하고 싶은 것들	2007	롭 라이너 / 잭 니콜슨, 모간 프리먼	96분	미국

줄거리 (요약)	자동차 정비사 카터는 대학 신입생 시절, 철학교수가 과제로 내주었던 '버킷 리스트'를 떠올린다. 하지만 46년이 지난 지금, 죽기 전에 꼭 하고 싶은 일들을 적어보는 '버킷 리스트'는 잃어버린 꿈이 남긴 쓸쓸한 추억에 불과하다. 재벌 사업가 에드워드는 돈 안 되는 '리스트' 따위에는 관심 없다. 기껏해야 최고급 커피 맛보는 것 외에 자신이 원하는 게 무엇인지 생각할 수도 없다. 우연히 같은 병실을 쓰게 된 두 남자는 너무나 다른 서로에게서 너무나 중요한 공통점을 발견하게 된다. '나는 누구인가'를 정리할 필요가 있다는 것, 얼마 남지 않은 시간 동안 '하고 싶던 일'을 다 해야겠다는 것! '버킷 리스트'를 실행하기 위해 두 사람은 병원을 뛰쳐나가 여행길에 오른다. -세렝게티에서 사냥하기, 문신하기, 카레이싱과 스카이 다이빙, 눈물 날 때까지 웃어 보기, 가장 아름다운 소녀와 키스하기, 화장한 재를 깡통에 담아 경관 좋은 곳에 두기… - 목록을 지워나가기도 하고 더해 가기도 하면서 두 사람은 많은 것을 나누게 된다. 인생의 기쁨, 삶의 의미, 웃음, 통찰, 감동, 우정까지….
느낌 (소감)	이 영화를 통해 많은 말보다도 내 인생에서 매우 귀하고 소중하고 아름다운 교훈을 알게되었으며, 그것만으로도 나에겐 참으로 만족스러운 일이다. 난 지금 버킷리스트를 적으라고 하면 절대 적지 않을 것이다. 지금 버킷리스트를 적는 것은 별 의미가 없을 것이다. 아니 자기 자신에게는 지금 현재로서의 의미는 충족시킬 수는 있겠지만 나의 마지막이 나에게 직접 통보 되었을 때 그때가 아마 나의 버킷리스트를 작성하는 진정한 시기가 아닌가 싶다. 두 노장배우가 우리들에게 일깨워 주는 진정한 삶의 교훈과 마지막 순간까지 잔잔한 미소와 함께 할 수 있는 감동적인 영화 '버킷리스트-죽기 전에 꼭 하고 싶은 것들' 이였다. 무거울 수도 있는 소재를 잔잔한 미소로서 함께 할 수 있게 만든 감독의 유능함, 무엇보다도 중요하고 값진 소중한 삶에 대한 교훈을 일깨워 주는 진정한 자신의 마지막 아름다움을 보여준 영화였다.

(부록 8-12)

타이틀	제작년도	감독/출연	상영시간	국가
축제 (祝祭: Festival)	1996	임권택/ 안성기, 오정해, 한은진, 정경순	107분	한국

줄거리 (요약)	40대의 유명작가 이준섭은 시골에 있는 노모가 돌아가셨다는 연락을 받고 장례식에 간다. 시집와서 지금까지 시어머니를 모셔온 준섭의 형수는 시어머니의 죽음에 그동안 고생해온 자신의 설움이 은근히 복받친다. 5년이 넘게 노망을 앓아온 87세 할머니의 죽음은 상가에 온 사람들을 그리 슬프게는 하지 않는다. 더러는 노골적으로 호상이라는 것을 드러내는 사람들도 있다. 어머니의 죽음을 놓고 조금씩 생기던 가족간의 갈등은 13년전 집돈을 훔쳐 가출한 준섭의 이복조카 용순이 나타나면서 깊어진다. 요란한 복장과 천연덕스런 행동... 용순은 자신을 좋게 생각하지 않는 이복언니 형자와 대판 싸우고 상가를 나간다. 모친상을 통해 준섭의 문학세계를 재조명하는 기사를 쓰러온 기자 장혜림은 용순에게 따라붙어 이런저런 질문으로 은근히 용순의 부아를 돋구고 용순이 어릴 적 계모와 이복 형제들의 틈바구니에서 자신을 사랑해 준 할머니에게 깊은 애정을 갖고 있음을 알고 사회적으로 출세를 했으면서도 직접 어머니를 모시지 않은 삼촌 준섭에 대해 적의를 갖고 있다는 것도 알아낸다. 장례의 둘째날... 염습과 성복으로 시작된다. 가족들이 준비한 상복을 입는동안 용순은 자신이 직접 준비해온 어디에 서 있어도 눈에 띄는 호사스러운 상복을 입는다. 장혜림은 전날 마신 술이 깨지 않은 몸으로 취재하느라 분주하고 준섭의 친구들은 바다로 나가 낚시를 즐기고 산일을 맡은 우록 선생은 와서 어른들과 묘한 신경전을 벌이고, 본격적으로 문상객들이 밀려든다. 밤이 되면서 여기저기 노름판이 벌어지고 조의금을 슬쩍해서 노름을 계속하는 사람, 윷놀다 끝내 싸우는 사람들. 갖가지 해프닝들로 상가는 소란스러운데 그 와중에 소리하러 온 소리꾼은 만취해서 실려나가고 하는 수 없이 새말의 소리로 초경이 시작된다. 초경 이경 삼경을 지내는 것은 발인 전날 밤을 보내는 이 지방의 풍습이다. 그러나 초경에서 삼경으로 가면서 사람들은 술에 취하고 점점 노골적인 놀이판으로 변한다. 만취한 용순은 앙칼진 목소리로 이 놀이판에 찬물을 끼얹는데. 발인날, 상여를 메기로 한 서울패들은 읍내 여관에서 늦는다. 그러면서도 준섭은 일을 진행시키는데 상여가 나가고 용순은 장혜림이 건네준 준섭의 동화를 보는데.
느낌 (소감)	이 영화는 우리의 전통 관.혼.상.제 중 '상'에 관해 아주 상세히 묘사되어 있으며, 죽음에 있어 산자들의 의식을 통해 그들이 어떻게 죽음을 받아들이며, 슬픔과 상처를 극복하는지를 보여주는 영화라 생각된다.

(부록 8-13)

타이틀	제작년도	감독/출연	상영시간	국가
씨 인사이드 (Mar Adentro / The Sea Inside)	2004	알레한드로 아메나바르 / 하비에르 바르뎀, 벨렌 루에다	125분	스페인, 프랑스, 이탈리아

줄거리 (요약)	26년 전, 수심을 알 수 없는 바다에서 다이빙을 하다 전신마비가 된 남자가 있다. 라몬 삼페드로, 무기력한 전신마비자이기 보단 의욕적이고 이성적인 모습으로 죽을 수 있는 권리를 찾고자 했던 그에게 바다는 단 1미터도 움직일 수 없는 인생을 안겨준 공간이자, 영원한 자유를 소망하는 꿈의 공간이다. 가족들의 헌신적인 뒷바라지 속에 침대에 누워서 오로지 입으로 펜을 잡고 글을 써왔던 그의 소망은 단 하나, 안락사로 세상을 떠나는 것이다. 한편, 라몬을 찾아온 두 명의 여자가 있다. 통조림 공장에서 일하는 수다스럽지만 순수한 여인 로사. 라몬이 스스로 생을 끊으려고 한다는 소식을 듣고 무턱대고 그를 찾아와 친구가 된 그녀는 라몬을 사랑하게 되고, 급기야 자신을 위해 삶을 포기하지 말라고 설득한다. 또한 퇴행성 질환을 앓고 있는 변호사 줄리아. 라몬의 자유로운 삶을 위해 안락사 소송을 도와주는 동안 그녀는 그에게 점점 사랑을 느끼지만, 그 감정조차도 그들에겐 너무나 버거울 뿐인데..
느낌 (소감)	세상을 살다보면 어쩔 수 없이 만나게 되는 압도적인 존재가 있다. 그 중 가장 압도적인 존재는 다름 아닌 죽음이다. 죽음이란 생의 부정형으로서, 생의 종착점으로서, 시간이 집행하는 절대 권력으로서 생의 반대에 있는 우리에게 충분히 위압적이며 두려운 존재이다. 많은 사람들이 죽음에 대하여 많은 의미와 가치를 부여하나 잘 생각해보면, 죽음에 다다르기 위하여 죽음을 찬동하는 것이 아니라, 죽음과 가깝게 지내지 않으려고 죽음을 미화한다. 죽음에 수많은 의미를 부여하는 것은 압도적인 존재를 대하는 미력한 인간들의 전략이다. 이것은 죽음이 아닌, 생을 위한 전략이며 존재를 위한 전략이다. 그 결과 죽음은 생이 포용할 수 없는 것들을 포근히 감싸주는 역할, 혹은 생의 해방구로 오인하는 결과를 초래했다. 그러나 죽음이 여전히 두렵고 매혹적인 이유는 죽음이 존재의 최후이기 때문일 것이다. 따라서 사람들이 중요하게 생각하는 것은 죽음 그 자체가 아니라, 죽음을 통해 생을 이야기하는 것일 것이다. 〈씨 인사이드〉는 안락사에 대한 논쟁보다는 라몬의 삶과 죽음이라는 개인적 선택이라는 성격이 짙다. 따라서 안락사를 원하는 한 사내라는 관점보다 죽음을 선택할 수밖에 없었던 한 남자의 "자유를 향한 의지"와 "주변인들과의 관계 맺기"에 주목해야 할 것이다. 주인공의 안락사선택은 공포와 절망에 몰린 순간적 충동도, 가족의 무관심으로 방치된 절망적 선택이 아닌 자기 생명의 존엄성을 지키기 위한 이성적인 행동인 것이다.

(부록 8-14)

타이틀	제작년도	감독/출연	상영시간	국가
원 트루 씽 (One True Thing)	1998	칼 프랭클린 / 메릴 스트립, 르네 젤위거, 윌리암 허트	127분	미국
줄거리 (요약)	케이트 굴덴(메릴 스트립 분)은 매사에 활발하고 생기있게 살아가는 평범한 가정주부로 훌륭하게 성장한 두 자녀 엘렌(르네 젤웨거 분)과 브라이언의 엄마이며 소도시 대학에서 문학 교수로 재직중인 조지 굴덴(윌리암 허트 분)의 아내이다. 평온한 생활 속에서 작은 행복을 느끼고 살아가던 케이트에게 어느 날 청천벽력같은 일이 다가온다. 몸에 이상을 느낀 그녀의 진찰 결과는 악성종양. 남편 조지는 뉴욕에서 유력 잡지사 기자로 활동하면서 성공을 향해 질주하고 있는 딸 엘렌을 불러 어머니를 간호하도록 부탁한다. 하지만 엄마를 위해 그 동안 이루어 놓은 모든 것을 송두리째 포기해야하는 현실이 엘렌은 달갑지 않다. 하지만 엘렌은 결국 아버지의 의견을 따르기로 한다. 이런 엘렌의 심정을 아는 케이트도 딸이 자신을 원망할지 모른다는 걱정을 하게 된다. 케이트의 투병 생활이 계속되면서 엘렌은 지극히 평범하고 헌신적으로 살아온 엄마의 삶을 차분히 되돌아보게 된다. 그리고 대수롭지 않게 여겼던 엄마의 삶 속에서 가정에서 어머니의 역할이 갖는 고귀한 가치와 아름다운 희생을 발견한다. 심지어 엘렌의 생각에는 너무나 하찮은 집안 일 에서조차 엄청난 열의와 정성을 간직한 엄마의 모습에서 자신에게 주어진 삶을 소중하게 대하는 진지한 삶의 태도를 배운다. 한편, 아버지의 외도를 의심하던 엘렌은 아버지의 숨겨진 인간적인 나약함과 참모습을 발견한다. 그리고 엘렌은 자신의 부모들 역시 다른 사람들과 마찬가지로 많은 단점을 가지고 있고, 자식들에게 드러내지 않았던 약한 모습들을 보고 비로소 그들을 진심으로 이해하게 되는데.			
느낌 (소감)	안락사된 엄마의 죽음. 누가 그런 짓을 한 것일까...그것이 진정 엄마를 위한 배려였을까... 아니면 엄마의 남은 삶을 빼앗아 간 비극적인 행위였을까... 만약 어느 날 갑자기 내가 이러한 상황에 처하게 된다면, 나도 이렇게 할 수 밖에 없을까? 다른 대안은 진정 없는 것일까? 세상에서 가장 소중한 사람인 가족의 죽음을 앞두고 나는 어떤 모습으로 그들을 바라볼 수 있을 지 생각게 하며 가족이란 무엇인지 의미를 되새기게 하는 영화이다. 이 영화가 말하고 싶은 것은 세상에서 가장 소중한 것은 가족의 사랑이며, 가족이 사랑의 원천임을 일깨우고 싶었던 것은 아닐까 생각해본다.			

9. 산골공원 이용안내 & 서울시 시설관리공단 장묘문화센터

(부록 9-1) 산골공원 이용안내

서울시는 자연, 환경과 친화적이며, 고인도 빨리 자연으로 돌아갈 수 있는 산골장사방법과 시설을 마련하여 유족으로 하여금 경제적 부담 없이 고인을 안장할 수 있도록 2003년 5월 1일부터 추모시설인 '추모의 숲'을 마련하였다. '추모의 숲'은 나무와 꽃이 어우러진 수목공원을 조성하여 그 곳에 유희(화장분골재)를 안장하고 추모단을 설치하여 고인을 추모하는 방식이다. 공원기능을 유지하기 위해 비속, 봉분 등을 설치할 수 없으나 가족이 작성한 산골인 명부를 시립장묘문화센터에서 60년간 보존하고 가족이 원할 때 열람하면서 고인을 추모할 수 있도록 하고 있다.

이용절차

• 유택동산 산골 희망 시 (대행 산골)

승화원 옆에 위치한 유택동산에 유족이 직접 유희를 안치하여 장례를 마친 후 가족은 귀가하며 시립장묘문화센터에서 유택동산에 안치한 유희를 추모의 숲에 안장해 준다. 3일 이후 유족은 언제든지 추모의 숲에서 추모가 가능하다.

1. 안내접수(접수실) → 2. 화장(승화원) → 3. 유택동산산골(유족) → 4. 추모의 숲 안장(장묘문화센터) → 5. 고인추모(유족)

• 산골공원 산골 희망 시 (유족직접 산골)

안내접수 후 화장하고 추모의 숲에 지정된 장소인 꽃동산 산골에서 유족이 직접 유희를 안치한다.

(부록 9-2) 서울특별시 시설관리공단 장묘문화센터
http://www.sisul.or.kr/tel:031-960-0218/fax:324-7447

서울특별시 시설관리공단에서 창립하였으며 임종 시부터 화장, 봉안, 산골 및 제사절차에 이르는 모든 부분들에 대해 시민들이 궁금해 하는 장례문화에 대한 전반적인 정보를 제공하고 있다.

시립승화원 시립추모의 집, 시립묘지 운영 등 장묘사업을 통해 시민들에게 편의와 서비스를 제공한다.

화장(승화원) 이용안내

화장이용대상

전 국민 누구나 제한 없이 사용할 수 있으며, 개장유골도 전 지역 소재지의 분묘로 제한이 없다.

화장절차

이용시간 : 오전 7:30부터 운영, 화장 5일 전부터 당일까지 반드시 화장 예약을 해야 한다.

예약(인터넷) → 접수(백제승화원 접수실에서 신청) → 운구(영구차로부터 시신운구) → 대기실 (화장예약 시간까지) → 화장시작(약2시간정도 소요) → 유골인수(백제승화원 내 유택동산대행, 산골 또는 추모의 숲에 직접 산골하거나 봉안(시립 또는 시설))

화장비용

구분	내 용		사용료(단위 : 원)	
			서울특별시민	기타지역주민
사용료	• 일반시민 (1구당)	• 대인(만13세 이상)	90,000	300,000
		• 소인(만12세 이하)	80,000	200,000
		• 사산아	36,000	100,000
		• 개장유골	47,000	120,000
	• 국가유공자(1구당)		50,000	50,000
	• 국민기초생활보장수급자(1구당)		무료	50,000

참고문헌

사람들은 나이가 들수록 점점 흙과 친해진다고 한다.
흙과 날로 친해지다가 흙과 완전히 하나가 되는 사건,
그것이 우리의 죽음이다.
살다가 죽는 것이 아니라 왔다가(如來) 가는것(善逝) 이다.

(2009, 성당주보)

제1부 삶과 죽음의 이해

고길란, & 이영숙 (2008). 노인의 죽음불안에 관한 연구. 한국생활과학회지(충북가정학회지), 17(4), 639-648.

김미혜 · 권금주 · 임연옥.(2004). 노인이 인지하는 '좋은 죽음' 의미 연구 - '복(福)있는 죽음'. 한국사회복지학, 56(2).

김중호.(2006). 의학윤리란 무엇인가, 바오로의 딸.

김태민.(2008). '노인의 죽음준비 어떻게 도와야 하는가?'. 고령친화전문인력육성사업단

서혜경.(1987). 한 미 노인의 죽음에 대한 태도연구. 한국노년학, 7, 39-60.

서혜경.(2008). 죽음학 연구 - 고령자의 생과 사. 한국죽음학회

서혜경.(2007). 실버플래너 교재. 한국노인종합복지관 협회

서혜경.(2007). 죽음불안도에 영향을 미치는 요인들에 관한 탐색적 연구. 한국보건교육 · 건강증진학회지, 24(1).

소노아야코 저, 정성호 옮김.(1990). 행복한 노년을 위하여.

알폰스 데켄박사 강연집.(1991). 각당복지재단 삶과 죽음을 생각하는 회. '죽음에 대한 공포와 사후의 삶' 강연.

오미나, & 최외선 (2005). 재가노인과 시설노인의 자아존중감, 죽음불안 및 우울에 관한 연구. 대한가정학회지, 43(3), 105-118.

오현숙.(2003). 노인의 죽음개념 비교. 한국노년학연구. 통권 제 12권. p.137~154

왕매련 外.(1990). 호스피스케어에 대한 평가 연구 ; 세브란스호스피스 중심으로, 대한간호협회, 대한간호 157.

이현지, & 조계화 (2006). 노인의 죽음불안과 우울이 자살생각에 미치는 영향. 한국노년학, 26(4), 717-731.

임춘식, 김근홍 외.(2007). 노인복지학 개론 "제 17장 노인과 죽음". 학현사.

전영기.(2000). 노년기 죽음불안 영향요인에 관한 연구. 목원대 산업정보대학원 석사논문

정진홍.(2008). 삶의 의미 죽음의 의미. 사회복지법인 「각당복지재단」의 '삶과 죽음을 생각하는 회'.

지영현.(2001). 삶과 죽음에 대한 이해. 카톨릭대학교 강남성모병원 호스피스과, 호스피스 교육자료집.

최외선, 최선남, & 서월금 (2007). 호스피스 자원봉사자의 자기효능감과 죽음불안에 관한 연구. 한국가족복지학, 12(2), 193-212.

Abdel-Khalek, A. M.(1997). Death, anxiety, and depression. Omega: Journal of Death & Dying, 35(2), 219.

Beshai, J. A.(2008). Are cross-cultural comparisons of norms on death anxiety valid?

Bondeson, Jan.(2001). Buried Alive. New York: Norton.

Carl Becker. 미국에서의 죽음준비교육(번역). 한국강연회.

Chung, M., Catherine Chung, a., & Easthope, Y. (2000). Traumatic stress and death anxiety among community residents exposed to an aircraft crash. Death Studies, 24, 689-704.

Chung, Man, Catherine Chung, and Yvette Easthope. "Traumatic Stress and Death Anxiety among Community Residents Exposed to an Aircraft Crash." Death Studies 24(2000): 689-704.

Hamama-Raz, Yaira, Zahava Solomon, and Avrahm Ohry. "Fear of personal death among physicians." Omega: The Journal of Death and Dying 41(2000): 139-150.

Hooyman, Nancy.(2000). Death & Dying, Social Gerontology(7th)

Hoyer & Collegues.(1999). Adult Development and Aging.

Kastenbaum, 1981; Shneidman, 1992

Kastenbaum, Robert. The Psychology of Death, 3rd edition. New York: Springer, 2000.

Lewis, J. G., & Espe-Pfeifer, P. (1999). A comparison of death anxiety and denial in death-risk and death exposure occupations. Omega: Journal of Death & Dying, 40(3), 421.

Neimeyer, R. A.(1997-98). Death anxiety research:The state of the art. Omega: The Journal of Death and Dying, 36(2), 97-120.

Pollak, J.M(1980), Correlates of death anyiety : A review of enrpincal studies, Omega, 10-97-121.

Pontillo, Kathleen A. "The Role of critical care nurses in providing and managing end-of-life care." In J. Randall Curtis and Gordon D. Rubenfeld eds., Managing Death in the Intensive Care Unit. Oxford: Oxford University Press, 2001.

The Newest Frontier for HPERD : Death-Related Behavior

Thorson, J. A., & Powell, F. C. (1992). A revised death anxiety scale. Death Studies, 16(6), 507 - 521.

Tomer, A&Eliason G(1996), Toward a comprehensive model of death anxiety, Death Studios, 20.343-365

http://homedoctor.hanafos.com, 건강자료실, 죽음의 개념

http://www.cmc.cuk.ac.kr/kangnam/hospice/2_3.html

제2부 사별과 애도

건강생활과학 연구소편.(1996). 현대노년학. 숙명여자 대학교 출판부.

고양곤.(2008). 노인의 바람직한 죽음과 사별가족의 애도 상담.

고효진, 최지욱, & 이홍표. (2006). Templer 죽음불안 척도의 요인구조와 신뢰도. 한국심리학회지- 건강 11(2): 315-328.

김기태.(2002). 노인복지실천론. 양서원

김분한 외.(2004). "호스피스 간호". 정담미디어

김지현.(2008). 죽음에 대한 공포와 수용 및 죽음 대처 유능감에 영향을 주는 변인, 서울대학교 박사학위논문, 서울대학교 대학원.

미국 예방정신병학 신문 American Journal of Orthopsychiatry. 47

미국 정신병치료 학회.(1994). American Psychiatric Association.
백승균.(2004). “호스피스 철학”. 계명대학교 출판부.
서혜경.(2007). 죽음불안도에 영향을 미치는 요인들에 관한 탐색적 연구. 보건교육 · 건강증진학회지, 24(1), 109-125.
서혜경, 김미혜.(2002). “노인복지실천론”. 동인출판
실버플래너 교재.(2007). 한국노인종합복지관 협회. 중앙공동모금회.
아르날도 판그리치 지음.(2006). 박성희 옮김. “삶의 한 여정인 죽음”. 가톨릭 출판사
양옥경.(2001).“지역사회 정신건강”.나남출판.
엘리자베스 퀴블러 로스, 데이비드 케슬러 저, 김소향 역.(2007). “상실수업”. 이레
오현숙.(2003). 노인의 죽음개념 비교. 한국노년학연구, 12, 137-154.
임찬란, & 이기숙 (2006). 노인대상 죽음교육 프로그램. 한국가족관계학회지, 11(2), 123-150.
장휘숙.(1988). 가족심리학.
정신적 불안 증세에 관한 진단 및 통계편람(4차 개정판). Wasington, DC.
최예선. 상실로 인한 심리적 고통을 다루는 상담 및 심리치료.
통계청 자료.(2008).
한국호스피스.(2003). “편안한 임종”. 한국의학원
한규량, & 김기정 (2005). 죽음에 대한 인식 및 태도 분석 :청년집단 · 중년집단 · 노년집단 간 비교를 중심으로 과학과문화, 2(4), 83-99
현외성, 하정미 옮김.(2003). 노인상담연습.
황애란.(2006). 슬픔치유과정과 유가족 상담. 시립노원노인종합복지관 죽음준비교육 매뉴얼.
Abdel-Khalek, A. M.(2005). Death Anxiety in clinical and non- clinicla groups. Death Studies, 29(3), 251 - 259.
Averill, J. R.(1968). 슬픔: 그 특징화 의미, 심리학 회보, 70
Averill, J. R., Wisocki, P. A.(1981). 노인 우울증 치료에의 행태학적 접근에 관한 몇 가지 관찰.
B. A. Thyer(개정판). 사회사업 실행에서의 논쟁 이슈. Boston:Allyn Bacon
Bowlby, J.(1980). 애착과 상실 : 상실, 슬픔 그리고 우울증(제3권). New York : Basic Books.
Boyle, D. P., Canady, K.(1997). 사회사업 종사자들이 자살을 돕는 것에 참여해야 하는가?
Brasted, W. S., Callahan, E. J.(1984). 슬퍼하는 과정의 행태적 분석. 행동치료 요법, 15
Bugen, L. A.(1977). 인간의 슬픔 : 예견과 개입을 위한 모델.
Conte, H. R., Weiner, M. B., & Plutchik, R. (1982). Measuring death anxiety: Conceptual, psychometric, and factor-analytic aspects. Journal of Personality and Social Psychology, 43(4), 775-785.
H. J. Sobel (개정판), 말기 간호에서의 행동 치료 요법 : 인간본성에 의한 접근.
Lonetto, R., Fleming, S., & Mercer, G. W.(1979). The structure of death anxiety: A factor analytic study, Journal of Personality Assessment: Lawrence Erlbaum Associates.
Neimeyer, R.A., Richard P. Moser, P.D., & Joachim Wttkowski, D.P.(2003). Assessing attitudes toward dying and death: Psychometric Considerations. Omega: Journal of

Death and Dying, 47(1), 45 - 76
Tomas-Sabado, J., Limonero, J. T., Templer, D. I., & Go?mez-Benito, J. (2004). The death depression scale-revised. Preliminary empirical validation of the Spanish form. Omega: Journal of Death and Dying, 50(1), 43-52.
W.D.Rees(1967). Mortality of bereavement, British Journal 4 p13.
Wong P.T.P&Watt L.(1991) What types of reminscence are assouiated with successful aging psychology and Aging. 6. 272-279.
Young,Benjamin, Wallis.(1963) Mortality of Widowers in (Lancet 2) p454.
http://cafe.naver.com/hsangjoorg/1121, 2007/06/11 08:59. 재인용
http://www.cmckangnam.or.kr
http://www.severance.or.kr
John Bowlby (http://ghhospice.com/zeroboard)

제3부 죽음 준비교육

각당복지재단.(1991). 『삶과 죽음을 생각하는 회』. "알폰스 데켄 특별초청강연 · 세미나".
고영철. "러시아에서의 죽음학과 죽음 대비교육". 제 1회 국제 죽음준비교육 세미나.
권영숙, & 김정남 (2003). 노인의 영적 안녕과 죽음 불안간의 관계 지역사회간호학회지, 14(1), 132-143
기영화.(2007. 『노인교육의 실제』. 학지사.
김경화. chosun.com 뉴스 사회면. "당신은 잘 죽을 준비가 되셨습니까?".
김동선.(2005). "노인의 죽음에 관한 의식 조사 연구". 한남대학교 사회문화과학대학원 석사학위논문.
김태현, & 손양숙 (1984). 노인의 죽음에 대한 태도연구. 한국노년학, 4, 3-19.
남현숙.(2000). "성인의 죽음에 관한 태도와 죽음준비교육 요구분석". 중앙대학교 사회개발대학원
문영희.(2007). "비행청소년과 죽음교육의 과제". 『교정복지연구』 제 10호, 2007.12.
(사) 한국인간과학연구회. "죽음준비교육 왜 해야 하는가?". 제 1회 국제 죽음준비교육 세미나.
서혜경, & 윤민석 (2008). 성별과 배우자 유무가 죽음불안도 4가지 세부영역에 미치는 영향에 관한 연구. 노인복지연구, 39, 249-271.
알폰스 데켄. "죽음준비교육". 한국죽음학회 강연회
유계주.(1974). 죽음의 태도에 관한 조사 연구. 대한간호학회지, 4(1), 162-178.
이호선.(2005). 『노인상담』. 학지사
장덕희, & 이승민 (2007). 가족요인이 노인의 죽음불안에 미치는 영향. 노인복지연구, 37, 89-109.
차주연.(2006). "고등학교 수학 수업에서의 죽음교육". 『교육과정평가연구』. 제9권, 2호.
칼 베커. "미국에서의 죽음준비교육". 제 1회 국제 죽음준비교육 세미나
한미정.(2001). 대처방식, 내외통제성, 자아존중감에 따른 죽음불안의 발달적 고찰. 서울여자대학교 박사학위 논문.
허정무.(2002). 『노인교육이론과 실천방법』.양서원.

Backer, B. A., Russell, H. N., & A., N. (1994). Death and dying : understanding and care / Barbara A. Backer, Natalie Hannon, Noreen A. Russell.

Birren, J. E.(1996). The Handbooks of aging : consisting of three volumes : critical comprehensive reviews of research knowledge, theories, concepts, and issues / editor-in-chief, James E. Birren.

Carl Becker. "미국에서의 죽음준비교육". 한국죽음학회 강연회

Cotter, R. P.(2003). High risk behaviors in adolescence and their relationship to death anxiety and death personifications, Omega: Journal of Death & Dying: Baywood Publishing Company, Inc.

Depaola, S. J., Griffin, M., Young, J. R., & Neimeyer, R. A. (2003). Death anxiety and attitudes toward the elderly among older adults: The role of gender and ethnicity. Death Studies, 27(4), 335 - 354.

DeVellis, R. F. (2003). Scale development : theory and applications / Robert F. DeVellis.

Dunn-Rankin, P.(1983). Scaling methods. Hillsdale, N.J.: L. Erlbaum.

Durlak and Riesenberg.(1991). (Durlak and Riesenberg, 1991; Hutchison and Scherman, 1992).

Ens, C., & Bond, J. B.(2007). Death Anxiety in Adolescents: The Contributions of Bereavement and Religiosity, Omega: Journal of Death & Dying: Baywood Publishing Company, Inc.

Fischer, J., & Kevin, C.(2007). Measures for clinical practice and research : a sourcebook / Joel

Fischer, Kevin Corcoran.

Florian, V., & Kravetz, S. (1983). Fear of personal death: Attribution, structure, and relation to religious belief. Journal of Personality and Social Psychology, 44(3), 600-607.

Gary M. Kenyon, Jan-Eric Ruth, & Mader, W. (1999). Elements of a Narrative Gerontology.

Hamama-Raz, Y., Zahava Solomon, a., & Ohry, A. (2000). Fear of Personal Death among Physicians. Omega: The Journal of Death and Dying, 41, 139-150.

Hayslip, B., & Servaty, H. L. (1996). Levels of death anxiety in terminally ill persons: A cross validation and extension. Omega: Journal of Death & Dying, 34(3), 203.

Henley, N., & Donovan, R. J. (2002). Death anxiety and threat appeals: Toward a practical application in the context of health promotion. Omega: Journal of Death & Dying, 46(3), 225-239.

Hickson, J., Warren F. Housley, A., & Boyle, C.(1988). The relationship of locus of control, age, and sex to life satisfaction and death anxiety in older persons. The International Journal of Aging and Human Development 26(3).

Joaqun, T.-S., G.-B. Juana, et al.(2005). "The death anxiety inventory : A revision." Psychological reports. 97(,3): 793-796

Jon, W. H., & Epley, R. J.(1979). Religious Correlates of Fear of Death. Journal for the Scientific Study of Religion, 18(4), 404-411.

Kübler -Ross. E.(2000). 인간의 죽음, 성염 역, 분도출판사.

Kastenbaum, R.(2000). The Psychology of Death, 3rd edition. New York: :Springer.

Ka-Ying Hui, V., Harris Bond, M., & Sze Wing Ng, T.(2006). General Beliefs about the World as Defensive Mechanisms Against Death Anxiety, Omega: Journal of Death & Dying: Baywood Publishing Company, Inc.

Loo, R. (1984). Personality correlates of the fear of death and dying scale. Journal of Clinical Psychology, 40(1), 120-122.

Netemeyer, R. G., O., B. W., & Subhash, S.(2003). Scaling procedures = issues and applications. Thousand Oaks, CA: : Sage

Rabow, Michael W., Grace E. Hardie, Joan M. Fair, and Stephen J. McPhee.(2000). "End-of-Life Care Content in Fifty Textbooks from Multiple Specialties." Journal of the American Medical Association 283.

The newest frontier for HPERD : Death & Death-Related Behavior

Tomas-Sbado, J., & Gomez-Benito, J.(2005). Construction and Validation of the Death Anxiety Inventory (DAI). European Journal of Psychological Assessment, 21(2), 108-114.

http://blog.chosun.com/isoh2, 원문출처 : [만물상] "죽음준비교육".

http://blog.naver.com/kkdc21/10018386968 2007/06/11 16:15. 『삶과 죽음』.한림대학교 생사학연구소.

제4부 죽음관련 이슈

강동구.(2005). "장례관련학과의 현황 및 발전방향에 대한 연구". 장례문화학회지,

건양대학교 예식산업학과(http://eve.konyang.ac.kr)

경향신문 2005.09.28 17:54:58. "개신교도 수목장 바람". 김준기 기자.

경향신문칼럼. "[사설]늘어나는 화장률", "미흡한 화장문화" 입력: 2008년 09월 11일 22:37:19.

구인회.(2008).「죽음과 관련된 생명윤리적 문제들」. 집문당.

국립장기이식관리센터(http://www.konos.go.kr)

국민일보 2002-05-21. "좁은 땅 넓게 쓰자 제1부 (3)] '사이버 묘원' 서 추모.헌화 클릭", 남호철기자.

권오균.(2008). 노인복지시설 거주노인의 죽음불안 결정요인에 관한 연구. 노인복지연구, 41, 27-50.

김건열.(2005).「존엄사」. 최신의학사

김만두 · 김혜경(공저)(2001). 「현대 사회복지 개론」. 홍익제

김태민. "노인의 죽음준비 어떻게 도와야 하는가?". 고령친화전문인력육성사업단

김현순, 김병석.(2008). 노인과 청소년의 자살생각 비교 연구. 한국노년학회 학회지. Vol, 28, No, 2.

김형수.(2000). '노인과 자살(The Elderly and Deviant Behavior)', 노인복지연구, 2000 겨울호.

김형철, 최길순, & 정영(2005). 죽음 준비교육이 일 노인복지관 노인들의 죽음불안, 태도 및 생활만족도에 미치는 영향, 가톨릭대학교의대논문집, 30(3), 75-84.
김혜경.(2008). 한국노년학, 28(2). 한국노년학회.
남민.(1997). "청소년 자살". 대한의사협회지.
남민이.「상장의례학」. 시그마프레스.
네이버 뉴스, "2007년도 경남도 화장률 65.3%", 기사입력 2008-09-25 19:54 / 출처 : 경상남도청.
노유자외 공저.(1994).「호스피스와 죽음」. 현문사.
뉴스메이커 2005.09.16 10:18:00.
뉴스와이어. 2005년 07월 18일(월) 19:53. "부산 영락공원 이색조화전시회 개최"/보도자료 출처 : 부산광역시 시설관리공단.
뉴시스2006.11.02 17:01. 김선주 기자. "자살예방책 '죽음교육' 실시해야".
데라사끼 아끼미 편저.「이렇게 막을 수 있는 고령자의 사고」. 나가사끼 대학.
매경이코노미. 2004-11-03 13:26.
문유선.(2008), '통증과 말기환자 관리' . 한림의대 가정의학과.
박복순. "우리나라 장묘문화 현황과 발전방안". 한국장례업협회 www.fta.or.kr 자료실
박영호(대구지법판사). '소극적 안락사 지지 논문' .
박지영.(2006), "노인자살 생존자의 자살경험에 관한 연구". 이화여자대학교 박사학위논문
밝은 죽음을 준비하는 포럼. '호스피스란' .
보건복지가족부(2008).
보건복지부,『장기기증관리개선 종합대책』.
서울특별시 시설관리공단 장묘문화센터(http://www.sisul.or.kr)
서혜경. "새연세장례식장에서 돌아가시고 싶은 10가지 이유".(새연세장례위원회 위원)
성산생명의료윤리연구소. "자살부르는 사회-진단과 대책. 성산생명의료윤리연구소 창립 6주년 기념세미나자료.
송천호.(2005).「일본장례문화」. 명지대학교출판부.
스포츠조선. 2008년 11월 12일(수) 오전 09:23 "고 이언 아버지, 미니홈피에 친필 편지 남겨".
시립노원노인종합복지관.「죽음준비교육 운영의 실제」.
신은영, & 유시순 (2005). 노인의 건강신념에 따른 죽음불안. 노인복지연구, 29, 309-330.
아름다운 노년생활(www.komericanjournal.com)
아베 피에르.(2006).「피에르 신부의 유언」. 웅진지식하우스.
안락사 관련 법제도. "미국헌법상 보장되는 존엄사".
여성신문. 2001.10.27. 박정 희경 기자 chkyung@womennews.co.kr .
오진탁.(2007). '마지막 선물' . 세종서적.
유진오켈리 저. 박상은 역,(2006). '인생이 내게 준 선물' . 꽃삽.
유호종.(2008).「살아 있는 날의 선택」. 사피엔스
윤가현, 오미성, & 권혜란(2007). 죽음의 불안과 노화과정. 한국노년학연구, 16, 157-171.
응급실 손상환자 표본심층조사.(20006. 8 - 2007. 12). 질병관리본부.

이은철.(2004).“자살에 대한 정신과적 대책”. 성산생명의료윤리연구소 창립 6주년 기념세미나자료.
이인정 · 최해경.(1995).「인간행동과 사회환경」. 나남출판.
이호선.(2005).「노인상담」. 학지사.
일본의 경청 자원봉사. NHK방송프로그램.
장묘문화정보시스템(http://jangmyo.anyang.go.kr)
장인순, & 김수미(2002). 노인의 사회적 지지망과 죽음불안과의 관계. 노인간호학회지, 4(1), 80-92.
조선일보. 2004년. 6. 29일자 발췌.
조선일보. 2005. 4. 1일자 발췌.
조선일보. 2008.5.10-11, 2008. 11.28, 조선일보 발췌..
조선일보. 2008.7.3일자 .
조인스 뉴스. 2008.7.28 00:51, 남정호 기자.
종합복지정보(http://www.gsnd.net)
찰스 자스트로.(2004).「사회복지개론」. 시그마프레스
최윤선(2000).「호스피스 · 완화의학」. 고려대학교출판부
최철주. (2008).『해피...엔딩 우리는 존엄하게 죽을 권리가 있다. 』. 궁리.
쿠키뉴스, 2005.12.15
통계청.(2006). 사망원인 통계.
파이낸셜 뉴스. 2007년 3.12.
파이미디어.2008.6.16일. ‘2580-존엄사 필요성 제기’.
하늘신문.2007.7.27일자 종합뉴스 (출처: Funeral Business 2007.8월호, 장만석).
한겨레/사회. 편집시각 2001년01월05일22시04분. 이상기 기자amigo@hani.co.kr.
한국경제 . 2003-07-24 15:54. “자연이 숨쉬는 ‘유토피아 추모관’”.
한국경제신문. 2005-10-05 오후 3:04: “[장묘문화가 바뀐다] ‘고비용 장례구조 이렇게 개선하자’”.
한국노인종합복지관 협회,사랑의 열매(2007).「실버플래너 교재」.
한국보건 의료관리연구원.(1998).
한국보험신문.(http://www.insnews.co.kr).
한국일보. 2004년 9월 5일자. “노인 자살 급증... 사회적 관심을”.
한국장례업협회(사)(http://www.fta.or.kr/)
한국장례업협회. (www.fta.or.kr)
한국청소년 개발원.(2002). “청소년 자살의 원인 및 예방정책에 관한 국제비교 연구”. 연구보고서 02-R12, Vol 120.
한나라당 여의도 연구소. 노인전용자살예방센터 자료실. “노인자살분석 및 대안”.
한미정, & 최정윤(1999). 삶의 의미수준과 죽음불안과의 관계. 한국심리학회지-상담 및 심리치료, 11(2), 167-181.
허정무.(2002).「노인교육이론과 실천방법론」. 양서원
호스피스교육.(2001). 카톨릭대학교 강남성모병원 호스피스과 교육자료.
Barker, R. L.(2003). The social work dictionary / by Robert L. Barker.

Blackburn, J. A., & N., D. C.(2007). Handbook of gerontology : evidence-based approaches to theory, practice, and policy / edited by James A. Blackburn, Catherine N. Dulmus.

Corless, I. B., Germino, B. B. &Pittman, M. A.(1995). A challenge for Living: Dying, death, and bereavement, Boston: Jones and Bartlett

Langs, R. (2002). Three Forms of Death Anxiety Westport, Conn. ; London : Praeger.

Loo, R. & Shea, L.,(1996). Structure of the Collett-Lester Fear of Death and Dying Scale, Death Studies, 20(6), 577-586.

Meichenbaum D.(1994) A clinical handbook1 prachical therapist nanual for assessing and treating adults with PTSD. Waterloo, Ontano, Canado : Institute Press

Neimeyer.R.A(1994) Death anxiety handbook ; Research Instrumetation and applicative, Washingtion DC : Taylor Francis.

Peterson. S.A&Greil.A.L.(1990) Death experience and religion Omega 21. 75-82

Rose, B. M., & O' Sullivan, M. J.(2002). Afterlife beliefs and death anxiety: An exploration of the relationship between afterlife expectations and fear of death in an undergraduate population, Omega: Journal of Death & Dying.

Wiseman Hanoro.(2005). "노인죽음의 이해와 돌봄". 고령친화전문인력육성사업단.

Tomer. A(1996) Toward a conprehensive model of death anxiety, Reath Studies, 20, 343-365

Wagner, K. D., & Lorion, R. P.(1984). Correlates of death anxiety in elderly persons. Journal of Clinical Psychology, 40(5), 1235-1241.

Wong.P.T.P, Recker, G.T. & Gesser. G(1994) Death attitude profile-rerised : A multimensional measure of attitudes foward death. Death Anxiety Handbook.(pp.121-148). Washington, DC : Taylor&Francis

http://blog.naver.com/deathedu/. "자살예방을 위한 죽음교육".

http://blog.naver.com/srchcu?Redirect=Log&logNo=30039280483

http://www. seniornavigator.org

제5부 실무종사자들을 위한 가이드라인

김동배.(1991).「신학논단」. 연세대학교 신과대학.

김분한 외.(2004). 「호스피스 간호」. 정담미디어.

김상균 외.(2002). 사회복지윤리와 철학. 나남출판사. 서울.

김태민. "노인의 죽음준비 어떻게 도와야 하는가?". 고령친화전문인력육성사업단.

박은경.(1995). 죽음 불안 측정 도구개발. 고려대학교 석사학위 논문.

백승균.(2004). 「호스피스 철학」. 계명대학교 출판부.

빌리 그레함.(1991). 지상우 옮김.「기독교 관점에서 본 죽음이란 무엇인가」.서울, 크리스챤 다이제스트.

서혜경. "건강한 삶 그리고 죽음". 한국노인의 전화.

서혜경.(2006).「노인상담입문」. 집문당.
서혜경 · 김미혜.(2002).「노인복지실천론」. 동인출판사.
안미령, 소예경, 고병수, 최영은, 심재용, & 이혜리(2000). 한국형 Templer 죽음 불안 척도, 죽음 우울 척도, 상징적 불멸감 척도의 신뢰도 및 타당도. 대한가정의학회지, 21(7), 893-900.
양옥경.(2001).「지역사회 정신건강」. 나남출판.
엘리자베스 퀴블러 로스 · 데이비드 케슬러. 김소향 역.(2007).「상실수업」. 이레.
이광재.(2003).「호스피스 사회사업」. 인간과 복지
이누미야, 요시유키.(2002). 사생관 척도 개발 및 그 하위요인간의 관계에 대한 연구 : 내세관, 죽음에 대한 태도 및 생명존중의지를 중심으로. 고려대학교 대학원.
이호선.(2005).「노인상담」, 학지사.
장휘숙.(2000). 애착과 죽음불안 및 관련변인들의 관계. 한국심리학회지-발달, 13(1), 127-143.
찰스 자스트로.(2004).「사회복지개론」. 시그마프레스.
최예선. "상실로 인한 심리적 고통을 다루는 상담 및 심리치료".
카톨릭대학교 강남성모병원 호스피스과.(2001)."말기환자의 심리". 호스피스 교육자료집
한국호스피스.(2003), "편안한 임종". 한국의학원.
한혜경, & 김정이(2003). 가정호스피스에서의 사회적지지 활동이 노인의 죽음 불안에 미치는 영향. 한국노년학, 23(2), 171-185.
황애란.(2006). "슬픔치유과정과 유가족 상담".「시립노원노인종합복지관 죽음준비학교 운영의 실제.」
Belsky, J.(1999). The psychology of aging : theory, research, and interventions / Janet K. Belsky.
Bereavement Support Groups For The Elderly : Characteristics of potential participation , Dale. A. Lund, Margaret Dimond and Merry Juretich
Bryant, C. D.(2003). Handbook of death & dying / Clifton D. Bryant, editor in chief.
Langs, R.(2006). Love and death in psychotherapy, Houndmills [England] ; New York :: Palgrave Macmillan.
Maddox, G. L.(2001). Theencyclopedia of aging : a comprehensive resource in gerontology and geriatrics / George L. Maddox, editor-in-chief ; Robert C. Atchley ... [et al.], associate editors ; Sheri W. Sussman, managing editor.
Mcdonald외. 현외성 · 하정미 옮김.(2003).「노인상담연습」. 양서원.
On Our Own Terms : Moyers on Dying Discussion Guide (New York : Educational Broadcasting Corporation and Public Affairs Television, Inc., 2000). Original Copyright · 2000 Metropolitan http://www.cmckangnam.or.kr
Ryan, R. M., & Deci, E. L.(2004). Avoiding death or engaging life as accounts of meaning and culture: Comment on Pyszczynski et al. (2004). Psychological Bulletin, 130(3), 473-477.
Walkey, F. H. (1982). The Multidimensional Fear of Death Scale: An independent analysis. Journal of Consulting and Clinical Psychology, 50(3), 466-467.

http://www.severance.or.kr

제6부 죽음관련 척도

김순자, 고옥자, 김지아, & 이성림.(1992). 죽음연구의 주개념 및 연구방법 분석 한국의 간호학 및 의학 정기간행 학술지를 대상으로, 고려대 의대 잡지 29(2),493-509.

대한노인정신의학회 편.(2003). "한국형 치매평가 검사". 서울 : 학지사.

박지원 (1985). 사회적 지지척도 개발을 위한 일 연구. 연세대학교 박사학위 논문, 연세대학교 대학원.

서울대학교 실천사회복지연구회.(2003). (실천가와 연구자를 위한)사회복지 척도집. 서울 : 나눔의 집.

신민섭, 박광배, 오경자, 김중술.(1990). "고등학생의 자살 성향에 관한 연구 : 우울-절망-자살간의 구조적 관계에 대한 분석". 한국심리학회지 임상, Vol.9, No.1.p1-19. 한국심리학회.

여인숙, & 김춘경(2005). 노년기 죽음불안과 사회적 활동이 우울에 미치는 영향. 한국가족복지학, 16, 75-101.

이영호.(1993). "귀인양식, 생활사건, 사건귀인 및 무망감과 우울의 관계: 공변량 구조모형을 통한 분석". 서울대학교 박사학위 논문.

이지영, & 이가옥(2004). 노인의 죽음에 대한 인식. 한국노년학, 24(2), 193-215.

이호선.(2005). 노인상담. 학지사.

최경애.(1994). "편마비 환자와 가족의 치료집단 프로그램의 사례연구". 이화여자대학교 석사학위 논문.

최외선.(2007). 노인의 자아통합감과 죽음불안에 대한 연구. 한국노년학, 27(4), 755-773.

Beck, A. T., Weissman, M. A., Lester, D. & Trexler, L.(1974). The measurement of pessimism: The hopelessness scale, Journal of Consulting & Clinical Psychology, 42(6), 861-865.

Benton, J. P., Christopher, A. N., & Walter, M. I. (2007). Death Anxiety as a Function of Aging Anxiety.Death Studies, 31(4), 337 - 350.

Cassell, D. K., C., S. R., & S., W. P. A.(2005). The encyclopedia of death and dying / Dana K. Cassell, Robert C. Salinas, Peter A.S. Winn.

Drolet, J. L..(1990). Transcending death during early adulthood: Symbolic immortality, death anxiety, and purpose in life, Journal of Clinical Psychology, 46, 148-160.

Fischer. J., Cocoran. K.(2007). Measures for Clinical Practice and Research , Vol. 2, 4 Ed. Oxford University Press.

Fry,P.S.(1990). A factor analytic investigation of home-bound elderly individuals' concerns about death and dying and their coping responses, Journal of clinical Psychology, 46, 737-748.

Lester, D.(1990). The collett-lester fear of death scale: The original version and a revision. Death Studies, 14(5), 451 - 468.

Moreno, R. P., De La Fuenta Solana, E. I., Rico, M. A., & Ferna?ndez, L. M. L. (2008). Death anxiety in institutionalized and non-institutionalized elderly people in Spain. Omega: Journal of Death and Dying, 58(1), 61-76.

Neimeyer. R.A.(1994.) Death Anxiety Handbook, Taylor & Francis.

R. A. Robbins.(1994). Death Competency : Bugen' s Coping with Death Scale and Death Self-Efficacy. Death Anxiety Handbook Ch.7., Ed. Neimeyer. R. A.

Tang, C. S.-K., Wu, A. M. S., & W.Yan, E. C. (2002). Psychosocial correlates of death anxiety among chinese college students. Death Studies, 26(6), 491 - 499.

Templer, D. L, Lavioe, M., Chalgujian H., and Thomas Dobson, S.(1990). The measurement of death depression, Journal of Clinical psychology, 46, 834-839.

Wu, A. M. S., Tang, C. S. K., & Kwok, T. C. Y.(2002). Death anxiety among Chinese elderly people in Hong Kong. Journal of Aging and Health 14(1), 42-56

Zung, W. K.(1965). A Self-Rating Depression Scale, Chieves of General Psychiatry, 12, 63-79.

제7부 실천현장에서의 프로그램, 기법 및 상담사례

"강원 1366" 전화상담

경기도노인복지시설연합회 · 경기도노인종합상담센터. 「노인상담사례집(2007)」.

김선숙. 시립노원노인종합복지관 죽음준비학교 운영의 실제.『죽음준비교육 집단활동』.

김순자, 김지아, & 김혜중 (1991). 죽음 관련 연구의 현황. 고려대학교 의과대학논문집, 28(2), 567-587.

김애순.(2008). 「장노년 상담」. 시그마프레스

대한노인회 산하 광주지부 노인대학.(1991). 건강한 죽음준비교육 프로그램.

덕성여자대학교 가족생활교육.(2007). "해피엔드"-죽음준비교육 프로그램.

동작구 노인종합복지관 사업신청 계획서. "후기고령자의 죽음에 대한 긍정적 수용 및 정서적 지지를 통한 활기찬 경로당 만들기".

서석희, & 박애선(2007). 현실요법 집단상담 프로그램이 노인의 죽음불안과 삶의 의미와 심리적 안녕감에 미치는 효과. 한국심리학회지-상담 및 심리치료, 19(1), 107-130.

서울노인복지센터.(2007). 죽음준비프로그램 '사는 기쁨' 결과보고서

서혜경, 김미혜(2002). 「노인복지실천론」. 동인출판사

성혜영, 조희선.(2005). "노인교육프로그램의 현황과 과제".

스테시아 오르테거, LCSW, CT

시립노원노인종합복지관.(2007). "아름다운 생애 마감을 위한 senior『죽음준비학교』운영의 실제 manual"

여인숙, & 김춘경(2006). 노년기 우울과 죽음불안 감소를 위한 생애회고적 이야기치료 집단프로그램의 효과. 한국가정관리학회지, 24(5), 113-128.

유성복지관.(2008). 죽음준비교육 프로그램.

이현림, 배강대, & 정미예(2007). 회상을 활용한 지지적 집단상담이 노인의 자아통합감과 죽음불안에 미치는 효과. 노인복지연구, 35, 31-45.

종합케어센터 선빌리지.(2006).「노인이 말하지 않는 것들」. 시니어 커뮤니케이션

차주연(2006). "고등학교 수학 수업에서의 죽음교육". 교육과정평가연구. 9권, 2호.

최외선, & 박인전(2007). 노인의 죽음불안과 별-파도 그림 반응특성에 관한 탐색적 연구. 한국가정관리학회지, 25(5), 15-29.

한국노인의 전화.(2004).「창립10주년 기념집 - 아픔편」.

Berger, A.(1989). Perspectives on death and dying : cross-cultural and multi-disciplinary views / edited by Arthur Berger ... [et al.].

Chan, T. H. Y., Chan, F. M. Y., Tin, A. F., Chow, A. Y. M., & Chan, C. L. W.(2006). Death preparation and anxiety: A Survey in Hong Kong, Omega: Journal of Death & Dying: Baywood Publishing Company, Inc.

Corr, C., and Balk, D. (1996). Handbook of adolescent death and bereavement. New York: Springer Publishing Company.

Corr, C., Nabe, C. and Corr, D. (2003). Death and dying. life and living. Belmont: Wadsworth/Thomson Learning.

Hospice of the Valley and AZ Memorial Mortuaries 제공, 에디 로페즈(Eddie Lopez)

Lester, D., Templer, D. I., & Abdel-Khalek, A. (2007). A cross-cultural comparison of death anxiety: A brief note. Omega: Journal of Death and Dying, 54(3), 255-260.

Neimeyer, R. A. (1994). Death anxiety handbook : research, instrumentation, and application. Washington, DC: Taylor & Francis.

Templer, D. I., Awadalla, A., Al-Fayez, G., Frazee, J., Bassman, L., Connelly, H. J., et al. (2006). Construction of a death anxiety scale-extended. Omega: Journal of Death and Dying, 53(3), 209-226.

Wolinsky J. S & Thyer, Bruce A.(1998).Treating chronic Grief, Chapter17. Social problems pectic issues,Volume. 2.

Yedidia, M. J., & MacGregor, B.(2001). Confronting the prospect of dying: Reports of terminally Ill patients. Journal of Pain and Symptom Management, 22(4), 807-819.

http://cafe.daum.net/hospiceacademy 호스피스 아카데미.『밝은 죽음을 준비하는 포럼』의 '죽음준비교육' 을 특집시리즈

http://www.life2die.com. 임종체험.